梅毅说
中华
英雄史
03

隋唐
盛极而衰的黄金时代

梅毅 著

天地出版社 | TIANDI PRESS

图书在版编目（CIP）数据

隋唐：盛极而衰的黄金时代 / 梅毅著 . — 成都：天地出版社，2017.10
（梅毅说中华英雄史）
ISBN 978-7-5455-3176-3

Ⅰ . ①隋… Ⅱ . ①梅… Ⅲ . ①中国历史—隋唐时代—通俗读物 Ⅳ . ① K240.9

中国版本图书馆 CIP 数据核字（2017）第 235260 号

隋唐：盛极而衰的黄金时代

出 品 人	杨 政
作 者	梅 毅
责任编辑	杨永龙 朱迪婧
封面设计	今亮后声 HOPESOUND pankouyugu@163.com
电脑制作	今亮后声 HOPESOUND pankouyugu@163.com
责任印制	葛红梅
出版发行	天地出版社
	（成都市槐树街 2 号 邮政编码：610014）
网 址	http: //www.tiandiph.com
	http: //www. 天地出版社 .com
电子邮箱	tiandicbs@vip.163.com
经 销	新华文轩出版传媒股份有限公司
印 刷	北京中科印刷有限公司
版 次	2018年1月第1版
印 次	2018年1月第1次印刷
成品尺寸	145mm×210mm 1/32
印 张	19
字 数	509千字
定 价	69.00元
书 号	ISBN 978-7-5455-3176-3

咨询电话：（028）87734639（总编室）
购书热线：（010）67693207（市场部）

名家评论

李国文（著名作家）

梅毅在评骘论定某段历史事实、审知识鉴某个历史人物时，与时下某些史学家、某些文学家，刻意要将历史写成某种样子，以达到取悦谁，讨好谁，达到获取更大利益的个人目的，是有着天壤之别的。……他宁愿坐冷板凳，啃硬骨头，溯本追源，寻出真情，回顾返视，以求真知。有什么说什么，秉持史学家的直笔；有多少说多少，体现文学家的良知，这是难能可贵的治学精神。

蒋子龙（著名作家）

梅毅英美文学专业出身，毕业后即入金融界工作，浸淫资本市场二十余载，风华正茂之年，信笔游缰，以“赫连勃勃大王”名头驰骋互联网，大哉壮哉！吾尝细谈其历史小说《南北英雄志》第一部《驺虞幡》，英伟雄健，如此笔力如此才，“茅盾文学奖”，不亦易乎！

高洪波（著名作家）

“梅毅说中华英雄史”的出现，让我们中国作家这个群体感到欣喜：因为，梅毅让我们看到了作为作家自我扩展的无限可能性，认识到，作家书写历史，其实是自司马迁以来的传统！而作家梅毅所撰写的历史著作，无论从文笔还是史实，都可以称之为“好的”。一部“好的”历史书与“坏的”历史书的区别，就在于好的历史学家能够运用他自己独特的判断力去解析历史。

阎连科（著名作家）

从文学的角度讲，梅毅的作品对我最大的印象和最主要的启发，就是他跨文体的写作。其实梅毅的作品既不是散文也不是随笔，它们包罗万象，什么都有。梅毅写作自由的程度超出我的想象。……21世纪的时候，我们说要以自己的形式发出自己的声音。其实，读了梅毅的作品，我有一个新想法，就是面对21世纪各种“主义”不断的产生，我们的文学最重要的一点应该把二者综合起来，就是以自己的形式发出自己的声音。

沈渭滨（复旦大学历史系教授）

要写活历史，除了扎实的史学功底和睿智的识见外，生动的文笔当不可少。我详读了“梅毅说中华英雄史”，感到梅毅的文笔确实生动，具有亦庄亦谐的感人魅力。他的一系列历史纪实体作品，似乎有着共同的写作风格：他力图继承太史公开创的历史文学余绪和评判史实的精神，努力效法历史演义家的结构布局和善于演绎的流风，倾心于散文、小说家捕捉细节、铺叙感受的技巧，试图熔于一炉。

王学泰（中国社会学科院文学研究所古代史研究员）

梅毅没有像过去历史学家那样，只要不利的资料，都否定。梅毅的书附的史料也很多，包括一些当时人的记载，包括内部文件，还包括一些外国人的记载，给我们开阔了眼界，为我们理解某一段历史提供了一个评价平台。

雷　颐（中国社会科学院近代史研究所研究员）

“梅毅说中华英雄史”有很重要的意义，他把史学界的成果大众化了。从前教条主义的教育，对梅毅来说没有形成一个框架，没有形成一个偏见。他的书里面的很多东西，虽然是近代史学界已经研究过的，已经谈得很多了，但是他的突出意义在于把它大众化。

张　鸣（中国人民大学国际关系学院教授）

梅毅虽然写得很通俗，有点像小说，但是一看就知道他是下狠工夫看过史料的，跟那些网络上完全演绎、完全口语化、变成现代化的历史叙述、根据一点东西进行演绎的东西，还是很不一样的。……梅毅很注意那种历史细微的细节，你一看就感觉挺有趣的，实际上史料都有，但是过去没有人揭示这个。

杨念群（中国人民大学清史研究所教授）

梅毅的书比较可贵的地方在于，在整个的叙事过程中，历史人物的悲欢离合和成败得失，是在历史的叙述中一环环展现出来，没有马上就进入一种历史判断。……按照历史情景的本身来展现双方的对垒的过程，实事求是地，可以说是相对平实地去展示历史。这样出来的效果，相对来说是有一定的说服力的。

钱文忠（复旦大学历史系教授）

像梅先生这一批具有金融背景的人，可能更了解现代人在想什么。……梅先生“一方面沉醉于纸醉金迷的生活，一方面留恋于历史的幽暗光线”，这种生活状态，这么一种冲突，在一个写作人身上体现出来，经过微妙的递嬗后，又去影响他们的文字，而这种文字，以其独特的韵味来影响现代人的心志。

雷　达（著名评论家）

梅毅高产，又有见解，而且能辩证地看时代、文学的发展，这一点非常的棒。最近这些年，我们国内关于历史方面非常地“热”，电视热播、网络热聊、影院热映、图书热销。而他 2003 年底就已经开始写中国大历史，可见他极富预见性。

白　烨（著名评论家）

梅毅的历史写作，基本上还是正史的写法，同时有天马行空的很多杂史、野史的感觉，所以让人印象深刻。梅毅的大手笔，是他能在写事件时突出人物，以点带面，这种写法是他的首创。梅毅与众不同的历史写作，还在于他能用现代意识回顾以前的历史，他从人性角度细腻观察历史。

肖复兴（《人民文学》副主编）

梅毅讲述历史一点也不枯燥，正因为他是以人来贯穿的，并不是我们以从前传统的方式来进行断代史的研究。形象演绎是梅毅书写历史的专长，他写起历史来不仅好看，而且能活灵活现地把过去的历史再现于我们面前。

叶延滨（《诗刊》主编）

梅毅的历史写作有两大优点，第一，他确实有见识，他的历史观察力非常奇特。如果讲历史史学的真实性，人们宁肯去相信枯燥的教科书，但是人们读梅毅的历史著作，主要是想读作者的见识。第二个优点，梅毅的历史写作以文笔取胜。

刘鸿儒（中国证监会首任主席）

我看“梅毅说中华英雄史”的时候，符契相合，感到由衷的欣喜。在我们证券监管单位的梅毅，竟然打着一面“赫连勃勃大王”的大旗，成为声名显赫的历史学家，而且风生水起，已成“中国互联网历史写作先行者”。他不仅写出了几百万字的中国历史作品，可谓“著作等身”，而且坊内畅销，洛阳纸贵。从2010年开始，他又在中央电视台《百家讲坛》节目开讲《鲜为人知的杨家将》《隋唐英雄志》，好奇之余，我更多感到的还是欣喜。

朱伟一（证监会研究员、社科院法学所兼职教授）

读了梅毅的历史书，我觉得历史比小说更深刻。……梅毅的视角独特，让人读之津津有味。

曹可凡（著名电视节目主持人）

他（梅毅）发现了很多别人没有发现的材料，当然他更多是在现有平凡的材料当中可以找出历史的端倪，这些可能显而易见，但是有时对显而易见的东西不忽略，反而可以找出历史的真谛，这是梅先生的书突出的地方。……作为一个传媒从业者或者一个普通的读者，通过这个书，我可以获得很多知识。

自序

英雄是民族最闪亮的坐标

2016年11月30日，我作为中国作协九大代表，在人民大会堂，亲耳聆听了习近平总书记的讲话："中华民族生生不息绵延发展、饱受挫折又不断浴火重生，都离不开中华文化的有力支撑。中华文化独一无二的理念、智慧、气度、神韵，增添了中国人民和中华民族内心深处的自信和自豪。"

话语入心，感受颇深！

联想到我本人的创作，从2003年到2015年，12年时间，正是为了弘扬中华传统文化，为了找回中华民族那份沉甸甸的文化自信和历史自信，在中国最物质的南方城市深圳，我坐着冷板凳，独立完成了10卷本、500多万字的《帝国真史》系列丛书。

抚今追昔，纵观历史，如今，我静下心来，俯首思之，得出这样的结论：我们这个民族之所以伟大，就在于我们是一个历史上有无数英雄的民族！

回望中国历史数千年进程，特别是朝代更迭的那些铁血岁月，英雄鹰扬，豪杰虎跳，确确实实让后人无限神往！在每一个令人目眩神迷的伟大时代中，各类英雄横空出世，他们之间的纠葛、交结、争斗，无不充满了动人心魄的感人故事，处处闪耀着人性的光辉，荡溢着历史的波谲云诡，迸发出惊人的感动力！即使在今天，无数中华历史英雄那些激动人心的时刻，肝肠寸断的瞬间，那些汗与泪倾泻而成的故事，依旧晶莹闪耀……

一个没有英雄的民族是不可想象的！物质时代，我们对中华民族的英雄崇拜，可以治疗拜金主义的“软骨症”，可以治愈蝇营狗苟的精神瘫痪，可以让我们在庸常生活中重新体味诗性的、崇高的人性大美与激情，可以一砖一瓦地重新建砌我们民族精神的巍峨华殿，可以让我们在对英雄人物的遭遇中感同身受的同时，细细咀嚼诗性而永恒的苦难、孤独与崇高——一切的一切，就是要进一步提升和重铸我们伟大民族的精神风骨！

我在“以人为本”“以人带史”的独特历史讲述中，总会给大家展示历史洪流中那些血肉英雄的一生传奇。大哉英雄，他们离奇跌宕的命运和令人扼腕叹息的结局，他们之间的惺惺相惜和恩义散场，连我这样冷静的写作者都每每为之流泪动容。我希望能够以客观的、现场感的讲述，消除流水账式干巴巴教科书的平铺直叙，一改宫廷史书荒诞不经的星宿下凡式的神化，一改旧时代民间叙事中英雄故事天命巧合的际遇铺陈，泯除昔日怪力乱神的“超现实”力量冲突——最终的目的，就是要重力突破传统中国通史写作那种老旧的格套，从崭新的、完全的、人性义理的角度，去描写、描摹历史中的“人”在乱世之中生存挣扎所遇到的矛盾、痛苦，从而进一步展示出那些伟大时代伟大英雄的反省、发愤、坚忍，展现乱世之中人性的恢宏壮美和平凡生命力的顽强不屈。

在两千多年中华帝国历史的宏大画幅中，我们面对灿若群星的历史人物，有时候，确实不能以成败论英雄。波澜壮阔之间，我总会发现那些欢乐或悲伤英雄身上的熠熠闪光，他们高尚的友情、撼天动地的义气、深沉的亲情，以及奋不顾身的勇气——所有这些，无不具体而形象地展现出我们国人一直以来崇尚的价值观，体现出我们最原始、传统的道德。他们的英雄传奇，他们的侠义勇武，他们之间的惺惺相惜，无不与我们中华民族传统的道德观相契合，故而历久弥新！

以历史的逻辑和历史的纵轴、横轴构建传奇化的个人经历，确实非常不容易。为此，如同入群山寻宝，我只能对史料细细爬梳，从汗牛充栋的史料中仔细挖掘，以历史真实为基础，增添合理想象，还原历史，润饰附会，撷取那些细微、深刻而又不经意处的细节，继而细细雕琢，默默推想，最终来张扬我们心目中的历史英雄楷模，体现出那些英雄们平凡中自然而然的感人情怀，挖掘出埋藏于历史深处的复杂而伟大的人性！

正如习近平总书记所言：“祖国是人民最坚实的依靠，英雄是民族最闪亮的坐标。歌唱祖国、礼赞英雄从来都是文艺创作的永恒主题，也是最动人的篇章。……对中华民族的英雄，要心怀崇敬，浓墨重彩记录英雄、塑造英雄，让英雄在文艺作品中得到传扬，引导人民树立正确的历史观、民族观、国家观、文化观，绝不做亵渎祖先、亵渎经典、亵渎英雄的事情。”

在十多年的写作过程中，我力避当下坊间最流行的群氓庸俗搞笑史观，扬沙弃砾，以历史守护者的角度，切入中华大历史活生生的血肉肌体之中，从中发现每个伟大时代各路英雄的英伟、自我突破，甚至是狂狷的人格状态，探究辉煌乱世大时代中作为个体的“英雄”的挣扎过程。

看啊，这些人，有血有泪，有悲伤有欢乐，有飞扬有落魄。看啊，这些历史长河中伟大英雄们短暂而辉煌、悲伤的人生历程，真实而丰沛的情感。今天的人们，肯定能够在谛听和仰视中，深刻感受我们伟大历史嬗变无常的命运，沉浸于历史戏剧性的快感中，体悟那些英雄在困境中的抉择和成长。

在我们为泪水所溅湿的笑声中，在惊回首的历史探望中，那些具有冰山大漠魂魄的英雄雕像，在中华民族雄浑壮美的历史背景映衬下，会越来越清晰而丰满！

2017年8月6日于深圳

目录

导
读

黄金时代的凋零

隋唐的极盛与五代的极衰

世事空悲衰复荣，凭高一望更添情。
红颜只向爱中尽，芳草先从愁处生。
佳气霭空迷凤阙，绿杨抵水绕空城。
游人驻马烟花外，玉笙不知何处声。
（张祜《洛阳春望》）

透过历史层层的烟雾，回望一千多年前屹立于东亚大地上强大繁荣的唐帝国，苍凉之情，油然而生。

在辉煌的七世纪，中华帝国的疆域，最东涵括几乎整个朝鲜半岛，最西亘至中亚的咸海之滨，最南抵至越南，最北绵延到广袤的西伯利亚。

更为重要的是，唐帝国不仅仅是军事意义上的大一统帝国，还是一个以高度文明著称的辐射八方的文化帝国。其实，自隋而唐，中华帝国的版图和域内人口并没有超过先前的西汉时代，恰恰是民族融合后的崭新精神面貌和文治武功，使得盛唐文明煊煊赫赫，如日中天。

唐帝国的威震八荒，与其说是武力征服，不如说是文明宣威。唐代帝皇之所以能成为亚洲中心的“天可汗”，君临万邦，恰恰体现出中华大地上不同民族水乳交融后诞生的民族共同体的强大和庄严。

梦回唐朝，千年萦绕。最令人目眩神迷的，是唐帝国海纳百川的博大、恢宏、自信的气度。诗歌的浸润，胡风的影响，音乐歌舞的盛行，书法艺术的臻至极盛，民俗生活的丰富多彩，多种宗教形态的繁兴，各种文明的输出与输入，在中华帝国的土地上生长成一个无比辉煌、无比强盛的令人眼花缭乱的盛世。八表九极，神韵悠扬，令人无限神往。

盛极必衰，物极必反。这是历史的宿命？统一国家对高度发达的文明而言是一种沉重负担，抑或是福祸的轮回？一言难尽。

九重城阙烟尘生。自渔阳安禄山乱起，伟大唐朝的黄金时代已经成为过去。而后，藩镇、宦官、党争，祸不单行。“我花开后百花杀”，黄巢揭竿而起，一刀直捅脏腑，帝国庞大的身躯日渐衰弱。

安史之乱后，又摇摇晃晃过了一个多世纪，唐帝国终于被朱三轻轻一推，轰然倒塌，一个更加黑暗的五代季世来临了。

反叛、杀戮、饥荒、瘟疫、欺骗、背叛，汗与血浸透了五十多年的史卷。混乱之中，无数双贪婪的眼睛觊觎着雕有九条金龙的无上宝座。乱哄哄你方唱罢我登场之际，中华帝国的实际统治疆域极度萎缩，“儿皇帝”石敬瑭对燕云十六州的割弃，更为数百年后中原帝国的浩劫埋下了最大的一个伏笔。

大一统国家灿烂的文明，倏忽成为过眼云烟。为此，我们不得不相信这样一个事实：世上没有永恒的帝国。伟大的帝国虽然消失了，大一统强盛的不朽理念却已深入后来者的内心，经久不衰，令人难以忘怀。

一千多年过去了，中华大地经历过数次四分五裂，中原政权不止一次分崩离析，但对伟大唐朝的向往与渴望，却深植于一代又一代志士仁人的精神之中，薪火相传。

帝国的边境一次一次被蛮族摧毁，中华文明的堡垒一次又一次重新铸就。在刀锋之上，在血与火的淬炼下，中华民族经历了一次又一次凤凰涅槃般的重生！那样不可一世、耀武扬威的“异族”，最终皆在孔子像下屏息俯首。

笔者基于一种私人视角，从某个新奇的侧面观察并描写中华帝国这一黄金时代，以一个历史守望者的身份，力图向读者展示三个多世纪的时间里中华帝国的无上光荣与血雨腥风，并试图阐释历史进程中“偶然性”和“英雄”的个人命运相结合时所释放出的惊人能量。

面对汗牛充栋的中国古代史料，笔者认为，把杂乱无章的历史事件与有血有肉的真实历史个体联系起来，并把这些鲜活的个人生命历程分解成互相有内在联系的、具有戏剧意味的片段，更有助于我们普罗大众理解“历史的真实”。当然，这种“戏剧化”地组合历史，绝非把历史“戏剧化”，更不是编排无聊的噱头来“戏说”历史，而是立足于历史的真实，撷取历史宝库中以往被人忽视的细节，进而复活特定历史时空中的个人，激活大众的想象力。

只有这样，才能逐渐摒弃历史剧的“假象”与评书演义的“误导”，最终引发国人对我们祖先历史经验的巨大好奇心，追根溯源，反思历史，形成对我们自身以及现实的深刻审视。

在笔者的私人历史写作中，也摒弃了历史叙述中一贯的抽象和概括的写作方式。笔者力图消泯僵化的阶级划分和教条桎梏，通过展现民族情感和引发审美愉悦，超越枯燥、过于理性的“历史分析法”，有时逆流而动，有时娓娓而谈，有时旁征博引，欲在趣味杂陈和眼花缭乱中让读者体会历史的因果规律和内在统一。

这是笔者作为“历史守望者”的根本初衷。

那个姓“普六茹”的汉人

隋文帝杨坚隐忍弘博、沉猜刻薄的一生

乍看本章题目，肯定不少人会立刻联想起中国当代“先锋”小说中一个伪命题式的开场白：“我就是那个叫马原的汉人。”很有故弄玄虚之感。

至于那个姓“普六茹”的汉人，绝非是模仿“先锋”小说家的故作深沉。宇文泰主掌西魏国事，大将杨忠（隋文帝杨坚的老爸）出力甚多，东征西杀，血染战袍，被魏恭帝赐姓“普六茹氏”，所以，大名鼎鼎的隋文帝杨坚，最早的名字就叫普六茹坚。

如此不伦不类的姓氏，还要追溯至西魏的权臣、北周的周文帝宇文泰（同曹操一样，宇文泰也是儿子称帝后被追封的皇帝）。

北魏孝文帝改胡姓为汉姓，鲜卑化的匈奴人宇文泰一反其道，在崇慕儒化之余，他为了在乱世保持军队的战斗力，不得不对汉族兵将进行“胡化”。他模拟鲜卑最初的军事部落组织，改汉姓为鲜卑姓。

当然，宇文泰的“胡化”并非本质上的“反动”，西魏（北周）境内胡汉关系并不像北齐那样水火不容（鲜卑人欺凌汉人），而是相互间比较融洽。

杨坚（普六茹坚）不仅最初姓氏奇怪，小名也怪，叫“那罗延”，其鲜卑原意为“金刚不坏”，源于梵语。杨坚十三岁前在寺庙长大，小名是由抚养他的女尼智仙所取。

样貌怪异的“奇”男子

杨坚的“蛰龙”岁月

《隋书·帝纪·高祖》中有这样的记载：“皇妣吕氏……生高祖（杨坚）于冯翊般若寺，紫气充庭……皇妣尝抱高祖，忽见头上角出，遍体鳞起。皇妣大骇，坠高祖于地……（杨坚）为人龙颜，额上有五柱入顶，目光外射，有文在手曰‘王’……”——这些鬼话不用详释，肯定是史家为显示帝王神奇而做的荒诞不经的“编派”，犹如号称杨坚是汉朝太尉杨震第N代孙一样，纯属胡说八道。杨坚六世祖杨元寿，不过是北魏武川镇军户，贵族血缘一丁点儿也没有。

观唐初阎立本所绘《历代帝王图》，杨坚的相貌庄重、威严，画家笔下肯定有“溢美”之处。当时隋亡不久，杨坚的样子应该有五六成可信，也不见他大脑瓜子上有五根肉柱凸起。

不过，有一点是肯定的，即杨坚相貌堂堂，定有让人过目不忘之处。他性格深沉稳重，属于不怒自威的那种人物。

由于其父杨忠有大功于国，杨坚十五岁就获封成纪县公，十六岁迁骠骑大将军，加开府。

当时，宇文泰见到老战友这位风华正茂的儿子，不禁叹异：“此儿风骨，不似代间人。”

讲起北周，还要简述一下西魏的历史。

北魏孝武帝被高欢所逼，逃至宇文泰处，也称魏，至此，北魏分裂为东、西两魏。宇文泰所掌握的魏，史称西魏。

孝武帝至长安后不久，即与权臣宇文泰发生龃龉，被毒酒毒死，时年二十五岁。

宇文泰毒死孝武帝后，立孝文帝的孙子元宝炬为皇帝，是为西魏文帝。文帝在位十七年，安死于宫中，时年四十五岁。虽身为皇帝，元宝炬完全是个幌子，大权尽在宇文泰之手。正因为他听话，所以宇文泰

隋文帝像　图出《历代帝王图》　唐　阎立本

一直让他在帝座上待着。

文帝死，宇文泰立太子元钦为帝，是为西魏废帝。元钦只当了三年皇帝，便被宇文泰废掉，转立文帝第四子元廓为帝，是为西魏恭帝。恭帝也只当了三年摆设，556 年，宇文泰病死后，其堂侄宇文护拥立宇文泰第三子宇文觉建立周朝，史称北周。西魏恭帝不久就被毒死。

三十余年中，西魏的皇帝虽姓元，其实真正的皇帝是宇文泰。

宇文泰不仅大大增扩了西魏的国土，最重要的贡献还在于他于 535 年建立了府兵制，并仿鲜卑旧制，将所统兵马分为八部，各设“柱国大将军”，称为“八柱国”。府兵是职业军人，专门编为军籍，只作军事用途，不从事屯垦生产。（北周武帝时，府兵制又走向“兵农合一”。）

宇文护拥立宇文泰第三子宇文觉为帝后，宇文家成为皇族了。宇文觉虽然才十五六岁年纪，但性情刚果，想干掉飞扬跋扈的堂兄宇文护。宇文护先下手为强，废掉宇文觉后，把这个不听话的孩子弄死。然后，他拥立宇文泰长子宇文毓为帝，是为北周明帝。不久，宇文护嫌这位“宽明仁厚”的堂弟太“聪明”，就派人在食物中下毒，把这位堂弟皇帝送上西天。挑来挑去，宇文护又把宇文泰第四子宇文邕推上帝位。

北周武帝宇文邕，可称得上神武过人、沉毅有智、高深莫测。当皇帝十八年间，他先是韬光养晦，然后族灭权臣宇文护，亲掌万机，平灭北齐高氏。

这位勇武皇帝，一直崇尚节俭，平时身穿布袍、寝布被，全身上下没有金银宝玉装饰，同时对于那些雕文刻镂的宫室、锦绣衣物，全都一概禁止。前朝宫殿有恢宏华绮的装饰，他严命撤毁，改为土阶数尺，务为俭朴。

在开土扩边的战争中，这位周武帝劳谦接下，自强不息，打仗时步行山谷危涧，履涉勤苦，一般人不能忍受的，周武帝自己甘之如饴。行军时见有兵士光脚走路，周武帝甚至脱下自己的靴子给小兵穿上。与敌对阵之时，他皆亲冒矢石，一马当先，多次差点儿以帝王之尊身陷死阵。破北齐以后，他降服突厥，进攻南朝。从当时周朝的气势来看，一两年内，天下一统很快就要成为事实。

然而，天妒英才，不假予年，宇文邕北伐路上忽生暴疾，死在兵车之上，终年才三十六岁。遗诏太子宇文赟继位。

这位史书上所称的“周天元”、周宣帝，袭位后不到一年时间，就把武帝辛辛苦苦打下来的大好河山折腾得乌烟瘴气，民不聊生。

周宣帝宇文赟做皇帝不到一年，估计是游戏过度，纵酒荒淫，加上寒热不节，不久就重病不起。几天后，这位荒唐加荒诞的帝王撒手西归，时年二十二岁。

宫内上下一片混乱，一朝孤儿寡母惶惶不知所以。

年仅七岁的皇长子宇文阐（初名为衍）虽然被立为帝，但只是一个摆设。宇文赟的宠臣郑译矫诏，以杨坚入朝辅政。此时的天元皇后杨氏，对自己父亲掌握权柄感到很高兴，认为如此可以避免他姓权臣或皇族中野心大的人篡位。

周武帝时，聘杨坚长女杨丽华为太子妃，所以杨坚一下子从贵臣荣升为“国戚”。当时的武帝五弟齐王宇文宪就对皇帝哥哥讲：“普六茹坚相貌非常，臣每见之，不觉自失。此人终非久居人下之辈，请早除为上。”周武帝对这位亲家翁多有回护，说：“看他的相貌，做上将就可以了，没有什么特异。”不久，武帝的亲近大臣王轨密奏：“皇太子非社稷主，普六茹坚貌有反相。”

周武帝很不高兴，沉吟久之，无可奈何地表示：“假若天命有在，又能拿他怎样！”

消息传出，杨坚大惧，深自晦匿。他一改平素满脸戾气，韬光养晦，毕恭毕敬装懦夫。

周宣帝即位，马上下诏封国丈杨坚为大司马，拜上柱国。每次出外巡幸，都派他留守京城或者担当护卫军统领。可见，刚当皇帝之时，小伙子对老丈人可谓信任到家。

身为国丈，杨坚有一阵子还真冒出一腔忠勇，想当个响当当的“忠臣”，切谏女婿废除已经实施的恶法《刑经圣制》。由此，惹得小伙子老大不高兴。

当时，周宣帝立四美人为皇后，各家争宠，相互毁谮，都想把杨丽华从正皇后的位子上赶下来，自己坐上去。因此，谣言四起，宣帝的美人及其家属纷纷进言说杨坚有“不臣之心”，激得周宣帝多次对杨皇后大骂：“朕一定要族灭你们杨家！”

当然，捕风捉影的事也当不得真，说归说，周宣帝并没有真想把老丈人干掉。最危险的一次，是周宣帝喝得稍高，忽然想起杨坚有“反嫌”，派人召杨坚入宫，对左右卫士讲：“如果杨坚入宫后神色惊惶，马上杀掉他。”

毕竟见过大场面，杨坚入宫后，行礼趋拜，一如平日。他神色自若，装得逼真，周宣帝只能不了了之。

狰狞毕现的大丞相

杨坚“辅政”的过程

周宣帝撒手西归，按理讲，怎么也轮不到杨坚这个外戚老丈人入宫“辅政”。引狼入室的关键人物，正是周宣帝宇文赟的两个宠臣刘昉和郑译。

刘昉生性轻狡，周宣帝在东宫当太子时，他就已经在其身边侍读。宣帝即位后，刘昉因为会说话，大得皇帝欢心，出入宫掖，宠冠一时。得授大都督，又迁小御正。由此，可以想见刘昉的玩乐弹唱功夫肯定不简单，他能使周宣帝白天黑夜离不开自己。

周宣帝弥留之际，只宣召刘昉和御正中大夫颜之仪入内宫，准备托付后事。两人趋至床前，周宣帝已经说不出话，不停地翻白眼捯气儿。刘昉为自身计，眼见周宣帝的儿子宇文阐是个小孩子，不足以当自己日后富贵荣华的靠山，就与郑译密谋，准备把杨坚推到前台。

郑译也是人精。此人的爷爷、父亲做过北魏、西魏的太常、司空一级的大官，是典型的高干子弟。郑译本人也颇有学识，兼知音律，善骑射，可以说是个文武双全的坏人。他也是周宣帝的东宫旧人，曾任太子宫尹，因常常与当时为太子的宇文赟欢歌狎饮，一度被周武帝除名为民。

周宣帝登上皇位，自然马上把这位老友召回宫中，拜他为开府、内史下大夫、封归昌县公，委以朝政。

一次，郑译擅自把修建皇宫的奇异木材偷运回家，自修府第，被人告发，周宣帝一怒之下又把他削职为民。小人心气相通，刘昉多次为郑译求情，宇文赟也少不了这位陪吃、陪喝、陪玩的老哥们儿，不久又把他召回，顾待如初，委以内廷重任。

郑译和杨坚的关系也不一般，两人曾经同学。古人迷信，他见杨坚相貌不俗，一直倾心结交。杨坚知道女婿周宣帝对自己渐有疑忌诛除之心后，不停地送钱送物，拼命巴结郑译，并在皇宫中相求道："您知道我一直想出藩外任，希望您给我留个心，有机会能让皇上派我出京。"

杨坚想出京，无非是想逃离京城政治旋涡避祸。正好赶上周宣帝要出兵南伐陈国，让郑译主管此事。见机会来了，郑译就推荐杨坚为元帅，准备随自己一道前去平定江东。周宣帝当然言听计从，下诏以杨坚为扬州总管，准备兴兵。恰巧，诏下不久，周宣帝病重，杨坚便称自己忽然得了腿疾，留在京城伺察形势。

刘昉、郑译眼见周宣帝快咽气，密谋之后，宣杨坚入宫，把让他辅政的事情说了出来。

杨坚老奸巨猾，也是患得患失之辈，忙摆手"固辞"，称不敢当。刘昉也急了，激言道："公若为，速为之；不为，我自为也！"

此时的杨坚，还没能从女婿周宣帝残暴的阴影下走出来。入宫前，杨坚遇见算命的术士，还心惊肉跳地问："我这一趟有灾吗？"可以想见这位半大老头儿内心的惊惶不安。

思来想去，利大于弊，杨坚就答应了刘、郑二人，自称受诏，居宫中侍疾。当天，周宣帝就一命归天。于是，刘昉、郑译矫诏，任命杨坚总知中外兵马事，即代理全军总司令。

几个内臣草诏，唯独颜之仪不签字，厉声言道："主上升遐（帝死为"升遐"），嗣子（静帝）冲幼，宫中大任，宜委宗室。赵王（宇文招，宇文泰之子）年纪最长，论亲论德，应受辅政重任。你们备受朝恩，应思尽忠报国，奈何今日以国家神器，授以外姓他人！"

刘昉、郑译知道颜之仪为人倔直，不能够说服，索性"代替"他签署。诏下，宫廷诸禁卫兵认敕不认人，马上归统杨坚节度。

一直倾心于杨坚的御正下大夫李德林听说刘、郑二人要安排杨坚做大冢宰，郑译做大司马，刘昉做小冢宰，连忙跑去见杨坚，出主意说："杨公您应该做大丞相、假黄钺、都督中外诸军事（最高军事首长），否则，无以号令大众。"

杨坚深以为然。周宣帝大殡结束，诏旨一下，连刘昉、郑译都有些傻眼：郑译为丞相府长史、刘昉为司马。这二人本来想与杨坚平起平坐，现在倒成了人家的僚属。

不过，杨坚待二人甚厚，赏赐巨万，封刘昉为黄国公、郑译为沛国公，出入都可以派甲士自卫，朝野倾瞩一时。时称二人为"刘昉牵前，郑译推后"，皆是杨坚成事的红人。

周静帝即位后，其叔父汉王宇文赞以皇叔之尊入居禁中，常与杨坚同帐列坐，听览政事。

刘昉觉得这个宗室碍眼，就送上几个绝色美女，趁机对宇文赞说："王爷您乃先帝之弟，众望所归。少帝幼冲，岂堪大事！今先帝初崩，群情尚扰，您不如先回私第，等候佳音。待事宁之后，我们肯定会迎您入宫做天子，此乃万全之计。”

宇文赞只是个十五六岁的好色少年，性识庸下，觉得刘昉好人好语，马上携美女、属官出宫，回王府等着天上掉大馅饼。

刘昉、郑译二人自恃有大功于杨坚，得意扬扬，骄色横溢。此外，二人还有一个共性：贪财溺利。二人卖官鬻爵，富商大贾，朝夕盈门。

杨坚本人，并无大功于国，又是最让人起“联想”的外戚，忽然大权在握，幼主在朝，外间自然不服。

但杨坚总是先人一步。周宣帝刚死，杨坚已经矫诏征在外拥强兵坐重镇的宗室五王（赵、陈、越、代、滕五王，皆为宇文泰之子，是静帝叔祖辈）入京朝见。五王入见，才知道周宣帝已死，无奈之下，只得各返他们在京城的王府，伺机行事。

但是，五王入笼，外间拥兵的周朝贵臣纷纷起兵，其中规模最大的有相州总管尉迟迥、青州总管尉迟勤、郧州总管司马消难（此人是小皇帝周静帝的老丈人）以及益州总管王谦。数十万大军，此起彼伏，四处响应。

危急时刻，杨坚惊惧攻心，天天寝食难安，想派心腹刘昉与郑译出外监军平叛。但刘昉推说自己从未为将，郑译以母老为辞，皆推托不行，杨坚心中大为恼怒。

情急之下，府司录高颎自告奋勇，李德林坚守岗位，杨坚大喜，定下心神，派遣韦孝宽、梁士彦、宇文忻、崔弘度等名将到各处策划、征讨。

外间纷起，在京师的周室诸王也不闲着。愤惋之余，赵王宇文招想设“鸿门宴”，伺机杀掉杨坚。

一日，宇文招邀请杨坚到他的王府喝酒。杨坚当时因外乱未平，还不想和诸王翻脸，又怕被对方毒死，就自己带酒入赵王府。大家心阴面和，一起欢饮。

诸人入于寝室，赵王宇文招为主人，他的两个儿子宇文员、宇文贯以及妃弟鲁封皆在左右，佩刀而立，藏刃于帷席之间，伏壮士于室后。

依制，大臣见宗室于府邸，卫士皆不得入内，杨坚身边只有堂弟杨弘和亲信元胄两人在门口坐着守卫。这两人勇悍孔武，官职皆为大将军，所以才能入得王府内庭。

酒酣之时，宇文招亲自以佩刀切瓜果，然后以刀尖插瓜，递至杨坚面前。鲜卑风俗粗犷，又是王爷亲自送食，杨坚还挺给面子，大嘴一口一块，连吃数块。

宇文招脸上欢笑，心中冒火，想趁机一刀刺死杨坚。

坐在门口的元胄看出情势不对，冲入室内，对杨坚说："相府有事，不可久留！"

赵王宇文招正要一刀朝杨坚嘴里捅过去，忽见元胄闯入，坏了大事，斥责道："我和丞相讲话，你是什么东西！"

元胄不仅不退，反而瞋目愤气、扣刀而立，大有樊哙之风。

宇文招见呵斥不成，只得解释："我难道会有恶意吗！将军怎如此多心！"同时，赐酒给元胄喝。元胄不饮。

宇文招见计不成，便假装酒醉恶心欲呕，想返入后阁，唤埋伏的兵士入屋乱剁。

元胄机警，几次阻止宇文招。

宇文招走不成，称自己口干，命元胄入后厨取水来饮，元胄仍立于原地不动。

僵持之间，门外传滕王宇文逌来府。杨坚依礼，降阶迎候。

趁此机会，元胄附耳言道："事势古怪，请马上离开！"

杨坚一点头："他们手中又无兵马，敢对我怎样！"

"兵马都是他们宇文家族的东西，如果他们先发，大势去矣！"

杨坚不听，又入座与新来的滕王宇文逌互敬互饮。

趁杨坚降阶与滕王寒暄时，赵王下令王府卫士准备动手。

元胄一直揪着心，听见室后甲胄摩擦之声，刀剑叮当，他再也顾不上礼仪，冲至坐榻前，高言："相府有众多急务，杨公您应该马上离开！"

说着话，元胄连搀带拽，扶起杨坚就往外走。

宇文招见状也急，想追出门豁出去一刀捅了杨坚。元胄挡在门口，不让宇文招出去。

杨坚见势不妙，一溜小跑，跑到王府门口才敢喘口气。此时，元胄也跟了上来。

宇文招恨计不成，弹指出血。这位赵王，自幼聪颖，博涉群书，写得一手好文章，又学庾信体，善为轻艳之词。他既有文才，又有武略，曾与周武帝一起伐北齐，单军攻克北齐的汾州坚城，后来，他还曾与齐王宇文宪一起打败过附属北齐的稽胡。这么一位文武双全的王爷，该断不断，瞻前顾后，丧失了诛杀杨坚的大好机会，也敲响了宇文皇族的丧钟。

不久，杨坚就诬称宇文招谋反，以周静帝的名义诛杀了宇文招及其子弟多人。至于元胄，杨坚大行赏赐，赐金赐物不可胜计。

元胄本是北魏昭成帝六世孙，美须眉，多武艺，曾受北周齐王宇文宪荐引，屡立战功。不知为何，此人与杨坚一见如故，惺惺相惜。杨坚辅政之后，立刻收其为腹心。杨坚称帝后，叹言"保护朕躬，成此帝业，元胄之功也"，晋位上柱国，封武陵郡公。

元胄看似忠直，其实也属投机取巧之辈，后来他参与杨广潜废太子杨勇之谋。隋文帝晚年，蜀王杨秀获罪受谴，元胄因与这位王子往来密切得罪，被除名为民。炀帝继位后，因元胄与弟弟杨秀通谋，也没给他恢复原官。落寞之余，元胄与也因事被废于家的将军丘和喝酒，席间谈起老友上官政坐事被贬徙岭南一事，元胄酒酣大言。"上官政乃壮士，令徙岭南，能不在那里做大事（造反）吗？"言毕，他还拍着自己的肚子，朗言道，"如果换了此公，肯定不会碌碌无为！"转天一早，丘和就把元胄的话上奏给炀帝。炀帝气不打一处来，派人杀掉元胄一家，并下诏征上官政为骁卫将军，起复丘和为代州刺史。元胄这个倒霉蛋，以己一家性命，换来两位老友的高官坦途。

想当初，若不是元胄，隋文帝早成了宇文招的刀下之鬼。

于杨坚而言，熬过了最艰难的时刻，好消息接二连三。数月之间，尉迟迥、尉迟勤、王谦等人相继败死，送首阙下；司马消难见势不妙，仓皇逃奔陈国。

得意之时，杨坚已无外忧，开始大杀周朝宗室。杨坚共计杀周朝文帝子孙二十五家，孝闵帝子孙及明帝子孙六家，武帝子孙十二家。荒唐皇帝宇文赟的儿子宇文阐禅位后即被杀，时年九岁。宇文赟另外两个幼子还在怀抱之中，为斩草除根，也被杨坚诛杀。其余宇文宗室疏属，几乎为杨坚诛杀无遗，成千上万的凤子龙孙，均于一年多的时间里惨遭屠戮。如此种种，正应了北周初期的谚谣："白杨树头金鸡鸣，只有阿舅无外甥。"

清朝历史学家赵翼感叹说："古来得天下之易，未有如隋文帝者，以妇翁之亲，安坐而登帝位……窃人之国，而戕其子孙至无遗类，此其残忍惨毒，岂复稍有人心！"

然则，天道昭昭，隋文帝自夸为"真兄弟"的五个儿子（五个儿子同父同母，都是杨坚与皇后独孤氏所生），长子杨勇，被废后赐死；次子炀帝，被臣下勒死；次秦王杨俊，早死；次蜀王杨秀，废锢，死于江都之难；次汉王杨谅，谋反被诛。而杨勇十子，均被炀帝贬于岭南杖死。杨俊、杨秀、杨谅之子，都死于江都之难。炀帝的三个儿子，一个早死，另外两个也在江都被诛杀。杨氏子孙基本"无遗种"。最巧的是，灭了隋朝弑了炀帝的人又恰恰姓宇文（宇文化及与周朝皇族同姓，但并不同宗），令人慨叹。

581 年春，眼见内平外定，杨坚便以周静帝名义晋封自己为隋王，没过几天，就上演"禅让"大戏，自立为帝，改元"开皇"，以杨勇为皇太子，并假模假式地封九岁的周静帝为介国公。

杨坚的女儿杨丽华自从知道其父有代周自立的企图后，意颇不平，形于颜色。杨坚称帝后，杨皇后愤惋逾甚。愧疚之余，杨坚封女儿为乐平公主，并想逼其改嫁，杨丽华誓死不从。后来，杨皇后于炀帝时代在随帝巡游途中生病，病死于张掖，时年四十九岁。

见大事已定，杨坚这位狠心的姥爷让人把九岁孩童周静帝掐死，然后假意举哀于朝堂。周静帝生母朱皇后本来比周宣帝大十多岁，是宣帝当太子时的掌衣侍女，母凭子贵，本人并无宠于周宣帝。杨坚篡国后，朱皇后出家为尼，几年后抑郁而死，时年四十岁。

开皇六年，沉猜阴狠的隋文帝又把三个老朋友刘昉、梁士彦、宇文忻一勺烩了，杀掉三人及其儿子辈。

刘昉自杨坚掌权以后，就以功臣自居，纵酒逸游，贪污纳贿，最要命的是，关键时刻他不为杨坚排忧解难，拒绝出外监军讨伐尉迟迥等人，使得杨坚暗中深恨。杨坚以高颎代其司马一职。

受禅后，杨坚虽封刘昉为舒国公，却只让他闲居，并不真给这位老朋友实职。刘昉以“佐命功臣”自居，被隋文帝疏远后，怏怏不快，便与同为隋朝功臣的梁士彦、宇文忻二人深相结纳，准备伺机起事。

梁士彦在北周时就是赫赫有名的上将。周武帝平北齐，梁士彦居功甚伟，此后，他击擒陈朝名将吴明彻，略定淮南之地。他在北周时已经是上柱国。尉迟迥反杨坚，梁士彦又亲为前锋，并攻入邺城北门，立下首功。平灭尉迟迥后，梁士彦代之为相州刺史。梁士彦虽立下大功，但杨坚对这位文武通才的功臣甚为疑忌，不久就把他征还京师，削去兵权。

闲居无事之余，梁士彦以元功重臣之身，难免心生怨言。刘昉本来与梁士彦的妻子通奸，老梁戴了绿帽还不知道。二人很谈得来，暗中相谋起事。而且，共同参与的几个人答应事成后，推梁士彦为帝。

宇文忻也是北周名将，能左右驰射，骁捷若飞。十八岁时，宇文忻即因跟从北周的齐王宇文宪讨突厥有功，拜仪同，获赐县公。周武帝平北齐，宇文忻屡立大功，晋升为大将军，后又因大败陈朝大军而晋升为柱国。

杨坚初执政，尉迟迥在邺城与杨坚派去的军队拒战，背城结阵，杨坚所遣的“官军”交战不利，将有溃败之态。当时，邺城百姓在周围观战看热闹的有数万人，宇文忻见事急，便表示要以“权道”破之。于是，他率兵杀入围观的百姓群中，见人就砍，众百姓大叫而走，声如雷霆。见此，宇文忻趁乱高呼“贼军败了”，使得正想逃跑的“官军”复振，奋力急击，最终大败尉迟迥。

事后，宇文忻晋封上柱国，封英国公。隋代周后，杨坚阴忌宇文忻威名，寻个小错就削去了他的职权，遣归于家。

落寞之余，宇文忻便与老友梁士彦、刘昉密谋，准备干一番大事。

“秀才造反，三年不成。”三人之中，刘昉文士出身，宇文忻、梁士彦虽是百战勇将，也一直未想出什么一掷即中的好法子来。

本来，三人商量伺隋文帝外出祭庙，率童仆动手刺驾。但此时的杨坚非数十年前和他们一起喝酒、吃肉的普六茹坚，天子之尊，扈卫千乘，一时间下不得手。于是，三人又想在蒲州起事。

策划归策划，皆空泛不能施行。

不久，梁士彦的外甥裴通知悉大舅与刘昉、宇文忻的“阴谋”，忙向隋文帝告密。

隋文帝本就是个阴狠之人。此时，天下已平，对于老哥们儿的造反谋划，他根本不急，反而像猫玩耗子一样慢慢摆弄这三个老友。

他下诏派梁士彦为晋州刺史，观察对方的表现。

接诏后，梁老头儿直乐得要蹦起来，欣然对刘昉等人说：“这真是天意让我们成功！”何者？困龙入海，又有晋州一块根据地，帝业可图啦！

出发前，他上表隋文帝，请求派心腹薛摩儿为长史一同赴任。隋文帝立马照准。

公卿大会，梁士彦辞行，隋文帝在御座上一抬下巴，虎狼武士一拥而上，当场把梁士彦、宇文忻、刘昉三个人捆成粽子。

杨坚大脸一耷拉，喝问："尔等欲反，何敢发此意！"

三人不服。隋文帝命押上薛摩儿，立时对证。薛摩儿马上坦白，把几个人暗中谋反的事一五一十招来，细节不漏，并讲："梁士彦的二儿子梁刚哭泣谏阻，他的三儿子梁叔谐却劝说'做猛兽就要做大老虎那样的百兽之王'。"

廷对鞫审，梁士彦不得不服罪。七十二岁老翁，连同三子（除梁刚外）一同被牵出斩首。刘昉虽为文士，自知不免，默无所对。

几个人被押送刑场之前，六十二岁的宇文忻看见老战友高颎，向他叩头哀求，惹得刘昉勃然大怒，怒斥宇文忻："事已至此，叩头管什么用！"

隋文帝虽残忍，但念这三人均是"佐命元勋"，当初没有他们就没有自己的今天，于是法外开恩，特恕三人兄弟叔侄及妾生子之命，远配蛮荒，财产田宅皆抄没。

统一南北的大功

隋文帝灭陈的大业

杨坚称帝后，一顺百顺。隋将韩僧寿、李充在河北山、鸡头山两次大破进犯的突厥军队，隋将梁远又在尔汗山大败吐谷浑，斩其名王。高丽、靺鞨，都遣使来朝。

当时，隋朝只是继北周后拥有北中国大部分地区。江南的南朝陈国，恰值陈叔宝在位，这位爷是中国历史上有名的荒唐皇帝。

杨坚称帝后，陈叔宝派大臣到北方邻国以进贺的名义查验实情。听说隋帝状貌不凡，陈叔宝就让使臣袁彦把隋帝杨坚的画像拿回来看看。展开画幅后，见到杨坚魁伟沉毅的姿容，陈叔宝“大骇”，掩面说“我不欲见此人”，马上令人把画像拿走。

本来，杨坚受周禅之初，很想同陈国搞好“睦邻友好关系”，当时陈宣帝在位，倒对杨坚不大在乎，也不约束陈兵侵掠北境。隋文帝杨坚曾一度派大军南征，恰好陈宣帝崩逝，“兵不伐丧”，杨坚下令班师，遣使赴吊，信中也谦恭地“称姓名顿首”。

陈后主却觉得隋兵是退走而不是撤走，见来信更加自骄，复信内有“想彼统内如宜，此宇宙清泰”之句，惹恼了隋文帝。

陈后主不理政事，荒于酒色，成天与一帮诗人文臣（时人称之为“狎客”）通宵达旦酣饮，后宫美貌华服的妇人数以千计，其中以张丽华最受宠爱。张贵妃发长七尺，光彩照人，聪明伶俐，进止从容，又不妒忌，大为后主宠幸。陈叔宝不仅吟诗作赋很专业，音乐造诣也很精深，是大师级水准，自制《玉树后庭花》曲，沉浸于妙曲曼舞和醇酒之中，流连忘返。

隋文帝觉得时机已到，对大臣高颎说：“我是天下百姓父母，岂可限一衣带水而不拯之乎！”

588 年，他下令大造战船，以儿子晋王杨广为元帅，总督八十总管征讨陈国。同时，隋朝印制三十万份写有陈后主十二大恶事的征讨诏书遍致江南各地，大举伐陈。

隋国发如此大军逼境，陈后主竟然丝毫不慌。他对左右侍臣说：“王气在此，想必无忧。齐兵三来，周师再来，无不摧败。他们怎么又做这种费力无功的事情呢。”

佞臣孔范也在一边附和：“长江天堑，自古以此为限分割南北，隋虏岂能飞渡！守边将领妄言事急，想以此邀功。为臣我常常觉得自己官小，隋军真的有胆来攻，我趁机立大功弄个太尉当当。”

言毕，君臣欢笑、奏乐、饮酒、赋诗，一如往常。

这一边，杨广手下大将贺若弼、韩擒虎等人势如破竹，南北两道一路攻来，拔城陷阵，很快就渡过长江，包围建康。此时，城内仍有十多万甲士，欲与隋军奋战。陈叔宝本性怯懦，也不懂得劳军鼓励，只知道日夜啼泣，以泪洗面，大事都交给文臣施文庆。施文庆怕武将有功对自己不利，在如此危急关头仍旧“私”字当头，将领们一切防御守备的计划全被他压下不报，没有一个得以施行。

很快，城溃兵逃，百官遁跑。陈叔宝自己也跑到景阳殿后，藏入井中躲避。隋朝军人冲进宫内，遍寻后主不见，发现井里有人，向下喊叫，无人应声，就大声嚷嚷要用大石头砸下去。陈后主在井内忙叫唤“下面有人”。隋兵丢下绳索，往上提拉时觉得非常重，拽上来一看，竟是荒唐后主和张贵妃、孔贵嫔三个束在一起，果真是临到亡国也保持着“不爱江山爱美人”的秉性。

当时的隋军元帅杨广，年仅二十岁，英姿飒爽，挥军直入建康。安顿好吏民之后，斩杀佞臣施文庆、沈客卿等人，为民除害；封存府库，资财一无所取，江南民众都称颂杨广的贤德。

在杨广的指挥下，隋朝得陈国三十州，一百郡，四百县。隋朝最终得以统一南北。

589 年 4 月，陈叔宝和陈国的王侯将相二百多人连同陈国的服舆宝器、天文图籍等，一并展览似的被铁骑围押着，在骊山上演“献俘”的大戏。在加封杨广为太尉并赐予大量财物后，隋文帝命内史令宣诏痛斥陈国君臣的过失和亡国罪行。陈叔宝与陈国王子、群臣都惶恐跪伏，屏息流汗。

虽然杨坚把周朝宗室皇族杀得一个不剩，对陈叔宝一族却很宽厚，并赏他三品官。每次朝宴时还怕陈叔宝伤心，嘱咐乐师不许演奏江南音乐。

不料，陈叔宝奏称每次朝会自己没有官号，要隋文帝实封他一个官当当，隋文帝苦笑，说道：“叔宝全无心肝。”

听监守的人说陈叔宝天天喝得大醉，很少有清醒的时候，隋文帝还真为陈后主身体着想，让监守官员节制供酒，但不久又下令："任他喜欢供酒吧，否则他不畅意喝酒，日子肯定也过不舒服。"并把陈氏宗室子弟分置各州，赏赐土地衣物，派人护卫。

本性严酷的杨坚之所以能容忍陈氏子弟存活，主要是因为这一大家子没人能对隋朝构成威胁。

说来也怪，在南北朝皇朝迭兴、杀戮至惨的时代，只有南朝陈国四个皇帝及宗室子弟皆得善终，也真是个奇迹。

后来，陈叔宝跟随隋文帝东巡游幸，还献诗一首："日用光天德，山河壮帝居，太平无以报，愿上东封书。"称颂隋帝功德，表请封禅。

隋文帝心中十分快意，他目送陈叔宝下殿时，又叹息说："如果陈叔宝把作诗和喝酒的心思用于治国，又怎会有今天呢。"

文治武功四方宾服

隋文帝的功绩

隋文帝杨坚的朝廷，不仅有刘昉、郑译、高颎，李德林、韦孝宽等汉族官员，鲜卑贵族如元胄、宇文忻、元谐等人也早就加入他的阵营。中国北方政权到了杨坚手里，由"胡"变汉，又一统江南，中国自西晋末年分裂了三百多年后，重新统一。

政治方面，杨坚确立了五省六曹制度——五省即尚书、门下、内史、秘书、内侍；六曹即尚书省下的吏、礼、兵、度支、都官、工六曹（后来改度支为民部、都官为刑部）。武官方面，隋文帝仍袭北周制度，置上柱国、柱国、上大将军、仪同三司等十一级，以奖励军功。

对于各地的辖统，隋文帝实行州县两级制，罢去郡级。特别是官吏任命，地方州县僚属均由中央的吏部统授，大大加强了中央集权制度。同时，在均田制的基础上，"兵农合一"成为事实。北周时代的府兵制与自北魏以来就施行的均田制得以充分结合，军事统率权也集中到中央政府。

经济方面，由于均田制限制了豪强的兼并，农业得到迅速发展，耕地数量激增，加之国家的大规模水力灌溉工程建设广收成效，处处丰收景象喜人。

隋朝在袭用北周租调力役制度的同时，减轻了农民的赋役，并施行“大索貌阅”，以“三长制”的基层组织为依靠，阅实户口、检括民丁。“貌阅”类似现在的身份证，上面详细记载人民的性别、年龄、容貌特征，以备检索、核实。

当然，隋朝的“貌阅”主要是为了按人头多收赋税。隋炀帝时，国内人口近五千万，为数百年所未有。此外，隋文帝大行节俭之风，提倡储粮备灾，使隋朝的官仓、义仓储积的粟帛为历朝之最，资储遍于天下，能供五六十年之需。

经过隋末的天灾人祸，唐朝立国二十年后，隋朝在各地的库储尚未完全用尽，可以想见其数量之巨。

不过，史学大家王夫之一针见血地指出：“隋文帝之俭，非俭也，吝也，不共其德而徒厚其财也。富有四海，求盈不厌，侈其多藏，重毒天下，为恶之大而已矣。”他深刻地指出隋文帝的义仓是用以宣传的“花架子”，并非真正“爱养天下”的善举。

商业方面，隋文帝下令改铸“新五铢钱”，由此统一了货币。

隋文帝时代，都市繁盛，商贾云集，海上和陆上贸易均盛极一时。

隋朝建立后，形成了中国科举制的雏形，废除了全凭门第的“九品中正制”。到了炀帝，又建“进士”等科，使先前地方豪门大族把持选举的情况得以改观，不仅加强了皇权，也有利于庶族地主的仕进腾达。

刑法方面，隋初取北魏、北齐刑律中的精粹，集纳而成《开皇律》，律法明晰，比北朝先前各个朝代宽明许多，并取消了枭首、轘裂等酷刑（后来又被炀帝恢复）。日后赫赫《唐律》，基本脱胎于《开皇律》。

对此，王夫之大加赞赏："今之律，其大略皆隋裴政之所定也。（裴）政之泽远矣。千余年间，非无暴君酷吏，而不能逞其淫虐者，法定故也。"

对外关系方面，隋文帝很有一套。他对契丹、靺鞨等施行"怀抚"政策，不听话的就先打后抚；大败吐谷浑军队后，送宗女与之和亲；慰抚"流求"，派船舰、军人到当地"视察"；经营西域，削弱突厥在当地的影响，发展贸易；派人出巡南海以及海东的百济、新罗、倭等国，宣示"皇威"，询访风俗，等等。

隋朝最重要的对外关系内容，是突厥问题。本为柔然锻奴的突厥人自伊利可汗（阿史那土门）起，日益强盛。北齐、北周对峙时期，为了防止对方联合突厥攻打自己，争相巴结讨好当时的佗钵可汗，每年都送无数金银珠宝子女玉帛作为"贡献"，致使这位可汗自大得不行，常对来往诸国使臣讲："我在南两儿（指北齐、北周皇帝）常孝顺，何患贫也！"

隋文帝篡周后，由于赵王宇文招的女儿千金公主系沙钵略可汗之妻，宇文姑娘为父报仇心切，不停撺掇夫君攻打隋地。

双方交战，隋兵自然不弱，多次大胜。沙钵略可汗不仅没占得便宜，还丢盔弃甲，大败而去。同时，隋朝厚赂西突厥的达头可汗，挑拨东西突厥的关系，让双方互相残杀。为了平衡两只"狼"的势力，隋文帝不愿让达头可汗一方坐大，不久又安抚沙钵略可汗，哄得这位蛮汉上书隋文帝称杨坚为"丈人"，自称"儿"以求大隋欢心。

沙钵略死后，其弟处罗侯继位，大张隋朝所赐旗鼓，真正是"扯虎皮做大旗"，内斗连连，征服了不少异己力量。不久，处罗侯在"内战"中战死，沙钵略可汗的儿子都蓝可汗得立。

为了再次平衡突厥可汗的力量，隋朝把宗女嫁给都蓝可汗的异母弟突利可汗。都蓝可汗求亲多次被拒，见突利可汗反而成为大隋半子，感觉很没面子，恼羞成怒，又开始侵袭隋境，却也大败而回。打不过隋军，都蓝可汗就向突利可汗下手，突然袭击，尽杀其诸子亲随，使得突利可汗仓皇间仅带五骑逃出，一直遁逃到长安。

隋文帝大排盛宴，以隆重的礼节欢迎这位丧家之犬似的落难可汗，并封他为启民可汗，把他感动得差点儿晕过去。

不久，都蓝可汗在内乱中被自己人干掉，达头可汗以大突厥可汗自居，率兵攻打为隋朝捍边的启民可汗。关键时刻，又是隋军出手相援，启民可汗得以全身而还。

感激之余，启民可汗叩首上表，愿当大隋牧羊犬，“世世捍边”——由此可见，隋文帝对突厥的政策极为有效，使群狼互争，自己成为仲裁者和真正的老大。只要涉及阴谋和权术，隋文帝总是佼佼者和胜利者。

另外值得一提的是对高丽的关系。由于高丽与隋朝接壤，就成为朝鲜半岛三国中与隋朝关系最为敏感的国家。隋文帝开皇十八年（598年），高丽国王高元派兵进攻辽西，被隋军击败而返。蕞尔偏邦小国，竟敢和大隋叫板，隋朝满朝君臣大怒。

商议过后，隋文帝以汉王杨谅为行军元帅，以高颎为长史，派三十多万大军水陆并进，直奔高丽杀去。

不幸的是，隋朝水军在海上遇风，船舰倾覆；陆军在半路上感染瘟疫，没见到敌人就病死大半。不得已，隋朝退兵，三十万大军，死者十有八九。但是，敲山震虎，高丽国王高元也知道大隋不是好惹的主儿，忙遣使奉表谢罪，并自称为“辽东粪土臣元”。

看到高元的谢罪表后，隋文帝终于一泄愤懑之气。

对于隋文帝的文治武功，史臣赞叹：

> （隋文帝）劬劳日昃，经营四方。楼船南迈则金陵失险，骠骑北指则单于款塞，《职方》所载，并入疆理，《禹贡》所图，咸受正朔。虽晋武之克平吴、会，汉宣之推亡固存，比义论功，不能尚也。……躬节俭，平徭赋，仓廪实，法令行，

君子咸乐其生，小人各安其业，强无陵弱，众不暴寡，人物殷阜，朝野欢娱。二十年间，天下无事，区宇之内晏如也。考之前王，足以参踪盛烈……

精明不到黄泉界

杨坚晚年最大的失误：废嫡与立储

杨坚与皇后独孤氏有五个儿子，即太子杨勇、晋王杨广、秦王杨俊、蜀王杨秀、汉王杨谅。这几个人，确实是同父同母的“真兄弟”。

杨坚对儿子管教很严。秦王杨俊好佛喜色，在并州总管任上奢侈违制，被杨坚召回免官。大臣们认为处罚过重，杨坚回答：“我不仅是五儿之父，也是兆民之父。如果按你们的意思，干吗不为皇帝的儿子特定一部法律呢？”坚持对杨俊进行处罚。

隋文帝皇后独孤氏十四岁就嫁给杨坚，发誓生死同心，杨坚也发誓不与别的女人生孩子。

独孤皇后本性俭约，不好华丽，又好读书，识达古今，言事论人都和隋文帝想的一样，宫中称为“二圣”。她为人非常仁爱，每次听说大理寺斩决犯人都为之流泪。

但此妇人有一个毛病，就是天性奇妒。叛臣尉迟迥有个孙女非常美貌，杨坚于仁寿宫偷偷临幸。独孤氏趁皇帝上朝，派人一刀杀掉这个美貌女孩。杨坚又悲又怒，单骑从御花园中跑出，直入荒山三十多里。大臣追上，拦马苦谏。杨坚叹息：“我贵为天子，不得自由！”驻马良久，半夜才回宫。

独孤氏不仅对丈夫防护甚严，对儿子们也管束甚严，要求他们学她和杨坚一样从一而终。她为杨勇挑选的妃子元氏很受杨勇冷落，多年不得召见，突发心脏病而死。杨勇宠爱云妃、高妃和成妃等人，并和这几个妇人生下一大堆孩子。对此，独孤皇后非常生气，不断派人伺察、访探他的举动，不断在文帝耳边吹风，指摘杨勇的过失。

太子杨勇虽然有些好色、奢侈，但为人宽厚，率意任情，常常优礼士人，宽待大臣。长子往往是这样的性格，之后唐朝的太子李建成，性格脾气也和杨勇相似。

晋王杨广一直觊觎太子宝位。得知父皇、母后对杨勇猜阻之意已生，更加矫饰、伪装，平日只和正妻萧妃住在一起。后庭有宫人怀孕，都把胎儿打掉，以免外人知晓。因此，独孤皇后十分喜爱杨广的“忠贞不贰”。其实，这位晋王绝对是个好色坯子，攻灭陈国后，他马上想把陈叔宝的妃子张丽华弄到手。大臣高颎先入建康，不仅没有按他的意思把美人送上，还说“从前姜太公蒙面斩妲己，今天怎能留下张丽华这祸水”，下令斩美人于青溪。杨广因此十分仇恨高颎，继位后不久就借故杀了这位功臣。

当晋王时的杨广，十分谦虚自抑，史载：“晋王（杨）广美姿仪，性敏慧，沉深严重；好学，善属文，敬接朝士，礼极卑屈；由是声名籍甚，冠于诸王。”

一次，在军队观猎时，遇上大雨，左右进上雨衣，杨广说：“士兵都淋得透湿，为什么要我一个人穿雨衣呢？”命左右拿走，仍冒大雨立马观览。对此，将士们感动得一塌糊涂。

文帝有一次去他家里察看，早有准备的杨广随父皇四处检视，只见殿内乐器灰尘满布，丝弦断绝，一看就知已经不用多时。由此，老皇帝就认定二儿子不好声妓歌舞，是好苗子，和那位连铠甲都以金玉装饰的太子杨勇形成鲜明对比。

杨广暗中派遣和他关系亲密的大臣宇文述、杨素等人在杨坚夫妇面前百般诋毁太子杨勇。

太子本性直率，不知矫饰，容易发怒，形于言表，隋文帝渐有废杨勇之意。

杨广当上扬州总管后，借入朝还镇的机会与母后独孤氏道别，装出依依不舍、万分可怜的样子，伏地流泪不止。独孤皇后也潸然泪下。

杨广趁此机会大倒“苦水”：“儿臣非常看重兄弟情谊，不知哪里得罪了太子，他一直想杀掉我。每想到我不知哪天会被毒死害死，真是恐惧得不得了。”

独孤皇后闻言大怒：“杨勇太过分，我给他娶的元妃他一点儿也不爱念，专宠云妃，还下毒毒死元妃（其实是心脏病发而亡）。我现在活着他都这样对待你，哪天我死了他不知怎样害你们兄弟呢。等你父皇驾崩以后，想到你们兄弟得向云妃那个小妖精跪拜称臣，为娘我真是心如刀绞！”

杨广闻言再拜，呜咽不止。独孤皇后也抱着儿子大哭。

由此，独孤皇后已经下了废掉杨勇的决心，日夜不停地在杨坚面前说杨勇的坏话。杨素等大臣也推波助澜，加之杨勇在冬至于太子宫中张乐接受百官朝贺，犯了大忌，老皇上最终也决定废嫡。

600 年 10 月，杨坚派人召杨勇入殿。心力交瘁的太子闻命大惊，问使者：“不是要杀掉我吧？”

他进宫后，发现父皇戎服陈兵，百官肃立。杨坚宣布废掉太子杨勇，押回东宫看管，立晋王杨广为太子，并命杨广负责看押杨勇。

一番苦心，终未白费，杨广终于由晋王成为皇储。杨勇当廷被废，泣下沾襟，只言自己罪过，拜辞而去，竟无一言反讦二弟杨广。由此可见杨勇是一个宽仁忠厚之人。反观李世民太子李承乾，被废后鱼死网破，死咬四弟李泰，最终两人同归于尽，才使得懦弱的李治成为皇太子。

可以推论，假如杨勇继位，隋朝可能不至于二世而亡。

杨勇被囚于府内，渐感冤屈，几次上书诉冤。杨广命人把书信全部销毁，不许上闻。

杨勇爬到树顶大声叫屈，希望老皇上能听见自己的声音，亲自讯问。但杨广的心腹、大臣杨素趁机上奏说杨勇得了精神病，胡喊乱叫，不能治愈。

杨坚听信，就没有再给杨勇诉冤的机会。

602 年 8 月，皇后独孤氏病逝。太子杨广进宫拜见父皇时，哀恸气绝，装出万分悲痛的样子。回宫以后，他饮食欢笑，一如常日。为了表示思母过哀，杨广对外声称每天只吃两勺米，在灵前号哭跪伏，私下派人精制猪鱼肉脯，装在竹管里以蜡封口藏于袖中，瞧见没人就吃上几口特制的“压缩干粮”，继续演戏。

独孤皇后死后，没两年杨坚就疾病大生。

杨广作为皇太子入居大宝殿，杨素等大臣入内殿侍疾。

根据马总的《通历》记载，杨广担心父皇弥留之际会发生什么变故，秘密派人问杨素父皇的病状。杨素把老皇帝的病情一五一十写明，封上信口回送杨广。送信的宫人转了几道手，误以为是送给皇帝的上奏，呈给杨坚。病危的杨坚见信后又恨又悔。忽见陈夫人进来时神色慌张，就问缘由。陈夫人回答：“太子无礼！”原来是陈美人出去更衣时，差点儿被杨广强奸。老皇帝闻言，一口气上不来几被气死，大叫：“畜生何足付大事！独孤皇后误我！”就召唤身边的大臣杨述、元严说：“呼我儿来见！”两人以为是召杨广，老皇帝忙说：“是杨勇！”杨素知道这事后，马上告知杨广事急，矫诏逮捕杨述和元严，命杨广心腹张衡入侍，禁止宫内一切人员出入。不久，隋文帝就驾崩了。更玄乎的是，《通历》载：“（杨素）令张衡入拉帝，血溅屏风，冤痛之声闻于外，（帝）崩……”

此种记载，类似演义，极力铺陈老皇帝不是善终。

唐朝魏徵等人编纂的史书虽不是特别令后人信服，但对隋文帝之死的记载应该多有可信之处：“（仁寿四年）夏四月乙卯，上不豫……秋七月乙未，日青无光，八日乃复……甲辰，上以疾甚，卧于仁寿宫，与百僚辞诀，并握手歔欷。丁未，崩于大宝殿，时年六十四。”

唐太宗特别注意自己和大唐皇家的历史形象，常常查看史书记述（连自己的起居注都看），对于杨广这位表叔，自然要大加鞭挞。这样，才显得唐朝的建立顺天应人。即便如此，唐臣也记载了老皇帝临死与百官辞诀，应该是善终，并非为太子杨广所弑。

纵观隋文帝杨坚与独孤皇后所生的五个“真兄弟”，父子相忌，兄弟相屠，金枝玉叶凋零殆尽。

太子杨勇被废，忽忽如狂。炀帝继位，马上伪造父皇遗诏，赐死大哥杨勇。杨勇有十个儿子，皆为二叔炀帝所杀。

老二杨广，大名鼎鼎的隋炀帝，结局在此暂不详述。

老三秦王杨俊，少年时代“仁恕慈爱，崇敬佛道”，长大之后，逐渐奢侈，盛治宫室，广敛民财，违越制度。杨俊的王妃崔氏为大族之女，嫉妒成性，见夫君好色，罕来己房，便于瓜中下毒，想把丈夫毒死。毒药分量没下够，把杨俊弄得半残。隋文帝得知消息，征杨俊入朝，免去实官，软禁于京，同时赐死胆大包天的崔氏。缠绵病榻之时，杨俊颇有悔悟，上表向父皇谢罪。杨坚不仅不安慰要死的儿子，反而下诏“切责之”。惭怖之下，杨俊终于死去。虽不算善终，也称得上是“安死”。杨俊有两子，杨浩、杨湛。宇文化及弑隋炀帝后，曾让杨浩当过数日“皇帝”，后来觉得没用，就把两兄弟杀掉了。

老四蜀王杨秀，少有胆气，容貌瑰玮，美须髯，多武艺。不知为何，隋文帝很厌恶他，常对独孤皇后讲：“杨秀必不得好死。我活着的时候他不敢闹事，等他哥哥当皇帝后这小子肯定要造反。”杨秀自己也不检点，在蜀地违反制度，车马穿戴和天子一样，关起门来做皇帝。大哥杨勇被废，二哥杨广成为皇太子，杨秀意甚不平。杨广闻知，指派杨素向老皇帝进言，收集罪状，说四弟有异心，把杨秀征还京师，锁进大牢。盛怒之下，杨坚愤言：“当斩杨秀于市，以谢百姓！”杨广火上浇油，派人做了两个小木人，分别写上杨坚和汉王杨谅的名字，缚手钉心，令人埋于华山下。然后，杨广指派杨素等人把人偶挖出来，诬称是杨秀所为。杨坚暴怒如狂，马上废杨秀为庶人，禁锢终身，诛杀他手下数百僚属。炀帝继位，仍维持对四弟“无期徒刑”的原判，巡行各地时总把杨秀押在队伍之中。宇文化及弑逆，杨秀与诸子也被杀。可怜这个英武刚锐的大好青年，一直窝窝囊囊地做笼中之兽。

老五汉王杨谅，特为杨坚所宠爱。开皇十七年，出任并州总管，老皇帝亲自出宫饯送。这个官职管的地方大，自华山以东，至于沧海，南拒黄河，五十二州皆隶属杨谅管辖。大哥杨勇被谗废后，杨谅居常怏怏，阴有异图。他以防突厥为名，缮治甲兵，大发器具。杨坚死后，隋炀帝诏杨谅还京。杨谅在南陈旧将萧摩诃等人的协助下，扯旗造反。可惜的是，杨谅无远谋，无胆识，又不听手下文臣武将的谏劝，很快就被炀帝派来的老将杨素击败。穷蹙之下，他只能出降，被押送京师。炀帝假意说自己兄弟无多，饶杨谅一命，对他只是除名为民。随后，炀帝就把这位五弟幽禁，活活饿死。杨谅只有一子杨颢，在宇文化及大杀宗室时也遇害。

因此，史官叹道：“高祖之子五人，莫有终其天命，异哉！”

唐朝魏徵等人对隋文帝有褒有贬，在夸了他养民节俭、宾服四夷等历史功绩后，也批评了杨坚的猜忌、疏亲和寡恩：

> （隋文帝）素无术学，不能尽下，无宽仁之度，有刻薄之资，暨乎暮年，此风逾扇。……听哲妇之言，惑邪臣之说，溺宠废嫡，托付失所。灭父子之道，开昆弟之隙，纵其寻斧，翦伐本枝。坟土未干，子孙继踵屠戮，松槚才列，天下已非隋有。惜哉！迹其衰怠之源，稽其乱亡之兆，起自高祖，成于炀帝，所由来远矣，非一朝一夕。

隋文帝杨坚，为帝二十四年，崩年六十四岁。他有一首四言小诗流传于世，虽诗意很不吉利，充满夭殇气息，然伤恻哀婉，清丽可观：

红颜讵几，玉貌须臾。
一朝花落，白发难除。
明年后岁，谁有谁无？

（《宴诗》）

此诗是杨坚在开皇十年（590年）巡幸并州，与秦王杨俊及诸位王子、大臣欢饮时所作。诗意惨丽，氤氲缠绵。转年，陪宴的王子相继病死。十年后，秦王杨俊也离世。

寒鸦飞数点，流水绕孤村

隋炀帝杨广的功业与可悲下场

隋炀帝千古暴君，大有负骂名千载的趋势。但此人“美姿仪，性敏慧”，既有其父汉人杨坚的高大威猛，又有其母鲜卑姑娘独孤氏的白皙婉秀，风流万种，神采照人。

当王子时，杨广南平陈国，北却突厥，绝对不是绣花枕头大草包。此外，隋炀帝文采飞扬，能文能诗。隋炀帝写的两首诗，兹录于下：

无题

寒鸦飞数点，流水绕孤村。

斜阳欲落处，一望黯销魂。

幸江都诗

求归不得去，真成遭个春。

鸟声争劝酒，梅花笑杀人。

这两首诗，凄丽婉约，意境森然，果然有诗谶之效。宋人秦观把《无题》铺陈成词，“斜阳外，寒鸦数点，流水绕孤村”。文士寒酸，倒也贴切，但帝王出此语，就大不祥了。

此外，炀帝被弑，恰逢春天，“真成遭个春”，冥冥之中，应验了

“梅花笑杀人”。

在今天扬州市北郊的雷塘，仍存有一丘坟墓，上有清代书法家、时任扬州知府的伊秉绶所书“隋炀帝陵”四字。说是“帝陵”，几千年来，只有这么一任帝王的陵墓如此寒酸，虽然历史上几次重修，但大部分时间皆荒草萋萋，鲜有人于此凭吊。

隋炀帝在世之时，滥杀朝臣，穷兵黩武，三征高丽，劳民伤财，多次巡幸江南，致使国库空虚，国内兵民之变蜂起，最终被禁卫军勒死于江都。

千载骂声中，如果静下心来仔细研究前因后果，可以发现杨广在登基前平定陈朝以及做皇帝早期也干了不少可以称道的事情。比如，他营建东都加强了对关东的控制，开凿运河以及修建长城、驰道对于国防的巩固，在文化上促进了南北的交融和联系，并使有隋一代的商业发展一度达至鼎盛。

当然，杨广所作所为的出发点可能是为满足一己之私，但不能否认的是，二世隋朝，从客观上为日后强盛的唐王朝提供了丰厚的民族融合的心理积淀和统一的多民族国家的样板。

罪在当时　功用千秋

大运河的开凿

605年，杨广刚当上皇帝不久，就派人赐死废太子杨勇，以衣带绞杀亲哥哥于旧太子宫。接着，亲弟弟杨谅在并州造反，炀帝派大臣杨素统兵平定，逮捕杨谅至京师后绝其属籍，幽禁于深宫饿死，并把杨谅部下吏民二十多万户判以流刑。

同年，当了十五年亡国俘虏的陈后主叔宝病死，善终于家。隋朝追赠其为大将军、长城县公，杨广给陈叔宝的谥号，恰恰是“炀”。

根据谥法，好内远礼曰炀，去礼远众曰炀，逆天虐民曰炀，好内怠政曰炀。这真是中国历史上最大的黑色幽默之一。十四年后，即大业十四年三月，杨广被缢杀。他死后，李渊给他的谥号也是同一个“炀”字。而且，他这个隋炀帝要比先他而善终的“陈炀公”有名得多，后者的谥号几乎不为人知，只以“陈后主”知名。

大业元年三月，杨广下诏令杨素与将作大匠宇文恺（大将宇文怡之弟，其兄谋反，文帝特赦未杀）等人营建东京（洛阳），每月役使工匠两百万人。同时，他大建显仁宫，南接阜涧，北跨洛滨，发大江之南、五岭以北的奇材异石，输运洛阳。为了排场，他下诏搜求海内奇花异树、珍禽怪兽充实御花园。

接着，为了更容易从北方乘船到江都游玩，隋炀帝下令调征河南、淮北诸郡人民一百多万开凿通济渠，自洛阳西苑引谷、洛两条河水入黄河，又自板渚（在虎牢之东）引黄河水经荥泽入汴水，自大梁之东引汴水入泗水，直达淮河。他征发淮南民工十多万人开邗沟，自山阳至扬子入长江，渠宽四十步，两旁皆筑工整平坦的御道，夹种杨柳。

从长安到江都，共修建离宫四十多座。

闲不住的隋炀帝，派人到江南造龙舟和杂船数万艘。而后，他下诏开永济渠、江南河，后统名为“大运河”。

这条河的开凿，一方面，致使当时工匠役夫死伤无数，给民众带来深重灾难；另一方面，却大大加强了漕运和军运的功能，所谓害在一时，功在千秋。

所以，唐代诗人皮日休作诗道：“万艘龙舸绿丝间，载到扬州尽不还。应是天教开汴水，一千余里地无山。”“尽道隋亡为此河，至今千里赖通波。若无水殿龙舟事，共禹论功不较多。”（《汴河怀古》）

诗人把修建此河的功劳同大禹治水相提并论。诚然，西门豹曾讲过，“民可以乐成，不可与虑始”，但那是指大规模的国家建设。杨广开凿大运河的初衷，不能不说是为了一己之私。

大业元年，大业六年，大业十二年，隋炀帝三次巡幸江都。每次都乘龙舟而行。他的龙舟有四层，高四十五尺，长二百丈。最上一层有正殿、内殿、东西朝堂；中间二层有一百二十间房，都以金玉装饰，下层为内侍使用。皇后乘坐的船，叫作翔螭舟，略比龙舟小一点儿，其中的装饰与龙舟一模一样。此外，又制号为浮景的大船七艘，三层高，殿中可击水为乐（类似现在豪华邮轮的游泳池）。随从船只，名为漾彩、朱鸟、苍螭、白虎、玄武、五楼、道场、玄坛等数千艘，供后宫、诸王、王子、公主、百官、僧、尼、道士以及外藩使臣等人乘坐，并载有百司供奉之物。

每次出游，隋炀帝都要用挽船民工八万多人，挽漾彩等高级舟船的有九千多人，称为“殿脚”。这些人都穿锦绣豪华的衣服，不仅要求干活，还要求好看。除此以外，还有号为平乘、青龙、艨艟等小船数千艘，供十二卫禁卫军乘坐。

船舟连绵二百余里，旌旗风帆，照耀川陆，一眼望去如五彩锦绣。两岸又有长溜骑兵夹岸护送，同样绵延二百多里，旌旗遍野，蹄声隆隆。

路过的州县五百里以内都要献食，极尽水陆珍奇，隋炀帝一行根本吃不完。休息后启程，他们往往把未吃未用的东西就地弃埋，浪费无算。

大业三年（607 年），隋炀帝自江都回返，从伊阙陈摆帝王法驾，在千乘万骑的庞大仪仗队的护卫下入东京，绵亘二十余里。

他在端门召见群臣，令五品以上的文官、武将按制度佩玉戴帻，气象森然，文物之盛，前后无匹。

太子杨昭病死，杨广由于游玩高兴，也仅哭了几声就止住。不久复奏歌欢饮，无异平时。

大业十二年（616 年），在江都的办事官员为了讨炀帝欢喜，制作了更为豪华精美的大龙舟，通过大运河运至东都洛阳。

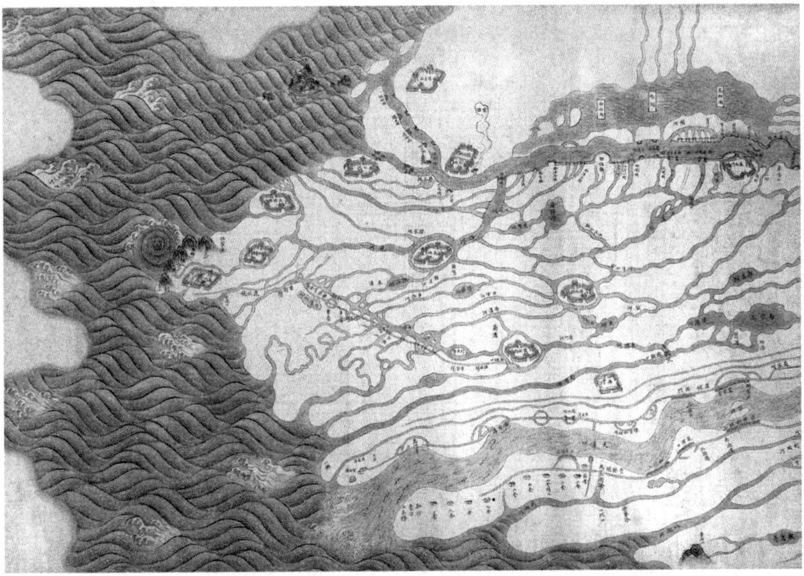

《大运河地图：北京到扬子江段》（局部）

杨广非常高兴，宇文述及一帮借盖殿造船升官的人也劝他再次游玩，让炀帝玩意甚坚。

大多数朝臣都不愿意去，又没人敢站出来拂逆帝意。唯独建节尉任宗上书极谏。上书当天，这位倒霉的臣子就被炀帝唤至朝中当众杖杀。杨广留下越王杨侗及几个大臣在洛阳办事，携后宫百僚浩浩荡荡准备出发。

行前，他留诗给东都宫人："我梦江都好，征辽亦偶然。但存颜色在，离别只今年。"诗虽如此，其实是一去不返，永世相诀了。

奉信郎崔民象在建国门上表，说当今天下盗贼充斥，不宜出游。

炀帝见还有人敢扫兴，大怒之下，先命人用刀把崔民象两腮连嘴一起削掉，再斩之于殿外。

南征林邑　北过突厥

好大喜功的雄心帝王

在隋文帝执政末年，隋朝臣子就好多人讲林邑（今越南中部）有许多中原罕见的奇异珍宝。当时隋军已平交州，大军逗留附近。

隋炀帝继位之始，一面大营东都，造船制舟，一面下令平定交州的大将刘方进击林邑。

林邑国王梵志派兵守险，被刘方打得大败。隋军渡过阇梨江后，林邑兵各乘巨象，四面围攻，让隋兵很是惊忧了一阵。不仅隋朝兵士看见大象害怕，从中原带去的战马也没见过这种长着两只长牙的巨兽，遂人仰马翻。

刘方见此情形，就命令军士在地上挖小坑，用草盖上，再派士兵挑战，未接战就假装败走。林邑士兵乘势前冲，座下大象纷纷陷入地坑之中，横倒一片，战阵大乱。

刘方下令隋军以大弩射象。虽然大象皮糙肉厚，劲弩也能射进几寸，受过训练的大象疼得怪叫，转头冲入自己军阵，踩死许多林邑士兵。

刘方遂令精锐部队趁势出击，斩首万余，乘胜追击，连战连捷，一直追过汉代大将马援（攻伐徵氏姐妹叛乱，“马革裹尸”的伟丈夫）所立铜柱的南面，八天后攻入林邑国都。

林邑王梵志吓得跑入海中。隋兵大肆掠夺，并缴获林邑国王家庙中纯金铸制的金人十八座，在林邑刻石记功而还。

虽然大胜，但由于水土不服，士卒在返程路上死掉近一半，大将刘方也在半路病死。隋军走后，林邑王上表求降，遣使称臣。

炀帝新立，契丹人不知好歹，听闻隋朝新天子继位，发兵侵犯辽西营州。隋朝派通事谒者（翻译）韦云起到突厥料理此事。

隋朝借用突厥亲隋的启民可汗两万兵，分为二十营，全归韦云起一人控制。韦翻译真是个人才，他下令每营相距一里地，不得交杂，听鼓声前进，闻号角而止，如非公事，不得于营间跑马。三令五申之后，击鼓而发。其中有突厥小官犯令，立斩于营，让人手持突厥小官的首级挨营警示（这位韦翻译肯定读过孙武子的事迹，连三令五申的做法都如出一辙）。

见大隋官员如此严厉，突厥各首领入帐禀事时，都浑身哆嗦跪着爬进帅帐，说话也不敢抬头仰视韦翻译。

契丹本来常年向突厥进贡，听说有两万“友军”在近处，也不设防，觉得是友邦在搞演习什么的。韦云起派人散布消息，说这两万突厥兵是去高丽做牛马买卖的，契丹人听说后，更放下心来。

突厥大军暗中出发，距契丹营帐五十里时，韦云起一声号令，命两万突厥人马突然袭击。契丹人连兵器都来不及拿，四万多男女一时被俘。

兴起之下，韦云起下令，斩杀所有契丹男兵，把一半契丹妇女与牲畜送给突厥，剩下一半带回向隋廷表功。

炀帝闻讯大喜，对百官说："韦云起用突厥兵平定契丹，文武全才，朕现在亲自举荐他。"皇帝荐官，说什么就是什么，韦云起立马被提拔为治书侍御史。

观中国历史，这位韦云起真是一个大英雄。只身一人入突厥，真正是凭一张嘴、一页纸（诏书）借来两万突厥雇佣兵，杀得契丹措手不及，又用缴获来的人马给突厥作补偿，不费丝毫国用。

大业二年（606 年）正月，甘心当大隋附庸的突厥启民可汗入隋朝贡。为了凸显大隋盛华，炀帝把北齐后主高纬在世时喜用的鱼龙杂耍和后周、南齐、南梁、南陈等本来已经失业的乐工乐户全都重新召集起来。

隋炀帝先是在朝内大肆陈列文物，让人领着启民可汗一行人观赏这些他们做梦也想不到的东西，然后，令众人坐定。鼓声一响，一队巨大的舍利怪兽跳跃而进（估计类似现在的舞狮子），激水满大厅，水人、虫鱼、龙龟等优人装扮的杂耍队塞满大厅。

突厥人正张大嘴看得入迷，又见巨大的鲸鱼模型向天喷出烟雾，转瞬之间，浓烟里又冒出长七八丈的黄龙数条，紧接着又有神龟驮山、幻人吐火，千变万化，令人目眩神迷。

倾慕震骇之余，启民可汗叩头请求隋炀帝让突厥人也穿汉服，归化为直属臣民。虽然大喜过望，炀帝仍优诏不许。

大业三年（607 年）四月，隋炀帝御驾亲行，车驾北巡，并征发河北十多个州的男丁开凿太行山直达并州，以通驰道，方便大队人马车驾行进。五月，皇帝车驾到达榆林。

炀帝想出塞炫耀兵威，从突厥治下的地段穿过，直达幽州。他害怕启民可汗惊骇，就先派武卫将军长孙晟先往晓谕。

启民可汗听见大隋天使来，把属国诸部几十个大酋长（包括室韦部落，即成吉思汗的祖先，那时还是奴才的奴才）都召集在一起，恭慕聆听长孙晟示教。

这位将军也是个人杰（他的女儿日后嫁给了李世民，不过他生前没有做成皇帝的老丈人）。看见帐中杂草丛生，长孙将军很想让启民可汗亲手芟除干净，就故意指着那些草说："这些草的草根肯定特别香。"

启民可汗马上拔起几棵，闻了闻，说："一点儿也不香啊。"

长孙晟说："天子行幸之地，诸侯都要亲自洒扫，平整御路，以表至敬之心。我见帐庭内有这些荒草，还以为是什么香料呢。"

启民可汗至此恍然大悟："奴才罪过！奴才的骨肉都是天子所赐，有机会效犬马之劳，怎敢推辞。将军您原谅我这个边鄙的粗人，不知天朝法令，能聆听您对我的教诲，是我三生有幸。"

言毕，可汗马上拔出宝刀，亲自芟除庭草。

他属下的贵族、酋长见可汗自己干活儿，全随后一同当起清洁工来。

随后，启民可汗等人大征国人开修道路，从榆林北境一直到蓟州，三千多里，宽百步，大道平直，专候皇帝亲临。

隋炀帝听说后，非常高兴，把长孙晟夸得不得了。

就道之前，隋炀帝在黄河边大宴群臣。太府卿元寿献言："汉武出关，旌旗千里，今御营之外，请分为二十四军，每天派遣出一支军队，相距三十里，旗帜相望，锣鼓相闻，首尾相属，千里不绝，此举可显示皇帝威仪。"

未等炀帝点头，旁边有个叫法尚的大臣连称"不可"。

炀帝脸一沉，问："为什么不行？"

法尚进言："千里连兵，中有山川阻隔，万一有意外发生，首尾过长难以相救。应该结为方阵，四面拒外，六宫及百官家属全部在内。如有事故发生，马上下令当敌的一面抵御，再发精兵从内冲外奋进，又可以兵车为壁垒，勾结成军阵，就如同据城御敌一样。臣以为这才万无一失啊！"

一席话，讲得炀帝大喜，立授法尚为左武卫将军。主意是好，护兵护具又增添无数。

为了在突厥面前夸示威仪，炀帝下令宇文恺制作可容千人的巨大帐篷，立于城东。他亲坐帐中，盛备仪卫，大奏音乐，在大帐里面设宴款待前来迎候的启民可汗。

诸部胡人，大为惊骇，争献牛羊驼马，达数千万头。

隋炀帝更大方，赏赐给启民可汗一人的锦帛就有二千万段（加上赐给那些“小胡”的布帛，不知中原百姓要织上多少年）。

宴会后，喜出望外的启民可汗上表，求赐公主为婚，并再次表示率部落改变服式，一如华夏。

隋炀帝觉得面上有光，就回书表示：“碛北未静，犹须征战，但心存恭顺，何必变服？”

同时，隋炀帝发诏征派百万男丁修筑长城，西拒榆林，东至紫河。

大臣高颎（就是平陈国后杀张丽华的那位爷）与贺若弼私下议论修长城太浪费民力，宴赐启民可汗太过奢侈。炀帝听闻后，勾起新仇旧恨，立斩两位大臣，抄没他们的家产，妻子为奴。十八年前，二十岁的晋王杨广正是在这两位大臣的帮助下才得以平灭江南。如今，他不仅不念旧勋，反而借机诛杀，可见杨广有其父文帝之风，也是个猜忍之人。

八月，皇帝车驾开始从榆林出发，共有甲士五十余万、马十万匹，旌旗辎重，千里不绝。

宇文恺等人造观风行殿，上可容纳侍卫几百人，下面安装轮子，推移轻巧；又作“行城”，周长两千步，围以布幔，饰以丹青，推移转动灵活，远望有如移动的城市。

一路之上，周围看热闹的胡人们，看见如此排场，惊以为神。于是，远在十里以外，他们就望风跪地，朝着御营方向叩头，更没人敢在军队附近骑马。突厥的王公贵族，都跪伏于大帐前莫敢仰视。

炀帝见状大悦，随口赋诗一首：“鹿塞鸿旗驻，龙庭翠辇回。毡帷望风举，穹庐向日开。呼韩顿颡至，屠耆接踵来。索辫擎膻肉，韦鞲献酒杯。何如汉天子，空上单于台！”

此诗，借用了两汉两位单于归顺的典故，气势豪迈，神采飞扬，确有大隋天子风度！

揣摩到隋炀帝喜爱宏图远略，大臣裴矩投其所好，根据西域商人提供的情报，编撰《西域图记》三卷，共四十四国风土人情、仪形服饰等内容，上报给炀帝。

炀帝览后大悦，把裴矩唤至面前，亲问西域情况。裴矩声言西域诸国奇珍异宝无数，吐谷浑也很容易吞并。

隋炀帝飘飘然，很想像秦皇汉武那样建立不世之功，就命裴矩总管西域事宜，派使臣到张掖，准备以大量金钱宝物引诱“诸胡”做外交工作。自此，人员往来不停，所经州县疲于迎送，靡费巨亿，最终使国家疲敝空乏。这也成为隋亡的一大原因。

裴矩派人劝说铁勒部落进击吐谷浑，打得吐谷浑转过头向隋朝声降求援。炀帝派宇文述率大军“迎降”。得悉宇文述大军兵盛，吐谷浑可汗伏允连投降的胆都吓没了，率众西逃。

宇文述引兵追击，斩三千余首级，虏获王公二百多人、男女四千多人。吐谷浑故地皆空，东西四千里、南北两千里，皆成为隋朝属地，设置州、县、镇、戍。

隋炀帝派将军薛世雄与启民可汗一起击伐伊吾。隋军出玉门关后，启民可汗人马还未赶到，薛世雄就单独率隋军穿过大漠，击降伊吾，筑城留守，振旅而还。

至此，隋朝共有一百九十郡，一千二百五十五县，八百九十万户，东西九千三百里，南北一万四千八百一十五里，为顶峰期。

当然，当时也有不知好歹的蕞尔小邦。倭王多利思比孤入贡，信的开头写道：“日出处天子致书日没处天子无恙。”估计是当时缺少汉文翻译，词不达意，对大隋出言不逊。

炀帝览后不悦，对鸿胪卿说：“以后这些小蛮小夷上书无礼的，不要再向朕奏报。”

可见，倭奴无礼，自古皆然。

大业六年（610年）正月十五，为了迎接西域诸胡、突厥等部酋长，炀帝在洛阳端门外盛陈百戏，戏场周围五千步，乐工一万八千人，音乐声传出数十里，通宵达旦，灯火照耀天地，整整狂欢一个月，费用无算，自此以为常乐。中国人的“闹元宵”，实际也始于这一年。

隋炀帝大搞“形象工程”，诸国商贾到洛阳丰都市场交易，看见店铺整齐划一，帷帐华丽，珍宝充积，来往人物都穿得十分体面，卖菜的草垫都用昂贵的龙须席子。

隋廷下令市肆酒楼，胡人客商吃饭喝酒不要钱。吃完饭，还要对这些“外宾”讲，“中国丰饶，吃饭喝酒一律不要钱”。目的就是让胡客们惊叹羡慕。

当然，胡人中不乏心知肚明的人，他们看见街上的树木都用高级绸缎包裹，就说：“中国也有好多衣不蔽体的穷人，干吗不把这些缠树布给他们做衣服，缠树装饰有什么用？”

隋炀帝虽有拓土开边之功，却不能救域内之败。他穷兵黩武、滥赐横赏，最终把国家败得精光。

三征高丽盗贼蜂起

隋朝灭亡的前奏

大业六年，裴矩劝杨广打高丽国的主意。

裴矩此人，是好是坏难下定论。当年杨广伐江南时，他率三千疲卒就攻下建康。宇文述、虞世基等大臣广受贿赂，唯他清贞自守。雁门之围，他坚守朝堂。在江都时，他劝炀帝为禁卫军娶妇以安军心，以致禁卫军叛乱也没杀他。宇文化及篡位后，拜他为尚书右仆射。后来宇文化及被杀，夏王窦建德也很尊敬他，封为吏部尚书。窦建德败，归唐，他得封为民部尚书，最后善终于京。

思隋朝之亡，大半和裴矩有关联。

然而，当时他对隋炀帝讲的话，确也不无道理："高丽本来是商朝箕子的封地，汉、晋时都是中国郡县，现在不向大隋臣服，竟为异域！连启民可汗都臣服了，怎能容忍高丽跳梁。"

炀帝觉得此话正中心怀，下令高丽王高元亲自来朝贡，否则就要征讨。

当初，隋文帝立国时，遣使封高丽的头领高元为辽东公（袭北周的固有爵位）。高元奉表谢恩，并恳请封王。文帝对他不错，优册为王。高元转年就率靺鞨万余骑侵扰辽西，气得杨坚大怒之下让杨谅发水陆二军直逼高丽。大军已至辽水，高丽国王高元惶惧至极，遣使谢罪，上表自称"辽东粪土臣元"，一个劲儿地道歉。本来隋军军粮跟运不上，又值士兵疾疫，文帝找个台阶也就罢兵，待之如初。

现在，炀帝遣使让国王入见，高丽恐惧，颇失藩臣之礼。

炀帝下诏讨高丽。命人督工在东莱海口造战舰三百艘，民工昼夜立于水中造船，自腰以下都生满蛆，工匠死掉三分之一；又发江淮以南水手一万人，弩手三万人，岭南排刺手三万人；下令河南、江南造戎车五万乘送高阳，命江南民夫运米至涿郡。

一时间，船舻千里，皆满载兵甲器物；路上几十万人，填溢道路，昼夜运输战具、粮食。死者相枕，天下骚动。

还未伐高丽，国内因耕稼失时和官府侵逼，已经有邹平王薄、清河窦建德等人起义，一时间群盗蜂起，不可胜数。尤其是王薄作《无向辽东浪死歌》，其诗云："长白山前知世郎，纯着红罗锦背裆，长槊侵天半，轮刀耀日光，上山吃獐鹿，下山吃牛羊。忽闻官军至，提刀向前荡，譬如辽东死，斩头何所伤。"那些逃避征役的人纷纷响应，踊跃报名造反。

大业八年（612年），隋炀帝第一次征伐高丽，左右十二军，名目纷繁，共一百一十三万三千八百人，号称二百万，隋军役夫近三百万。隋廷日遣一军，相去四十里，连营渐进，用了四十天才发完兵。

大军首尾相继，鼓角相闻，旌旗近千里，仅御营就有十二卫、三台、五省、九寺，绵延八十里，可谓是前无古人，后无来者。

开始时，隋军进军顺利，斩获万计。渡过辽水后，情况发生变化。隋炀帝自以为“吊民伐罪”，禁止军将对高丽人掩袭或奇兵进击，遇上敌城投降，也要立即招抚，不得纵兵。

因此，诸将怕被皇帝责杀，每次作战，事无巨细一一禀报，命令批准后，往往战机已失。守城的高丽人情势危急时往往诈降，隋军一停止进攻就马上修补城池，以致频战频失，然而诸将谁也不敢违背帝命。

炀帝自以为以坦荡待人，其实正中高丽计谋，对方屡屡得手。

另一支宇文述统领的大军，为了赶路，下令士兵弃粮轻装前进，走到半路就没粮食吃。饥寒之下，竟还能一日七胜。既恃骤胜，宇文述不听劝告，东渡清川江，距平壤城三十里，倚山为营。但城坚池深，兵又无粮，又冻又饿，宇文述结阵退师，高丽军自后追击，诸军皆溃，将士奔还。

另一支来护儿统领的大军，听见消息，跟着败还。

渡过辽水作战的三十万隋军，回到辽东城时才二千七百人，损失军械资储巨万。第一次征战高丽，以失败告终。

大业九年（613年）四月，又羞又怒的隋炀帝亲征高丽。败军之将宇文述等人，仍为统将，率军进击平壤城。

出乎意料的是，大臣杨素的儿子杨玄感在国内造反。当时隋炀帝正围攻辽东城，刚刚遣兵士做了一百多万个土袋，堆为鱼梁大道，高与城平。

隋朝战士准备登踏攻城，本来马上就要攻克城池，恰值杨玄感反讯传来。炀帝大惊，半夜忽然密令撤兵。

隋军营内军资、器械、攻具，积与山高，而且，营垒、帐幕都按署不动。回撤的隋军兵士不知退兵原因，惊疑恐惧，一路上跑散了许多。

高丽兵察觉到隋军撤走，但不敢追击，直到转天天亮，才渐渐出城侦探虚实。这些人看见那么多军械、物资，又惊又怕又慌，当时都想不到高兴。

宇文述、来护儿等人打高丽没能施展才能，对付杨玄感倒很在行。隋军连战连捷，在董杜原一举击败杨玄感，玄感自杀。

杨玄感之所以失败，主要因为私心太重，妄图称帝，所谓“好反而不欲胜”，最终被众将所败。

炀帝恨恨不平地说：“杨玄感一呼而从者十万，可见天下人多了不好。人多就会相聚为盗，杀人不尽，无以惩后。”

大臣裴蕴等奉旨，仅杀那些与杨玄感有牵连的人，就达三万之多。凡是在杨玄感开仓发米时领过米的洛阳居民，全都被活埋于城南。

大业十年（614年）二月，隋炀帝下诏征发天下兵，百道俱进，第三次伐高丽。

三月，炀帝亲至涿郡。此次征伐，一路上士卒相继逃亡，军队越走越少。七月，炀帝车驾至怀远镇。当时天下已经大乱，所调征的军队许多都到期不至，一是因为半路逃亡，二是因为路中为义军所阻，有的军队，走到半路，就和当地人一起造反了。

高丽经过几次大战，国内也困惫不堪，就遣使请降，把上次战争中因和杨玄感关系好而叛逃至平壤的大臣斛斯政捆缚，送还隋军。

有了这么一个大台阶，炀帝大悦，诏示已经逼近平壤的大将来护儿班师。

来护儿对军士们说：“大军三次伐辽，都未能胜利。现在高丽穷困，肯定能一举攻灭。否则，劳而无功，我们做军人的多么羞耻啊。”长史崔君肃不敢违诏进战，吓唬众将说，如果违诏，就要得罪于皇帝。

众将不从征伐，来护儿惶恐之下，只能无胜班师。

可笑的是，隋炀帝从怀远镇“大捷”班师，邯郸的一个强盗头子杨公卿率八千人，忽然抄掠皇帝禁卫后军，掠得上好御马四十二匹，扬长而去。

由此可见，炀帝这时候在国内，已经大失声威人望。

大业十一年（615 年）八月，隋炀帝巡幸北塞。当时启民可汗已死，其子始毕可汗完全没有恭敬的样子，因怒隋朝封其弟为南面可汗，就发兵数十万把隋炀帝围在雁门。

雁门有城四十一座，突厥已攻克三十九座，最后仅剩两城不下。飞矢入城，射及御座，杨广吓得抱着儿子赵王杨杲大哭，眼睛都哭肿了。

于是，隋廷下诏天下，高官厚赏，募兵勤王。当时，年仅十六岁的李世民也在勤王军中，一举成名。

由于隋军各路兵至，始毕可汗解围而去。

苦守雁门的一万七千隋朝将士，只有一千五百人得到虚勋封赏。远来的勤王人马，什么赏赐都没有。

接着，炀帝怪高丽王没有如约来朝，重新商议讨伐高丽。

闻信，将士、民众无不怨愤。

由于杨玄感造反时已经焚毁所有的龙舟水殿，至此杨广又下诏令江都重新制造几千艘大小船只，形制比先前的更宏丽，更精致。

江都变起　死于匹夫

隋炀帝的最后岁月

大业十二年（616 年），隋炀帝不顾臣下反对，在国家即将土崩之时，再次游幸江都。

夜间，躺在楼船之内，隋炀帝隐隐约约听见外面有歌声：

我兄征辽东，饿死青山下。今我挽龙舟，又阻隋堤道。方今天下饥，路粮无些少。前去三千程，此身安可保？寒骨枕黄沙，幽魂泣荒草。悲损门内妻，望断吾家老。安得义男儿，焚此无主尸。引其孤魂回，负其白骨归。

隋炀帝惊起，派人查询唱歌的人，根本找不到人。他惊疑彷徨，通夕不寐。

当时，天下大乱，诸郡及地方将领的告急求援文书不断，都被炀帝身边的大臣虞世基等压下，只上告说是“鼠窃狗盗”的骚扰，欺骗隋炀帝，要他不要以此介怀。

大将杨义臣破降河北义军数十万，列表上奏。炀帝叹息道：“我开始都不知道造反人数，现在怎么连降贼都这么多啊。”

虞世基忙说：“小偷小摸人数虽多，未足为虑，皇上您应担心杨义臣拥重兵在外，专权日久，恐怕生变。”炀帝深以为然。

隋廷下诏杨义臣解散部下，各归乡里，造反人马得到喘息，其势复盛。

当时兵锋最盛的除窦建德、格谦以外，还有李密、翟让等人的瓦岗军。

其中，李密让文人祖君彦写的《讨隋炀帝檄文》文采飞扬，指摘中的，书列炀帝弑父、乱伦、嗜酒、劳民、滥赋、兴役、征辽、滥诛、卖官、无信十大罪恶，并指出：

有一于此，未或不亡。况四维不张，三灵总瘁，无小无大，愚夫愚妇，共识殷亡，咸知夏灭。罄南山之竹，书罪未穷；决东海之波，流恶难尽……

炀帝一直以文才自诩，估计没有机会亲览檄文，否则肯定会叹赏祖君彦之才。

这位祖君彦，也是贵家子弟，其父祖珽乃北齐仆射，曾杀掉北齐忠臣斛律光。所以，当薛道衡推荐祖君彦给文帝时，杨坚就说："祖君彦是杀斛律光那个人的儿子吗，朕不会用他！"祖君彦如此文才，又是贵族世家，由此郁郁思乱。等他投靠李密后，终于有机会申斥隋廷，私仇在心，文章自然透骨犀利。

王世充大败李密后，俘获这位大才子，斥道："你替叛贼大骂国家够了吗！"祖君彦辞色不屈，王世充派人乱棒打他。过后，王世充自己也想篡隋，很后悔折磨祖君彦，派医士去给他治疗。当时祖君彦已经被打得气息奄奄，倒卧树下。偏偏一个郎将叫王拔柱的，说"这个弄笔的穷酸死有余辜"，上前猛踢才子心窝，把祖君彦踢死。千古才子，竟死于粗人臭脚之下。

隋炀帝自负才学，常常认为自己的诗文天下第一，他对侍臣讲："天下都讲朕是因为父皇余烈而有四海，假设让朕与士大夫以文章竞争，朕也应该为天子。"对于文人名士，他也心有嫉妒。大臣薛道衡被赐死后，他恨恨而言："还能作'空梁落燕泥'的诗句吗？"王胄被杀，炀帝背诵着这位臣下的佳句，并阴狠地嘲弄："'芳草无人随意绿'，王胄再也作不了吧。"

国内民众，群起反叛，连李渊、罗艺这样的勋贵大臣也巧立名目起兵，不听朝廷节制，占据重要城镇。李渊自己还攻占都城长安，迎立杨广的孙子代王杨侑（死去的太子杨昭之子）为皇帝，改元"义宁"。

杨侑时年十三岁，完全是个傀儡皇帝，李渊遥尊杨广为"太上皇"。

618 年，隋炀帝已在江都待了近两年，成日与妃嫔千余人饮酒作乐，荒淫日甚。

内心深处，隋炀帝也预料到天下纷乱无法收拾，因而无心北归，只是在宫中厚自奉养。

每当酒后阑珊，杨广幅巾短衣，策杖步游，遍历宫内舞榭歌台，汲汲顾景，唯恐不足。由此已见其心事重重，内不自安。

一天，他边照镜子，边对萧皇后说："这么好的头颈，会是谁来砍呢！"

皇后大惊，问何以言此。

炀帝苦笑，说："贵贱苦乐，更迭为之，亦复何伤！"

由于江都周围已经摇荡不已，粮食渐渐吃完，从行的禁卫军多是关中人，人心思归，不时有兵将逃亡。官将斩诛多人，也止不住逃亡潮。

有宫人向炀帝告发外人谋反，炀帝大怒，立斩。而后再有人告变，连萧皇后也劝说宫人不要再冒死进言："天下事一至于此，无可救者，何用言之，徒令帝忧耳！"

多少年后，元军出征花剌子模，那个大胡子国王日夜忧心，也是厚赐报平安者，立斩道实情的臣下。其心情想法，和杨广彼时一模一样，正所谓掩耳盗铃。

宇文述的两个儿子宇文智及、宇文化及以及禁卫军首领司马德戡，见天下英雄并起，隋炀帝众叛亲离，就一起密议废掉他。

于是，他们先散布谣言，讲炀帝听闻禁卫军想叛乱，正多酿毒酒，欲尽杀关中人，只留南人在身边。

为此，禁卫军异常惊骇，互相转告。

司马德戡趁机召集众人。兵士惊惧惶恐之下，都讲"死生从命"，豁出去要造反保命。

炀帝发觉有变，逃入西阁。其宠妃魏妃赶忙为兵士开门。

炀帝忙逃入永巷躲藏，有美人告诉兵士其躲藏之处。

校尉令狐行达拔刀直入，炀帝隔着窗子问："你想杀我吗？"

令狐行达说："臣不敢，只是将士思归，欲奉迎陛下还京师。"

炀帝说："朕也想回去，因为粮食未到，现在和你们一起回去吧。"

兵士逼迫炀帝乘马入朝堂慰劳百官。他们牵来一匹马，炀帝此时仍嫌马鞍敝旧，换上新的后才勉强骑上。兵士挟刃，牵缰而出。

反叛兵士见到皇帝本人已在掌握之中，欢呼遍地。

宇文化及望见炀帝，知道事已成功，一反当初惶恐之态，对左右说："何用持此物出来，杀掉算了。"

于是，兵士们逼拥炀帝返回寝殿。

面对环立提刀的兵士，炀帝叹道："我何罪，竟然落到这个地步？"

叛将中有个名叫马文举的，善于辞令，答道："陛下违弃宗庙，巡游不息，外勤征讨，内极奢淫，使丁壮尽于矢刃，女弱填于沟壑，四民丧业，盗贼蜂起；专任佞谀，饰非拒谏。怎能说无罪呢？"

炀帝说："我确实有负天下百姓。至于你们这些人，荣禄兼及，怎会干出这种事来？今天之事，谁是带头人呢？"

司马德戡答道："普天同怨，何止一人！"

宇文化及得理不饶人，派封德彝数斥炀帝罪恶。

炀帝漠然道："爱卿你是读书人，怎么也掺和这事？"

封德彝愧然而退。

炀帝爱子杨杲是个十二岁的小孩子，一直跟在炀帝身边。他看见如狼似虎的兵士亮刀弄剑，吓得号哭不止。

隋炀帝昔日的贴身将卫裴虔通（此人是杨广为晋王时的亲信）怒火陡起，一刀砍掉小孩子的脑袋，鲜血溅炀帝一身。

事已至此，众人一拥上前，想砍杀炀帝。

此时，杨广倒不失天子威仪，厉声说："天子自有死法，怎能加以锋刃！拿鸩酒给我！"

此前，炀帝内心预感到自己必不免死，身边常带着一个盛有毒药的小瓶。他常对身边宠幸的姬妾讲："如果叛贼入宫，你们先死，然后我也服毒。"

事起仓促，左右一时逃散，炀帝一时间没找到毒药。

马文举等人不答应，令狐行达上前一推，炀帝摔坐于地。

炀帝自己解下白练巾，交给令狐行达。

几个人用练巾绞死炀帝。炀帝时年五十岁。

萧皇后与宫人拆掉床板，把杨广、杨杲父子两人的尸体埋于西院流珠堂。

唐贞观五年（631 年），炀帝尸身移葬于雷塘。

编撰《隋书》的魏徵等人感慨说：

> 炀帝……淫荒无度，法令滋章，教绝四维，刑参五虐，锄诛骨肉，屠剿忠良，受赏者莫见其功，为戮者不知其罪。骄怒之兵屡动，土木之功不息。频出朔方，三驾辽左，旌旗万里，征税百端，猾吏侵渔，人不堪命……上下相蒙，莫肯念乱，振蜉蝣之羽，穷长夜之乐。土崩鱼烂，贯盈恶稔，普天之下，莫匪仇雠，左右之人，皆为敌国。终然不悟，同彼望夷，遂以万乘之尊，死于一夫之手……《书》曰："天作孽，犹可违，自作孽，不可逭。"……观隋室之存亡，斯言信而有征矣！

唐人李商隐有诗叹曰：

> 紫泉宫殿锁烟霞，欲取芜城作帝家。
> 玉玺不缘归日角，锦帆应是到天涯。
> 于今腐草无萤火，终古垂杨有暮鸦。
> 地下若逢陈后主，岂宜重问后庭花？

五代罗隐，也有诗哀惋：

> 入郭登桥出郭船，红楼日日柳年年。
> 君王忍把平陈业，只博雷塘数亩田。

时来天地皆同力

唐朝的建立

言及唐高祖李渊，如果没看过温大雅的《大唐创业起居注》，没有在古代史书的字里行间追根溯源，总会让人联想起时下热播的电影、电视剧中被歪曲至极的一个窝囊老头儿的形象。

镜头一：李渊正在太原晋阳宫搂着本属于隋炀帝的美人睡觉，一脸英气的李世民与裴寂等人闯入，畅言天下大乱、兴兵起义的宏略。老哥们儿哆哆嗦嗦，翻来转去，左思右想，最后终于憋出一句：“随你吧，化家为国也由你，破家灭族也由你……”

镜头二：已在长安称帝的李渊兴高采烈，在湖上泛舟，怀里搂着美妃，抚扪鸡头肉，畅饮岭上春。忽然，大将尉迟恭一身甲胄，手持长矛，飞身从小船上一个旱地拔葱，跳上龙舟。李渊大惊，忙问：“外边有什么动乱发生吗？爱卿你来此做什么？”尉迟敬德高声回禀：“太子、齐王两人阴谋造反，秦王已经兴兵诛杀二人，恐怕有人惊动陛下，特派为臣我前来护卫。”老头子颤颤巍巍，良久，才定住心头乱跳，说：“好，好，军国大事，一切皆任秦王处置……”

如此歪曲李渊的形象，这笔账如果都算在当今的影视剧编导头上，似乎有失公允，缘何？李世民称帝后，修史的大多是昔日秦王府中的“自己人”。只有竭力削弱老爸李渊建唐的作用，只有把李世民演化成兴唐建业的“高大全”，才能化解李世民杀兄戮弟的罪过，才能诠释他夺嫡登位的合法性。

历史上的李渊，绝非一般人心目中的、被影视剧歪曲了的形象。

倜傥豁达　任情真率

太原起义前的李渊

据史书记载，李渊祖先是陕西狄道人，是凉武昭王李暠的七代孙。此说纯属瞎认祖宗，胡说八道，史书中言之凿凿的数代“爷爷”，名字全为史臣瞎编。

李渊家族，到他祖父一辈才混出名。李渊的祖父是西魏“八柱国”之一，大名鼎鼎的李虎，官至左仆射，封陇西郡公。

当时宇文泰赐李虎鲜卑姓“大野氏”，所以，李虎又名“大野虎”。李虎之兄名起豆，其弟名乞豆，可见李虎原名也可能是叫什么“豆”的鲜卑名。李渊生母，乃八柱国之一独孤信的女儿，与隋文帝皇后独孤氏是亲姐妹。李渊正妻窦氏，是窦毅之女。这位窦毅原姓纥豆陵，百分之百的鲜卑人。

可见，李建成、李世民兄弟，皆是汉人与鲜卑人的混血。李世民的皇后长孙氏，原姓拓跋，也是地道的鲜卑人。因此，李唐王室，实在是与鲜卑结下了不解之缘。

李渊的籍贯，确切地说应是在武川（今呼和浩特以北）。据清人赵翼钩沉，武川这个地方是“龙气”聚集地，北周、隋、唐三代先人，皆出于武川。宇文泰四世祖、杨坚五世祖、李渊五世祖，皆以武川为家。

所以，赵翼才感慨：“区区一弹丸之地，出三代帝王，（北周）幅员尚小，隋唐则大一统者，共三百余年，岂非王气所聚，硕大繁滋也哉！”

奇怪的是，南朝的宋帝刘裕、齐帝萧道成、梁帝萧衍三人，分别生于京口、南兰陵、吴兴，相距不过数百里，抑或那一带也曾是虎踞龙盘之所？

由此，西魏之后的执政集团，多为武川镇出身的军阀势力，即陈寅恪所谓的“关陇集团”。这些人相互通婚，结拜兄弟，逐渐发展成名噪一时的政治集团势力。

西魏的八柱国大将军中，宇文泰、李虎、独孤信、赵贵、侯莫陈崇五人皆出自武川。而当时，日后的隋文帝杨坚之父杨忠官职还不如李虎高，只位列大将军，而非柱国大将军。

北周篡西魏后，追封李虎为唐国公。李渊之父李昞，袭唐国公，做过北周的安州总管。李昞死时，李渊年仅七岁，袭封唐国公。待他长大，倜傥豁达，任性真率，宽仁容众，很得人心。入隋后，因姨母是隋文帝皇后独孤氏，属于皇亲，李渊累任大州刺史。

炀帝继位，李渊在地方和中央都做过官，广树恩德，多结纳豪杰。

炀帝征高丽，李渊在怀远镇督粮。杨玄感造反，李渊坐镇弘化，统率关右军事。

隋炀帝晚年多猜忌，一次，他下诏征这位表兄入见。李渊因病，未能及时赶到。李渊有个外甥女王氏为炀帝妃子，一次被御幸时，杨广问王氏：“你舅舅这次怎么没来拜见我？”王氏回言李渊有疾未至。炀帝若有所思，说：“这次他能病死吗？”

消息传至李渊耳中，可把这位爷吓得不轻。于是他开始沉湎酒色，纳贿自污，装成特别庸俗的样子。其实，当时隋炀帝不是特别“惦记”他，否则，正好以其“秽迹”来治罪。

隋炀帝被突厥始毕可汗围困于雁门，李渊很是出力，派李世民等人驰救。逃出生天后，杨广觉得这位大表哥还不赖，下诏李渊统领太原部兵马，与马邑郡太守王仁恭在北方防备突厥的入侵。

边塞虏劲，贼人众多，李渊起先还真不愿意前去。帝命难违，他只得硬着头皮出发。到了马邑，李渊与王仁恭合兵一处，总共不够五千

李渊像

人马。

盼了半天，王仁恭看见李渊才带这么少的人来，心中愈加恐惧，生怕突厥大军来袭，马邑不保。

李渊分析形势后，内心已定。他对王仁恭说："突厥人的长处，在于他们熟谙骑射战术。这些蛮族以弓矢为爪牙，以甲胄为常服，队不列行，营无定所，本性喜于劫掠，得胜大抢，败也不惭。所以，突厥人并无我们大隋军队警夜巡昼的辛苦，也无军储馈粮的消耗。如果稳扎稳打，按照常理与他们列阵交锋，我们根本胜不了敌方。现在，我们应学习突厥人的战法，以己仿彼，然后找机会给他们以致命性的打击。"

众人深觉李渊之言有理。于是，隋军简选出精于骑射的兵士两千多人，饮食居止，一如突厥，随逐水草，远置斥候。平时，这帮"仿突厥兵"见到真正的突厥小股部队，旁若无人，驰骋射猎，耀显威武。突厥人遇见这些汉人兵士，心里也很发毛。

李渊尤其善射，每见飞禽走兽，发无不中。突厥大股部队数次邂逅李渊带队的隋军，看到这些人走马如飞，射箭精准，总觉得是自己人穿了隋军军装，常常犹豫再三，最终都不战而去。

如此数次，隋军兵士的自信心也增强了不少，军众心安，咸思奋击。

李渊见火候差不多了，隋军欲战，突厥生畏，便趁一次与突厥主力相逢之机，纵兵大击，斩首数百千级。

突厥一战丧胆，深服李渊能将兵，好久不敢南入。

可见，李渊出手不凡，是文武兼备的人物。

大业十三年，隋炀帝下敕命李渊为太原留守，并遣亲信王威、高君雅任李渊的副手，一来助力，二来可以监视李渊。

当时，太原附近有不少贼众，最强的一支号称"历山飞众"，于上党、西河一带屡败官军，致使道路隔绝。隋朝军将与之争锋，丧命不少。

李渊初到任，正好拿这伙人立威，便率五千多人出城讨伐。

到了西河雀鼠谷口，两军相遇。看见对方有两万多人，隋兵隋将皆生怯意。李渊从容不畏，对王威讲：“这些人起自盗贼，习惯贪财。近来又屡屡得手，骄心满溢，我们以智筹谋，定能胜敌。所忧不战，战必克之。”

于是，李渊把隋军分为二阵，以老弱残兵居中，多张旗帜，大集辎重；以平日心腹精兵数百骑分置左右，为小队。

此时，隋军上下，皆不知李渊到底要干什么。

敌军散列横阵，绵延十几里，步步逼近。

临战，李渊派王威领大阵居前，旌旗招摇。

对方看见帅旗居前，认为是隋军主将所在，纷纷调集最精锐的部队，一齐呐喊向王威杀来。

王威暗叫倒霉，胯下马却鞭打不动，吓得他一头栽下，几为贼众生擒。

看见阵中遍是粮草辎重，贼军欢喜，个个跳下战马抢取值钱的东西。

此时，一旁观斗的李渊，忽然率领小阵左右二队，大呼而来，夹而射之。

乱箭如雨，贼众大乱。隋军因而纵击，所向摧陷，斩首无数。

经此一战，李渊在太原落稳脚跟。

后来，突厥人知道李渊回到太原，马邑只有王仁恭等人，便放开胆子又来入侵。

隋炀帝闻讯，下诏派太原副留守高君雅率兵前往马邑，与王仁恭共抵突厥。

王仁恭先前跟随李渊与突厥打过几仗，均得胜，胆子变大，不听李渊让他坚守不出的指令，也想得胜立威，不料出兵即败，损兵折将。

隋炀帝虽在江都，仍有人上告李渊、王仁恭不积极备战，说他们

"纵虏为患"。

杨广大怒，派人到太原把李渊抓了起来，关进监牢，并准备斩掉王仁恭。

当时，李渊长子李建成不在身边，只有二儿子李世民在城内。小伙子性急，泣求父亲赶紧造反。李渊老辣，知悉时机还未成熟，便大讲"天命"，劝李世民不要太急于起兵。

果然，不久就有炀帝诏使驰至，宣布释放李渊与王仁恭，命其依旧统领军队。

当时，隋朝已经天下大乱，盗贼蜂起，朝廷信使往往误期，不能及时到达各处城市。这个下赦免令的使臣，一路上不逢劫掠，依程到达，众人都感惊异。

李渊乍听御使至，也是大惊。等听到赦免令，他仰天而笑，说："此后余年，实为天付。"

至此，老英雄也下了必反之决心，只是要发未发之际，常逡巡犹豫。

推动李渊最终兴兵造反的，除李世民外，关键要属刘文静与裴寂二人。

刘文静，字肇仁，伟姿仪，有器干，倜傥而多权略，时为晋阳令。裴寂，字玄真，时为隋朝晋阳行宫的宫监。这两个人一处为官，相知甚洽，结为好友。

一夜，哥儿俩赌钱饮酒，裴寂遥见城外烽火，凄然长叹："遭逢乱世，家道屡空，真不知该怎么办才好。"

刘文静笑道："世途如此，时事可知。我们二人相扶相倚，还怕不发达吗？"

李渊入太原，刘、裴二人暗中观察，见其有大志，便起劲巴结这位英雄。

特别是刘文静，慧眼识人，认为李渊的儿子李世民"大度类于汉高

（刘邦），神武同于魏祖（曹操），其年虽少，天纵之才”。

裴寂起初不信。后来，李世民假装与这位裴大叔赌钱，输给对方数百万，高兴之余，裴寂大喜，天天与李世民混在一起玩耍。李世民趁机倾诉衷怀，裴寂马上允诺“共举大事”。

不久，刘文静倒霉，因与李密（瓦岗那位爷）连姻，被炀帝下诏关入太原监狱。

李世民潜入牢中，与刘文静深谈。

“天下大乱，唐公若能兴兵一起，乘虚入关，不到半年，帝业可成！”一见面，刘文静就劝李世民。

李世民大喜，笑道：“君言正合人意。”

于是，他想方设法把刘文静先“弄出来”，然后四处部署，伺机欲发。

但是，不知父亲葫芦里卖什么药，李世民也不敢轻易动手。

刘文静诈称得隋炀帝手敕，大发兵民，以伐辽东为辞。听说皇帝又要打仗，太原城内人情大扰，众心思乱。

眼看水已经搅浑，刘文静催促裴寂赶紧鼓动李渊起兵，并威胁说：“您身为晋阳宫监，却把宫中美人送给唐公享用，此事传出，您与唐公哪个也活不了啊！”

大惧之下，裴寂屡促李渊起兵。

恰巧，马邑人刘武周结众为盗，杀太守王仁恭，自称天子，诱引突厥兵马，准备向太原挺进。

李世民、裴寂、刘文静借此机会，大发库金，分散府物，四处招兵买马。

太原副留守王威、高君雅是炀帝心腹。他们闻讯起疑，获悉李渊父子异动，一合计，便想以到晋祠祈祷为名，把李渊父子诱至其地拘捕，一网打尽。

关键时刻，“吉人自有天相”。晋阳有个叫刘龙的土豪乡长，通过裴寂与李渊相识。李渊贵为帝亲，却与这么一个土财主一见如故。刘龙这种卑贱出身的“微细”之人，自然心中感激涕零，觉得李渊很给自己面子。同时，由于刘龙有钱，与副留守高君雅关系也不错。高君雅想“办掉”李渊，饮酒之际，自然就不拿刘龙当外人，把己谋全盘托出。

刘龙出了高君雅府门，一溜烟直奔李渊宅邸，具以实情相告。

心惊肉跳之余，李渊表面镇静，对刘龙说：“您能以此事相告，实为至诚。请不要再对别人说，我自有安排。”

李渊暗下决心，事已至此，不反也得反。

大业十三年五月丙寅清晨，李渊“恶人先告状”，大集僚属，声言王威、高君雅两人引突厥入寇。他先发制人，当众逮捕了两人，送入监牢。

两人叫苦不迭，直悔动手过晚。

更绝的是，过了两天，果然有突厥数万骑抄逼太原。这些武装蛮族纵入城郭北门，穿越城内，从东门而出。

李渊也不畏惧，派先前招降的贼师王康达部出城埋伏。

王康达等人习惯了抢掠，突厥军队过了一半，中有缺停，王康达误认为是队尾，忽然率军跳出，准备抢马。不料，后队突厥包抄，前队突厥掉头，前后夹击，把这批“新附军”包了饺子。

太原城内居民，一恨高君雅、王威“引狼入室”，二畏突厥兵马强盛，三惊城内军兵众多。忧惧之下，他们更加紧密地“团结”在李渊周围。

李渊指挥若定。他派遣小股部队连夜偷偷出城，占据险要之地，然后，又让这些人白天大张旗鼓，大呼入城，给突厥人造成“援军不断”的假象。同时，他嘱诫军士，遇到突厥兵，恃险勿战，敌退勿追，使敌人弄不清太原守将到底要干什么。

《大唐创业起居注》记载，突厥各队首领互相嘀咕：“唐公相貌有异，举止不凡，智勇过人。前来马邑，大胜我辈。今在太原，何可当也……不如早去，留必取死！”于是，突厥人连夜遁逃。这些记载，完全是温大雅糊弄人。

真正原因，一是突厥人在城外抄掠已足，急于回去享用“战利品”；二是李渊亲自给突厥的始毕可汗写信，称臣装可怜，并表示“征伐所得，子女玉帛，皆可汗有之……”。

突厥人无远谋，又贪宝物，太原城坚，一时难以攻破，自然得了大便宜就走。

李渊日后为自己脸上涂粉，向众人讲他是“屈于一人之下，伸于万人之上”，表示他是为了民众利益才如此“屈尊俯就”。

解除了突厥人“背后一刀”的最大威胁，处死了王威、高君雅两个“肉中刺”，李渊父子于七月开始正式兴兵，托伊尹放太甲、霍光废昌邑王之名，宣布废掉炀帝，立代王杨侑为帝。

代王杨侑是隋炀帝亡故的元德太子杨昭之子，当时才十三岁，人又在长安。所以，李渊明显是掩耳盗铃，不过当时天下人皆争逐帝座，没人真站出来和他在这方面较真儿。

突厥人听闻李渊反隋，也派柱国康鞘利等带数千匹好马赶来。李渊演戏很投入，很逼真，以臣礼跪受始毕可汗书信，并大赠使臣金银美女。同时，李渊心机很深，知道突厥人所携马匹不是无偿赠送，而是要用钱购买，便只拣上等好马，仅仅购买一半的马匹。

起义人众见李渊如此，以为主将惜钱，便纷纷自告奋勇，要出钱出物换购其余马匹。李渊阻止，意味深长地劝告说：“突厥人的马，像羊一样多，陆续到来，恐怕到时你们买也买不尽。胡人贪财，我们不要暴露自己有钱，现在买少量的马，表示我们很穷，也不急需战马，如此，才能稍稍抑制这些胡人的贪心。”

此外，他诫谕出使突厥的刘文静：“突厥人派兵前来，只可收纳数百骑，拿他们当幌子吓唬一下隋军。借胡人援军，可阻止刘武周与胡人联军攻打我们。如果突厥人马众多，百姓绝无生存之理，抢掠劫杀，会造成大祸。”

从这些话语可以看出，李渊不愧是老道深谋的政治家。

所以，李家之所以能化家为国，究其实，李渊起到了决定性的作用。

反经合义　妙尽机权

太原起义后的李渊

八月，李渊以四子李元吉为太原留守，以长子李建成统左军，以次子李世民统右军，自率中军，从太原向长安挺进。

李家军一路顺利，义旗之下，每日有千余人加入，来者如云，观者如堵。人人得其所，咸尽欢心。李家军很有天王巨星的风采，一路上几乎是“有征无战”，兵不血刃。

一直开到霍邑（今山西霍县），李渊才遇到平生第一块难啃的骨头——隋将宋老生。

霍邑地形险要，西北抗汾水，东临霍太山。而且，宋老生手下有精兵两万，非一般隋兵可比。同时，隋廷派左武侯大将军屈突通统辽东劲卒数万于河东（今山西永济），与宋老生遥相呼应。

时值秋雨淋漓，双方无法开战，战事胶着，最着急的当属李渊部队。

观温大雅的《大唐创业起居注》，其中记载，李渊先分析天下形势，而后征求大郎（李建成）、二郎（李世民）的意见。

这兄弟俩皆表示：“（宋）老生轻躁，破之不疑。定业取威，在此一决……雨罢进军，若不杀老生而取霍邑，儿等敢以死谢！”此段话语，百分之九十的可能是由李建成说出。何者？古人重礼，自然是长子先发言表态，然后才能轮到李世民接茬儿。到了后来，太宗臣下编史书，当然把定策的大功都记在李世民一人头上。

李渊当时闻言而喜，马上表示“尔谋得之，吾其决矣”。显示出李渊本人也是如此思忖，并非像《新唐书》《旧唐书》所载是他想窜回太原。

战前，还有一段小插曲可述：李渊忽然接到刚刚杀了翟让自立为头领的瓦岗寨李密的书信。信中语意夸诞，大谈“以天下为己任”，表示要与李渊交结合兵，纵横天下。实际上，此信既是试探，也隐含威胁。

为了麻痹李密，李渊卑辞下意，回书李密，“鼓励”对方正应图谶，并肉麻地大肆吹捧一番：“天生烝民，必有司牧，当今为牧，非子而谁！老夫年逾知命，愿不及此。欣戴大弟，攀鳞附翼……”称兄道弟，甘愿为下。

李密见信，非常高兴，并拿信向部下显摆：“唐公李渊见推，天下不足定也！”由此，他集中精力对付洛阳周围的军事势力，李渊就暂时又少了一个危险的对手。另外，李密把“李氏当为天子”的谶言自揽上身，成为众矢之的，倒成全了“缓称王”的李渊。

在运用道教影响方面，李渊也是棋高一招。他依照“李氏为天子”“老子当度世”的图谶，尊崇老聃。当时道教的徒众很多，自然始祖李耳与李渊一笔写不出两个“李”字，而李密却忘了把自己的“李”往李耳身上拐靠。

不久，天色转晴，秋雨忽止，太原军粮及时运到。八月辛巳，李渊义军晨起行军，从山道急行军七十余里，直奔霍邑杀来。

对此，温大雅的描写既诗意又传神：“初行之，雾甚，俄而秋景澄明。”良辰美景，不能不让人心头为之一振。

霍邑一战，李渊亲自指挥，并率先统左右轻骑数百，先至霍邑城下观察敌情。立营之前，李渊派李建成、李世民各带数十骑驰至城下，巡视战场。

宋老生凭城眺望，认定李渊义军是想紧挨城墙扎营，就亲自率兵出城来迎，分别从东门、南门两道而出。

李渊恐怕宋老生背城不肯远斗，就先下令李建成领左军赴东门，命李世民带右军赴南门。同时，李渊下令中军往后小缩，做出怯敌欲退的姿态。

手中握有近三万生力军的宋老生见李渊兵阵回退，顿时来了精神，很想乘势迫击，一举歼敌。他远离城门口，带头冲出一里多地后，下令整队准备进攻。

宋老生领隋军直向李渊中军杀来，而当时在帅旗之下高坐的，根本不是李渊，而是李渊的部将殷开山。义军以数列方阵迎敌，与宋老生的主力中军展开厮杀。

此时，隋军的注意力全部集中于殷开山一部。殊不料，李建成、李世民两人领骑兵忽然从左右突出，他们依照李渊先前的吩咐，分别杀向霍邑东门和南门。李氏义兵齐呼而前，红尘暗合，锋刃乱交，响若山崩，城楼皆振。

隋军本来战斗力很强，忽然看见唐军骑兵从身边飞一样掠过，直奔自己老窝，皆顿时心慌。

没多久，李渊让军士鼓噪，高呼“宋老生已经被杀”。

隋军闻知大将被杀，全都乱了手脚，像无头苍蝇一样左突右撞，溃不成军，他们舍仗而走，争相奔逃回城门。但两个城门的进路，分别为李建成、李世民兄弟率精兵堵住，李家军迎头射箭，刀砍矛捅，隋兵死伤无数。

宋老生本人被败兵夹裹，左冲右撞。见两个大门方向都被堵住去路，宋老生腿快，跑到城墙边，仰脸高叫守城隋兵放下绳子，准备拽住绳子爬上去。

城上守兵扔下大绳，宋老生丢下手中大刀，拼命往上爬。无奈，重甲坚盔，攀爬速度大受影响。

说时迟，那时快，唐军已经追杀至跟前，一个名叫卢谔的小队长跳起一刀，斩断宋老生一只脚。宋老生因痛坠地，大叫一声，未及求饶，大刀又下，脑袋顿时搬了家。

李渊命兵士把宋老生的首级挑在长矛上，在战场上驰骋示众。隋兵大败，数里之间，血流蔽地，僵尸相枕。时已日暮，李渊见战士斗志正锐，就下令攻城。

当时并没有攻城的器械，唐军肉搏而上。如此城坚壁厚的霍邑，竟然被唐军在没有任何攻城器械的情况下，凭一股冲劲和不怕死的精神，一举攻克。

如此苦战，到了太宗史臣笔下，却变成这个样子：

> 太宗（李世民）恐（宋）老生不出战，乃将数骑先诣其城下，举鞭指麾，若将围城者，以激怒之（以显示李世民孤胆英雄）。老生果怒，开门出兵，背城而阵。高祖（李渊）与建成合阵于城东，太宗与柴绍阵于城南。老生麾兵疾进，先搏高祖，而建成坠马，老生乘之，高祖与建成军咸却（不惜把李渊、李建成描写成胆小鬼。战中坠马，死亡率近乎百分之百，即使不被敌人杀掉，也会被自己人踩死）。太宗自南原率二骑驰下峻坂，冲断其军，引兵奋击，贼众大败，各舍仗而走……

仔细揣摩，可见太宗臣下所写，水分太多。

攻克霍邑之后，李渊安民慰众，招遣降兵，对被俘的隋兵隋将一律优待。

本来隋军同唐军就没有什么深仇大恨。那些本身是关中人想回家的，李渊“授五品散官放还”，连宋老生也被光荣礼葬，毕竟他是死于职守的忠臣。

如此一来，士兵们感恩戴德，咸思报效。

这一仗很关键：李渊不仅稳固了内部，对外又显示了宽仁。自此以后，无论贤愚贵贱，还是乡村堡坞，都远来投附。

“好事”连来。刘文静、康鞘利等人在龙门县与李渊会合，并带来五百突厥大个头儿骑兵和两千多匹好马。见此，李渊喜其兵少而来迟——突厥兵少，好控制；迟来可喜者，如果早先这些雇佣兵加入进攻队伍，一来容易造成“民族”矛盾，二来胡人肯定觉得唐兵是凭恃自己的加入才取胜，漫天要价，不好打发。

搬开霍邑这块大绊脚石，下一个目标就是镇守河东城的屈突通了。

屈突通不似宋老生轻躁，久经沙场，老谋深算，加上他深知当时天下大乱，人无固心，便不轻易出战，固守河东坚城。此城墙高壁坚，很难攻下。

唐军一路无敌，将士勇而骄，争相要再显身手，准备重演霍邑“肉搏登城”的好戏。

李渊心存侥幸，就派千余唐兵攻南城。

这次没有上次的“好彩头”，加上大雨，唐军遭到严重挫折。

幸亏裴寂、李世民等献计，唐军沿河北进，自梁山（今陕西韩城）、龙门（今山西河津）分别渡河。同时，仍留军士于河东城下，与屈突通相持，以防这位隋将蹑后追击。

此计果然棋高一招。唐军主力舍河东城不攻，不仅保存了大量生力军，还一下子顺利进入关中。

大喜之下，李渊令李建成、刘文静入据永丰仓（今陕西华阴），扼守潼关；又令李世民沿渭水急行军，直扑长安都城。

此时，李渊的堂弟李神通和女儿女婿（柴绍夫妇）等人纷纷率兵赶到。众人拾柴火焰高，李渊一路收降各处“贼军”，滚雪球一样越滚越大。各路唐军齐集长安城下时，已经有二十多万人，把都城铁桶一样围个水泄不通。

长安城内，代王杨侑年少不主事，留守的刑部尚书卫文升、右辅翊将军阴世师等人乃大隋忠臣，誓死守城，任凭李渊百般诱说，终不为所动。

李渊帐下诸将，皆想立功，多次攻城，均因长安城墙高坚而未得手，死伤不少人马。当然，这数次攻城败退，在温大雅笔下，皆变成是因为李渊“仁德”，不忍下令集中攻打“旧主”之都城，也不忍惊犯隋朝的七庙、代王以及宗室支戚。

即使是最后的血战总攻，温大雅也写成是各路义军“咸自逼城”，并说“帝（李渊）闻而驰往，欲止之而弗及”。

李渊明明是总指挥，倒变成他事先不知道总攻令，想阻止又来不及了。

长安城破。李渊制定纪律，果然是有教养的贵族出身，不似一般贼盗入京后大掠奸淫。由于痛恶阴世师等人凭城抵拒，又恨这些隋官奉炀帝之命挖刨自己家几代祖坟，李渊下令杀掉这几个大官（卫文升先已病死），余无所问。

众将皆推李渊为尊。

这位唐公乃老奸巨猾之人，仍旧推托观望。617年，他暂时拥立少年代王杨侑为帝，改年号为“义宁”，仍遥尊杨广为“太上皇”，做足了“仁义”的表面宣传功夫。

随后，他以杨侑的名义任自己为“假黄钺、使持节、大都督内外诸军事、尚书令、大丞相”，并晋封为唐王。

拾取天下　端拱而治

唐朝的建立

一举攻克隋朝的政治首都长安，李渊内心之喜，可以说是情不自禁，溢于言表。

李渊老成，善于忍耐，仍旧端着不急于马上称帝。缘何？炀帝还在江都，天下英雄蜂起，说句不太好听的话，他只是大隋境内“诸贼”中的一员，现在仍尊隋朝正朔，好歹先找个“诸侯”的感觉。

“少帝（杨侑）以帝（李渊）功德日懋，天历有归，欲行禅让之礼，乃下诏命为相国，加九锡。”

唐臣如此以“少帝”为主语，完全是文字游戏。一个十三岁的长于深宫的小孩子懂什么，整个过程，全由李渊及其属下操纵。

李渊“推让”数次，并对公卿大臣们讲：“魏氏（曹魏）以来，革命不少，鸿儒硕学，世有名臣。佐命兴皇，皆行禅代。不量功业之本，唯存揖让之容。上下相蒙，遂为故实……魏、晋、宋、齐，为惑已甚，托言之士，须知得失。”

表面上看，真是大实话，发自肺腑，弄得一帮“劝进”的公卿大臣们反倒不好意思起来。

虽如此，李渊已经胸有成竹，私下对亲近讲：“吾今一匡天下，三分有二，入关形势，颇似汉高祖……”既然以刘邦自居，可见李渊肯定不会满足于只当一个相国。

618年4月，隋炀帝在江都被宇文化及所弑。

消息传来，李渊心内大喜，但仍假装一脸哀容，与少帝杨侑于大兴后殿为隋炀帝“举哀”。

“追悼会”上，李渊哭之甚哀，边哭还边嚷嚷：“我为人臣，不能不感悲痛！”政治家皆有上佳的表演本能，拿捏到位，该哭时哭，该笑时笑，让人不得不服。

史臣讲：“少帝（杨侑）年未胜衣，不经师傅，长于妇人之手，时事茫然。既知炀帝不存，唯求潜逊。”

唐臣此说，真没道理。霍光辅汉少帝，襁褓中小儿，仍能护持保育，冠礼成后交出权力。杨侑已经十四岁，等个三五年就可行成年礼。

所以，此说十分勉强。最关键的是，隋炀帝已死，李渊最大的心病消除。国内各地数路英雄称王称帝，洛阳的王世充又把杨侑的兄弟越王杨侗立为傀儡。所以，李渊觉得时机已到，该自己披挂上场了。

618 年 5 月，李渊以隋少帝名义出诏，要把帝位禅让于唐国；还有“文武将佐裴寂等二千人，不谋同辞，相率上疏劝进”。

为了让人相信李渊为帝是“天命所归”，裴寂等人在朝堂之上，当着满朝文武，絮絮叨叨，高诵“歌谣诗谶”：“东海十八子，八井唤三军。手持双白雀，头上戴紫云”“西北天光照，龙山昭童子，赤光连北斗”“十八成男子，洪水主刀傍”“只看寅卯岁，深水没黄杨”……反正就是一个主旋律：姓李的顺天应人，如不称帝，天理难容。

李渊也笑，说：“汉高祖当年讲他是诸侯所推，称帝是为天下人民，事已至此，孤王也就不好再推让了。”

于是，五月甲子，李渊于太极殿前登基，改元“武德”。

隋少帝逊位后，被封为酅国公，一年内就“因病而崩”，时年十五岁，谥为“恭帝”。很显然，杨侑是非正常死亡。

就王朝易代而言，弄死少帝是惯有之事。因为，假若人人乘乱而起，偷走这位少年，打着“兴复”隋朝的旗号，不知又会死多少人。

反观杨侑的异母兄弟越王杨侗，也被王世充立为幌子皇帝（皇泰主），这位少年也是“美姿仪，性宽厚”，起先颇想有一番作为。王世充大奸之人，当然不会任其所为。不久，王世充欲称帝，便派侄子王行本带毒酒去毒杀杨侗。杨侗自知不免，哀请临死前与母相见，不许。于是，少年焚香礼佛，发誓：“从今以后，愿不生帝王尊贵之家。”仰药之后，不能即死，被王行本以帛缢死，同其祖父炀帝一个死法。

李渊登基之后，立李建成为皇太子、李世民为秦王、李元吉为齐王。

半由人事半由天，诸子如虎，猛将似狼，数年之间，一统天下：

武德元年（618 年）年底，李世民平灭薛举的西秦（今甘肃武威一带）。

武德二年，河西凉国李轨因部下内讧，传首长安。

武德三年，李世民打得刘武周逃亡突厥，河东之地归唐。

武德四年，李世民所部生擒夏王窦建德，击降龟缩于洛阳坚城的王世充；同年，越郡王李孝恭、李靖等人击灭企图复兴梁朝的萧铣，长江中游大部分地区为唐所有。

武德五年，李建成、李元吉给予窦建德旧部刘黑闼等人以致命打击，并处死首恶，占领河北。

武德六年，李世民打败山东徐圆朗等人。

武德七年，江淮一带最后的割据英雄辅公祏也被俘杀，大唐江山一统。

此时，高丽、百济、新罗等小国纷纷来拜，皆被大唐赐封。

这一切功勋，虽皆为诸子诸将所成就，但平心而论，皆与李渊的“英明”领导分不开。

武德八年，老皇帝李渊觉得大功告成，便在终南山造太和宫，准备住进新修的宫殿颐养天年，享受胜利大果实。

武德九年六月庚申，发生了众所周知的“玄武门之变”，秦王李世民杀掉大哥李建成和四弟李元吉（三人同父同母），并诛除十个年少的侄子。

一日之内，二子十孙横死，老英雄惊悸惶恐，不亚于当年病榻上的隋文帝。

毕竟李渊是聪明人，八月癸亥，他下诏传位于李世民。李渊自为“太上皇”，徙居地势低洼的弘义宫（太安宫）。

虽经丧子丧孙之痛，毕竟当国的仍是自己的亲儿子。贞观九年（635年）六月，李渊善终于太安宫，时年七十岁。

“人生七十古来稀”，李渊这辈子活得还不错。唯一可惜的是，壮年时代叱咤风云的事迹，皆为二儿子唐太宗及其刀笔吏所掩，没在后世留下“汉高祖”一样的魄力十足、高大威武的形象。

另外，言及李渊，值得一提的当属其最重要的两个“元从功臣”——刘文静和裴寂。

想当初太原起兵，李渊假称王威、高君雅勾引突厥，急得二人跳脚大叫：“造反的正是你李渊，难道你想杀我们！”正是刘文静以第三者姿态“义正词严”地怒斥两个倒霉蛋，并喝令一旁不知所从的太原府兵士收捕王、高两人。由此走出至为关键的一步，唐公才能做了唐帝。

后来，刘文静豪气英雄，深入突厥虎狼之地，为李渊“沟通”这些人高马大的胡人，消除了李唐进军关中的后顾之忧。此后，刘文静与隋师屈突通手下大将桑显和潼关大战，也丝毫不畏，击败对手，平定新安以西之地。

李渊建唐后，拜刘文静为纳言。刘文静尽力辅弼，并删定隋文帝时的《开皇律》为《唐律》，通行天下。不过，薛举进侵泾州时，刘文静在李世民手下为元帅府长史，出军争利，大败而还。幸运的是，之后他又随李世民进击薛举，一举讨平，因功复爵，并拜民部尚书。

武德二年以后，刘文静自认为才干在裴寂之上，又屡有军功，而官位反在这位老友之下，意甚不平。每次廷议，这两位昔日的亲密战友多相违戾，互相给对方下绊子。

怨恨之下，刘文静酒后高言，以刀击柱，大叫：“必杀裴寂！”

刘文静的弟弟刘文超多事招祸，他招来巫师，在星下被发衔刀，为厌胜之法。正巧刘文静的一个爱妾失宠，便上告刘文静施行左道，诅咒朝廷。

李渊不顾旧情，马上派人把刘文静兄弟二人抓入大牢，并遣裴寂、萧瑀等人审讯。

刘文静只承认自己因屈居裴寂之下，心怀怨望，酒醉狂言，并不承认有诅咒朝廷之事。此外，萧瑀等人都认为刘文静没有重罪，李世民也极力救援，声称刘文静有定策大功，不会谋反。

李渊本人对刘文静的文才武略十分疑忌，裴寂又火上浇油：“当今天下未定，外有强敌，今若赦免文静，必为后患！”

此言正合李渊之意，便下令斩杀刘文静、刘文超兄弟，抄没其家。

一代智士刘文静临刑，抚胸而叹：“高鸟逝，良弓藏，故不虚也。”时年五十二岁。

太宗继位后，恢复刘文静官爵，并让其子刘树义袭封鲁国公，还准备把公主嫁给他。但刘树义和其兄刘树艺深怨朝廷，不久谋反，被逮捕诛杀。

至于裴寂，由于他和李渊是旧时狎昵的老哥们儿，入关后，晋封为魏国公，赐良田千顷。

高祖受禅为帝，前后左右最卖力的，就属裴寂，以至于加冕礼后，李渊马上对这位老玩友说：“使我至此，公之力也。”立拜为尚书右仆射，赏赐金银财宝，不可胜计，还每天赐御膳并派人送至裴寂家里。

李渊视朝，必引裴寂同坐。下朝回宫，就把裴寂请入卧内，言无不从，呼为“裴监”。当朝贵戚，没人受此超规格的对待，连李建成、李世民兄弟，也无此“殊荣”。

但裴寂本性怯懦，并无捍御之才，出外打仗就成草包一个。刘武周等人进寇太原，他自告奋勇率军前往，一败再败，打了一路，败了一路，逃了一路。还朝后，虽遭李渊一番奚落，住了两天监狱，不久就被释放，李渊顾待弥重。

老友之间心气相通，互相看见心里就舒坦，李渊不可能严惩裴寂。

武德六年，高祖迁裴寂为尚书左仆射，又特赐其可以自己铸钱。君臣两人欢饮于含章殿，裴寂倒知道“满则溢”的道理，叩请致仕。李渊闻言，竟泣下沾襟，说：“不要走嘛，我俩要偕老安享荣华富贵，公为台司，我为太上，逍遥一代，岂不快哉！”宴毕，为安慰老友，李渊马上册封裴寂为司空，每天遣尚书员外郎一人，轮流到裴寂府内值班伺候。

昭陵六骏浮雕（局部）　唐

太宗继位后，一朝天子一朝臣，起先还挺尊敬裴寂，不久，裴寂牵涉和尚法雅妖言惑众一案。李世民抓住这个借口对这位裴老叔不留情面，把他免官放归蒲州。

不久，裴寂在老家负气怨恨，还杀了劝他造反的妖人信行灭口。太宗大怒，下令把裴寂徙交州禁锢，不久再远流静州。

估计李世民有两件事最恨这位裴叔：一是他进谗言杀掉刘文静，二是当年在太原起兵前，太宗本人低声下气，奉迎巴结，假输了不少金钱给他。

常人爱恨，帝王不异。

幸好，当地的土著造反，老裴寂率童仆平乱，立功赎罪。唐太宗顾念裴寂对唐朝有佐命之功，征其回朝。路远多疫，老头儿走到半道就病死了，时年六十岁。

裴寂下场不算坏，死后获赠河东郡公。其子裴律师还娶了太宗之妹临海长公主为妻。不过，他的孙子裴承先下场不好，在武则天时被酷吏诬杀。

一代元勋，最后竟绝嗣。

英雄乱世争从龙

光辉大唐的开国元勋

男儿何不带吴钩，收取关山五十州。
请君暂上凌烟阁，若个书生万户侯？
（李贺《南园》十三首第五）

晚唐鬼才李贺（字长吉）一生困顿坎坷，虽属皇族远支，却一生沉沦下僚，只做过“奉礼郎”之类的小官（从九品）。李贺不堪“臣妾意态间”的屈辱，辞官归家，加之身体羸弱，最终郁郁而死，终年才二十七岁。

如此身世反映在其艺术作品中，李贺的诗词集奇峭、诡怪、雄浑、神秘为一体，不拘一格。毛泽东十分喜爱李长吉的诗，“天若有情天亦老”“雄鸡一唱天下白”等句，几乎就是直接“拿来”，可见长吉在润之先生心目中的位置。

本文开头四句诗，出自李贺《南园》十三首中的第五首。诗中，诗人羡慕初唐那些在凌烟阁上留下画像的功臣，羡慕他们都生活于一个伟大的时代，皆能以武功、奇策博取功名。在《南园》十三首的第六首中，李贺还怨怪自己是“寻章摘句老雕虫”，并幻想有朝一日能“见买若耶溪水剑，明朝归去事猿公”（《南园》十三首第七）。

试想，一个手无缚鸡之力的瘦弱书生，由于生不逢时、仕途蹭蹬，竟幻想自己能像侠客一样手提宝剑，师从猿飞捷走的高人成为武将。穷途末路之中，千载一人的鬼才，也想效仿一身武艺的奇侠，可悲，可叹！

贞观十七年（643年），唐太宗李世民派大画家阎立本（现存《步辇图》等画作，诚为“神品”，但当时他对自己“奔走流汗、伏地吮毫”作画的经历很羞惭，可见只是一个御用画仆而已）在皇宫的凌烟阁内绘制了对大唐创建立有殊勋的二十四位功臣的画像，其中，有与他一起东征西杀、浴血拼搏的武将，也有出谋划策、博学多才的文士（还真有好几个“书生”出身的“万户侯”），排名如下：

赵国公长孙无忌，河间王李孝恭，莱国公杜如晦，郑国文贞公魏徵，梁国公房玄龄，申国公高士廉，鄂国公尉迟敬德，卫国公李靖，宋国公萧瑀，褒忠壮公段志玄，夔国公刘弘基，蒋忠公屈突通，郧节公殷开山，谯襄公柴绍，邳襄公长孙顺德，郧国公张亮，陈国公侯君集，郯襄公张公谨，卢国公程知节，永兴文懿公虞世南，渝襄公刘政会，莒国公唐俭，英国公李勣，胡壮公秦叔宝。

所有这些人杰，恰能彰显李唐开国时代的赫赫武功！

贵戚豪族　英冠人杰

长孙无忌

长孙无忌，字辅机，河南洛阳人。其家族出自北魏献文帝第三兄，初姓拓跋，由于在部落之中获功最多，世袭大人之号，曾更姓跋氏，为宗室之长。孝文帝时，改姓长孙氏。长孙无忌的父亲长孙晟是隋朝的右骁卫将军。

由于家世贵重，世为华丽家族，长孙无忌自幼接受良好的教育，通览经史，精晓文义，自少年时代起就和太宗李世民关系极好，妹妹又是李世民的妻子（文德皇后），因此和李世民在君臣之外，又多了一层亲情。

李渊义军渡黄河后，长孙无忌即前去谒见，多次参与李世民的军事行动，出谋献计，殚精竭虑，因功被封为上党县公。

武德九年（626 年），长孙无忌在太子李建成和齐王李元吉咄咄逼人的情势下，暗中劝说李世民先发制人，可称是“玄武门之变”中非常重要的角色。

李世民即位后，马上封这位大舅子为吏部尚书，因其功劳第一，晋封齐国公。此时的长孙无忌处于人生最为得意之时，佐命元勋又兼贵戚，恩礼尤重，常常出入皇帝卧内议事，如兄弟一般。

李世民杀其一兄一弟十个侄儿，而且世民与建成、元吉皆一母所生，母为窦皇后。亲兄弟相互杀戮，大舅子反倒成为贴心人。

任高官积年，有人密奏太宗说长孙无忌权宠过盛，不利于国。李世民亲自拿这封密疏给长孙无忌观瞧，表示自己对他实无疑虑。太宗召集百官，宣布说：“无忌有大功于我李家，朕诸子皆弱，现在委托给无忌，朕非常放心。疏间亲，新间旧，是不顺之举，朕所不取也。”

大庭广众之下，皇帝表露了对长孙无忌的信任。

同年，李世民进行祭祀礼，命功臣裴寂与长孙无忌两人和他一起立于皇帝专用的巨大御车上，荣宠莫比。

贞观七年，朝廷册拜长孙无忌为司空。他固辞不受，表示自己以外戚任三公，会有私亲得官的物议。

太宗马上表示：“朕授官必择才行。襄邑王李神符是我李家骨肉，但他德行轻薄，故朕不授其任何实官。魏徵从前是太子建成死党，朕照样委以重任。如果真是以外戚之故，多赐长孙无忌金银财帛也就足够，确实是因为他聪明鉴悟，武略不凡，朕因此授以台鼎之位。”

言毕，赐《威凤赋》予长孙无忌，表彰他的贤德谦让。

贞观十一年，太宗下令长孙无忌等功臣世袭大州刺史；贞观十三年，太宗又亲自到长孙无忌家里，赏赐长孙亲族；贞观十六年，册拜长孙无忌为司徒；贞观十七年，太宗命在凌烟阁为长孙无忌等二十四功臣作画像，并下诏褒崇。

贞观十七年，太子李承乾与魏王李泰两人暗中结党争斗，相继被废禁锢。大英雄李世民虽贵为四海天子，仍为家事搞得懊恼无比。

朝会散后，唐太宗独留长孙无忌、房玄龄以及李勣三人议事。呆坐片刻，五内俱焦的太宗皇帝叹道："我三个儿子一个弟弟（三子指齐王李祐、太子李承乾、魏王李泰，都阴谋结党夺位。一弟指汉王李元昌，参与太子谋反）个个干出这样的事情，活着真难受啊。"言毕，从座椅上自投于地，拔出佩刀想自杀。

长孙无忌等惊惧至极，争上前去扶拥抱持，并夺过佩刀递给太宗的儿子晋王李治。

劝解半晌，三大臣问太宗想立谁为储君。"我想立晋王。"太宗答道。

晋王李治是李世民第九个儿子，依照次序还真轮不到他。长孙无忌心中大喜，因为李治是他亲外甥，马上就表态："敬听陛下诏命！如有异议者，请允许为臣我为陛下斩之！"

太宗对李治说："你舅舅已经同意你当太子了，应该拜谢啊。"晋王李治连忙跪倒在地，连连拜谢元舅的提举。

李世民还有些不放心，就问："既然几位和朕意见相同，不知外间物论何如？"

长孙无忌跪地应对说："晋王仁孝，天下归心。陛下如果不信，可以召问百官，肯定众口一词推举，否则，为臣我负陛下万死！"

长孙无忌此话，完全是出于让亲外甥继位的私心。李治日后宠幸太宗用过的才人武氏，连李家江山都差点儿丢掉，是谓不孝；杀掉长孙无忌等大臣，是谓不仁。

日后，太宗还想另立他所喜爱的吴王李恪为太子，长孙无忌力争。

鉴于他是当朝重臣，又忠贞正直，太宗不得不从，并亲口表示：“（长孙无忌）虽统兵攻战非其所长，但他善避嫌疑，应对敏捷，自古无比。”

贞观二十三年（649年），李世民病重，弥留之际，他单独召见长孙无忌和中书令褚遂良两人受遗诏辅政，并对褚遂良说：“无忌尽忠于我。我有天下，多是此人之力。你辅政后，不要让谗毁之徒陷害无忌。否则，你就不是我李家忠臣。”

高宗李治即位后，当年亲舅推举之景犹然在目，自然心中怀有万分感谢之情，马上拜长孙无忌为太尉，兼扬州都督，仍知尚书及二省事。

长孙无忌竭尽忠诚，数进良谏，高宗无不采纳。

高宗做太子时，入侍太宗，看见时为太宗才人的武媚娘，心旌摇荡。太宗崩后，按规矩武才人应落发为尼。高宗以上香为名，于寺庙见到武才人，两人泣下如雨（不知是睹佳人思亡父，还是大喜成悲）。

当时，高宗的王皇后没有孩子，萧淑妃有宠。王皇后听说此消息，马上令武才人留起头发，劝高宗纳武才人入后宫，想夺萧淑妃专宠。没料到的是，武氏巧慧异常，不久就大受高宗宠幸，获封为昭仪。王皇后、萧淑妃一齐被冷落，此时二人联手想扳倒武昭仪，却是再无可能的事情。

虽然王皇后失宠，毕竟是结发之妻，高宗并没有废后之意。不久武昭仪生下一个女儿，王皇后见了心中十分怜爱，抱在怀中逗弄，然后离开。武昭仪暗中潜入，活活掐死自己的亲生女儿，然后等高宗看视时大哭大闹，陷害王皇后弄死了小公主（武后之毒，历代罕有）。

高宗勃然大怒，立马起了废掉王皇后之心。由于皇后母仪天下，高宗自己还真做不了主，便首先从巴结自己的亲舅入手。

永徽五年（654年），高宗携武昭仪亲自临幸长孙无忌家，面见三个表兄弟（长孙无忌宠姬所生的三个小儿子），当时就封三个小孩为朝散大夫。他还让宫廷画师为长孙无忌画像，御笔亲题画赞，称颂这位元舅的“定策之功”。临来时，高宗和武氏带来十车金宝缯锦赐给这位舅舅。

笑语之间，高宗假装提起王皇后无子的话题，想要舅舅接这个话茬儿，再顺杆儿讲换皇后的事情。

长孙无忌心知肚明，不为所动，绕过话头讲起别的事情，弄得高宗和武昭仪很没趣，悻悻而去。

武昭仪后来让亲妈杨氏多次上门，假装和长孙无忌的老婆拉家常，祈求太尉答应高宗废旧立新的要求，都被长孙无忌驳回。礼部尚书许敬宗是个马屁精，多次劝说长孙无忌给皇上个面子，遭到痛斥。

无奈之下，高宗和武昭仪就撕破脸皮，诬称王皇后喜欢巫祝厌胜之术，召集长孙无忌、李勣、于志宁、褚遂良四人入内殿。

入殿之前，褚遂良对长孙无忌和李勣说："今日圣上召见，肯定是立后之事，上意已决，逆之必死。太尉元舅、司空功臣，不能让皇上蒙受杀害元舅和功臣的污名。我褚遂良出身布衣，备位辅政，受太宗之托，当以死争之！"

李勣比较世故，临行，称自己有病，竟没有上朝。

到内殿后，高宗直截了当地说："皇后无子，武昭仪有子，现在要立昭仪为皇后，怎么样？"

褚遂良接过话："皇后出身名门，是太宗皇帝为陛下所娶。先帝临崩，拉着我的手说：'朕佳儿佳妇，今以付卿。'陛下您当时在场，言犹在耳。皇后没有过错，怎能轻废！"

高宗一时语塞。

转天，高宗又把几人召至内殿，声色更加严厉，逼问同样的问题。

"陛下您果真想换皇后，可以从天下名族中仔细挑选。武氏曾侍奉先帝，天下所知。万代之后，后世对陛下会怎么评论呢！"褚遂良言毕，叩头言罪，"为臣逆忤陛下，罪当死！"并解下官帽，放下手中官笏，请求高宗把他放归田里。

由于触及自己和老爸共用一妇的痛处，高宗大怒，命卫士把老头子拉出去。

武昭仪也在帘后大叫："何不扑杀这个乡巴佬儿！"

站在一边的长孙无忌此时再也忍不住，喊道："遂良受先帝顾命，有罪不可加刑。"

同去的于志宁一直低头不语，大气不敢喘一口。

过了几天，李勣入见，高宗问李司空易后之事，老成世故的李勣说："此乃陛下家事，不合问外人。"皇帝大喜。

马屁精许敬宗趁机在上朝时对百官宣言："田舍翁多收十斛麦，尚欲易妇，而况天子欲立皇后，何必妄生异议！"

永徽六年冬十月，皇上下诏称王皇后、萧淑妃谋行鸩毒，废为庶人，并想晋封武昭仪。以长孙无忌为首的很多大臣反对，事不能成。

自此，高宗对长孙无忌的甥舅之情全然消解，一丝不留，而且心中十分怨恨这位舅舅"不合作"的态度。

武皇后对长孙无忌更是恨之入骨，只不过她刚刚当上皇后，摸不准长孙家族的势力和底细，暂时没有动他。

从此，长孙无忌在朝中处于半退隐状态，重大朝议再也插不上手。

高宗显庆四年（659年），一直对长孙无忌怀恨在心的许敬宗借一起朋党案件，把长孙无忌牵扯进去，诬称他构陷忠臣，伺机谋反。

高宗起初闻言还真吃了一惊，说："果真如此吗？朕舅为小人挑拨，不至于谋反吧？"

许敬宗一脸忠心耿耿："为臣我推究始末，（长孙无忌）反状已露。陛下以此为疑，恐怕不是社稷之福。"

高宗流泪说："我家不幸，亲戚间屡有如此事端发生，往年高阳公主与房遗爱谋反，现在元舅又干这事，使朕愧对天下人！如果事情属实，怎么处理？"

许敬宗答道："房遗爱乳臭未干，与一女子谋反，能成什么大事！长孙无忌与先帝一起谋取天下，为宰相三十年，天下畏其威名。如果哪天他忽然起事，陛下您派谁能抵挡他！为臣我从前也见过先例，宇文述与宇文化及父子都为隋炀帝亲任，结以婚姻，委以朝政，一夕事发，先杀不附己之人，为臣一家也惨遭杀害，其余大臣惶恐听命，不过数个时辰，隋室已亡！”

听毕许敬宗这一番“推心置腹”又极有道理的话语，前鉴不远，高宗泣道：“阿舅真干出谋反的事，朕也不忍杀他。天下、后世将如何评论朕啊！”

这许敬宗也是贵族出身，明晓历史通义，马上说：“汉朝薄昭，也是汉文帝的舅舅，也有拥立之功。薄昭仅仅犯了杀人之罪，文帝就让朝臣们身穿孝服齐坐于薄昭家门口哭吊活人，逼得薄昭自杀，至今天下以汉文帝为明主。现在，长孙无忌忘两朝大恩，谋移社稷，其罪与薄昭不可同日而语啊。他是司马懿、王莽一类人，陛下稍加犹豫，后悔不及！”

一番话语，高宗深以为然，竟不亲自推问，就下诏削夺长孙无忌太尉封号及封邑，流放黔州。武后在此事件中有何言语举动，史书中虽无明确记载，但枕边风想必是吹了不少。

不久，许敬宗派人到黔州重审长孙无忌谋反案，到黔州后，他逼令这位功臣自缢而死，并抄没其家产，子孙长流岭外荒野之地。

以元舅之尊、定立之功，长孙无忌只因不赞同高宗易立武后，竟遭杀戮，可见昏主遇诈妇，加之奸臣推波助澜，遗祸匪浅！

但思及长孙无忌鞫审房遗爱和高阳公主的案件时，肯定也在里面做了不少手脚，而且他顺便把太宗宠爱的吴王李恪也牵连进去，枉杀先帝爱子。最后，他自己及其家族也遭诛杀。

宗室名王　独称军功

河间王李孝恭

河间王李孝恭是唐高祖李渊的堂侄。李渊当年攻克京师后，拜李孝恭为左光禄大夫，不久任其为山南道招慰大使。他带军直入巴蜀，降服三十余州。

由于李孝恭借唐朝兵威四处征伐，抚慰有加，往往书檄到处兵不血刃，保全了许多性命，可称得上“仁德”二字。

高祖武德三年，李孝恭献计进攻萧铣的割据政权。李渊非常欣赏他的计策，晋爵为王，并改信州为夔州，拜孝恭为总管，命他广造大船，教习士兵水战，准备进攻萧铣。

萧铣是后梁宣帝曾孙。当年北周趁梁国内乱入境大掠，象征性地保留了梁国。隋文帝时萧铣的爷爷萧岩叛隋入陈。陈国灭亡后，隋文帝杀掉了萧岩。萧铣自幼丧父，家里很穷，靠卖字卖书挣钱养活母亲，为人十分孝顺。后来，由于族内的萧氏成为隋炀帝皇后，萧铣沾光被授以罗川令的官职。

隋炀帝大业十三年（617 年），天下纷叛，岳州上下文武官员也趁势想起军叛隋，众人本来要推校尉董景珍为主，这位武人倒有自知之明，他对众人说：“我家世寒贱，起事以我为名没有号召力。罗川令萧铣是梁国王孙，宽仁大度，有梁武帝之风。我还听说帝王龙兴，都有符名吉兆，隋朝的冠带称为‘起梁’，冥冥之中预示着萧家梁国该中兴啊。现在推萧铣为主，不正是顺天应人吗？”

大家找到萧铣一说，果然帝王贵胄，没有一般书生畏怯怕事之意，马上大悦应承，即日自称“梁公”，改易服色，建立梁国旗帜。

不久，附近义军和起义官军纷纷来投，隋朝派军来攻，皆败走。萧铣于是称帝，署置百官。

隋炀帝被弑江都，一时间天下无主，岭表诸州纷纷归降萧铣，九江、南郡也相继为梁国所据，当时东至三硖，南尽交趾，北据汉川，全都成了萧铣梁国的地盘，胜兵四十余万，成为南方雄国。

618 年，萧铣迁都江陵，与刚刚建唐的李家有了遭遇战。由于属下将领多横恣杀戮，萧铣就以罢兵为名把诸将召回，想趁机剥夺这些将帅的权力。已经当了梁国大司马的董景珍等人相继怨恨叛乱，纷纷被杀，以至于萧铣的故旧边将各自心怀疑惧，实力大减。

621 年，李孝恭率大军，统水陆十二总管，直逼江陵。

萧铣的江州总管盖彦举是个懦夫，乖乖献上五州之地投降，致使梁国门户大开。梁将文士弘等人率兵拒战，但哪里是李孝恭和李靖的对手，立时溃败。

萧铣刚刚为了换将而遣散兵士，身边只有几千宿卫之士守城。唐军忽至，他急忙下诏追招遣散至各地的军队，但梁国疆土辽阔，山河纵横，众军急忙往江陵赶也赶不及。

李孝恭纵兵布长围把江陵围得铁桶一般，很快就攻克了水城，俘获舟船数千艘，依附梁国的交州总管丘和、长史高士廉等人本是带人来拜谒萧铣的，听说梁国兵败，新主对自己又无恩宠，就都转头到李靖军门投诚。

萧铣秉承梁家一贯的“仁义道德”，自度救兵难以赶到，就对属下说：“天不助梁，数次亡国。如果战至力屈而降，唐军必因军士死伤而大杀城内百姓。怎能因为一人之故而使百姓遭殃呢。现在城池还未被攻拔，我先出降，可能会保全民众。众人失我，何患无君！”

于是，他亲自巡城下令投降，守城军士都号哭不已。

萧铣祭拜太庙后，率官吏赴李孝恭军门请降：“当死者唯有我萧铣，百姓无罪，请勿杀掠。”

李孝恭马上派人把萧铣用囚车送至京师。

李渊见了萧铣，当面大骂这位玉面王孙。

萧铣一脸凛然，对答说：“隋失其鹿，英雄竞逐。我萧铣无天命，故至于此。我之所行，恰似田横南面为王，非负汉朝。若陛下以此为罪，甘从鼎镬。”

李渊下令斩萧铣于京师。萧铣时年三十九岁，称帝五年。

萧铣言语不卑不亢，字字有理。他确实与李家唐朝没有深仇大恨，竟不免身死，可见李渊不够大度。此外，另一个仁德的大英雄窦建德，也是在兵锋正盛之时忽然被擒，被李渊下令杀于京师，让人不得不相信几分“天命”。

李孝恭平灭萧铣后，被拜为荆州大总管，岭南四十九州皆望风而降。武德七年，他率兵击败江东辅公祏的反叛，平定江南，拜扬州大都督，江淮及岭南诸州都归他统摄。

隋灭乱起，李氏家族除李建成、李世民、李元吉等带兵横行天下外，宗室中只有李孝恭一人能独当一面，并立有击破梁国的大功。李孝恭本性还算得上宽恕退让，没有骄矜自得之色，故而李渊、李世民都对他十分亲善。

功成名就之后，这位王爷不喜反悲，对左右说：“我住的大宅子真是太宏丽了些，应该卖掉再买座小院子，能住就可以了。我死之后，诸子有才，守此足矣。如果这些犬子不才，也免得那么好的大宅子便宜了别人。”

贞观十四年，李孝恭暴毙，时年才五十岁，正当壮年。李世民亲自举哀，哭之甚恸。

观史书所记，李孝恭只是一个武豪之人，胆识不凡，但也无十分过人之处，从他对待萧铣就可以看出端倪。如此一个金枝玉叶、仁德的皇帝，并非唐朝的叛臣，又没有与李家大动干戈，以百姓为念前来投降，李孝恭竟无任何礼敬的举动，捆起来放进囚车直送京城，没有丝毫宽仁的风度。

贤辅谋深　遭逢明主

莱国公杜如晦

杜如晦，字克明，京兆杜陵人。其祖父杜果官至隋朝工部尚书，其父杜咤为隋朝昌州长史。他自少聪悟，好谈文史，是个典型的彬彬书生。隋炀帝大业年间，他作为候补官员，只补个滏阳尉的小官，不久就弃官回家。

秦王李世民平定京城时，引其为秦王府兵曹参军。不久，当时的太子李建成恐怕秦王府内英才云集，日后于己不利，就以朝廷名义把李世民手下文武英才调去外地任职。

房玄龄当时对李世民讲：“府僚去者虽多，不足惜也。杜如晦聪明识达，王佐之才。您如果想经营天下，非此人不可！”李世民大惊，忙把已经调离的杜如晦追回。

在平定薛仁杲、刘武周、王世充、窦建德的过程中，杜如晦作为李世民的高参，对军旅戎事剖断如流，深为时人敬服。

李建成对杜如晦非常忌惮，他对齐王李元吉说：“秦王府中可惮之人，唯杜如晦与房玄龄耳。”随即就借机向高祖李渊讲房、杜两个人的过失，把他们调离李世民的秦王府。

杜如晦虽然被外调，暗中仍不时潜回李世民处替他出主意。“玄武门之变”成功后，他与房玄龄功劳相当，不久就被李世民拜为兵部尚书，晋封蔡国公。

贞观初年，他与房玄龄共掌朝政，制定典章，品选官吏，好评如潮。贞观四年，杜如晦病重，李世民亲自去他家中探望，抚之流泪，在他咽气前超升其子杜构为尚舍奉御。

虽然受皇帝如此器重，杜如晦仍旧抗不过疾病之侵，死时年仅四十六岁。

太宗哭之甚恸，赠司空，封莱国公，谥曰“成”，并手诏为其制碑文。后来，有一次唐太宗吃了块美味的香瓜，不知何故忽然忆起杜如晦，怆然泪下，遣人以所食之半奠于这位文臣的灵位前，并不时送御馔祭奠。

每年杜如晦的忌日，太宗都派人到他家里慰问其夫人儿子，还一直保持其公府的官吏僚佐的职位。

杜如晦的二儿子是尚城阳公主的驸马爷，后来因牵涉太子李承乾谋反案被斩。袭爵的长子杜构，本来官为慈州刺史，因弟弟一案也坐贬岭南，死于边野。

不知晚年的李世民是否因为三子之叛而伤透了心神，再也顾及不到这位功臣的后人了。

智者尽言　青史美臣

郑国公魏徵

魏徵，字玄成，巨鹿曲阳人。魏徵自少孤贫，但落拓有大志，不事生业，而是选择了一个偏门：出家为道士。他好读书，诸子百家多有通涉。隋末，他见天下渐乱，特别偏重阅读春秋战国那些纵横家的著作。

李密起兵后，他前去投靠。后来被窦建德抓到，因其有才，被拜为起居舍人。窦建德被擒后，太子李建成闻其名，引为直洗马，对他非常敬重。

魏徵当时见秦王李世民勋业日隆，常常劝李建成早早除掉这位兄弟。

“玄武门之变”，太子李建成被杀后，李世民亲审被抓获的魏徵：“你离间我兄弟关系，为什么？”魏徵回答：“皇太子如果早听我的话，必无今日之祸。”其实李世民早就听闻魏徵大名，根本不想杀他，登基后拜其为谏议大夫。

实际上，太子李建成也是个不错的人，只不过被杀后，完全失掉了“话语权”，后来的太宗臣子肯定会大捧李世民，极力贬低李建成。即使是选取《太宗实录》中大量资料写成的《资治通鉴》，也有“太子颇仁厚”的记载。有一次李元吉要“手刃”秦王李世民，太子建成还“阻之”。

据现有史料分析，李建成在唐朝立国时也多有功勋，根本不是阴险狡诈之人，后来功绩全被太宗的史臣抹杀掉。太宗在唐朝开国时武功甚丰，但这些并不是能当皇帝的必要条件，嫡长子袭位才是封建社会的正理。如果能打能杀就能当皇帝，那肯定是乱世。后来，太宗肯定非常内疚，从他重新安葬哥哥时“哭之甚哀”的表现，就可窥见一斑。

太宗即位之初，励精政道，多次于内殿与魏徵深谈，访以天下得失。魏徵知无不言，言无不尽，性抗直，无所隐瞒。他常常犯颜进谏，神色不移，其事迹史书多有记载，故不详述。贞观七年，晋封郑国公。

贞观十六年，魏徵病故，时年六十四岁，当夜太宗李世民就梦见魏徵。

太宗为其辍朝五日，赠司空，谥“文贞”。

值得一提的是魏徵的身后事。魏徵曾经向太宗密荐中书侍郎杜正伦和吏部尚书侯君集有宰相才能。魏徵死后，杜正伦以罪获黜，侯君集谋反被诛，李世民就怀疑这位“老实人”有因私营党的嫌疑。

后来，太宗得知魏徵曾把给自己的谏诤言辞书稿给史官褚遂良观看，有博名之嫌，更加不悦。他下令废掉先前把衡山公主许配给魏徵长子魏叔玉的婚约，怒极时还亲自推倒了魏徵的功德碑。

一段君臣佳话，竟以此为终。

命世之才　善建嘉谋

梁国公房玄龄

房乔，字玄龄，齐州临淄人。自幼聪敏，博览经史，工草隶，善属文。玄龄少年时代随父亲去京师，当时隋文帝当国，天下宁晏，一片太平景象，但弱冠之年的房玄龄已经对世事有精到的分析，私下对父亲讲：“隋帝本无功德，只知诳惑百姓。而且他不为国家长久之计，诸子嫡庶不分，竞相淫侈，最终会互相诛夷倾轧。现在国家康平，但灭亡之日翘足可待。”

十八岁时，本州举进士，房玄龄获封羽骑尉。李世民领兵过渭北，房玄龄谒于军门投靠。两人一见如故，李世民马上任其为记室参军。

房玄龄为报李世民知遇之恩，竭尽心力筹谋军政事务。每攻灭一方割据势力，军中诸人都全力搜求珍宝异物，唯独房玄龄四处访寻英杰人物，并把他们举荐给秦王李世民。因此府中的谋臣猛将，心中都十分感念房玄龄推荐之恩，尽死力报效。

房玄龄在李世民秦王府中十多年，一直掌管军机大事，而且军书表奏，驻马立成，文约理全，不用草稿。高祖李渊也对房玄龄深加叹赏，对侍臣讲：“此人深识机宜，足堪委任。每为我儿（世民）陈事，必会人心，千里之外，犹对面语耳。”

后来，太子李建成斥逐秦王府宫属，房玄龄与杜如晦一并被驱斥外任。“玄武门之变”前夕，李世民密召二人化装成道士入阁密计，最终策划计成。

贞观元年，房玄龄官拜中书令。论功行赏，太宗以房玄龄、长孙无忌、杜如晦、尉迟敬德、侯君集五人功为一等，晋爵邢国公。李世民的堂叔李神通当时很不服，大言道：“义兵初起，臣率兵先至。现在房玄龄、杜如晦等刀笔之吏（这位皇叔不敢提长孙无忌，因为他是太宗的大舅子；也不敢提尉迟敬德和侯君集，二人都是武将，勇武有兵，而且尉迟敬德的老拳连太宗堂弟的脸也不能幸免），反而功居一等，臣心不服。”

李世民也不客气，当廷驳斥道：“义旗初兴，人各有心。叔父您虽率兵前来，也是因为惧祸怕被株连，而且您从未亲自上阵打过仗。与窦建德交手，您全军陷没（还被俘获，窦建德仁义没杀他。李世民给他面子没点破）；后来刘黑闼起兵，您又望风败逃。如今论功行赏，玄龄等人运筹帷幄，安定社稷，功比萧何，虽无汗马之劳，但能以大计居功一等。叔父您是国家至亲，朕并不吝惜封赏，但不能因私情滥与功臣同受奖励！”

一席话，讲得这位常败皇叔惭愧退下，好没面子。

贞观二年，房玄龄改封梁国公，为尚书左仆射，监修国史。房玄龄尽心竭诚，夙兴夜寐。加之他明达吏事，法令宽平，任人唯贤，不分贵贱，当时论者皆称之为良相。

他任宰相十五年，女为韩王妃，儿子房遗爱尚高阳公主，显贵至极，但常常深自卑损，不敢炫人傲物。

贞观十八年，李世民亲征辽东高丽，命房玄龄留守京城。贞观二十三年，房玄龄旧疾复发，当时李世民在玉华宫，闻讯命人用自己的担舆把房玄龄抬至御座前，两人相见，感怀流泪，哽咽不能言。

太宗命太医去这位功臣家里疗治，每日以御膳供房玄龄食用。听说他病有好转，太宗就喜形于色；听见病情加重，太宗脸上愁容顿现。

临终之时，房玄龄对诸子说："当今天下清平，只是皇上东讨高丽不止，正为国患。主上含怒意决，臣下莫敢犯颜。我知而不言，就会含恨而死啊。"

于是，他抗表进谏，请求太宗以天下苍生为重，罢军止伐高丽。

太宗见表，感动地对房玄龄的儿媳高阳公主说："此人病危将死，还能忧我国家，真是太难得了。"

房玄龄临终之际，太宗亲至其病床前握手诀别，立授其子房遗爱为右卫中郎将，房遗则为中散大夫，使其在生时能看见二子显贵。

房玄龄受遇如此，死时定当含笑。卒年七十，诚为喜丧之年。太宗为之废朝三日，赠太尉，谥曰"文昭"，陪葬昭陵。

房玄龄一直告诫儿子们不要盛气凌人，切勿骄奢沉溺，并集汇古今圣贤家诫，亲书于屏风上，分给各房子嗣，说："如能留意上面的内容，足以保身成名。"

长子房遗直嗣爵，高宗初年官至礼部尚书。次子房遗爱在太宗活着的时候，由于老婆高阳公主特受宠爱，他做驸马时与皇室别的女婿也大不相同，礼赐恩宠异于诸皇婿。

高阳公主骄恣成性。高宗继位后，她想让老公承袭房遗直的公爵爵位，就诬告房遗直对自己无礼（不知是讲房遗直调戏她还是不尊重她）。高宗还真当回事，让舅舅长孙无忌鞫审此案。

这一下可不得了，竟审出高阳公主和房遗爱两人想要谋反的事情（其中不排除皇舅为了清除异己而使案件升级的“猫儿腻”）。

可惜房玄龄一世忠贞，家族终为逆子恶妇所累。公主被赐自尽，房遗爱伏诛，诸子都流配岭南。

房遗直因父亲之功，总算保得不死，除名为庶人。可惜房玄龄本人死都死了，大红的牌位被下令从太宗庙中撤出，失掉配享的资格。

才高望重　社稷之臣

中国公高士廉

高俭，字士廉，渤海蓨县人。其祖父高岳是北齐神武帝高欢的堂弟，封清河王，官至左仆射、太尉。其父高劢，北齐乐安王，曾任右仆射。北齐之后入周，不知何故竟没被周武帝杀掉。隋朝取代北周后，他还任过隋朝的洮州等四州刺史。史载，高士廉“少有器局，颇涉文史”，与大文豪薛道衡等人结为忘年之交，为一时才俊。

隋炀帝大业年间，高士廉的妹妹嫁给右骁卫将军长孙晟，生子长孙无忌和一个女儿。长孙晟死后，高士廉把妹妹接回自己家中，非常厚待自己的外甥和外甥女。当时他发现年轻的贵族子弟李世民异于常人，就把外甥女嫁给他，这位长孙氏就是后来的文德皇后。

隋炀帝时，由于高士廉和逃亡到高丽的兵部尚书斛斯政关系密切，隋廷把他流放至交趾。萧铣称帝时，交趾太守丘和附梁，高士廉也随之降梁。萧铣被唐朝平灭后，高祖李渊因亲戚关系，命高士廉巡按岭南诸州。后来他升迁为雍州治中，而当时他的外甥女婿李世民为雍州牧。

“玄武门之变”，高士廉与外甥长孙无忌并预密谋，他自己还亲率吏卒从监牢里释放囚犯，授以兵甲，组成临时的部队驰援李世民。

贞观元年，高士廉被提升为侍中。贞观十二年，以其佐命之功授申国公，拜尚书右仆射。

高士廉为人谨慎缜密，表奏皇帝的草稿一概焚毁，不使左右知晓。贞观二十一年病死，时年七十二岁。

当时太宗刚刚饮服“药石”（类似“五石散”的东西，当时认为既“壮阳”又“保健”，实际上是毒性很大的东西，多位贵族、皇帝因之而死），闻讯马上整装要亲临看视。

高士廉的外甥长孙无忌急忙策马跪伏于半路迎接，痛哭陈说高士廉临终前切言皇上不要亲临，加之“饵石临丧”是医家大忌，劝了半天才把药性正发作的太宗皇帝劝回宫去。

高士廉死后，唐廷赠司徒，陪葬昭陵，谥曰“文献”。

高士廉一家三代仆射，子为尚书、驸马，外甥为太尉，外甥女为皇后，一时无双。

想想北齐皇族中他那些年不过四十就暴死的堂叔、堂兄弟，高士廉一支的结局可谓是最好的。即使日后长孙无忌被诛，其子高履行也仅仅受牵连被贬官而已。

夺槊陷阵　智勇双全

鄂国忠武公尉迟敬德

尉迟敬德，朔州善阳人。行伍出身，隋炀帝大业年间，以官军身份四处讨“贼”，由于他勇武过人，获朝散大夫封号。刘武周在河间起事，武人惺惺相惜，以尉迟敬德为偏将，和宋金刚一起南侵，与唐朝争夺天下。

尉迟敬德一军深入关中，在夏县大破永安王李孝基军队，生俘李渊的重臣唐俭和独孤皇后的侄子独孤怀恩等人，可谓战功赫赫，吓得唐高祖李渊不仅命李世民勒军前往，还亲自到蒲津关督战。

武德三年（620年），人中之龙的秦王李世民，大败宋金刚和尉迟敬德于介休，宋金刚亡命突厥，尉迟敬德率残兵固守城池。

冷兵器时代，攻城最难，况且尉迟敬德勇智超人，介休城成为唐军最难啃的一块骨头。李世民派任城王李道宗和宇文士及前往城内劝降。

隋末内乱，英雄各思良主，尉迟敬德确实是“知命”之人，便举城投降。

李世民见这么赫赫有名的大将归降，大喜过望，宴席欢饮之间，封敬德为右一府统军，带着他进击割据东都洛阳的王世充。

由于战事胶着，互有胜负，“世上英雄本无主”，那些昔日勉强归降的将领纷纷叛逃，在心理上给唐军很大的打击。

未获得李世民的同意，唐军诸将就把尉迟敬德捆起来囚禁了，他们怀疑这位猛将肯定会和其他人一样叛逃而去。

李世民帐下屈突通、殷开山两位高级助手劝言：“尉迟敬德初归国家，情意未附。此人勇健非常，又被囚禁，必生怨望，留之肯定生祸，请即杀之！”

秦王李世民想都未想，随口答言：“我和你们想的完全不同。”他马上派人把尉迟敬德放了，并引其入卧室内，和这位勇武的将军独处。

秦王拿出一大包金银珠宝，说：“丈夫以意气相期，勿以小疑见意。我绝不会听信谗言杀害忠良。如果您真想离开，今以此物相资，以表我们一时共事之情。”

李世民不是奸雄，这一番话肯定是发自肺腑。尉迟敬德武人直肠，并未有什么“报效”之言。

当天，他跟从李世民一帮人在榆窠打猎，忽遇王世充率数万步骑来袭。估计王世充仅想偷袭唐军，没想到半路上遇见秦王李世民这条“大鱼”。

王世充帐下骁将单雄信率一队骑兵直冲向李世民，说时迟那时快，李世民眼睁睁地看着单雄信一丈八尺长的大槊就要刺到近前。

危急关头，尉迟敬德跃马大呼，横刺单雄信坠马，其徒众见领将滚落，冲势稍减。尉迟敬德把李世民挡于身后，缓缓后撤出包围圈。

待李世民等人进入唐军人多的安全地带，尉迟敬德率一队骑兵与王世充军队交战，大战数个回合，王世充军大败，尉迟敬德生擒其大将一名，获排槊兵六千多人。

李世民面对意气高昂归来的尉迟敬德，感慨道：“上午我身边众人都说您肯定要叛逃，天诱我意，独保明之，所谓福善有征，只是没想到您报答得这么快！”

大庭广众之下，李世民特赐尉迟敬德一大柜金银，自此，恩遇日隆。

尉迟敬德武艺极其高强，特别善于在两将相战对合之际躲避对方槊刺。他常常在两军对阵间，单人独骑直冲入敌阵，即使敌方众人举槊齐刺，都伤不了他，最奇的是，他还能在左闪右避之间夺取敌人的长槊，返刺对方。

李世民的弟弟、太子李建成的心腹齐王李元吉也非常善于马上击槊，听说李世民帐下的尉迟敬德也有这种技艺，心中很是不服，就到营中亲自比试：一来炫耀一下自己的武艺，二来挫一挫秦府兵将的锐气。

兄弟相见后，招来尉迟敬德。李元吉命尉迟敬德把两根长槊去掉金槊尖刃，只以木杆相击，比试一下武艺。尉迟敬德很恭谨地禀报：“请大王您用有尖刃的槊，肯定伤不了我。我把自己的槊尖去掉就是。”

李元吉心中暗气，心想我今天就成全你。他上马疾驰，槊尖刺向尉迟敬德三路要害。相斗数次，尉迟敬德俯仰左右，齐王的槊尖终不能及。

李世民在旁心中暗喜，为了打击这位暴戾兄弟的气焰，他故意问尉迟敬德：“夺槊和避槊，哪个更难？”敬德回答：“夺槊难。”李世民于是命敬德夺李元吉的槊。

这位一直自诩槊马功夫天下第一的王爷早已气得七窍生烟，跃马执槊，朝着对面空手而来要夺槊的尉迟敬德狠命刺去，想置之死地而后快。

俄顷之际，尉迟敬德三夺李元吉之槊。最后，这位齐王不得不服，大声赞叹敬德神勇异常。虽然耻愤巨大，钢牙咬碎，李元吉也只能叹服其能了。

尉迟敬德艺高人胆大，总能在万马千军中干出令人喝彩叹绝的事情。唐军攻打王世充的洛阳城，背后窦建德率救兵数万前来救援夹击。王世充的侄子王琬当时出使于窦建德营内，胯下骑着当初隋炀帝亲乘的御马，铠甲鲜明，浑身上下打扮齐整，金玉镶嵌，在两军阵间来回奔驰，夸耀于军。

李世民是识马之人，用鞭指着王琬的乘马，说：“这真是匹无双的良马。”尉迟敬德一听，马上请命要过去夺马。李世民连忙阻止：“怎能以匹马之故而丧勇将！”尉迟敬德摇摇手，说了句“无妨”，策马直去，身后仅高甑生、梁建方两人跟随。

在双方对阵的数万军将眼皮底下，三骑直入窦建德阵。

尉迟敬德老鹰抓小鸡一样，把身穿价值连城铠甲的王琬生擒，牵着隋炀帝的御马，从容还营。贼众只能望之兴叹，无敢挡者。

可以想见，那种昂然意气、成竹于胸的英雄气魄，无论敌我，都会对其心悦诚服。

尉迟敬德跟从李世民征战多年，不仅破王世充、窦建德，后来又打败刘黑闼、徐圆朗等人，战功卓著，为秦王府中数一数二的大将。

太子李建成素知尉迟敬德英勇，暗地派人赠以一大车金银器物，并卑辞下意地表示要和敬德达成“布衣之交”。敬德婉言谢绝，表示自己要对秦王李世民以身报恩，不敢有二心。

齐王李元吉深忌其骁勇，屡次派人行刺尉迟敬德。尉迟敬德提前知道些风声，睡觉时也重门洞开，自己在帐中安然大睡，刺客多次已悄入庭院之中，但见这阵势都心中犹疑，以为尉迟敬德有什么防备或更深的计谋，最终没有一个人敢下手。

“玄武门之变”前夕，尉迟敬德知晓太子李建成很快要动手，就和长孙无忌一起劝李世民先下手。如此大事，涉及太子和齐王以及自身的生死，李世民很犹豫。尉迟敬德以言语相激道：“人情畏死，众人以死拥奉大王您，此是天授啊。如果天与不取，必受其咎。大王您存仁爱小情，忘社稷之大计，诚非明计。您如果不行事，那请容许我尉迟敬德先逃命，不能等事发时束手被杀。我现在逃走，长孙无忌也和我一起跑掉。”

李世民听此言，心中发怵。

尉迟敬德又说：“大王您现在处事犹豫不决，非智非勇。而且我已经召集了八百壮士披甲持弓，其势不得不发！”

侯君集和长孙无忌也在一旁死劝，李世民最终下定决心。

唐高祖武德九年（626年）六月初四，“玄武门之变”中，李世民亲自发箭射死太子大哥李建成。齐王李元吉张弓射李世民，三发不中。李世民胯下马惊，跳跃狂奔中把李世民甩下地，狼狈之中，狠戾的齐王李元吉飞马赶到，翻身落地，用弓弦勒住刚刚爬起身还未站稳的李世民的脖子。

万分危急关头，又是尉迟敬德跃马大喝赶到。估计要是别人来，李元吉肯定先把李世民脖子勒断再说，见是尉迟敬德策马冲来，李元吉自知不敌，松开李世民转身跑向武德殿，估计是想奔进宫殿内门或找老爹李渊诉冤。

尉迟敬德马疾手快，一箭把这位齐王射死在当地。然后，他手里拿着李建成、李元吉两颗血淋淋的人头，赶到正在玄武门混战的太子、齐王府军与秦王府军前，大呼示意。

东宫及齐王属兵见到主人人头，全都死心，顿时溃散。

当时，唐高祖李渊正和一帮宠妃、侍姬在湖上泛舟游玩。李世民命敬德“侍卫”高祖，其实是真正的“逼宫”。

尉迟敬德全身披挂、手持长矛，突然出现在李渊面前，差点儿把老头儿吓死，惊问：“今日是谁作乱？爱卿你因何而来？”

尉迟敬德回禀：“太子、齐王作乱，秦王已举兵诛之，特派遣为臣来宿卫。”

当时宫外还有些太子、齐王的兵马在各处与秦王府兵交战，尉迟敬德要求李渊降手敕退兵，其实是逼着老皇帝手谕各军统归李世民掌管。

此时的李渊只得称好，于是众兵止斗。而后，李渊被迫“下诏”，诛杀李建成、李元吉诸子。一天之内，二子十孙横死，不知李渊心中是什么滋味。

不过，想想他曾下令诛杀仁德宽厚的大英雄窦建德、萧铣、李密等人，也算是冥冥中自有报应了。

论功行赏之际，尉迟敬德居功甚伟，获赐绢万匹。而且李世民把齐王李元吉的府邸全部封存，一股脑儿赏赐给这位大功臣。

贞观元年，尉迟敬德拜右武侯大将军，赐爵吴国公。突厥寇边，他以泾州道行军总管的身份前往迎击，在泾阳阵前故伎重演，单骑挑战，立斩突厥名将，大胜而归。

尉迟敬德毕竟是武人出身，自负功大，多次和长孙无忌、房玄龄、杜如晦等文臣在廷上争执，不久即被这些文臣合伙排挤出京师，到襄州和同州等地任地方官。

一次，大臣们与太宗皇帝同宴于庆善宫，有人坐在尉迟敬德上列。大英雄刚从地方外任回来，一肚子气，趁酒劲大骂：“你有什么功劳，能坐在我的上列？”

坐于其下的任城王李道宗好心起身劝解，敬德更是勃然大怒，回手一记老拳，几乎把这位王爷打瞎。

任城王李道宗十七岁随李世民征战，屡有殊功，又曾带军打败突厥和梁师都的大军，开疆拓地千余里。这么一个武人王爷，挨了尉迟敬德一大拳也不敢说什么，只能捂着脸坐在原地自叹倒霉。

居于主座的太宗李世民此时非常恼怒，宣布罢宴。他把尉迟敬德唤至近前，说："朕览汉史，见刘邦手下功臣没几个有好下场的，为此常常怪罪这位汉高祖。自从朕当皇帝以来，一直想保全功臣，但爱卿你居官屡犯法度，在国宴上当着朕的面又来这个，朕才知道韩信和彭越被杀，也不尽是汉高祖的过错。国家大事，只有赏罚两种，非分之恩，不可能数行。希望你好好反省，以免有后悔之时。"

这一席话很有分量，尉迟敬德也忽悟自己是"蹬鼻子上脸"，有些过分猖狂了。从此他深自谦抑，不再张扬招摇。

贞观十一年，太宗大封功臣，册封尉迟敬德为宣州刺史，改封鄂国公。贞观十七年，敬德上表乞骸骨（要求退休）。

唐太宗征伐高丽，尉迟敬德上表进谏，太宗不纳，并命这位老将以左一马军总管身份跟随自己进军，大破高丽于驻跸山。还军后，依例退休。

晚年的尉迟敬德，崇信道教，和道士们一起炼丹服药，天天吞吃大量云母粉养生。

他闭门谢客，不与外人交通，远离政治，在家里穿池筑台，奏清商乐自娱自乐，长达十六年之久。

高宗显庆三年（658 年），尉迟敬德善终于家，时年七十四岁。册赠司徒，谥曰"忠武"，陪葬昭陵。

南平吴会　北定沙漠

卫国公李靖

李靖，本名药师，雍州三原人。此人累世为将，祖父李崇义是后魏殷州刺史，父李诠是隋朝赵郡郡守。

史载，李靖“姿貌瑰玮，少有文武才略”，他常对朋友讲：“大丈夫若遇主逢时，正当立功立事，以取富贵。”

其舅韩擒虎是隋朝名将，常常与这个从未经战阵的外甥论兵，每次都啧啧称奇（最终事实表明，李靖不是赵括式“纸上谈兵”的人物）。

李靖年轻时就声名显赫，常常是左仆射杨素和吏部尚书牛弘的座上宾。杨素有次曾拍着自己的坐床（椅子）对李靖说：“卿终当坐此。”后来小说中有杨素侍儿红拂夜奔李靖处、两人私逃的故事，应是附会编造。观史可以明人，以李靖的性格，肯定不会有这么“浪漫”的事。况且谁敢偷当朝“第一红人”大臣的女侍！

不知为何，李靖做官一直没做大，在隋炀帝大业末年，只当个马邑郡丞。当时李渊奉隋廷诏命勒兵在塞外击突厥，李靖得知这位唐公有不臣之意，就暗中向炀帝所在的江都方向潜逃，想密报李渊要造反的消息（更加看出此人忠勇）。

当时天下已经大乱，李靖跑到长安就过不去了。不久，李渊攻克长安，马上把李靖抓起来亲自监斩。

李靖临刑大呼：“唐公您兴义兵，本为天下除暴乱，难道要为私仇斩壮士吗？”

李渊闻言壮之，李世民在一旁又数次恳请放掉李靖，最终李靖得以免斩。

李靖马上被秦王李世民延入幕府，在讨伐王世充的战斗中立下战功，以军功授开府。当时南方多事，萧铣坐大，唐高祖就派李靖率军前去征讨。

也怪李靖出道运气差，在硖州被萧铣军队阻挡，迟滞许多天。李渊闻讯觉得李靖是故意迟留观变，前仇新怨，加上李渊是小气之人，于是密令硖州都督许绍斩杀李靖。

许绍爱惜李靖的才能，估计两人也曾一起宴座谈兵，故为李靖请命。有了这么一个贵人，李将军又逃过一死。

正赶上王爷李孝恭讨伐开州土蛮冉肇则兵败，李靖将兵八百奇袭，临阵斩冉肇则，俘虏五千多人。

至此，高祖李渊大喜，对旁人讲："朕听说，使功不如使过，李靖果展其效！"马上亲降玺书慰问李靖，手敕这位本应死了两回的将军："朕既往不咎，旧事吾久忘之矣。"

在其后攻伐萧铣的战斗中，李靖屡出奇兵，击败大将文士弘，兵围江陵，迫使萧铣投降，以军功获封为岭南道抚慰大使。

其后，他率军平灭江南辅公祏，并带江淮兵一万人赴太原前拒突厥。当时诸军皆败，唯李靖一军独全。

唐高祖李渊对李靖大为叹赏，常说："李靖打萧铣、辅公祏，手到擒来，数数古代良将如韩信、白起、卫青、霍去病，恐怕都赶不上他。"

太宗李世民继位后，拜李靖为刑部尚书。贞观三年，封兵部尚书。

当时，突厥诸部离叛，唐朝方盛，正想报昔日委曲求和之怨，就派李靖为代州道行军总管，乘间讨伐。

李靖仅率三千骑兵，自马邑飞奔至恶阳岭，使得突厥突利可汗大骇。

这位可汗望着忽然出现的三千唐军，惊惶地说："如果不是倾国大军随后，李靖断不敢孤军而至！"

李靖立营，也不马上进击，先和突利可汗打心理战。突利的军队一日数惊，吓得寝食不安。

李靖摸清突利可汗的底细后，暗中离间其左右，逼使突利的亲信大将康苏密来降。

贞观四年，李靖进击定襄，找到了隋朝齐王杨暕的儿子杨正道和陷入突厥多年的炀帝皇后萧氏。突利可汗大败，仅以身免。

太宗大喜，晋封李靖为代国公，并对凯旋而还的李靖夸道："从前李陵将五千兵入塞北，不免身降匈奴，尚能因勇武而青史留名。爱卿你以三千轻骑深入虏廷，克复定襄，威震北狄，真是古今未有之奇迹！"

自高祖武德四年起，突厥颉利可汗就不断攻伐中国（处罗可汗死，其弟为颉利可汗。突利可汗是处罗可汗之子，颉利可汗之侄），李世民从武德五年起多次与两可汗交战，时战时和，从无大胜。

唐太宗新登基不久，颉利可汗自率十多万骑兵入寇，与突利可汗总兵百万来战，害得帝位还没坐热乎的太宗以天子之尊亲自披甲上阵，隔渭水与颉利交语，晓以利害。颉利见所属各部落酋长见到太宗都恭敬罗拜，知道没有胜算，就顺水推舟请和。而后，赶上突利可汗被李靖打败，颉利可汗闻讯后大惧，忙率军退保铁山，遣使入朝谢罪。

匈奴、柔然、突厥、吐蕃这些北方少数民族都是这样，打胜仗则大掠人民财物而去，打败仗就奉表称臣装孙子，喘息已定后又回来大肆杀掠。

太宗任李靖为定襄道行军总管，率军迎降颉利。

颉利实际上根本不想投降，只是找借口趁机休息、重整旗鼓。太宗不放心，派出鸿胪卿唐俭和将军安修仁带国书前往慰谕。

李靖对当时突厥内部的情势一清二楚，对将军张公谨说："我国诏使到颉利处，他肯定一时心安，不再防备逃逸。可以马上精选一万骑兵，备二十天粮食，引兵奇袭，必获大胜。"

张公谨有些为难："皇上已答应他投降，又有使臣在颉利处，好像不该此时进击啊。"

李靖不以为然，断然道："此兵机也，时不可失，正是韩信破齐的良机。似唐俭之辈，又何足惜！"（唐俭日后也是凌烟阁功臣。）

他马上下令发兵，督师疾进，行至阴山，俘获突厥边哨千余帐，都用绳子拴上随军。

这一厢，颉利可汗见唐帝使者来，大悦，根本没想到李靖一军突然杀来。直到唐兵距帐十五里，突厥人才发觉，颉利可汗吓得跨乘千里良马一溜烟跑得没影，部众大溃。

李靖军斩首万余级，俘虏男女十余万，并杀掉一直和唐朝作对的隋朝义成公主（处罗可汗之妻）。

颉利可汗跑到半道被人抓住，捆送京师。

突利可汗听说叔父败讯，自知不是“天可汗”李世民的对手，也忙派人内附称臣。

此役大获全胜，唐俭并没像汉代那位“高阳酒徒”郦食其一样被油锅烹死，他乘间跑掉，平安回朝。

太宗听说李靖大破颉利，喜出望外，对侍臣说：“朕闻主忧臣辱，主辱臣死。往年国家草创之际，太上皇不得已向突厥称臣，朕未尝不痛心疾首，志灭匈奴，坐不安席，食不甘味。现在李靖将一偏师，无往不捷，使得颉利可汗被俘，突利单于附款，往年大耻，一朝而雪！”

于是，唐太宗大赦天下。

当时，唐高祖李渊作为太上皇还活着，闻讯忙命人大摆酒席。席间，他命被俘的颉利可汗起舞，让入贡的林邑王上酒赋诗，真正享受到了大唐天子之父太上皇的尊荣。

纵观中国古代历史，多是中原之主被马上民族俘获后“青衣侑酒”的耻辱，堂堂“天之骄子”被抓入汉廷，起舞献寿，可谓“前无古人，后无来者”！

李靖虽建此殊勋，仍为文吏御史大夫温彦博弹劾，说他军无纲纪，纵兵抢掠突厥宝物。

太宗闻言大怒，召李靖责让，大将军伏地道歉。

过了几天，太宗又把李靖召来，说：“有人说你坏话，我现在忽然明白过来，希望爱卿不要介怀。”赐绢两千匹，拜尚书右仆射。

《牧马图》 唐 韩干

虽官至宰相，李靖为人谦恭至极，朝会之上总是做“恂恂若不能言”之状，太宗深叹其“真是一代楷模”。

贞观九年，吐谷浑侵犯边塞，太宗对侍臣说：“如果李靖为元师，战胜不难啊。”

已经退休在家的李靖马上对房玄龄说：“靖虽年老，固堪一行。”

太宗大悦，以李靖为西海道行军大总管，统摄兵部尚书任城王李道宗、凉州都督李大亮、利州刺史高甑生三总管前往征伐吐谷浑。

吐谷浑为慕容氏别部，鲜卑族，听闻李靖率师前来，坚壁清野，退保大非川。

唐朝诸将都认为春草未生，马匹无草羸弱，不能打仗。李靖力排众议，决计进击。唐军逾积石山，前后与吐谷浑大战数十合，杀伤甚众，大破其国。

被逼无奈，吐谷浑贵族杀掉可汗前来归降。唐军扶立听话的慕容顺为王，振旅而还。

贞观十一年，诏改封李靖为卫国公。贞观十四年，李靖结发老妻病死，按例夫妻同葬，先营坟茔。太宗下诏，命有司为李靖营坟要依据汉朝卫青、霍去病的故事，筑阙依突厥铁山、吐谷浑积石山的形状，以表彰他的赫赫战功。

后来，太宗亲帅军队伐高丽前，召李靖入阁赐座，问这位老英雄：“公南平吴会，北清沙漠，西定慕容，唯东有高丽未服，公意如何？”

李靖强撑病体，壮言道：“臣虽残年朽骨，陛下不弃，请随军行。”

太宗怜其老病，没有答应。

贞观二十三年，李靖病死于家中，时年七十九岁。册赠司徒，谥曰“景武”，陪葬昭陵。

另外，《旧唐书·李靖传》后有寥寥数语记载其弟李客师之语，诚可一哂，附录于下：李靖弟名为李客师，贞观中，官至右武卫将军，以战功累封丹阳郡公。高宗永徽初年，以年老致仕。此人性好驰猎，四季好放鹰纵猎，没有一刻暂歇。李客师在昆明池南有别墅，自京师之外，西至澧水，鸟兽皆识此老翁。每出行，大群鸟鹊在他头顶盘旋鸣噪，当地农人称这个老头儿为“鸟贼”。李客师于总章年间病卒，年九十余。可见李家皆属长寿仁者，性情中人。

骨鲠大儒　直言不隐

宋国公萧瑀

萧瑀，字时文，其祖父是后梁宣帝萧察。与唐朝争地的萧铣，还属他的子侄辈亲族，隋炀帝皇后萧氏是他的亲姐姐。

萧瑀自幼以孝行闻名天下，且善学能书，骨鲠正直，并深精佛理。以皇后亲弟之重，萧瑀在隋朝的时候，年纪轻轻就已官至银青光禄大夫，参决要务，后来由于屡屡上谏忤旨，渐为隋炀帝疏斥。

特别是萧瑀谏炀帝应该舍高丽而防突厥，引起杨广震怒，被贬放为河池郡守。

唐高祖很器重萧瑀，刚刚进京，就遣书招致，授光禄大夫，封宋国公，拜民部尚书。李渊之所以这么器重他，一则萧瑀为人正直，二则累世金枝玉叶，三则他又是皇后独孤家族的女婿。因此，李渊以心腹视之。每次临朝听政，都赐萧瑀升于御榻而立，亲切地呼之为“萧郎”。

唐朝革创，以萧瑀最熟识国典朝仪。他又孜孜自勉，留心政事，故而深得李渊信任。

唐太宗继位，拜其为尚书左仆射。当时房玄龄、杜如晦等新朝臣子正在风头上，萧瑀深感不快，上书时辞旨寥落，殊有怏怏之意，很快就被废于家。不久，太宗念其旧情，恢复了他的官爵。由于性情骨鲠，有一次他与大臣在太宗面前厉声愤争，因不敬罪又被免官，之后很少能进入太宗政事裁决的核心班子。

即便如此，太宗仍常回忆他当秦王时恐惧畏祸、萧瑀在李渊面前公正持平地为自己讲好话的旧事，说：“此人不可以厚利诱之，不可以刑戮惧之，真社稷臣也。”并赐诗曰：“疾风知劲草，板荡识诚臣。”（此诗为古诗，非李世民创作。当年杨素替刚即位的隋炀帝平定皇弟杨谅造反，炀帝致杨素的“感谢信”里也引用过这两句诗。）

贞观二十一年，萧瑀病死，时年七十四岁。宫廷太常上谥曰“肃”，太宗认为萧瑀性多猜疑，刚忌太过，最后谥曰“贞褊公”，册赠司空，陪葬昭陵。

可见，一个人再忠厚耿直，如果逆触龙鳞，也会使帝王耿耿于怀。

临危不惧　真正将军

褒忠壮公段志玄

段志玄，齐州临淄人。其父段偃师为太原书佐，从高祖李渊起义，官至郢州刺史。

段志玄自少就和李世民关系相当亲密。在潼关与刘文静协同抵拒隋将屈突通（此人日后也成为凌烟阁上二十四功臣之一）时，刘文静被屈突通大将桑显和击溃。关键时刻，段志玄率二十骑飞奔进击，杀数十人而还。当时他脚上中了一支流箭，怕属下知道自己受伤，动摇军心，就忍痛不言，多次往返冲入敌阵。桑显和军大乱，唐军趁机复振，最终大败隋军。

不久，段志玄跟随李世民讨伐王世充。他冲入敌阵时，马倒被俘，为两个兵将挟持着，一人抓住他的一边头发骑马拖着将过洛水。看准机会，段志玄跃身一挣，两个敌将落入水中，他乘机夺马驰还。后面追者有百余骑，都不敢逼近，最段志玄安全回营。

而后，太子李建成以金银财宝贿赂他，段志玄皆告知秦王李世民，并在“玄武门之变”中参加战斗。

太宗继位，封褒国公。文德皇后丧礼期间，段志玄与宇文士及分统兵马出章肃门，太宗在夜间派宫使至二将军处，宇文士及马上开门迎纳使者，段志玄闭门不纳，说：“军门不可夜开。”

宫使说：“有皇帝手敕。”段志玄表示：“夜中不辨真伪。”竟让皇帝宫使等到天明才放进。

太宗闻后赞叹：“真将军也。周亚夫也比不了。”

段将军贞观十六年病死，赠辅国将军，谥曰“忠壮”，陪葬昭陵。

开国猛将　入京首功

夔国公刘弘基

刘弘基，雍州池阳人。其父刘升，是隋河中刺史。刘弘基少时为官员子弟，落拓不羁，好侠仗义，不事家产。隋炀帝大业末年，已经沦落到一贫如洗，连随军征辽东的盘缠都凑不够，只能装疯卖傻私宰耕牛，故意犯罪，被县令关进监狱来躲兵役。

后来，他趁乱盗马，一路边卖边吃，竟撞巧来到太原。因其豪壮，结交了当时正在太原做官的李渊父子。大概是哥们儿意气相投，刘弘基与李世民有一阵竟亲热到“出则连骑，入同卧起”的地步。

李渊起事，刘弘基招募到兵士二千多人跟随。而后他又跟从李世民攻下西河。特别是霍邑一战，刘弘基神威大振，其属下小头目斩隋朝名将宋老生，功拜右光禄大夫。

而后，刘弘基率千余人下冯翔，西略扶风，南渡渭水，大败隋将卫文升。攻破京城之功，刘弘基实为第一。后来，在讨伐薛举的战斗中，刘弘基苦战至矢尽，兵败被俘。

李渊深嘉其不屈之志，赏赐其家粟帛无数。后来薛举之子薛仁杲被俘斩，刘弘基得以放归，官复原职。不久，他跟随李世民破宋金刚，大败刘黑闼，累封为任国公。

太宗继位，亲遇甚隆。贞观九年，改封夔国公，世袭朗州刺史。太宗征伐高丽，刘弘基为前军大总管，力战有功。

高宗永徽元年，刘弘基病死，时年六十九岁，赠开府仪同三司，谥曰“襄”，陪葬昭陵。

临死，他遗命只留给诸子每人奴婢各十五人，良田五顷。他对朋友说：“诸子如果有本事，本来就不用多财物；如果没本事，守此田产足可以免于冻饿。”其余家产，都散施给亲朋乡里。

由此，仍可见其青年时代的豪爽之气。

隋室贵臣　唐朝义夫

蒋忠公屈突通

屈突通，雍州长安人。其父屈突长卿为北周邛州刺史。

屈突通禀性忠毅，好武略，善骑射。隋文帝开皇年间，为亲卫大都督，属于御林军高官，深得文帝喜爱。有次文帝派屈突通去陇西检校军马，得知有隐瞒未报的两万多匹马，杨坚大怒，要把太仆卿慕容悉达和一千五百多名监官都杀掉。

屈突通跪地苦谏：“人命至重，陛下岂能以马匹之故杀掉千人？”

文帝大睁双眼叱责。屈突通表示以己一命换那将要斩杀的一千五百多人的性命。

杨坚毕竟不是昏君，不久转过神来，说：“朕之不明，以至于此。”由此更加委信屈突通，升其为右武侯车骑将军。

屈突通正直无私，即使自己的亲戚犯法也无所宽贷。当时他弟弟屈突盖当长安令，也以清正严肃知名。当时人有顺口溜：“宁食三斗艾，不见屈突盖；宁服三斗葱，不逢屈突通。”可见兄弟俩的为官肃然之气。

隋炀帝初即位，屈突通只身前往造反的汉王杨谅军中征招其回京，事后竟得以安全返京。大业年间，他任关内讨捕大使，为隋朝剿灭了不少反叛的“盗贼”。

隋炀帝巡幸江都，命屈突通镇守长安。当时天下纷起，屈突通听说永丰仓为义军所破，大惧奔还，想自武关趋蓝田返长安。在潼关，他与唐军刘文静相遇，其手下大将军桑显和与刘文静军大战。在隋军马上要获胜时，桑显和指挥失误，他怕隋兵饥疲，就命令炊事兵送饭上阵地。恰恰就一顿饭的工夫，让刘文静复整旗鼓，唐军奋勇夹击，隋兵大败。

屈突通常有必死之心，抚勉将士，他自抚其脖颈说：“要当为国家受人一刀耳！”将士皆慷慨流涕，对他非常敬重。

不久，唐军攻克长安，大将桑显和投降，并与唐将段志玄带着俘获的屈突通儿子屈突子寿一起追击屈突通。

双方结阵相持，唐军让屈突子寿劝父投降，屈突通大叫：“昔与汝为父子，今与汝为仇敌！”命左右军士朝儿子射箭。

桑显和在唐军阵中劝说隋兵：“京师已陷，你们都是关西人，能跑到哪里去呢？”隋兵闻言，皆放下兵仗准备投降。屈突通自知不免于败，下马向南再拜号泣道：“臣力屈兵败，不负陛下（隋朝皇帝）！”众军拥上，将他擒送长安。

唐高祖李渊亲见屈突通，问：“怎么这么晚我们才见面啊！”

屈突通泣道：“我不能尽人臣之节，力屈而至，为本朝之辱！”

高祖由此对他更加敬重，说：“真是隋朝忠臣啊！”立授兵部尚书，封蒋国公。

而后，这位大将从秦王李世民攻伐薛举，又参与讨伐王世充。当时屈突通有两个儿子在洛阳没跑出来，为王世充所羁押，李渊就问：“您有二子在洛阳，参与攻伐，这怎么办呢？”

屈突通回答道：“至尊您对我亲加恩礼，粉身难报，此命终归国家所有。为臣我做前驱攻伐王世充，两儿若死，自是其命，我绝不会以私害义！”

高祖闻言，叹息不已。

平定王世充后，屈突通功居第一，拜陕右大行台右仆射。贞观二年卒，时年七十二岁。太宗痛惜久之，赠尚书右仆射，谥曰“忠”。后与房玄龄配享太宗庙庭。

对屈突通，《旧唐书》有如下评价：

“或问：‘屈突通尽忠于隋而功立于唐，事两国而名愈彰，何也？’答云：‘若立纯诚，遇明主，一心可事百君，宁限于两国尔！’”

参与谋略　秦府能臣

郧节公殷开山

殷峤，字开山，雍州人。其父殷僧首为隋朝秘书丞。殷开山年轻时以学行知名，尤善尺牍写作。李唐起兵后，秦王李世民召之为长史，常常四处招慰关中流民、群盗，赐爵陈郡公。

后来，他跟随太宗征讨薛仁杲和王世充，以军功晋爵郧国公。在征伐刘黑闼的路上，殷开山病死。李世民临丧痛哭，赠陕东道大行台右仆射，谥曰“节”。贞观四年，诏以佐命之功配享唐高祖庙庭。

驸马英雄　临危不惧

谯襄公柴绍

柴绍，字嗣昌，晋州临汾人。其祖父和父亲皆为北周、隋的大官。他自少年时代起就行侠仗义，名闻关中。李渊未发迹时，把女儿（后来的平阳公主）嫁给柴绍。

李渊太原起义，柴绍马上从长安往太原赶去，道遇李建成、李元吉等人，共赴太原成事。

在与隋将宋老生的交战中，柴绍出谋划策，力战有功。随后，他带兵下临汾、平绛郡，冲锋陷阵，获授右光禄大夫。唐军入长安，柴绍也有功于其中。

其后，他跟随李世民平薛举、宋金刚、王世充、窦建德等人，封霍国公，转右骁卫大将军。

吐谷浑与党项寇边时，唐廷派柴绍率军征讨。当时，唐军处于一盆地中间，四周的吐谷浑兵马居高临下，用箭齐射唐军，矢如雨下。

唐绍并不惊惧，反而让人高弹琵琶，安排两个奇美女子相对欢舞盘旋。胡族敌兵一辈子也没见过这种场面，诧异非常，一时间竟然放下弓箭，三五成群交头接耳起来。

柴绍见敌军行阵不整，暗地里派精骑兵悄出其后发起攻击，吐谷浑军大败，唐军斩首五百余级。

贞观元年，拜右卫大将军。贞观七年，改封谯公。贞观十二年病重，太宗亲自临问。死后赠荆州都督，谥曰“襄”。

柴绍夫妻都是英雄。其妻平阳公主是李渊的第三个女儿。李渊将在太原起兵，柴绍和公主当时都在长安，柴诏非常为难：“我俩一同离去怕事情泄露，留下你一个人又怕起事后被隋廷捉住，这可如何是好？”

公主刚烈如大丈夫，她对丈夫说：“你马上就去。我一个妇人，容易临时藏身，自可随机应变。”

柴绍去太原后，平阳公主回到乡下，散掉家财，招潜逃于山中的亡命之徒，共得数百人，起兵响应李渊。

当时有伙贼寇势大，平阳公主派马夫劝说这帮没有首领的贼人和自己一起攻克鄠县。此事成功后，附近几股起义队伍都前来听平阳公主号令，队伍一下子扩大到千人。

在平阳公主的指挥下，他们攻克武功、始平等好几座城池，而且纪律严明，秋毫无犯，最后兵数达七万人。

李渊听说后，大喜过望。唐军过黄河后，他马上派柴绍直趋华阴与公主会师。

而后，公主与柴绍各置幕府，亲率万余精兵共围京城，其营号为“娘子军”（兵士都是男卒，只是以公主名义才这样称呼）。

攻克长安后，李渊封这位军功赫赫的女儿为“平阳公主”，逢年过节的赏赐，也数倍于其他女儿。

武德六年，平阳公主病逝。高祖命以大辂、麾幢、虎贲等仪仗恭行丧礼，并加前后部羽葆鼓吹。

宫廷太常回奏说：“依礼，妇人丧葬无鼓吹。”

高祖李渊说：“鼓吹，军乐也。先前公主亲执金鼓，对立国有克定之勋，非一般妇人能比。何得无鼓吹！”

按“明德有功”的谥法，唐廷给这位公主追谥曰“昭”。

柴绍、平阳公主夫妇二人，都有功于李唐社稷。其子柴哲威袭封谯国公，次子柴令武尚巴陵公主，又是一位英俊驸马。

高宗永徽年间，在长孙无忌的审理下，柴令武竟被株连进房遗爱谋反案中，这位亲上加亲的贵公子，被朝廷从卫州刺史任上锁送京城。他半路自杀，仍被戮尸，其兄柴哲威远贬交州。巴陵公主赐死。

由此可见，无论怎样贵显，只要牵涉皇族内部的政治争斗，哪管你母亲为皇女皇妹，父亲为开国功臣，终归难以善终。

太原从龙　晚节不终

邳襄公长孙顺德

长孙顺德是李世民正妻文德皇后的族叔。李渊父子太原起兵，一路上攻城陷地，此人多参与其中。高祖即位，封薛国公。“玄武门之变”，他站在李世民一边，率兵与李建成余党大战。

太宗即位后，以宫女赐之。贞观年间，长孙顺德居官贪婪，几次被削爵，最后病发身死。

李世民仍念旧情旧功，赠荆州都督，谥曰“襄”。贞观十三年，封邳国公（死后改封）。

出身寒贱　外恭内诡

郧国公张亮

张亮，郑州荥阳人。出身寒贱，务农为业。

史载，张亮“倜傥有大节，外敦厚而内怀诡诈”。隋炀帝大业年间，他投李密瓦岗军，因告密而获得信任。后来从属李勣，在李勣投唐的过程中起到重要作用。

李勣、房玄龄把张亮荐给李世民，为秦王府车骑将军，逐渐大受宠任。李世民与太子、齐王争位时，派张亮到洛阳一带，广结当地豪杰以待时变。

齐王李元吉向高祖李渊告发张亮图谋不轨，张亮因此被唐廷逮捕，严刑拷打之下，他倒一直没把李世民供出来。

太宗即位，封其为长平郡公，授怀州总管。

自贞观五年起，张亮被召回朝，历任御史大夫、金紫光禄大夫，贞观十一年改封郧公。

张亮为人有明察之能，常常暗遣手下侦知治下善恶细隐，动若有神，抑豪强而恤贫弱，颇有政声。

后来，张亮在怀州新娶妻子李氏，李氏淫悍，又好巫蛊左道，干预政事。渐渐地，张亮的名声就被这妇人败坏掉。

由于曾诳骗侯君集，套出对方有“反意”，侯君集被杀后，张亮因有“先见之明”，迁为刑部尚书，参与朝政。

唐太宗伐高丽时，张亮随军，为沧海道行军大总管，管理军船事宜。

张亮屯兵于建安城下时，其属下士兵多出去打柴找吃食，营垒未固。忽然，高丽一大队人马杀到，军中士兵张皇失措。张亮本性怯懦，几乎没有经历过真正冲阵临敌的场面，看见敌人杀入，他坐在胡床上，瞪眼直视，吓得一句话都说不出，连逃跑都想不起来。

他手下将士见到这情形，反误以为张总管临危不惧，一时间胆气冲天，都稳下心神挺身斗敌。不久，其副手及时赶到，鸣鼓奋击，竟大破敌军。过后，此事传到太宗那里，太宗也知张亮没有将帅才能，并未责备于他。

贞观二十年，有人告发张亮讲过“有弓长之君当别都”的谶语，此外，他私招义子五百人，有谋反之嫌。

太宗对张亮畜养五百壮士之事极其愤恨，虽然其“反形未俱”，仍下诏处斩，籍没其家。

侯君集地下有知，可能会为之一笑。

摧凶克敌　恃宠矜功

陈国公侯君集

看见侯君集三字，总想起单田芳评书《隋唐演义》中那个瘦小枯干、行事如《水浒传》中鼓上蚤时迁一样的偷儿。成年后，细读唐史，发觉此公和演义中大不相同。

侯君集，豳州三水人。史载，他“性骄饰，好矜夸，玩弓矢而不能成其艺，乃以武勇自称”。可见，他是个半吊子弓马玩家，但在计谋方面肯定有过人之处。

在李世民秦王府中，侯君集极受信任，数从征伐，累军功封全椒县子。“玄武门之变”，侯君集之策居多。太宗即位后，立封潞国公，赐邑千户，拜右卫大将军。贞观四年，迁兵部尚书，参议朝政。

李靖伐吐谷浑，侯君集与任城王李道宗为副手。一路上，侯君集进献不少奇计，都为李靖采纳，大破敌军于库山；他与王爷李道宗自为一军，从南路挺进，破逻真谷，逾汉哭山（估计是当地人起的名字，从前汉军肯定于此战死不少），行军二千余里，盛夏降霜，山多积雪，连途转战，过星宿川，一路上数次与敌大战，每战必胜，获牛马无算，斩获颇丰。此后，他统领兵士一直行军，直到北望积玉山，观黄河源头，然后凯旋，与李靖一军会于大非川，平定吐谷浑。

贞观十一年，改封陈国公。转年，拜吏部尚书。

侯君集行伍出身，入秦王府后才开始读书。由于禀赋聪颖异常，他竟能典选举，定考课。

出则为将，入则参政，为时人所叹美。

侯君集一生最光辉的事迹，当属他独担重任，率唐军平灭高昌的壮举。

高昌，就是汉朝时的车师。此地西距长安四千三百里，有三十一城，先都交河，后移至高昌，是西域大国，有胜兵万人，土壤肥沃，麦果丰饶，以葡萄酒知名。

隋朝时，朝廷封高昌王鞠伯雅为车师太守，弁国公。唐高祖武德三年，伯雅死，其子鞠文泰嗣位，遣使告哀，高祖派使臣前去祭吊，正式承认了其藩属国地位。

鞠文泰开始还很“孝敬”，经常贡献奇珍异兽白玉盘什么的，还上贡过一对大狼狗，能曳马衔烛。贞观四年，鞠文泰亲身入朝，获赏赐甚厚，大打秋风而回，其妻还被赐姓李，封常乐公主。

按理说鞠文泰亲朝天子，又获巨赏，应该安心臣服才是，但此人在朝贡时经过唐朝西边久经战争之地，见民众稀少，城邑空虚，心中就升起轻唐之念。渐渐地，鞠文泰把西域诸国经过高昌前往唐朝的商人和贡使都扣押起来，暗中和突厥人勾结，攻打唐朝另外的西域属国伊吾。

不久，他竟胆大妄为，和突厥联兵进攻唐朝另一属国焉耆，拔克三城，尽掳男女而去。

焉耆王上表告状，太宗大怒，道："高昌数年无状，没有尽藩臣之礼；其国中模仿我大唐，设置官号；今年岁首，万国来朝，文泰独不至。高昌还不断拘押西域来使，离间邻好，所谓恶而不诛，何以劝善！"

贞观十四年，太宗命侯君集为交河道大总管，与左屯卫大将军薛万均等人，率领突厥等西域归附军数万人征讨。

当时，唐朝众大臣都以为行经沙漠，用兵万里，恐难取胜。而高昌地处绝域，得之难守，不如不伐。

太宗坚执不从，侯君集身受皇命，浩荡而来。

鞠文泰做梦也想不到唐朝会真的出兵，他常对左右讲："我先前去唐朝贡，见秦、陇之北，城邑萧条。假使唐兵攻伐，军队人数多，路上不能有足够的军需供给；如果兵发三万以下，我高昌力能制之。加之沙漠艰险，唐军即使能来也疲惫至极，我以逸待劳，不用忧虑啊。"

等到听说唐军已到达碛口，这位西域名王一下子惶骇无计。未见唐兵，竟被活活吓死。其子鞠智盛嗣立。

侯君集率军至柳谷，侦察兵报告说鞠文泰这几天就要下葬，其时高昌国人毕集。诸将要求趁发丧时起兵突袭。侯君集独表异议："天子以高昌骄慢无礼，使吾辈恭行天罚。如果我们趁人发丧时偷袭，非问罪大国之师所为！"

于是，唐军全军整装，鼓行而进，类似拿破仑战场上那种双方光明正大的正面进击。

高昌大兵会集于田地城，城坚墙厚。高昌人起初还有斗志，固城自守。

侯君集军队携带了威力巨大的撞城车和抛石机，巨石飞空，尖车推城，很快就一攻而入，俘获男女七千多口。接着，大军前行，直逼都城高昌。

鞠智盛无奈，来信乞怜，表示说："有罪于天子者乃先王，今已无罚丧身，我本无罪，望侯尚书哀怜。"

侯君集回书："如能悔过，应束手投降！"

鞠智盛还不肯投降，侯君集命人填其城壕，大发抛石机，并树十丈高楼，于楼顶指挥抛石机落点。巨石纷下，高昌守兵顿成肉泥。早先答应和高昌里外为援的西突厥兵，到此时还不见影儿，他们自己的部落西逃千余里，哪儿还顾得上邻家。

计穷之下，鞠智盛出城门投降。

侯君集马上分派兵马，接连攻灭其余城池，平灭高昌，带着俘虏的高昌国王及将士，刻石勒功而还。

此次远征，下高昌三郡、五县、二十二城，得人口三万七千七百户，马四千三百匹，其国东西八百里，南北五百里。

非常值得玩味的是，侯君集军到之前高昌国内有童谣流唱："高昌兵马如霜雪，汉家兵马如日月。日月照霜雪，回手自消灭。"鞠文泰当时让人搜捕初唱者，最终也未抓获，不知是何人所为。

唐太宗以高昌故地为西州，置安西都护府，留遣兵马镇守。

虽立此平国大功，侯君集仍不免犯下前辈平灭西域将领的过错——私取宝物。他属下战胜的将士们，得悉总管大取高昌宝物，纷纷效仿，竞相盗窃。侯君集上梁不正，也不敢阻挡，怕他们把自己也连带告出来，以致高昌一国的宝物被掠一空。

大军回京，御史们早把弹劾奏章报上。

功劳再大，赏罚应分，迎接侯君集的不是红地毯和凯旋乐，而是国家大狱。

还是中书侍郎岑文本有远见，认为功臣大将不能轻加屈辱，上书列举汉朝李广利、陈汤，晋朝王浚以及隋朝韩擒虎等大将事迹，并以黄石公兵法内容作为补充：“《军势》一书中讲，使智、使勇、使贪、使愚。故智者乐立其功，勇者好行其志，贪者邀趋其利，愚者不计其死，希望太宗以帝王之德，含弘为美，弃人之短，收人之长，使侯君集能悔过报效。”

奏上，太宗很觉有理，下诏把侯君集放出。

侯君集立此殊勋，回京就被关进大狱，虽然日后放出，仍然终日怏怏不快。

贞观十七年，共事多年的老哥们儿张亮出任洛州地方官，与侯君集道别，侯君集乘机激怒他说：“怎么，被排挤出京城了？”

张亮不乐，答道：“当然是你背后排挤我，还能怨别人吗？”

侯君集闻言，激起心中积恨：“我功平一国，回来就被天子谴罚，哪还有机会背后挤对你！这种日子我过不下去了，你敢造反吗？我和你一起反了吧！”

张亮为人外忠内诈，一转身就把侯君集的话密告太宗。

李世民毕竟是大度君王，对张亮说：“你和侯君集都是我唐朝功臣，刚才的话，只有你和他两个人知道，如果审验成狱，你们都不会承认有谋反之语。”

于是，太宗就把此事压下，待侯君集如初，不久命人绘侯君集等二十四人画像于凌烟阁。

当时，李世民的太子李承乾怕被父亲废掉，暗中准备谋反。他知道侯君集心怀怨望，就通过侯君集的女婿贺兰楚石（当时为东宫属官）牵线，两人数次密谋。

侯君集深知李承乾气量劣弱不能成大事，但仍想借机旁图，就答应一起干，举手对这位太子说：“此好手，当为殿下用之！”

虽如此，毕竟谋反事大，侯君集常常夜中惊醒，一醒就再也睡不着觉，辗转叹息。

他的妻子很奇怪，劝他说：“您是国家大臣，怎么会这样？如有辜负国家之事，还是自首的好，肯定能保全性命。”

侯君集低头不应声。

不久，太子李承乾谋反事发，供出侯君集。他那作为牵线人的女婿贺兰楚石为了活命，诣阙上告岳父谋反的实情。

对这么一个共事几十年的老功臣，太宗亲自审问，说：“我不欲令刀笔吏辱公，亲自问你案情。”

侯君集最初还狡辩，但太子、贺兰楚石等人证及书信等物证俱在，最终词穷服罪。

太宗临朝，对百官讲，侯君集于国家未安之时有大功，我想活其一命。

但谋反是封建社会不可饶恕的大罪，群臣争相进言，都讲：“侯君集之罪，天地所不容，必诛之以明大法。”

无奈，太宗回到私室，对跪伏于地的侯君集讲：“与公永别了！从今而后，以君之故，我不忍复上凌烟阁！”言毕，太宗唏嘘泣下，痛哭不止。

侯君集也自投于地，泣不能起。

此情此景可让人感受到唐太宗的真性情。透过千年烟云，仍可想见，当其时也，李世民身为帝王之尊，肯定没有一丝矫饰做作。他一定是回忆起这位勋臣与自己在年轻时代的豪情友谊，想起连骑冲杀、攻城略地的浴血艰难，加之先前故人病死、被杀无数，至此寥寥，不能不凄然伤情。

按律侯君集被斩于四达通衢。临刑之时，侯君集容色不改，对监刑将军说：“我侯君集怎能真反呢，是蹉跌至此啊！念我为唐家破灭二国（高昌国以及与李靖一起平灭的吐谷浑），还是有微功可陈。替我对陛下讲一声，留下我一个儿子活着以守祭祀。”

本来，谋反应诛满门。监斩官驰奏，李世民特诏，留其妻及一子，徙于岭南。

助定奇策　英年早逝

郯襄公张公谨

张公谨，字弘慎，魏州繁水人。他最初在王世充手下为官。高祖李渊建唐，张公谨投归，后为尉迟敬德等人荐于李世民，引入幕府。

“玄武门之变”前，李世民让占卜的人烧龟甲卜吉凶，张公谨恰巧从外而入，拿起龟甲扔在地上，进言道：“凡行卜筮，是以决嫌疑，定犹豫，现在应该举事不疑，用得着卜卦吗？如果卜不吉，势已不可停阻，希望大王仔细想想。”

李世民深然其言。

其年六月四日，张公谨与长孙无忌等九人埋伏于玄武门之外，成为李世民日后登基的关键人物之一。李建成、李元吉被杀后，其党羽进攻玄武门，张公谨有勇力，独自率兵闭门以拒。

贞观元年，拜代州都督。他后助李靖伐突厥、擒颉利，屡有战功，封邹国公。

不久，在襄州都督任上，张公谨病死，时年仅三十九岁。

闻讯，太宗不避辰日而哭之（古礼及当时风俗，辰日不能哭泣），谥曰“襄”。贞观十三年，改封郯国公。

骁勇虎臣　义气将军

卢国公程知节（程咬金）

“半路杀出个程咬金”“程咬金的三板斧”，这两句俗谚，中国人耳熟能详。

提起程知节，除研究历史的学者以外，几乎没有人知道他是谁。所以，民间通俗演义小说的力量，可以把历史人物的本来形象涂改得面目全非。

程知节，本名咬金，济州东阿人。他年轻时就骁勇异常，善于马上击槊。隋末四海鼎沸，大乱之中，程咬金聚数百徒众，捍卫乡里。

李密起兵，他前去投靠，署为内军骠骑。当时李密简选八千名勇敢异于常人的兵士，以四骠骑统领，号为“内军”，程咬金即四骠骑之一。李密常对人讲，“此八千人，足可当百万军”。

李密与王世充交战时，程咬金率领内马军与李密在北邙山指挥。王世充率众猛攻单雄信统领的外马军（单雄信也是隋唐之际大名鼎鼎的好汉），李密见状，就命程咬金与裴行俨前去支援。

裴行俨也是勇猛骑将，他先行冲阵，行到中间被流矢射中，滚落马下。程咬金挺身而出，一骑先行，击杀敌人，王世充那些争前想斩大将人头的兵士，望之披靡。

程咬金下马把受重伤的裴行俨抱上马，两个人骑一匹马往回走。王世充派骑兵追击，由于马上还有裴行俨这名伤员，程咬金的动作不如平时灵活，被一根尖槊洞穿其身（估计不是胸部等致命处）。

这位大英雄牙关紧咬，回身生生把槊把折断，顺手一带把追刺他的兵士拉至近前，刀斩其头。后面的追骑见状大骇，谁都不敢再近前，最终两个人平安归营。（裴行俨就是《隋唐演义》中第三条好汉裴元庆的原型。正史中，他勇猛善战，号“万人敌”，降于王世充后，心有不甘，想行刺未成，被王世充所杀。）

李密与王世充大小近百战，胜多败少，但洛水之战大败，就败投李渊。程咬金、单雄信、秦叔宝等人不得已，归于王世充。

王世充这位隋炀帝宠臣、西域胡人出身的枭雄对这几位大将待遇甚厚，很希望他们帮助自己扫平天下。

相处没多久，程咬金就对秦叔宝说：“王世充器量浅狭，平时胡乱妄语，喜欢诅咒发誓，迷信神怪，简直就是个跳大神的老娘们儿，根本不是拨乱济世之主！”

不久，王世充与李世民战于九曲，程咬金等人列于战阵。他突然与秦叔宝等人拨转马头，面向王世充说：“蒙您接待，极欲报恩。但您性多猜疑，身边又多小人，不敢在您身边久留，今谨奉辞！”言毕，他和左右数十人纵马而奔唐军。

王世充身后数万兵马，都惧怕程咬金等人的勇武，只得眼睁睁望着他们离去，无一人敢蹑追其后。

归唐后，程咬金每阵先登，随李世民破宋金刚，擒窦建德，降王世充，以军功封宿国公。

高祖武德七年，太子李建成为了剪除秦王李世民左右羽翼，把程咬金外调为康州刺史。

情急之下，武人出身的程咬金对李世民以言相激：“大王手臂今并剪除，身必不久。我冒死不走，请大王您也速下决心！”

“玄武门之变”后，他被升为右武卫大将军。贞观年间，改封卢国公，是唐太宗自始至终的忠臣之一。

唐高宗显庆元年（656年），程咬金任葱山道行军大总管讨伐西突厥，击其歌逻、处月两部落，斩首千余级。十二月，程咬金引军至鹰娑川，遇突厥强兵四万骑，其前军总管苏定方率五百骑驰迎冲击，西突厥大败，追奔二十里，杀获一千五百多人，缴获的战马及器械，漫山遍野，不可胜计。

副大总管王文度非常忌妒苏定方的大功，对程咬金说：“现在虽说是获胜，但官军也有死伤，千万不要急追敌寇，应自结方阵，谨慎前行，遇敌则战，此为万全之策。”

更出格的是，王文度还对人讲皇上有密旨给他，让程咬金及全军归他指挥，并下令军队不许深入追敌。

可怜远道万里的唐军士卒，终日骑行马上，严冬朔风，身披重甲缓缓而行，粮草不继，人马相继冻病而死。

苏定方劝程咬金：“我们出师的目的是为了歼敌，现在反而坐困自守，敌来必败，如此怯懦，何以立功！皇上以您为大将，怎么可能又密诏副手发号施令呢，其中肯定有诈。请下令把王文度抓起来，飞表上奏皇上弄个清楚。”

英雄老矣，此时的程咬金全无青壮年时的锐气，摇头不从。

唐军至恒笃城，有胡人数千归降。王文度说：“这些人等我们离开，肯定又会反叛，不如全部杀掉，还能得大笔资财。”

苏定方切谏：“这样干的话，我们自己倒成贼了，怎能称得上是为国伐叛！”

程咬金默许了王文度的意见。几千胡人被杀了个干净，王文度私分其财，唯独苏定方不受。史书虽未明讲程大将军也贪财宝，但文中有“独（苏）定方不受”字眼，已表明程老自己肯定也分了一大份儿。（不知苏定方得罪谁了，在《隋唐演义》中，这么一位雄威的大将军竟成为一个奸臣角色。）

回师以后，事情败露，王文度因矫诏当死，特除名免职。程咬金因逗留不进及不努力追敌，减死免官。

这位大英雄晚节不保，杀降利财，贪生怕死，令人遗憾。虽然不久他又被朝廷起用为刺史，但毕竟气短，程咬金上表请求退休。

高宗麟德二年（665年），程咬金善终于家。赠骠骑大将军，陪葬昭陵。

其后代下场都不错，次子尚公主，几个儿孙都为金吾将军这样的高级禁卫军将领。

德行淳备　良谏纯臣

永兴文懿公虞世南

虞世南，字伯施，越州余姚人，与其兄虞世基均为陈朝知名才俊。

隋灭陈后，与兄被征入长安，时人比之为“二陆”（陆机、陆云）。

虞世南的哥哥、隋朝内史侍郎虞世基，是隋炀帝末期大名鼎鼎的奸佞之臣，他整日附和邀宠，隐瞒外间起义消息。当时虞世基一家人贵宠无比，拟于王者，唯独虞世南一人谨慎艰苦，只知读书写诗。

宇文化及杀掉炀帝后，一群禁卫军闯入要杀虞世基，虞世南号泣向军士求情，请以身代家兄挨刀，当然没获允许，众人把虞世基一家犹如砍瓜切菜一样杀个精光。估计士兵们平时对这位文质彬彬的公子印象不坏，舍之而去。

窦建德打败宇文化及之后，虞世南在其手下做黄门侍郎。李世民擒获窦建德后，引为秦府参军，与房玄龄一起对掌文翰。

贞观七年，赐爵永兴县子。

虞世南纯文人出身，书法大家，唐太宗非常看重他的博识，常常与之谈论经史。虞世南也常常趁讲史之际，劝谏陈述昔日帝王得失。而且，他志性抗烈，多次因修陵、游猎等事进谏太宗。李世民万代明君，因此更加亲礼于他。

太宗称虞世南有五绝：一德行，二忠直，三博学，四文辞，五书翰。

贞观十二年，世南病死，时年八十一岁。太宗“哭之甚恸”，赠礼部尚书，谥曰“文懿”。

高祖旧臣　举义殊功

渝襄公刘政会

刘政会，滑州胙城人。高祖李渊欲在太原起兵时，隋朝的副留守王威、高君雅知道李渊要谋反，很想提前动手为隋炀帝剪除“此害”。

当时，刘政会为太原鹰扬府司马，握有兵马。李渊来个“恶人先告状”，派刘政会到太原议事厅先告王威、高君雅两人谋反，借机囚斩两人。

武德初年，此公留守太原，为唐朝经营后方根据地，贡献很大。其间，他虽被刘武周俘虏过，仍不忘秘密向李渊告知敌方军情。

刘政会累任刑部尚书、光禄卿等职，封渝国公。贞观九年卒，谥曰“襄”。

忠纯不贰　心存唐朝

莒国公唐俭

唐俭，并州晋阳人。其父唐鉴与李渊是老朋友。起事之初，唐俭极力赞成。

武德元年，唐俭升为中书侍郎。唐初之时，天下割据政权还有不少，唐俭与永安王李孝基等人一起被刘武周俘获。

李渊正妻元贞皇后的侄子独孤怀恩当时兵据蒲州附近，先前就与其属下元君实想反叛李渊自立。刘武周大军忽至，元君实也被抓住，和唐俭关押在一起，他私下对唐俭抱怨：“独孤尚书如果早点起事，我们今天被俘之事也不会发生。”

独孤怀恩此前趁乱从刘武周乱军中跑出，李渊还不知他先前想谋反，仍让他驻守蒲州附近。

唐俭虽身陷贼营，仍忠心耿耿，派亲信跑出告发独孤怀恩之谋。

当时坚守蒲州的隋将王行本以蒲州城降唐，高祖已乘船准备亲往蒲州与独孤怀恩相会，一起入州受降。

船行到中路，唐俭密奏送达，高祖大惊：“真是天命啊！”忙下命返航，派人抓捕独孤怀恩按验。怀恩畏惧，上吊而死。

如果没有唐俭，李渊很可能以皇帝之尊被怀恩劫持，唐室危矣。

李世民击破刘武周后，唐俭还朝，拜礼部尚书，授天策府长史，封莒国公。朝廷把抄没独孤怀恩的全部财产转赐给唐俭。

贞观初年，太宗一面派唐俭为使说降匈奴，一面派李靖进军。大将李靖倒不在乎唐俭的性命，也不顾唐俭作为使者正在匈奴处，奇袭突厥，生擒颉利可汗。

唐俭命大，竟趁乱脱身。回朝后，授民部尚书。

后来，一次他随太宗打猎。李世民神勇如初，发四箭连杀四只大野猪。突然间，有只大公猪张着獠牙直冲御马，已至马镫，唐俭滚身下马上前搏击。

太宗从容拔剑，斩杀野猪，笑对唐俭说："天策长史，你没见过我当上将时击贼的样子吗，干吗这样害怕？"

唐俭回答："汉祖以马上得天下，不以马上治天下。陛下以神武定四方，岂复逞雄心于一兽。"

太宗纳谏，为之罢猎而归。

高宗显庆元年（656年），唐俭卒于家，时年七十八岁，谥曰"襄"，陪葬昭陵。

国家长城　义名天下

英国公李勣

李勣，曹州离狐人。本姓徐，名世勣。高宗永徽年间，为避太宗李世民名讳，改名为"勣"。

李勣年轻时，其家本为当地豪富，隋末徙居滑州。史称其"家多僮仆，积粟数千钟"，李勣与其父徐盖都是乐善好施之人，拯救贫乏，不问亲疏。

隋炀帝大业末年，李勣才十七岁，见天下大乱，就近参加了翟让的军队。他劝说翟让："附近是您与我的家乡，乡里乡亲，不宜侵扰，宋、郑两州地近御河，商旅众多，去那里劫掠官私钱物非常方便。"翟让称善，他们一起在运河上劫取公私财物无算。

有钱就不缺人，不久兵众大振。隋朝遣名将张须陀讨伐，翟让吓得要跑，李勣止之，与隋军两万多人交战，竟于阵中斩张须陀，大败官军。

当时，蒲山公李密参与杨玄感反叛，兵败逃亡。李勣与浚仪人王伯当知道李密是天下英雄，一同劝说翟让奉李密为主，以收买人心，扩大影响。

隋朝令王世充讨伐李密，李勣多次拒敌，以奇计在洛水两岸几次大败王世充，李密因此封他为东海郡公。

当时，河南、山东发大水，饥民遍地，隋朝赈给不周，每天饿死数万人。李勣向李密进言："天下大乱，本是为饥。如果我们攻陷黎阳国仓，大事可成啊。"

李密听计，派李勣带五千人，从原武渡黄河，掩袭黎阳仓隋朝守军，当日攻克，开仓招民众领粮。十天之间，就招募到兵士二十多万人。

一年多后，宇文化及在江都弑隋炀帝，越王杨侗即位于东京洛阳，赦免李密诸人，封李密为魏国公，拜太尉。隋廷授李勣右武侯大将军，命他们一同讨伐宇文化及。

李勣守黎阳仓城，宇文化及率军四面攻城，形势危急，李勣从城中向外挖地道，忽然现身城外，大败弑君叛贼宇文化及。贼人解围而去。

讲李勣，不得不交代一下李密。李密为人，身先士卒，躬服俭素，号令严整，每战所得金宝都赐予手下将士，因此非常受人爱戴。在与隋军交战的过程中，他威信日隆，号为"魏公"。他让祖君彦所作的《讨隋炀帝檄文》千古流传，文采飞扬。

后来，李密与翟让之间产生矛盾，两人手下都劝他们先下手为强。

矛盾皆是由争权夺利而起，而且，翟让为人简单粗暴，其兄翟宽与属下又数次侮辱李密手下兵士，逐渐结怨。

李密最后在众人的劝说下，决定除去翟让，趁宴请的机会斩杀翟氏兄弟。由于李勣当时是翟让属下，也被乱兵刀砍剑劈，遭受重创。李密见到后，马上制止士兵，李勣免于一死。翟让的大将单雄信等人叩首求免，李密皆释而不杀。

后来，李密多次打败隋军，最盛时拥众三十余万，各地割据的首领，都派使请他称帝，连李渊也不得不上书推戴，肉麻地称“天生烝民，必有司牧，当今为牧，非子而谁！老夫年逾知命，愿不及此。欣戴大弟，攀鳞附翼……”

屡战屡胜之际，李密军士有粮而无饷银，军士渐怨，几次反败于王世充。其间，李密手下有人谋叛王世充，李密本想将计就计，趁王世充半渡洛水时出兵一举击灭。岂料天意弄人，王世充发军时，李密的侦察兵没有发觉，等整军将战时，王世充军队已经全部渡河上岸。

李密见大势已去，不得不率小股人马逃遁。本来李密想去黎阳李勣处，有人劝他：“杀翟让之时，李勣被乱兵砍伤差点儿死掉，他能不记仇吗？现在投奔他，靠得住吗？”

最后，不得已之下，李密与王伯当投靠李渊。

当时李勣全统李密旧境，东至于大海，西至汝州，南至于长江，北至魏郡。不过李勣是真义士，他对长史郭孝恪说：“魏公（李密）已归大唐，如果我自己上表向唐主献地，是自邀功劳而彰主公败绩，现在我把土地人口军人数目造册，总启魏公，让魏公自献。”于是他派使臣上表。

唐高祖李渊听说李勣有使人来，忙召见，一见面才知只有给李密的信，很感奇怪。使人详细道明原委，高祖大喜，认为李勣这个人能感德推功，实是忠纯之臣。他马上下诏封李勣为黎阳总管、英国公，不久加右武侯大将军，赐姓李氏，并封其父李盖为王。李盖固辞，于是封老头儿为舒国公。

李渊下诏遣李勣部统河南、山东之兵以拒王世充。

李密归唐后，从前在信中对自己亲热过分的李渊相待甚薄，只拜光禄卿的散官。不久，唐朝听说李密降于王世充的旧将纷纷离心，就派李密前往黎阳招降旧部。

心怀怨望的李密行至洮阳，高祖李渊又派人召还他。疑惧之下，李密决定反唐。王伯当一直劝他不要反，但见李密意决，就横下心，说："义士之立世，不以存亡易心。我一直受您厚恩，期待以性命相投。您不听我劝告，我肯定会和您一道起事，生死以之，但是恐怕结果也不会好啊。"

隋唐之际，英雄辈出，男儿意气相应，很是感人。

唐将史万宝、盛彦师早有准备，伏兵山谷，横击李密及王伯当等人，众人皆被杀。李密死时年仅三十七岁。

《旧唐书》中虽然称他"狂哉李密，始乱终逆"，但字里行间，也不得不佩服此人的倜傥奇才和爱人下士的仁德大度。

李勣听说李密被诛，上表请唐廷容许他收葬故主，唐廷诏许。

李勣服重孝，与从前僚属旧臣将士隆重地把李密安葬于黎山之南，坟高七仞，以君礼葬之，朝野闻讯都赞叹他的忠义。

不久，窦建德军擒斩弑隋炀帝的宇文化及，乘胜大败李勣，并以其父李盖为人质，李勣不得不暂时表示顺服。窦建德下令，命其仍守黎阳。转年，李勣趁机再次归唐，有人劝窦建德杀掉他的父亲李盖。

这位夏王也是位磊落大夫，表示"李勣忠臣，各为其主"，派人送李盖归唐。

从此以后，李勣一帆风顺。他协同李世民连平王世充、窦建德、刘黑闼、徐圆朗、辅公祏等人，功勋赫赫。

其间，还有一个插曲可述。单雄信投王世充后，极受宠遇，也很卖命。李世民攻洛阳时，有一次与单雄信相遇。单雄信号为"飞将"，艺高胆大，援枪直刺李世民，好几次差点儿把这位秦王捅落马下。（此事可见《尉迟敬德传》。有逸史记载李勣当时在旁，对单雄信说“此秦王也”，“雄信惶惧遂退”。这肯定是小说家语，绝不可信。以单雄信的性格，他肯定会枪挑李世民向王世充报功。）

王世充投降后，李世民把与唐军苦战的十几名大将列入处决名单。李勣泣请，愿以自己家财爵位换单雄信一命。由于先前差点儿被单雄信杀掉，李世民坚执不允。

李勣无奈，与单雄信诀于大狱。

单雄信埋怨他：“我固知汝不办事。”

李勣大哭，用刀从腿上割下一块肉给单雄信吃掉，说：“本来我想随仁兄一起死，但谁来照顾你的家人呢。此肉随兄入地下，以表我拳拳真情。”

单雄信死后，李勣如家人般照顾他的妻子儿女，确是千古义气的典范。

贞观十五年，太宗拜李勣为兵部尚书，还未赴京上任，薛延陀部侵扰李思摩部落。李勣获唐廷委任为朔州行军总管，率轻骑三千追薛延陀于青山，大败敌师，斩名王一人，俘五万多人。（薛延陀部乃匈奴别种，为铁勒族，对唐朝时叛时附。）

回朝后，李勣遇暴疾。药方上讲，胡须灰可以做药引。唐太宗听说后，自剪胡须，为李勣和药。儒家礼仪，身体发肤受之父母，一般人都不会轻易损伤，何况九五天子，亲剪“龙须”为臣子做药引，诚为千古美谈。（明太祖朱元璋把大便晒干后分赐臣下，还让臣下谢恩大赞这种烘干的“黄龙汤”，同唐太宗此举相去十万八千里。）

李勣叩首见血以谢，感动得一塌糊涂。太宗说：“吾为社稷计耳，不烦深谢！”

不久，君臣宴饮，太宗醺然对李勣讲：“朕将以太子托付于您。您往年不负李密，今日必不会负朕。”

李勣涕零，誓以必死。俄而沉醉，太宗亲解御衣为这位勋臣盖上，以免着凉。如此宠遇，古今罕有。

贞观十八年，李勣跟从太宗伐高丽，攻破辽东、白崖等数城。贞观二十年，李勣率军大破薛延陀部，平定碛北。

贞观二十三年，太宗李世民病重，临崩前对太子说："汝于李勣无恩，我现在把他责出外贬。我死后，你再以新皇名义授他仆射（宰相）之职，受汝恩遇，李勣必致死力。"于是，诏出李勣为叠州都督。

其实，太宗大可不必和李勣这样重义气的人玩这一手，有些人英明一世，却糊涂一时。李密也是一样。他大败于王世充后，如果去投李勣，说不定东山再起，江山姓"唐"姓"魏"还都不一定。他当时和唐太宗一样，以"小人"之心度君子之腹，认为李勣会因杀翟让时被砍成重伤怀恨在心，结果转路归唐，龙虎入牢，再无出头之日。

高宗即位后，立拜李勣为尚书左仆射。永徽四年，册拜司空。李勣为人小心谨慎，对于皇帝家事一概不过问。

后世都因他不反对高宗立武后一事而颇有微词，笔者以为不然。皇帝椒房内事，外臣权位再高、血缘再亲，掺和宫闱之事无论成败，最终都难逃一戮。李勣不是皇亲国戚，为人又深沉谨慎，加之太宗托付他的是社稷国事，所以他当时的表现实为中允，并非油滑臣下所为。

由此，武后对他非常亲切，还亲自临问李勣的姐姐，赐以衣服，如家人一般。

高宗乾封元年（666 年），高丽权臣（官号"莫离支"，即主兵元帅）盖苏文病死，其子男生继掌国事。盖苏文另外两个儿子男建、男产发难，驱逐男生。

男生逃奔唐朝，恳求唐朝发兵相助。高宗任李勣为辽东道行军大总管，率军征高丽。

乾封二年（667 年）二月，李勣大军渡辽水，攻拔高丽重城新城。李勣一路连捷，直抵平壤城南扎下大营，男建不断派兵迎战，皆大败而还。不久，城内人投降唐军为内应，大开城门，唐兵四面纵火，烧毁城门，男建窘急，自杀未死。平壤城最终被攻下，唐朝共获一百七十六城，六十九万七千户。至此高丽国灭，唐朝分其地，置九个都督府、四十一州、一百县，设安东都护府，统管整个高丽旧地。

隋文帝以来，屡伐高丽，无一成功。隋炀帝四次伐辽，因此亡国。英明神武如唐太宗，御驾亲征，也因天寒少粮而无功罢兵。高宗继位，前后派兵部尚书任雅相、左武卫大将军苏定方、左骁卫大将军契苾何力多次征讨，皆无功而返。

直到李勣老将出马，乘高丽内乱，加之指挥有方，一举去除东边这个多年难拔的“钉子”。隋、唐几位皇帝如果地下有知，肯定惭愧叹息不已。

李勣归后不久，因征伐劳累而病重，卒，时年七十六岁。高宗亲为举哀，辍朝七日，赠太尉，谥曰“贞武”，陪葬昭陵。

李勣一生，经战阵无数，所得赏物，大部分赐手下将士。大功成就，常推功于别人，故而人尽死力。重病后，只服皇帝送来的御药，家里人请的大夫一律不见。

他说：“我山东一田夫耳，攀附明主，滥居富贵，位极三台，年将八十，岂非命乎？修短必是有期，宁能就医人求治！”

临终之时，李勣忽然让其弟李弼置酒宴乐，堂下子孙满排而立。他对李弼说：“我自知必死，怕你悲哭，所以假装病情转好为此宴乐。你现在脑子清醒，听我讲话。我亲见房玄龄、杜如晦、高士廉等人辛苦建立门户，都被后辈破家亡人。我这些不肖儿孙，现在都交付给你，应细加防察，如有操行不伦、结交非类，马上打杀，然后奏之，以免倾覆家族……”

虽如此，李勣的忧恐最终还是成为现实。

唐高宗崩后，武后临朝，随意废杀儿皇帝，大戮李唐宗室。武氏家族高官重权，天下人情怨愤。恰巧李勣的孙子李敬业与两个兄弟都因受贿贬官，在扬州遇见同遭贬斥的唐之奇、骆宾王等人。几个人趁机起事于扬州，旬日之间，竟拥兵十多万。

然而，李敬业终属志大才疏之辈，也并非真的想力复唐室，纯属有个人野心的半吊子阴谋家。武则天派三十万大军，很快捕诛众人。此次起事唯一能影响后世的，是大文豪骆宾王那篇千古流传的《讨武曌檄》。武则天边读这篇大骂自己的文章，边赞叹不已，并讲："宰相之过，安失此人？"由此，可见此女主对待文人倒有曹操之肚量。

平定李敬业后，武则天下诏追削李敬业祖、父官爵，创坟斫棺，复本姓徐氏。所以，我们现在多知反武则天的"徐敬业"，其实他当时的名字是李敬业。

至此，李勣直系子孙诛戮无遗，偶然有旁支逃脱的，皆窜迹胡越边陲。

唐德宗贞元十七年（801 年），吐蕃攻陷麟州，驱掠民畜而去。一行几千汉人俘虏走到盐州时，有位名徐舍人的吐蕃将领，把俘虏召集到一处，对其中的和尚延素说："大师勿惧，我本汉人五代孙。从前武太后杀唐宗室，吾祖建义不果（当指徐敬业），子孙流落绝域，至今已三代。虽然我们几代居此，有兵有地，然思本之心，无忘于国。但至今旌属繁衍已多，无由自拔归汉了。"言毕，他把几千汉人全部放掉。

英国公做梦也想不到，他一辈子都为唐朝在边疆和"夷狄羌蛮"多个少数民族作战，殊不料自己残留的血脉最终竟也混同于其中，这真是中国历史上大大的黑色幽默。

笔者对大儒王夫之一直钦服有加，唯独于他对李勣的评价大不以为然。王夫之讲："李勣始终一狡贼而已矣……"

观李勣一生，于李密，忠也；于单雄信，义也；于兵士，恤也；于唐朝，始终如一，灭亡高丽，功至高也。其孙李敬业反叛，皆非李勣力所能及。以一后世乱臣贼子而追愤前人，实无可取。

除此之外，李勣也是受民间演义歪曲最甚的一个人。在《隋唐演义》中，他成了“牛鼻子老道”徐茂公，变成诸葛亮、吴用一类的军师人物，羽扇纶巾，掐指运算，此种形象，诚为误导后人。

马槊英雄　勇武绝伦

胡壮公秦叔宝

《隋唐演义》中，秦琼秦叔宝是绝对主角，以“秦琼卖马”为引线，牵出全书情节。殊不料，凌烟阁二十四功臣中，秦叔宝竟排名倒数第一。

二十四功臣中，以秦叔宝最为广大群众所熟悉：过年贴年画，说门神是神荼、郁垒没几个人知道，但都晓得一个是秦叔宝，一个是尉迟敬德。

秦叔宝，名琼，齐州历城人。隋炀帝大业年间，为隋大将荣国公来护儿帐下卫士。

当时，秦叔宝母亲病死，来护儿派人送钱送物吊孝。军士们议论纷纷：“士卒死亡以及兵将家里死人的很多，来将军从未吊问过，为什么单单这样礼待秦琼呢？”来护儿闻此议论，对左右说：“叔宝勇悍，又有志节，必当自取富贵，岂得以卑贱处之！”这位来公也是慧眼识英雄，看人下菜碟。

来护儿是江都人，和秦叔宝出身差不多，少年时常常发陈涉之叹：“大丈夫当取功名，安能久事陇亩！”他追随隋将杨素数次击贼有功，又从蒲山公李宽（李密之父）在现在的黄山一带破贼，晋升为柱国。炀帝即位，数被宠遇，几次征高丽均参与其中，并以平灭杨玄感获封为荣国公。最后一次击高丽，来护儿劝炀帝不要因高丽王假装称臣就撤兵。当时平壤城破指日可待，炀帝不听，功败垂成。宇文化及江都弑帝，来护儿作为贵臣也为乱兵所杀。其长子来楷以勇武出名，讨击群盗，所向皆捷，贼人为之作歌曰："长白山头百战场，十十五五把长枪。不畏官军十万众，只畏荣公第六郎。"后来，这位名将与父一起遇害，诚为父子英雄。

隋朝末年，秦叔宝在大将张须陀手下听用。这张须陀也是一个英雄，有一次以万人对阵拥众十多万的大盗卢明月，相持十余天，疲尽且退，他对诸将士说："我们撤退，贼兵一定追击我们，到时其营空虚，如以千人袭其大营，必定大胜。只是这个任务太危险，谁愿意去呢？"

众将默然，唯独秦叔宝、罗士信自告奋勇。（罗士信十四岁从军，勇猛异常，在《隋唐演义》中也是主人公之一。历史上，罗士信投唐，也是李世民的亲密战友之一。最后在与刘黑闼的争战中被俘，拒不投降，被杀，年仅二十二岁。）

两人依计行事，趁卢明月追击隋军时袭其大营，焚烧三十多营栅。卢明月奔还，张须陀带兵还击，大破十万之众，卢明月只和百十号人逃走。由此，秦叔宝威名大震。

不久，秦叔宝跟随张须陀攻伐李密，哪知天外有天，张须陀军败身死。秦叔宝去武牢投奔隋官裴仁基（裴行俨之父），不料，裴仁基不久就归降李密，秦叔宝顺理成章地成了李密的大将。

李密英明贤达，厚待叔宝，以他为帐内骠骑。在与宇文化及的大战中，李密曾为流矢射中，堕马闷绝。当时左右奔散，追兵继至，只有秦叔宝一人捍卫左右，把李密救回营中。

后来，李密败于王世充，这个胡人也久闻秦叔宝大名，署之为龙骧大将军。与程咬金等人一样，秦琼很看不起这个"卷发豺声，性多诡诈"的西域胡人之后，遂于阵前告辞，奔投唐军。

高祖李渊亲自下令，命秦叔宝跟从秦王李世民征战。在美良川大战中，他助李世民击降尉迟敬德，居功甚伟。

高祖李渊专门派使臣赏赐秦叔宝金瓶，慰劳说："爱卿不顾妻子，远来投我，又立功效。朕肉可为卿用者，当割以赐卿，况子女玉帛乎？

卿当勉之。”由此而观，雍正皇帝给年羹尧写信称兄道弟还不算太肉麻。唐朝草创之初，太需要秦叔宝这样的良勇之将了。

接着，秦叔宝跟随李世民击败王世充、窦建德、刘黑闼等人。每次与秦王李世民征伐，只要敌方阵垒中有骁将锐卒在阵前跃马招摇示威，李世民都会派秦叔宝去把对方“处理”掉。

秦叔宝一得命，立即跃马提枪，万众之中必刺对方于马下，敌军人马惊惧，潮水般后退，场面煞是壮观。

“玄武门之变”，秦叔宝跟从李世民诛太子李建成和齐王李元吉。太宗即位，拜左武卫大将军。此后，秦叔宝就一直患病在家。

他常对人说：“我自少所经二百多战阵，屡中重创。前后受伤流出的鲜血有数斛之多，又怎能不生病呢？”

贞观十二年，卒，赠徐州都督，陪葬昭陵。太宗特令在他坟茔内立石人马，以旌其战阵之功。贞观十三年，改封胡国公。

至此，综观凌烟阁二十四功臣，“书生”出身的还真不少，包括长孙无忌、杜如晦、魏徵、房玄龄、高士廉、萧瑀、虞世南、唐俭，共八人，占三分之一；武将出身的有尉迟敬德、李靖、段志玄、刘弘基、屈突通、殷开山、柴绍、侯君集、张公谨、程咬金、刘政会、李勣、秦叔宝；宗室一人，河间王李孝恭；外戚一人，长孙顺德；农民出身一人，张亮。

可见，王孙李贺“若个书生万户侯”的叹息，只是他感慨自己身世的虚叹，并非实指。

凌烟阁功臣中，绝大多数是太宗李世民南征北战、东征西讨过程中的老战友。不少人还是化敌为友，一见就如平生之交。

唐太宗晚年，常常在多个功臣死前有梦兆。可见，昔日文臣旧将都长活于一代英主的脑海之中。

细观史书，太宗继位后，在与这些旧臣老友言谈中常常称“我”而不言“朕”，足见无君臣鸿沟之隔。情义之重，古今罕见。

秦琼和尉迟恭　清　门神年画

笔者少年时代曾沉迷于单田芳的评书《隋唐演义》，诸多情节至今不忘。

写毕凌烟阁功臣，想起单田芳大师以独特的沙哑嗓音朗读《隋唐演义》的结尾诗，言犹在耳，恍如昨日：

隋末英雄起四方，龙争虎斗动刀枪。
多少英雄含恨死，一统江山归大唐！

正是凭依这些文臣武将的辅佐，唐朝迎来了“贞观之治”。

太宗贞观元年至贞观二十三年（627年到649年），赫赫唐朝，终于向世界展示了她阳光灿烂的青春之美。

附：唐朝对手系列

除了李密、萧铣已在李勣、李孝恭两人的传中有较详细的记述外，隋唐递嬗之际多所言及的还有王世充、窦建德、刘武周、刘黑闼、杜伏威、辅公祏、朱粲诸人。观凌烟阁功臣，多是因平灭这几个豪杰或枭雄而扬名立万。

在《隋唐演义》中，民间艺术家也把这几个人描述得活灵活现，精彩动人。现把真实历史中这几个“反王”的面目交代一下。

谄谀求荣　篡逆奸雄

王世充

王世充，字行满。王世充的祖辈原是西域胡人，姓支（胡姓），一直往来中原，贩货求富。不过，到他爷爷那辈就已落魄穷困，早死。其父支收随母改嫁霸城姓王的人家，自此冒姓王氏。

王收已经是完全汉化的胡人，读书求官，在隋朝竟也能做到汴州长史这样的地方中下级官职。

王世充自幼爱读书，颇涉兵、史，尤好兵法、龟策之术（这也是胡人的传统）。隋文帝开皇年间，他以军功拜仪同，累转兵部员外郎。

王世充巧言善辩，明习法律，人不能屈，青年时代就已初露奸雄端倪。隋炀帝大业年间，王世充为江都郡丞，兼领江都宫监。恰值隋炀帝屡幸江都，王世充善候颜色，阿谀顺旨，大献珍奇宝物，雕饰池台，因此备受隋炀帝信任。

暗中，他也知晓隋朝将乱，平日里广结豪杰，释放罪囚，收买人心。

杨玄感之乱，他从军平叛；齐郡孟让叛隋，王世充竟也能率军击破之，斩首万余，生俘十多万人，可谓“军功”卓著。由此，隋炀帝更加信任他，认为他兼具将帅才略，并在赏功宴上亲执御酒赐之。

李密攻陷洛口粮仓后，隋炀帝派王世充征讨。遇此英豪对手，王世充开始露馅，隋军淹死万余人，冻死万余人，数万隋军死亡殆尽，回到河阳时，他身边才剩千把人。

无奈，王世充自己系狱请罪，越王杨侗当时没什么人可用，派人释放了他，征还洛阳，让他招集散卒，戴罪立功。

不久，宇文化及在江都作难，弑掉隋炀帝。越王杨侗在洛阳被推为帝，拜王世充为吏部尚书、郑国公。

新帝登基后，几个大臣与王世充合议，决计招降李密，让他攻伐宇文化及，以使“两贼相斗”，乘双方困疲而一举全歼。

越王杨侗毕竟为隋正朔嫡系，拜李密为太尉，李大英雄因此忘掉与隋炀帝的“前仇”，转而为杨家努力“讨贼”，且屡战屡捷，不时上表告胜。

王世充心中大惧，认为自己从前与李密百余战，杀伤对方将士甚多，一旦李密全歼宇文化及还朝，肯定会对自己不利。于是，他先散布谣言，杀掉首倡招降李密的大臣，把朝中大权揽于己手。

不久，李密果然大败宇文化及，但也两败俱伤，他自己手下的劲兵良马多战死，士卒疲倦。

王世充趁机假托鬼神，蛊惑人心，说梦见周公派自己率军讨伐李密，并宣称士卒如果不从，肯定会病疫而死。

王世充属下兵士多楚人，有迷信的传统，都跃跃欲试，要与李密作战。

李密刚刚大败宇文化及，有轻敌之心，就被诡诈的王世充乘虚攻入，大溃而逃，不得不奔附李渊。

王世充尽收其众，振旅而还，隋帝杨侗拜其为太尉。

立下如此大功，王世充渐有不臣之心。有道士妄言、献符瑞，称王世充有皇帝之命，应代隋而立。为了广收人心，王世充派人到处网捕飞鸟，在鸟脖子上绑上写有王世充应为皇帝的布条后放飞，再派人四处射下，诓诱众人。

见火候差不多了，王世充就废掉杨侗，自称皇帝，国号郑，大封亲戚兄弟为王，占据洛阳，与李唐争锋。

刚刚称帝一个月，王世充的礼部尚书、原来的隋朝大臣裴仁基等数十人就谋议想杀掉王世充这个逆贼，迎杨侗复位。事泄，这些人被王世充全部杀掉。

一不做二不休，为绝人望，王世充毒死杨侗，谥曰“恭帝”。不久，王世充属下罗士信等大将纷纷反叛，奔降唐朝。

眼见众心离叛，王世充大开杀戒，一人逃跑，全族杀掉。他下令五家相保，如果一家逃亡而四邻不觉，诛及四邻。在洛阳，他大设监狱，稍有怀疑，便捕人入狱。诸将外出征战，他下令将其全家当人质关在宫中。

由于一直在洛阳城中屯兵，城中乏食，仓粟日尽，每天饿死成百上千人，并出现人吃人的惨剧。

不久，秦王李世民率唐兵来攻，洛阳附近城池纷纷降唐。王世充据守洛阳困难，就发信给从前的老仇家窦建德，以“唇亡齿寒”之义相晓，哀求救兵。

窦大英雄一时糊涂，竟发大兵来援，最后反为英明神武的李世民一举击败，以皇帝之尊为唐朝擒俘。

拥城自守的王世充陷入绝望，与诸将商议突围逃走，但属下将领皆俯首不答。

见大势已去，“大郑皇帝”不得已，率其将官诣军门请降。

李世民把王世充押送到长安，唐高祖李渊当面责数其罪。王世充惶恐伏地，哀告说：“为臣有罪应诛，但秦王答应不杀掉我。”

李渊不好食言，就下令把王氏一家迁至蜀地安置。

正庆幸得以不死，待在驿舍的王世充一家准备出发，忽有羽林将军独孤修德在外高称有皇帝诏敕。

王世充趋出，跪伏听诏。但是，诏使没有拿出诏书，反而抽出一把大刀。还没有明白过来，王世充就被小将军一刀砍下脑袋。

原来，王世充刚刚称帝时杀掉的一帮隋朝大臣中，正有独孤修德的父亲独孤机。小英雄赶上绝佳的时机替父报仇。

史载，“高祖免修德官”，其实李渊也就是做做样子。

不久，王世充其子其兄一家大小男丁，据说“在途谋反”，都被捆起来杀掉了。这想必是李渊为了斩草除根，找个借口把王氏男丁全部除掉。

即使独孤修德不在驿舍杀掉王世充，想必他也活不了几日，在路上定会被诛杀。

王世充从称帝到被杀，历时不到三年。

仁德盖世　天命不及

窦建德

窦建德，贝州漳南（今河北故城县）人，年轻时就因守信仗义，深为乡里所敬重。其父死，乡里千余人送葬，可见其人缘之好。

隋炀帝伐高丽，大肆募兵，窦建德为二百人长。不久，见天下乱起，他率数百人亡入高鸡泊中聚结，以此自保。当时，群盗往来横行，杀人烧屋，唯独窦建德因信义名闻天下，他的家宅一直没人骚扰。

隋朝郡县地方官推断窦建德肯定与群盗有关系，就不分青红皂白杀光了他一家老小。至此，窦建德公开反叛隋朝，兵马至万人。平时，他能倾身接物，善待士卒，人人为其尽死力。

大业十二年，窦建德大破隋朝涿郡通守郭徇大军万余人，追斩郭徇，由此声名大震。不久，隋朝太仆卿杨义臣征讨诸路义军，连战连胜，唯独窦建德一军得全。

隋乱初起，各路起义人马捕获隋朝官员及读书人，大都虐杀掉，唯独窦建德善待降官和士人，加以恩礼。由此附近郡县渐渐降附，军容盛大，达十数万众。大业十三年，窦建德大破隋朝大将薛世雄三万大军。

随后，窦建德统领大军进攻河间，郡丞王琮率军民死守。相持之间，隋炀帝在江都被宇文化及杀掉的消息传来。王琮在城内发丧，窦建德也遣使吊祭，王琮至此请降。

由于攻城时死伤甚众，窦建德众将都进言要用大油锅烹死隋朝守将王琮。窦建德说："王琮是真义士啊，留着他正是鼓励忠孝之人。从前在高鸡泊为小盗，还可随意杀人，现在我们是要安百姓以定天下，怎能杀害忠良呢！"同时，他下令："如果有人因攻城时属下亲戚死伤而想谋害王琮，罪及三族！"

消息传出，隋朝郡令纷纷投诚。

李渊称帝后的第二年，窦建德也在魏县称帝，国号大夏。为了威行天下，名正言顺，窦建德首先攻打弑隋炀帝的乱臣贼子宇文化及兄弟，相战数次，最终大破贼军，擒斩宇文化及、宇文智及兄弟及十几个弑帝元凶。

此后，他还亲身拜谒隋炀帝萧皇后，称臣跪拜，以明隋朝正朔。当时隋朝义城公主和亲远嫁突厥，窦建德闻讯派人迎接皇后萧氏，派千余骑护送，并报示以宇文化及等人的首级。

观窦建德事迹，是真正的“革命起义将领”所为。虽然以唐朝为正朔的封建史家皆以窦建德为“贼”，但对他的称赞叹扬之辞，通篇连牍。

> 建德每平城破阵，所得资财，并散赏诸将，一无所取。又不啖肉，常食唯有菜蔬、脱粟之饭。其妻曹氏不衣纨绮，所使婢妾十数人。至此，得官人以千数，并有容色，应时放散。得隋文武官及骁果尚且一万，亦放散，听其所去。

隋末乱起，英雄辈出，皆各据州郡。当时，还没有显示出李唐能最终一统天下。窦建德率大军进攻相州，又攻克黎阳，一举俘虏李唐王朝的淮安王李神通、皇妹同安长公主以及日后赫赫威名的大将李勣。

过后，李勣弃父逃跑，窦建德非常仁义大度，说：“李勣本是唐臣，不忘其主，此忠臣也，其父何罪！”竟把李勣父亲李盖放还。不久，他还把用好酒好肉安置于大宅子的李神通和同安长公主送归唐朝。

之后，窦建德开始变得糊涂，先是听信谗言杀掉能征善战的大将王伏宝，又杀了忠谏的文臣宋正本，慢慢走了下坡路。

秦王李世民攻打王世充，在其文臣刘斌的劝说下，窦建德害怕王世充被灭后有“唇亡齿寒”之忧，想保持“天下三分”之势，派大军前往洛阳，欲救援王世充。

此前，窦建德还刚刚平灭了拥有数万精兵的孟海公，挟此军威，浩荡而来。

强中自有强中手。一遇秦王李世民，窦建德数战不利，就想解兵退走。文臣凌敬劝他渡黄河攻取怀州河阳，收河东之地，一则开疆拓土，二则入无军守之境，三则唐兵闻讯必从洛阳撤兵，可解王世充之围。

困急而又狡诈的王世充生怕窦建德一走自己就玩儿完，派人带着大批金宝暗中遍赂窦建德手下武将。因此，众将都劝他进攻包围洛阳的唐军，并说可以一举攻灭李世民。

窦建德的曹皇后也劝他进取河东，不要和唐兵正面争锋。

窦建德不听，并说："郑国悬命朝暮，以待吾来。岂可见难而退，示天下以不信也！"于是，他大集军伍进逼武牢。

也真是天命该绝，汜水一战，秦王李世民亲自披甲执兵，与窦建德大战。

最终，这位窦大英雄兵败如山倒，在牛渚口中枪被擒，送斩长安，时年四十九岁。

窦建德自称兵到灭亡，共六年。对此，封建史臣也不得不叹息：天命有归，人谋不及。

一时人雄　命亡突厥

刘武周

刘武周，河间景城人。青少年时代，刘武周尤以骁勇善射著称。其兄刘山伯见他常和一群豪侠之人饮酒交游，就劝诫他说："汝不择交游，终当破灭我们刘家门户。"以长兄身份，刘山伯常常对这个桀骜不驯的老弟施以拳脚。

忍受不了兄长的"高压"，刘武周跑到隋将杨义臣帐下从军，在隋炀帝征辽期间以军功授建节校尉，衣锦还乡。

河间太守王仁恭爱其材武，以他为亲军卫队长。其间，刘武周乘机与王仁恭的侍儿私通。由于害怕事泄被杀，加之见天下已乱，刘武周便在州郡内扬言王太守关闭粮仓，不恤饥民，并假装有病，回家观变。

趁乡里豪杰探视他时，一班人一起商议造反大计。计定后，刘武周与十数人直冲入殿，把正在办公的王太守一刀斩死，并持其首级遍巡郡内，继而开仓大赈饥民，得兵万余人。刘武周自称太守，并遣使归附突厥，以为强援。

隋朝雁门郡丞发兵征伐，被刘武周打得大败。接着，他趁势进攻汾阳宫，把俘获的隋宫美女送给突厥始毕可汗。可汗大喜，回赠他大群骏马。刘武周兵势益振，连下定襄、马邑，并建国称帝，建元天兴。

不久，他入图晋阳，南下欲与唐朝争天下，并击败唐将李仲文和李渊手下号称“智多星”的裴寂，吓得齐王李元吉逾城逃走，太原落入刘武周之手。

秦王李世民带兵进讨，双方相持于柏壁。刘武周大将尉迟敬德大破永安王李孝基，唐朝四军皆没。尉迟敬德在回师浍州的路上，被秦王李世民邀击于美良川，首次大败。

接着，李世民在雀鼠谷大败刘武周大将宋金刚，一日八战，俘斩数万人。

不久，刘武周大将尉迟敬德、寻相、张万岁等人相继降唐，刘武周大惧，与百余骑亡奔突厥。

龙落浅滩，自然命不久矣。不久，刘武周和其大将宋金刚想回归汉地，逃跑时被突厥人抓住，命丧异乡。

刘武周自起兵至被杀，共六年。

乡里泼皮　称王一方

刘黑闼

刘黑闼，贝州漳南人。同汉高祖刘邦一样，此人年轻时嗜酒无赖，好赌博，不治产业。但他有个好朋友窦建德，常常在他输得只剩条裤腰带时，送银接济，非常讲哥们儿义气。

隋末大乱之际，刘黑闼先投奔郝孝德，啸居山林为盗，后来投奔李密，成为一名偏将。王世充大败李密后，又归王世充。

由于这位西域胡人不时念咒请神上演“唬人”的把戏，刘黑闼很看不起他，趁机跑出，投奔从前的好友窦建德。窦建德一见大喜，马上署为将军，封汉东郡公。

由于一直在“诸贼”中混事，刘黑闼善观时变，骁勇多谋，打仗也是一把好手。他常常趁敌方麻痹大意之机奋击，多所克获，在军中号为“神勇之将”。

窦建德被李世民平灭后，刘黑闼躲回漳南老家，闭门不出。

当时，唐高祖李渊下诏征调窦建德旧将范愿、高雅贤、曹湛等人去长安待命。这几个人闻讯很惊惶，聚在一起商量道：“王世充以洛阳城降于唐，手下猛将如单雄信等几十人都被斩首。我们这些人到了长安，肯定没有生存的机会。而且，从前我们夏王窦建德俘获淮安王李神通，好吃好喝好招待，礼送他回唐。他们现在捉得夏王，马上就加以杀害，我辈如不替主公报仇，也真羞见天下人啊。”

计议已定，几个人就决定起兵反唐。

卜卦问巫，巫师说以姓刘的为主帅能够大吉大利，他们就前往漳南去见窦建德旧将刘雅。不料，刘雅认为天下已平，乐得在家当小地主，不愿起事。几个人大怒，怒斥刘雅不义，竟杀之而后去。

此时，大家想起多奇略、善将兵的刘黑闼，前往一见，陈说因由。

刘黑闼大喜，杀牛会众，一下子就招得百十号人，一举袭破漳南县城。接着，他们又大败唐朝贝州和魏州两个刺史所统率的正规军。

唐高祖武德四年（621 年），刘黑闼设坛于漳南，祭奠窦建德，自称大将军，正式大举起兵。唐朝淮安王李神通等人征讨，都大败而走，就连一世雄杰的李勣，也被刘黑闼打得只剩一人逃免，属下五千人被杀得干干净净。

窦建德故将旧吏纷纷响应，突厥颉利可汗也派人马来援，半年之间，刘黑闼竟全部恢复窦建德原先的地盘，称汉东王，建元“天造”。

刘黑闼行军施政，都一如窦建德旧法，但攻战勇决更强过老窦。无奈何，秦王李世民只得亲自率兵攻讨。

洺水一战，李世民损失亲信大将罗士信，只能坚壁拥兵。面对刘黑闼的数次挑战，以勇胜闻名的李世民也不得不避其锋芒。

不久，刘黑闼军粮已尽，拥全军奔来决战。李世民派人掘开洺水，淹死刘黑闼数千人，河水冲下，马上的劲骑，顿时成为水中沉石。刘黑闼部又被杀万余人，最后，刘黑闼身边剩下一千多号人，亡奔突厥。

两个多月后，刘黑闼借得突厥兵，又杀了个回马枪，高祖李渊再遣大军迎击，全为刘黑闼击破，淮阳王李道玄也死于阵中。一时之间，河北诸州复叛，不过旬日，刘黑闼尽复窦建德故地，建都洺州。

一向以勇武善斗自诩的齐王李元吉心中十分害怕刘黑闼，拥兵逗留不前。倒是太子李建成不断督兵进讨，连战大捷。转年（武德五年）二月，李建成大破刘黑闼于馆陶，又攻之于永济渠，一路追击。

刘黑闼马不停蹄，跑到饶阳城下，左右只剩一百多人，又被打回原形。饶阳城刺史葛德威本是刘黑闼任命的官员，但此刻兵败落魄，刘黑闼也不敢贸然进城。

葛德威假装诚敬，涕泣固请，一定要请老主人进城吃饭。

饿得眼睛发绿的众人禁不住酒食之香的诱惑，纷纷进城吃饭。刚刚坐下，葛德威率重兵包围诸人。束手被擒之时，刘黑闼大骂“狗辈负我”。但乱世之中，各思自保，他最终成为葛德威求取富贵的最佳礼物。

太子李建成马上派人斩杀刘黑闼，山东遂定。

义结金兰　富贵成隙

杜伏威与辅公祏

杜伏威，齐州章丘人。自少落拓，不治产业。

自少年时代，杜伏威家里就穷得叮当乱响。他常常穿墙破户偷东西，以此为生。所喜的是，杜伏威有个刎颈之交的铁哥们儿辅公祏。这位辅公子的姑姑是个以养羊为生的大财主，辅公祏常常从姑姑家的羊圈偷羊送给杜伏威吃，少年意气，惺惺相惜。

见圈里的羊越来越少，辅公祏的姑姑气坏了，一状告到官府，郡县的捕快就四处搜抓两个人。情急之下，两个人一起亡命，聚众为盗，时年才十六岁。也就是在现今还上高中的年纪，两个少年已经成为"起义军"的小首领了。

杜伏威打仗很勇敢，出则居前，入则殿后，众人咸服，不久就被推为头领。隋炀帝大业九年（613 年）起，杜、辅二人自称将军，在江淮一带寇掠往来。在此期间，他们用计用力，兼并了苗海潮、赵破阵等原本人数多于自己的大股"游盗"，并大破隋朝江都留守宋颢的大军。

隋炀帝闻知大怒，亲派右御卫将军陈棱以精兵八千攻讨杜、辅二人。

陈棱虽是御林军出身，兵铠精良，但十分惧怕杜、辅的军士，大军到后，根本不敢交战。杜伏威派人给陈棱送去一套妇人衣服，并在信中称陈棱为"陈姥"，以此激怒这位御林军军官。

陈棱大怒，挥军前进。杜伏威领兵迎前，亲自跃出阵前挑战。

陈棱有个部将是神箭手，一箭正中杜伏威前额。杜伏威大怒，在马上用手指着朝自己放冷箭的军校，说："不杀汝，我终不拔箭！"于是，他驰马大呼，直冲入陈棱阵中。

隋兵的人马兵器，当时都占绝对优势，就是士兵无胆打仗，见杜伏威匹马冲来，纷纷掉头往回跑。杜伏威一直奔驰到朝他射箭的军校面前，以刀临其颈，叱其拔箭，然后再把军校的脑袋砍下。连血也不擦拭一下，杜伏威一手拿着人头，一手执枪，复冲入陈棱阵中，杀数十人。

见此，陈棱军大溃，八千人被杀得一个不剩，最后这位御林军军官因马好才得以只身一人跑掉。

杜、辅二人乘胜破高邮、历阳，一时间各路"小盗"争来附之，声威震江南。他们亲选五千人为敢死之士，号为“上募”，厚饷精骑，同甘共苦。每遇攻战，就下令这些“上募”出击，战罢检查，如果这些人有枪箭创伤在后背的，一律就地斩首（说明这些人是逃跑时被人自后击中）。

所获财物，全部赏赐将士，故而人自为战，所向无敌。

宇文化及在江都杀掉隋炀帝后，闻知杜伏威大名，任命他为历阳太守，杜伏威不受，可见也是个知晓伦理大节的英雄。

在洛阳继位的越王杨侗很器重杜伏威，拜他为东南道行台尚书令，封楚王。后来王世充篡逆，毒死杨侗，杜伏威向唐朝投降，被唐高祖李渊拜为东南道行台尚书令、上柱国，封吴王，赐姓李。

杜伏威投唐后十分卖力，与辅公祏一起把在江淮一带称雄的李子通、汪华等武装彻底灭掉，尽收江东、淮南之地。

在杜伏威军中，大家都知道辅公祏是他的生死哥们儿，全营上下都呼辅公祏为“伯”，像敬畏杜伏威一样敬畏辅公祏。

富贵之后，两个人少年时代的生死交情逐渐淡漠，杜伏威渐渐猜忌起辅公祏。他把自己的两个养子封为左、右将军，升辅公祏为“仆射”，外表尊崇，实际上夺掉了他的实际掌兵权力。

辅公祏也是聪明人，虽心中怏怏不快，外表也假装不在乎，成日与老朋友学辟谷成仙的把戏，迷惑杜伏威。

秦王李世民平灭刘黑闼后，杜伏威心内大惧，他上表高祖，申请入朝觐见。可以想见，权力、金钱、官爵的侵蚀力是多么巨大，从前杜伏威为“流氓无产者”的时候，只身匹马陷阵而不惧，置生死于度外；如今，自己拥数十万兵，独霸江南，只是听说李世民平灭刘黑闼的消息，就吓得赶忙亲身入朝见唐皇，以表自己的忠贞不贰。

临行前，杜伏威私下嘱咐亲信：“我入京，如果不被削官，不要让辅公祏造反。”

入朝后，杜伏威被拜为太子太保，兼行台尚书令，位在齐王李元吉之上。

唐朝对他外虽宠异，内实防惮。高祖李渊把他留在长安的大宅子里，暂不让他还归江南。

辅公祏设计，向杜伏威的忠实部将诈称自己接到杜伏威的密信，要他们起兵反唐，以此夺回被扣留于长安的杜伏威。于是，杜伏威所部的江淮军宣布脱离李唐，重新独立。

接着，杜伏威在长安暴卒的消息传来，估计是被李渊派人弄死的。

辅公祏以此为借口，建立宋国，自称皇帝。但毕竟忽降忽反，又缺少军中主帅杜伏威，辅公祏属下的战斗力大不如前。

叛军与唐朝李孝恭军对峙，甫一相接，一战即败，辅公祏逃跑途中被捉，送于丹阳斩首。

杜伏威、辅公祏两人自起兵到灭亡，一共十三年（自两人横行江淮算起），死时才三十多岁。

平定辅公祏后，高祖李渊诬称杜伏威预先知道辅公祏的反谋，下诏削夺杜伏威的官职，籍没其妻子。

太宗李世民继位后，知道杜伏威是被冤枉，下诏复其官爵，葬以公礼。

食人恶魔　乱世狂贼

朱粲

朱粲，亳州城父人。此人年轻时还是县佐吏（县城的办事员），隋炀帝大业末年，他从军“讨贼”。见天下乱起，他摇身一变，聚结一帮人，自己倒成了“贼”，号“可达寒贼”，自称迦楼罗王（也想当“天龙八部”之一），有众十余万。

他引兵东杀西屠，所至郡县，无分良奸，全都杀光、烧光、抢光，并很快自称“楚帝”，鼎盛时有军士二十多万。

朱粲一军没有任何政治目的和军事目的，迁徙无常，攻下州县后就大吃大喝，劫掠一空。粮食吃光后，就把县城烧毁，又去劫掠邻近的州县，以至于他所经过的地方百姓没有粮食吃，饿死者漫山遍野。

最后，朱粲一军自己也没有粮食吃，就开始抢夺大量的婴儿煮来吃。大概是感觉味道不错，朱粲就号令军士：“食之美者，宁过于人肉乎！但令他国有人，战何所虑？”于是马上勒集部下，四处掠取女人和婴儿，分给诸营作为军粮食用。

在转战期间，朱粲军队向各地城堡收取税金也只要妇女、婴儿，不收取金银（估计财宝已经抢掠山积，只缺军粮）。

隋朝的著作佐郎陆从典和通事舍人颜闵楚因事被贬南阳，朱粲先是以二人为宾客，后来军中乏食，这两个官员连同全家都被左右军人当粮食吃个精尽，可见朱粲军是一支不折不扣的吃人恶魔军队。

原本降附的周围州郡，再也忍受不了这群虎狼队伍，纷纷起兵，相聚进攻朱粲，杀得这些吃人兵最终只剩几千人，拥着朱粲败逃至菊潭县。无奈之余，朱粲遣使向唐朝投降。高祖李渊派散骑常侍段确前去迎候。

估计这位段常侍非常厌恶朱粲的为人，加之文人轻狂，就在酒席间乘着醉意问朱粲：“听说你常常吃人，滋味如何？”

这位吃人将军也不示弱，回答说：“如果吃你这种爱喝酒的人，味道很像是酒糟猪肉。”

段确大怒，骂道：“狂贼，你入朝后不过是个失势的奴隶，还能有机会吃人啊！”

朱粲又惧又气，派人把段确和几十个从人都抓起来杀掉，把尸体的骨肉加佐料炖熟了，装进大坛子，分给军人当军粮。然后，他转投王世充，被这位胡人天子拜为龙骧大将军。

好景不长。秦王李世民很快平灭王世充。在洛阳大宅子里正享人间清福的朱粲也被唐军抓获，斩于洺水之上。

由于此人吃人恶名远扬，为害甚烈，围观的百姓争相用瓦石投击他的尸身，以致烂如肉泥，也算是死得其所。

千年灭倭第一战

唐高宗龙朔三年白江之役

说起中倭之间的战争，国人均会想起中华民族死伤三千多万人的抗日战争，令人切齿嗟叹、尽丧北洋水师的甲午海战，十六世纪惨烈的抗倭援朝战争以及元朝忽必烈居心叵测想顺带消灭汉人“新附军”、最终功亏一篑的征倭大战。数次战争，说句实话，代价巨大，败多胜少。

其实，远在一千三百多年前，我们伟大的唐朝先人曾在朝鲜半岛的白江（今韩国锦江）干净利索地打过一个漂亮仗，使得倭寇偃旗披靡、一蹶不振。

当时，汉军、新罗联军两万多人（汉军一万多，新罗军不到一万），对倭军、百济联军七万人（倭军五万,百济军两万），以少胜多，重创倭夷，且水陆并胜，焚烧倭军战船四百多艘，四战连捷。倭、百联军纷纷不战即降，余则仓皇遁走。

而且，与明朝抗倭援朝不同，那次战争明朝主将邓子龙与朝鲜主将李舜臣均壮烈战死；白江之战，唐军主将刘仁轨与新罗王金法敏都精神抖擞，完好无损。倭国国内大震，剩下未被屠杀的残兵败将逃返本岛。心胆俱裂之余，倭人在国内凿三重巨堑，以防唐军进攻。

当时当地，如此赫赫战功，《旧唐书·刘仁轨传》中，却只有短短一百二十三个字：“于是（刘）仁师、（刘）仁愿及新罗王金法敏帅陆军以进。（刘）仁轨乃别率杜爽、扶余隆率水军及粮船，自熊津江往白江，会陆军同趣周留城（今韩国扶安）。（刘）仁轨遇倭兵于白江之口，四战捷，焚其舟四百艘，烟焰涨天，海水皆赤，贼众大溃。（扶）余丰脱身而走，获其宝剑。伪王子扶余忠胜、忠志等，率士女及倭众并耽罗国使，一时并降。百济诸城，皆复归顺。”

《资治通鉴·唐纪十七》，基本也是类似的描述，短短数十字。

即使以现代眼光来看，白江之役不可不谓大胜：又是以少胜多，又是水陆并进，又是“借东风”烧敌船，又是友军配合作战破敌联军，该记载该褒功该宣传的地方多的是。

但在唐朝，倭国名气太小，近乎被史臣忽略不计。当时的大将们，以平高丽、灭突厥、却吐蕃、击回鹘等自耀大功，谁都不会把打败倭人的战绩拿出来显摆。时人也没多少知道倭国。

当时的唐朝，乃世界性的泱泱帝国，所以，对白江之战，根本没什么人太当回事，认为不过是一次鸡毛蒜皮的小胜利而已。

盛唐对倭国真的不甚了了，道听途说，只作如下记载：

> 日本，古倭奴也……国无城郭，联木为栅落，以草茨屋（贫民窟一样的草棚子）。左右小岛五十余，皆自名国，而臣附之（散乱的部落联盟）……其俗多女少男，有文字，尚浮屠法……其俗椎髻，无冠带，跣以行，幅巾蔽后，贵者冒锦（倭国自古就穷）；妇人衣纯色裙，长腰襦，结发于后（跟高丽学的）。至（隋）炀帝，赐其民锦线冠，饰以金玉（日本在炀帝之前连衣冠都没有，更甭想“衣冠人物”和“道德文章”）……恶倭名，更号日本……或云日本乃小国，为倭所并，故冒其号。

直到“遣唐使”一批批来大唐跪拜求学打秋风，中华才对日本稍加留意。其中一批贡使来唐，副使仲满（阿倍仲麻吕）“慕中国之风，因留不去，改姓名为朝衡……留京师五十年，好书籍。放归乡，逗留不去”。

朝衡就是晁衡，他在天宝十三年忽起思乡之情，想搭乘遣唐使藤原清河的便船“衣锦还乡”，中途遇风，差点儿被淹死。诗仙李白以为和自己一块吃过倭瓜并收受过对方一件日本裘皮大衣的晁衡死了，有《哭晁卿衡》一诗：“日本晁卿辞帝都，征帆一片绕蓬壶。明月不归沉碧海，白云愁色满苍梧。”

哭，肯定也不是真哭。三天之后，李白就把这位“死人”忘了。过了数月，忽然惊见晁衡现身于长安一个王公的酒席间，李白实实吓了一大跳。

不过，诗也没白写，此诗后来被人称为“中日友谊史上传诵千年的名作”。

半岛也三国

高丽、百济、新罗与唐朝的关系

今天的朝鲜半岛，在唐朝初年存有高丽、百济与新罗三个“国家”。其中，高丽名声最大，军力最强，对中央王朝一直是时降时叛，时慕时倨。

隋炀帝亡国的主要原因之一就是征高丽，致使国内民生凋敝、国力大耗。

唐高祖李渊称帝后，对高丽“遣使称臣”并不感冒，他对臣下说：“高丽虽臣于隋，而终拒炀帝，何臣之为。朕务安人，何必受其臣。”

裴矩、温彦博谏劝：“辽东本箕子封国，魏晋时故封内，不可不臣。中国与夷狄，犹太阳于列星，不可以降尊。”

这话听上去虽有些“沙文主义”味道，但确实有道理。当时的高丽国王，是隋炀帝时一直和帝国叫板的国王高元的异母弟高建武。高建武也想察看新帝国的虚实，于是遣使臣献上封域图，表示臣服。唐高祖命人去辽东旧战场，收埋战死的隋朝将士尸骨，平毁高丽人夸功耀武的京观。

高建武害怕，下令国人修建千里长城，准备抵抗大唐。

后来，高丽内部政变，东部大人泉盖苏文杀大臣一百多人，并入宫把高丽王高建武也宰掉，转立高建武的侄子高藏为傀儡王，自为莫离支。

此人属通古斯人，“貌魁秀，美顺髯，服皆饰以金，佩五刀，左右莫敢仰视”。泉盖苏文每次上下马，国内贵人大臣都争抢伏地，趴在那里给他当“脚垫”。

高丽内变，臣下劝太宗讨伐其弑主之罪。“因丧伐人，朕不取也。”太宗挺厚道，下诏拜高藏为辽东郡王。不久，高丽、百济二国联合，大举进攻新罗。新罗向唐朝乞援。众臣商议，最后李勣力劝征辽。不巧的是，适值辽水泛滥，唐军无功而返。

贞观十九年，太宗李世民御驾亲征，率陆军六万，水军四万，又发契丹、奚、新罗等国兵，进击高丽。

唐军初进克捷，攻克盖牟城（今辽宁盖平）、沙卑城（今辽宁复县），并克陷辽东（今辽宁辽阳）坚城。不久，唐军攻陷白崖城（今辽阳东），向安市（今辽宁盖平东北）进发。

高丽大将高延寿等人率高丽及靺鞨兵十五万来救援，被唐太宗君臣设计大破。高延寿势屈，率众投降，膝行匍匐入辕门求请饶命。太宗怒喝：“以后还敢和天子交战吗！”高延寿叩头，惶惧不敢回答。

高丽举国震恐，坚壁清野，向后方收缩战线。黄城、银城一带，顿时空无一人。

唐军进至安市，此城地险众悍，城上高丽兵将见太宗旌旗仪征，竟敢登城鼓噪示威。

太宗大怒。李勣在一旁也很气愤，劝太宗说，城下之日，尽屠守战男丁。安市城内守兵闻知此讯，拼死拒守。

胶着数日，城不能下，又遇酷寒天气，太宗爱惜将士性命，只得下令班师。其实，安市城是高丽国内一方诸侯，泉盖苏文执政后也曾派兵攻打，竟然也不能攻下，就做个人情表示安抚。

此城地险，人死战，又遇酷寒，唐军人再多兵再强也无可施展。

唐军临行，安市城屏息偃旗，城主登城再拜。虽然没有被攻屠，高丽守军也知晓了唐军的勇武。太宗认为城主勇敢，临行赐绢百匹。

贞观二十二年，太宗本准备集三十万大军，以长孙无忌为大总管，想一举击灭高丽。不料，太宗因病崩逝，高丽又逃过一劫。

高宗永徽六年（655 年），新罗国向唐廷告状，说高丽、百济、靺鞨连兵，攻取新罗三十多城。唐廷下诏劝和，不听。

作为帝国仲裁者，唐廷于显庆五年（660 年）诏派左卫大将军苏定方等人率兵攻讨。当时，唐朝刚刚生擒西突厥可汗阿史那贺鲁，又分西突厥为两部，设昆陵、濛池督护府。北方突厥问题解决，唐朝自然要“料理”在朝鲜半岛上蹿下跳的高丽和百济。

围魏救赵，断其一方。唐军并未直接救援新罗，而是集中力量进攻高丽的帮凶百济。百济同高丽一样，乃扶余别种。当时的国王是扶余义慈。

唐军从城山（今山东荣成）渡海，在熊津口大破百济军，克真都城，击灭百济军主力，斩首万余级，攻拔其城。

百济王扶余义慈和太子扶余隆仓皇遁走，逃入北鄙小城躲避，被苏定方唐军团团包围。扶余义慈的次子扶余泰主意大，趁父兄外逃，自立为王，率众固守百济城。

扶余义慈的嫡孙扶余文思对左右人讲：“现在国王、太子均在，王叔自立为王，即使唐兵退去，我父子也会被王叔杀掉！”惶急之下，扶余文思率左右翻城而出。城内人见王太孙如此，也纷纷跟随，扶余泰连杀数人也无法阻止。

无奈，扶余泰出降，百济都城告陷。很快，唐军逮捕了百济王扶余义慈父子以及百济豪酋五十八人，全部押送长安。此战，唐军平灭百济，收其王都、三十七郡、三百城、七十六万户。

唐朝在百济设熊津、马韩等五个都督府，择其酋长管治。同年十月，一行囚俘至京城，高宗诏释不诛。

扶余义慈也是倒霉蛋，本来此人上孝下亲，很有荣名，有“海东曾子”的美誉。战前，唐高宗还下诏劝谕，让他自新。百济王总以为唐兵不会轻出，继续当高丽的帮凶。

殊不料，苏定方诸将一出，百济立时破灭，他自己也被生俘，行数千里地归罪长安。

不久，扶余义慈病死，唐廷施恩，赠卫尉卿，并允许其被俘旧臣临丧，准许他葬于孙皓、陈叔宝墓左——此举意味深长，同为降臣，下场也一样，终免横死。

倭奴自送死

百济的“复国”活动

灭百济后，唐朝大军振旅而还，留下郎将刘仁愿率数千唐兵留守百济城，并派左卫郎将王文度为熊津都督。

赴任半途，王文度病死，诏以刘仁轨代之。

百济王扶余义慈的堂弟扶余福信本来已经降服唐军，待他看到唐军主力回国，萌生贼心，与一个叫道琛的和尚联手，在周留城聚百济旧民造反。

由于百济直系王族基本被“一锅端”，擒送长安，扶余福信就想到了百济王义慈数年前送往倭国的王子扶余丰。当时朝鲜半岛各国以及倭国等小国之间，常常交换王子为质子，如同春秋战国时的诸侯所为。

倭人不自量力，想趟浑水讨便宜，就派兵护送扶余丰回百济，准备帮百济“复国”，扩展自己在朝鲜半岛的势力。当时拍板的倭王，是“齐明天皇”，还是个女天皇。不久，这个女天皇就死掉了，其子继位，号为“天智天皇”。

继位新“天皇”迫不及待，快马加鞭把扶余丰送回周留城。

有了扶余丰这个“幌子”，百济西部诸城纷纷据城造反，支持扶余丰。众军相聚，把刘仁愿的留守唐军团团包围于百济城。

唐廷下诏，任刘仁轨为检校带方刺史，统王文度旧部与新罗军合势救援刘仁愿。

唐、新联军一路战斗，直杀百济城。

百济和尚道琛在熊津江边建了两座巨大的兵垒，刘仁轨率众猛攻，百济军不敌，堕溺而死者一万多人。道琛等人大败之下，退保任孝城。不久，扶余福信与和尚道琛争权，道琛被杀。扶余福信并其兵马，招诱亡叛，势力渐大。

刘仁轨、刘仁愿二人合军后，休整士伍，准备再战。新罗兵掠取大量百济财物后，提前还军。

高宗龙朔元年（661 年），唐军三十五万在大将苏定方的率领下，攻打高丽。平壤城下，又遇大雪酷寒，唐军不得不重演“班师”一幕。

高宗下诏给刘仁轨，指示说：“平壤军回，一城不可独固，宜拔军就新罗，共其屯守。若（新罗王）金法敏藉卿等留镇，宜且停彼处；若其不须，即宜泛海返国。”

不仅高宗诏示还军，唐军将士也都想返回老家。天寒地冻冷面泡菜，鬼才想待在那里。

刘仁轨上表，表示说唐军应该坚守观变，不能随便撤军。

高宗君臣仔细研究，深觉刘仁轨言之有理，便让唐军继续留在百济城坚守。

唐军并非龟缩于百济城中不敢轻出。刘仁轨先出奇兵，先发制人，率军端掉了扶余福信派人修建的真岘城（今韩国镇岑县）。唐军连夜奇袭，一举攻破此城后，打通了新罗运粮之路。

另一个好消息传来：果如刘仁轨所料，百济王子扶余丰越来越不能忍受堂叔扶余福信的跋扈，两人火并，扶余福信被杀。

当自己全身被剑捅刀劈之时，不知这位大将是否后悔招来了作为“掘墓人”的大侄子。

杀掉扶余福信，扶余丰连忙派使，分往高丽和倭国搬兵。高丽没啥大动静，倭国却迫不及待，他们也效“围魏救赵”之计，派兵数万进击新罗，攻取数城，然后直扑百济旧地。

唐廷没敢大意，急召右威卫将军孙仁率近一万唐兵从海路乘军船驰援。两军会师百济城，兵威大振。也难怪，孙仁部唐军不仅带来了生力军，还有坚船斗舰，大量补给、辎重也随船而至。

唐军诸将议事。有人建议率先进攻水陆要冲加林城。

刘仁轨不同意，主张先攻周留城。

于是，刘仁师、刘仁愿以及新罗王金法敏率陆军，刘仁轨以及先前降附的百济王子扶余隆率水军，从熊津江出发，水陆并进，直趋白江口，准备合军直捣周留坚城。

高宗龙朔三年（663年）八月，刘仁轨水军率先行至白江口。很快，倭国水军四百余艘也绵延驶至。

宽阔水面上，唐、倭两路水军对峙。

双方合战，唐军四战皆捷。虽然唐军军船在数量上处于绝对劣势，但隋唐时期，中国的造船技术还是非常领先的，船壁高而坚，设计精良。当时日本的兵船与之相较，可说是简陋寒酸。

那个时候，倭奴还未从我中华偷师学艺，技术方面落后得很，兵将甲胄质量又不好，唐军箭雨之下，倭兵倭将往往被射得透心凉。最重要的一点，在于刘仁轨自然通晓“火烧赤壁”的历史典故，倭奴当时还不像后来那样精通中华史事、兵书。四百多艘破木船挤在一起，被唐军连发火箭，顺风投火，一时间烟焰涨天，水面皆赤。烧死呛死外加弃船跳水淹死，一万多倭奴军被歼灭。

海上大败，百济、倭奴陆军也抗不住唐、新罗联军的进攻，被杀得人仰马翻。扶余丰脱身而逃，唐军缴获了他的宝剑。最后，这个“百济王”竟不知所终，人间蒸发了。估计他是淹死或在逃跑途中让自己人干掉了。

周留城内据守的百济王室扶余忠胜、扶余忠志兄弟知道大势已去，率城内守军、士女以及未被杀掉的倭奴兵将，乖乖投降。当时，倭人好像还没养成临败剖腹自杀的习惯，一系列军将，通通跪伏于泥淖之中，听凭唐军与新罗军发落。五六万倭奴军，终于心悦诚服地挨了唐朝一顿猛揍。

此后，百济诸城，皆复归顺。就连降而复叛的百济大将黑齿常之等人，都乖乖地到刘仁轨军营投降。黑齿常之后来成为唐朝的得力大将，威震朔方。

刘仁愿回长安后，高宗向他询问情况，这位大将不专功，说明战役的主要指挥者以及表章主拟人均是刘仁轨。高宗大加叹赏之余超加刘仁轨六阶，授他带方州刺史，并赐京城宅一区。

本来，显庆五年高宗征高丽的时候，时为青州刺史的刘仁轨监统水军，因中途遇风失期，到达战场时晚了一天，被削夺官职，以白衣随军自效。正是因为百济余孽跳梁、倭奴渡海送死，白江口一役，终于成就了刘仁轨的一世威名。

值得一提的是，刘仁轨乃文官儒将，破百济时已是六十老翁。

刘仁轨丝毫不敢懈怠。他安抚百济余众，屯田厉兵，积粮抚士，积极准备下一步进灭高丽的战事。同时，他连上表奏，极言百济之地不可轻弃，高宗深纳其言。

百济亡国，下一个肯定轮到高丽。几年后，权臣泉盖苏文病死，其诸子争权，长子泉男生为两个弟弟泉男建、泉男产所逐，穷极之下投奔唐朝。

在这个“内奸”的带路指引下，高宗总章元年（668年），唐朝大将李勣率军一举踏平高丽，终于完成了隋炀帝、唐太宗未竟之业，收一百七十六城、六十九万户。唐朝置安东都护府，留大将薛仁贵等两万多唐兵于平壤，高丽终成唐朝治地。

可笑的是，类似中国《推背图》的《高丽秘记》中早有“预言”：“不及九百年，当有八十大将灭亡。”高氏王族自汉代起据有高丽，一直到灭亡，当时正好快到九百年，唐军主帅李勣时年八十岁。严丝合缝，预言得中。

由于高丽王高藏一直是个傀儡，唐廷赦而不诛，还把他封为司平太常伯，只把负隅顽抗的泉男建流放黔州蛮荒之地。

但没过两年，唐军与吐蕃作战失利，先失安西四镇。670年至676年，安东都护府两次先后由平壤退撤至辽东。鉴于吐蕃的压力，唐朝在朝鲜半岛的统治逐渐萎缩。

677年，唐廷相继撤走高丽和百济旧地的汉族官员，送原高丽王高藏回国，想扶持这个“傀儡”继续唐朝在当地的影响力。同时，为牵制高藏，唐廷又派泉男生和原百济王子扶余隆驻守辽东附近地区。果然，不久高藏又想“独立”，为扶余隆和泉男生所告，立刻被擒押回长安。

本来被高丽、百济联军差点儿灭国的新罗，借大唐军队平灭两个主要敌手后，狼子野心，开始想独霸朝鲜半岛，并与唐军发生规模不一的军事冲突。同时，新罗不断接纳百济和高丽逃亡兵士，蚕食两国旧地，日渐坐大。

武则天掌权后，把国内的李唐势力和异己官僚势力视为心腹大患，根本顾不上朝鲜半岛。接二连三，又有契丹、突厥问题相继出现，她就在武则天久视元年（700年）下敕，视高丽旧地为外藩，再不把其当作周朝固有境土了。

新罗蹦跶了数年，出来一个以靺鞨族为主的部落在它旁边建立了震国。713 年，大祚荣改国名为渤海国，与新罗南北对峙。

倭奴国虽大败，但失败确实是成功之母。倭人的本性就是欺软怕硬，此后数百年间不断派使臣（遣唐使等）向天朝拜师学艺，逐渐形成其一整套政治、经济、文化制度。乍一看，倭奴国数百年间几乎就是唐朝一个“具体而微”的翻版模型。直到 1592 年丰臣秀吉侵略朝鲜（其间元朝击倭不算），近一千年，倭人未敢和中华天朝叫板。

所以，白江口之役，击蒙的同时也击醒了倭人，福兮祸兮，真不好说。

倭人在明治维新以前，常以“汉土”“唐土”“中国”称呼我们。以后就以“支那”（罗马字母为 SINA）音译来称呼中国。特别是甲午海战以及“七七事变”后，日本政府也一直以此称谓来称呼中国。美国两颗原子弹扔到日本，日本人没有“玉碎”反而“下跪”，并被盟军勒令禁止蔑称中国为“支那”。

时至如今，一些日本右翼，比如原东京都知事石原慎太郎仍称中国为“支那”。据一些专家考据，“支那”音译原无贬义，后来在特定历史条件下才成为今天这个样子。

嗜血的妇人

女皇武则天的杀戮一生

唐太宗李世民贞观初年，天下渐平，诸事晏安。一日，忽然太白星白天显现于天空，且一连多日不断出现这种天文景象。

古人迷信，唐太宗君臣一边自我反省政事阙失，一边让主管天文的太史“钩沉典籍”，进行推占。不知是查了《易经》还是“扶乩”所得，太史奏报：“女三昌。”

面对如此玄玄乎乎的三个字，太宗君臣商量了半天，也没理出什么头绪。同时，民间有谶言歌谣传入内廷：“当有女武王者。”李世民百思不得其解。他内心感到很厌恶，总有一种不祥预感。

唐太宗朝君臣关系十分欢洽。一天晚上，李世民在内廷宴请心腹武官多人，飞觞仰饮，大家好不痛快。喝到一半，为了使气氛更加融洽、欢快，太宗令诸将作酒令，各自报出自己儿时的小名，以此作引，以博戏乐。

轮到左武卫将军李君羡，这位将军长身虎须，一脸络腮胡须，自报小名：“五娘子。”

话音刚落，殿内的武将们笑成一片，东倒西歪。太宗初听李君羡的小名时也不禁发噱：“何物女子，如此勇猛！”

电光石火之间，太宗面色忽然一变，低头沉吟。当然，与宴的诸位武将，包括李君羡自己在内，均未注意到李世民当时面部表情的变化。美酒醉人，主人翁又是皇帝，天大的面子，谁能不尽醉方休！

李君羡，洺州武安人（一个“武”），封武连郡公（两个“武”），时为左武卫将军（三个“武”），值守玄武门（四个“武”。玄武门是宫城最重要的咽喉要地，因此有数次宫廷政变都在此处发生，包括洛阳宫的玄武门，均是“制高点”），当然，最要命的，当属李君羡小名“五娘子”——“女三昌”“女武王者”——莫非正是这位身为皇家禁卫军的李姓武将？

太宗宴毕，退至寝殿，细思李君羡为人。此人也是武艺绝伦之辈，本属王世充贴身侍卫官（骠骑），因讨厌王世充的为人，潜结数人从洛阳城逃出，投靠当时还是秦王的李世民。从此，太宗引为左右，讨刘武周及王世充等，每战，此人必单骑冲锋陷阵，前后受赐宫女、马牛、黄金、杂彩等物，不可胜数。

这样一个武功盖世、一心事唐的壮士，神勇可与尉迟敬德、秦叔宝相匹敌的猛将军，就因为当年的一个小名“五娘子”，使得太宗皇帝浮想联翩，夜不能寐。

史载：“会御史奏（李）君羡与妖人员道信潜相谋结，相为不轨，遂下诏诛之。”

史书为尊者讳，给人一种李君羡倒霉，有人牵告他的假象。其实，肯定是太宗李世民杀心顿起，为后世天下计，派人诬告，杀掉了这个他认定符合谶谣中的“女武王”的将军。

人要倒霉，祸从天降，李君羡将军正是这种倒了八辈子血霉的晦气包，一人被杀不说，株连三族。上百人头落地，起因竟在于两三句的“歌诗谶言”。

没过几年，听说工部尚书武士彟女儿貌美，时年十四岁，太宗一时兴起，召小姑娘入宫。

这女孩圆脸大眼，媚笑动人，太宗名之为“媚娘”。武媚娘不是太宗喜欢的那种温柔类型，但毕竟是高祖李渊老友武大叔的女儿，怎么也得给个“才人”封号。

恰恰是这个武才人，才是那个真正应谚的“女武王”。日后，数百上千李姓凤子龙孙，皆被这位当时的肥胖闺女弄死。她还化唐为周，差点儿让唐朝三世而亡。

茅庐初出

武才人与太宗、高宗的父子“情缘”

武则天是山西文水县人，文水县因境内有文峪河而得名，西依吕梁，东靠汾河，春秋时名平陵，战国时称大陵。天授元年（690年），武则天篡唐，自立“周”朝，便改自己老家为“武兴县”。武兴者，武氏由此兴也。神龙元年（705年），中宗复辟，仍改回文水县。

武则天当皇帝后，大肆宣扬其父武士彟“兴唐”的功业。其实，武老头儿在隋炀帝大业末年只是并州文水小地方的一个“鹰扬府队正”，即当地派出所所长。由于家富于财，高祖李渊还是隋臣时，因公事四出巡视，就常歇在武家。

偏偏这位土财主很讲义气，颇好交结。当然，这也是人之常情，唐公李渊，乃当今圣上的大表哥，往他身上使银子，肯定不会白瞎。

眼见武老头儿很懂事，每次住他家，又献银子又献当地好闺女来“孝敬”，李渊很喜欢这个土财主。隋炀帝诏命李渊为太原留守，这位唐公一高兴，就把这位小县的“队正”提拔为“行军司铠”，让他一下子捞到太原府内专管军事后勤的肥缺。

天下大乱，武士彟阴劝高祖举兵，暗献兵书及符瑞。此举，并不能显示出这个土豪能“慧眼”识英雄，不过是乱世纷纷，人各思变而已。推个头头出来，事成之后，说不定也能封侯。

李渊很高兴，但表面没有太多表示，淡淡言道：“幸勿多言。兵书、符瑞皆是朝廷禁物，你能拿来给我，我知道你的心意了。日后富贵，当与君分享。”

李渊起事前，派手下刘弘基、长孙顺德分别以隋廷名义四处募兵。武士彟当时不仅和李渊关系不错，和副留守王威、高君雅关系也不错。

钱能通神，谁和银子都没仇，老武深知世路难行，以钱作马，自然和几个上司都打成一片。一次，三人饮酒，高、王二人就对老武说：“刘弘基等人假借诏命，四处征兵，我们得把他抓住，仔细鞫审。”武士彟做惯了老好人，闻言，便从中斡旋：“那几个人是唐公李渊的心腹门下，如果真把他们抓起来，会惹出大乱子呵。”

王威、高君雅一听，也觉有理，便疑而不发。

不久，几个人又在一起吃吃喝喝，留守司兵田德平在座，也提起刘弘基等人四处募兵的“怪事”，劝高、王二人抓捕刘弘基，审问他到底是由谁指派，敢私下募兵。

宴后，武士彟私下对田德平讲：“讨捕之事，应该都由唐公李渊说了算。王威、高君雅二人，毕竟是副手，他们怎能越权抓唐公手下人呢。”

田德平一想，也觉老武好心，就不再“多事”。

武士彟虽多方回护李渊，但李氏父子、裴寂、刘文静等人密谋大事，根本没告诉这个人微言轻的老武。

起事后，见老武人还不错，李渊任他为大将军府铠曹，仍主管军事后勤。由于从征长安有功，李渊称帝后，封这位老友为太原郡公，拜光禄大夫。副股长级的土豪，忽然成为部长级官员，老武喜出望外，开始口无遮拦，逢人就讲：“我从前一直做梦，梦见高祖入长安，自为天子！”

李渊听见老武大嘴巴，忙命人把他唤至内宫，灌他几杯老酒后，笑着数落他：“你这个老东西，当初你也是王威的好哥们儿。今天赏给你官做，正因为当时你劝阻王威等人不要深查刘弘基募兵一事。如今事成，你天天四处瞎白话说自己早有识人之鉴，梦见我做皇帝，是想胡咧咧当更大的官吧。”

老武脸一红，忙跪下自称“死罪”。

李渊对老武这种低出身没啥政治头脑的老友并无深忌之心，看见他在面前叩头如捣蒜，自己心中反倒不忍了，又晋封他为应国公，授以大州刺史。

老武活得不错，贞观九年病死在任上，赠礼部尚书，谥曰“定”。

不仅武士彟一人得以优遇，他的两个哥哥也得到很好的待遇。大哥武士棱，也跟从李渊在太原起义，官至司农少卿，封县公。他常在皇宫内殿搞后勤，亲自管理农圃，是皇帝家的花农，很牛。此人贞观年间去世，获赠潭州都督。

老武的二哥武士逸，在唐屡有战功。有一阵子，他被刘武周俘获，身陷敌营好几年，仍暗中派人向唐送报敌情。刘武周败后，武士逸归唐，累受李渊表扬。贞观初，武士逸为韶州刺史，卒于官。

可见，武则天父亲一辈，看准时机，太原从龙；李唐一家投桃报李，对这一大家子也可以说是仁至义尽。

太宗在世时，武才人并非深得皇帝爱幸之人。倒是当时的太子李治，偶见武才人那丰腴的“倩影”，深记于心，所谓“各花入各眼”，言之不虚也。

太宗驾崩，武才人削发为尼，在感业寺的青灯下熬了数日。已是皇帝的李治以拜佛为名，在寺庙里搂住这位小妈，互诉衷肠。

接着，李治把她召入宫中，武才人成为武昭仪。不久，封为宸妃。此后故事，众人耳熟能详，最让人心惊肉跳的，莫过于武氏为了搞掉对手王皇后，竟然忍心亲手掐死自己的小女儿，然后向高宗哭诉是王皇后所为，残忍手段，让人不寒而栗。

当然，废掉皇后在高宗时代是天大的事情，看似“皇帝家事”，实际涉及当时关陇大族与庶族地主间的钩心斗角与暗中角力。唐太宗时，对山东士族进行了不遗余力的打击，但对以武川军阀为主的“自己人”——关陇大族却竭力维护、提携。

高宗正妻王皇后是名门大族之女，又是高祖李渊同母妹同安长公主的侄孙女，是太宗当时为儿子“御选”的“佳妻”。长孙无忌作为帝舅，与韩瑗、于志宁（此人首鼠两端，其实也是反对武氏为后的一派）、褚遂良、来济等关陇士族派系，明确反对高宗废后。

出身于庶族地主的许敬宗、李义府等人，属于长期在政治上郁郁不得志的“寒族”，名义上是拥立武则天为皇后（其实武氏本人也属关陇家族），其实是想借此提高自身的地位，在政治上来个大翻盘。如果他们“押宝”成功，就不仅仅是扬眉吐气的事情，而且是扳倒敌对势力的倾力一击。

恰巧，唐高宗李治又是中国历史上为数不多的“惧内虫”，对武氏宠幸正浓，怎么看王皇后怎么不顺眼。当然，高宗素来懦弱，亲舅与一帮重臣皆持反对意见，他还真不敢马上就施以“龙威”。但李勣一句话，一下子让高宗“茅塞顿开”：“此乃陛下家事，不合问外人。”

深谙宫廷政治之道的李勣是老好人一个，自然不愿得罪皇帝。有这么一个重臣表态，高宗、武氏大喜过望，终于心中意决。

永徽六年十月，高宗下诏，称“王皇后、萧淑妃谋行鸩毒，废为庶人，母及兄弟，并除名，流岭南”。此后不久，奉承上意的“百官”一齐上表，请立中宫。

水到渠成，武氏被立为皇后，武媚娘终于尝到了一人之下、万人之上的滋味。

高宗遂愿之后，眼见武后天天兴高采烈，总算满足了这位挚爱妇人的心愿。

懦人易生怜悯，笑语之间，李治有时也念起被囚于深宫后院的王皇后与萧妃，毕竟曾经云雨枕席，结发情深。趁武后不注意，高宗带几个小内侍，溜至王皇后、萧妃的囚所，发现二人的牢室连窗带门都被封闭死，只在墙上凿出一个小洞“以通食器”。

见此，李治不觉“恻然伤之”，低呼道：“皇后、淑妃，你们俩在里面吗？”

王皇后闻听是高宗的声音，哽咽不自胜，泣答：“妾等得罪，已为宫婢，怎敢劳陛下以昔日位号称呼我们……希望至尊您看在往昔情分上，让妾二人能重见日月，得以在院子里活动就可以，当改此院名为‘回心院’。”

高宗声音发颤，说：“朕会有处置。”

这位懦君“慈悲”，反而为王皇后、萧妃立时招来杀身之祸。

武后闻听消息后，登时大怒，马上派去一队身强力壮的太监，把王皇后与萧妃按在小屋里，各击大杖一百，并断去两人的手足，将两人放在两个大酒瓮中，阴险笑道：“让这两个婆娘骨醉！”

可怜花月美人，玉肌天眷，遍体伤痕，四肢被剁，被浸于美酒之中，一时间受尽折磨，求死不得。酒精有杀菌、收敛、止血的作用，故而两人苟延数日才死。其中煎熬，令人不寒而栗。

如此阴毒妇人，高宗册封她为皇后的诏册中竟然称其“誉重椒闱，德光兰掖……嫔嫱之间，未尝迕目”，真是滑天下之大稽！

处死两个“情敌”，武氏下令改王氏为蟒氏、萧氏为枭氏。

当时，即使跪受杖刑、斩刑的“诏令”，王皇后这个娴淑女人，仍旧起身再拜，声称：“愿皇上万岁，武昭仪承恩日隆。此去一死，本为吾命。”

萧妃则大骂：“阿武（武后）妖滑，是她陷我们于此地！愿下辈子我生为猫，阿武为鼠，生生扼其喉，食其肉！”

武后听闻两人死状，高兴之余也感惊恐。毕竟刚开始做坏事，心里也不安稳，她便下敕宫中不得养猫。日后，武后数见王、萧为祟，披发沥血，如死时惨状。她徙居蓬莱宫，依旧见鬼。所以，日后武则天多在洛阳，终生不归长安。

除掉情敌，武后计谋长远，又在许敬宗、李义府二人帮助下，陆续把褚遂良、长孙无忌、韩瑗、于志宁等人贬僻远之地。诸人没能在半路病死的，到了当地就被武后党人活活弄死，斩草除根。

武后在宫廷政治斗争中屡屡得手，其中出力最大的，当属许敬宗、李义府二人。

许敬宗，杭州新城人，其父许善心是隋朝礼部侍郎。隋炀帝被弑，宇文化及滥杀朝臣，许善心自然不免。当时，身为儿子的许敬宗拜乞求哀，为时人所耻。他乞得一命后，投在瓦岗李密手下，当时与魏徵都是中下级幕僚。

武德初年，秦王李世民知其有文名，召为秦府学士。贞观十年，太宗文德皇后葬礼上，百官肃穆，屏息悲哀（不装也要装）。大臣欧阳询状貌丑异，从许敬宗面前过，这位爷竟然见而大笑，被御史弹劾“大不敬”，贬至洪州。贞观十七年，他因修撰唐朝《武德实录》《贞观实录》有功，又被调回长安。

唐太宗在驻跸山大破高丽，许敬宗立于马前受旨起草诏书，词采甚丽，深受太宗嗟赏，并得到日后成为皇帝的皇太子李治的叹赏。

高宗嗣位，许敬宗代替于志宁成为礼部尚书。不久，由于嫁女予岭南蛮酋冯盎之子，多纳金宝，为所司弹劾，贬为郑州刺史。他外放心急，千方百计回都城，力赞高宗废王皇后立武则天，并相继谗构长孙无忌等人，深获高宗、武后宠信。

许敬宗晚年，主修国史，谁得罪过自己就编派谁家的“罪恶过失”，谁给钱就给谁的先人大作“赞歌”，收银无数。同时，老许头好色无度，临老又收其母婢为妾，此妾与他的长子许昂私通，一家乱伦，颇多秽声。不过，坏人好报应，高宗咸亨三年，许敬宗善终于家，时年八十一岁。

李义府，瀛州饶阳人。太宗时代，也是因其文笔不俗，为刘洎、马周等人所荐，入朝为监察御史。入长安后，李义府官为太子舍人，得与日后的高宗相往来，关系甚密，因参撰《晋书》有功，被太宗优诏赐帛。

高宗时，李义府迁为中书舍人，加弘文馆学士。为了更加飞黄腾达，李义府不遗余力，力襄武氏为皇后，出了不少非常好的“坏主意”。事成之后，擢拜中书侍郎，赐以男爵。李义府貌状温恭，与人谈话时，必嘻怡微笑，内心却褊忌阴贼。笑里藏刀的典故，正是出自这位李大人。只要有人微忤其意，他会马上加以倾陷，时人称其为“李猫”。

由于恃宠无惧，一次看见大理寺监狱中有一个犯通奸罪的妇人淳于氏貌美，他竟敢让大理丞（典狱长）毕正义把这妇人弄出来“昭雪其罪”，自己置个大宅把其养起来。

事泄，皇上下诏按问。毕正义倒因惶惧自缢而死，李义府一点儿事没有。

高宗夫妇为感激李义府，连他年幼的诸子都授以官爵，荣宠莫有能比者。

李义府贪冒无厌，卖官鬻爵，多引腹心，广树朋党，倾动朝野。

其后，李义府外任，也是贪污受贿，肆无忌惮。一次入朝，高宗都亲口劝他：“听说爱卿您的儿子、女婿多为不法，做事应谨慎些才好，我也替您多方回护，希望您嘱诫他们小心点儿，别太过分。”

李义府闻言，勃然色变，腮颈俱起，反问皇帝：“谁和您说的？”

高宗说：“我只是说说而已，您也别问谁告诉我的。”

李义府不快，也不道歉，缓步而去。

到这地步，高宗依旧优容他。估计他是武后爱臣，高宗也不敢拿他怎么样。

李义府自惭祖上不是士族，便上奏改窜太宗时修编的《氏族志》，把自己家描写成“世代清贵”。

也是合该有事，有占卜者为李义府“望气”，说李家大宅“有狱气，积钱二千万乃可厌胜”。李义府闻知心急，聚敛更为急切，并不时出城，白天黑夜登古坟，四处瞭望。

此举怪异，被不少人告发，说他“窥觇灾祸，阴怀异图”。

这可正触到皇家痛处，高宗夫妇不再容忍。审讯过后，把他一家子长流延州。毕竟有大功于皇帝皇后，以武后阴毒，竟能饶他一命。后来，他因遇赦得以放还。

窝囊之下，李义府病死，死年五十余岁。

从许敬宗、李义府两人的人品以及他们所受的“宠遇”，可以想见高宗、武后两人的喜恶爱憎及卑下格调。

“二圣”在朝

唐高宗时代真正的“皇帝”

唐高宗在位长达三十多年（649 年至 683 年）。虽属庸劣之君，又有悍毒之妇，但唐朝在这三十多年中仍旧按照惯性前进不辍。尤其是对外扩张的武功，赫赫扬扬，值得大书特书。

高宗永徽初年，唐将高偘击降东突厥余部，生俘车鼻可汗，东突厥土地皆隶唐朝。接着，唐军数次发大军击破西突厥叛军，活捉自称“沙钵罗可汗”的阿史那贺鲁，再把西突厥分为两部，弱而治之，基本上解决了突厥问题。显庆年间，唐军击灭野心勃勃的百济。龙朔二年，铁勒九姓合众十多万叛唐，唐将薛仁贵征讨。铁勒部族挑选数十位军中最骁健的战士出阵挑战，薛仁贵连发三箭，射穿三人。见势不妙，十几万铁勒人一齐滚落下马，叩降请死。薛仁贵把这些人全部活埋。手段虽属残忍，但谱就了中国军事史上一曲至为传奇的篇章。为此，唐军军士歌唱道：“将军三箭定天山，壮士长歌入汉关。”不久，大将李勣攻克高丽，隋炀帝、唐太宗地下有知，这两位表叔侄当举杯相碰：终于一消恨怒之气！由此，朝鲜半岛基本处于大唐控制之下，唐廷在平壤设安东都护府，命右武卫大将军薛仁贵率唐军两万人驻守当地。西域方面，唐朝更是在早些时候把在高昌的安西都护府移至中亚的龟兹国，并设濛池、昆陵二都护府。

武后真正掌握国政，当在麟德元年（664 年）。

武后登上皇后宝位初期，能屈身忍辱，奉顺上意。高宗觉得她既有大志又贤惠，喜欢得不得了。得志之后，武后开始专作威福。高宗想自己决定几件朝事，都会被武后制止。

高宗生气之余，又听说有妖道郭行真常出入武后卧内，行厌胜之法，更加大怒不止。于是，他密召西台侍郎上官仪谋议。上官仪工于五言诗，是个词客文官，回奏说："皇后专恣，海内不服，请皇上废掉她。"

高宗点头，马上命上官仪起草废皇后的诏书。

这边君臣二人正密谈，早有武后安排的宫女、宦官飞奔密报武后。武后也不慌，乘辇直入高宗寝宫，诉说自己无罪。高宗羞缩不忍，待之如初。

好一个怯懦皇帝，面对悍妇，羞、惧、畏、忍，一齐涌上心间，唯唯之余，他还把上官仪给"卖"了："我本无此心，都是上官仪教我。"

武后冷笑。

从高宗处回到自己宫内，武后马上唤来得力走狗许敬宗，让他上书诬称上官仪与高宗长子燕王李忠谋反，不仅杀掉了上官仪父子，还顺带弄死了李忠。

李忠是高宗与刘妃所生的长子。由于上官仪是李忠做"陈王"时的咨议，武后便乘机把这位"继子"也弄死了事。一石数鸟，可见武后之毒。

武后杀掉上官仪、李忠后，气焰更炽。黜陟杀生之权，都归于己手，高宗拱手而已，朝中上下谓之"二圣"。

高宗这个盛年皇帝，完全成为老婆的傀儡，这也是天下一奇。

不仅杀继子，武后连亲儿子也照杀不误。武后生有四子，依次为李弘、李贤以及后来时而为帝、时而被废的中宗李显和睿宗李旦。

李弘仁孝，喜读书，善待人，曾谏阻高宗刑杀太过，很有仁德之风。咸亨年间，李弘亲见自己两个异母姐姐义阳公主、宣城公主，已经是三十多岁的人，仍被幽禁于掖庭牢室，惊恻之余上表父皇，奏请放出这两个姐姐嫁人。武后听闻，愤恨李弘竟敢把自己死敌萧淑妃的两个女儿释放，记恨在心。过了一年多，趁李弘在合璧宫拜见自己，武后下毒，把自己的长子毒死，时年二十四岁。

同年，她立自己的二儿子李贤为皇太子。

李贤容止端雅，深为高宗喜爱。但武后宠臣明崇俨密奏说李贤"状类太宗"，武后很害怕这个儿子日后不好控制。同时，宫内的宦官、宫女都私下议论李贤实际上是武后姐姐韩国夫人所生。众议纷纷，李贤本人终日疑惧。后来，明崇俨被人暗杀，武后怀疑是李贤所为，调露二年（680年），借事把他废为庶人，迁于巴州看管。后来，酷吏丘神勣承武后旨意，逼令李贤自杀，时年三十二岁。

李贤死后，其长子李光顺也被武后诛杀，二子李守义病死，三子李守礼，被幽禁十数年，直到玄宗继位，这位王爷才有了好日子过，封为邠王。

诸位宗室王爷宴饮，这位邠王有"天气预报"之称。数日连阴，李守礼忽然说"要晴天了"，果然一会儿就晴；艳阳高照，李守礼高言："马上要下雨！"不久，乌云顿起。诸王以为戏笑。在一次宗室大宴上，大家奏称邠王有"特异功能"。唐玄宗感到奇怪，就询问李守礼何以能预测天气。守礼回答："臣并无预晓之术。当年我父亲（李贤）被贬放后，我被囚禁于宫中十多年，每年都会被武则天数次下敕加以杖打，浑身布满伤痕。如果要下雨，臣背上即感沉闷。天要转晴，臣即感轻健，依此预知天气，并非有什么异术。"言毕，李守礼涕泗沾襟，唐玄宗也为之悯然。

除李忠、李弘、李贤被武后杀害，高宗其余几个儿子，除了李孝病

龙门石窟卢舍那大佛

死，还算善终，另外两个儿子泽王李上金和许王李素节也被武后杀掉。

许王李素节是萧淑妃所生。其母被杀后，李素节被贬外放，任申州刺史。不久，又被陆续转贬，一刻也不停。武则天天授年间，思起其母旧恶，她派人把李素节和泽王李上金召入京师。临行，李素节听见城内有人送葬哀哭，感叹说：“病死是一件多么不容易的事，怎么还如此哀哭呢！”连京城都未入，李素节就被武后派人在龙门驿用带子勒死，并杀其九子。泽王李上金与许王一同被征召入朝，听见四弟被杀，惶恐之下，也自缢而死，他七个儿子也被武后于流放途中弄死。

所有这些龙子龙孙，皆是高宗皇帝的直系骨血。

笔者二十岁时，曾趁放暑假去洛阳的龙门石窟游玩。北方夏日，空气澄明，艳阳高照，卢舍那大佛屹立于山前，庄严肃穆，结跏趺坐，令人顿起崇穆之意。大佛头束高肉髻，涡状纹发型，双耳垂肩，眼帘微垂，嘴角隐含意味深长的笑意，既有天国的高尚，又有人间的慈祥。据说，此尊卢舍那大佛，作于上元二年（675 年），是仿摹武则天本人的相貌雕刻而成。笔者当时年轻，还不知武则天有那么多骇人听闻的残忍“事迹”。因此，当时倒可以真正怀有“无瑕”之念对佛教艺术进行最深刻的审美。

变唐为周

真正过了“皇帝瘾”的女性第一人

683 年年底，高宗李治驾崩，时年五十六岁。他遗诏太子柩前即位。

唐中宗李显即位后，尊武则天为皇太后。为了暂时稳住唐朝宗室，武则天加韩王李元嘉等人以“三公”的职位，以安其心。

唐中宗自找倒霉。当皇帝才两个月，他就想把韦皇后的爸爸韦玄贞升为侍中。韦玄贞刚刚从普州参军被超升为豫州刺史，现在又因是中宗岳父要再提至重臣级别。

中书令（宰相）裴炎表示不赞成。中宗大怒，高声说："我以天下让给韦玄贞有何不可，怎会可惜一个侍中职位！"

裴炎生惧，忙向武则天禀报。武则天大怒，转天上朝，大集百官，并命羽林将军程务挺等人勒兵入宫，当廷宣诏，废中宗为庐陵王，扶下殿去。

李显还嚷嚷："我有何罪？"

他的太后亲妈在殿上高言："汝欲以天下与韦玄贞，何得无罪！"接着，武则天下诏把韦玄贞流放于钦州。韦玄贞也倒霉，天上地下，何其促也！

废了三儿子，武则天扶立四子李旦为帝，是为唐睿宗。但国家政事，皆决于太后，睿宗只是一个幌子。

不久，武则天干脆自己临朝称制，御紫宸殿视朝，并把侄子武承嗣招至朝中，封为礼部尚书。

武大侄子得意忘形，请武则天追封其父祖七代为王，立庙尊祀。裴炎谏劝，武后闻言不悦，从此恨上裴炎。追封之事，仍旧施行。

武承嗣用事后，与堂弟武三思等人不时进宫，劝姑姑"革命"，尽诛皇帝诸王及公卿中不附己者。消息传出，唐朝宗室人人自危，众心愤惋。

李勣之孙李敬业、给事中唐之奇、长安主簿骆宾王等人皆因坐事贬官，相遇于扬州，就密谋造反，以匡复庐陵王李显为借口。

武则天闻讯，心中也惊。她忙遣左卫大将军李孝逸率三十万大军前去征讨。

裴炎上朝，武则天问计，这位宰相回答："皇帝年长，不亲政事，所以外间几个小子托以为词。如果太后返政于帝，诸贼则不讨自平。"

武则天愤恨，当晚就派人把裴炎逮入狱中。有人劝裴炎向武则天道歉，或许能活一命。裴炎说："宰相下狱，安有活理！"

果然，不数日，武则天命杀裴炎于市，籍没其家。

李敬业等人志大才疏，未几兵败，被手下兵将王那相等人斩首，扬、润、楚三州皆平。

不仅自己一家全被杀，李敬业的祖父李勣等人也被挖棺刨尸，并复姓徐氏。

诸事平定，武则天派人去边疆军中，杀掉了左武卫大将军程务挺。

程务挺父子英雄，其父程名振在隋末就已威震四方。程务挺少年即随父出征，为唐朝立下汗马功劳。裴行俭大败突厥阿史那伏念，程务挺为副将，居功甚伟，得封公爵。中宗之废，程务挺与裴炎出力，可谓武则天的得力鹰犬。此后，程务挺任单于道安抚大使，在边疆督军抵御突厥。听说裴炎被捕，程务挺上书"申理"求情。武后听不得异议，见表大怒，就派人到军中斩杀了这位大将。

本来，突厥人特别害怕这位程将军，知道他来就远远遁走。听说他被武则天杀掉，突厥人摆宴相庆，又为程务挺立祠，每出师攻战，必先到祠内祈祷。

所以说，武则天是自毁"战神"。

武则天一久居深宫的妇人，玩唐帝于股掌，乍废乍立；李孝逸、程务挺一方大将，或任或杀，都是府兵制中央集权的后果。然而，正是太宗时代处心积虑推行的"散兵于农"的府兵制，种下了祸乱的根苗。因为，以农为兵，虚为行阵演习，兵不习战，将不知兵，旷日持久，太宗想"弱天下"以巩固中央集权的谋略，最终却成了"弱自己（唐王室）"的下策。

唐玄宗改易府兵为"彍骑"，有所改观，但仍不能除掉数十年之积弊。而后安史二贼一呼，唐朝江山，一朝瓦解。

垂拱二年（686年），武则天因李敬业之反，怀疑天下人都想谋害自己，就设置铜匦（告密信箱），想大行诛杀以立威，广开告密之门。

《出行图》　图出章怀太子墓壁画

为武则天出设告密信箱主意的，是一名叫鱼保家的官僚子弟。李敬业造反，鱼保家曾辅助做刀箭。李敬业叛乱平息，鱼保家幸免一死。但此人不闲着，上书武则天，把自己设计的精巧铜匦献上，“中有四格，上各有窍，以受表疏，可入不可出”。

武则天很高兴，命施行于天下。不久，鱼保家的私敌也往铜匦中投告密信，告发他当初帮李敬业造兵器一事。接验为实，鱼保家成了“鱼破家”，他不仅自己被杀，还被族诛，真是枉为小人。

从垂拱四年开始，武则天加紧了“革命”步伐，开始有计划地大批诛杀唐朝宗室。九月，琅玡王李冲在博州起兵，其父越王李贞也于豫州响应，唐朝宗室开始了绝望搏命的反抗。但武则天相继派丘神勣等人讨平，斩杀李贞、李冲等人，并因此大相诬引，杀韩王李元嘉等宗室数百。

大戮之下，武则天广加牵引，连自己的女婿薛绍及其兄长薛顗也不放过，或杀头，或杖死。太平公主也不哀戚。不久，武则天派人杀掉侄子武攸暨的妻子，把太平公主嫁给了这位糊里糊涂死了老婆的汉子。

太平公主方额广颐，多权略，武则天觉得她很像自己，宠爱特厚，常与她密议天下大事。

天授元年（690年）九月九日，武则天终于“革唐命，改国号为周”，以睿宗为“皇嗣”，追谥父祖多人为帝，并立武承嗣、武三思等十二人为郡王。

至此，武则天终于成了真真正正的女皇帝。

武则天在“革命”进程中，依赖来俊臣、周兴、丘神勣、索元礼等酷吏，冤杀宗室、贵族、大臣等成千上万家，这些得力鹰犬，最终也被主人弄死。

来俊臣，雍州万年人，以善于告密受武则天欣赏，累迁侍御史。他大兴制狱，前后族杀千余家。由经验而理论，来俊臣还与手下合著《告密罗织经》一卷，条理分明，简明易懂，成为酷吏必读的“工作手册”。

来俊臣天生杀才，每次讯囚，不问对方有何罪状，均以醋灌鼻，或囚于地牢，或塞入瓮中，绝其饮食，环以小火烤炙，所以，几乎没有不认罪的。每逢朝廷赦令，他必提前杀尽“重囚”。

来俊臣又与索元礼等人制作大枷，共有十个“型号”：第一“定百脉”；第二“喘不得”；第三“突地吼”；第四“着即承”；第五“失魂胆”；第六“实同反”；第七“反是实”；第八“死猪愁”；第九“求即死”；第十“求破家”——观此名号，形象生动，可以想见这些枷具的厉害。

无论犯人贵贱与否，来俊臣均欲致对方于死地而后快。大臣狄仁杰，也在鞫讯之下不得不承认造反。武则天亲自审讯，质问狄仁杰为何在狱中承认谋反，老狄如实回奏：“如不认罪，臣早已死在枷棒之下了。”

对朝中大臣，来俊臣或以棒杀，或以刀斩，或截舌，或剖胆，甚至为了强夺大臣一个美婢，不惜族诛数百人以达到目的。最后，来俊臣玩得过火，想罗告太平公主和武氏诸王以及武则天面首张易之等人，众人齐起攻之，武则天才对他下诏弃市。刑场上，京城人纷纷碎剐其肉，争抢食之解恨。

周兴虽为武则天手下酷吏，也被人告发要“谋反”。武则天命来俊臣审理。来俊臣和周兴数年老同事，知道对方铁嘴钢牙，便请他到自己家里饮酒。席间，来俊臣问周兴审讯犯人让其招供的“秘方”。周兴莞尔一笑，说：“找个大瓮，让人犯进入其中，四周慢火烤煎，没有什么人能不招供的。”来俊臣欣然，马上让手下抬来一口大瓮——这就是“请君入瓮”的由来。

周兴最有名的“政绩”，是害死了大将黑齿常之。黑齿常之是百济人，此人身长七尺余，骁毅有谋略。苏定方平百济，黑齿常之以所部向唐军投降，虽然中间又因惧生叛，最后还是向唐将刘仁轨投降，死心塌地成为唐臣。仪凤三年，黑齿常之在与吐蕃作战时，眼见敌人凭高乘险，他连夜率五百敢死队，直冲上陡壁，杀掉数百人，吐蕃主将吓得弃军而逃。此次克捷，常之得授左武卫将军。良非川一战，常之又率精骑三千夜袭吐蕃大军，斩首两千级，获羊马数万。他整军屯田，斥地置烽，统军七年，吐蕃严畏，不敢犯边。垂拱年间，突厥犯塞，黑齿常之率唐军追讨，在一个叫两井的地方，三千突厥精骑正准备身穿甲胄出战，他忽然率唐军出现，虽然身边只有二百骑，突厥兵见之仍惊恐而逃。

而后，黑齿常之与李多祚合军，在黄花堆大破突厥，迫使这帮胡人溃归碛北。

就是这样一位立下赫赫功勋的大将，周兴诬陷他与右鹰扬将军赵怀节谋反，逮捕至京，关入诏狱。

千军万马皆不惧，黑齿常之进了周兴等人的活地狱，惊恐畏惧，肝胆俱裂，竟然自己上吊自杀了。

索元礼与来俊臣齐名，时称“来、索”。老索是西域胡人的后代，穷凶极恶，他每推一人，必会牵连数十百人，在职期间杀戮数千人。此人日后因为受贿数目大，也被逮入监狱。一开始，由于从前也是“办案人员”，他还不服。狱吏大叫：“把索公铁笼拿过来！”眼见自己先前所制刑具砸在面前，索元礼马上服罪。不久，他便被老同事们在狱中“折磨”死了。

所有这些酷吏，虽为武则天效尽犬马之劳，最后都难逃刑诛——武则天杀之，以慰人望。由此，可以想见武则天心思之深、手腕之毒，用谁就提拔谁，用完了就给自己找“受蒙蔽”的借口，杀掉这些“大狼狗”。

不仅这些人随用随弃，恩宠之最者如僧怀义，也难逃一死。怀义本名冯小宝，是洛阳城中卖药郎。于垂拱元年（685 年）被荐入宫。

武则天剃其为僧，以方便他出入宫中。

头上戒疤还是新烧的，怀义已经与洛阳那些高僧大德如法明、处

一、惠俨等人同台出入了。骄蛮如武三思、武承嗣，都如童仆一样为他牵马。

怀义多聚无赖子弟，剃度为僧，四处犯法，是个十足的流氓。武则天重修白马寺，以怀义为主持。

当时，有个小官王求礼听说怀义常出入后宫，还上表劝谏武后："陛下若以怀义有巧艺，欲宫中驱使者，臣请阉之，以免其污乱宫闱。"

垂拱四年（688年），怀义为武则天建成骇人的巨大"明堂"，高二百九十四尺，方三百尺，三层高。由此，怀义得拜左威卫大将军、梁国公。

怀义是武则天"使用"时间最久的面首，长寿二年（693年），女皇帝任他为代北道行军大总管，出兵讨伐突厥的默啜可汗。虽为一方总管，但怀义手下皆是当朝宰臣李昭德、苏味道等人。怀义聚众议事的时候，宰相李昭德有异议，怀义拿出鞭子劈头盖脸一顿乱抽，吓得李昭德惶惧请罪——谁敢得罪女皇帝枕边红人？

李氏皇族被诛除几尽，唯独向武则天送奉怀义的太平公主以巧媚得存。武则天赐其"武"姓，终日欢颜。

估计是厌倦了怀义这种粗蛮型大汉，武则天开始玩起"小白脸"型的文雅书生。怀义吃醋，放起大火，点燃了明堂。大火照城中，黑夜如白昼。耗费巨亿的宏大明堂，一下子成为白地，武则天耻而讳之。时为天册万岁元年（695年）。

而且，这个卖药出身的和尚不知好歹，到处胡说八道。传到武则天耳中，老妇人登时起了杀心。太平公主此时劝母亲扔掉这桶"药渣"，武则天应允。

于是，太平公主率数十壮妇仆从，在瑶光殿抓起大大咧咧、四处游逛的大和尚，把他活活打死。然后送尸白马寺，焚尸造塔。

可见，无论是谁，只要敢稍损武则天的利益，武则天必杀之而后快。

高寿遗祸

武则天的晚年

自长寿元年（692 年）以后，武则天杀心渐息。

由于告密者不可胜数，武则天亦厌其烦，起用直臣严譔，这标志着武则天开始厌倦杀戮。

虽如此，武则天手下酷吏杀人已成习惯，仍有大规模诛戮事件不时发生。长寿二年（693 年），有人告发岭南流人谋反，酷吏万国俊到了广州，把流放至此的大小官吏召集在一起，矫制赐流人自尽。流人们呼天抢地喊冤，万国俊就派兵把这些人赶到水边，尽皆斩之。然后，他伪造流人承认造反的供状，上报武则天，被擢升为朝散大夫。

众酷吏见万国俊因多杀而获提拔，争相效仿。“（刘）光业杀七百人，（王）德寿杀五百人，自余少者不减百人，其远年杂犯流人亦与俱毙。”所有这些流犯，皆非一般百姓，而是昔日的唐朝各级官吏及其至亲家属。

又一轮屠杀过后，闲暇之时，武则天为了显示自己“仁德”，把万国俊等人杀掉了事。

神功元年（697 年），和尚怀义死后，太平公主把美少年张昌宗推荐入宫。

张昌宗又把异母哥哥张易之推荐给武则天。

这二人不仅“美姿容”，还“善音律”，吹拉弹唱，样样都行。于是，张易之为司卫少卿，张昌宗为散骑常侍，两人的母亲都晋封“太夫人”名号，赏赐不可胜记。

这两个男宠不比寻常，气焰冲天。武承嗣、武三思、宗楚客等人，都在他们马前争执鞭辔，并昵称张易之为五郎、张昌宗为六郎。

杨再思为宰相，专以谄媚取容。一次，杨宰相去张易之的哥哥张同休家喝酒，公卿众多。酒过数巡，喝得高兴，张同休望着杨再思，戏说："杨内史长得像高丽人。"

一听此说，杨再思欣然起身，剪纸贴巾，反披紫袍，大跳高丽舞，使得举座大笑。

坐定之后，满席诸人又大献殷勤，极口夸赞张氏兄弟美貌，有人站出高呼："六郎（张昌宗）面似莲花。"

杨再思又跳起，大叫："不对！"

众人惊愕。连张昌宗都停下酒杯，瞪向杨再思。

"应该说莲花似六郎！"

包袱一抖，众人又大笑，各自心里不得不佩服这位宰相的奉承功夫。

张氏兄弟虽年轻，心中深知武则天这个靠山不能长久。

酷吏吉顼与张氏兄弟俩关系好，一次，他"语重心长"地劝二人说："公兄弟贵宠如此，非以德业取之也，天下倾目切齿多矣。不有大功于天下，何以自全？窃为公忧之！"

一席话，把俩小伙说哭了，流涕问计。

吉顼出主意："天下士庶，未忘唐德，咸思复庐陵王（中宗）为帝。皇上春秋高，武氏兄弟非能承继。公兄弟何不劝皇上复立庐陵王，以慰苍生之望。如此，不仅可免祸，也可长保富贵。"

此前，武承嗣、武三思哥儿俩不停地派人向姑姑说情，都想当太子，并进言"自古以来哪有以异姓为嗣的"，意思是姑姑您姓武，当然要我们武家人来继承皇位。

武则天犹豫未决之际，大臣狄仁杰劝谏："太宗栉风沐雨，亲冒锋镝，以定天下，传之子孙。大帝（高宗）以二子托付陛下，如移社稷与他族，天意不可啊。而且，姑侄与母子，孰亲孰近！陛下立子，则千秋万岁，配享太庙；如果立侄，为臣我从未听说有侄子当天子会在太庙中立姑母牌位加以祭祀的。"

武则天心动。此时，恰恰两个男宠也来劝。武则天召吉顼细问，此人仔细为武后具陈利害。

于是，武则天终于下定了复立中宗的决心，召李显回京。武承嗣深恨不得为太子，急火攻心，竟发病而死。

身为皇嗣的睿宗李旦见三哥回来，固请逊位，武则天便应许把李显复立为“皇太子”。

武则天晚年，信重内史狄仁杰。或许是因为两人都是并州老乡，讲起话来心意相通。即使这位老臣当众表示异议，直言进谏，武则天也常屈意从之。狄仁杰入见，武则天常免其跪拜，说：“每见公拜，朕亦身痛。”

狄仁杰不仅为周朝建立不少功业，也时常谏阻武则天干坏事。更重要的是，他推荐了如张柬之、桓彦范、敬晖等数十名能臣入中央，为日后唐朝的复兴做了充分的人员准备。

久视元年（700年），狄仁杰病逝，武则天在见群臣时大哭，说：“朝堂空矣！”

后世《狄公案》小说流布甚广，狄仁杰成了一个“神探”。这皆是小说家言，没有丝毫可信度。破案乃是“吏”的事情，狄仁杰乃政治天才，不会把心思都浪费在法医学方面。

已逾古稀之年，武则天仍多选美少年以为宸内供奉。

大臣朱敬则上谏：“陛下内宠有张易之、张昌宗，应该是够了。近来，听说右监门长史侯祥等人，在广众之中炫耀宫中受宠的经过，不知羞耻，无礼无仪，侮慢朝廷。为臣职在谏诤，不敢不奏。”

武则天也不怒，慰勉说：“非卿直言，朕不知此。”赐朱敬则锦彩百段。

二张恃宠仗势，骄恣异常。这哥儿俩的弟弟张昌仪为洛阳令（首都市长），也在朝中气势凌人。一日早朝，有个姓薛的待选候补官员拉住张昌仪马头，奉上黄金五十两，并呈上自己的名状，希望能得补京城美官。

张昌仪笑纳。入朝后，他把那个姓薛的名状递给天官侍郎（组织部副部长）张锡。张锡不小心，把名状弄丢，就战战兢兢问张昌仪那个姓薛的人到底叫什么名字，好把他登记为新选的京官。

张昌仪大骂："真不会办事！我怎么记得住人名，这样吧，凡是姓薛的就补官。"

张锡大惧之下，检索候选名录，竟有六十多人姓薛，无奈，全部注为留京官员。

张氏兄弟"宗族贵盛，势倾朝野"。就连太子李显、相王李旦、太平公主兄妹三人也联合上表，请封张昌宗为王。

武则天却极有"原则"，不许。兄妹再三上表，武老太于是赐张昌宗为邺国公。

张氏兄弟虽暴横，大臣中也有不买账的，左台大夫魏元忠就是最硬的一位。此人生性倔强，早先，他被周兴、来俊臣数次构陷，几进大狱。最危险的一次，魏元忠已经被押赴刑场，李唐宗室子弟三十多人皆在他面前被斩，尸体枕藉于前，元忠仍面不改色。幸亏武则天派人宣敕，免其一死。

张昌仪倚恃几个美男子哥哥的势力，在洛阳骄横无比，直入长史府听事。魏元忠为洛州长史，马上叱之下马。张易之的童仆于市横暴，也被老魏抓起来杖杀。同时，他还在武则天面前沉痛地表示："臣自先帝以来，深蒙恩渥，今不能尽忠死节，使小人在侧，臣之罪也！"

武后闻言不悦，张氏兄弟也恨他恨得要死。

张昌宗深恐武则天哪天暴崩，诸兄弟会为魏元忠所诛，便先下手为强，诬其谋反。他唤来凤阁舍人张说，许以高官厚爵，让他做伪证诬引老魏头。张说本来应承。但张说的同事宋璟劝说："名义至重，鬼神难欺，如果你坚持正义，获罪流放，也是光荣之事。届时，我当叩阁力争，与您同死。努力为之，可获万代美名！"

侍御史张廷珪、左史刘知几也劝励张说。

武则天召来众臣，当面廷审魏元忠。张昌宗见到张说，凑上前拽他賂賻，要他马上发言，“揭发”魏元忠。

不料，张说翻脸，对武则天说：“陛下您看，张昌宗在您面前，尚且敢逼迫臣下，可想他在廷外多么嚣张。我确实没有听说魏元忠有谋反之言，是张昌宗逼我，要我诬引魏元忠。”

张昌宗、张易之急了，闻言大叫：“张说与魏元忠一同谋反！”

武后见自己的两块小心肝肉在殿上着急，心中十分不悦，怒言：“张说反复小人，抓起来再说。”

审讯多次，张说一直铁嘴钢牙，绝不改口。

武则天下令贬魏元忠为高要尉。至于张说，也窜贬岭表。

魏元忠是老臣，仍有机会面辞武则天。他深深一拜，说：“臣老矣，今向岭南，十死一生，陛下他日必有思臣之时。”

武则天沉吟。

魏元忠怒髯皆张，指着站于武则天御榻两侧的张易之、张昌宗，怒斥：“此二小儿，终为乱阶！”

二张兄弟闻言，忙下阶跪倒，拍胸打滚，自称冤枉。

武则天心中不忍，忙呵斥道：“魏元忠，赶紧离开！”

不久，张氏兄弟猖狂至极，武则天也烦，想教训一下他们，便把张氏哥五个全部关押起来。经过御史严查，兄弟五个皆收赃暴横，应予免官。

几天后，武则天又亲自上朝，问在座诸相：“昌宗有功吗？”

宰相杨再思听出弦外之音，忙回禀：“昌宗合神丹，圣上饮服有验，此为莫大之功。”

于是，武则天赦免张昌宗罪，复其官职。

长安四年（704年）年底，武则天病重，居于长生殿，身边只有张易之、张昌宗侍侧。

二张兄弟见老太太病重，忧恐交加，但只知道引用党援。关键时刻，他们忘了当初吉顼出的主意——拥戴嗣君李显。

705年正月，武后病危，俩小伙居深宫。

别人不知不急，满朝正直的大臣们忧心如焚。

凤阁侍郎张柬之、崔玄暐，中台右丞敬晖，司刑少卿桓彦范以及相王府司马袁恕己五人密议，准备诛杀二张兄弟，以除帝国心腹之患。

议定，五人皆文官，手中无兵，要想成功，必须得有军将，尤其是禁卫军将的帮助才能成功。

于是，张柬之找来右羽林卫大将军李多祚。

两人坐定，张柬之问："将军居北门枢要之地，有多久了？"

"三十年了。"李多祚答。

"李将军您富贵荣华，贵重当世，应该感怀大帝（高宗）恩重吧？"张柬之又问。

李多祚泣下沾衣："死也不忘！"

这位将军的祖先是靺鞨酋长，附唐多年。李多祚骁勇善射，以军功累迁右鹰扬大将军。高宗时代，命他进讨黑水靺鞨（金朝、清朝之祖先）。由于李多祚本人也出自靺鞨，他最终诱其酋长，置酒高会，杀掉贼酋，立得大功。后来，他带兵为唐朝讨室韦、契丹的叛乱，升至右羽林大将军，领北门禁卫兵。

张柬之劝说道："将军既知感恩，当思报效。现皇上病危，小人居侧，东宫太子乃大帝亲儿，宗社危急。将军果有报恩之心，今正其时也！"

李多祚指天地发誓："苟利国家，惟公所使！"

说动李多祚的主力禁军，其余就容易得多了。张柬之委任心腹杨元琰为右羽林将军，以桓彦范、敬晖以及李湛皆为宫中禁军首领，准备起事。

事前，桓彦范、敬晖二人谒见太子李显。当时，李显为侍母皇疾病，于北门起居。所以，见他也很容易。二人向李显说明来意，得到允许。

神龙元年（705年）正月癸卯，张柬之、桓彦范、崔玄暐等人率领左右羽林兵五百多人疾行至玄武门，占领宫中战略要地（此玄武门是洛阳玄武门，与长安皇宫的玄武门一样重要）。同时，派李多祚、李湛以及驸马都尉王同皎率人往迎皇太子。

时已至此，李显倒打起了退堂鼓，显示出此人和他老爸高宗是一根藤上的软瓜。

他隔着门，哆嗦着说："圣躬（武则天）身体不适，此行怕有惊动。公等且止，待日后再说。"

王同皎急了，说："先帝以宗社付殿下，却横遭幽废。人神共愤，二十三年矣。如今，北门、南牙，诸将士同心协力，诛凶竖，复李氏社稷，希望您速至玄武门，以慰众望。"

李显不答。

左羽林将军李湛高声道："诸将弃家族性命于不顾，与宰相等同心协力，匡辅社稷，殿下奈何不哀其至诚，忍心置他们于死地。我等微命，诚不足惜，愿殿下自出止之。"

得悉文臣、武将皆出力，李显心中的小算盘拨了半天，终于勉强跟随众人，一起往玄武门进发。

古人讲求师出有名。有了李显这么一个"大招牌"，行事就变得非常容易。王同皎把太子抱上马，众人随后，直冲玄武门，与附近集结的张柬之等人合军，斩关而入，一直冲到迎仙宫中武则天养病的长生殿。

张易之、张昌宗两兄弟刚刚给老太太揉完身子喂完药，听见外面稀里哗啦满院子兵甲刀剑的声音，急忙出门观瞧。

灯笼高挑，没走几步，只见明晃晃数百刀剑左右上下竖砍横劈，两个美男子立时变成血淋淋的尸块。

武则天刚迷迷糊糊睡着。猛惊醒，忽见床边满是手执刀剑的军将，众人脸上、身上以及甲胄上溅满鲜血。

"谁在作乱？"武则天惊问。

“张易之、张昌宗谋反，臣等奉太子令诛杀二人。称兵宫禁，臣等死罪。”李湛回答。

李湛是武则天心腹李义府的少子。李义府病死于流放地后，武则天念及昔日旧情，把他一家子又接回京城，优先抚恤。因此，看见李湛如此说，武则天叹气：“爱卿亦是诛易之军将？我待汝父子不薄，何至于是！”

武则天喘了几口，转头又对一直哆哆嗦嗦不敢抬头的李显说：“哦，也有你的份儿。那两个小子既然已经杀掉，你可以回东宫去了。”

桓彦范进前施礼，朗声道：“太子怎能再还东宫！昔天皇（高宗）以爱子托付陛下，今年岁已长，天意人心，久思李氏。愿陛下传位太子，以顺天人之望！”

武则天不答。她心中黯然，知道事势如此，只能让太子复位。

看见崔玄暐也一身戎装、手持长剑，武则天沉脸对他说：“别人皆因人而进，唯有爱卿你是朕亲自提拔，也参与此事呀？”

崔玄暐丝毫无愧，回言：“此乃所以报陛下之大德！”

于是，众人连夜派兵逮捕张昌期、张同休、张昌仪等人，就地处决。五个兄弟的首级，全被高悬于天津桥南。至于张氏兄弟的同党，也一并逮捕入狱。

中宗即位，复国号为唐，大赦天下。自此，“大周”消失，天下重归李氏。

唐中宗拜皇弟相王李旦为太尉，加太平公主号为镇国太平公主。李唐皇族昔日被杀被废者，子孙皆复宗室属籍，量叙官爵。

一年多前，中宗爱子李重润与妹妹永泰郡主（后追赠为永泰公主）和妹夫武延基三人饮酒，聊天时，聊到了张氏兄弟出入太后卧室之事。其实，三个人也是好奇。这些私房话很快为人所告，武则天大怒，孙子、孙女敢议论我的“性生活”，这还了得！她唤来中宗大骂。中宗惶恐，回东宫后，马上逼儿子、女儿自杀。李重润死时，年仅十九岁。

永泰公主还是一尸两命，当时她已经身怀有孕。

无论武则天如何阴毒，毕竟是自己亲妈，唐中宗把武则天“徙居”上阳宫后，仍率百官上谄，上太后尊号为“则天大圣皇帝”。

武则天躺在床上，眼瞪上方虚空，充满怨毒，却也无可奈何。

病榻缠绵，武则天又拖了近十个月，年底才咽下最后一口气，时年八十二岁。清朝历史学家赵翼感慨、总结了武则天的一生，得出一个结论：武则天，真千古未有之大残忍人！

如此残暴无情的妇人，当时和后世亦有不少为之辩护者，认为武则天时代是“僭于上而治于下”，其人仍是“杰出女政治家”，并以户口增长为例：高宗永徽年间只有三百八十万户，武则天死时，唐朝增至六百二十万户。笔者认为，这些发展，皆是高祖、太宗治下，特别是贞观之治后的发展惯性使然，如果没有武则天佞佛、滥封的骄侈淫逸，唐朝本来应该更兴旺才是。

而且，武则天成为“天后”以后，即她真正掌握国家大权以来，唐朝对外势力也开始有萎缩迹象。670 年，唐军败于吐蕃，安西四镇一并丢失；670 年和 676 年，安东都护府两次从平壤撤至辽东及新城。677 年，高丽旧地的汉官基本撤回。674 年，新罗日益坐大，唐朝已经力不能及。678 年，吐蕃日强，唐朝以“无好将”为借口不敢出兵。696 年，契丹松漠都督李尽忠又叛，武周出兵，整支军队竟全军覆没。而后，突厥的默啜又借势力而起，搞得武周朝焦头烂额。

东晋名士刘惔与王濛外出游玩，至中午也没吃饭。有一个相识的小土豪见二人近至家门，忙准备满满一大桌子好饭菜。刘惔拒绝入席。王濛劝说：“聊以充饥罢了，何必推辞呢。”刘惔正色道：“绝不可与小人作缘！”

当然，东晋门阀士族，自诩清高，确有不近人情之处，但刘惔“绝不可与小人作缘”，也发人深省。

当初，假使高祖李渊不贪那位文水土豪武士彟几顿美餐、几两银子，也不会与老武这样僻远的小财主搭上界。日后，李渊为帝，酬谢旧人，对武士彟一家人还真不错，给官给钱，以为就可以了此宿缘。殊不料，这武家胖丫头，凤鸟入宫，多少李氏皇子龙孙，皆成血肉尸块，唐朝几乎香火不续。

究其最初因缘，恰是李渊占小便宜，“与小人作缘”，社稷几乎不保！

今天，在广袤的渭北高原，高宗与武则天合葬的地乾陵气势恢宏。方圆百里之内，散布着大大小小共十七座陪葬墓，其中有章怀太子墓、懿德太子墓、永泰公主墓、泽王李上金墓、许王李素节墓，等等。其中的章怀太子李贤是武则天的第二子，被生母以“忤逆”罪废为庶人并派人弄死于巴州；懿德太子李重润是武则天的亲孙子，其父乃唐中宗李显，因与妹妹永泰公主私下谈议张易之随意出入宫廷“伺候”武则天之事被逼自杀，时年才十九岁，尚未婚娶；永泰公主是武则天的亲孙女李仙蕙，与哥哥同时被赐死，年仅十七岁，随死的还有她腹中已成型的胎儿；泽王李上金和许王李素节皆是高宗与别的嫔妃所生之子，都为武则天所杀。

果真神道有灵，亡人能于幽途之中相会，真不知武老妇人如何面对高宗皇帝以及被她弄死的亲儿子、亲孙子、亲孙女以及几位王子。

天潢贵胄　横空出世

李隆基光艳绝伦的青年时代

景龙四年（710 年）六月壬午夜，唐中宗李显身穿赤黄龙袍，神情郁郁，在神龙殿呆坐无聊。

恍惚之间，数日不相问讯的韦皇后盈盈而来，她身着袆衣，博鬓溢彩，饰以十二花树，打扮得风情万种，异于平时。在她身后，紧随而入的是中宗与韦后所生的小女儿安乐公主。这位貌美聪明的公主也梳着博鬓，只是头上花树比母亲少了三款。红锦衫，绿罗裙，素纱中单衣，衬得她妖娆多姿。

本来对韦后心烦气恼，看见爱女安乐公主随母亲一起来了，中宗李显心中柔情顿起，脸上的表情也光亮了许多。

安乐公主居左，韦皇后居右，中宗李显居中，畅言欢笑，一幅夫妇情深、爱女绕膝的天伦之乐图景。很快，光禄少卿杨均和散骑常侍马秦客二人亲自托持两个秘瓷中碗，献于中宗面前。

晚膳进过不久，中宗并无食欲。安乐公主在一旁娇言："父皇，这两碗汤饼是我与母后一起下厨为你做的，还是趁热吃了吧。"

爱女发话，中宗心头一暖，想起被贬房州的二十多年，正是韦后在无数个夜晚为自己亲手做汤饼吃，才使得因整日惊悸而抽搐的寒胃得到及时的温润。

一思及此，李显顿感释然，似乎许多天来与皇后之间的不愉快顿时全消。他端起碗，三下五除二，把一碗汤饼悉数吞入腹中。

未及把碗放下，一阵莫名其妙的剧痛在肚内涌动，中宗李显手中的碗登时滑落在地。

恰如万箭攒心，李显霎时间感到全身火灼一样。他左右顾盼了一下，在他临死的眼中，是韦皇后冰冷而又没有任何表情的脸以及小女儿安乐公主略显惊惶的眼神。

七窍冒血，唐中宗向后一仰，后脑重重地磕在地上，倒在他亲爱的两个女人中间，死了。

倒霉一辈子的绿帽皇帝

唐中宗李显

中宗李显，是唐高宗与武则天所生的第三子。高宗崩后，武则天借口李显要超封其岳父韦玄贞官爵，把才登上帝位两个月的儿子废掉，押送房州安置。

直到武则天晚年有病，经狄仁杰等众大臣力保，李显才有幸从房州贬所被召回京城。

武则天病危，凤阁侍郎张柬之等人联合禁卫军发动政变，逼武则天退位，唐中宗得以复辟。当他第二次坐上象征皇权的宝座时，其间已经相隔二十三年。

这不是普通的二十三年，是天天提心吊胆的日子，是日日忧恐欲死的光阴。

困贬房州之时，数次听说有京城敕使来临的消息，李显几乎每次都想到自尽。他心里清楚，母亲会随时派人弄死自己，因为两个亲哥哥的下场，已经显示出母后是多么冷酷无情。

关键时刻，总是结发妻韦氏在一旁力劝："祸福无常，反正也是一死，何必自己这么急！”

艰难苦恨染双鬓，五十岁的唐中宗终于盼来了母亲回心转意、征召他回京城洛阳的那一天。

临行，李显满眼喜泪，握住韦氏的手，信誓旦旦：“以后如能复见天日，当唯卿所欲！”

出于报恩心态，唐中宗复位之后，马上封韦氏为皇后，追赠早被武后贬死的岳父韦玄贞为上洛王。

诛除二张兄弟之后，洛州长史薛季昶马上劝说张柬之、敬晖等人：“二张兄弟虽除，武三思等人犹在。去草不除根，终当复生！”

张、敬二人不以为然：“大事已定。武三思等人不过是砧板上的肉，又何能为！此次起事，诛杀不少，不可再杀人了。”

朝邑尉刘幽求力劝桓彦范等人：“武三思尚存，公辈终无葬身之所！如不早图，后悔无及！”

桓彦范等人以为天下已定，不纳。

唐中宗之所以不诛杀武三思等人，也有个人因素。武三思不仅是中宗李显的表兄，安乐公主与武三思的儿子武崇训还是夫妇，如果行诛，女婿也会被牵连。杀掉爱女的夫君，这一关，韦后那里就过不去，甭说中宗了。

因此，诸臣迟迟下不了决心，也可能是把这种姻亲因素考虑进去了。“大行不顾细谨，大礼不辞小让”，这种婆婆妈妈的做法，最终使得拥推中宗复辟的诸臣个个死无葬身之地。

高宗时代，谏劝废掉武后的上官仪被加以谋反罪杀掉后，其孙女上官婉儿没入宫府为奴婢。这个女子辩慧能文，明习吏事。名家之女，又有遗传文才，定然脱颖而出。后来，她被武则天看中，专掌宫内之秘，常常参决百官的奏表。

中宗复辟后，对上官婉儿也无恶感。而且，觉得这位女子才貌双全，温柔懂事，就拜她为婕妤，专掌制命诏书。

这样的人物，自然不是寻常妇人。在武则天时代，上官婉儿与武三思就一直通奸偷情。至此，在上官婉儿的牵针引线下，韦后与武三思在宫中会面。

本来是亲家之间拉家常，韦后久旷，眼见武三思眉眼带情，便倒在亲家翁怀中，由此成就了两代人的“通家之好”。

有人可能奇怪，女人妒忌乃人之常情，为何上官婉儿会把老情人荐给韦后？宫廷政治、人情皆扭曲不同常人。上官婉儿此举，实则是确保自己地位的关键一招。只要皇帝、皇后倚重，宫内外卫士、道士、僧人有的是，不缺武三思这一个。

把韦后搞定，武三思一颗心终于放进了肚子。枕边风最硬，一经韦后整日言表武三思多么有才多么忠心，中宗李显自然把这位表哥亲家翁召入宫中，引入禁内，图议政事。又有女儿、女婿成天甜言蜜语，往来弥切，中宗、韦后、武三思等人最终打成一片。

至此，张柬之等人，反而都受制于武三思。

张柬之曾亲自入宫陛见，泣谏说：“武后革命之际，几乎尽诛李姓皇族。今赖天地之灵，陛下得以返正，而武氏诸人滥宫僭爵，怎能让天下人心服呢。希望陛下抑裁他们的禄位。”

唐中宗不仅不听，还封武三思为司空、梁王，封武攸暨为司徒、定王。同时，在韦后的撺掇下，中宗李显反把自己与张妃所生的儿子谯王李重福贬为均州刺史外放，常令州官监视。

为了安抚张柬之等人，唐中宗下诏，以张柬之、武三思等十六人皆为助己复辟的大功之人，赐以铁券，各恕十死。其实，中宗复辟，革的就是他武氏表亲的“命”，武三思等人事前没有任何帮助。

张柬之等人虽被唐中宗表面荣宠，实际已无权柄，他们一个月只能见到皇帝两次。

至此，数人相聚在一起，或抚床叹息，或弹指出血，相言道：“主上当英王时，以勇烈著称，我们当时不立刻诛杀诸武，是想让圣上自己下诏诛杀，以扬天子之威。如今，事势已去，真不知如何是好！”

这些人事后诸葛亮，只能徒然哀叹。

中宗李显这辈子，只在年轻刚登帝位，为他老丈人争禄位时牛过，以后从未有过什么“勇烈”举动，属于老好人一个。张柬之等人算是看走了眼。

敬晖等人失权后，很怕武三思等人在唐中宗面前说自己坏话，就派先前曾提携过的考功员外郎崔湜为耳目，让他刺探宫内动静。

崔湜是个投机小人，眼见中宗日亲武三思而疏远敬晖等人，他来了个一百八十度大转变，把敬晖等人的密谋一股脑儿端给武三思，反为武三思所用。

武三思又怒又喜，马上提拔崔湜为中书舍人。

一日，武三思正于府中饮酒，家人来报，有位“老友”郑愔求见。

郑愔曾是武则天时代的殿中侍御史，一直谄事张易之兄弟。中宗复辟后，他被贬为宣州司士参军。人坏四处坏，他在当地也不老实，不久，郑愔因贪污事发，慌忙逃回洛阳。穷急之下，来投见武三思。

别人谒见，武三思还懒得接见。听说郑愔老友来，他忙唤入一见。

郑愔堂下跪拜施礼，刚刚起身，忽然放声大哭。号了数声，这位爷又开目伸颜，朗声大笑。

武三思见状也吓了一大跳，心想这郑愔莫非“下放”后得了失心疯，精神病犯了？仔细观瞧，郑愔神色又恢复如常，不像是有什么毛病。

两人落座，武三思问：“你刚才又号又笑，什么意思？”

郑愔回答：“始见大王而哭，哀大王将戮死而灭族也；后乃大笑，喜大王之得我郑愔相助也。大王虽受天子爱宠，张柬之等五人皆据将相之权，胆略过人，废太后若反掌。大王自思，您如今势位，能与则天太后相比吗？大王不除掉这五个人，危在旦夕，这正是我郑愔深感寒心的地方啊。”

一席话，说得武三思如梦方醒。大悦之下，武三思与郑愔二人携手提袖，登楼密谈。

转日，武三思就推荐郑愔为中书舍人，让其与崔湜一起成为自己的心腹“智囊”。

有了这二人筹划，智商本来不太高的武三思越来越肆无忌惮。他与韦后定谋，日夜讲张柬之等五人的坏话，说他们“恃功专权，将不利于社稷”。

唐中宗是无主见之人，当然相信。于是，武三思等人进言：“不如封敬晖等人为王，罢其政事，外不失尊宠功臣，内实夺其权。”

于是，唐中宗下诏，以敬晖为平阳王，桓彦范为扶阳王，张柬之为汉阳王，袁恕己为南阳王，崔玄暐为博陵王，赐金帛鞍马，不让他们参政。

至此，“五王”失权，武三思把昔日窜逐的武氏旧党悉召入朝，不附武氏者尽斥于外，大权尽归武三思。

当初政变时抱持唐中宗上马、扈卫他冲进玄武门的驸马都尉王同皎，闻知“五王”失势，韦后、武三思秽乱宫闱，常常对友人愤言切齿。和他同座饮酒的，有好友张仲之等人。

王驸马在家里说说也就算了，偏偏门外有耳，众人话语被两个借住的“客人”听了进去。门外“有心人”并非旁人，就是唐朝鼎鼎大名的诗人宋之问与其弟宋之逊。

宋之问诗歌虽好，人品极差。武则天时代，他为了能一入武则天“御眼”，天天在朝殿上招摇。由于患有口臭，宋之问口中还常含鸡舌香，准备武则天哪天高兴“幸”他时留下美好印象。天公不作美，武则天身边男宠太多，还真没怎么留恋这个官为少府监丞的半老美男子。此门不通，求官心切，宋之问兄弟后来投靠张易之兄弟，阿谀奉承，席间敬酒，笔下写诗，哄他们开心。二张倒台，宋氏兄弟俩声名狼藉，被贬至岭南的泷州（今广东罗定市）安置。岭南地僻多瘟，哥儿俩热得不行，相约从贬所逃归。过汉江时，宋之问还留下《渡汉江》一诗，名播千载："岭外音书断，经冬复历春。近乡情更怯，不敢问来人。"

二宋兄弟逃归洛阳，无人敢接纳，唯独昔日朋友王同皎非常讲义气，把他们藏在自己家中。

听见恩公王同皎斥骂武三思与韦后，奸狡的宋氏兄弟暗中派王昙、李悛二人去向武三思"告状"，想靠出卖朋友升官。

武三思闻讯，愤恨不已。与几个心腹一合计，武三思就派王、李二人把这位驸马爷告上朝廷，诬王同皎与洛阳张仲之等人准备杀武三思，废韦皇后。

唐中宗接表，勃然大怒，命杨再思、韦巨源等高官旁听，监察御史姚绍之等人主审。按理，王同皎不仅在中宗复辟时立过大功，他还是中宗女儿定安公主的夫婿。即使如此，庸君仍然不肯饶过。

府堂开审。张仲之为富贵之子，宫内宫外认识不少人，自然知悉武三思、韦后等人的淫乱事情。虽被杖打、夹指，张仲之仍不屈服，朗声大骂武三思与韦后通奸之事。

杨再思、韦巨源却是官场老滑头，假装打瞌睡没听见。主审姚绍之窘急，马上命手下送张仲之入大狱死囚牢。张仲之跳脚大骂不已，姚绍之命人猛力击打，折其双臂，然后立刻结案，以谋逆罪斩杀王同皎、张仲之等人，并施以族诛。

王同皎临刑，神色不变，天下人莫不冤之。想当初，没有他的一番激励，唐中宗连马也不敢骑，更甭提入宫废武则天了。

宋之问兄弟自然升官，武三思亲自引见，拜宋之问为鸿胪丞，不久，擢升为考功员外郎。日后睿宗继位，贬宋之问于钦州（今广西境内）。老哥们儿穷极之下，又写《题大庾岭北驿》："阳月南飞雁，传闻至此回。我行殊未已，何日复归来。江静潮初落，林昏瘴不开。明朝望乡处，应见陇头梅。"人品虽差，诗作得极好。不过，等到玄宗登基，宋之问终被赐死。

过了数日，武三思派郑愔上奏，诬告已被外任为各州刺史的敬晖、桓彦范、张柬之、袁恕己、崔玄暐五人与王同皎通谋。这“五王”此时连自辩的机会也没有，马上就有诏书下来，把五人长流于偏远小州做司马。

两个多月后，武三思派手下书写载有韦后“秽行”的大字报，张贴于天津桥上。唐中宗震怒，马上派御史大夫李承嘉穷究其事，要彻底追查。

李承嘉秉武三思意旨，很快结案，上奏说是被外贬的“五王”派人张贴大字报，说这几个人实谋大逆，奏请族诛之。

唐中宗虽昏愚，也知道没有这五个人就没有他的今天，不同意族诛“五王”，只判五人长流蛮荒之地。

中书舍人崔湜阴劝武三思：“假如敬晖等人日后北归，终为后患，不如矫制杀之！”

“那派谁干这差事呢？”武三思问。

“周利贞。”崔湜推荐。

周利贞为崔湜表兄，曾是武则天时代的大理寺正，武则天被废，他被张柬之等人贬为嘉州司马。武三思弄权，此人又重回朝中。

如今，能有机会报复昔日整治自己的“老上司”，周利贞摩拳擦掌。他马上以御台侍御史的身份，出发去岭外，报仇之心，迫切至极。

等周利贞急匆匆赶到监所，张柬之、崔玄暐已经老病而死，只剩下敬晖、桓彦范以及袁恕己还活着。

官场怨毒，刻入骨肉。周利贞先命左右把桓彦范绑起来，四个大汉相持，在锐利的大竹搓板上面上下磨曳，肉尽露骨，然后杖杀。接着，他派人逮捕敬晖，将其寸剐致死。最后，抓来了袁恕己，周利贞命人端来大碗野葛毒汁，逼其喝下。袁恕己一直是个注重养生的人，服黄金多年，耐毒力很强。被灌数升野葛汁，袁恕己仍不能死，毒液攻心，疼得他十指抓地，指甲尽数剥落，号呼辗转，还是断不了气。最后，周利贞自己上前，用棍子上下猛击，把袁恕己活活打死。

至于最早劝说张柬之等人诛除诸武的薛季昶，被一贬再贬，最后流放到儋州（今海南岛），绝望之下，饮药而死。

任务完成后，周利贞返京，擢拜御史中丞。不过，天网恢恢，后来玄宗登基，把他和宋之问逮捕，一同赐死于桂州驿。

杀掉“五王”，武三思气焰覆天，权倾人主。他常讲：“我不知人世间什么人是好人，什么人是坏人。和我好的，就是好人，和我不好的，就是坏人！”

武三思当权，自然有一帮人趋炎附势，兵部尚书宗楚客、将作大匠宗晋卿、太府卿纪处讷、鸿胪卿甘元柬等人，皆为武三思羽翼。此外，还有被时人称为“五狗”的周利贞、宋之逊、姚绍之、李俊、冉祖雍。他们侍奉左右，以为爪牙。

不久，武三思在乾陵“祈雨”成功。大旱有雨，中宗认为是武后“显灵”，下诏恢复武氏诸庙。

解决了“五王”，武三思诸人的下一个目标，又瞄上了中宗太子李重俊。

李重俊是中宗的第三子，非韦后亲生。这个青年本性明果，但由于没有高德师傅教化辅佐，平时做事多有不法，存有青年人最常见的豪侈毛病。此外，太子宾客杨璬、武崇训等人皆是皇室驸马，几个人只知道蹴鞠狎戏。数位公子王孙，天天踢球喝酒，不可能干正经事。

中宗爱女安乐公主也很忌恨李重俊，由于他不是韦皇后所生，安乐公主常常当众称这位皇太子弟弟为“奴才”，侮狎至甚。同时，安乐公主自己想当“皇太女”，更把这位弟弟视为眼中钉。

安乐公主恃宠骄恣，卖官鬻爵，势倾朝野。她常常自为制敕，掩盖内容和名字，嗔笑着让父亲中宗皇帝签署。中宗总是笑而从之，从不看其中的任免名单。宠溺如此，难怪安乐公主无法无天。

韦后不是自己亲妈，姐姐安乐公主不是自己亲姐，李重俊不胜愤恨。

景龙元年（707 年）七月，李重俊率左羽林及“千骑”（御林军精兵）三百多人，突然冲入武三思府中，立斩武三思、武崇训父子以及相聚饮酒的党徒十多人。

此后，李重俊派宗室成王李千里（李千里乃太宗之子吴王李恪的儿子。武则天时代，由于李千里“偏躁无才”，又数献符瑞，武后竟饶过这位李唐近宗一命）与兵守住宫城诸门，他自己率兵直奔肃章门，斩关而入，索求韦后与安乐公主，并喝令内宫人速把与武三思通奸的上官婉儿也交出来。

韦后、安乐公主一个劲儿哆嗦，上官婉儿人精一个，急忙高叫：“看太子的意思，是先杀婉儿，再杀皇后与安乐公主，最后是要杀皇帝陛下！”于是，惶急忧恐的唐中宗李显，急忙跟随几个妇人，一溜烟上了玄武门城楼以避兵锋。

此时，楼下只有右羽林大将军刘景仁带着二百多御林军抵拒太子的军兵。

李多祚纵马飞驰，先至玄武楼下，想直闯登楼，为宿卫兵士所阻。但是，此时双方并未交锋。李多祚与太子狐疑，按兵不动。本来太子李重俊等人就不是想谋弑中宗，只是想杀掉武三思、韦后等人“讨个说法”。

这种犹豫是致命的错误。中宗身边，有个名叫杨思勖的宦官，时为宫闱令，是内侍省的芝麻官。此人虽被阉割，膂力超群。他主动请命，要下楼厮杀。

韦后、安乐公主连忙挥手让他下去。

李多祚的女婿野呼利为太子军前锋，骑马站在前列。看见楼门大开，冲出一个没胡子的阉人，这位鞣鞨大将根本没在意。殊不料，杨思勖纵马疾驰，冲到野呼利马首前，挺矛斩之。太子一军，立时夺气。

杨思勖原姓苏，小时为一个杨姓宦官所养，故改姓杨。他后来跟从李隆基诛杀韦氏有功，官至右监门卫将军。唐玄宗开元年间，安南首领梅玄成叛乱，杨思勖受诏讨伐。到岭南后，他募集当地土著军队十多万人，依按汉朝马援的进兵线路，出其不意，直达安南，临阵斩杀梅玄成，诛杀逆从数万人，积尸为京观而返。开元十二年、十四年、十六年，杨公公三次领兵平定五溪、邕州、泷州等地叛乱。杀人十多万，均积尸为京观。这位大公公性残忍，好杀人，所得俘囚，多生剥其面，或剥发际，掣去头皮。将士以下，望风慑惮，莫敢仰视。小内侍牛仙童到幽州向张守珪索贿事发，玄宗大怒，命杨思勖“处置”。杨大公公把这个徒弟架起，折磨数日，探取其心，截去手足，割肉而啖。但这位杨公公一股正邪气都发泄对了路，反倒成为唐朝功臣。如此冷酷的大太监，竟得善终，开元二十八年卒，时年八十七岁。

楼上的中宗李显看见手下宦官得胜，也缓过神来，他不知从哪里来了精神，凭楼向下喊道：“你们都是朕的宿卫将士，为什么跟随李多祚等人造反！如果能斩杀造反首犯，勿患不富贵！”

如果当初不犹豫，众人登楼控制了中宗一行，杀韦后、安乐公主，肯定是想让中宗干啥就干啥，会重演废武则天一幕。现在，当朝皇帝在上面亲开金口，一帮将士大眼瞪小眼，皆望向居中指挥的李多祚。

寒光闪处，未等李多祚等人反应过来，冲上来一帮原本是自己带领的士兵，刀砍枪刺，把几个领头人杀死在原地。成王李千里等人也力战而死。太子李重俊见状，知道事不成功，率百骑逃奔终南山。

龙落浅滩，不久，困急小憩之时，李重俊为左右所杀。首级送往都城后，气急败坏的唐中宗，命人把儿子的首级放于武三思父子灵前，以祭奠“忠臣”。

秋后算账，韦氏一党要把诸门守将以及太子属官全部杀掉，幸亏大理寺卿郑惟忠劝谏中宗，才没有大行杀戮。同时，安乐公主与兵部尚书宗楚客串谋，派人诬告中宗弟弟相王李旦、妹妹太平公主与李重俊同谋。

中宗立刻宣召御史中丞萧至忠，准备派他抓两人于狱中审讯。萧至忠泣谏："陛下富有四海，不能容一弟一妹，而使人罗织害之乎！相王昔为皇嗣，固请于武后，以天下让陛下，此四海皆知，奈何听人言而疑骨肉！"

中宗觉得有理，暂时把事情压了下来。

武承训已死，安乐公主并不哀伤，马上嫁给早就与之通奸的武延秀（武承嗣之子）。送嫁之日，安乐公主乘皇后车辂，中宗与韦后亲上安福门观礼，赏赐巨亿。

安乐公主生于唐中宗被武则天贬于房陵的路上，当时无被服，中宗只能解衣包裹她，所以她小名"裹儿"。长成之后，安乐公主姝秀辩敏，韦后、中宗视之为掌上明珠。恃宠弄娇，安乐公主每次起造大宅，皆以宫中形制为标准，积石为山，蓄地为池，遍嵌珠宝，穷奢极欲。

安乐公主、韦后妹妹郕国夫人、上官婉儿以及女巫第五（第五是复姓）英儿等人，都依势用事，卖官鬻爵，即使是屠沽商贩，只要花三十万钱，就会得到他们的墨敕封官。由于总是札带斜封付与中书省，明码标价，时人称之为"斜封官"。

不仅妇人妨政，韦后党徒也肆无忌惮。宗楚客、纪处讷等人为监察御史崔琬所弹劾，奏表他们"潜通戎狄，受其货赂，致生边患"。罪行累累，证据确凿，这些被弹之人反而愤怒作色，自恃后面有韦后作为倚仗，在朝上大骂崔琬诬陷"良人"。

中宗竟不推问，命崔琬与宗楚客两人当朝结为兄弟讲和。为此，时人称中宗为"和事天子"。

此外，由于中书侍郎崔湜与上官婉儿关系密切，得拜同本章事，超升为相。

当时，政出多门，滥官充溢，加上皇帝皇后以及宗室、贵族佞佛过度，天下嚣然。

唐中宗优游岁月，日子过得不错，常常四处游玩，与皇后、公卿、妃子等聚集宴饮。听说长安城东面隆庆池有“帝王气”，唐中宗就亲自临幸，结彩为楼，泛舟戏象以为厌胜。大象巨脚，一阵猛踩，中宗觉得这样就可以压住“帝气”。

隆庆池北面，乃是中宗亲弟相王李旦五个儿子的府第，五人列第而居。

虽一片“太平”景象，仍不断有人上告韦后等人“谋逆”，下场一样，这些人皆被韦后等人杀掉，然后才奏知中宗。

案子一多，中宗也烦躁，听闻许州司兵参军燕钦融上表奏除韦后等人，气恼之下，中宗亲自审问。

燕钦融官职虽低，不畏强势，跪于殿中朗言：“皇后淫乱，干预朝政，其宗族日益强盛；安乐公主、武延秀、宗楚客等人，居心叵测，图危宗社。”

中宗诘问再三，燕钦融丝毫不屈，表示天下汹汹，街闻巷议，都知晓韦后等人的秽事丑闻。

遇到这么一个说实话不怕死的，中宗默然。至此，他似乎颇有所悟。

殿中侍立的宗楚客着急，马上命令卫士把燕钦融抓住，数人高高抛起，把这位直言小臣投摔在殿庭石地上，折颈而死。

看见宗楚客没得自己的谕意竟敢当面如此行事，中宗虽未发作，仍感怏怏不快，脸色阴沉。

自此，韦后及其党羽心内开始忧惧。

韦后歹毒，认定“先下手为强”，于是，她与一直想当“皇太女”的安乐公主一合计，决定毒死中宗。

母女二人密谋数日，就出现了本章开始的那一幕。

中宗李显也倒霉，在惊悸惶恐中度过二十三年，刚刚登上皇位五年，就被自己的皇后和亲女毒死。

仁懦迟疑的过渡帝王

唐睿宗

毒死中宗后，韦后秘不发丧，召诸相入禁中，并征府兵五万人屯京城，同时，她派自己的两个女婿韦捷、韦灌以及诸韦姓亲戚分领诸军以及宫中禁卫军。

唐太宗时代，简送官户以及番族中骁勇能战者，着虎纹衣，跨豹纹鞍，扈从游猎，称为“百骑”。武则天时，这支贴身御林军增为“千骑”，属左右羽林军。经李重俊太子事后，又增营为“万骑”。

由此，“万骑”以及其他禁军的统帅，皆是韦氏一族亲戚。

本来上官婉儿与太平公主密谋，草拟中宗“遗诏”，立中宗小儿子李重茂为皇太子，皇后知政事，相王李旦参谋政事。

宗楚客是个老奸巨猾之人，马上找韦后之兄韦温商量，篡改诏书，以相王李旦为太子太师，虚其职权。

坐稳朝廷，宗楚客等人不停劝韦后效仿武则天，革唐命，自称帝。由于相王李旦和太平公主宗属王亲，地位尊显，诸人于是暗中加以准备，想除掉二人。

相王李旦是唯唯诺诺之人，正因其懦弱的性格，才熬过武则天、中宗两朝。他自己没想过要怎么办，听天由命，其子李隆基却一直没闲着。

李隆基时为临淄郡王，任卫尉少卿，兼潞州别驾。听闻中宗崩逝，李隆基急忙潜回京师，以观时变。在此之前，他非常“有心”，与“万骑”以及禁军其他部府的头领和豪杰交游、玩乐，一直深相结纳。

由于禁军统领韦播等人近日常杖打鞭击“万骑”将领立威，“万骑”营内上下皆怒。其中的小队长葛福顺、陈玄礼等人，纷纷找李隆基诉苦，大骂韦氏兄弟。

见众人意气可用，李隆基也打开天窗说亮话，表示要诛杀韦氏一党，以安社稷。众人闻言，皆踊跃奋请，以死自效。

有人劝李隆基应先启禀父亲相王李旦后再行事。李隆基摇头："我拯社稷之危，赴君父之急，事成归福于宗社，不成身死于忠孝。如果先行请示，父王一定忧恐。若请而从之，则陷父王以危事。若请而不从，则大计不成。"

兵部侍郎崔日用一直谄附韦氏，他得知宗楚客等人想杀相王和太平公主，恐怕事不成而引祸上身，便先行派了一个和尚密告李隆基，劝临淄王先下手为强。同时，李隆基与太平公主及其子卫尉卿薛崇简密谋，加紧准备起兵诛除韦氏。

临行，李隆基发现自己最亲信的从奴王毛仲不见了，只有李守德一人跟随。原来这个高丽人后代王毛仲惧祸，不知躲藏于何处。事已至此，不能耽误，李隆基等人仍然按原定计划出发。

待诸人潜行入皇城禁苑，当值的钟绍京又后悔想变卦，欲拒众人于门外。幸亏其妻许氏有远见，劝他说："忘身殉国，神必助之，而且你已经预谋此事，今天想不干，事发也难免一死！"思前想后，钟绍宗也觉有理，忙开门拜谒李隆基，这位临淄王执其手和他并排相坐，以示结交之心。

很快，众人相集，等待号令。

二鼓，天星散落如雪。初秋时分，夜空朗彻。观此星象，众人皆讲："天意如此，时不可失！"

于是，众人一鼓作气，分别纵马突入羽林营。御林军内各中低级官员早有通气，大家又是战友，立刻联手，很快就斩杀了做主将的韦氏兄弟，并高举他们的首级在营中呼叫："韦后毒杀先帝，谋倾社稷。今夜当共诛诸韦宗族，身高马鞭以上者皆斩之，立相王以安天下。敢有怀两端助逆党者，罪及三族！"

羽林之士闻讯，皆欣然听命。以正攻逆，大家自然听从。

众将送上韦氏兄弟首级，李隆基执火炬细看无误，一颗心落肚。

他马上与刘幽求等人一起出禁苑南门，钟绍京等人率宫内做活的丁匠二百余人，执斧锯以从。

起事的禁卫军很快攻克玄德门和白兽门，合兵于凌烟阁前，大呼大叫，共杀守门将，斩关而入。

李隆基本人勒兵玄武门外，听见凌烟阁处兵士的欢呼声，立刻率领羽林兵冲入。

宫中诸处禁卫兵，听闻弟兄们起兵，都披甲响应。

韦后禁中惊醒，慌不择路，跑入飞骑营，立刻有眼明手快的军士迎上前，当头一刀，砍了韦后的脑袋。“立功”之人飞身上马，驰至李隆基马前邀功。

安乐公主当晚也在宫中，心情不错，正照镜画眉，忽然门被踢开，还未及回过身，自己的漂亮脑瓜就被一把明晃晃的大刀从粉颈上一刀切下。

上官婉儿冰雪聪明，乱中不慌，听说外间兵起，知道韦后一党不保。她赶紧找出早已准备好的中宗“遗诏”，高执蜡烛，大开宫殿各门，率宫人跪迎起事军人。

刘幽求第一个闯入，上官婉儿呈上诏书草稿，表示当初自己的本意是以相王李旦为辅政，后为宗楚客所篡改。

刘幽求请示李隆基。临淄王不知为什么，深恨这位美貌才女，命人斩之于殿下。聪明一世的女文豪，终于死于比她更聪明的临淄王李隆基手里。

所以，笔者现在看到电视剧中上官婉儿语重心长地告诫青年李隆基要“准备承接大唐社稷”，很觉荒唐。

韦后并非浅见荒唐妇人，试观她二十多年忍辱负重，与不争气的老公共渡艰难，并能于幽厄时维护中宗的性命，可称为女中豪杰。弑中宗后，她里外安排得当，各个重要部门及皇宫禁卫军权都控制于自己人之手。而后她扶立少帝，稳扎稳打，想做第二个武则天。可见，唐王朝初期这些悍妻艳妇，皆非等闲之辈。

但是，她没有想到的是，势异时移。武则天在高宗时已并称“二圣”，又有李氏帝系亲骨肉在自己手里，过渡时间长，亲信嫡系已经遍布朝廷内外，所以，对李唐王室，包括她的亲儿子们，想杀想废，易如反掌。

韦氏则不然，首先中宗孱懦，享国日浅，她自己与武三思的秽行早已行闻天下，败坏了“母仪天下”的声名。其次，她亲生长子李重润在武则天时因议论武则天纳“男妾”被杀，非己亲子的太子李重俊又因她而死，推立的少帝李重茂，不是她的亲生儿子，从法统上她就不占“主动”。

中宗驾崩，即使不是韦氏毒死这位绿帽老公，天下人也会把罪责推在她的头上。因此，她冒天下之大不韪，作恶至极，如此下场，也应在意料之中。

于是，诸军大闭宫门、城门，捕杀韦温、宗楚客等人，并韦后一起，暴尸于市。

崔日用等立新功，将兵冲入韦室宗族聚居的城南杜曲，大开杀戒，襁褓中的孩子都不能幸免，连邻近的杜姓大族也被枉杀不少。

转天，军士在城内大索武氏宗属，诛死流窜殆尽。韦后先前派出巡视外地的纪处讷等人，也被依令收斩。

内外皆定之后，李隆基入相王府见父王，叩头道歉，表示自己未报先发。

相王又惊又喜，抱之而泣：“社稷宗庙不坠于地，汝之力也。”

众人力劝相王李旦为帝。推让再三，李旦终于答应。

群臣会集。年方十六岁的少帝李重茂糊里糊涂，不知外间发生何事。正惶惑间，他看见亲姑姑太平公主大步走近御座，一把把他揪下来，说：“天下之心已归相王，这已经不是你的座位了。”

少帝不敢言，听之任之，被复封为温王。一年多后，李重茂被改封为襄王，迁于集州，有五百多兵士“守卫”。不久，他又被徙于房州其父皇中宗的旧囚所，不久就“崩”了，时年十七岁，谥曰“殇皇帝”，肯定不是善终。

相王李旦继皇帝位，是为唐睿宗。

唐睿宗继位后，本来宋王李成器是嫡长子，应立为皇太子，但李成器固辞，表示：“国家安则先嫡长，国家危则先有功，苟违其宜，四海失望。”

李成器泣请累日，大臣们又多言李隆基功高盖世。于是，诏立李隆基为太子。

睿宗追封侄子李重俊的太子位号，并为“五王”以及李多祚、李千里等人平反。

清算旧账，死人不饶。追贬韦后为“庶人”，安乐公主为“悖逆庶人”。追削武三思、武崇训的爵谥，削棺暴尸，平毁坟墓。最倒霉的当属韦玄贞，这位中宗的老丈人当年没享一天福，就被武则天流放钦州，忧郁而死。其夫人崔氏与四个儿子也被当地土豪宁氏兄弟所杀，二女被奸占。韦后当权，追封父亲为王，大修坟墓。至此，又被开棺戮尸，铲平坟墓，残尸喂了野狗。

睿宗为帝才一个多月，中宗的儿子谯王李重福受先前被贬为江州司马的郑愔撺掇，准备入袭洛阳，自立为帝。

李重福是中宗的第二子，中宗复辟后，韦后诬称正是李重福当初向张氏兄弟告发长兄李重润议论武则天的宫闱秽事，中宗怒甚，不分青红皂白，就把这个儿子贬至均州，严加看守。

睿宗继位后，郑愔等人认为，按继承权来讲，应该是中宗的儿子继位，费尽口舌，劝李重福起事。这个一直走背运的谯王也是遇人不淑，铤而走险，纠集数百人，突入洛阳，并闯过天津桥，杀向宫城。幸亏洛阳长史崔日知和留台侍御史李邕警醒，关闭宫城城门，驰告东都留守军营警备，李重福突袭未成。

政府军集结后，左右夹攻，窘急之下，李重福驰马向城外跑。大兵搜捕叛逆，梳篦一样沿山谷查找首犯。眼见无望，李重福自己头朝下栽进山间溪水中，自溺而死。

不过，假使他在洛阳得手，拥有一都之重，又是中宗亲子，名正言顺，后果还真难以想象。

“智多星”郑愔貌丑多须，听闻李重福败走，忙梳个发髻，穿一身妇人衣服，还想逃跑，没出城门就被抓住，斩于洛阳闹市，并夷三族。

郑愔最早依附来俊臣得进，俊臣诛，附张易之；易之诛，附韦氏；韦氏败，又附谯王重福，最后竟族诛。

太平公主是睿宗唯一的亲妹妹，又有扶立睿宗、诛韦氏之大功，至此骄横无比。以武则天之毒，可以连杀两个亲生儿子，但对太平公主则一直宠爱有加，并杀掉侄子武攸暨的原配妻子，以太平公主嫁之。韦后、上官婉儿在中宗时大权在手，仍惮畏太平公主。

太平公主连武则天时代都能挺过来，政治经验非常老到，对付素来孱懦的两个哥哥（中宗、睿宗）自然更加游刃有余。

本来，太平公主认为侄子李隆基年轻，不以为意。势易时移，她忽然发现这位太子非常英武明敏。她思忖，万一睿宗死后，这样的侄子继位，自己肯定不会好过。

于是，她派人四处散播流言，嚷嚷“太子非嫡长子，不当立”。同时，她收买了不少太子身边的属官、内侍以为耳目，想方设法侦伺李隆基的“过失”。

大臣宋璟与姚元之向睿宗秘密进言，表示太平公主有陷害太子李隆基的意图，应把她送往东都洛阳闲置；各位亲王年长，皆应派至各州。

睿宗不忍，说：“朕现已无兄弟存世，唯有太平公主一妹，怎可远置东都。”

太平公主获悉此议，气势汹汹地找到太子李隆基，当面质问、责让。李隆基心中惧怕这位“老姑”，赶忙奏请，说宋璟、姚元之离间姑兄，请睿宗判处死刑。睿宗当然不忍，贬二人为楚州和申州刺史，赶出朝廷。

惶恐之下，为了避免当二把手的危险，李隆基上表要把太子位让给大哥宋王李成器，睿宗也压下奏表，不许。

此时，太平公主的权势可谓如日中天。先前依附韦后的崔湜，偷偷回都城，公主就把他调回长安。不仅如此，太平公主在哥哥睿宗面前又哭又闹，竟让崔湜又成为中书侍郎（宰相之一）。此外，侍中窦怀贞、岑羲以及蒲州刺史萧至忠等人皆成为太平公主的心腹死党。

为了离间睿宗、太子父子，太平公主派术士向睿宗报告“天象”：“今有彗星扫过，是除旧布新之象，皇太子当为天子。”

谁料，“离间计”不成，倒给了一向烦于政事的睿宗一个大台阶：“传德避灾，吾志决矣！”

他下定决心传皇位给太子。

李隆基闻讯，跑入宫中，自投于地，涕泣固辞。

睿宗说：“社稷之所以再安，吾之所以得天下，皆汝力也。今帝座有灾，故以授汝，转祸为福，不必犹疑！”

太平公主一着臭棋，反而促使李隆基提前登上皇位。

712 年 8 月，太子李隆基继位，是为玄宗，尊睿宗为“太上皇”。

英武明决的盛世帝王

唐玄宗

唐玄宗李隆基，是睿宗第三子，垂拱元年（685 年）生于洛阳。七岁时，他随仪仗卫士入朝（当时武则天当权），武则天的侄子金吾将军武懿宗气势汹汹，喝骂阻挡李隆基的扈从。小孩子李隆基高坐马上，童声稚气地斥责武懿宗：“这里是我们李家朝堂，关你什么事？竟敢排迫我的侍卫队！”武则天听闻此事，不仅没恼，还特加宠异。毕竟是自己的亲孙子，人小鬼大，如此威严，比起几个畏葸不前的儿子来要有出息得多。武则天虽毒，也不由得爱从心头起。

成年之后，李隆基英断多艺，尤知音律，善八分书。他长相也好，仪范伟丽，有非常之表。性格英果，多才多艺，相貌出众，可见，这个青年人确实是人中龙虎。

率兵诛杀韦后，拥父登皇位，大功盖世，当时的李隆基才二十五岁。坐上皇位时，他才二十七岁。

但是，在太平公主政治势力的阴影下，睿宗仍有处理军国大事的实权，李隆基虽为皇帝，却是虚位。而且地位越高，越岌岌可危。当时宰相七人，五人出于太平公主门下。宫内的左羽林大将军常元楷、知羽林军李慈，皆私谒太平公主。

太平公主内忌李隆基英明，加上宰相、大将皆其党羽，乃生逆谋。

唐玄宗的心腹刘幽求与右羽林将军张玮密议，准备以羽林兵诛太平公主之党。同时，刘幽求派张玮对玄宗说：“窦怀贞、崔湜等皆因公主得进，日夜阴谋。若不早图，一旦事起，太上皇何以得安！谓速诛之！”

玄宗深以为然。

然而，张玮是武人，性爱饮酒，又嘴碎，不小心在喝酒时对侍御史邓光宾大言其事。邓光宾倒没有告密，却先惊坏了唐玄宗。

他先行派人上奏太上皇父亲，上陈刘、张的“罪行”。二人被捕后，玄宗又“求情”，说刘幽求虽“离间皇家骨肉”，但有“兴复”大功，不可杀，只把二人外流，未加斩杀。

可见，当时的李隆基，是多么畏惧太平公主及其党徒。

唐中宗时，驸马王同皎密谋杀掉武三思，被宋之问等人告密，同谋之人几乎全被杀掉，唯独跑了一个王琚。王琚是怀州人，其父王隐容在武则天时曾为凤阁侍郎，因此，王琚也是“高干子弟”。

由于父亲早死，王琚自知上进，很有才略，又喜欢玄象、炼丹。懂得《易经》八卦又能合制“长生不老”保健药，自然是贵族、达官的府上宾。王同皎被杀，王琚变易名姓，跑到江都，在一个富商家里教书法。后来，富商渐渐明白王琚并非平常的寒酸文士，以女嫁之，资给财物。这段“戏文”，很像唐伯虎点秋香。唐伯虎之事是小说，王琚此事乃是历史记载。

李隆基当太子时，常找一个叫普润的和尚算卦。王琚入京，与普润相善，大言特言“天时人事”。

普润和尚同李隆基一讲，玄宗大异之，补其为诸暨主簿。

依理，补官要去东宫见太子拜谢。王琚入殿，徐行高视，一副目中无人的傲慢姿态。旁边有宦官提醒：“殿下在帘内，不可轻慢！”

王琚应声答道：“我在外间只闻有太平公主，不闻有太子！”

玄宗闻言，知道王琚是有心人，忙唤入召见。

王琚进言：“韦后弑逆，人心不服，诛杀她很容易，太平公主乃武后之女，凶猾无比，朝中大臣多出其门，这才是心腹大患！”

李隆基闻言，忙引王琚同榻而坐，泣言道：“父皇同气兄妹，唯存太平公主。如果向父皇言之，必伤其意；如不言，然其为患日深。真不知如何是好！”

王琚劝道：“天子之孝，异于匹夫，当以安宗庙社稷为重。以前朝为例，昭帝之姐盖主，于汉帝有养育之恩，但她日后谋害大臣霍光，危及宗室，汉昭帝仍以大义为重，毅然除掉她；殿下您功高天地，位居储君。太平虽为姑母，亦为臣妾，何能为她所左右！”

李隆基连连点头。由于怕忽然以王琚为心腹官员招来非议，李隆基就问王琚：“君有何技艺，可隐迹与寡人游处？”

王琚也爽快：“臣炼丹药，谈谐嘲咏，堪与优人比肩。”

李隆基大喜。转天，就授王琚为崇文殿学士。

李隆基拿王琚当哥们儿看待，相知恨晚，呼为“王十一”。唐人密友之间，常以大排行相称。

唐玄宗一直瞻前顾后，太平公主那边却不闲着。她与窦怀贞、常元楷等文臣武将日夜谋划，准备行废立之事。同时，太平公主暗派宫女元氏往玄宗常服用的补品赤箭粉中放毒，准备毒死他。

时势至此，中外颇有耳闻。远在东都洛阳的左丞张说也派人送给玄宗一把佩刀，意思是让他下决心。荆州长史崔日用力劝：“太平公主谋逆日甚，陛下昔日在东宫，犹为臣子，当时若想诛讨逆党，还真要前思后想，花大气力。现已居大宝，诏书一下，谁敢不从！万一奸人得志，悔之无及！”

玄宗深觉有理，但总投鼠忌器：“诚如爱卿所言，但怕会惊动上皇。”

“天子之孝在于安定四海。假如奸人得志，则社稷宗庙不存，安得为孝！请先定禁军，后收逆党，则不会惊动上皇。”

王琚在一旁催促：“事势大急，不可不速发！”

于是，玄宗以崔日用为吏部侍郎，加紧准备工作。

开元元年（713年）七月初一，大臣魏知古上告太平公主要在七月四日作乱，准备派禁军首领常元楷、李慈率兵入武德殿，窦怀贞等人将在南牙起兵响应。

事已至此，不得不发。

唐玄宗便与兄弟岐王李范、薛王李业以及吏部尚书郭元振、龙武将军王毛仲、内执事高力士等人定计，决定起兵诛杀太平公主一党。

七月甲子早晨，玄宗派王毛仲（这个高丽人此次倒没躲）取御马三百匹，兵士三百人，从武德殿入虔化门，宣召禁卫军首领常元楷和李慈。

两人不知有变，皇帝有诏，马上觐见。刚入殿门，刀剑相加，两位羽林大将的脑袋登时滚落在地。

萧至忠、岑羲等几个太平公主的党羽正在朝堂上等着上朝，兵士上

《张果见明皇图卷》　元　任仁发

前，二话不说，把几人按在当地，立刻斩首。可惜这萧至忠，九世卿族世家，还曾在中宗面前为睿宗与太平公主说过好话，一旦“站错队”，难免一死。

窦怀贞逃入御沟，知道求生无望，蹲在臭水中用裤带自缢而死。

睿宗闻变，慌忙奔登承正门楼。郭元振驰至，奏称“奉皇帝诏诛窦怀贞等人，并无他意”。睿宗这才缓过神，下诏昭示窦怀贞等人罪恶。

转日，睿宗又传旨：“自今军国刑政，皆取皇帝处分。朕方无为养患，以遂素心。”于是，这位太上皇避居百福内殿，把天下完全交给儿子了。

睿宗结局还算不错，又活了三年，于开元四年夏天崩逝，时年五十五岁，和他哥哥中宗死时一样岁数。

但中宗是被韦后毒死，睿宗是善终。

太平公主闻变，逃入南山寺庙。发昏当不了死，三日后，她被军士逮捕，赐死于家中。其被封为王爷的三个儿子皆被杀。只有次子薛崇简，因为先前数谏其母不要乱政，特免死，赐姓李氏，官爵如故。此人当初跟随李隆基诛韦后，立功不少，故而一直“站对了队”。

没收太平公主财产时，李隆基发现这位老姑家里财货山积，珍物比御府还多。厩牧羊马、田园息钱，收之数年不尽。

大定之后，玄宗封王琚为户部尚书，王毛仲为辅国大将军，张说为检校中书令，刘幽求为尚书左仆射，郭元振兼御史大夫，并赐死逆党崔湜等人。同时，以高力士为右监门将军。

唐太宗时代，内侍连三品官都没有，只是“守门传命”而已；武则天时，宦官也不用事；唐中宗宠信宦官，七品以上的宦官有一千多人，但穿绯衣的人很少；到了唐玄宗时期，由于高力士等人有定策大功，宦官开始得势，增至三千多人。宦官们除三品将军者渐多，衣绯、衣紫的有千余人，唐代宦官之盛，自此而始。

宝位坐稳。开元元年十一月，唐玄宗于骊山之下讲武，征兵二十万，旌旗连亘五十余里。

大唐天子，万乘之尊，李隆基终于找到了感觉。年底，满朝文武上表，请上尊号为“开元神武皇帝”。

皇帝活着的时候加尊号，并正式形成制度，实从玄宗开始（玄宗的奶奶武则天最喜欢尊号，多是不伦不类的“吉祥”名号）。到了天宝十三年（754 年），玄宗经过四次加尊号，已变成“开元天地大宝圣文神武孝德证道皇帝”。唐朝之前，只有汉哀帝和北周宣帝自称“陈圣刘太平皇帝”和“天元皇帝”，当时均被视为昏君标新立异之举。而从唐玄宗开始的皇帝自加尊号，实际上是传袭自草原民族的可汗号（唐太宗时代，就已经接受各方“夷狄”上供的“天可汗”徽号）。唐玄宗开皇帝加尊号之源，日后，各朝各代君王生前死后莫不滥加尊号。直到清康熙时，这位满人老头儿还算心里明白，说：“从来所上尊号，不过将字面上下转换，乃历代相传陋习，其实何尊之有！”

从唐玄宗统治初期的这件小事，就可窥见此位帝王妄自尊大、夸诞务虚的性格特征。

“性格即命运”，冥冥之中，似乎也注定了日后这位唐明皇要品尝自己种下的恶果。

无论如何，唐玄宗“开元盛世”，是唐朝最繁荣昌盛的年代。政治方面，有姚崇、宋璟、张嘉贞、张说、张九龄等名臣宰相，光看这些人的名字就可知晓唐玄宗前期政治清明；经济方面，海内富实，实力强盛。而且，唐朝人口在天宝末年达到五千多万，与隋朝最盛时相持平，比唐初增长了近二十倍。大量劳动人口的出现，使大片荒地被开垦成良田，无数的水利、农田等属于基础建设的大工程遍布全国。科学技术、商业、手工业皆飞速发展，令人惊叹。至于文学、艺术、绘画等方面，更是人才辈出，群星耀灿。

九重城阙烟尘生

“安史之乱”前后的大唐帝国将军们

忆昔开元全盛日，小邑犹藏万家室。
稻米流脂粟米白，公私仓廪俱丰实。
九州道路无豺虎，远行不劳吉日出。
齐纨鲁缟车班班，男耕女桑不相失。
宫中圣人奏云门，天下朋友皆胶漆。
百馀年间未灾变，叔孙礼乐萧何律。
岂闻一绢直万钱，有田种谷今流血。
洛阳宫殿烧焚尽，宗庙新除狐兔穴。
伤心不忍问耆旧，复恐初从乱离说。
小臣鲁钝无所能，朝廷记识蒙禄秩。
周宣中兴望我皇，洒血江汉身衰疾。

诗圣杜甫这首追忆“开元盛世”的诗歌，其中所描述的人民安乐、路不拾遗的太平景象，在唐玄宗天宝十四年（755 年）戛然而止。

“渔阳鼙鼓动地来”，致使“九重城阙烟尘生”——“安史之乱”爆发了！伟大的唐朝，自巅峰急剧向下滑落，中国历史上最光辉灿烂的一幕历史大戏，至此灯光一下子暗淡了。

但是，江山代有英杰出。在波澜壮阔的伟大历史时代，又会有新的英雄因时依势而出，五彩炫然，英姿勃发，令人目不暇接。

“安史之乱”前，唐王朝各种社会矛盾积蓄已久，加之国家承平日久，人民久不知兵。唐玄宗在位，始于南朝的府兵制已经诸多弊病，耽于安稳又没有远谋的大臣们提出实施“募兵制”，这正好给了驻守唐朝边域的番族大将们绝好的大施拳脚、招兵买马的机会。

盛唐武功赫赫，疆域辽阔，而硬币的另一面，则是这漫长的边境线需要战斗力极强的将帅去守卫，需要数量极大的边兵。如此，驻扎边地的番将，如安禄山等，招募大量“杂胡”士兵，不停地用番将把汉将替换掉。在辽阔广大的戍区内，番将出身的节度使完全成了自己嫡系部队的首领，各节度使辖区，基本成为一个人说了算的独立王国。

追根溯源，玄宗时期的边镇大将之所以能拥有如此大的权力，大部分也应归咎于权相李林甫。玄宗开元年间，由于张嘉贞、张说、萧嵩、杜暹等都是以节度使的身份入知政事，由将入相，渐成定例。“口蜜腹剑”的李林甫掌权后，为了杜绝“隐患”，避免类似的“威胁”再发生，他向玄宗上奏说：“文士为将，怯当矢石，不如用寒族、番人。番人善战而勇，寒人亦无党援。”并假意让出自己领任的朔方节度使给番将安思顺（安禄山之族弟）。

玄宗对此大加赞赏，觉得其言很有道理。谕旨发下，安禄山、高仙芝、哥舒翰等武人皆专制一方，权重位高。穷李林甫本心，其实非常简单：这些武将“不识文字”，更不是进士出身或有什么高阀贵族的血缘，没有任何机会被招进朝中顶替他的相位，由此可以保证自己一直是“一人之下，万人之上”，高枕无忧地当一辈子宰相。

李林甫也不是平常人，他的曾祖李叔良是高祖李渊的堂弟。李林甫年轻时就慧黠多艺，善于音律，乘间巴结上玄宗的宠妃武惠妃，并撺掇玄宗废杀太子李瑛等三个亲儿子，权倾一时。残暴专横如安禄山，内心深处对李林甫也十分惧怕。他时时派遣线人去京都打探消息。如果哪次听说李林甫对自己稍有微词，这个胡人大胖子就会吓得数九隆冬也一身大汗，躺在胡床上嚷嚷“我要死了”。

掌握权柄的数十年间，李林甫位极台辅，从未以国事为重，只知蒙蔽皇帝，陷害同僚，排除异己，作威作福。

但“生既唯务陷人，死亦为人所陷”，李林甫刚死，后来居上的杨国忠也有样学样，派人诬称李林甫生前和阿布思部落相互勾结准备谋反。案件鞫审时，李林甫的尸体还未入土，真正是“尸骨未寒”，朝廷就下令削去李林甫一切官爵，子孙除名流放岭南和贵州偏僻地方，剖毁棺木，撬开李林甫的嘴，挖出口中所含的大珠子，剥光身上的金紫礼服，把尸体随便刨个坑埋掉。

当时，安禄山任三道（平卢、范阳、河东）节度使，军权在握已近十年，一直秣马厉兵，准备伺机而起。他原本想等唐玄宗死后再起兵作乱。

杨国忠掌权后，一直与安禄山互相对不上眼，屡屡进言唐玄宗说安禄山要造反，玄宗一直不信。为了证明自己正确，有远见之明，杨国忠多次以事激怒安禄山，想要逼使安禄山速反，以取得玄宗对自己的信任。

唐玄宗天宝十四年冬天，安禄山伪造皇帝手敕，声称玄宗召他带兵入朝讨杨国忠。

他聚集劲卒十五万，号称二十万，烟尘千里，鼓声喧天，向都城杀来。由于海内承平日久，百姓累世不识兵革，猝闻范阳兵起，远近震骇。加之河北等地一直处于安禄山的管治之下，所过州县，望风瓦解，许多地方官员开门出降，稍好点的“弃城窜匿”，运气差的“为所擒戮”。

由此，长达七年之久的“安史之乱”拉开序幕。

时兮命兮　自折栋梁

倒霉透顶的高仙芝、封常清、哥舒翰三大将

初闻安禄山造反，杨国忠还“洋洋有得色”，大言道：“现在只有安禄山一个人真心造反，将士肯定不愿意跟随。旬日之间，我肯定献安禄山的首级于阙下。”

没料到，安禄山连陷博陵、蒿城，并攻下坚城灵昌郡。由于安禄山的军队步骑散漫，各地城郭只见千军万马铺天盖地而来，老百姓惊骇至极，纷纷遭到屠灭。

尤其是朝廷杀掉在长安当驸马的安禄山的儿子安庆宗后，安禄山狂怒至极，连投降的数万唐兵唐将也一并杀掉，指挥大军，连陷荥阳等重镇，直奔潼关。

初闻安禄山反讯，当时正在长安的安西节度使封常清就自动请缨，向玄宗保证：“臣请走马诣东京（洛阳），开府库，募骁勇，计日取逆胡之首以献阙下！”

玄宗当即命封常清为范阳、平卢节度使，并在十日之内于东京洛阳募得六万兵，断河阳桥据守。同时，玄宗命宗室荣王李琬为元帅，以右金吾大将军高仙芝为副元帅，在京师招募十一万军士（皆市井子弟），统诸军并进，由太监边令诚监军。

安禄山攻陷荥阳后，攻破武牢，大败经验老到的唐将封常清，攻陷东京洛阳，纵兵大肆杀掠。都亭驿一战，封常清又败，率残兵退平陕郡。

败退之际，封常清飞书请高仙芝力守潼关，修葺城池，贼兵没有攻下潼关。东征期间，由于高仙芝与太监边令诚数不相合，这位太监公公便趁入朝面君之际狠狠参奏封常清、高仙芝二人的“罪状”，讲封常清“以贼摇众”，说高仙芝“弃陕地数百里，又盗减军士粮赐”。

肝火正旺的唐玄宗闻言大怒，一改平日纵容武将的态度，加之当时

还以为安禄山叛乱指日可平，正好想杀两个大将以威众，就派太监边令诚持敕令于军中斩杀了高仙芝、封常清。

高仙芝，本是高丽人，其父高舍鸡投军安西，从军卒做起，官至诸卫将军这样的中级军职。史载，高仙芝“美姿容，善骑射，勇决骁果”，是个弓马娴熟的职业军人。

他自少年时代就随父亲至安西从军，因父功获授游击将军，二十多岁就拜将军，军职与父亲相当。他在节度使田仁琬手下做事时，并没有获得重用。四镇节度使夫蒙灵察（此名怪异，是少数民族出身的番将）很欣赏他，屡次加以提拔，至开元末年，高仙芝已升任为安西副都护，四镇都知兵马使。

唐朝在西域的属国小勃律国国王因贪图吐蕃的金银珠宝和公主，投入唐朝的宿敌吐蕃阵营，阻挡驿路，致使西域二十多个城邦国家无法向唐朝进贡。田仁琬、夫蒙灵察等人多次派兵征讨，均无功而返。最后，唐玄宗特命高仙芝为行营节度使，率万余唐兵前去攻伐小勃律国。

高仙芝治军有方，兵分三路，三个多月行军千里，不顾水急流变，冒险涉过婆勒川，一举攻下驻有千余吐蕃精兵的连云堡（今阿富汗境内）。随后，一路狂撵，斩首五千多级，生俘千余人，得骏马千匹，军资器械不可胜数。

由于前路险远，身为监军的太监边令诚不敢再前进。高仙芝派兵护卫这位“天使”留在连云堡，自己亲自率兵跋涉冰川巨谷，直插小勃律国都城（今巴基斯坦境内）。神兵神将一般，尽俘小勃律国国王、吐蕃公主和一帮王公贵族。不到两个月的时间，高仙芝已经押着大批俘虏和宝物胜利抵达连云堡，与时刻准备撒丫子逃跑的大太监边令诚相见。为了使玄宗早日获捷报，高仙芝马上派人把胜讯写成奏表飞报朝廷。

不料，高仙芝得胜之师回到河西，四镇节度使夫蒙灵察见面后劈头盖脸一顿臭骂：“你这个吃狗屎的高丽奴！不识抬举，算一算，自你做于阗镇将、焉耆镇守使、安西副都护，一直到安西都知兵马使，都是谁推荐保举你的？”高仙芝毕恭毕敬回答道：“全赖您所举。”夫蒙灵察稍稍平了平怒气，说：“既然还知道我对你的恩情，为什么不把胜利消息先告诉我，让我奏表皇上！你这个高丽奴罪过不浅，按常理我得斩杀你，但念你新立大功，先不处理你！”

话虽汹汹如此，夫蒙灵察此时根本不敢擅杀高仙芝，最令他狂怒的就是此次大捷没能算在自己的功劳簿上。

大太监边令诚当时还很回护高仙芝，他把征伐小勃律国的整个过程原原本本上奏给唐玄宗，又把高仙芝惹怒主帅夫蒙灵察的事情也细细禀明：“仙芝立奇功，今将忧死！”

太监奏事，往往夸大渲染，不由得令玄宗感叹高仙芝的功劳，恼怒夫蒙灵察的跋扈。很快，朝廷下表，授高仙芝鸿胪卿、摄御史中丞、代夫蒙灵察为四镇节度使，并征夫蒙灵察入朝。一下子失去官位，夫蒙灵察大惧，很怕高仙芝对自己打击报复，但高仙芝绝非狭隘小人，依旧趋走如故，对老上司毕恭毕敬。

此后，高仙芝一帆风顺。他于天宝九年（750 年）率大军讨伐亲附吐蕃的石国（今巴基斯坦北部），大获全胜，俘其国王而归。两番征伐，使唐朝在中亚地区的威望达到顶峰，也使高仙芝本人的威名响震西域，连吐蕃和大食帝国也称赞这位唐朝大将为“山地作战之神”。

唐朝拜高仙芝为开府仪同三司、右羽林大将军，并于天宝十四年（755 年）封其为密云郡公。

安禄山在范阳造反。唐廷以玄宗第六子荣王李琬为讨贼元帅，高仙芝为副元帅。也是天命示警，李琬上任才数日，就得暴疾而薨，只剩高仙芝一个人独挑大梁。虽然惶急之下招募了数万军卒，但都是些不谙战阵的市井百姓，真正的乌合之众。同时，玄宗派高仙芝的老搭档大太监边令诚为监军。

天宝十四年十二月，玄宗亲临劳军，大军开拔。十二月十一日，封常清败讯传来。十三日，安禄山攻陷东京洛阳。

在逃往陕州的路上，封常清不忘告诫高仙芝：“累日血战，贼锋甚锐。现在潼关无兵，如果狂寇乘胜奔进，京师就危急了，应该急回潼关严守。”于是两将率兵搬取太原仓钱绢，分给将士，剩下的就一把火烧个精光，免得留下资敌。

高仙芝奔至潼关后，修缮城防。安禄山骑兵大至，看见城坚池深，无可奈何舍潼关而去。此次潼关不失，诚为高仙芝的莫大功劳。

至此，介绍一下“悲剧英雄”封常清。

封常清，本蒲州人。由于外祖父犯罪，被流放安西。封常清父母双亡，随外祖父一起流放，自小就生长于安西。外祖父被派守胡城南门当门卒，仍旧不改读书旧习，常常让外孙封常清坐在城门楼上，手把手教他读书识字。积年以来，封常清也算博览群书。后来外祖父老病而死，封常清孤贫无依，在军中默默无闻，一直到三十多岁还只是个普通军士。

夫蒙灵察为四镇节度使时，高仙芝任都知兵马使，每次出门都有随行副官三十多人跟从，衣甲鲜明，气宇轩昂。封常清慨然发愤，进帐报名要当高仙芝的随从副官。

高仙芝定睛瞧看，见来人身形瘦小，走路也一瘸一拐，相貌丑陋，当时就断然拒绝。转天，封常清又进帐报名，高仙芝很不耐烦：“我随行副官人数足够，何烦复来！”封常清也火了，说：“我倾慕您的英明高义，愿于左右伺候以听驱遣。孔子曰：‘以貌取人，失之子羽。’您怎能这样拒绝我啊。”高仙芝仍然没有答应。封常清果然有毅力，天天晨夕不离其门，等了数十日，死缠烂打，高仙芝烦透了，就任他为随从副官。

唐玄宗开元年间，达奚部落背叛唐廷，整个部落自黑山往北向碎叶方向逃奔。夫蒙灵察受命，派高仙芝率两千骑兵昼夜兼程，于绫岭半路邀击。达奚部落一路奔跑，人马疲极之时，忽遇身着黑甲、手持陌刀、乘跨骏马的唐军，吓得魂飞魄散，纷纷为刀下之鬼，整个部落几乎被一锅端掉，只跑出了几个人。

破敌之后，封常清在军帐中为高仙芝写“奏捷书”，他文笔精审，把唐军一路上的行军路线、却敌方略、战斗过程等详情渲染刻画，事事周全。从此，高仙芝对封常清刮目相看。

以此役为晋升契机，封常清得授判官（军中高级参谋）一职，逐渐以军功不断升职。

唐玄宗天宝六年，在高仙芝击破小勃律国的战役中，封常清也是有功之将。高仙芝代替夫蒙灵察为四镇节度使后，推荐封常清为节度判官。不久，朝廷加授封常清朝散大夫，专职负责四镇的仓库、屯田、甲仗、支度、营田等事务。高仙芝每次有重大军事行动，全赖封常清留守后方，保障一切征讨所需的后勤给养。封常清又才学不俗，明敏果决，成为高仙芝不能暂失的左膀右臂。

天宝十年，高仙芝改授安西节度使，仍保荐封常清做参谋长。天宝十一年，封常清代王正见为安西副大都护。天宝十三年，封常清入朝，摄御史大夫，获赐甲第一区（豪华别墅一座）。虽功高赏厚，封常清为人清廉勤俭，每次出征或经驿途办理公事，随从仅一两人而已，且赏罚严明，深得众心。

天宝十四年，安禄山反讯传至朝廷。唐玄宗于华清宫召见封常清，问讨贼方略。由于久习边事，封常清慨言回奏：“安禄山率凶徒十余万进犯中原，太平日久，人不知战。但事有逆顺，势有奇变，臣请走马诣东京，开府库，募骁勇，计日取逆胡之首以献阙下。”

玄宗正处于忧恐之中，闻言“壮之”。转天，就授封常清为范阳节度使，授权他去洛阳募兵征讨。

封常清到洛阳后，旬日间得兵六万，但都是佣保市井之辈。这些平日里从未经过军训、挑担推车的老弱残兵，实际上已经决定了封大将军的悲剧结局。

天宝十四年十二月，安禄山大军渡过黄河，攻陷陈留（今河南开封），兵锋正锐，先头部队已打到葵园。

封常清派兵与安禄山的柘羯兵逆战，起先还能杀贼数十百人。不久，安禄山大军继至，封常清退入洛阳上东门，抵抗不住，最终各路贼兵攻进四门，鼓噪杀掠。此后，封常清战于都亭驿，又败。退守宣仁门，又败。屡战屡败，屡败屡战。最后，封常清不得已，率残兵至谷水，西奔陕郡。

半路，封常清遇见高仙芝，详细汇报了安禄山的兵情兵力，嘱咐高仙芝千万不要轻敌，莫与贼争锋。高仙芝急忙率军退守潼关，这才保证了通往长安最重要隘口的安全。

唐玄宗得知封常清败讯，非常恼怒，马上下令削夺封常清一切官爵，令他于高仙芝军中“白衣效力”。世事轮回，封大将军一下子又被打回原形。即使如此，封常清仍旧无悔无怨，高仙芝对他也始终如一，仍让他监巡左右厢诸军。

战事如此吃紧，“代朕亲巡”的大太监仍旧作威作福。太监边令诚凡事都要插一腿，高仙芝多不从。天宝六年的小勃律国之役，远在西域边外，估计边令诚知道自己能吃几碗干饭，加上高仙芝当时人轻位浅，对监军敬重有加。如今时势有异，战事危急，边令诚不习武事，仍事事插手，双方难免会产生龃龉。

太监的性格“易怒而难消”。边令诚回朝奏事，把高仙芝、封常清的“败绩”添油加醋地在玄宗面前一一陈讲，对于二将的顽强和匆忙招募的士兵素质低下却只字不提。玄宗“龙颜大怒”，丝毫不念二将固守潼关之功，就派边令诚赍敕至军，诛杀二人。

边令诚到潼关后，在驿南西街向封常清宣读敕令。跪听圣旨后，封常清言道：“我讨贼无方，令国家蒙羞，死所甘心。但身死之后，有表章奏与皇上，请公公上达天听。”言毕，取出随身早已准备好的奏表，递给边令诚，然后，跪地伏首，慷慨受刑。

封常清在临终表章中，先陈述自己东京失陷后之所以败逃，不是为

高力士、杨贵妃、安禄山、杨国忠绣像

了苟全性命，并向唐玄宗详细讲解与敌交战后对安禄山叛军的军事分析和重新认识。接着，封常清又如实讲述了洛阳败绩的原因和自己忍死败退的情由。千载之后，可悲可悯。

> ……臣死之后，望陛下不轻此贼，无忘臣言，则冀社稷复安，逆胡败覆，臣之所愿毕矣。仰天饮鸩，向日封章，即为尸谏之臣，死作圣朝之鬼。若使殁而有知，必结草军前，回风阵上，引王师之旗鼓，平寇贼之戈鋋。生死酬恩，不任感激，臣常清无任永辞圣代悲恋之至。

高仙芝从城外巡营回来，刚知道封常清被下旨斩首，还不知道自己也有份儿。由于高仙芝此时仍兵权在手，大太监边令诚急忙找了百多名陌刀手跟随身后，迎前对高仙芝讲：“大夫您亦有恩命！”

一闻此言，高仙芝知道大祸难逃，并无惊慌，只是跟随边令诚走到封常清受刑的地方，跪听敕令。

敕令宣达后，高仙芝很平静，对边令诚说：“率军撤退，确实算得上是罪过，为此受死，我无异言；说我克扣士兵钱粮和赐物，就肯定是冤枉我！上有天，下有地，兵士皆在，足下怎么不知道实情呢？”

刑场之外，此时已经密密麻麻围满了高仙芝招募而来的兵士。这些兵士虽跟随高仙芝不久，但都对这位豁达大度的将军很是敬重。

高仙芝扭头对兵士们高声说：“我于京师招募你们出来打仗，大家虽然得到一些兵饷装备，其实远远不足。正想和诸位儿郎一起冲杀破贼，取高官重赏，不料想贼众突来，我才带领军队后撤至此，本意也是想为国家固守潼关。如果我果真克扣你们的钱粮，你们就说有；如果我没有克扣钱粮，请你们说无。”

话音刚落，数万士兵齐声大喊：“无！”其声震天动地。

太监边令诚不为所动，示意刽子手行刑。

高仙芝凝视已身首分离的封常清尸身，感叹道：“封二（以排行称呼），你从一无名小卒到大将，皆由我所引拔，又代我为节度使，步步有缘。今日，我又与你同死此地，真是天命如此！”

言讫，刀下头落。

一天杀掉两个大将，皇帝才稍解心头恨意。思来想去，唐玄宗又召见因病在家休息的陇右节度使哥舒翰，拜其为兵马副元帅，将兵八万，加上高仙芝原来招募的兵士，号二十万，军于潼关，准备与各路人马一起，会攻洛阳。

由此，牵出“安史之乱”后第三位倒透血霉的大将军——哥舒翰。

“北斗七星高，哥舒夜带刀。至今窥牧马，不敢过临洮。”哥舒翰是唐朝赫赫有名的战将，从这首西北民歌就可见其英勇之一斑。

不仅如此，大诗人李白在《答王十二寒夜独酌有怀》一诗中，也曾言及这位盖世英雄：“……人生飘忽百年内，且须酣畅万古情。君不能狸膏金距学斗鸡，坐令鼻息吹虹霓。君不能学哥舒横行青海夜带刀，西屠石堡取紫袍。吟诗作赋北窗里，万言不直一杯水……”

哥舒翰，是突骑施首领哥舒部落的后裔，以部落为姓。其父哥舒道元曾为安西副都护，世居安西。由于家财殷富，哥舒翰从年轻时代起就倜傥任侠，义气重诺，酷爱酣饮赌博。一直胡混到四十岁，其父在长安患病去世。他在长安守丧三年，由于身无长技，又有一身公子哥的坏毛病，地方官很瞧不起他。为此，哥舒翰慨然发愤，仗剑入河西。

毕竟自少生于边陲，哥舒翰勇武善斗，深为大将王忠嗣所赏识，推荐他为衙将。

哥舒翰自年轻时代起就喜读《左氏春秋传》和《汉书》，深受书中人物放荡不羁、慷慨豪迈精神的熏陶，做事磊磊大方，待人疏财重义，深受士兵拥戴。在新城讨伐吐蕃时，同列有个副将不听指挥，哥舒翰大怒之下当时就用木棒把此将打杀，军容为之一振。

苦拔海一役，吐蕃精骑从山顶排成三列兵队疾驰而下，哥舒翰一人立于马上，手持半段枪逆其锋而击，三列人马无不摧垮，大败而去。自此，哥舒翰声名大振。

天宝六年（747 年），朝廷授哥舒翰为陇西节度副使，仍于边境抗御吐蕃。吐蕃军队当时常常四出抢掠。每到秋天麦熟之时，吐蕃就会派出大批精锐骑兵去唐军积石军屯田的地方抢麦子，几乎次次得手，并扬扬得意地把积石军麦田称为“吐蕃麦庄”。由于每次吐蕃兵都是劲骑有备而来，唐兵不敢挡其锋芒，只能眼睁睁看着辛苦一年种好的麦子被吐蕃军队抢走。

哥舒翰上任，得知这一情况后，就派将领暗中在积石军埋伏兵马，设下伏击圈，静待吐蕃军上钩。吐蕃五千骑兵骤至积石军营垒，同往常时节一样，唐兵皆龟缩于营内。吐蕃军人笑语喧哗，像拿自家东西一样大肆抢掠。不料想，营门忽然大开，哥舒翰率唐兵纵马驰击，吐蕃人马不久就被杀掉大半。剩下的残兵拼命往外逃，又被埋伏的唐兵半路邀击，最终“匹马不还”，五千吐蕃精骑一个不剩，全部命丧唐兵之手。

哥舒翰打仗时善使长枪，在与敌兵的战斗中，他每次追及敌将，就以大枪搭在对方肩上，然后大喝一声，待敌人惊顾之时，枪头掉转，直刺入喉，往往挑起三五尺高才扔于马下。哥舒翰有个家奴名叫左军，才十五六岁年纪，也勇猛非常。每次哥舒翰把敌将挑下马，左军就下马挥刀，斩落对方首级，以做回营报功之用。两人配合默契，天生一对战场上的凶神恶煞。

后来，唐玄宗以哥舒翰为陇右节度使。哥舒翰上任后，首先在青海设神威军，并筑应龙城，击退吐蕃军的进攻，使吐蕃不敢再进犯青海。天宝八年，朝廷以朔方、河东等地十万多军卒全归哥舒翰统领，集中力量进攻吐蕃的石堡城，在付出数万人伤亡的代价后，终于占领该城。

万骨枯后，一将成名。唐玄宗授哥舒翰为特进、鸿胪员外卿，赐物千匹，并赐大宅美田以彰其功。

哥舒翰一直与安禄山以及安禄山的族弟安思顺处不好关系（估计是出于“同行是冤家”的心理，其实此三人从未在一起共过事）。

唐玄宗知晓此事，趁着天宝十一年三人同时进京的机会，派高力士以皇帝的名义撮合他们一起饮酒。安禄山眼见哥舒翰如今也是皇上的红人，加上喝酒喝得爽，一高兴，就主动向哥舒翰示好：“我父亲是胡人，母亲是突厥人；您父亲是突厥人，母亲是胡人。我们血脉如此相类，怎能不感觉亲近呢？”

哥舒翰的回答很特别，大概他读过些书，爱引经据典：“古人讲，野狐向自己出生的洞窟嗥叫，是不祥的征兆，因为它忘本啊。我哥舒翰怎能不尽心呢。”其实这话也是示好之意，没什么“刺儿”在里面。

偏偏安禄山是个粗人，以为哥舒翰拐弯抹角以“狐”字讥讽其胡人，骂他“忘本”，大怒，酒杯一摔，骂道：“你这个突厥狗敢如此说话！”

哥舒翰正要起身回骂，高力士忙向哥舒翰使眼色，这才阻止了两个人的发作。

由于朝中宰相杨国忠和安禄山日生嫌隙，这位靠堂妹裙带关系上台的宰相就特别注意拉拢哥舒翰。玄宗天宝十三年，在杨国忠的力赞之下，哥舒翰刚刚接到河西节度使的委托状不久，又被授封为西平郡王，拜太子太保，兼御史大夫。

哥舒翰自青年时代就是个酒徒，功成名就后，更加大鱼大肉，醇酒美人不离左右。在土门军“蒸桑拿”时，老哥们儿忽然得了脑溢血，摔倒在地，昏迷了好久才醒过来。于是入京养病，废疾于家。哥舒翰也倒霉，如果在浴室里一命归西，肯定有“唐室竭忠之良将”的万世英名。偏偏他被救活过来，为善不终，使一世英名化为流水。

安禄山造反，朝廷以败退之罪杀掉高仙芝、封常清两位大将，只能起用在家养病的哥舒翰，拜他为皇太子先锋兵马元帅，统数十汉、番名将，率高仙芝旧部等二十多万兵士，赴潼关“拒贼”。

临行，唐玄宗亲自为他饯行，加封哥舒翰为尚书左仆射，同中书门下平章事，可谓荣禄至极。

安禄山造反前，已居长安安享富贵的安思顺深恐这位老兄日后造反会牵连自己，暗中不停上表唐玄宗说安禄山不是个好种，造反是迟早的事，以此为自己一家留后路（造反是族诛的大罪，安思顺事先告发，安禄山造反后果然没有连坐他一家）。

哥舒翰带兵出发后，思起旧恶，派人伪造安禄山与安思顺“里应外合”的书信，派人呈送玄宗，并请求诛杀安思顺。唐玄宗此时对哥舒翰言听计从，马上下诏赐死安思顺和他弟弟安元贞，两家全部流放于岭南偏远之地。

见此，杨国忠心里也开始打鼓，从前他力保的哥舒翰羽翼已丰，说不定哪天会奏自己一本，加之其拥重兵在外，不得不防。同时，哥舒翰手下部将王思礼也劝他：“安禄山以诛讨杨国忠为借口，如果将军您留三万兵于潼关，自将大军回师京城杀掉杨国忠以清君侧，不仅国权在握，安禄山进兵也失去了借口。”哥舒翰考虑半天，没敢认同，说：“如果这样的话，我不也成了安禄山第二了吗？”

虽如此，此谋被泄，消息很快就传到了杨国忠的耳朵里。大骇之下，他赶忙入见玄宗，说：“兵法讲，安不忘危。现在大军全部集结在潼关，万一有个闪失，京师就太危险了。”

取得玄宗同意后，杨国忠招募三千精兵，日夜训练，以他的亲信将领统驭。同时，他招募一万多兵士屯结灞水之上，以心腹杜乾运掌兵。

哥舒翰害怕杜乾运从背后给自己来个“窝心剑”，假装商议军事，把杜乾运召至自己大营，一进大营就借事将其绑上砍了头，并领其军。与安禄山还未开战，杨国忠和哥舒翰这一相一将就开始互相算计，后果不难想象。

无论如何，哥舒翰确实是将帅之才。他认为，安禄山虽占有河北广大地区，但所领皆是番将胡人，占领之地皆是依恃威势，肯定不会持久。如果固守坚城，安禄山众军很快就会因挫沮而军心涣散，到时可以趁势出击。

不料，杨国忠看到哥舒翰长期拥兵在外不出去交战，害怕大将军暗地里会找机会先发制人加害自己，所以，他不停上奏玄宗要哥舒翰出师，以免师老兵疲。

玄宗自然听信杨国忠，不断派中使催促哥舒翰马上出潼关主动进击安禄山，把安大胖子擒进京城万剐千刀才解恨。

哥舒翰紧急上奏，说："安禄山久习用兵，现在暗藏精锐，以老弱兵卒引诱，肯定是有诡计。而且，贼兵远来，粮草无继，利在速战。如果我师轻出，正中其计！"

玄宗不听，认为哥舒翰惧敌，派遣的中使一个接一个，语气也慢慢加重。有高仙芝、封常清这两个"前车之鉴"，哥舒翰无奈之极，很怕最后来个边令诚那样的太监，一纸诏书就能要了自己的老命。

万般无奈之下，哥舒翰大哭一场，集结大兵出关。

天宝十五年（756 年）六月四日，哥舒翰大军驻扎于灵宝县的西原。六月八日，十几万官军南迫险峻高山，北临黄河，乱哄哄前行，与安禄山的大将崔乾祐之军数千人交战，踏进贼兵的埋伏圈。

哥舒翰自己和几个高级参谋浮船河上，看见崔乾祐兵数很少，心中轻敌，就击鼓催促兵士速进。唐军将士也争功，一拥而上，更无行列阵伍。

有如大炮打蚊子，贼兵又居于高险之处，十来万大军气喘吁吁爬了半天山，也没找到几个敌人，乱哄哄在山下聚成一团。

敌人从山上忽然冲下，杀掉不少唐军。

哥舒翰此时依仗人多，分遣兵马，夹河鸣鼓，拥众而前。

崔乾祐假装示弱，兵士十十五五，或进或退，唐军大笑。

午后，东风忽起，崔乾祐估计学过诸葛亮兵法，把数十辆点燃的草车推下山谷，很快树木草丛接连起火，一时间烟焰熏天。烟熏火燎之下，唐军眼都睁不开，互相你推我撞，前军后退，后军前逼，自己乱成了一锅粥，立时就掉进黄河淹死几万人，哀号救命声震天动地。

河边的唐军再也不敢进攻，争相逃上黄河中的运粮船逃命。由于人多，几百艘船最后都因超载沉入河中，浑身铠甲的士兵几乎全都在黄河中淹呛而死。最后，剩余唐军把军械绑缚在一起，以枪当桨，划向河对岸逃命。最终上得岸来的，仅存十分之一二。

唐军军败之情状非常惨烈，山上的尸体填满了绵延数里的三条宽二丈深一丈的堑沟。

见此势态，哥舒翰忙带领数百亲兵渡河还营，一点数，总计还剩八千残兵。惊惶之中，哥舒翰还算镇定，逃至潼津，把陆续逃归的败兵集合起来，重新守住关口。

崔乾祐大胜，稍稍休整军队后，马上向唐军扑杀过来。被哥舒翰一手提拔起来的番将火拔归仁等人见大势已去，暗中商议好要一起劫持哥舒翰投降安禄山。

几个人进得大营，拥持哥舒翰就往外走。

"去哪里？"哥舒翰得过半身不遂，又经一路狂逃，还没歇过劲来，忙惊问诸将。

"大帅，二十万大军，在您手中一天就覆亡殆尽，还能回朝廷面君吗？高仙芝等人的下场您不知道吗？"诸将向哥舒翰把事情挑明。

此时的哥舒翰大将军还算条汉子，怒道："我宁可像高仙芝那样被国家杀头，你们放开我！"如此奇货可居，火拔归仁等人当然不会放走。他们把哥舒翰绑在马上，捆送至崔乾祐营内，以余军归降。

至此，潼关失陷。

崔乾祐不敢怠慢，连忙以囚笼驰送哥舒翰至洛阳。安禄山见到哥舒翰，骂道："你平常总是瞧不起我，现在成为我的手下败将，怎么样啊？"

青壮年时代万马军中驰骋杀人的哥舒翰大将军，可能是又老又病的原因，也可能二十万大军丧亡殆尽的惊惧使然，他膝盖一软，一下子跪倒在安禄山面前，俯伏谢罪，说：“陛下是拨乱之主。现在天下未平，李光弼在常山（今河北正定），李祇在东平（今山东郓城），鲁炅在南阳，为臣我现在为陛下您以书信招降他们，可平定这三方唐军。”

安禄山大喜，马上封哥舒翰为司空。随后，安禄山大脸蛋子一沉，唤人把站在下边等着封赏的火拔归仁五花大绑，呵斥道：“背主忘恩的东西，怎能容你这样的人留在军营！拖下去砍了！”安禄山此招，表明此人确实是一个大奸雄。一来可以激励手下将士一心为主（安禄山自己），二来又卖了哥舒翰一个大面子。试想，如果三面唐军皆能由哥舒翰招至，死个粗疏忘恩的火拔归仁根本不算什么。

不料，哥舒翰昔日手下诸将接到书信后，都复书责骂他不死节，有失国家大臣的体面，并纷纷严兵以待，丝毫不为所动。

安禄山这才知道哥舒翰此时已是个无用的废物，又念起旧恶，就派人把哥舒翰杀掉了事。

可见，人死一定要死的是时候，“周公恐惧流言日，王莽谦恭未篡时。向使当初身便死，一生真伪有谁知”。假如哥舒翰在土门的大浴室蒸桑拿时死去，肯定因一生抗击吐蕃而功名盖世，不仅唐朝存在时会四时享受冷猪肉，唐朝以后的千年万世也会被人们当作竭忠保国的楷模。加上又有西北边境人民的民歌颂扬、大名鼎鼎的李太白赋诗“表彰”，没准儿经后世艺人再演义一下，跟关公并列门户都不稀奇。

可惜可叹，老将军死晚了，拜倒于安禄山座下，一世英名，皆付之流水。他为唐朝出生入死大半辈子，晚节不保，向贼屈膝，史官盖棺定论八个字：“丑哉舒翰，不能死王！”

回想一下，742年，即唐玄宗天宝元年，唐朝设十节度使（十大军区），其中九大节度使都是处于西北边疆，只有河东一镇治所在较近内地的太原。唐玄宗中后期，由于郭虔瓘、郭知远、王君廓、张守珪、王忠嗣、牛仙客等能将良臣的经营，吐蕃、突骑施、奚、契丹等异族遭受沉重打击，已无能力进攻唐境，远远窥伺而已，唐朝只要稍于边塞筑坚城待守即可。

偏偏玄宗晚年好安乐，以为只要边镇不乱，即可高枕无忧。他哪里知道，节度使在外，重兵在握，有专征之权，兵之强弱多寡，将领之忠奸贤愚，朝廷一无所知。同时，安禄山等人又收买人心，以番将全代汉将，将士只知主帅的恩威，根本不知朝廷的存在。

唐玄宗晚期，国家已承平多年，内地又无重兵防守，外强中干，重用的文臣又多是李林甫、杨国忠此等奸邪、自私之人，因此，塞外精锐之师一反，内地全是疲弱乌合之众，仓促迎战，交兵即溃。封常清、高仙芝等人再能战斗冲锋，对唐朝生有八颗忠心，再舍生忘死，也不过一头两臂，不能呼风唤雨，只能眼看着盛唐的大厦轰然倒塌，无可奈何！哥舒翰虽有军事才干，但其度量隘浅，不恤军士，老病昏庸，加上杨国忠撺掇唐玄宗再三催促其出潼关迎敌，败亡之势，根本就不可扭转。

唐朝上下骄昏如此，三将败擒，也在常理之中。时兮命兮，令人长叹。

临危救难　再构国家

唐朝中兴大将李光弼、郭子仪、颜杲卿、张巡

哥舒翰潼关大败，消息传来，玄宗这才真正着了慌，六神无主。

由于杨国忠兼任剑南节度使，安禄山刚刚造反的时候，他早早就让副手崔园暗中准备长途行军所需，万一有难，他能有足够的时间和物资存储逃往自己兼任的地区。

唐玄宗向他问计，杨国忠马上以蜀地为首选，玄宗当时脑子一锅乱粥，自然也就答应了下来。

转天上朝，杨国忠在朝堂上会集百官，问应敌之策，众人皆唯唯不

对。杨国忠惶惧流泪，说：“一直有人上告安禄山谋反，总共有十年之久，皇上总不相信。事已如此，不是我这个宰相的过错。”

下朝后，杨国忠忙让堂姐妹韩国夫人和虢国夫人入宫，劝唐玄宗入蜀。

安禄山大军一路杀来，气势汹汹。潼关破后，长安指日可至。都城之内，士民惊惶乱窜，不知所措。

唐玄宗先下诏称自己御驾亲征，大小朝臣谁也不相信。上朝时，只有平时应到人数的十分之一二。眼看告急文书一路飞来，安禄山的军队已离城不远，唐玄宗忙命龙武大将军陈玄礼集结御林军，保护着杨贵妃姐妹、杨国忠、皇子、贵妃、公主、皇孙等直系亲属一帮人偷偷溜出，逃之夭夭。

路经马嵬驿，御林兵起事，杀杨国忠等人。玄宗无奈，下令杨贵妃自尽，眼看宠妃“宛转蛾眉马前死”，唐玄宗心如刀割也无可奈何。

入蜀之前，当地父老遮道哀求，恳请玄宗留太子李亨在当地，以号令诸军，抵御安禄山贼兵。不得已，唐玄宗留下后军二千人与太子，自己在一行人的保护下急忙往蜀地加速逃亡。

长安城内，安禄山大开杀戒。贼兵把霍国长公主（唐睿宗女儿）等公主、王子、王妃、驸马、宗室尽杀于崇仁坊，并统统活挖其心，掏出来祭奠被唐廷斩首的安庆宗。同时，虐杀杨国忠、高力士等人的亲党八十三人，皆用铁制锐器撬开脑盖加以残杀，血流遍地。转天，又残杀皇孙及皇室郡主、县主二十多人，金枝玉叶，一时凋残。

至此，光辉赫赫的盛唐时代戛然终结，唐王朝已在风雨飘摇之中。

力挽狂澜殊死报唐——中兴大将之李光弼

时至今日，只要说起唐朝“安史之乱”之后挽狂澜于既倒的大将军，国人大多只熟悉郭子仪，戏曲中有《满床笏》《打金枝》等传统折子戏，男女老少，都能知晓一二。

仔细研读各类史书，可以发现，拥有兴唐第一功的，当属本来是契丹族的李光弼。《旧唐书》中，只把李光弼与王思礼、邓景山、辛云京共列一传；《新唐书》虽多篇过于精简，却把李光弼单独成传，待遇与郭子仪相当。

南宋以后，估计是因为屡次失国，汉人的民族意识空前高涨，总是把郭子仪等汉族出身的将帅刻画为光复国家的栋梁，有意无意地逐渐弱化“九夷”出身的番人大将。随朝代递嬗，又无民间戏曲、演义渲染，这些立有奇功的能臣武将的事迹渐趋暗淡，几近失传。

究其实也，赫赫大唐的创立者李渊家族，本来就不是纯种的汉人，绝非后来编造杜撰的是什么李耳或李广的后裔。李唐家系源自北魏的西北民族杂居地区，或许是汉化的鲜卑人，或许是汉化的突厥种。皇室自身的模糊民族观念和“以天下为己任”的雄才大略，使李唐王朝的民族隔阂意识非常淡薄（其实汉族仅是文化意义上的民族），初唐时就有冯盎（百越）、阿史那杜尔（突厥）、契苾何力（铁勒）、黑齿常之（百济）、李多祚（靺鞨）等“九夷”大将，忠心耿耿于唐室，为唐王朝东征西讨，死命拼杀，青史留名，都是大唐的“纯臣”。因此，唐朝使用非汉族的“九夷”将领不是什么特别的事情。

安禄山、史思明的叛乱留给后人这样的印象：好像造反起兵、残暴杀人的都是“异族”。其实他们手下充当首席军师出尽坏点子的都是汉人。安禄山起兵，河北尽降，以至于唐玄宗哀叹：“河北二十四郡，怎么就颜真卿一个忠臣！”即使与安禄山同宗的安思顺，也是忠于唐朝，事前不断提醒玄宗安禄山要造反，虽然事后由于哥舒翰造假，使玄宗怀疑安思顺和安禄山暗中勾结，下令杀掉了安思顺兄弟，但当时“天下冤之”，他们最终仍是唐朝的不叛之臣。

以李光弼为最，在唐王朝最危急的时刻，“九夷四蛮”出身的将军们，包括哥舒曜、白孝德、李国臣、白元光、荔非元礼等，舍生忘死，力赞唐室。时至今日，他们的忠勇行节，仍旧令人感动。千载之后，依然使人唏嘘泣下。

李光弼的父亲李楷洛，原本是契丹酋长。武则天统治时期，内附唐朝，官至右羽林大将军，封蓟郡公。吐蕃侵袭河源，李楷洛率精兵抵御。临行前，老头子不知怎么有了预感，对人讲："灭了来袭的吐蕃贼，我也回不来了。"果然，平贼之后，李楷洛于回师途中病死，真正是"牺牲在工作岗位上"。唐廷大力褒扬，赠营州都督，谥"忠烈"。

李光弼是烈士子弟，自幼就不像一般孩子一样嬉闹玩耍。从少年时代起，李光弼就精于骑射，性格严毅刚果，不苟言笑，使人一见肃然，营中上下皆知这是个有远大志向的好苗子。

由于在击破吐蕃、吐谷浑的战斗中屡建战功，唐廷晋封李光弼为云麾将军。当时的朔方节度使安思顺推荐李光弼为副使，知留后事（统管全部军备后勤事务）。由于李光弼一表人才，为人磊落，安思顺想把女儿嫁给他。李光弼推托自己有病，没有答应这门婚事。由此，就可以看出李光弼出道时就有深谋大略，不把自己陷入这些权臣大将的关系网中。这样，才能一心尽忠朝廷，免受私人的恩惠利诱。

素与安思顺不和的哥舒翰知道此事后，大竖拇指赞叹李光弼是个汉子。当其时也，安禄山、安思顺兄弟权倾朝野，平常人想巴结他们都没门儿，而李光弼竟坚辞不做"乘龙快婿"，志节确实不同凡响。为此，哥舒翰上表朝廷，征他入京城为武官。

哥舒翰镇守潼关时，唐玄宗心中也打鼓，同时拜郭子仪为朔方节度使，收兵河西。临行之前，玄宗问郭子仪有何良将可以推荐，郭子仪马上就说出了李光弼的名字。

唐廷制下，以李光弼为云中太守，兼御史大夫，充河东节度副使。天宝十五年三月，李光弼以五千兵马与郭子仪合军，东下井陉，收复常山郡。

史思明叛军来援，李光弼数出奇兵，贼军连败，唐军趁机攻拔赵郡。四月，唐廷拜李光弼兼范阳长史、河北节度使。七月，李光弼率军在常山的嘉山一带大破安禄山属下史思明、蔡希德、尹子奇三员大将，斩首万余，生俘四千。史思明只身一人逃往博陵。至此，河北大半郡县重为唐军所有。

首伐连捷之时，李光弼清醒地认识到，范阳是安禄山的老窝，应该先予攻克，绝其根本。计划未行，哥舒翰潼关败迅传来，唐玄宗逃往蜀地，一时间军心大骇。

唐肃宗李亨即位后，马上派使臣授李光弼为户部尚书、同中书门下平章事。李光弼临危受命，立即提五千兵马赴太原。

唐肃宗至德二年（757 年），史思明等人率十万多叛军向驻扎太原的李光弼军发起攻势。当时，唐军的精兵锐卒都被征调到朔方保卫唐肃宗，李光弼手下士卒连一万人都不到。

面对十倍于己、来势汹汹的劲敌，众将都建议修城凭固，坚守以待外援。唯独李光弼有自己的见解："环城四周有四十里，现在派城内兵民大修城池根本就不现实，敌人马上就杀至城外，到时大家筋疲力尽，连御敌的力量都没有。"

于是，李光弼亲率士卒百姓，在城外掘壕沟为守，他下令挖堑沟数十里，周围将士也不明就里，只能依命而行。

史思明到太原城前信心百倍，对诸贼将说："李光弼弱兵不过一万，太原可屈指而取，然后我们鼓行而西，直攻河陇、朔方两军，再无后顾之忧！"

没想到，刚要攻城，李光弼派人先以二百人才能撬动的巨型抛石车猛砸大石，一顿乱轰，叛军有一两万人被砸成肉酱。

史思明指挥兵士搭建飞楼，用木幔围起，在中间堆土成山，想凭土山临城进攻。李光弼派兵士从下面把土挖空，土山轰塌。

如此数个回合，史思明知道确实遇到劲敌，再也不提速战速决的事情。

史思明在城外张灯结彩，大宴兵士，又让戏子在台上扮成逃跑的唐玄宗：一来刺激城内固守唐兵，二来给叛军当“宣传队”，鼓舞士气。

戏演到一半，台上的几个戏子忽然不见了——李光弼派人从先前挖的堑沟壕洞一直钻到戏台下，掏空地层，戏子们自然就掉了下去。没多大工夫，几个戏子就被推到城头，咔嚓几下，涂满化妆油彩的脑袋被扔了下来。

史思明大骇，忙把自己的统军牙帐迁到距城很远的地方。叛军走动时，个个眼睛紧盯地上，唯恐自己不小心也掉到下面的窟窿里，脑袋搬家。

相持之中，李光弼派人遍挖城外地下，可以说是中国军事史上第一次大规模的“地道战”——只不过唐兵不是躲在里面“放冷枪”，而是把叛军营地的地下全部挖空。见时机成熟，李光弼假装城内粮尽，派人向史思明“约降”。

史思明大喜过望，眼见在约定的时间有唐军将领手执白旗出城，忙下令兵士放仗准备迎降。史思明脸上的笑容还没消失，身后军营忽然发出巨响，随即声声惨叫——军士集结后，地面再也承受不住重量，纷纷“塌方”，几千叛兵糊里糊涂全被活埋。

再一转头，城上城下唐兵鼓噪大喊，精骑突出，一下子就杀掉近万名叛军。

史思明吓破了胆，转身就逃。唐军乘胜追击，斩首七万余级，获军资粮草无数。

此次大胜后，唐廷迁李光弼为司空，封郑国公。

乾元元年（758 年），李光弼代替郭子仪为朔方节度使，不久，又为天下兵马副元帅。

滑汴节度使许叔冀屡战不利，向史思明投降，唐军形势转恶。有人建议增益陕郡兵力，速保潼关。李光弼不同意，说：“两军相敌，尺寸之地必争。今弃五百里地而退守潼关，贼军益地，威势更强，不如移军河阳，北阻泽、潞，胜则出，败则守，表里相应。”

同时，他又做出清空洛阳城的决定，让全城官吏居民全部出城避寇，派军兵运送守城军备于其中。

史思明军队到偃师，李光弼全军赶赴河阳。双方在石桥相遇，时值黄昏，李光弼令军士持火炬慢慢行进，坚甲利矛。叛军忌惮李光弼威名，没有人马敢突前进犯。

史思明军驻扎于白马寺，南不出百里，西不敢犯宫阙，只敢在河阳南筑月形城，挖战壕与唐军相持。十月，贼军攻城，李光弼指挥得当，斩千余人，生俘五千多人，叛军掉入河中又淹死好多人。

南城方面，唐将李抱玉也使“诈降计”，忽然出兵击袭，杀伤不少贼兵。唐将荔非元礼在羊马坡大破贼军。

各路贼军虽溃败，毕竟是燕山锐卒，很快又整合在一起，劲兵三万，全力进攻北城，很有决一死战的气势。城内唐军兵马少得可怜，全赖李光弼指挥得当，或给五百兵，或给三百铁骑，或给几十匹战马，又临阵重赏英勇之士，杀掉几个退兵败卒，使得唐军有必死之心，望旗而进，一举斩敌万余，生擒八千，俘获敌军大将三人。

战事正酣。其间，还有一个小插曲。李光弼手下大将荔非元礼守羊马城，战事胶着之时，李光弼命令荔非元礼率兵出战。贼将周挚指挥八道兵马，一边填平壕堑，一边疯狂进攻。荔非元礼乍开城门一冲，敌兵小却。毕竟贼兵人多势众，攻意正盛，荔非元礼认为此时不是派精骑突阵的时机，就摇旗令步兵回阵，示弱诱敌。

李光弼大怒，派人召荔非元礼回帅营，想当众杀掉他以明军法。荔非元礼对传令兵说：“我正在战斗中，来不及见主帅，请回禀一声，破贼后我马上去！”

在栅后望着贼军越来越近，荔非元礼对手下将士说：“李公派人召我，是以为我们刚才怯战，要斩我示众。现在应该拼死一战，战死有名，以免因无功而受戮于军营之内。”说完，荔非元礼下马持刀，身先士卒，瞋目冲前。身后将士感奋，左右砍刺，无不以一当十，斩杀数百

《明皇幸蜀图》　唐　李昭道

敌人，势不可当。

贼将周挚见势不妙，慌忙遁走。

南城的史思明仍不知北城军败，还在指挥叛兵猛攻。李光弼驱赶八千多俘虏临河“展览”，当众杀掉数十人恐吓敌军。剩下的俘虏大惧，纷纷跳入河中往南岸游，唐军刀砍箭射，几乎一个不剩。见此，史思明率军败走。

每次大战前，李光弼都插一把锋利短刀于靴中，有必死之心，他对属下讲：“我位居三公，绝不会活着被贼军俘虏，誓死报效朝廷！”

至此，见敌军退败，李光弼西向天子所居方向跪拜，三军感动，呼声震地。

唐肃宗上元元年（760 年），唐廷加封李光弼太尉、中书令。

李光弼率军进围怀州。史思明率兵来救，再三为唐军所败。史思明扬言要渡黄河断绝唐军粮道。李光弼驻军野水渡一带平地，四周竖立木栅为营垒。

白天时，李光弼率兵巡营。当晚，他率随从驰还大本营。临行前，他留牙将雍希颢留守，嘱咐说：“贼将高晖、李日越都有万夫不当之勇，今夜史思明一定会派他们来此劫营。你留守此地，切勿与他们交兵。敌人如果投降，就和他们一起来见我。”

听此一席话，李光弼的属下都摸不着头脑，以为主帅操劳过度，语无伦次。

史思明听谍报说李光弼在野水渡，忙派人把李日越叫至面前，下死命令说：“李光弼驻守平地，今夜你以五百重甲骑兵进袭把他擒来。否则，别来见我！”

李日越得到命令后，乘夜急驰，进攻唐军营垒之前，他高声喝问：“李太尉在吗？”唐军守兵回答：“已经走了。”又问：“你们有多少兵在营中？”回答：“一千人左右。”又问：“谁为主将？”答：“雍希颢。”

李日越顿时感到透心凉，良久，他对属下说：“今夜下死命令派我来擒获李光弼，现在冲进去，最多抓住个雍希颢，回营也会被处死！”于是李日越一箭未发，下马请降。雍希颢喜出望外，忙带领这位有名的骁勇敌将回营，受到李光弼的热情接待，朝廷马上授以金吾大将军之职。史思明帐下大将高晖得知此讯，也带人归降唐军。

众将佩服之余，也很不解，就问李光弼：“您降伏这两个敌军大将怎么这么容易？”李光弼说：“史思明屡次攻城失败，就想与我军平地野战。他听说我当天扎营在外，觉得我正中其计，连夜派李日越来袭擒我，肯定下死命令给李日越。雍希颢是无名之将，李日越抓他回去肯定不免一死。人情惧死，李日越不得不降；高晖勇斗名声一直在李日越之上，听说李日越获授大将军之号，他怎能不动心来降呢！”

众人恍然大悟，衷心佩服。

唐朝诸军毕集怀州城下后，掘开丹水倒灌入城。贼军顽抗，久攻不下。李光弼又使“地道战”，派人挖洞偷偷入城。唐军探子得到敌军口令，潜上城楼，然后站在城墙上大呼，大开城门。唐军一拥而入，立克怀州，擒俘安太清等三位贼军大将。

对唐肃宗有拥立之功的大太监、观军容使鱼朝恩轻信史思明散布的假消息，认为贼军思乡厌战，想要李光弼等人立刻收复东都洛阳。李光弼帐下大将仆固怀恩暗中嫉恨主帅之功，对鱼朝恩大加附和，数次上表说贼军可一举攻灭。

李光弼对形势十分清楚，上奏说：“贼锋尚锐，请候时而动，不可轻进。”

朝廷不听，派中使督战，催促进军。

李光弼不得已，仓促设阵于北邙山下。贼军一直窝火不能平地决战，此番正可倾军而来，拼死进攻。唐军大败，军资器械丧失无数。贼军乘胜攻占申州、兴州等十三州。

李光弼上书请罪，唐肃宗此时也知道不是他的过错，优诏不罪。不久，命李光弼掌管河南、淮南东西、山南东、荆南丘道节度行营事，出镇泗州。临行前，皇帝亲自赋诗送别。

危急关头，李光弼抱病出征，入保徐州。接着，他派军击败围攻宋州唐军的贼将史朝义，收复许州，俘获贼军大将二十多人。不久，李光弼击擒在浙东造反的袁晁，平定整个浙东。宝应元年（762 年），唐廷晋封李光弼为临淮郡王。

慑于李光弼的神威，一直拥军自固的唐朝方面大将田神功、来王真、尚衡、殷仲卿等人相继入朝复命，乖乖听从朝廷调遣。

大功如此，李光弼仍有岌岌可危之感。

大太监鱼朝恩和程远振都对李光弼嫉恨得要死，天天想方设法在背后中伤他。

说起鱼朝恩，就要说一下他统领的禁军。唐朝禁军最初是那些随李渊、李世民起兵的士卒。大唐建立后，为了照顾这些“从龙有功”的最早一批军人，唐廷把渭北的土地分给他们，以为禁卫亲兵，当时叫元从禁军。玄宗时，为了击败吐蕃入侵，在临洮又以禁军为骨干设置神策军。“安史之乱”爆发，神策军一千多人奔援长安，半路就听说都城失陷。神策军屯驻陕州，太监鱼朝恩就以监军身份掌握了这支军队。太监手中有了军队，就拥有了废立皇帝的威权。特别是到了后来的唐德宗时期，由于皇帝猜忌大臣，宠信宦官，神策军竟有十五万人之众，以至于唐朝日后有七个皇帝均为宦官所立。

唐代宗广德元年（763 年），吐蕃入寇，兵锋直指都城，唐代宗逃往陕郡。皇帝下诏，命李光弼赴行在来援。由于害怕鱼朝恩等人趁机谋害，李光弼一直迁延行期，不敢面君。

昔日闻命赴难的大将军，现在整日被一两个大太监吓得六神无主。而且，由于他不听朝命，威权渐失，属下将领田神功等人也慢慢不听调遣。

愧耻成疾，李光弼一病不起。身边将吏向弥留中的大将军问以身后事，李光弼感叹道：“我一直为朝廷效命军前，家有老母不能奉养，未尽孝子之职，还有什么可说呢！”只是下令把自己获赐的金帛分给帐下诸将。

很快，李光弼病死营中，时年五十七岁。唐廷予以国葬之礼，谥“武穆”。

后世史家对李光弼评价甚高，认为他完全可以与孙膑、吴起、白起、韩信这样的古代良将相比肩，且品德方面，更胜一筹。殊不料，李大将军晚年为太监所谋，困于口舌，不能自明，千方百计想保全性命，最终令自己处于更加危险的境地。惊惧成疾，竟以忧死，正是“工于料人而拙于谋己”，令后人叹惋。

古人谥法也非常有讲究。李光弼被谥为武穆，武者，刚强直理、克定祸乱；穆者通缪，布德执义、中情见貌。然而，穆还有另一种谥法：武功未成曰穆。宋代岳飞，后来也被追谥为武穆。

完名高节　福禄寿全——中兴大将之郭子仪

郭子仪，华州郑县人。其父郭敬之曾做过唐朝五个地方的刺史，也算是世家子弟。郭子仪仪表堂堂，身高七尺三寸，勇武不凡。

唐玄宗天宝十三年（754 年），他为天德军使，兼九原太守、朔方节度右兵马使。如果没有“安史之乱”，估计郭子仪会像许多边镇中高级官员一样，庸庸无为，度过富贵而乏味的一生。

天宝十四年（755 年），“安史之乱”爆发。当时郭子仪被任命为朔方节度使，以本军出兵单于府（今内蒙古和林格尔）。他出奇兵从山西插入，攻陷河东地区的战略重地静边军城（今山西右北卫镇），斩杀胡兵七千多，是“安史之乱”后唐朝的首次大捷。

天宝十五年（756 年）七月，郭子仪与李光弼合军配合作战，在嘉山（今河北曲阳县）大败史思明等贼将，斩首四万，生擒五千，获马五千匹。河北十余郡重归唐朝掌握。

唐肃宗即位后，贼将阿史那从礼率五千骑出塞，与河曲部落数万胡人觊觎身在朔方军的皇帝。郭子仪与回纥首领联兵击败贼军，平定河曲地区。

至德二年（757 年），郭子仪在潼关大破贼兵，收复陕郡永丰仓。同年四月，安禄山被儿子杀掉，朝廷召郭子仪还凤翔，欲图大举。五月，郭子仪升任司空，充关内、河东副元帅。十月，郭子仪率汉、回纥联军十五万收复长安。与敌交战中，郭子仪指挥有方，斩首六万余级，唐兵重新夺回京城。百万人民夹道欢呼："不图今日复见官军！"

十一月，郭子仪率兵攻入东都洛阳，陈兵于天津桥南，士庶欢呼。至此，郭子仪因军功加司徒，封代国公。

率师回京时，唐肃宗亲遣御林军迎于灞上。面君之时，唐肃宗一句话发自肺腑："虽吾之家国，实为卿再造！"

乾元元年（758 年）八月，郭子仪在河上大败贼兵，擒获贼将安守忠。十一月，接连大败安庆绪。转年二月，邺南战役，贼将史思明大败唐军，处于后阵的郭子仪未及合战就遇上沙尘暴，率兵士退保河阳。

大太监鱼朝恩借机进谗，朝廷召郭子仪入朝，削夺他的军权。郭子仪怡然接受处理，没有任何怨言。

唐肃宗上元元年（760 年）三月，李光弼邙山大败，鱼朝恩退保陕州。转年三月，河中、太原军乱，两地唐军主帅相继为乱兵所杀。

面对乱兵可能造反与史思明叛军结盟的局面，不得已之下，唐廷重新起用郭子仪，以他的威望与德望镇服各部兵马，晋封他为汾阳郡王，充任朔方、河中、北庭等数州节度使，出镇绛州。

唐肃宗临崩前，把郭子仪叫到床前，托付后事："河东之事，一以委卿！"

郭子仪呜咽流泪，誓死以报。

虽然郭子仪不断受鱼朝恩、程元振等太监诬陷，继位的唐代宗仍然起用他，但只是留在京都虚位相待，不予实权。

不久，唐将梁崇义、仆固怀恩相继叛乱，勾结吐蕃、回纥军队入寇河西。

唐代宗广德元年（763 年），吐蕃大军深入而来，大掠奉天、武功，渡过渭水，一路东进，直逼长安。惶急之下，唐廷只能下诏封郭子仪为关内副元帅，出镇咸阳。

由于久废在家，郭子仪部曲旧军已散。诏旨下达之日，他手下仅有二十骑人马。一行人至咸阳时，吐蕃军已经渡过渭水。

唐代宗闻讯，慌忙弃长安奔陕州。逃跑途中，射生将王献忠又叛乱，劫持丰王等十个王爷想投奔敌军。半路为郭子仪遇上，十王转危为安。

由于郭子仪统兵有方，声名又隆，一路上不断有唐朝的败兵散卒来奔，军势渐振。吐蕃军入长安不久，唐军与城内居民里应外合，虚张声势，竟使敌军惶骇奔逃。

太监程元振见郭子仪又立大功，害怕于自己不利，就极力劝说唐代宗迁都洛阳。郭子仪上表极谏，痛陈利害，代宗终于转意，回驾长安。

面对伏地迎拜的郭子仪，唐代宗一脸怅恨，说："朕用卿不早，故及于此。"

代宗广德二年（764 年）十月，仆固怀恩引吐蕃、回纥、党项数十万兵南下，郭子仪受命，率军抵御。转年九月，叛军已相继进抵长安附近，京城人情恐慌，不知所从。关键时刻，唐代宗急召郭子仪返长安。

当时，郭子仪随从军卒仅一万人左右，在泾阳屯军。四周叛军、回纥、吐蕃等军队有近三十万人，已经把郭子仪一军围得里三层、外三层。

郭子仪急忙下令属下四将分阵迎敌，自己亲率两千铠甲军出于阵前。回纥军队首领觉得很奇怪，惊问唐兵："主帅为谁？"唐兵回报："郭令公。"回纥兵大惊："郭令公还活着吗？仆固怀恩讲天可汗（唐代宗）已崩，郭令公也病死，中国无主，我们才跟随他来到这里。既然郭令公还活着，天可汗也活着吗？”唐兵答称：“天子安好！”这下子，回纥首领有些慌乱，面面相觑：“难道仆固怀恩欺骗我们？”

见此，郭子仪忙派使者去回纥营中晓谕：“几年前回纥大军跋涉万里，帮助我大唐收复两京，双方休戚与共，关系甚洽。现在，你们为什么要捐弃旧谊，帮助仆固怀恩这个叛臣？如此下去，对回纥一点儿好处也没有啊。”

回纥人将信将疑：“都说郭令公死了，否则，我们怎敢至此。如果郭令公真活着，就让我们亲眼见一见。”

使者回报。郭子仪马上跨马欲出。左右将帅都劝：“戎狄狼子野心，怎能相信！”郭子仪说：“敌众数十倍于我军，力战肯定不能胜。我现在出去与他们相见，示之以诚。”

左右将领要派五百骑兵扈卫，郭子仪摇手拒绝，只带十几骑轻装而出。唐军大呼：“郭令公来！”

回纥军如临大敌，不知唐军真假，前面数排弓箭手皆引弓搭箭，持满欲射。

郭子仪骑马至阵前，摘去头盔，对带头的回纥“大酋”亲切问候道：“君与我前些年同生死、共患难，怎么现在一点儿也不念昔日情分啊？”

一看果真是郭子仪本人，回纥首领、大将都扔掉手中兵器下马拜礼：“果吾父也。”（真是我们郭大爷啊。）

于是，郭子仪邀请回纥众首领欢饮，大赠金帛，誓好如初。宴上，酒酣耳熟，郭子仪乘机劝说回纥首领：“吐蕃与我大唐本来是舅甥之国，现在背信弃义进攻我们。他们已劫抢牛马无数，诸位如果能倒戈奋击吐蕃，既能逐戎得利，又与我大唐重修友好关系，一举两得，多么好啊。”

当时，仆固怀恩已经暴病而死，群胡无主，回纥人就答应了郭子仪。

吐蕃军队已经得知唐军与回纥军“联欢”的消息，惊疑双方有诈，乘夜引军退走。郭子仪先派白元光等率一部分唐兵与回纥军相合，追击吐蕃军，又自引大军继后，于灵台西原大败吐蕃军，斩首五万，生俘一万，得牛羊马驼不可胜计，并追回被俘掠的唐朝士女。

唐代宗大历二年（767年）十一月，郭子仪以三万步骑破吐蕃军于灵州，斩敌三万。

由于鱼朝恩一直嫉恨郭子仪，他派人挖毁郭子仪父亲的墓穴，乱抛尸骨。

在古代，刨挖别人的先人坟墓，简直是深仇大恨。恰值郭子仪引兵入朝面君，众臣心下疑惧，唯恐这位郭大爷一气之下大闹朝廷，闹出个兵变什么的又把京城颠个底儿掉。

唐代宗见到郭子仪，首先就谈起这件事，想就他父亲坟墓被毁之事代朝廷道歉。不料，郭子仪伏地大哭，说："为臣我久为军队主帅，战场上不能禁暴，时有军士挖毁坟墓事件发生。为臣我不忠不孝，上获天谴，不是别人的过错啊！"

如此，朝廷上下才安下心来，知道郭子仪没有报复的念头。

郭子仪为人，宽于御下，忠于事上，赏罚必信。虽屡遭几个太监谗毁，但他处处小心，朝廷叫干啥就干啥，没有丝毫怨言，故而唐肃宗、唐代宗对他始终信任。

以鱼朝恩之阴毒，也有被感动之时。有一次鱼朝恩宴请郭子仪，属下都害怕郭令公赴鱼公公之宴有去无回，要他带众兵相护而去。郭子仪仅带十几个仆人前往。鱼朝恩很奇怪，问："王爷您怎么随从这么少？"郭子义告以实情。这样一来，感动得这位曾大挖郭子仪祖坟的鱼大公公也哭了："令公您真是长者，如果换了别人，能不对我起疑心吗？"

此外，郭子仪麾下勋将数十人，一时都封王封侯，贵重无比，但郭子仪对他们颐指役使，那些人也恭谨俯首，如仆从一般。其幕府参谋六十多人，后来也都成为将相高官，时人皆钦服郭子仪有识人之明。

郭子仪为人也颇有远见，该疏放时疏放，该谨慎时谨慎。他晚年在家养老时，唐德宗宠臣卢杞进谒。平时，无论什么王侯将相来看望，郭子仪身边都有妾姬侍奉左右，不避来人。

听说卢杞要来，郭子仪忙令众妾侍退下，自己危坐，等待这位“鬼貌蓝色”的奇丑大臣。相谈之间，也谦恭有礼，态度温和。

卢杞走后，家人很奇怪，问：“令公您干吗如此好待卢杞呢？”郭子仪说：“卢杞此人，貌陋而心险。如果有妾姬在此，看见他那样子肯定会笑出声。如此，此人必衔恨在心，以后他必登相位，一旦大权在握，追忆前嫌，说不定到时候我郭家会被他杀得一个不剩！”

后来卢杞果然掌权，“贤者妒，能者忌，小忤己，不致死地不止”，完全应验了郭子仪的“预测”。

唐德宗继位，召郭子仪还朝，升太尉、尚书令，赐号“尚父”。

建中二年（781年），郭子仪病逝，时年八十五岁。朝廷震悼，皇帝亲至安福门哭送，赐谥“忠武”。

郭子仪八子七婿，都是朝廷显官。诸孙数十人，不能尽识。可谓富贵寿考，哀荣终始。

他的第六子郭暧，尚唐代宗女升平公主，是京剧《打金枝》的主角。剧情不是虚构，历史上确有其事。有一次夫妻二人斗气，郭暧怒道：“你以为你爸爸是当今天子就不知自己老几，我爸爸还不愿坐那个位子。”公主怒羞回宫，向父亲代宗告状。唐代宗是明白人，劝女儿说：“他爸爸还真是不愿做天子，否则，天下还真不一定是我李家的。”郭子仪听说此事，怒火烦心，忙把儿子五花大绑，亲自上朝请罪。唐代宗笑着说：“不聋不哑，不做亲家翁。儿女们怄气说话，怎好当真？”虽如此，郭子仪回家仍旧大板子“伺候”了郭暧一顿。郭暧女儿为唐宪宗贵妃，后来生了唐穆宗。穆宗即位后，尊郭妃为皇太后，并追赠外祖父郭暧为太傅。

郭子仪盛德所至，节高名完，为古代名臣所罕有。

生死度外　求仁得仁——“安史之乱”中的忠烈义士颜杲卿

颜杲卿，琅玡临沂人。是唐朝大忠臣颜真卿的族兄，他们的五世祖颜之推（写《颜氏家训》那位大儒）是北齐著名大臣。

颜杲卿年轻时精于吏事，豪性刚直，颇有才干。开元年间，任魏州录事参军。天宝十四年，摄常山太守一职。当时安禄山兼任河北采访使，颜杲卿也算是他的部下辖官。

安禄山造反后，从范阳发起大军，以讨杨国忠为名，忽然出现在常山郡外，猝不及防的颜杲卿和长史袁履谦开始不知实情，忙赴营中拜谒安禄山这位顶头上司。

安禄山好言安抚，赏给颜杲卿、袁履谦每人一套官袍以示优宠，并派干儿子李钦凑率七千多军兵守土门。

回城路上，颜杲卿对袁履谦指着自己身上的新官袍低声说：“我们两个人怎能穿这东西呢？”袁履谦会意。于是，两人暗中定议，颜杲卿派儿子颜泉明与太原尹王承业等人暗中联系。

洛阳失陷后，颜杲卿担心叛军进攻潼关，国家社稷不保，想立即起兵。当时任平原（今山东陵县）太守的颜真卿先杀掉了安禄山的使臣，又派人通知族兄颜杲卿马上在常山起事，切断贼军北路之军。

颜杲卿很高兴，忙假传安禄山命令召贼将李钦凑往常山议事。李钦凑不知是计，被灌醉后杀掉，尸体被投入滹沱河。见袁履谦拎着李钦凑的脑袋来复命，颜杲卿喜极而泣，终于顺利起事。

接着，颜杲卿派人接连诱捕贼将高邈、何千年等人，派儿子颜泉明与内丘县令张通幽等人带着李钦凑的人头与两个贼将前往京师献捷。

经过太原时，张通幽因为自己的哥哥张通儒当时任安禄山的伪宰相之职，为开脱自己并显耀一己之功，他劝太原尹王承业扣押颜杲卿的表章，把大功归于他们二人名下。王承业一听动了心，好言厚礼把颜泉明等人打发回常山，自己重奏一表，将两个贼将和李钦凑的首级一同送去长安报功。唐玄宗大喜，马上封王承业为羽林大将军。

不久，真相大白，唐廷拜颜杲卿为卫尉及御史中丞，拜袁履谦为常山太守。

颜、袁二人传檄河北，声言朝廷二十万大军已至土门，并派百余骑兵为先锋，一路快马向南，马后拖上树枝，扬尘造势。见到大路灰尘飞扬的景象，人们纷纷传言唐朝大军已至。消息传开，正在围攻饶阳的贼将张献诚弃围而逃，赵郡、巨鹿、广平、河间兵士起事，斩杀安禄山伪署刺史，传首常山。乐安、博陵、上谷等郡镇也都闭门固守，以待官军。

安禄山在陕州，听说自己老窝附近起火，大惧，忙派遣史思明率平卢精锐军卒与贼将蔡希德合军，急攻常山。常山守军极少，便派人向河东求救，太原尹王承业见死不救。

常山军民昼夜奋战，苦斗六天，最后，粮水弓矢尽竭，贼兵攻陷常山，颜杲卿、袁履谦被俘。

贼将令二人投降，皆不屈怒骂。贼将把颜杲卿的小儿子颜季明推到他面前，刀抵在脖子上，威胁说："现在投降，就留你儿子一命。"颜杲卿闭目不答。贼将一刀挥下，颜季明身首异处。至此，河北诸郡又全都复入贼军手中。

颜、袁二人被装进囚笼，俘送洛阳。安禄山见到颜杲卿，大骂道："你从前的官职不过是范阳户曹，我推荐你为判官，又荐你任常山太守，我没做什么对不起你的事情，为什么要反叛我！"颜杲卿瞋目大喝："我世为唐臣，常守忠义。得你推荐升职，绝不会配合你造反！你安禄山本来不过是营州一个放羊的羯奴，天子对你恩宠至极，没做什么对不起你的事，你又为什么反叛呢？"

安禄山被揭伤疤，恼羞成怒，派兵士把颜杲卿绑在洛阳天津桥的柱子上，从脚开始肢解，以慢死来折磨这位唐朝义士。颜杲卿大骂不已，叛兵钩断他的舌头，他仍含糊大骂，至死不屈。颜杲卿的另一个儿子颜诞、侄子颜诩及其他近亲宗属，也都被绑在柱子上，先砍去手脚，然后加以脔割节解。

把颜、袁二人诱捕送到长安砍头的贼将何千年的弟弟在旁观刑，袁履谦含血猛唾其面，惹得这个贼子亲自动手，更加酷虐摧残这几位义士。

路旁行人见此辈义士惨状，无不感伤流泪。

一直在长安拿着赏钱过好日子的内丘令张通幽在杨国忠面前大讲颜、袁两人的坏话，因此两位忠臣的死讯传来，朝廷也未加褒赠。后来长安失陷，唐肃宗继位于灵武，颜真卿为族兄颜杲卿辩其枉状。当时出逃于路的唐玄宗也知道了实情，把已在普安做太守的张通幽拘至御前，杖击而死。朝廷赠颜杲卿太子太保，谥“忠节”。

颜、袁二人以一千多人马的微薄力量，从起兵到失败，总共不过十几天时间，但正是他们的有效抵御，拖慢了安禄山叛军的进军速度，唐廷获得了调动军队的喘息机会。唐室不亡，实赖这两个文臣出身的忠义之士！

见危致命 万世丈夫——“安史之乱”中的忠烈将军张巡

文天祥在其流传千古的《正气歌》中列举的“时穷节乃见，一一垂丹青”的忠臣烈士，其中有“为张睢阳齿，为颜常山舌”，“颜常山舌”是指颜杲卿舌断仍喷血骂贼的壮烈事迹，而“张睢阳齿”，讲的则是唐将张巡固守睢阳（今河南商丘），以身殉义的浩然正气。

张巡，邓州南阳人。史书称其“博通群书，晓战阵法。气志高迈，略细节不以庸俗合，时人叵知也”。开元末年，他考中进士，显然是个文武双全的人物。

天宝十四年安禄山起兵叛乱，接连攻陷宋州、曹州等地，谯郡太守杨万石降于贼军，逼张巡为长史，派他西去迎接贼军。张巡不受命，率属吏哭于玄元皇帝庙，感召众人，起兵抗击叛军，得众千余人。

当时，雍丘（今河南杞县）县令令狐潮想率众投降贼军，下属百余人不从，全被令狐潮绑在一堆准备杀掉。恰值叛军薄城，令狐潮出去接应，被绑的义士们乘间解脱绳索，杀掉看守士卒，迎张巡等人入城。张巡等人在城头上杀掉反贼令狐潮的妻子儿女，率兵拒战。

令狐潮愤怒至极，带上万贼兵猛攻雍丘，城内唐兵仅二三千人。面对惊恐之众，张巡对诸将说："令狐潮等人对城中军情一清二楚，肯定有轻我之心。我们出其不意出击，一定会让敌军惊溃，乘胜追击，定能大败他们。"张巡派千余人守城上，自己为前驱，以余军分成数队突然冲出城，令狐潮的贼军猝不及防，一时退却。

转日，叛军猛然攻城，张巡在城上搭建防护楼橹，用柴火浇油烧掉敌军攻具无数，令对方不能近城，并不时乘间攻出城外，杀敌甚众。两个多月内，大小数百战，唐军甲不卸身，负伤战斗，最后竟打得令狐潮四万贼军掉头而逃。唐军乘胜追击，差点儿生擒令狐潮。

恼羞之下，令狐潮增兵又来，重新围城。

令狐潮与张巡是老相识，他在城下劝诱张巡："朝廷现在兵不能出关，天下大势已去，您以老弱残兵守此危城，尽忠无主，不如投降下城与我共图富贵。"

张巡答言："从古义来讲，君主杀掉父亲，为臣为子的不能抱怨。您以妻儿被杀怨恨朝廷，借贼之力想要报复，可以预见您最终一定为朝廷所戮，而且百世骂名难逃！您平生以忠义自诩，今日之事，忠义何在！"

令狐潮羞愧而去。

由于当时各地交通隔绝，城中有六名将领暗中联合，一起到张巡面前表示已经筋疲力尽，不如降敌。张巡假装答应，转天，他在堂上摆设天子画像，率众军将朝拜，人人感泣。张巡下令士兵把六名将领引至堂前，责其不忠于国家，立斩于前。由此，将士人人思奋。

城中粮食很快吃尽。张巡假装率众军在城内建壁垒，做战斗状，令狐潮带着大队人马来攻，剩下几百艘运送盐米的船只无人看守。张巡派人袭取，得粮盐千斛，其余一把火烧光。不久，唐军箭支射尽。张巡派军士绑扎千余个草人，穿上黑衣，半夜用绳子吊下城墙。令狐潮兵士见有人下城，万箭齐发，由此又得箭数十万支。后来，张巡于夜间用绳子吊下真人，贼兵于外望见，哈哈大笑，大嚷“不上当”，殊不料这些敢死之士下得城来，大刀逢人就杀，贼军大乱，营垒践毁过半，逃奔十多里。

喘定之后，贼军又惭又怒，增兵重新把雍丘围得铁桶一般。

又隔数日，城中防具渐竭，张巡就骗令狐潮，说实在守不住了要出奔弃城，但让敌军退居二舍（六十里地），让出道路给唐军突围。令狐潮信以为真，答应下来。张巡率军士空城而出，把四面几十里范围内的房子全部拆掉，运回防备所需的木头。

令狐潮大怒，引兵合围，责问张巡失信。张巡说：“你给我三十匹快马，我好与诸将乘之而去，此城就归您所有。”令狐潮得城心切，派人送三十匹马入城。张巡得马后，分配给军中最能战斗的骁将，说：“明天贼军出现，每人各取敌方一将！”

转天，令狐潮于城外等消息，张巡在城头露面，对令狐潮说：“我想离开此城，无奈众将不答应。”

令狐潮闻言，差点儿气死，勒兵欲战。还未成阵，城门大开，骑着贼军所送三十匹快马的唐将奔出，直突入阵，转眼之间十四名贼将被擒，唐军趁机进攻，斩首百余，得器械牛马甚众。

令狐潮终于丧气，跑到陈留，再也不出来和张巡近战。

四个多月以来，贼军数万人围城，张巡兵仅二三千，每战都胜敌，着实不容易。

至德二年（757年），安禄山被儿子杀掉，安庆绪继位。叛军大将尹子奇率十三万大军直攻睢阳，企图攻取睢阳后，沿运河一线进发，尽取江南富庶地区。鲁郡、东平很快失陷，济阳唐军降于叛军。

分析形势后，张巡带着仅有的三千兵卒赴宁陵，恰值睢阳太守许远告急，双方合军，共保睢阳。宁陵一战，张巡手下大将雷万春、南霁云杀敌将二十，斩首万余，投尸汴水，河水为之截流。胜讯达至朝廷，诏拜张巡为河南节度副使。

张巡想乘胜进击陈留。贼师尹子奇闻讯，复率大军围睢阳城。张巡鼓舞将士，杀牛飨士，整军将战。十几万叛军中，又有数万同罗、突厥等族精锐，他们望见城下列阵的五六千唐兵，衣衫褴褛，面目憔悴，都不禁大笑。

张巡、许远亲自于阵前擂鼓，唐军奋死，贼军抵挡不住，奔逃数十里。

相持至夏六月，唐军忽守忽战，弄得城外十来万贼军疲惫不堪。张巡派大将南霁云等人开城门忽然冲至尹子奇大帐近处，斩将夺旗而还。有个柘羯族大酋长亲率千余重甲骑兵，耀武扬威，在城下高喊要张巡来斗。张巡暗中派数十名唐兵埋伏在护城河河道内，持钩枪、陌刀、劲弩候着，约定鼓声一响就出击。羯酋依恃人多，扬扬自得，城上唐兵突然齐声大喊，鼓声大动，埋伏的唐兵一跃而起，活捉了这个柘羯大头目。后面众贼欲救，唐兵劲弩齐发，射倒一片，只能眼睁睁看着埋伏的唐兵捆着羯酋攀绳上墙，没一个敢上前营救。

贼首尹子奇闻讯出城，站于众将之间向城上观望。张巡想射死这个贼头，但不知一群人中到底是哪个，就派人用蒿草秆代箭，射向那一堆人。

“中箭”的人见草秆大喜，以为这意味着唐军矢尽，忙举箭向尹子奇报告。张巡此时知道尹子奇为谁，忙令南霁云发箭，“嗖”的一声，正中尹子奇左眼，只听一声惨叫，贼头倒于地上。贼军因此暂退。

一个多月后，左眼失明的尹子奇回率叛军再围睢阳。

睢阳本来有存粮六万斛，先前被昏庸无能的宗室嗣虢王李巨运走一半。至此，睢阳粮绝，城内唐兵每天只有一勺米吃，掺树皮和纸一起煮着吃。战至最后，只剩一千多伤残兵士，城池仍然不能被攻破。最后，尹子奇索性不再攻城，在城外深挖地道，密竖木栅，只待城中唐兵饿死。

眼见兵士饿得不成人形，张巡把爱妾唤出，对将士们说："诸君一直挨饿，忠义不衰，我恨不能把自己的肉割下给你们当粮食吃！今出此妾，暂让诸君填腹充饥！"于是忍痛杀妾，以人肉为食。在场兵士皆匍匐痛哭，张巡强令众人食之。太守许远也杀仆人做成干粮充军。最后，城内雀鼠皆被吃光，唐兵开始煮铠甲弩弓为食。

当时，唐廷御史大夫贺兰进明屯兵临淮，另一位挂御史大夫衔的许叔冀拥兵彭城，这两个人分属朝廷不同的帮派，各自心怀鬼胎，怕对方趁乱攻击自己，都坐看睢阳危急，不肯出兵相救。

张巡派南霁云先去许叔冀处求兵，这位大夫只从城墙上扔下千多匹布给南霁云，气得这位将军在马上高骂，唤许叔冀下城决一死战。无奈，张巡又派南霁云带三十骑出城突围前往临淮求救。贼兵万余一拥而上前来阻挡，南霁云弯弓搭箭，左右驰射，无一虚发，贼众披靡，一行人趁机突围。

贺兰进明也是进士出身，但精神境界比起张巡简直是天上地下，怯懦不说，又忌妒张巡声威赫赫，恐怕自己助他成功守城后更显衬得自己卑微，根本没有任何出兵相救的意思。他反劝南霁云："睢阳陷落是早晚的事，救也无益。"南将军乞求："城池应该还没被攻陷，请您出兵，如果兵到时睢阳不存，我当以死相谢！"

见南霁云勇武绝伦，贺兰进明也顿起惜才之意，想把这位姿容俊美的青年将军留在自己军中效力。为此，贺兰进明大摆宴席，盛设声乐，与临淮诸将频频举杯向南霁云敬酒。

丝竹艳声弥弥于耳，山珍海味盈盈于席，南将军悲不自胜，泫然涕下，说："昨天我冲出睢阳的时候，将士们已经有一个月未沾粒米，天天吃树皮、草根。现在大夫您不肯出兵相救，却在此广设声乐请我大吃大喝，我怎忍心自己享用这些东西呢。即使吃进嘴里，想想睢阳城里的兄弟，又怎能下咽进腹！如今，主将派的任务我没有完成，霁云我留下一指以示信！”

言毕，南霁云拨出佩刀，剁下一指。满座大惊。南霁云一口东西没吃，纵马离城。

出城之后，南霁云抽箭回射佛寺浮屠，镞深入砖，恨恨而言：“等我破贼后，必灭贺兰进明，这支箭就表示我的决心！”

南霁云回睢阳路上，从真源和宁陵守将处各得马一百多匹，军士三千人，趁黑夜突围而入。

叛军惊起，众兵层围，南霁云率军且战且进，到城下时身边兵士剩下不到一千人。

当时，大雾弥漫，张巡听见城外厮杀声起，叹息说：“这是南霁云回来了。”

城门开启，南霁云与士兵把刚刚从贼军那里夺取的数百头牛赶进城中。

守城将士见外面并无唐军救援大部队，知道待援无望，纷纷相持而泣。

贼军得知周围唐兵不救睢阳，攻城愈急。众将中有人主张弃城东奔以图将来，张巡、许远认为如果丢掉睢阳，江淮必被叛军一鼓而下。而且饥兵行远，半路就会被消灭干净。

在最后的日子里，为了困守孤城，睢阳城内妇女老弱三万余人于战死或将死之际都为守军吞泪而食。人人怀必死之心，甘愿被杀被吃。可谓是一城忠义，千秋难匹。

至德二年（757 年）十一月，贼兵聚众猛攻，守城将士皆伤病不能再战，大多数人连站起来的力气都没有了。

张巡西向拜跪天子：“为臣力竭不支，生不能报答陛下，死当为厉鬼击贼！”

士兵痛哭呜咽，不能仰视。

城陷。

已成“独眼龙”的贼将尹子奇按捺住一腔的邪火，迎面看见昂头挺胸、被缚而来的张巡，阴阳怪气地问：“闻公督战，大呼辄眦裂血面，嚼齿皆碎，何至于此？”张巡答道：“吾欲气吞逆贼！”尹子奇大怒，用刀刃剔割张巡嘴唇，撬开之后，果然见将军嘴里只剩下三颗牙齿。

张巡怒骂：“我为君父死节。你依附叛贼，猪狗不如！”

尹子奇以刀刃抵张巡喉头要他投降，张巡大笑。

见张巡不屈，尹子奇又踱到南霁云面前说降。南霁云低头不吭声。

张巡大呼道：“南八（南霁云大排行第八），男儿死则死耳，不可为不义屈！”

南霁云笑答：“欲将有为也（意思是本来想假装投降，再找机会杀贼），公既有言，敢不致死！”摇头不降。

于是，张巡、南霁云、雷万春、姚訚等三十六将同时被杀。张巡时年四十九岁。

太守许远被贼军俘送洛阳，大骂不屈，至偃师被杀。事后，人们因为许远未受惨刑而俘送洛阳一事议论纷纷，张巡的儿子张去疾成人后也追翻旧案，上诉朝廷说当时许远有二心。直至元和年间，大儒韩愈才予以定论：许远是睢阳太守，一般屠陷城池以生擒主将为功，所以许远稍后死节只不过是殉节先后的问题，不存在许远畏死而变节的事情。（许远是唐高宗时大奸臣许敬宗的曾孙，或许因此人们对他的人品有疑。其实，忠臣之后未必忠，如岳飞之孙岳珂；奸臣之后未必奸，如许远。）

睢阳城被围时内有军民六万，城破后，仅存四百人。古来忠节惨烈者，莫若此城！

睢阳城陷三日后，代替贺兰进明的河南节度使张镐援军大至；十日后，广平王李俶（后为唐代宗，改名李豫）收复东京洛阳。张镐知道张巡事迹后感动异常，上表朝廷请求赠谥。

当时，朝中有好几个腐儒还对张巡守军在睢阳食人为粮一事大为诋毁，“与夫食人，宁若全人？”意即还不如或走或降，保全一城性命。

朝廷犹疑之际，诸多大臣纷纷抗表，极言张巡睢阳之守的显赫大功，认为他阻遏贼势，保全江淮，致使天下不亡，功劳莫匹。至此，天下再无异言。

陋儒矜以小节，贬善扬恶，倘若睢阳数万人得命（还不一定能活），江淮乃至天下百千万人就会惨遭残暴的安史叛军杀戮。而且，睢阳牵制几十万叛军攻围一城，唐廷才有足够时间重新部署，反败为胜。以此保全天下之奇功，瑕不掩瑜。若以迂腐的“人道主义”眼光看问题，只要有敌军压境，大家一起投降算了，俯首泥中称臣做顺民以免死翘翘。

如此，天理良心何在！忠孝节义何在！

皇帝下诏，赠张巡扬州大都督、许远荆州大都督、南霁云开府仪同三司，立庙祭祠，并重用这些忠臣的子孙。

自雍丘守战以来，不到两年时间，张巡等人率兵抵御叛军，大小四百余战，斩敌将三百，杀伤敌卒十余万。张巡进士为将，指挥若定，义薄云天。正是依赖这些仁臣义士，唐朝才能亡而复存。

时至今日，我们仍不禁感叹汉、唐时代中国人的勃勃血性，宁死不屈，宁互食而不投降，真是勇烈大丈夫，及至弱宋、晚明，数十万人解甲匍匐而降，仍难逃残戮。古人之义，渐已远矣！

善始无终　反噬国家

“安史之乱”中的另类大将仆固怀恩

仆固怀恩家族本属铁勒九大姓之一仆骨部，音讹为“仆固”，以部落为姓。历史上，仆固部与中原王朝的关系一直是“时叛时降”，其祖先最早为匈奴别部，后又成为突厥的臣属。

唐太宗贞观二十年，包括仆固部落在内的铁勒九姓附唐，几世为金微都督，到仆固怀恩这辈，已历四世。

由于世袭武职，仆固怀恩对征伐战斗非常内行，显然是个高度汉化而又通晓边陲各少数民族内情的唐朝边将。

安禄山造反，仆固怀恩就跟随朔方节度使郭子仪在云中（今山西大同）大破贼兵；在马邑斩杀七千多叛军；配合李光弼部在常山、赵郡、沙河等地苦战，击走史思明叛军。

唐肃宗即位后，他马上与郭子仪赴灵武勤王。安禄山引诱同罗部落叛变，仆固怀恩在郭子仪指挥下率军迎击。由于先战不利，仆固怀恩的儿子仆固玢兵败投降。仆固玢机灵，后来乘人不备又只身逃回唐营。仆固怀恩大义灭亲，叱而斩之。见到将军连亲儿子都不饶恕，唐军将士无不以一当百，殊死拼斗，大破同罗部落，收缴器械、驼马无数。

唐肃宗至德二年（757 年）二月，仆固怀恩跟从郭子仪攻克冯翊、河东两郡，袭破潼关。不久，贼将安守忠等人率大部叛军进攻唐军，双方苦战两天，唐军不支溃败，仆固怀恩退至渭水，由于没有舟船可渡，仆固怀恩抱着所骑战马的脖子渡河，幸免一死。五月，贼将李归仁率劲骑五千邀击郭子仪于三原北，幸亏仆固怀恩等五将伏兵于路，打得李归仁大败而去。

唐肃宗以广平王李豫（后来的唐代宗）为元帅，郭子仪为副元帅，意图收复长安、洛阳两京。仆固怀恩带领回纥六千多骑兵，与唐军协同作战，屡立殊功。两京收复后，因功获授开府、丰国公、同节度副使。

长安一战，唐将李嗣业为前军，郭子仪为中军，王思礼为后军。安史叛军十多万人与唐军对阵。贼将李归仁挑战，唐军前进逼逐，叛军突然起步直冲，出乎意料，唐军后却，军中惊乱，贼兵趁势乱抢唐军器械辎重。

胡人出身的大将李嗣业见形势危急，对郭子仪说："今天如果我不以身饵贼，我军无孑遗矣！"于是，李嗣业脱光膀子，手执陌刀立于阵前，大呼奋击。当其刀者，人马俱碎。紧接着，李嗣业身后的唐军前军各执长刀，如墙而进，大将身先士卒，所向披靡。

安史叛军皆是经验丰富的职业军人，见唐军气盛，就埋伏精兵于阵侧，准备等唐军前军过后跃出偷袭。还未举旗发兵，仆固怀恩从间谍口中知晓实情，立刻率回纥骑兵蜂拥而上，把埋伏的贼兵剪灭殆尽。唐军前后夹击，斩首六万多级，被践踏至死或摔死于沟堑的贼兵，也有万余。

如果没有仆固怀恩截杀埋伏贼兵，双方胜负还真难以预料。

唐肃宗乾元元年至乾元二年（758 年至 759 年），仆固怀恩跟随郭子仪把安禄山的儿子安庆绪包围于相州。五个多月里，他常为先锋，勇冠三军。李光弼代郭子仪为主帅后，仆固怀恩为副帅，仍旧摧锋陷敌，多次获胜。

乾元二年，他被唐廷封为大宁郡王。其子仆固玚也随父出生入死，军中号为“斗将”。

唐代宗继位后，仍以仆固怀恩为郭子仪的副手，为朔方行营节度。当时，史思明与回纥新登位的登里可汗搭上线，回纥派兵近十万入塞，有侵扰进袭之意。登里可汗不是外人，他爸爸毗伽阙可汗的皇后（可敦）是唐肃宗亲女，他自己的皇后是仆固怀恩的亲女。因此，这位率大军进塞的登里可汗实际上是仆固怀恩的女婿。

登里可汗上表，要与老丈人仆固怀恩和老奶奶（怀恩之母）见面，唐代宗下诏答应（此时他不能不答应）。仆固怀恩闻讯心中暗惊，怕有通敌嫌疑，不敢去和登里可汗见面。唐代宗下手诏，赐铁券，明白表示朝廷无嫌猜之心。

仆固怀恩与登里可汗在太原相见，叙翁婿之礼，登里可汗大悦，遂答应帮助唐廷讨伐史朝义。“虏性反复”，有奶就是娘，谁给好处就帮谁。于是，数万回纥大军在陕州扎营，随时准备上战场（到时帮谁还不一定）。

洛阳一战，仆固怀恩、李抱玉、马璘等大将（包括大太监鱼朝恩也亲率一帮劲弩手加入）拼死战斗，大败史朝义十万多贼军，收复东京及河阳城。

仆固怀恩一鼓作气，乘胜逐北，压贼而进，下郑州、降汴州、拔滑州，追破史朝义于卫州。贼军睢阳节度使田承嗣等人率四万多兵马来援，皆大败，相率骇散，于是相、卫、洛、邢、赵、深、恒、定、易数州皆复归于唐军。

博县一战，贼军背水决战，又一败涂地，积尸拥流而下。史朝义逃至归义县，被追至的唐军打得落花流水。穷蹙之下，史朝义逃入林中自缢身死。不久，田承嗣向仆固怀恩投降。至此，“安史之乱”平。

由于居功至伟，仆固怀恩被唐廷封为尚书左仆射、兼中书令、单于镇北大都护、朔方节度使。皇帝在先前有诏命，平叛后唯取史朝义一族，其余叛将皆赦免。因此，田承嗣、李怀仙、张忠志、薛嵩等人见仆固怀恩时都叩头装孙子，希望效力帐下。

仆固怀恩自恃功高，认为贼平后自己就没用了，不能固宠，于是，他私心顿萌，上书请朝廷分授这几个力竭才降的叛将以“河北大镇”，并大施私恩，潜结投降的贼将，为后来这几个人割据一方埋下祸根。

同时，唐廷下诏令仆固怀恩劝登里可汗一班回纥兵马回其原属地。起先，仆固怀恩初到太原，太原尹、金城郡王辛云京（也是唐朝干城之将）一直怀疑登里可汗入塞是仆固怀恩这个丈人招来的，闭城不出，不敢犒军，怕回纥军趁机攻下太原。

仆固怀恩送登里可汗回去，又路经太原，辛云京仍旧闭门不纳，也不出城“热情招待”。

自以为功高震天地的仆固怀恩大怒，上表弹劾辛云京，并屯军汾州，很想让朝廷为自己出口恶气，派诏使斩了辛云京后，自己再和登里可汗出塞。

也是合该有事。大太监骆奉先到太原辛云京处办事，两个人非常投机。辛云京就讲，仆固怀恩与回纥登里可汗密约要造反，要骆奉先回京后把此事密禀皇上。

从太原城出来，骆奉先路过仆固怀恩大营，依情依理也要去看视。家宴之上，仆固怀恩的老妈很不高兴，责备骆奉先说：“你与我儿结为兄弟，现在又和辛云京这么热乎，做人怎能两面三刀呢……过去的事就算了，从今以后我们的情分还像当初一样。”

酒酣耳热之际，仆固怀恩起舞娱客，骆奉先也大赠金帛以作回礼。有来有往，加上骆奉先是皇宫红人，仆固怀恩想转天回赠大太监一份厚礼。

骆奉先心中小鼓一直敲个不停，自称有急事，固辞要走。仆固怀恩说：“明天就是端午节，今晚在此休息，过了大节再走不迟。”

苦苦相留不住，仆固怀恩就派人把大太监的马藏了起来。其实，这本是一片好心，就好像现在为了留好朋友多住几天，藏起对方的车钥匙一样。

骆奉先惶急于心，半夜惊起，对手下说：“酒宴上老太太骂我两面派，现在仆固怀恩又藏起我的马不让走，不是要杀我吧。”越想越怕，骆奉先爬墙逃走。

早晨起来，仆固怀恩到客馆，见大太监已经没了踪影，心中也暗暗叫苦，连忙派人带着一大包金银连同马匹一起“追赶”骆奉先，在半路上把东西还给这位公公。

虽如此，惊魂未定的骆奉先一回朝仍上奏仆固怀恩要造反。知此讯后，仆固怀恩上表，请诛辛云京、骆奉先。

唐代宗充当和事佬，手诏和解三人怨隙。

仆固怀恩心甚不平，怏怏不快。愤懑之下，上书皇帝自述功劳，怨恨之意，溢于言表。

唐代宗广德元年（763 年）十月，唐廷以回纥近塞两将不和，派黄门侍郎裴遵庆带着皇帝手谕到汾州谕旨。

仆固怀恩心中冤屈日攒月深，抱着裴侍郎的双足号泣诉冤。裴遵庆向他传达了皇帝推心至诚之意，让仆固怀恩入朝面君，以解嫌猜，仆固怀恩当下允诺。

正打点行装准备上路，仆固怀恩副将范志诚劝说道：“您现在谗言交构，有功高不赏之惧，奈何入不测之地呢？李光弼以忧死，来瑱以功诛，功不见容，两个人就是先例啊。”

仆固怀恩越想越觉得有理，就以惧死为借口，不去长安面君。

裴遵庆回朝复命。不久，就传来仆固怀恩的儿子仆固玚进攻太原辛云京的消息。辛云京也是百战良将，又早有准备，对阵下来，仆固玚大败，回军途中，他集军包围榆次。

唐代宗忧心忡忡，任颜真卿为刑部尚书，想派他去仆固怀恩处进行宣慰。颜真卿持重老成，建议道：“仆固怀恩现在骑虎难下，进退两难，肯定不会进京来朝。他手下将士，也都是郭子仪从前的部曲，可以下诏派郭子仪替代他的军职，再喻以逆顺祸福，或许会来。”

郭子仪刚到河中，进攻榆次的仆固玚就因为鞭打汉族将士引起众怒，被焦晖等偏将斩首，献于阙下。一时间仆固怀恩属下将卒迸散，听说郭子仪来，纷纷来投，归者数万。

仆固怀恩知道军变消息，忙跑去告知老母。老母也很生气，怒叱道：“我一直告诫你别造反，国家待你不薄。现在军变，祸将及我，奈何！”仆固怀恩惶急无对，再拜而出。老太太提刀追赶，大骂：“吾为国家杀此贼，取其心以谢军中！”

仆固怀恩只带了三百名亲随，渡河而逃，到灵武才敢歇口气，召集亡命散卒。

唐代宗念其旧功，不加罪，派人护送其母至京师，供养极厚，又收留他最小的女儿，养育于皇宫之中。不久，老太太因为年高而病死，并没有因儿子叛逆被国家杀戮。

朝廷为了安抚仆固怀恩，只是下诏罢免其军职，仍拜太保兼中书令、大宁郡王。

仆固怀恩本性刚烈不回，反正是破罐破摔，索性就诱结吐蕃，与回纥等诸藩兵马二十多万入塞，攻陷丰州，进掠泾、汾一带，为害不浅。

当一群乌合贼军横渡泾水时，仆固怀恩被手下旧将白孝德率兵打得落荒而逃；攻奉天，老上司郭子仪又把他击退遁走。

虽如此，吐蕃、回纥联军兵盛，四面进击，直趋凤翔，京师震骇。

估计是忧愤成疾，仆固怀恩拥军至鸣沙时，突然暴病，几天后就病死了，其属下以铁勒旧俗把他火葬。

仆固怀恩一死，首脑顿失，其属下汉军相互攻杀，回纥和吐蕃也各怀鬼胎。关键时刻，郭子仪单骑说降回纥，反击吐蕃，唐朝又逃过一次大劫难（详情见郭子仪事迹）。

可嗟可叹者，仆固怀恩一门，自安禄山之乱起，死于王事者四十六人；及其拒命朝廷，也搅扰了足足三年。唐代宗数次下诏，一直未直接斥责仆固怀恩“反叛”的罪名。即使收到了仆固怀恩的死讯，唐代宗仍旧恻然说：“怀恩不反，为左右所误耳。”深究仆固怀恩起事初衷，也是无可奈何之举，尤其是大太监骆奉先、鱼朝恩事事相激，加之他与大将辛云京不睦构隙，终使自己一生忠义事业，皆化为乌有。《叛臣传》中，仆固怀恩名列首位，也真有些冤枉。

附：“安史之乱”的两大魔头安禄山与史思明

负恩逆胡　罪大恶极

“安史之乱”的恶首之一安禄山

安禄山，本是营州柳城杂胡。其母出身卑贱，在突厥部落中做巫师为生，巫婆给他起了个突厥名：轧荦山（突厥语“战斗”的意思）。

后来，其母嫁给了突厥的一个下级军官安延偃。安延偃在开元年间降唐，带着年仅十几岁的扎荦山与另外一个突厥将领安道买的儿子安节厚（安思顺是安节厚的儿子）一起过来。于是两家人关系十分密洽，轧荦山就冒姓安，更名禄山。

安禄山长大后，鬼灵精怪，出身贫贱的他不仅有副好身板，又通晓边境六族语言，成为互市郎将（唐朝与少数民族买卖市场的管理员）。

也是自小就不是好货，安禄山监守自盗，偷了市场的几只大肥羊去卖，被当时的幽州节度使张守珪拿获，判处死刑，绑在法场上准备杀头。

鬼头刀已经磨好，刽子手正要挥刀，安禄山于绝望中大叫："您老人家不是要击灭两番的进犯吗？为什么杀我这样的人！"张守珪很少见到死囚有这么大胆子的，又见安禄山高大健壮，是块上战场抡大刀的好料子，就下令放了他，与史思明一起署为捉生将（类似侦察排长）。

由于安禄山自小在当地长大，遍知山川水泉、地理形势。加上他运气好，没过多久就以五骑人马擒获契丹数十人，让张守珪很惊讶，开始提拔他。

由于每出必有所获，张将军便提拔安禄山为身边的偏将。张守珪虽器重安禄山，但对他一身的肥肉很讨厌。安禄山很会装孙子，深知自抑之道，每餐不敢过饱，小心谨慎，渐得张守珪欢心，竟成为这位节度使的义子。

由于有高干义父撑腰，安禄山后来被朝廷授为幽州节度副使，成为"军分区副司令长官"。

只要皇上有采访使到河北来，安禄山就百般谀媚，不计成本地大出金银珠宝进行贿赂。这些中央大员一回朝，都交口赞誉安禄山，唐玄宗渐知其名。

天宝元年（742 年），安禄山获授平卢节度使兼柳城太守。转年，入朝面君，奏对称旨，晋升为骠骑大将军。隔年，唐玄宗在长安亲自任命安禄山为范阳节度使、河北采访使。

当时，李林甫用事，嫉恶汉族边臣因军功回朝做宰相威胁自己的地位，便竭力推荐安禄山这样的胡人将领任边境节度将帅。安禄山也很会“做人”，给人特别诚实、忠厚的感觉。

他又自称为杨贵妃的养子，每入宫先拜见比自己小二十多岁的杨贵妃。玄宗奇怪，问为什么不先拜见皇帝。安大胖子大嘴一咧，说：“我们胡人都是以母为尊，先母后父。”

玄宗更认为这个胡人性情率直，天真无邪，非常信任他，并令杨铦兄妹与安禄山结为兄弟姐妹。

安禄山见到皇太子，也不下拜。其左右悄声告诉他，这位是储君，应该下跪。安禄山装傻，问：“皇太子是什么官职？”唐玄宗说：“我百岁后他接替我当皇上。”安禄山作恍然大悟状：“为臣不知朝廷礼仪，心中只有陛下不知有太子，罪该万死！”

这么一来，唐玄宗更认为他是大大的忠臣，无限欢喜。

天宝六年（747 年），安禄山晋升为御史大夫。由于深受皇上、贵妃的特别宠爱，安禄山上朝时，见到宰相李林甫也只是哈哈腰，不是十分恭敬。当时，李林甫权倾天下，又以“口蜜腹剑”著称，群臣没有不害怕他的。

渐渐地，安禄山才知道这位“笑面猫”的厉害。后来每次见到李林甫，虽寒冬腊月，他也紧张得出一身汗。

看见威仪已立，李林甫就对他接以温言，假装和颜悦色。在中书省接见时，李林甫脱下自己身上的衣袍盖在安禄山身上，以示亲昵。安禄山大喜过望，拜揖不已，亲昵地呼李林甫为“十郎”。

在节度使任上，每逢信使上朝奏事回来，安禄山就问宰相李林甫对自己有什么“说法”。如果回答是“好言”，大胖子就喜跳欢笑；如果李林甫说“大夫近期应好好检点自己的行为”，就会吓得安禄山仰躺在座椅上连呼：“哎哟，我要死了！”此事为朝廷优人李龟年（就是杜甫诗中“落花时节又逢君”的那位音乐家）所知，当作笑话讲给唐玄宗听。老皇帝也哈哈大笑，觉得好玩、开心。

安禄山晚年，越吃越肥，估计是报复自己在张守珪手下当“孙子”时的节食岁月，每顿猛填狂吃，大肚子垂至膝下，走路时要左右仆人扶持腋下才能迈动步子。但一到上朝面见唐玄宗时，安禄山常作胡旋舞，迅疾如风。

玄宗见此眉开眼笑，问：“你这大肚子里装的是什么啊，这么鼓圆？”安禄山答：“只有一颗对陛下的忠心！”大喜之下，玄宗把女儿许配给安禄山的长子安庆宗。

为了不停地邀功、博唐玄宗欢心，安禄山抓住老年人的心理，按月向朝廷进贡驼马鹰犬等奇异之物。同时，他多次欺骗契丹首领，邀请这些人欢宴，灌醉后再杀掉，把脑袋砍下，尸体埋入一个大坑，前后杀掉数千人，都送入京城报功，说是打仗中斩获的首级。

玄宗当然不知实情，赐安禄山铁券，封为东平郡王。在禁苑中射猎，每获新鲜猎物，唐玄宗都要派人驰赐安禄山，以示恩宠。

后来，安禄山多次以讨伐契丹为名，不断扩充行伍和势力范围，兼三道节度使，权倾朝野。

杨国忠与安禄山疑隙渐深，他不断向玄宗说安禄山要造反。天宝十三年（754 年），唐玄宗召安禄山入朝以检验虚实，大胖子提前知道杨国忠之谋，如约前来。由此，唐玄宗再也不信杨国忠说安禄山要造反的话，并答应安禄山把三道中最重要的将帅职位全部由汉人换为番人统领。

归镇时，唐玄宗亲自在望春亭为他饯行，以御服赐赏。赐服本意是示以恩宠，反而让做贼心虚的安禄山心中暗惊，拜别后疾驰而去，日行三四百里，回范阳老巢后加快了谋反准备。

天宝十四年（755 年）冬，安禄山假托承旨讨杨国忠，起兵十五万造反，一路势如破竹，连连大胜。天宝十五年（756 年）正月，安禄山占据东京洛阳后，见宫阙壮丽，心中大悦，僭称雄武皇帝，国号大燕。正是由于他建国称帝，部将又忙于四处掠取，没有乘胜追击，唐军才有了喘息的机会。

攻取长安后，安禄山残杀未能跑掉的唐室王孙公主一百多人，纵兵大掠。一路之上，郡县城池，尽为废墟。

由于嗜酒，安禄山体重达三百三十多斤。乐极生悲，当上“皇帝”后，他身上长满带状疱疹，而且眼疾加重，后来连东西都看不见了。

病痛让生性残暴的安禄山更加躁急，动不动就痛打杀戮左右随从。其子安庆绪害怕自己的太子位会被安禄山的宠妃段夫人之子安庆恩夺取，就与严庄（安禄山的军师）等人相谋，想先下手为强。

安禄山有个贴身童仆名叫李猪儿，自小聪明伶俐，十几岁时，李猪儿作为入室的阉人随侍卧内。平素穿衣服，都得由两个仆人抬起安禄山的大肚子，李猪儿用头顶起这一坨巨肉，才能帮这个大胖子系上腰带。

带状疱疹带来的剧痛使安禄山每每狂怒，不问缘由就会用大棒子狂殴左右，李猪儿是卧内亲随，每天挨揍更多，心中深怨。

严庄、安庆绪把意思说明，李猪儿马上答应。

唐肃宗至德二年（757年）正月十五夜，严庄、安庆绪把门，李猪儿闯入卧内，举起大刀朝着安禄山的大肚子一刀劈下。

当时安禄山眼睛已经全瞎，双手乱摸枕边佩刀，怎么也摸不到，就手摇床柱大叫：“肯定是家贼杀我！”大叫之时，满肚子肥肠脏腑流满大床，气绝而死。

安庆绪派人用毯子包裹起大胖子的尸首埋于床下，矫旨称安禄山传位给自己。

安庆绪性喜饮酒，又无大志，接连被唐军所败。唐肃宗乾元元年（758年）秋十月，郭子仪等大军包围安庆绪于邺城。贼将史思明率十三万兵来救，安庆绪情急之中把皇帝玺绶让给史思明。

史思明大败诸路唐军，安庆绪不得已，与兄弟四人及亲信左右前往史思明营中拜谒，被当场拿下，责以弑父之罪，一并勒死。

一同被绞死的，还有当初以六千人在潼关大破哥舒翰二十万大军的崔乾佑，估计此人也想不到自己竟死得如此离奇，如此不堪。

至此，安禄山父子僭位，三年而灭。

恶贯满盈　叛逆本性

"安史之乱"的祸首之二史思明

史思明，原名崒干，为营州突厥杂胡，"史思明"是唐玄宗亲赐给他的汉名。其人是个瘦杆子身形，半秃，少须，端肩驼背，凹目歪鼻，性情暴躁，是个长相古怪的家伙。他和安禄山是同乡，大安禄山一天，两个人关系一直很亲密。

年轻时，史思明先在边将乌知义手下做事，通晓六番语言，和安禄山一起干过互市郎的差事。安禄山偷羊，史思明也不是什么好货。他挪用公款事发，又补不上漏子，就往奚人居住的地区跑，想穿越这些部落再往远处逃。

半路，奚人侦察兵发现了他，见他服饰可疑，举刀就要杀掉他。情急生智，史思明忙说："我是大唐使者，如果我被杀，你们整个小国都会遭受报复。不如把我抓起来见你们王爷，保我一命，你们也有功。"

奚人侦察兵信以为真，带着他去见本部落酋长。史思明很能表演，他见到奚人酋长也不拜礼，还说："天子使臣见小国国君不用下拜。"酋长很恼怒，但见史思明态度倨傲，处乱不惊，便认定他是真的使臣。

忍住怒气，奚族酋长把他安置在驿舍里，好吃好喝好招待。临行前，还安排一百多人护送：一是表示尊敬，二是想趁机与大唐修好，三是想这些人去长安后可以按人头获赏打些秋风。

奚人部落中，有个名叫琐高的将领，常常率众侵扰边境，杀人掠物，名闻唐廷。史思明想把琐高带回国中将功抵罪，就骗奚人酋长说："虽然这么多人跟随我朝见，但没人有资格面君。我只听说过琐高的大名，可让他与我回朝。”

奚人酋长大喜，马上派琐高与其帐下三百精兵随从。

一行人到了平卢唐境，史思明暗中向边防军主将报信，说：“有数百奚兵跟我来国，名义上是入朝觐见，实际上是想乘机作乱，请赶紧准备迎敌。”

唐将连忙布下埋伏，摆上好酒好肉假装犒劳。一群人刚刚坐定，牛肉还没吃上一口，就被突然冲入的唐兵围住，一刀一个，几百人全部被杀。琐高也被绑上，史思明押着他送到幽州节度使张守珪处。

张守珪啧啧称奇，直说是“奇功”，立马升史思明为折冲将。至于挪用公款的“小事”，谁也不敢也不会再提。

由此，可见史思明的胆略。同时，其凶狡残忍可见一斑。

天宝初年，史思明频频立军功，升至将军，主管平卢军军务。有次因公事入朝面见唐玄宗，玄宗赐座交谈，很器重这个胡人边将。知道他当时已经四十岁，玄宗还抚其背勉励：“卿贵在后，当大器晚成。”

皇帝金口，马上就升迁史思明为大将军、北平太守。天宝十一年，安禄山推荐他为平卢节度都知兵马使。

安禄山造反后，史思明一军为先锋，一开始所向皆捷，攻陷饶阳诸郡。一直到天宝十五年初，他才在常山被李光弼、郭子仪合军击败，逃至博陵。

本来叛军就要被李光弼攻灭，忽然传来哥舒翰兵败潼关的消息，李光弼回军，史思明蹑后追击，大破唐军刘正臣部。史思明所率兵士是安禄山叛军的精锐部分，他们乘胜进击，攻拔常山、赵郡、河间，大破颜真卿部下和琳的一万二千唐兵。

接着，史思明率部攻下清河。在信都，史思明又把老上司乌知义的儿子乌承恩包围在城里，掠其母、妻、儿子。不得已，乌承恩投降，史思明与之把臂欢饮。可见他还念一些昔日旧情。肃宗至德二年（757年），史思明包围李光弼驻守的太原城，最后反被李光弼用“地道战”

打得大败。

当年十月，安禄山被儿子安庆绪等人杀死，史思明顿起自立之心。

邺郡一战，安庆绪困守孤城，史思明率十几万军来援，大败唐军，进而杀掉安庆绪，并统其众。

混乱之际，史思明手下参谋耿仁智劝他向唐军投降，由于当时形势未明，史思明假装答应。唐廷封史思明为归义王、河北节度使。虽然假装归降，史思明“外示顺命，内实通贼”，不断招兵买马，引起唐肃宗的警觉。

乾元元年（758年）五月，唐廷以乌承恩为副使，派到史思明军中做“策反”工作，想伺机杀掉这个居心叵测的反贼。李光弼也对乌承恩严加嘱托，让他赶快行事。

乌承恩是个草包，晚上多次打扮成妇人，夜入诸将家里“策反”。没想到，这些番将出身的将领对史思明很忠心，转头就向史思明告发了。

由于没有实证，史思明也下不了手。

驿馆之中，史思明在乌承恩床下埋伏了两个人。夜间，乌承恩与儿子密谈，说：“吾承上命，一定除此逆胡！”

床下两人，闻言突然钻出。

史思明马上带兵抓住乌承恩，搜出李光弼的书信以及要诛杀的叛将名单。史思明等贼将大怒，大呼：“我们都投降了，怎么还对我们这样！”

乌承恩扑通跪下，说这些都是李光弼指使他干的。史思明大怒，杀掉乌承恩和他的儿子以及从属两百多人，重新反叛。史思明的参谋耿仁智劝他不要反复，这个贼头亲手用棍击碎了这个跟了他三十多年的参谋的脑袋。

乾元二年（759年）正月，史思明僭称大圣燕王。四月，更国号大燕，自称大燕皇帝，改元“顺天”。

史思明部下兵将是安史叛军中最残暴的，每攻陷郡城，都杀光老弱男丁，以壮丁为挑夫，把妇女奸淫殆遍，凶淫无比。魏州一役，史思明军一天就杀掉三万多人，平地流血数日。称帝之后，他派间谍扬言自己军士思归，诱骗唐军决战。大太监鱼朝恩欲立大功，力劝唐肃宗下令各军进攻。不得已，李光弼等人出战，唐军大败，河阳、怀州等军事要地尽归于史思明。

自作孽，不可活。史思明乘胜攻陕州，被唐军挡在姜子坂一带。出战不利，退守永宁。

史思明下令筑三角城，约期一个月时间筑成，以贮备军粮。其子史朝义率军士苦干，城筑好后，来不及用泥抹外墙。史思明巡视到此，大怒，把史朝义、骆悦等大将召至面前，想杀掉他们以立军威。

史朝义战战兢兢，深知凶残的史思明完全没有父子之情，哀求说：“兵士太乏累，歇一歇马上就上泥。”史思明呵斥道：“你爱惜属下，就敢违抗将命吗！”立马城下，目视兵士上泥。兵士们害怕被杀，手忙脚乱，斯须而毕。

临走，史思明冲史朝义大骂：“等我攻克陕州，斩却此贼！”

史朝义大惧。骆悦等人也因兵败惧诛，力劝史朝义先下手。

史朝义不敢答应，骆悦等人就威胁说要投降唐军。史朝义思虑再三，点头示诺。

当夜，史思明宿营中，其亲信曹将军率人守卫。史朝义等人召他来说明行事目的，曹将军只得依从。

夜半时分，史思明因梦惊醒，据床惆怅。他平时特别爱听优人唱曲，吃饭睡觉都有几个优人不离左右。由于他为人残忍，杀戮为常，这些戏子心中也十分恨他。见他惊起，几个人忙问原因，史思明说：“我刚刚梦见河里的沙洲上有群鹿涉水而至，鹿死水干。”说完，起身上厕所。

几个戏子偷偷说：“鹿者，禄也；水者，命也。此胡命禄都到头了！”

正说话间，骆悦等人提刀闯入，不由分说就劈死数人，逼问史思明所在，余人忙指厕所方向。

史思明听见卧帐内响动不对，翻墙而出，骑马刚跑到马槽处，被追赶而来的兵将射中胳膊，滚落马下。

史思明忍住痛，问“何人造反？”有人答称是怀王（史朝义）起事。史思明老奸巨猾，哀求说：“我早上说错话，才有现在这等事。你们别这么快杀我，等我攻陷长安再杀我不迟。”史思明一反往日凶暴之态，连声乞命。

转头看见耷拉着脑袋的亲信曹将军，史思明大骂：“这胡误我！这胡误我！”

骆悦挥手，兵士把史思明捆个结实，幽禁在柳泉驿。

史朝义心惊肉跳，见到骆悦等人复命，还连问：“没有惊动圣人（史思明）吧？没有伤着圣人吧？”诸将回答说没有。

于是，一行人伪造史思明诏书，推拥史朝义继位，并杀掉在外统军的史思明亲信大将周挚等人。

为绝后患，骆悦等人先行动手，用绳子勒死了这位动辄要人命的老上司史思明。

比起史思明，史朝义为人宽厚，但他没有什么政治手腕。安禄山手下各大将本来就与史思明平起平坐，史朝义继位，众人更不拿他当回事。

唐代宗宝应元年（762 年）十一月，郭子仪、李光弼与仆固怀恩带来的回纥兵合军，在邙山与史朝义军大战，大破贼军，斩首一万六千，生擒四千多，降三万两千，叛军精锐皆尽。此后，史朝义在四十多天内八战八败。最后，他被仆固怀恩的儿子仆固玚率军包围在莫州。

宝应二年（763 年）正月，史朝义在莫州城内大阅诸兵，准备做最后的殊死一战。其属下田承嗣劝他说：“陛下您不如携精锐将卒还至幽州，与李怀仙的五万兵相合，再掉头来战。为臣我替您死守此城，等您带兵来我们内外夹击。”

史朝义轻信，当夜带精兵五千突围。临行，握着田承嗣的双手，以存亡为托。田承嗣叩首流泪，样子极其“忠义”。已经上马，史朝义又回头，说：“全家百口，老母幼子，全托付给将军您了！”田承嗣深深下拜，泪眼不干。

史朝义刚出城，田承嗣就召集诸将，说：“自我们起事以来，攻破河北一百五十余城，毁人坟墓，烧人房屋，掠人金帛，壮者死锋刃，弱者填沟壑。事已至此，大军围城，但自古祸福不常，或能转危为安。明天我准备出降，诸位以为如何？”

诸将知大势已去，都连忙称是。

黎明，贼兵在城上高喊：“史朝义半夜跑掉，赶快去追！”唐军不信。田承嗣就把史朝义老母及妻子儿子全都绑上，押送到仆固玚处。

诸军才知田承嗣是真降，轻装纵马，追杀史朝义。

史朝义跑到范阳，精疲力竭。李怀仙授命其部下李抱忠闭城，不让史朝义入内，说：“你们史家人对天子时降时叛，没有恩信可言，以后又要干什么呢！”

史朝义乞求说兵饥无粮。

念在旧日情谊，李抱忠派人送粮于开阔地。大家好歹吃了顿饱饭，士兵们逐渐散去。见周遭军卒皆散，史朝义没办法，只能流泪大骂“田承嗣老奴误我”。

他单人独马，就近转了几个地方，皆遭闭门羹。最后，史朝义跑回幽州城外，上吊自杀。平心而论，史朝义还真不是特别坏的人。李怀仙斩其首送于长安。

史思明父子僭号四年而灭。

安史之乱至此被平定。史臣说得好：“彼（安禄山、史思明）能以臣反君，而其子亦能弑杀其父。事之好还，天道固然！”

安禄山、史思明两个叛贼虽然只折腾了七年，但使中原板荡，千万生灵死于军乱，与之而来的藩镇割据、宦官专政以及党争之祸，最终把赫赫盛唐推上了不归之路。

乱世真理：枪杆子里面出政权

唐朝“藩镇割据”大戏的上演

安禄山造反，唐玄宗仓皇逃窜。马嵬驿兵变，杨贵妃“宛转蛾眉马前死”，黯然悯然，玄宗只得继续西行。

太子李亨殿后，一路安抚士民。为了收复中原，太子在自己两个的儿子建宁王李倓、广平王李豫的劝说下，率数千兵士向朔方挺进，并于756年在灵武（今宁夏灵武）称帝，是为唐肃宗。

转年，大将郭子仪以及广平王李豫等人率兵收复首都长安。同年年底，唐玄宗也有幸自蜀地得返京城。

好景不长，在肃宗皇后张氏与宦官李辅国的撺掇下，玄宗、肃宗父子猜忌日深，最终老皇帝怏怏死于荒凉冷宫，结束了他传奇的一生。

也许是隔代遗传，唐肃宗竟受制于自己的皇后与李辅国。枕边风一吹，肃宗还下诏赐死了自己的儿子——有兴复大功的建宁王李倓。

年轻时当太子，终日担惊受怕，逃亡路上风霜侵袭，称帝后受宦官和妇人挟制，唐肃宗于762年撒手而去，终年五十二岁。

肃宗崩后，宦官李辅国与程元振联手，利用手中禁军，杀掉张皇后，拥戴太子李豫登上大宝，是为唐代宗。

唐代宗为帝十八年，“宇量弘深，宽而能断，喜惧不形于色”，算是个比较有主见的皇帝。他继位后，虽然很感激李辅国对他的“翼戴”之功，但大太监一句话让皇帝如芒刺在背：“大家（皇帝）但居禁中，外事由老奴（李辅国自称）处分。”

结果，代宗用计，借助李辅国敌对势力程元振以及禁卫军之力，把李辅国挤出政权中心。不久，代宗派刺客要了这位太监的性命。程元振补空后，比李辅国有过之而无不及，贪赃受贿，贬杀朝臣，致使朝廷解体，上下离心。

屋漏偏遭连夜雨，西边的吐蕃也乘人之危，节节逼近，害得代宗也上演弃都出逃的戏码。

无论如何，代宗还是比较明白的皇帝。在他任上，“安史之乱”最终平定，郭子仪、李光弼得以展现奇功，唐朝终于度过最危险的关头。

但是，也正是在代宗当政期间，唐朝的藩镇开始成形，种下了日后唐王朝灭亡的一大祸根。

讲起藩镇，也得提起前半世英明神武、后半世昏庸暗弱的唐玄宗李隆基。正是他在位期间，首创“节度使”的实际官职，在唐境内设立了九个节度使和一个经略使。究其初衷，本来是为防御异族入侵，结果是引狼入室，唐朝自己委派的节度使倒首先敲响了盛赫唐朝的丧钟——身兼范阳、平卢、河东三镇节度使的安禄山首举叛旗，以十五万铁骑把整个唐王朝搅得天翻地覆。

汉朝只有“节度”一词，而无其官。三国时孙权有“节度官使”，但不掌军。唐初因隋旧制，以掌管一方军政的官为“大总管”，后改大总管为“大都督”。高宗永徽年间，除都督带使持节，即节度使。睿宗景云二年（711 年）五月，贺拔延嗣除凉州都督，充河西节度使，才开始正式有节度使之名。而节度使真正走上历史舞台，则是在玄宗末年，并集军政大权于一身。

“安史之乱”平定后，唐朝并没有削夺藩镇的权力，当时不是不做，而是不能。当其时也，朝廷上下内外，都已经意识到藩镇的弊害，但由于国家久经战乱，兵士战斗力不强，积贫积弱，对于田承嗣等安史余孽不仅不能一鼓摧垮，还得对他们进行好意安抚，唯恐其忽然“跳梁”又起祸端，只能就坡下驴，授以节度使之职。

本来，唐廷是想等恢复元气后再“秋后算账”，没想到尾大不掉。数位有地、有兵、有钱、有权的藩镇统治者割据一方，时附时叛，见势而为，完全成为雄霸一方的土皇帝。

老节度使死了，朝廷根本没有能力自上而下行使权力任命新人，而是由节度使自己传之子孙或由藩镇的部将自己定夺人选，最后走个形式“上报”中央，唐政府只能做做样子依藩镇之意“诏许”。

唐朝的藩镇割据，大致可分为四个时期：

一、藩镇割据的成形时期——唐代宗初年至唐德宗末年（763年—805年）；

二、藩镇割据的摧败时期——唐顺宗永贞元年至唐宪宗元和末年（806年—820年）；

三、藩镇割据的死灰复燃时期——唐穆宗初年至唐懿宗末年（822年—872年）；

四、藩镇割据的内斗时期——唐僖宗乾符年间至唐亡（874年—907年）。

本书先对唐朝藩镇割据成形的这个阶段做一番探讨，叙述一下“安史之乱”后藩镇是如何登上中国历史舞台的，讲讲这些“大王”是怎样“你方唱罢我登场”，并把本来就喘息不定的唐朝搞到岌岌可危的地步。

唐代宗李豫继位后，适逢史思明的儿子史朝义兵败自杀，“安史之乱”被平定。

新君登基，大赦天下，广封众臣。功高望重的仆固怀恩出于私心，唯恐贼平宠衰，上奏朝廷分封史思明几位投降的旧将，想依恃此辈为日后党援。

唐廷无远略，下诏封田承嗣为魏、博、德、沧、瀛五州都防御使，薛嵩为相、卫、邢、洺、贝、磁六州节度使，李怀仙为幽州、卢龙节度使，李宝臣为成德节度使，此即河北四镇。后来薛嵩早死，部属土地渐为田承嗣兼并，共有三镇，即日后臭名昭著的“河北三镇”。

由于太监鱼朝恩、程元振等人擅权，最终惹得仆固怀恩造反，率回纥、吐蕃入寇，幸亏郭子仪等大将力保社稷，唐朝才免于覆亡。

趁唐朝内讧之机，河北诸镇各拥劲卒数万，治兵完城，自署文武将吏，不纳贡赋。他们与山南东道节度使梁崇义及李正己结为姻亲，互相表里。

对此，朝廷专事姑息，不能再有效控制。所以，这些人虽名藩臣，其实唐廷只能羁縻而已。

跳梁弄乱第一人

田承嗣

言及藩镇，首先要提及的就是田承嗣。此人是平州卢龙人，一直在安禄山手下做事，多次击败奚、契丹，累功至武卫将军，是安大胖子的铁杆属下。

安禄山造反，田承嗣一直充当前锋，攻陷河、洛，“功劳”颇大。同时，他治兵严整，深为众人所服。试举一个事例以显其能：一日大雪，安禄山巡视诸营，忽至田承嗣所部，空旷寂静，里面好像一个人也没有。一声令下，兵士皆擐甲列队，依册点名，一人不缺。此情此景，使得久历战阵的安禄山大为叹赏，对田承嗣更加另眼相看。

郭子仪平定东都洛阳时，田承嗣见风使舵，举旗投降，俄而复叛，与蔡希德等贼将合兵六万对抗官军。史思明称帝后，他为贼先导，攻杀甚众。史朝义杀掉老爹史思明自立后，屡战屡败，最后与田承嗣一起共保莫州，困守愁城。

面对仆固怀恩儿子仆固玚所率精锐唐军，田承嗣又起反复之心，他骗诱史朝义去幽州搬救兵。史朝义刚出城，田承嗣就把史家男女老幼都绑起来送给仆固玚请降。

虽然投降，田承嗣既不出城也不交兵，列重兵自守，同时向仆固怀恩父子送上重礼。仆固怀恩上表朝廷请求分封田承嗣等人，这些“贼”，最后竟因“功大”，获朝廷颁赐誓书铁券。

田承嗣为人沉猜阴贼。有了实权之后，他计校户口，厚敛百姓，厉兵缮甲，强拉兵丁，几年工夫，就有兵众十万。

朝廷为收买安抚田承嗣，封他为雁门郡王，并以永乐公主赐其子为婚，希望能笼络这个悍将。但田承嗣本性凶诡，依恃有兵有地，愈加放肆。

唐代宗大历八年（773年），相卫节度使薛嵩病死，田承嗣乘机并领其众，并想占薛嵩所有的土地。唐廷派李承昭为相州刺史，田承嗣谎报相、卫两州士民反叛，暗中即刻发兵攻取两州，悉取兵士财物，并自置属官，把相、卫两州纳为自己的地盘，视唐皇诏命如儿戏。

本来，成德节度使李宝臣和淄青节度使李正己与田承嗣都是“贼将出身”，又是儿女亲家，关系不错，但田承嗣一向自负，根本看不起二人。李宝臣的弟弟李宝正是田承嗣的女婿，有一次在魏州和田承嗣的儿子田维打马球，所骑之马惊跳，误踏田维的脑袋，使得田公子脑浆流出，一命呜呼。本来完全是无心之误，田承嗣却大怒，命军士把李宝正关进大狱，派使者告知李宝臣。

李宝臣也是悍将出身，一肚子气，不好发作，就写信表示自己教弟不严，派人送去一根大杖，表示任田承嗣责罚。本来是给田承嗣一个台阶，让大家面子都好看。不料田承嗣就坡下驴，用李宝臣送来的大棍子把李宝正活活打死，也不顾自己女儿的想法。

李宝臣闻讯惊怒，由此两镇交恶。

得知田承嗣拒命，李宝臣、李正己上表朝廷，要求讨伐他。朝廷正想乘势离间这些喂不熟的“恶狗”，就下敕贬田承嗣为永州刺史，并下令河东、成德、幽州、淄青、淮西、永平、泽潞等诸道兵马共进魏、博二州征讨。

唐朝大将朱滔与李宝臣等从北方进攻，李正己与淮西节度使李忠臣等从南面进攻，夹击田承嗣，斩田承嗣大将卢子期，斩首万余级，获马千匹，又降一万多人，获粟二十万石。

眼见形势不妙，田承嗣开始装孙子，于代宗大历十年（775 年）九月遣使奉表，哀求说要“束身归朝”。

太监坏事惹大祸

李宝臣的“玩寇”之举

原本形势大好，田承嗣已成瓮中之鳖。不料，节骨眼儿上却出现了一个非常有戏剧性的插曲。

唐代宗很重视李宝臣的功劳，派太监马承倩赐御诏道辛苦，以示“朕心甚慰”。太监来时都不会带什么东西，临走时会依不成文的“潜规则”带回大批礼品。

李宝臣去看望马承倩，带了不少绸缎。按理说，那么多匹精细的好绸缎也值不少钱，但胃口极大的马太监对此大为不满。

于是，马承倩大加诟詈，把绸缎掷于道中。马太监不顾大局，当着李宝臣将士的面破口大骂，使得这位刚刚大胜的将军很没面子。

李宝臣手下的兵马使王武俊见此情形，就暗劝主帅道：“您现在军中新立大功，这个王八蛋尚且敢这样藐视您。寇平之后，以一纸诏书征您入京，您马上就成为一百姓匹夫，任人宰割。不如现在放田承嗣一马，您还能恃此为重，朝廷依仗您，就不敢拿您怎么样。”

由此，李宝臣再也不专心进攻，遂有“玩寇之志”。

田承嗣老奸巨猾。他得知李宝臣的老家是范阳（李宝臣是范阳境内的奚人，原为范阳守将张琐高的养子，归唐后赐姓李。在唐朝，凡姓李的将领有很大一部分是“九夷”赐姓），就让人在一块大石头上刻谶言：“二帝同功势万全，将田为侣入幽燕。”然后派人偷埋在范阳境内。

接着，田承嗣派出“大仙”，号称范阳有王气。李宝臣闻言忙依“大仙”指示，派人去挖掘，果见一古色古香的大石头上刻有篆书，预言自己将在姓田的协助下成就帝业。

将信将疑间，田承嗣派人做他的“思想工作”：“您和朱滔一起攻打沧州，得到土地后归国家所有，打了也是白打。如果能释我田承嗣的罪过，请允许我把沧州献给您。同时，我还愿意与您一起攻取范阳。您以精骑前驱，我以步卒殿后，攻取天下如反掌。”

李宝臣武人无识，大喜，加之事合符谶，就暗中积极与田承嗣密谋，化敌为友。

田承嗣从前一直用言语冒犯李正己，此时也低三下四地对他表示敬意。他派人送上自己辖境内的户口、甲兵、谷帛册籍，卑辞下意：“我田承嗣今年八十六了，时日无多，诸子不肖，侄辈孱弱，今日所有一切，都为李公您保守着啊。怎敢让您劳师兴兵呢。”每次见李正己的使者，田承嗣都南向跪拜受书。同时，他让人画李正己的“标准像”一幅，日日焚香礼拜。

李正己大悦，于是按兵不动。河南诸道见此，也不敢进兵，于是田承嗣南顾之忧顿消。（田承嗣老贼死时才七十五岁，向李正己哀求时自称已八十六岁，足见其老谋深算。）

李宝臣在田承嗣面前虽是大傻一个，却也能骗比他更“傻憨”的朱滔。他对朱滔军使说：“听说朱公仪貌如神，愿得画像观之。”得像之后，李宝臣悬于射堂，与军中诸将观看，大叹：“真神人也！”

当时，朱滔驻军于莫州以北三十里外的瓦桥。李宝臣密选劲骑两千，连夜疾驰三百里偷袭，临行前让将士集于射堂观瞧朱滔画像，要他们按像取人。当时两军是友军，朱滔没有任何防备。夜中忽然有军杀来，朱滔仓促应战，大败而逃，幸亏当时他穿了一身闲服，没被李宝臣的将士认出，得以驰奔逃走。

李宝臣乘胜想拥军直取范阳，朱滔忙派雄武军使刘怦拒守。李宝臣闻知消息后，知道范阳已做准备，没敢进军。

田承嗣知道李宝臣偷袭朱滔的事情后，哈哈大笑，即刻引兵南还，派人戏笑李宝臣："我境内有事，没工夫与您周旋了。石上谶文，是我派人私下刻的逗您玩啊。"

李宝臣又惭又怒，不得不退兵。

唐代宗大历十一年（776年）三月，田承嗣上表请入朝。唐廷见台阶也不得不下，下诏赦田承嗣罪，复其官爵，一概不问。

同年，汴宋留后田神功病死后，都虞候李灵曜作乱，唐廷无奈，下诏授其为汴宋留后。此人翅膀未硬，就骄慢无礼，自己封授辖内各州刺史，仿效河北诸镇，最终惹得唐廷大怒，派淮西节度使李忠臣、河阳三城使马燧等人征讨。

田承嗣忙派其侄田悦引数万军去救援李灵曜，在汴州被李忠臣等人打得大败，田悦只身逃走，李灵曜被擒送长安斩首。

由于田承嗣一直逗留不入朝，又派兵助援李灵曜，唐代宗又下诏派诸路人马讨伐。田承嗣复上表谢罪。时叛时降，如同儿戏。

唐代宗只得听之任之，诸路人马各自心怀鬼胎，中央根本指挥不动。没办法，唐廷下诏悉复田承嗣官爵，仍令其不必入朝。

既成事实的割据

藩镇的成形

代宗大历十四年（779年），田承嗣病死。

老贼死后，唐廷还赠其为太保，以示褒赠。田承嗣临死，遗命诸将立其侄田悦继承后事，继续做节度使。

当时，田承嗣据有魏、博、相、卫、洺、贝、澶七州。李正己据淄、青、齐、海、登、莱、沂、密、德、棣十州，攻灭李灵曜后又得曹、濮、徐、衮、郓五州。李宝臣据恒、易、赵、定、深、冀、沧七州。梁崇义据襄、邓、均、房、复、郢六州。

这几个人盘根错节，交相依附。官爵、甲兵、租赋、刑杀全是节度使自己说了算，虽名义上奉唐朝正朔，实为真正的地方王国。

史臣愤愤不平地评说："朝廷或完一城，增一兵，辄有怨言，以为猜二，常为之罢役；而自于境内筑垒，缮兵无虚日。以是虽在中国名为藩臣，而实如蛮貊异域焉！"

国中之国，各个节度使是实际的土皇帝，割据之势已初露端倪。

被部将狼狈驱逐的“忠臣”

李忠臣

唐代宗大历十四年（779年）三月，淮西节度使李忠臣被其族侄李希烈驱逐，单骑狼狈出走，奔往京师。

李忠臣为人贪婪残暴、喜好女色，往往逼淫将士吏卒妻女。他的妹夫张忠光和外甥也挟势横暴。士卒苦怨，就起兵杀掉张忠光父子，推拥李希烈为帅，把李忠臣赶走。牙将驱帅，至唐末尤甚，但在藩镇割据初期，还很少见，可见李忠臣当时在军内多么不得人心。

虽对下贪暴凶淫，但在皇帝眼里李忠臣是个大大的“忠臣”。李忠臣原名董秦，幽州蓟人，自少年时代就参军入伍，在节度使薛楚玉、张守珪、安禄山手下都干过。安禄山起兵后，李忠臣帮唐王朝拒贼有功，杀敌甚众，并大败奚族首领阿布离，斩其首以衅鼓，声名赫赫。

唐肃宗至德年间，李忠臣转战累日，功勋显著。郭子仪军攻相州时，诸军皆溃，唯独李忠臣败中取胜，袭取二百艘粮船，保障了唐军的粮食供应。

不久，唐将许叔冀（就是对张巡见死不救的那位）投降史思明，李忠臣猝不及防，只得被裹胁着也向史思明请降。史思明非常欣赏李忠臣的勇武，用手拍着他的后背，说：“从前我只有一只左手，现在有了你，我才两手齐全啊。”

章怀太子墓壁画

史思明贼军围攻河阳时，李忠臣深夜率属下五百人突出数万贼军包围，重归李光弼唐军。唐肃宗闻讯大喜，召至京师，亲赐其名为“李忠臣”，并赐良马、甲第。

后来，唐廷授李忠臣为汝、仙、蔡等六州节度使。李忠臣率军与诸路唐军收复东都洛阳后，朝廷封其为御史大夫。

想当初，回纥余部扰掠河阳，李忠臣提兵讨定。吐蕃寇长安，唐代宗慌忙四处发诏调兵。御使到达时，李忠臣正和诸将在马球场欢宴，闻讯马上起身整兵上路。诸将劝说要“择良日起兵”，李忠臣大怒：“君父有难，怎么还择日救援！”诸路兵中，李忠臣第一个率军赶到，唐代宗对此非常感动。

由于对唐廷有功，他获封西平郡王，加检校司空、同中书门下平章事。

大概是因为终年居于行伍，李忠臣粗豪不检，常纵兵大掠，虽属能战之师，军队声名却很差。加之他常淫暴将士妻女，最终被驱逐，逃奔京师。

对于这个老“忠臣”，唐代宗仍旧授他为司空，同中书门下平章事。

日后唐德宗继位，仍旧很信任李忠臣。但丧失兵柄之后，他在长安终日郁郁，后来朱泚造反攻入长安，李忠臣竟同流合污，获封司空兼侍中。

朱泚叛平，反罪难饶，李忠臣父子俱为唐廷斩首，并被史官列入《叛臣传》中。晚节一失，忠义之名不得，此是后话。

不合时宜的冒动

唐德宗的“削藩”

唐德宗李适即位后，抑制宦官贪欲，乾纲独断，颇有政声。

淄青节度使李正己知悉唐德宗不是个好对付的人，就上表要求献钱三十万缗，以此观察德宗的为人。“欲受之恐见欺，却之则无辞。”德宗犹豫之间，大臣崔佑甫出主意：“皇上派使臣慰劳淄青将士，顺便把李正己上献的钱物赐予将士，如此顺水推舟做人情，一则使淄青将士感戴皇帝恩德，二则让诸藩镇知道朝廷不贪货财。”

唐德宗大悦，依计行之。李正己惭服不已。

李正己原名李怀玉，高丽人，初为营州副将。随唐军攻讨史朝义时，当时的“友军”回纥军人恃功横暴，唐军上下没什么人敢惹这些“雇佣军”。李正己与回纥一位大酋长摔跤，四周各族兵士围满数层。两人在摔跤之前约定，败方要被赢方扇嘴巴。双方一交手，李正己身手敏捷，一闪躲过，进脚抱腰，把回纥大酋长掀翻在地。然后一把把大酋长从地上揪起，大嘴巴一顿狂抽。回纥人大惭，自此不敢再横暴如前，李正己名贯军中。不久，他率人驱逐了青州主将——也正是他的表兄侯希逸。于是，朝廷命他为节度使，并赐名“李正己”。

他拥有淄青十州土地后，复获曹、濮、徐、衮、郓五州。由于每年从渤海等地买卖名马，加之税赋征敛，李正己一时间在藩镇中号称最强者。

面对如此狂徒，唐廷封其为饶阳郡王，以司徒兼太子太保。

郭子仪晚年多病，德宗就以朔方军大将李怀光代替郭子仪掌军政，并加其为校检刑部尚书，为宁、庆、晋、锋、慈等州节度使。

李怀光原姓茹，是渤海靺鞨人，其父茹常在朔方军中因功被朝廷赐姓李，名“李嘉庆”。李怀光自小成长于军中，也是一刀一枪拼出来的功名，史书称其“勇鸷敢诛杀，虽亲属犯法，无所回贷”。

一旦大权在握，李怀光马上就把从前和他同位而现在怏怏不服的宿将史抗等五人一并诛杀，初露控霸一方的野心。唐廷对此也假装不知，奈何不得。

德宗继位之后，在蜀地淫侈专制十多年的西川节度使崔宁入朝。

崔宁入朝后，要小聪明，暗使属下蛮将寇侵州县，德宗本来已下诏派他归镇，大臣杨炎苦谏，德宗就把崔宁留在京城，命朱泚的范阳军前往其驻地，总算拔了一颗钉子。

刚继大位的唐德宗很想干出些大事，重整破烂的唐朝河山。建中元年（780 年）三月，德宗派十一个黜陟使（此官设立于唐太宗贞观年间，类似巡查钦差）分巡天下。河北黜陟使洪经纶“不识时务”（史官以此四字评价，可见这位洪大使确实是个坏大事的书呆子），他见魏博节度使田悦属下兵士有七万之多，就下令“裁军”，罢掉四万兵，让这些人回家务农。

本来，田悦表面对朝廷颇恭顺，很有顺臣守法的样子，现在看到朝廷要朝心窝给自己一脚，裁撤士兵，顿时激起他心中的嫌怨。但田悦和他叔父田承嗣一样，属老奸巨猾之辈，他假装顺服朝命，罢裁四万官兵。然后，他把已经脱掉军服的将士召集于一处，激怒他们说：“汝曹久在军中，有父母妻子，今一旦为黜陟使所罢，将何自资衣食乎！”

士兵大哭。

田悦于是散家财给士兵，让士兵重新归营。于是，军士们在感念田悦的同时深怨朝廷。

宰相杨炎想收复原州和秦州，就派李怀光和朱泚等人前往泾州集结。

泾州诸将知道李怀光军法严峻，又刚刚擅杀朔方五将，就推刘文喜为首，拒不接受李怀光来统军。

唐廷又以朱泚为泾原节度使。泾州的刘文喜不受诏，于建中元年五月据泾州反叛，并把儿子送去吐蕃做人质以招援兵。唐廷马上下诏李怀光、朱泚去平讨。

唐德宗非常坚决，对刘文喜索求旌节的要求一口回绝，也不听取朝中诸臣请求赦免刘文喜的意见。同时，他对泾州城内兵士仍旧像对待唐兵一样，赐以春服。吐蕃当时和唐朝刚刚缓和关系，并不对刘文喜发兵相救。

不久，泾州城中势穷，诸将共杀刘文喜，传首阙下。

如此，德宗算是给诸藩镇上了“一课”。

自以为是的举措

以藩治藩

德宗建中二年（781 年）正月，成德节度使李宝臣病死。

李宝臣自被田承嗣大骗一把后，一直怏怏不乐，率兵回镇，自守门户。

李宝臣晚年心情忧虑，猜忌旁人。他觉得儿子李惟岳暗弱，恐属下不服，就诛杀辛忠义等二十多名大将，尽收其财，由此军心不附。他还笃信神道，大饮妖人“特制”的“仙液”，结果中毒而死，时年六十四岁。也是“坏人有善终”：花甲已过，诸福尽享，又免于横死，也算结局不坏。

李宝臣死，军中推李惟岳为留后，求袭父位。唐德宗不答应，命李惟岳护其父灵柩入京进行“国葬”，下诏任命张孝忠为节度使。张孝忠是奚族，其父张谧于玄宗开元年间内附唐朝。他年轻时和王武俊两人齐名，为燕赵名将，时号“张阿劳”。张孝忠还是个美男子，形体魁伟，身长六尺，为人忠孝。他曾在安禄山帐下为偏将，由于破突厥有功，获授果毅折冲将军。安禄山造反，张孝忠也干过不少坏事，常为贼军先锋。史朝义灭亡后，他入李宝臣帐下，并娶李宝臣妻妹为妻，后一起归唐，赐名孝忠。

当初田承嗣死，李宝臣上表力请田悦代之，谋求子孙世袭；如今李宝臣死，田悦投桃报李，就上表力求朝廷下旨让李惟岳世袭，德宗不答应。

于是，李惟岳就和田悦、李正己等人暗中联合，阴谋抗拒皇命。

众藩将叛未叛之际，偏偏兵势最弱、对朝廷礼数最恭的山南东道节度使梁崇义先被逼反。

唐德宗性急，召梁崇义入朝，梁崇义一直推托不去。为示以恩信，唐廷加梁崇义同平章事，赐以铁券。淮西节度使李希烈（就是把李忠臣赶跑的那个年轻野心家）觊觎山南东道土地，一直上表要替朝廷讨伐梁崇义。

德宗建中二年（781年）七月，朝廷封李希烈为南平郡王，督诸道兵讨伐梁崇义。荆南牙门将吴少诚献策，李希烈就以他为先锋，督兵进讨。九月，梁崇义连战连败，困守襄阳。时势已去，守门军士开门争出投降。见大事不妙，梁崇义与老婆投井而死，被唐兵吊出尸体后割下脑袋，传首京师。至此，统治山南东道长达十九年的梁崇义终归灭亡。

同时，由唐将马燧、李抱真等人率领的昭义军、河东军在临洺大败田悦军，斩首过万，围攻邢州唐军的田悦军见势不妙也解围而逃。当时，平卢节度使李正己病死，其子李纳奏表请袭位，唐德宗又不许。

田悦派人暗中哀求李纳和李惟岳，心怀怒气的二李就派兵援助田悦，在相州邺县一带与唐军相持。

建中二年十二月，唐朝李怀光的朔方军大破魏博、淄青藩镇兵于徐州、彭城，江淮漕运恢复通行。

当初，李希烈上表请讨梁崇义之时，唐德宗每每上朝会见群臣，都以李希烈为忠义榜样。巡示淮西的黜陟使李承劝谏："李希烈以朝廷名义讨伐攻战肯定得胜，但恐怕其有功之后，骄蹇不臣，更烦朝廷用兵！"德宗大不以为然。

李希烈攻败梁崇义后，果然据其地为己有，并大掠府县，积所掠宝货于襄州。

唐德宗建中三年（782年）二月，刚刚被朝廷封为魏博招讨使的马燧与河阳节度使李凡、昭义节度使李抱真一起在漳水边上与魏博军

守墓兵马俑　唐

相持。

田悦派王光进筑半月形城守长桥，官军为叛军所阻，不能过河。马燧见状，忽生一计。他派军士用大铁锁把数百辆军车相连，车内塞满土囊，堵塞住长桥下水流，诸军于水浅处涉水渡河。由于唐军粮少，田悦属军皆坚守不战。

马燧命军士持可当十日的干粮，进屯沧口，与田悦军队在漳水之东的洹水夹岸相望。

李抱真、李凡皆不解，问："粮少而深入，这样做不危险吗？"马燧解释说："粮少则利速战，现在魏博、淄青、成德三镇军不与我们相战，是想疲累我军。假使我分军击其左右，田悦肯定派兵相救，那时我腹背受敌，肯定失利。因此，我一直进军逼战田悦，所谓'攻其所必救也'，如果他出战，我肯定为诸君破敌！"

于是，马燧命人在洹水上搭建三条浮桥，每天都过桥挑战，田悦仍旧缩头不出。

马燧下令军队夜半起食，偷偷顺洹水直趋魏州，下令道："贼军来，就马上停军成阵。"

同时，他仍留下百余人马在原来的营中击鼓鸣角。诸军尽发后，这一百多人就抱柴火在一旁潜伏，隐蔽起来。

诸军前进十多里地，田悦知道消息，忙率淄青、成德步骑四万多人冲过桥，想从后袭掩唐军，并乘风纵火，鼓噪而进。

马燧按兵不动，不慌不忙，命兵士结阵，并除去阵前方圆百步的杂草以为战场，严阵以待。首当战阵的，是精募的五千多勇猛能战之士。田悦人马至前，气势衰竭，纵火又灭，忽见唐军持兵严阵以待，皆惶恐不知所为。

马燧纵兵大击，田悦大败。

纠缠乱斗之时，李抱真、李凡部下兵士有一阵子几乎招架不住，但见马燧的河东兵大胜，掉头还斗，合军追击藩镇军队。

田悦军士逃至洹水三桥处，早在那里埋伏的唐军一把火将桥烧个干净，贼军掉入水中淹死无数。此战，唐军共斩首两万多级，活捉三千多，敌尸枕藉三十多里。

如果唐军乘胜追击，田悦肯定跑不掉。不料，由于马燧和李抱真两个人一直有过节，都暗有所思，马燧追至魏州南就停军不追。

田悦逃至魏州南城，其大将李长春原本坚守城门等待唐军。天光大亮，唐军仍不出现，无奈之下，李长春不得不打开城门。田悦一进城，就立马杀掉李长春，凭城固守。

此时，魏州城内兵卒才几千人，战死者亲属又满街号哭，一派惨痛之状。见此情形，田悦又忧又惧。毕竟奸雄出身，他持刀立马，集合城内军民于军府之外广场，流泪哭诉："我承蒙淄青、成德二位老伯（李正己、李宝臣）保荐，得以世袭田承嗣伯父的家业。现在两位老伯故去，他们的儿子不能承袭，田悦我不敢忘两位伯父大恩，自不量力，上表为他们求袭封，最终拒命朝廷，丧败至此，致使众人死伤，都是我的罪过啊！我田悦老母在堂，自杀不孝，请诸公以此刀斩断我的脑袋，持之出城向马燧仆射投降，自取富贵，不要与我田悦一起取死！"

言毕，他自投马下，泪下如雨。

毕竟同生共死过一段时间，田悦此前又以家财供养四万本来应裁掉的军士，河北自古出"慷慨悲歌之士"，一帮大兵哥们儿义气加血性，感奋之下，一起上前抱住田悦说："田尚书您举兵殉义，不是为了您自己啊。胜败乃兵家常事，我们一直受田氏之恩，希望能与您一起拼死一战，如果不胜，赴死而已！"

田悦闻言，心中大喜，脸上仍旧悲愤满布，说："诸君能不以我田悦的丧败而抛弃我，我愿以死相报！"于是他马上搭香台，与诸将割发立誓，结为兄弟，誓同生死，并把魏州城内府库的钱财和城中富人的宝货全集中到一起，奖赏士卒。

众人大悦，部伍重振，各自凭城坚守。

十多天后，马燧等诸路唐军才相继赶到魏州城下。急攻数日，不克。

此时，藩镇李惟岳的束鹿城也被朱滔、张孝忠等人攻下，唐军进围深州。李惟岳忧恐，其属下参谋邵真劝其密奏朝廷请降，让他先派弟弟李惟简入朝，然后诛违命诸将，再亲自入朝谢罪。

李惟岳听计，就派弟弟李惟简先入朝。很快，田悦知道李惟岳首鼠两端，大怒，派衙官扈岌前去李惟岳处，责备道："田悦尚书举兵，正是为您求封节度使，一点儿不为私利。现在您听信邵真之言，遣弟奉表，悉以反罪归于田尚书，怎能做出如此忘恩负义之事！如果您斩杀邵真，田尚书待您如初；如若不然，就此恩断义绝！"

李惟岳犹豫之际，他的另一个高级参谋毕华也进言劝他："田尚书以大义举兵，完全是为了您啊。而且魏博、淄青两镇军兵足抗天下，胜负未知，奈何现在就脚踏两只船呢。"

李惟岳惶急之下，就把邵真抓来，当着扈岌的面斩杀了，又发一万多成德镇兵，在束鹿与唐兵相抗。不久，朱滔、张孝忠大败镇军，李惟岳烧营而遁。

李惟岳本来可以不败，败就败在他的前锋将王武俊身上。

唐军忽然而就的"胜利"

王武俊的起事

王武俊，字元英，原本属契丹怒皆部落。其父王路俱，在唐玄宗开元年间率部属内附于唐，一直居守蓟州。

十五岁时，王武俊就因骑射之艺高绝于人而享有少年英雄的美誉，在当时与张孝忠齐名，同在李宝臣帐下为裨将。

王武俊有个儿子名叫王士真，沉毅勇悍，相貌英俊，李宝臣倚爱非常，把女儿嫁给了他。所以，王武俊与老上司李宝臣还是儿女亲家。李宝臣晚年猜忌好杀，诛戮了不少昔日的心腹大将，多亏其“爱婿”王士真与李宝臣左右出主意的谋士们关系亲密，才使得王武俊免于被杀。

李宝臣死后，其子李惟岳由于想承袭节度使未被许可，举兵拒命，对左右兵将疑心甚重。有人告诉李惟岳说王武俊有“异志”。王武俊知道消息后，深自贬损，出入营中只带一两名随从，平素也不和外人往来。

李惟岳虽然怀疑这位“亲家”，但见他非常低调，又能打仗，就没舍得杀掉。

束鹿一战，王武俊为前锋，他于阵前对儿子说：“我破朱滔，则李惟岳兵势大振，回到大营我就会被杀掉。”因此，他敷衍了事，没有使全力打仗，只知保存“有生力量”。甫一交兵，他就率人回奔，由此导致李惟岳军大败而归。

朱滔大胜之后，想立即引兵直攻恒州。另一部唐军张孝忠却引属下军队驻停于义丰，忽然不前。朱滔大惊，以为张孝忠又用什么怪招“纵贼”，或斜刺里给自己一枪什么的。

张孝忠属下诸将也都不解，询问缘由。张孝忠本来就是李惟岳他爸爸李宝臣的旧将，深知军中内情，他解释说：“恒州宿将尚多，未易少轻。如果我们大军直逼，困兽死斗，结果难以预料。倘若我们暂且驻军不动，他们内部肯定会发生窝里斗。诸君少安毋躁，我们现在驻军义丰，可坐待李惟岳的人头！而且，朱滔这个人，言大识浅，此人可以共始，难以共终！”

朱滔不知就里，见张孝忠止军，自己也率部于束鹿休整，不敢单军追逼李惟岳。

墙倒众人推。李惟岳的大将康日知见形势大不妙，以赵州城归降唐军。

李惟岳气恼之下，对王武俊这样的宿将又多了层疑心。左右亲信参谋有人劝说：“先相公（指已死的李宝臣）一直以王武俊为腹心，两家又有骨肉之亲（王武俊之子王士真是李惟岳的妹夫），当今危难之际，王武俊勇冠三军，不依赖他这样的人，谁又能为您退敌呢！”

李惟岳出了名的耳根子软，深以为然，就派步军使卫常宁与王武俊一起进攻赵州。同时，他派妹夫王士真率精兵宿于自己府中以为贴身护卫。

一出恒州城，王武俊就对卫常宁说：“我今日幸而得出虎口，再也不会回去了！我们应北去归降张尚书（指张孝忠，王与张是多年的“老战友”）。

卫常宁规劝说：“李大夫（指李惟岳）暗弱，信任左右，观其势最终会为朱滔所灭，现天子有诏，谁得李大夫首级献上，就以他的官爵赏其人。您平素就为众所服，与其逃跑归降，还不如先反戈擒取李大夫，转祸为福，易如反掌！如果其间出了什么枝节不成功，再归降张尚书也不晚。”

王武俊点头。正商议间，李惟岳派心腹谢遵前往赵州城下催战，王武俊劝说谢遵与自己一道谋取李惟岳。谢遵虽是李惟岳亲信，也早看出此人难成大事，就一口应承了王武俊。他快马赶回，密告王士真加紧准备。

王武俊、卫常宁连夜引兵折返恒州，谢遵等人密开城门接应，一帮人于黎明时分直冲入李惟岳府中。王士真早已在里面严待，杀掉十几个仓促交兵的卫兵，闯入李惟岳卧室。

李惟岳的属下亲兵闻讯赶到，王武俊就对拥入府内的李惟岳亲兵喝道：“李大夫叛逆，众将士归顺朝廷，敢违命者族诛！”

众人惊骇，无人敢再动，李惟岳束手就擒。

本来王武俊想把李惟岳以囚车送至京城由皇上处理，卫常宁劝道：“他见到天子后，肯定会哀乞求生，诬称当初是您与诸将胁持他起兵拒命。”

王武俊觉得有理，就派人缢杀李惟岳，传首京师。

赏罚不均造恶果

王武俊、朱滔的节外生枝

至此，整个河北地区除田悦坚守的魏州和李正己儿子李纳据守的濮州外，都重新归顺。朝廷扬扬得意，以为天下不日可平。

得意之际，唐德宗终于有了当皇帝的感觉，率意而为，于建中三年（782年）三月下诏，封张孝忠为易、定、沧三州节度使，王武俊为恒冀都团练观察使，康日知为深赵都团练观察使，划德、棣两州归朱滔管辖，并令其还镇。

朱滔不满，认为自己还应该辖有深州之地。朝廷不许。朱滔怨望，留屯深州不去。王武俊自认为诛李惟岳立下首功，比投降的康日知功劳大多了，却和康日知所授的官职一样，再看看从前与自己平起平坐的张孝忠已经是三州节度使，心中更是不平。

同时，朝廷下旨让王武俊向朱滔供粮三千石，向马燧供马五百匹。见此，王武俊更加疑惧，认为朝廷是在削弱自己的实力，说不定唐军攻下魏博后就要拿自己开刀。

据守魏州的田悦得知上述消息后，急忙派人四下活动，先让参谋王侑等人窜至朱滔营中，卑辞下意致敬后，劝说道："朱司徒您奉诏命讨伐李惟岳，旬日之间，拔束鹿，下深州，促使李惟岳营中叛起，王武俊得以乘间杀掉李惟岳，这个结果，也是司徒您积功所至。天子本来说过谁平灭李惟岳谁就悉得其境土，如今又下诏把深州赐给康日知，是自食其言啊。而且，当今皇上本意是扫清河朔，不再让藩镇承袭，将要把全部的节度使换由文官接任。我们魏博如果被灭掉，接下来就要打燕、赵的主意，到时朱司徒您也岌岌可危。如果司徒您能哀怜我们魏博，见危施救，不仅有存亡继绝的大义，而且对您也有子孙万世承袭方镇的好处啊。"同时，田悦还说要把统辖的贝州割让给朱滔。

朱滔素有异志，闻言大喜。他马上派王侑驰返魏州，告诉田悦等人坚守以待外援。同时，他派自己的高级参谋王郅与田悦的另一个说客许士则一起去恒州，劝说王武俊："王大夫您出于万死，诛逆首，拔乱根，康日知仅以城降，竟与您同功！朝廷赏薄，外间人无不为王大夫您不平。现在，又听说朝廷下诏命您出粮马资援邻道诸军，肯定是想削弱您的力量。一旦魏州被攻克，朝廷肯定会让南北两军夹击您以绝后患。如今，朱滔司徒也忧不自保，想劝您共存田悦，并把深州交留您管辖。我们范阳、恒冀、魏博三镇连兵，手足相保，日后肯定永无后患！"

王武俊深感有理，当即许诺，相约举兵南向。

朱滔派人去劝说张孝忠，但遭到对方拒绝。

李正己的儿子李纳，比起魏博的田悦，压力更大。忠于唐朝的宣武节度使刘洽（后改名刘玄佐）已经率兵攻破濮州外城，逼得李纳不得不亲自跪于内城城头，哀求改过自新。同时，他派人以亲弟弟李经和儿子李成务入京为人质，请求给自己机会"重新做人"。

如果应机善见，唐德宗应该暂时先答应李纳，待他开城门投降，什么事都好办。偏偏朝中有个叫宋凤朝的太监逞能，进言说李纳穷蹙到头，不应该再给任何机会，朝廷大军攻下城池，可以大壮国威。

唐德宗耳根子也不硬，觉得宋凤朝言之有理，下令把李纳的弟弟等人囚于禁中，逼得李纳穷守孤城，困兽犹斗，并很快与田悦等人联系接头，共同抵抗唐军的进攻。

河北诸道藩镇力量死灰复燃之际，唐德宗感觉还正在佳处，以为指日可以平定祸乱。他派遣中使下令卢龙（朱滔）、恒冀（王武俊）、易定（张孝忠）集中万名士兵，一起到魏州进攻田悦。

王武俊做事明快，拒不受诏，把传旨的太监绑起来送到朱滔处。

朱滔召集部伍，说："将士立功颇多，我上奏朝廷要求赏赐官职，都没有下文。现在我想与大家一起直奔魏州，击破马燧以取温饱，何如？"问了三遍，众将不应。

如果朱滔要大家去攻田悦，肯定是自然不过的事情。朱滔忽然要率众去攻马燧的唐军，明显是要造反，故将士泄气，既疑且惧。

过了好久，才有将领出来代表大家表态："幽州之人（指卢龙军士卒）跟从安禄山、史思明南向造反的，没有一个人生还。他们的遗属现在后悔得要命，痛恨叛逆，深入骨髓。而且，朱司徒您兄弟都是朝廷显官（朱滔官司徒，朱滔的哥哥朱泚官太尉），将士诸多苦斗也有功勋，只想保持现状，不敢再有别的想法。"

见此回复，朱滔默然，第一次反叛未遂。

回大营之后，他与左右定计，诛杀几十个刚才表态不服从的大将，又重赏属下士卒以安军心。

马燧很快就知道了朱滔要反的消息，飞奏唐德宗。由于田悦依旧据守魏州，王武俊复叛，唐廷对朱滔力不能制，思前想后，皇帝想出了一个馊主意，赐封朱滔为通义郡王，想以此安抚他。

诏旨下后，效果适得其反，朱滔反谋益甚，派兵与王武俊一起包围了赵州。

朱滔的表弟涿州刺史刘怦听说朱滔要兴兵救田悦，连忙写信谏劝："现在您的老家昌平，有朝廷亲自为您兄弟二人专门命名的太尉乡、司徒里，此亦丈夫不朽之名也。但以忠顺自持，事无不济。安、史二人不知逆顺，自屠族灭。希望司徒您多加考虑，无贻后悔！"

朱滔虽听不进去，内心也嘉叹刘怦的忠心。

为了起事更加顺利，朱滔派牙官蔡雄前往张孝忠处，要这位节度使一起举兵。张孝忠拒绝。蔡雄见劝说不成，赖皮地反复进言，陈说利害，气得张孝忠要把他绑上送交京城司法机构。蔡雄无奈，趁间逃归。

当时河北叛逆四起，唯独张孝忠居于强寇之间，治城厉兵，保持忠节。

朱滔率步骑两万五千人马从深州出发，行至束鹿，修整一夜。早晨集合出发之际，士卒忽然大乱鼓噪，大呼："天子命司徒还镇幽州，为何违背敕令南救田悦！"

朱滔大惧，跑入后堂躲避。幸亏他的属下蔡雄等人镇定，骗士卒说：“你们不要吵闹！朱司徒南行是为了往马燧处抢回本来是朝廷赏赐给你们的金宝，根本不是为了他自己！如果你们要北归，可以自己回去，怎能在军中抗令喧哗！”蔡雄这么一说，还真把军卒们镇住了。

未几，士兵又大叫：“我们知道朱司徒是为我们好，终不如奉诏归镇！”蔡雄应允。

朱滔引军回至深州，密令亲信访察当时带头的军卒二百多人，全推出去斩首，余人见此，也不敢再闹。

朱滔重新出发，攻下宁晋，与王武俊一万五千步骑会合。

朱滔派人把蜡封书信藏于发髻中送给在长安的哥哥朱泚，让他做内应同反。信使走到半路，被马燧截得，报与唐德宗。

朱泚对此一无所知。德宗把朱泚招进殿，给他看朱滔的信件，吓得朱泚“惶恐顿首谢罪”。

德宗还安慰他：“相去千里，初不同谋，非卿之罪也。”

于是，皇帝把朱泚“慰留”在长安的大宅子里，赏赐金银，好酒好肉，官职如故。

朱泚和朱滔兄弟两人，少年时代长于幽州，一直为安禄山部下将领，后从李怀仙归唐。后来，朱滔、朱希彩、朱泚三人共杀李怀仙，推朱希彩为主。大历七年，节度使朱希彩又为部下所杀，朱滔率兵共推朱泚为留后，唐代宗下诏拜其为卢龙节度使，封怀宁郡王。朱泚开始很老实，是河北地区第一个入朝的节度使。唐代宗亲自下令为他在京师建起宏伟壮丽的大宅院，以他为遵命贤臣的榜样。朱滔把朱泚送走后，自统兵事，换上自己的亲信，兄弟二人嫌隙顿生。朱泚自知失掉兵柄，怏怏不乐。德宗继位后，下诏令他改镇凤翔，仍旧荣宠于他。

朱滔、王武俊两人的军马赶至魏州，田悦大喜过望，杀牛煮酒招待这两位“化敌为友”的救星。城内军士也欢声震地，盼星星盼月亮，终于盼来了援军。

当天，唐廷的朔方节度使李怀光引兵而至，与马燧合军，双方将士在城外盛装相见，也呼声连连。

在连箧山驻兵的朱滔听见动静，以为唐军发动袭击，仓促出阵。李怀光勇而无谋，想趁朱滔营垒未成而进击。马燧劝说李怀光先休养几天，因为朔方军士卒远道而来，疲意未消。

李怀光大言："吾奉皇上钦命，不可养寇惮贼，现在敌军营垒未成，可一举而灭。"言毕，下令军卒出击，竟也把立阵未隐的朱滔兵士杀掉一千多。

李怀光很得意，一派大将风度，按辔观兵，面有喜色。其属下士兵没有奋勇追敌，而是成群突入朱滔营中夺取败兵丢弃的宝货。

忽然之间，一向以勇武善出奇兵知名的王武俊引两千骑兵横冲李怀光军，把朔方军断为两截。朱滔见势掉转马头，指挥逃兵反击。

唐军大败，拥挤推迫，掉入永济渠里淹死的不可胜数，水为之不流。

李怀光、马燧败后收军，退入营垒中不敢出战。当夜，王武俊、朱滔派军士掘开永济渠，断绝官军粮道和归路，平地里水深三尺多。

马燧忧惧之下，仗着自己和朱滔有姻亲关系，派人向朱滔服软："老夫我自不量力，与诸君交战，致此败亡。希望朱司徒您放我一条生路。让我们各路军都退走。回去后，我会上言天子，以河北地交付给您。"

私下里，朱滔也害怕王武俊大胜后不能再加以控制，就对王武俊说："王师既败，马公卑约如此，不宜迫人以险。"

王武俊是精明人，劝朱滔别上当："马燧等人都是国家名臣，连兵十万，一战而北，还有何面目去见皇帝呢。如果放他走，不出五十里，肯定回兵与我们相拒。"

朱滔不听，坚持做"老好人"。

马燧与诸军涉水西退，果然，他在魏州城西三十五里处的魏县停驻，结垒抵拒。朱滔此时向王武俊“惭谢”，但官军已冲出险地。

朱滔、王武俊与官军隔水相持。

据守濮州的李纳获知朱滔、王武俊、田悦等人联兵的消息大喜，派人求援。

朱滔派军奔赴，一直困守愁城的李纳竟也放起胆子出军，猛攻宋州。

德宗建中二年（781 年）十二月，田悦和王武俊等人准备推举朱滔为主。朱滔当时也挺“仗义”，坚决不答应，说：“连箧山大捷，皆赖两位大人支持，我怎敢独居尊位！”

众人商议良久，终于想出个办法：“我们三家与李大夫（李纳）为四国，俱称王，不改年号，仿效昔日诸侯奉周家正朔。”

众人统一了意见后，朱滔自称冀王，田悦称魏王，王武俊称赵王，李纳称齐王，筑坛告天，像模像样。

朱滔为盟主，称“孤”。田悦、王武俊、李纳三人各称“寡人”，仿唐朝官制，遍封妻、子、诸将。

先前劝王武俊归唐的卫常宁忠于唐朝，想谋杀王武俊，事泄被腰斩。

群雄拒唐的纷乱

“四王”加一李

面对忽然新跳出来自称王爷的诸路“贼寇”，唐廷无奈，只得下诏，命令各道招讨。唐廷封淮西节度使李希烈兼平卢、淄青、登莱、齐州节度使，讨李纳；又以河东节度使马燧兼魏博澶相节度使，加朔方、邠宁节度使李怀光同平章事。

李希烈不仅没有讨伐李纳，反而暗中和对方勾结，想双方联兵夺取唐将李勉守据的汴州。同时，他与朱滔密相往来，商量双方的“共同利益”。

由于李纳数次派兵袭扰汴水，东南输运长安的运粮运物船只也都不敢走汴渠，转走蔡河。

当时，相持于魏州附近的唐军与藩镇军都日益困疲，麻秆打狼两头怕，而且交战双方的粮草，都近乎断绝。

听说李希烈兵强马壮，藩镇诸军就派人去许州，劝李希烈称帝。扬扬得意之下，李希烈自称天下都元帅、太尉、建兴王。兴起之下，李希烈派属下将领攻袭汝州，又取尉氏县，围郑州，数败官军，纵兵四掠，使得洛阳士民震骇，纷纷窜入山谷躲避。

情急之下，唐德宗问计群臣，大奸臣卢杞出馊主意，说：“颜真卿三朝老臣，名重海内，人所信服，可以派他去李希烈处陈说逆顺祸福。”

朝野众人都知颜真卿此去凶多吉少，纷纷慰留。颜真卿只讲“君命难违”，慷慨成行。

他到许州见到李希烈，双方才在军场施礼相见，李希烈早已安排好的壮汉一千余人一下子把颜真卿围在中间，跳脚谩骂，以刀刃向这位老臣上下比拟，做碎割捅刺状。

颜真卿笑笑，足不移，色不变。见威吓不行，李希烈忙扑上去，以身蔽之，一段戏码暂告段落。

李希烈把朱滔、王武俊、田悦、李纳等人劝他称帝的表章拿给颜真卿看，说：“今四王推举我为帝，不谋而合，朝廷怎么不能容纳我呢。”

颜真卿正色言道：“此乃四凶，何谓四王！相公您如果不做唐朝忠臣，势必会同这四个人一样自取灭亡！”

同座的朱滔等人的来使纷纷劝说：“太师您名闻天下，现在李都统将称帝而您随机而至，是天赐宰相予李都统啊。”

颜真卿闻言大怒：“什么天赐宰相！你们知道从前有个大骂安禄山而死的颜杲卿吗？那是我的兄长啊！我颜真卿现已过古稀之年，只知守节而死，岂能受你们这帮鼠辈胁诱！”

众人见老汉铁骨铮铮，都不敢再多说话。

见软硬都不行，李希烈派甲士在颜真卿的驿舍庭院内挖坑，扬言要活埋他。颜真卿闻此怡然一笑，对李希烈说：“死生已定，何必多言！马上给我一剑，岂不快您心事吗！”李希烈再没有法子，只能“惭谢”。

当时，适逢属下将领或逃或降，李希烈只得引兵还蔡州，上表朝廷引咎于他人，外示悔过，其实是等待朱滔的援兵。

为了保有“底牌”，李希烈仍旧把颜真卿软禁于蔡州龙兴寺内。

朱滔与唐廷派去的李晟交战，在清苑大败官军。正巧李晟得重病，官军退保定州。朱滔得势后，气势更炽，同时他与王武俊等人言语不和，渐生嫌隙。

唐朝昭义军节度使李抱真闻信，派参谋贾林到王武俊营中诈降。贾林见到王武俊，屏去旁人，说：“我来此是奉诏规劝大夫您，不是来投降的。”王武俊闻言色变，寻问详情。

贾林说：“皇上深知王大夫您忠义为国，临行前对我说：‘朕前事诚误（指没有封王武俊节度使之事），悔之无及。朋友有过，尚可道歉，况朕为四海之主乎！’”

王武俊很感动，也急忙表白：“现在连年兴兵，暴骨如莽。纵或我军得胜，也不知是谁守此疆土。我很想归国，但已与诸镇结盟，如果朝廷下旨赦诸镇之罪，我第一个响应，诸镇有不听命的，我肯定会奉诏予以讨伐。这样一来，我上不负天子，下不负同列，不过五旬，河朔可定。”

由此，王武俊与李抱真暗中约结，准备归国。

按倒葫芦又起瓢。王武俊这边刚刚要归顺，李希烈军势转强。德宗建中四年（783 年）十月，李希烈部将李克诚大败官军。唐朝宣武节度使李勉也连连丧军失地。

腹心几溃的大难

京城泾原军士的叛乱

由于诸军失利，唐德宗下诏命泾原诸道发兵救襄城之围。十一月，泾原节度使姚令言率五千兵赴京师，结果襄城未救，泾原兵士还差点儿断送了唐朝国祚。

泾原兵士冒冬日冻雨行军而来，一路冻饿交加。由于先赴京城，这些将士多带子弟家属，希望能得朝廷重赏让亲属带回家去。

没料想，众人到京师后，皇帝一无所赐，兵士失望至极。驻军浐水时，德宗派京兆尹去劳军，只给军士粗粮蔬食，没有任何油水可言。士兵愤怒，踢翻食物，纷纷扬言："我们就要上战场死拼，临死前一饱都不可得，怎么能以肉身拒白刃呢！听说京城有琼林、大盈两大府库，金帛盈溢，不如一起去自取吧！"

于是，众兵擐甲张旗，鼓噪还军，直逼京城而来。

当时，泾原节度使姚令言入辞皇帝，还在大内之中，听闻属下兵乱，他快马加鞭赶回，想加以劝止。姚令言疾驰至城外，与众军相遇。还未及说话，军士持弓向姚令言发箭，这位节度使抱马鬃突入乱兵之中，大呼道："诸君失计！杀贼如果立功，何患不富贵，怎么现在出此灭族下策！"

军士不听，拥胁姚令言一起冲向京城。

德宗闻讯惊恐，急忙派人赏赐兵士每人两匹帛。士兵益怒，发箭射杀中使。

德宗见众心不足，忙下令出二十大车金帛赐赏，但造反的兵士已经攻入城中，骑虎难下，喧声浩浩，不可复遏。

本来长安京城濠深墙厚，如果有准备，甭说五千兵，五十万兵一齐来都不是那么容易攻克的。

泾州兵忽然内讧哗变，守城将士猝不及防，顷刻之间叛兵已冲至禁城丹凤门外。

德宗惶骇之余，忙召禁兵护卫，一时间竟然没有一个禁兵报到。原来，神策军使白志贞负责掌管招募禁兵，禁兵东征死亡后他都不上报，冒名领饷；同时把向他行贿送礼的市井富家子弟名字填上，那些人名在军籍，自身却都在市内做买卖，时不时领朝廷封赏。如此一来，真正的禁兵几乎是“净兵”，急难之时，连人影也找不到一个。

危急之中，皇帝身边仅有百余名宦官相随，普王李谊做前驱，皇太子执刀殿后，逃跑路上只遇见打猎回来的司农卿郭曙（郭子仪的儿子）和他的几十个随从。右龙武军使令狐建正在军中教习射箭，闻讯率领正在学箭的四百人急忙护驾，并为殿后抵拒追兵。

堂堂大唐天子，一行人满打满算只数百人，狼狈逃出皇城。与德宗偕行的只有太子、诸王、两个妃子以及一个公主，百分之八九十的皇亲国戚，都未及逃出。

临跑之际，大臣姜公辅牵着德宗御马，急谏道：“朱泚曾经当过泾原主帅，朱滔叛乱后他被废于家，常怏怏不快，陛下既不能推心待之，不如杀掉，免留后患。如果乱兵拥戴他为主，就很难制驭了。请陛下下诏召朱泚随行。”

仓促惊惧之间，德宗哪儿还顾得上这些，忙说“来不及了”，言毕，打马就跑。

由于事出突然，群臣都不知德宗跑到哪里去了，只有卢杞、关播等十几个大臣在咸阳赶上了德宗的逃跑队伍。

火烧眉毛之际，其实不乏大智大勇之人，如果能听姜公辅一言，即使皇帝受的惊吓再大，不过是一场因缺银少粮引起的小小兵变而已。而且，把朱泚弄在身边跟着，左右派一两个人看管，一起外逃，保不准本来就没受过亏待的老爷们血性一发，真的成为危难之际的“护龙”功臣。倒退一万步，即使他装死狗不愿意走，就地一刀，也比后来招出那么大的祸害强上一万倍。

乱兵入宫，直趋含元殿。这些人平时穷冻交加，一下子冲入大唐天子居住的“梦幻世界”，兄弟们的激动之情简直难以自抑，反正又不是第一拨叛军，心情是兴奋大过紧张，众人高呼：“天子已出，大家自求富贵吧！”

于是乎，众人争入府库，抢运金帛。

不久，城内居民也冲入内宫，盗抢府库。平素大家都是良民，但只要有乱，看见别人大包小包地往外抢“公家”东西，也不知是哪里来的“血性”，肯定会一窝蜂地冲上去。

大家伙儿从白天一直抢到晚上，挤不进去抢的，就成群结队猫在各个路口、拐弯处，在路上剽夺那些刚刚抢来的人。这倒好，又省力气又省掉在宫内挑拣的麻烦。

由于城内乱成一锅粥，居民左右邻里结成“自卫团”，唯恐乱兵杀入抢掠。

不过，乱兵们早已因搬运皇宫内的财宝累得不行，还真没心思冲入一般的富民和老百姓家中搜刮。

“隐龙”破囚而出

朱泚的上台

事已至此，本来被胁迫的泾军主帅姚令言也定下神，知道被杀一万遍的死罪已经犯下，索性就顺水推舟算了。

乱世之中，没准儿瞎撞能撞出大运来。他和已成巨富的乱兵将领们坐定，商议道：“现在众人无主，不能持久，朱泚太尉一直闲居私第，请大家拥戴他做头儿吧。”众人皆立即许诺。

笔者少年时代读历史，总对“武昌起义”军士们拥举黎元洪为主帅大惑不解：干吗“革命”士兵们不自己当家做主，让一个“反动军官”

当头子？熟读历史后才知：“兵变”弄出个“德高望重”的人当头儿，一是容易成事，有名可循，二是事败后有“冤大头”在上面顶着，法不责众，先挨刀的也是那个“头”。

朱泚和黎元洪不同，根本没有诸如吓得躲进床下一类的丑态。他先是热情接待率数百骑来请他“出山”的姚令言，大摆宴席，与众人欢饮。深夜时分，又有数百骑由各级军官组成的乱兵复来，至此，朱泚才知道皇帝出逃的事情是真的，并非上面为了杀他而“试探”的假戏。

于是，朱泚为徒众所拥，沿街炬火高照，白昼一般，京城的好多老百姓都沿街一睹“朱太尉”的风采。

朱泚入居含元殿，自称“权知六军”（全国代理大元帅），禁门层层设警，简直就是“代理皇帝”的规格。

第二天，朱泚派人四处张贴榜文，声称：“泾原将士久处边陲，不闲朝礼，辄入宫阙，致惊乘舆，西出巡幸（天子出逃往往以“巡守”“狩猎”为隐语）。太尉已权临六军，应神策等军士及文武百官凡有禄食者，悉诣行在。不能往者，即诣本司（朱泚）。若出三日，检勘彼此无名者，皆斩！”

榜文内容乍看上去仍承认唐德宗，并劝大臣前往追随，实际上是威胁在京诸官都来朱泚门下效力。试想，唐德宗一路狂逃，追找也一时找不到。朱泚又只给三天期限，只能先到这位朱太尉处挂名了。百官中大多数人确实还对唐朝忠心耿耿，不少人劝朱泚派军迎驾回宫。

朱泚不悦，或是不答，或报以阴沉大脸。众人心中明白，百官稍稍遁去，渐渐地开始偷跑出去找唐德宗。

事发之初，估计朱泚根本没想到可以趁乱当皇帝。有位名叫源休的“大能人”，曾以京兆尹身份出使回纥。此人仪表堂堂，不辱使命，辩才无碍。大奸臣卢杞生怕这位巧言善辩的爷们儿回京后面君得宠，会替代自己的相位，趁他出使回到半路就上奏让他做“光禄卿”的闲官，致使源休深怨朝廷。至此，他自告奋勇，力陈成败，广引符命，劝朱泚称帝。他与泾原主帅姚令言两人昼夜密谋，自比萧何。

朱泚心中虽喜，仍旧踌躇未决，毕竟谋反称帝是天大的事情。

不久，原先的御林军有好多人举白旗归至麾下，愿意降附。

于是，朱泚暗中派兵从苑门出兵，白天从通化门进来，络绎不绝，张弓露刀，给京城人民造成军威盛大、众人拥戴的假象。

源休劝朱泚封闭十个主要城门，严禁朝士再往外逃奔德宗处。同时，起用李忠臣、张光晟、蒋镇等有名的大臣，以显示“众心所归”。

不久，泾原数千名被派去救襄城的将士听说朱泚占据长安，也杀掉主将前来归附，这些更坚定了这位“闲居”太尉自立为帝的决心。

板荡识忠臣

奉天保卫战

唐德宗一行人跑到奉天（今陕西乾县），总算得到喘息机会。渐渐地，不仅文武之臣继至，左金吾大将军浑瑊也率一众人马赶至奉天勤王。

浑瑊素有威望，众心恃之稍安。浑瑊出身铁勒九姓中的大姓，其父浑释之在朔方军积功甚多，官至宁朔郡王，并死于与吐蕃的交战中。浑瑊十一岁就随父从军，当时的朔方节度使看见这位舞枪弄剑的小孩子还开玩笑：“和奶妈一起来的吧？”结果，当年这位小将就立了功。十一二岁的少年人竟能纵马挺枪杀敌，现在真是难以想象。安禄山反后，浑瑊在李光弼属下多次立功，接着，随郭子仪收复两京，随仆固怀恩灭史朝义。仆固怀恩叛唐，浑瑊马上带着人马投奔郭子仪。大历年间，他又血战吐蕃，居功甚伟，并被召回任左金吾大将军。

“板荡识诚臣”，感动之下，德宗授浑瑊行在都虞候、京畿渭北节度使。

朱泚称帝谋反开始加速。大臣段秀实名望颇高，自天宝年间就屡立大功，能文能武，忠义仁德。后来为权相杨炎所恨，召入京城做司农卿的闲官。朱泚认定段秀实肯定会因失去兵权而怨恨朝廷，就派兵士从墙上跳入，劫持段秀实到殿内议事。

段秀实先是苦劝朱泚迎归皇帝，朱泚“黯然不应”，但也知道段秀实人品贵重，并未加以杀害。

劝阻不成，段秀实就与左骁卫将军刘海宾等人暗中商议，准备杀掉朱泚，迎德宗回京。

过了两日，朱泚召集李忠臣、源休、姚令言以及段秀实等人，正式提出称帝之事。事已至此，老忠臣段秀实勃然大怒，再也不顾什么策略计谋，伸手夺过源休手上的象牙笏板，扑上前猛啐朱泚大脸，骂道：“狂贼！我恨不得把你斩成万段，怎会和你一起造反！”说着话，他用笏板猛砸朱泚脑袋，正中其额头，裂开好大一个口子。

两个人摔打搏斗之际，朱泚的卫兵们一时间反应不过来该帮谁才好——刚才进门大家还笑语晏晏，刚说两句话就开始玩儿命，确实不知该怎么办。刘海宾不敢进言，乘乱而逃。这位左骁卫大将军武人出身，关键时刻还不如读书人出身的段秀实。

大胖子李忠臣反应快，上前帮忙拉偏手，使朱泚得以从段秀实的拳脚下匍匐爬脱。段秀实知事不成，对一拥而上的朱泚众将大叫：“我不会和你们谋反，何不杀我！”

醒过味儿来的贼兵贼将为表“忠心”和弥补刚才不帮手的过失，争相挥刀上前，把老英雄砍成数段。

正在一旁地上狼狈捂住伤口的朱泚忙喝止众人：“这是义士啊，不要杀！”

言出已晚。

“朱泚哭之甚哀”，忠臣义士，连大奸贼都被感动，可见其昭昭之心！同样是大半辈子为唐尽忠，同样是后期失权于京城当“寓公”，朱泚、李忠臣趁乱思叛，段秀实舍身成仁，难怪老英雄在史书中与颜真卿并列一传！

奉天城内的唐德宗，听闻段秀实死讯，深恨从前没有委用这位忠臣，涕泣良久。

此前，唐德宗刚逃到奉天不久，就有人上告“朱泚为乱兵所立，肯定会来攻城，应该提早加以准备”。

奸臣卢杞切齿大言：“朱泚忠贞，群臣莫及，说他要造反，真是伤大臣的心！为臣我以全家百口保其不反。”

一直对卢杞言听计从的唐德宗深以为然。待段秀实死讯传来，这才知道朱泚真要造反。

朱泚在长安自称大秦皇帝，改元“应天”。以姚令言为侍中、关内元帅，李忠臣为司空，源休为同平章事、中书侍郎，并遥立在外为寇的朱滔为皇太弟。

为绝人望，源休劝朱泚尽杀在京城未及逃脱的郡王、王子、王孙共七十七人。唐朝不幸，自唐玄宗弃长安奔逃，凤子龙孙被杀了一拨又一拨。

大奸臣卢杞的父亲卢弈是唐朝的大忠臣。安禄山陷洛阳时，卢奕宁死不屈，骂贼而死。这父子二人也真是一大奇观，父列《忠义传》之上，子为《奸臣传》之下。卢杞虽长得“鬼貌蓝色”，口才却甚好，又借父祖英名。德宗继位后不到一年，就把他从一个虢州刺史的地方官升为宰相。得志后，卢杞阴贼性格渐露，妒贤嫉能，有人忤冒他一点儿，他就把对方置之死地而后止。卢杞先把一个对手杨炎逐斥而死，又排挤同列张镒于外，把老忠臣颜真卿送入李希烈的虎口，连老宰相李揆也被他派去出使吐蕃，病死于途。此外，他还出尽馊主意帮助唐德宗聚敛天下财物，搜刮民间、克减军饷、滥加赋税，致使恨诽之声充盈天下。

祸不单行。坚守襄城抵拒李希烈的唐将哥舒曜因城内食尽，也只得弃城而走，襄城为李希烈攻陷。

朱泚气势汹汹。他写信给亲弟朱滔，让他率军配合。

朱滔见有个“皇帝”哥哥来信，宣示军府，移牒诸道，夸耀不止。

正在魏博与诸藩镇军相持的李怀光、马燧、李凡、李抱真等人，忽然接到唐德宗的“告难书”，才知道皇帝逃亡在外，诸将相与恸哭。李怀光马上率军还长安，马燧与李凡也引兵归保本镇，李抱真退屯临洺。

为确保一举成功，朱泚亲自率军，向奉天逼来。他以姚令言为元帅，张光晟为副元帅，李忠臣为皇城留守，又派仇敬忠为拓东王以抗关东唐军，命李日月为西道先锋。

朱泚兵强军盛。由幽州出发、本来去救襄城的唐军士兵听说朱泚称帝，也突入潼关向朱泚示忠。戍守普润的神策兵士卒，大批向朱泚投附。这些新投军卒，加起来也有数万之多。

相比之下，受诏在便桥拒敌的韩游瑰只有三千兵丁。为了集中兵力捍卫奉天，韩游瑰果断下令士兵急行军后撤，入城与守军一起拒敌。三千唐兵刚入城，朱泚贼兵随后赶到。官军出战，首阵即告负，朱泚叛兵蜂拥而前，想夺门而入。

浑瑊命都虞候高固率甲士用长刀砍退贼兵，把柴车堆在城门口点燃，血战整日，终于把贼兵赶出城外。

夜间，朱泚叛军在城东三里外扎营，击柝燃火，兵帐一眼望不到边际。同时，贼兵毁拆城外佛寺，用大木料做成攻城的梯车，准备用于白日攻城。

转天，进攻开始，浑瑊、韩游瑰等人用大火烧掉贼军木制攻具，拼死力战，勉强使奉天又挺过一日。朱泚连夜派军进攻奉天东、西、南三面城墙，浑瑊率兵血战，唐军左右武大将军吕希倩阵亡，但最终仍保城不失。

又隔一日，朱泚派李日月从奉天城北进攻。

将军高重捷率唐兵出城与李日月贼军战于梁山脚下（乾陵附近），大败贼军。高将军身先士卒，乘胜追击，不料反中贼人埋伏，被活捉押往敌营。数十唐兵奋不顾身追击，想要夺回高将军，贼兵渐渐不能抵拒，就于马上斩掉高将军首级，弃其尸身而去。

唐兵入城后，德宗抚尸大哭，命人结蒲为首埋葬，赠司空。礼臣在旁边劝说德宗："裨将死，抚尸而哭，越礼也。"德宗摆手说："此哭是超出规矩的大礼，不是爱卿你所能知道的。国家如此艰难之际，高将军能死于王事，忠贞不贰，怎能拘于常礼呢！"

朱泚见高将军首级，也落泪，叹道："忠臣也！"命人束蒲为身而葬。慷慨忠臣，大贼头也为之感动。

唐军损失一名将军，贼将李日月也战死于奉天城下。

当时，李日月是朱泚手下号称"万人敌"的大将，在乾陵烧了不少李唐皇家的建筑，德宗对他恨之入骨。浑瑊偷袭朱泚军队，李日月自告奋勇率数骑来追，被浑瑊的一个仆人一箭穿喉，射死于马下。

朱泚派人载其尸体回长安下葬。盛大的"追悼会"上，李日月的母亲竟一滴泪也没掉，骂道："奚奴！国家何负于汝而反！死已晚矣！"

这位深明大义的奚族老太太，深恨儿子不争气反叛朝廷。也凭这一句话，唐军后来收复长安，贼党皆族诛，唯独李日月之母得以幸免。

否极泰来的好消息

王武俊、朱滔的暗中分裂

河北方面，由于主力唐军皆已撤走，田悦就劝说王武俊一起联军进攻退守临洺的李抱真唐军。

李抱真侦知消息，派谋士贾林对王武俊讲："临洺唐军，兵精有备，即使您战胜得地，也归魏博田悦；不胜，双方两败。不如先夺易、定、沧等州（当时为张孝忠所守），看看能否夺回故地。"

王武俊觉得有理，就礼貌回绝田悦。毕竟生死患难，双方于馆陶握手泣别。怎么说王武俊也是田悦的救命恩公之一，临行田悦赠给“友军”将士诸多金银珠宝。

先前，王武俊派人带银带物招来数千回纥雇佣兵，准备断绝李怀光的粮道。李怀光西去救驾，这帮回纥兵已到幽州北境，无所事事，观望形势。

朱滔闻讯，派人劝这几千回纥兵直杀东都洛阳，接应朱泚，并许诺得胜后回纥兵可以抢掠河南全部人民为奴隶。

为了讨好回纥人，朱滔还娶了个回纥女人当小老婆，自己做了回纥女婿。回纥人很高兴，亲昵地称朱滔为“朱郎”。

谋士贾林很受王武俊赏识，乘机大行劝导：“自古国家有大乱，反而是兴盛的先机。当今皇帝，九叶天子（指至德宗唐朝已延续九世），聪明英武，天下人谁会真的舍弃圣上而臣事朱泚呢！朱滔自从做了诸藩镇盟主，轻蔑同列，又以王大夫您的封地名称王（朱滔自称冀王），现在他西倚朱泚，气势汹汹，北引回纥，引狼入室，其本意是想拥吞全部河朔地区。王大夫您当初力诛叛臣，又勇武善战，朝廷宰相等官员对您封赏不当，才使您被朱滔等人诓诱，蹉跌至此。如果能与昭义军（李抱真军）并力攻取朱滔，肯定能胜。朱滔败，朱泚必亡。此不世之功，转祸为福之道也！如果等天下平定后再归国，就太晚了！”

王武俊本来就与朱滔因争地争权争财而生有诸多龃龉，听贾林一席话，更是勾起心中旧恨，攘袂作色道：“二百年宗社我不能臣，岂能向乡巴佬儿的后代称臣呢！”

于是，他写信与马燧、李抱真约为兄弟，暗中往来准备。但王武俊料事长远，表面上仍旧对朱滔很亲密，恭礼甚谨，并和田悦一起派使臣向朱滔祝贺他兄长朱泚称帝。

鱼死网破的决斗

血战奉天城

唐德宗建中四年（783 年）十一月，灵武、盐州、夏州、渭北等地合兵一万多人入援奉天。

德宗闻讯大喜，召问众臣援军入援之路。浑瑊等将建议授军从乾陵北过顺柏城而行，卢杞坚称漠谷道近，又不至于惊动先皇陵寝。

德宗权衡之后，毕竟对卢杞偏听偏信，下命援兵从漠谷一道入援。此行正中朱泚下怀，他早已在漠谷的小窄道上埋伏精兵，乘高以大弩、巨石狂击唐兵，杀伤无数。城中唐兵想冲出接应，也被打败。不到一天，来援的四路唐军皆败逃，退至保州。

朱泚在奉天城下大阅缴获的唐朝援兵辎重，城上守城唐兵及城内大臣皆惊恐至极。朱泚把帅帐迁至乾陵最高处，下视城中，并搭建戏台，与众将欢宴谩骂。同时，贼兵不停地派人骑马环城驰突，招诱唐军，笑言城中守兵守将“不识天命”。

朱泚贼军围城一个多月，城中的粮食物资消耗殆尽。德宗及左右每天只有两斛粗米的供应，只得待夜间贼军休息时，派人冒死拴绳索吊到城外，采集芜菁根梗，一起煮好后供皇上和左右亲近食用——这是唐营上佳的食物，一般将士群臣估计也就是进食些草根等物苟活罢了。

德宗很感动，召集公卿将士说：“朕以不德，自蹈危亡。众卿无罪，不如早些投降还能活命。”一席话，激使群臣皆顿首流涕，誓死相保。可见，危急关头，不少皇帝都是演戏的高手。

此时，一直退保于定州养病的神策军河北行营节度使李晟病愈，准备率军奔援奉天。张孝忠孤军陷于朱滔和王武俊的威胁下，一直不让李晟离开。李晟把儿子李凭留下做张孝忠的女婿，解玉带贿赂张孝忠的亲信，才得以带兵西归。

张孝忠也深为李晟感动，派近千精兵随李晟一起入援。

李晟边行边收兵，到达东渭桥时，已有兵一万多人。讨伐李希烈的神策军兵马使尚可孤也自武关入援，打败朱泚军中的贼将仇敬，攻取蓝田。镇国军副使骆元光也在华州屡败贼军，使朱泚军一直不能东出。不久，马燧派出的五千援军抵至中渭桥。

至此，朱泚贼军的大本营只有长安一地，唐朝各路援军不时有侦察兵驰至望春楼下。

为朱泚留守长安的李忠臣屡次出击，皆大败而归。他不时派人去催统领大军在外的朱泚，急得朱泚毒火攻心，严命攻城。

只有攻下奉天，擒杀唐德宗，才能绝灭来援唐军之望。

贼军派出众多工匠，在城下不远处制造九丈多高的巨型云梯，外裹牛革，下装巨轮，每梯之上都有一间很大的攻室，可盛五百多壮士。

奉天城内守军远望逐渐成形的云梯车，大惊失色。德宗向群臣问计，浑瑊等人回禀："云梯大且沉，重则易陷，可按照他们来袭的方向挖地道，在里面填塞柴木以迎敌。"

神武军使韩澄上言："云梯小计，不劳圣虑。臣请御之。"他亲率士兵于城东北角三十步处下方挖地道，积膏油松脂柴木等待敌军巨型云梯车来袭。

黎明，北风迅猛。朱泚派大兵鼓噪攻南城。韩游瑰识破此计，说："这是佯攻，想分散我们的兵力！"于是唐军集中兵力于城东北面严备。

果不其然，朱泚贼兵推动"巨无霸"云梯，上覆水浸的湿毡，悬满水囊，搭载兵士，直逼城墙。同时，云梯旁边还有无数辚辒车（土坦克），贼兵们抱柴背土，填平堑壕，唐军抛掷的火炬矢石都伤不到这些进攻的贼兵。

由于云梯高悬，攻室里的贼兵发箭如雨，居高临下，城上守军被射死无数。先行抵达城头的云梯靠墙停下后，已有不少朱泚贼兵登上城楼与唐军肉搏。

眼见形势危急如此，一直与群臣居高观战的唐德宗与浑瑊对泣，大臣们也只能号哭祈天，希望出现奇迹。

情急之下，唐德宗派人拿出千余张无名告身（空白委任状）授予浑瑊，让他招募死士守城，并赐御笔，可视对方功劳大小随意委任。如果委任状发完，可以用御笔在勇士身上书写所赐官职，任用不拘。

浑瑊临行，德宗哭着说："朕与爱卿永别了！"此话有两种意思在里面：一是期望浑瑊死战，一是表示自己也要身死社稷。

浑瑊跪拜呜咽，痛哭而出。

当时，守城士兵又冻又饿，缺少护防的甲胄，被贼兵箭杀石掷，死伤无数。浑瑊环城抚慰，激以忠义，几乎不成人形的唐兵们，皆奋力而起，大叫死战。浑瑊身中流箭，眉头不皱，自拔矢出，流血满衣，继续指挥作战，呼声愈厉。

数年之后，李商隐有《浑河中》一诗，赞叹道："九庙无尘八马回，奉天城垒长春苔。咸阳原上英雄骨，半向君家养马来。"意即浑瑊战功赫赫，连家人子弟都英勇立功，诸如他的家奴黄芩——高固，后来因功也得封渤海郡王。咸阳原上埋葬的诸多英雄，多出自浑瑊门下，以此来突出浑瑊的功名和显赫。

关键时刻，贼军几个如庞然大物般的云梯忽然下陷，唐军挖掘的地道终于派上了用场。地道里的火油燃烧，城上人也趁机大投火炬苇柴，上下火攻，加之地道崩陷，数千贼兵和云梯在大风下都被烧成灰烬，臭闻数里。

贼兵大骇，掉头就跑。

三门唐兵开门追击，皇太子李诵也亲自出城督战，并为受伤士卒包扎伤口。

朱泚不死心，半夜回军攻城，有几支箭射到距唐德宗三步远的地方。但无论如何，奉天城总算又逃过一劫。

唐将李怀光一腔忠勇，自蒲城往泾阳方向急行军，先派兵马使张韶身怀蜡书前往德宗处报信。张韶化装成难民，赶到奉天城时，正值贼军攻城，见他穿戴破旧，便把他和一帮百姓押在一起，驱向城边往壕堑里赶，充当填沟的土袋子。

张韶九死一生，跑至城根处大叫："我是朔方军的军使！"城上守军忙把他用绳索往城上拽。待张韶上得城头，身上已中数十箭，刺猬一般。但他最终不辱使命，把李怀光的书表上献德宗。

唐德宗大喜过望，派人抬着张韶英雄般绕城墙一周，告谕士兵援兵已经不远。城内守军与人民欢声雷动。

很快，李怀光军在澧泉大败朱泚兵。朱泚大惧，引兵逃归长安。奉天围解。倘若李怀光晚来三天，奉天肯定沦陷。

重围既解，诸路贡赋支援相继而至，奉天城内始得喘息。

汴滑兵马使贾隐林进谏："陛下性太急，不能容物，若此性不改，虽朱泚败亡，忧未平也！"

德宗此时丝毫不以此言为忤，连连称是。这位九五皇帝刚刚捞回性命，对大臣的逆耳之言也觉有理有节。

并非突然的变故

李怀光因怨欲叛

朱泚逃回长安后，千方百计固守。他不时派人假装从城外来，驰马高叫："奉天城破！"以此迷惑士众。

由于当初卢杞暴敛，长安有金银无数，朱泚称帝后，这些钱财全为他所有，天天大手大脚赏赐将士，购置无数守城器械，公卿家属皆给月俸，连李晟、哥舒曜的家人也每月能得大笔钱粮。就这样，一直到长安被唐军收复，国库里仍有大量金银财宝。可见卢杞等人敛聚了多少民脂民膏。

有人劝朱泚把唐室陵庙全都一把火烧掉，朱泚表示自己曾"北面事唐，岂忍为此”。又有人劝他派兵士强拉士人当伪官，朱泚也说“强授官令人惧怕”，回绝此议，保住了不少人头。

由于泾原起事的叛卒个个在城内坚守从库府掠抢的金银，不肯出战，朱泚一直也没用这些骄兵傲将，只用范阳、神策的团练兵。虽然城高墙厚，朱泚等人龟缩于内，也终日惴惴不安。

一不烧皇陵，二不胁迫唐朝官员家属做人质，三不强迫人当官。有这三件事，比起安禄山、史思明，朱泚在为人处世方面确实还有值得称道之处。

李怀光带领朔方军，火速驰援，顿解奉天之围，使皇帝和从臣、守将、兵民皆逃于朱泚叛兵的杀戮，无论怎么讲，都可称得上是“不世之功”。

然而，李怀光本性粗疏。他武人出身，自恃大功，总认为这般“救主”后肯定会得到德宗皇帝的特殊礼遇。

他自魏县行营千里赴难，一路上不停地和左右多人咬牙切齿地说及当朝权相卢杞和他左右手赵赞、白志贞的奸佞，扬言道：“我见到皇上，肯定马上恳请皇上诛杀这几个奸贼！”

卢杞毕竟耳目众多，有人为了邀荣取利，就暗中劝卢杞做防备：“李怀光一路上大骂不绝，责备您和助手有三大罪恶：一是谋议乖方；二是赋敛无度；三是克扣军赐。这三大罪过最终造成皇上外逃的结果。现在李怀光新立大功，皇上肯定对他言听计从，如果他亲自面君，后果就太危险了！”

卢杞毕竟属于城府幽深的奸辈，惊惧过后，就寻个皇帝高兴的当口儿，建议道：“李怀光有重造社稷之功，朱泚等诸贼军已经被吓得胆破心寒，肯定连守城的胆量都没了，如果命李怀光乘胜攻取长安，肯定一样可以灭贼！如果现在允许他入奉天城面君，陛下您肯定要宴赏诸将和赏赐士兵，流连累日，给朱泚等贼兵诸多喘息的机会，他们就有时间修整城池，加紧准备，到那时再攻城可就太难了！”

唐德宗一听，觉得大有道理。奸臣之奸，正在于能揣度人主的心理，卢杞知道德宗受了这么多天的憋屈，一定急于攻回京城，一来得以恢复当皇上的信心，二来可以重新找回君临天下的感觉。

因此，卢杞一言计成，把自己迫在眉睫之险化于无形之中。无论怎样，先让李怀光连皇上的面也见不着，他再怨再气，也不会马上危及卢杞自身。

唐德宗下诏，命李怀光立即引军屯便桥，与李建徽、李晟及神策军兵马使杨惠元合军，尽快克取长安。

诏下，李怀光失望怨恨之情不能自抑。试想，千里竭诚赴难，破朱泚，解重围，到达城墙根儿竟然连天子一面也见不成，愤懑成怒，气得他对属下大叫："我现在已经被奸臣排挤了，可以预料到结果！"

于是，李怀光掉头引兵，在奉天东南的鲁店盘桓两日，才怏怏向长安行进。

唐德宗仍旧沉浸在"大难不死，必有大贵后福"的幸福里，殊不知，一贼未平，一贼又生！

由于朱泚乱起，原来受命讨伐李希烈的淮南节度使陈少游马上从盱眙迅速撤回广陵，广挖堑垒，修缮甲兵。浙江东西节度使韩滉大筑坞壁，名义上是准备迎接唐德宗渡江，实际上是防备陈少游乘间偷袭。

两人各怀鬼胎，置李希烈于不顾，在长江屡屡曜兵示威，恐吓对方。

对唐室忠心耿耿的盐铁使包佶护送价值八百万的钱帛路过，准备输运京师。陈少游以朱泚占据长安，没人领收为借口，强行截下财物，准备据为己有。包佶不从，差点儿被陈少游杀掉，化装逃跑才捡回一命。同时，护送运输船的三千守兵，也被陈少游夺去换上自己军队的服号。

包佶带着仅有的一船钱物和几十个从人逃至上元，遇上韩滉带人截住，除浑身上下衣物外，又遭第二次明抢。

乱起之时，藩镇尤其猖狂，由此可见一斑。南方诸镇之中，只有曹王李皋的江南西道比较“孝顺”，不停地派人派物送达德宗。

颠沛期间，刚愎自用的唐德宗深自贬抑，一直跟随他左右的忠贞之臣陆贽屡屡上书，基本还能得到德宗采纳。

陆贽是苏州人，进士出身，博学多才，廉洁自律。泾原兵卒叛乱前，陆贽多有讽谏，德宗没有听进一言，结果都被陆贽言中。奉天围解后，陆贽又上书，指出德宗如下几条缺失：一、加剧赋敛，民不堪命；二、猜嫌臣下，武断裁事；三、诿过于天，不信于人。集中来讲，共有六弊，“好胜人，耻闻过，骋辩给，眩聪明，厉威严，恣强愎”，把德宗的性格缺陷一一罗列出来。

到如今，皇帝很觉他说的有理。一般帝王大都如此，可以共患难，不可以共富贵。他倒霉落魄之际，你说什么不中听的话都是逆耳忠言；平日太平时节，臣下小小拂逆其意，很快就有杀身大祸。

心中一直憋怀恨意的李怀光越想气越不顺，他索性屯兵不进，多次上表暴扬卢杞等人的罪恶，大有不给个说法绝不罢休之势。

众议喧腾，朝臣都认为卢杞奸恶，误君误国。不得已之下，德宗于建中四年年底下诏，贬卢杞、白志贞和赵赞三人为僻远小州司马，并杀掉李怀光表奏中屡屡提及的宦官翟文秀。

难兄难弟“窝里反”

藩镇之间的猜忌

为了“化敌为友”，唐德宗又秘密派人去劝说田悦、王武俊、李纳三个藩镇首领，表示要宽赦其罪，并厚赂以官爵。

这三个人也不傻，非常高兴有朱泚、朱滔、李希烈这三个强出头的大傻帽儿揽起大过失，皇上给这么大个台阶，能不赶忙出溜下去吗？三人都暗中指天画地地盟誓重新向唐皇效忠。同时，他们不敢马上和朱滔翻脸，各自称王如故。

朱滔这厢迫不及待。他派手下虎牙将军王郅到田悦，劝说道：“当初您有急难，朱太尉（指朱滔）奋不顾身前来救援。现在，朱太尉的兄长在关中称帝，希望大王您能一起兴兵，渡过黄河攻取汴州。”

王郅走后不久，朱滔派内史舍人李琯见田悦，观察魏博军是否成行。

田悦犹豫不决，一怕得罪朱滔，二怕得罪刚刚交好的唐廷。于是，他密召心腹将士，谋划计议。

田悦的司武侍郎许士则说：“朱滔从前是李怀仙的牙将，与他哥哥朱泚和朱希彩合谋杀掉李怀仙，推立朱希彩；朱希彩对朱氏兄弟宠信至极，朱滔又与李子瑗等人谋杀朱希彩拥立朱泚。朱泚为帅后，朱滔劝朱泚入朝面君，趁机取得节度使兵权。想想与他合作、谋划的人，诸如李子瑗之徒，最后都被他找各种借口杀掉，可见此人阴险反复，绝不可推诚待之。现在，他与朱泚东西相呼应，假使朱滔顺利抵达长安，估计朱泚最后也会被他干掉，何况我们这些名义上的同盟军呢！朱滔如此为人，大王您怎能相信他呢。现在，朱滔勾结回纥等军拥兵十万，如果您出城效迎，肯定会被他擒拿囚禁，魏博军也会被其吞并。大王您不如假装先答应他的请求，厚加迎劳，等他到达城下再托词不能成行，如此，大王外不失报德之名，内无仓促之忧。”

许士则一番话，以扈崿为首的魏博诸将深以为然。即使如此，田悦仍徘徊不定。

关键时刻，“赵王”王武俊派高级参谋田秀驰见田悦处，劝说道：“从前因为朝中宰相处置失当，加上魏博陷于重围，我王武俊才发兵相助。现在天子厚德，既往不咎，我们怎能不抓住这一悔过自新的机会呢。舍弃九叶天子而臣事朱滔，会让天下人笑话！况且朱泚未称帝之时，朱滔与我等比肩为王，已经有轻视我们的心气。如果他能南平汴、洛，与朱泚联兵，我们肯定会是他们兄弟接下来的攻击目标。希望魏博军闭城据守，千万不要与朱滔联军南侵。我王武俊会乘时观势，与昭义军联兵，乘机消灭二朱兄弟。到时候，我们一起扫清河朔，复为节度使，共事天子！”见王武俊如此进劝，田悦下定决心，派人骗朱滔说：“一言为定，跟从大王南行！”

朱滔得信大喜，亲率范阳步骑五万人，回纥兵三千人，以及流兵一万多人，从河间往南开进，气势汹汹，辎重首尾绵延四十里。

784年，唐德宗发诏，大赦天下，改元“兴元”，在他这封类似“罪己诏”的制书中，德宗先是非常诚恳地进行了一番“自我批评”，最后行文关键处，表示：“李希烈、田悦、王武俊、李纳等，咸以勋旧，各守藩维，朕抚驭乖方，致其疑惧，皆由上失其道而下罹其灾，朕实不君，人则何罪！宜并所管将吏等一切待之如初。”

诏书还认定可以招安，只对称帝的朱泚一人，才委婉地表示不得不“下狠手”：“朱泚反易无常，盗窃名器，暴犯陵寝，所不忍言，获罪祖宗，朕不敢赦！”

最后，诏书还明白表示要停罢“两税法”以外的苛捐杂税。

赦下，四方人心大悦。王武俊、田悦、李纳见到加印有御玺的赦令，马上自去王号，上表谢罪。只有在汴州刚刚打了个小胜仗的李希烈不识好歹，在这样一个关键时刻要过皇帝瘾，自称楚帝，国号大楚，改元“武成”。

朱泚由于连战不顺，把国号从“大秦”改为“大汉”，自号汉元天皇。朱泚也真是一个没有什么想象力的草包，总是使用曾经显赫、后来消亡的朝代年号，由此就知道他成不了帝业。

李希烈称帝后，派大将杨峰持赦书赐唐朝的淮南节度使陈少游与寿州刺史张建封。张建封很干脆，把杨峰在闹市中腰斩，表示忠心事唐。陈少游闻之骇惧，想不到城小兵弱的张建封敢来真格的，自己虽握重兵强城，也一直首鼠两端，一个小小的州刺史就敢给新称帝的李希烈这么一个大钉子。

德宗闻讯大喜，马上封张建封为濠州、寿州、庐州三州都团练使。李希烈见两边没什么降附的动静，就派大将杜少诚为淮南节度使，准备攻取寿州等地，结果被张建封、曹王李皋和鄂州刺史李兼等人打得大败。

一直脚踏两条船的陈少游见状，忙上表自辩，把从包佶处抢得的财帛统统派人用船送往德宗处，并表明自己的“坚定立场”。

朱滔并不知道田悦、王武俊等人“上表谢罪”的事情，正处于自我感觉上佳的当口儿。他引大军入赵境，王武俊大相犒劳；入魏境，田悦供承倍丰，使者迎候，相望于道。

朱滔率军至永济，派王郅去见田悦，相约在馆陶会兵，一起渡黄河。此时，田悦做出一副为难的样子，向王郅“摊牌”：“我田悦真心真意想随朱太尉出兵，昨天我就要发兵，但属下将士都不听我号令，他们表示军队数败，无粮少兵。如果我舍城出战，肯定马上就有兵变发生。没办法，我只能派出五千兵，帮助朱太尉大军做做后勤供应粮草什么的。”

朱滔得知田悦临阵变卦的消息，血往上冲，差点儿气死，哇哇大叫道：“田悦逆贼，先前被官军重重包围，命悬一刻。当时我叛君弃兄（背叛德宗，又置凤翔的朱泚于不顾），发兵昼夜行军救援，使他幸而存活。现在有急事求他帮忙，竟如此忘恩负义，误我远来，还假惺惺地找借口搪塞我！”

大怒之下，朱滔派人攻取宗城、经城等地。他还派回纥军把馆陶城内所有能用的东西劫掠一空。田悦在魏州四处深沟高垒，坚守不出。朱滔无奈，引兵北围贝州，引水环围，贝州刺史刑曹俊也婴城拒守。

悻悻之下，朱滔纵范阳兵及回纥兵大掠诸县，杀戮居民，一时间把兄长朱泚在长安城的“危难”忘在一边。

至此，天下情势对唐廷非常有利。德宗忙下诏，以王武俊为恒、冀、赵节度使，康日知为同州刺史、奉诚军节度使（因为把赵州“赐”

给王武俊，故把康日知迁往同州）；加田悦为检校左仆射，李纳为平卢节度使，刘洽（刘玄佐）为汴、滑、宋、亳都统使。

李希烈方面，数次失败后，贼心不死，亲率大兵围困宁陵，并掘河灌城。宁陵岌岌可危，指日可下。

浙江东西节度使韩滉先前乘人之危抢夺唐廷粮帛，现在顺风转向，忙派属下将军王栖曜带兵帮助刘洽抵拒李希烈。王栖曜派数千士兵携强弩，连夜从汴河偷渡进宁陵。

早晨起来，李希烈正要下死命令派兵士攻城，忽然城上劲弩齐发，箭如雨下，数支大弩直钉入李希烈的指挥大帐，吓得他大叫："肯定是宣、润弩手到了！"

于是，他马上下令撤围，引军遁走。

五万大军围攻小小宁陵城四十五天，人马死伤无数，劲弩一发，仓皇败走，可见李希烈真不是什么成大事的材料。

怨多成叛

李怀光的最终反叛

朱泚自奉天败归长安后，凭城固守。李晟率军追蹑其后，屯军东渭桥。为了严肃军纪，他斩杀纵军暴抢的大将刘德信，并领其军，颇有威信。

李怀光奏请朝廷驱逐贬降卢杞等人后，内不自安，遂有异志。同时，他害怕李晟领军独当一面会猝然攻下长安，独成大功，就上书唐德宗，要求与李晟合军。唐德宗矫枉过正，李怀光的一切请求皆照准。两军合军，李怀光官大，李晟肯定要受他统辖。

李怀光、李晟两军在咸阳西一处名叫陈涛斜的地方驻军，正在建筑营垒，朱泚大军忽然出城来逼。

李晟见此情势，连忙劝说李怀光："如果贼兵一直固守宫城御苑，肯定很难攻取，说不定旷日持久，难判胜负。现在他们离开巢穴，竟敢前来求战，真是上天赐明公立大功的机会，不可失也！"

李怀光心怀鬼胎，推辞说："我军立足未稳，人马未食，哪能即刻出战！"不得已，李晟只能率本部兵与李怀光部一起退入营垒，由攻势变为守势。

朱泚军本来就是贸然出兵，见状也忙退回城内拒守。

李怀光在咸阳屯驻一个多月，逗留不进。期间，其部下常常四出抢掠百姓牛马，相邻的李晟部伍却秋毫无犯。李怀光兵士想拉李晟兵士下水，总把抢得的东西分给李晟兵士，李晟兵士无人敢受。

唐德宗很着急，不停派中使催促李怀光一鼓作气拿下长安，就连李怀光帐下诸将也多次劝说他进攻，均遭拒绝，借口是"士卒疲敝"，要休养部伍。

李怀光开始秘密与朱泚通谋，想联手行事。

李晟渐渐察觉出李怀光有异心，屡屡密奏德宗要求移军东渭桥，以免事起仓促，为李怀光所并。

德宗此时倒小心谨慎，害怕拂逆李怀光之意，把李晟的奏表压下，不予理会。

为了挑拨唐军内部关系，激怒朔方军壮士，李怀光上奏："同是官军，朝廷赏赐不均，李晟等神策军赏赐多，其余诸军赏赐少，难以进战。"

唐德宗览表很焦急：如果都按照给神策军的赏赐计用，朝廷根本无法募集到如此多的钱物。但如果直接拒绝李怀光，又怕诸军怨望，酿成新的军变。无奈之余，他只好派陆贽亲至李怀光营宣慰。

大帐之中，面对皇上派来的钦差和满帐的大将，李怀光对李晟讲："将士打仗出力是同样的，为什么赏赐有厚薄，如此怎会同心协力去作战呢！"李怀光的用意很明显，他想让李晟自己说出裁减神策军赏赐，如此，神策军兵士肯定因赐物减损而生怨，到时李怀光再乘机做好人。

陆贽此时明白李怀光的用意，很怕李晟中其圈套，又不好明说，只能不断朝李晟使眼色。

李晟揖礼，恭敬地对李怀光说："公为元帅，得专号令。我只将一军，受您指挥。至于增减衣食，还是您说了算！"如此气和辞正，反倒使李怀光骑虎难下，默然半晌，最终此事不了了之。

陆贽从咸阳还见德宗，马上进奏："朱泚势穷援绝，引日偷生。李怀光统仗顺之师，乘制胜之气，不追穷寇，师老不用，又阻诸将进取，确有反意。现在，乘其有轻视李晟之机，可下诏给他让李晟移军，以备非常。"

德宗勉强同意。

李晟见诏，赶忙结阵东行，归屯东渭桥。陆贽又上奏德宗，要求下诏让仍与李怀光联营的鄜坊节度使李建徽、神策军行营节度使杨惠元效仿李晟，分营而军。

德宗拒绝，说："爱卿所料极善。但李晟移军，李怀光已经怅望不欢，如果再下诏让李、杨二人移军，恐怕正好给他生事的借口，不如等待观望一下再说。"

李晟早已侦知李怀光叛心已彰，急忙密奏德宗应派人坚守通往蜀地的要道，万一有变，君臣还有退路。

德宗该果决时不果决，不该果决时还挺傻大胆，忽然想要亲统禁兵，到咸阳慰抚催促诸将进攻长安。

李怀光的谋士听闻皇帝要来，马上说："这是汉高祖游云梦之策啊（刘邦游云梦，韩信拜谒，顺势夺其兵权）！"

李怀光一听，心中大惧，反谋益甚。

为了体现朝廷对李怀光的信任，德宗遣使加封李怀光为太尉，赐铁券。殊不料，此举适得其反。李怀光把铁券投于地上，愤愤大言："天子怀疑我吗？人臣造反，赐铁券以安其心！我李怀光不反，现在赐铁券给我，是逼我造反啊！”

“铁券”一词，最早见于《汉书》，高祖刘邦“与功臣剖符作誓，丹书铁契，金匮石室，藏之宗庙”。后来韩信等三王，虽有铁券，均被诛身死。五代时，国主为示恩，犹爱赐臣下铁券，受赐者罕有善终。明代，朱元璋赐李善长等数位功臣铁券，竟无一人逃得族诛。

事已至此，李怀光其实已经豁出去了。

看见李怀光对天子使节如此不敬，朔方左兵马使张名振在军门大呼道：“太尉养贼不击，待天使不敬，是真要造反吗？您功高泰山，一旦弃之，自取族灭，富贵他人，有什么好处！我今日要以死争之！”

李怀光见时机未成，就假意说：“我不想造反，只是想养精蓄锐。”

德宗使臣一走，他就急忙派兵增修咸阳城，引兵盘踞，还派人杀掉了张名振。

李怀光属下右武锋兵马使石演芬本是西域胡人，为李怀光养子。得知李怀光密通朱泚，就派门客密报德宗。李怀光知悉后，把石演芬逮至帐前，责骂道：“我以你为子，为什么要破灭我家门户呢！今日负我，死甘心乎？”

石演芬回答：“天子以太尉为股肱，太尉以演芬为心腹，太尉既负天子，演芬安得不负太尉乎！我本胡人，不能异心，苟免贼名而死，死甘心矣！”

李怀光大怒，命左右碎剐石演芬把他吃掉。将士把石演芬拉出帐外，相顾说：“此义士也！可令快死。”他们不能违背主帅之命，就用刀砍断石演芬的喉咙，使这位义士免受过多折磨。

本来是忠义勤王之师，忽然成为近在咫尺的贼寇。

德宗惊惧之下，只有李晟一人可以依赖，马上下诏加封李晟为河中、同绛节度使，又加同平章事。

李怀光连夜偷袭与之联营的李建徽、杨惠元两军。李建徽走免，杨惠元被杀。至此，李怀光明白宣言：“我要与朱泚联兵，皇帝应当远避！”同时，他还派人写信给掌管奉天军备的韩游瑰（此人从前也是朔方军将，是李怀光的老部下），约他暗中起兵接应。

韩游瑰是忠臣，马上密报德宗。德宗又惊又喜，在盛赞韩游瑰忠义后，急问：“策将安出？”

韩游瑰答：“李怀光统领诸道兵，所以敢恃众为乱。皇上您可以下诏邠宁、灵武、河中、振武、潼关、渭北等守将各自为营，有专统之权，把李怀光驾空，他就成不了气候！”

德宗竟还问：“罢去李怀光兵权，拿朱泚怎么办呢？”

韩游瑰答曰：“陛下如果允诺将士攻城后予以殊赏，大家奉天子之命讨逆贼、取富贵，谁不愿意呀！”

德宗称善。

李怀光毕竟老于军阵，不是省油的灯。德宗与诸臣这边正计议谋划，他早已派将领潜去奉天要烧掉乾陵，并准备趁乱进攻。

浑瑊获悉此情报，上报德宗。德宗决意要逃往梁州（今陕西汉中）避难。浑瑊依旨出门宣布戒严，部勒未毕，德宗早已兔子一样地逃出城西，朝臣将士狼狈扈从。

撒丫子跑了，皇帝这时才明确对外宣示：“李怀光已反！”

其实唐德宗跑得再快，也快不过久怀反逆之心的李怀光。此前，他早已安排孟保、惠静寿、孙福达三员大将率军在南山守候截击德宗一行。幸亏上天保佑，这三位朔方将领一直食唐禄、受唐官，不忍心叛唐反逆。他们在路上就彼此商计：“李怀光陷吾辈于不忠不义，我们应回报他说追赶车驾不及，大不了给我们免官的处分！”

半路，遇见唐军的军粮使张增，三人连朝他使眼色，说：“我们手下军士早晨还没吃饭，怎么办？”张增会意，为了蒙骗众兵，他大声说：“东面数里外有座佛寺，我在那里贮备了很多粮食器物。”

朔方军三将就指挥兵士前去抢东西，朝廷百官趁机得入骆谷逃避。

李晟孤军苦撑，虽然陷于李怀光、朱泚两个强寇之间，但他修治城池，鼓舞士气。他多次写信给李怀光，不停给对方戴大高帽子，表面尊崇，谕以祸福。

李怀光内怀惭愧，不忍马上对李晟展开进攻。乘此宝贵机会，李晟派人调运粮米，增补兵员。

唐将骆元光守潼关，尚可孤保七盘，戴休颜守奉天，韩游瑰拥邠宁。各军均听李晟调遣，一时间兵威大振。

乱上添乱

魏博田悦的被杀及其余波

福无双至，祸不单行。德宗兴元元年（784 年）四月，刚刚归附唐朝的魏博藩镇又出大事。

数年以来，田悦虽保不灭，但因数战多败，士卒战死大半，百姓厌苦。德宗以给事中孔巢父为魏博宣慰使，到魏州代表皇帝抚慰众人。孔巢父很能说，田悦和将士均欢呼喜悦。众人宴饮，一醉方休。

偏偏事情就坏在酒上。田承嗣的儿子，也就是田悦的堂弟——兵马使田绪一直郁郁不得志，因未袭父业牢骚满腹，加之他本性凶险，常受田悦杖责。

酒醉之时，田绪大发怨言。其弟侄好言相劝，他因醉奋起，一刀就把侄子杀掉了。见血酒醒，田绪大惧，知道转天早晨田悦肯定会因此杀掉自己。一不做二不休，他与左右亲信数人凿开墙壁，偷入田悦内宅，亲手杀掉堂兄田悦及其母妻十多人。

然后，他以田悦命召许士则、扈崿等人。许士则先至，被田绪一刀杀掉。扈崿遇乱，毕竟是大将出身，忙召集将士与田绪对斗。

大惧之下，田绪登牙城大呼："我田绪是先相公（田承嗣）亲儿子，诸君受先相公大恩，现在扈崿等人谋杀田仆射（田悦），如果大家能拥立我，我空府库重赏诸君！”众人听说扈崿杀田悦，都回头一齐攻杀扈崿，并向孔巢父请命，拥立田绪为主。

数日之后，众人才慢慢知道田绪杀兄的事情，但事已至此，无可奈何。田绪掌权后，虐杀田悦亲信将领二十多人。

朱滔听说田悦的死讯，大喜，派军攻魏州。李抱真、王武俊本来召军救贝州，听闻魏博内乱，也都止兵不前。

田绪忧惧之下，本想投降朱滔，为属下劝阻，加之李抱真、王武俊又派人晓谕，表示一定合力相接，田绪这才遣使奉表德宗，并固守城池。

反目成仇的“朋友”

王武俊对朱滔的进攻

眼看一旁的李晟军势渐盛，李怀光着了慌，下令朔方军自咸阳突袭东渭桥的唐军。三令其众，众皆不应。

朔方军一直是唐朝正规军，军士们私下里议论：“如果下令攻击朱泚，我们拼死力战！如果造反，我们宁死不从！”

无奈之余，李怀光就欺骗将士说：“我们先去泾阳屯军，待朝廷发给春装，再还攻长安也不晚。此去以东诸县富户众多，军发之日，听凭军士掠取财物。”

李怀光未反之时，朱泚对他怕得要死，书信往来都称李怀光为“兄”，约定平分关中地区，永为邻国。等到李怀光造反，德宗南奔，朔方军将相继逃亡，朱泚就不再拿李怀光当回事了，他“赐”李怀光诏书，以臣礼待之，并发檄征调其兵。

正是在此情势下，李怀光内忧兵士有变，外忧李晟来袭，于是烧营遁走，大掠泾阳十二县，鸡犬无遗。

一路之上，将士或逃或降，李怀光军势渐沮。

至此，唐廷下诏揭露李怀光罪恶，但仍以旧勋授其为太子太保，并录叙朔方军将士忠顺功名。

唐德宗逃到梁州后，仍怕重蹈被困奉天的覆辙，想学唐玄宗那样逃往蜀地。

李晟上表苦谏，认为一旦皇帝幸蜀，士卒失望。德宗思之再三，倒也听劝，留在梁州观望。

浑瑊与诸将出斜谷，大破朱泚兵于武亭川，引军屯奉天，与李晟东西呼应，共逼长安。

朱泚秋水望穿，仍不见朱滔大部队踪影。

朱滔自从和田悦闹翻，亲自率兵攻贝州，三个多月也未攻克；其将马寔攻魏州，四十多天，也不能克城。胶着期间，李抱真的谋士贾林被派往王武俊处，进言道："朱滔一心要夺取魏博之地；魏博被克，张孝忠所属的易定地区也会马上为朱滔攻陷。那时候，朱滔引幽州、易定、魏博三道之兵，加之数千回纥骑兵，肯定会直攻您所在的常山郡。常山不守，昭义军也会退守，河朔地区就会尽归朱滔。不如现在您与昭义军合兵救援魏博，倘使大败朱滔，关中朱泚就丧失外援，皇帝还都之时，论功行赏，谁又能比王大夫您功大呢！"

一席话，说到王武俊的心坎上，使得这位枭雄不停颔首。

不久，王武俊屯军于南宫东南，李抱真自临洺引兵来会，两军相距十里。虽结成联盟，两军彼此疑忌。毕竟人心隔肚皮，乱世之中，谁心中也没底。

转天，李抱真只带几骑人马，欲去王武俊营中拜会。众人谏止，李抱真说："我此行系天下安危。如果回不来，大家敬听朝命，为我报仇雪恨。"

王武俊那边心里也打鼓，严备以待之。李抱真见到王武俊，切叙国家祸难、天子播迁的惨状，抱持王武俊号啕大哭，涕泪纵横。如此，使得王武俊亦悲不自胜，左右莫能仰视。

于是两人结为兄弟，誓同灭贼。王武俊感激之下，言道：“相公十兄（李抱真大排行为第十）名高四海，不以我系胡人为辱，结为兄弟，我当何以为报！朱滔所恃，不过是回纥骑兵，到时交战，请看我怎样破敌！”

欢宴过后，李抱真在王武俊帐中酣寝久之，更让对方感激不已，他指着自己的心口向天发誓道：“此身已许十兄死矣！”

于是双方联营而进，直至贝州三十里外，屯军与朱滔相逼。

朱滔见王、李两人兵至，忙派人召正在围攻魏州的大将马寔回军。马寔军昼夜兼程赶至贝州，朱滔就下令转天交战。马寔表示军士急行军赶回，疲惫不堪，希望休整数日再战。同时，也有属下劝朱滔：“王武俊惯于野战，应该逼迫敌营成垒，派回纥兵断绝敌人粮道，利则进攻，不利则退保，然后乘敌方疲饥再一举出击。”

朱滔觉得都有道理，犹豫不定。

正在这时，朱滔的常侍杨布和将军蔡雄立功心切，带着回纥首领达干谒见朱滔请战。达干说：“我们回纥兵战斗力强，常以五百骑兵破邻国数千人马，秋风扫落叶一般。如今生受大王您金帛、牛酒无数，一直想为大王效力。明天一大早，大王您驻马高丘，就看着我们回纥军队大破王武俊吧，一定让他匹马不还！”杨布、蔡雄在一旁也紧劝：“大王您英雄盖世，将扫河南，平定关中，现在遇此小敌却犹豫不击，令远近失望，又怎能成就霸业呢！”

朱滔大喜，下决心出战。

转天早晨，王武俊派兵马使赵琳带五百骑埋伏于桑林，自己带兵于前阵直迫回纥，李抱真在其后列方阵待敌。

回纥骄兵悍将，跃马直冲过来。王武俊下令属下骑兵掉转马头向两旁急避其锋，回纥兵扑了个空。待其掉转马头准备回头冲杀之际，王武俊令旗一摇，属下骑兵像两支巨箭一样斜击过来，埋伏的赵琳骑兵也忽然出现，杀得回纥军纷纷落马，大败而逃。王武俊纵兵直追。

朱滔骑兵还未入阵，见回纥兵败走，也掉转马头就跑，把后面朱滔的步兵踩踏致死不少，一时间哀号遍野，四散奔逃。朱滔又击鼓又摇旗，人人狂奔，谁也不听号令。

三万多人马，不到一个时辰，被杀一万多，逃走一万多，只剩下数千兵入营死守。幸亏忽然天降大雾，王武俊、李抱真两军才停止追杀，把朱滔包围其中。

半夜，朱滔焚烧营垒，引残兵出南门向德州方向逃遁，委弃所掠资财，堆如山积。由于天黑雾大，王、李两人没有再派军追杀。

朱滔又惭又怒，半路杀掉出馊主意的杨布和蔡雄，逃返幽州。

朱滔的表兄范阳留守刘怦早就劝他不要背叛朝廷，现在大败而归，朱滔忧惧，怕表兄因败图己。

结果，刘怦派兵夹道二十里具仪仗欢迎，朱滔感动得不行。

虽留得一命，朱滔又气又恼又惊又怒，不到一年就病死府中，属下将士奉刘怦为主。

重造社稷立奇功

李晟收复长安

朱滔军败之时，朱泚也到了危急关头。

李晟兵精粮足，举行大阅兵誓师，决意收复京城长安。

李晟和神策军好多将士家属都陷于京城，每言及此，李晟皆感泣言道：“陛下安在！吾属怎能以家属为念！”

他与将士同甘共苦，始终以忠义感发众人，以至于人人思奋，皆欲一战。贼将姚令言不断派人侦探军情，皆为唐军所获。李晟好酒好肉招待这些本应杀头的敌方间谍，带他们观看唐兵操练阵容，说：“归语诸贼，努力固守，勿不忠于贼也！”然后，对这些人皆给钱后放走。

李晟还引军至通化门下，曜兵而还，使足了心理战术。

李晟率军逼近长安光泰门外米仓村。唐军正在建筑营垒，正近绝望的朱泚忽然派其骁将张庭芝、李希倩（李希烈之弟，此人好生奇怪，不帮他称帝的哥哥，反而在朱泚帐下为将）引大军来攻。

李晟望见猝然出现的贼军，不忧反喜，对诸将说："我一直忧虑贼军龟缩不出，今来送死，真是天助我也！机不可失！"

唐军诸将奋击，连战连捷，朱泚残兵最后逃入白华门，出于绝望，诸贼兵贼将闭门后大哭不已。

转天早晨，李晟出兵攻城。众将建议等浑瑊军至再合力进攻，李晟说："贼数败，已破胆。不乘胜取之，使其成备，非计也。"

于是唐军分道进攻，所战皆捷，直抵禁苑苑墙。

本来，战前一天的晚上李晟已派人暗中凿毁了一段苑墙，不料唐兵攻至时，贼兵已经砍树为栅，在那里有备坚守，并用弓箭射杀不少官军。

唐军进攻守阻。李晟大怒，叱喝诸将说："纵贼如此，吾先斩公辈矣！"任前锋的大将史万顷心惧，亲自冲锋，拼死进攻，拔栅而入。众军继之，大战十余回合后，直入白华门。

忽然，数千泾原贼军从后掩袭，李晟亲率百余骑掉转头攻杀，左右大喊："李相公来！"

泾原兵士素服李晟威名，看见这位大将亲来，皆吓得掉头就跑。

眼看长安不守，朱泚与姚令言率近万残兵出城西逃。李晟进城后，斩贼将李希倩等八人于市，余皆不问。

德宗兴元元年（784年）六月癸卯，李晟派人高举得胜露布（报捷书）献于德宗，表示已肃清宫禁，专待皇帝回京。

德宗高兴得直哭，呜咽道："天生李晟，以为社稷，非为朕也。"

伪龙末日

朱泚的最后结局

朱泚一路狂奔，想亡入吐蕃。逃亡途中众人迷路，朱泚亲自下马向一个老农问路。老农打量了他一眼，问："是朱太尉吗？"

源休一旁答言："是汉皇帝。"

老农摇头："天网恢恢，又能逃到哪里！"

朱泚虽然恼怒，也无可奈何。

朱泚及其随从一路逃散，到达泾州时，只有百余骑跟随。唐朝泾原节度使冯河清被大将田希鉴杀害后，朱泚委任田希鉴为泾原节度使。现在，朱泚一行败亡至此，田希鉴却翻脸不认人，闭城拒朱泚于城外。

朱泚在城下仰头哀呼："你的官职都是我委任的，为什么要临危相负！"

田希鉴随手把朱泚的委任状投于城下火中，喊道："把委任状还给你好了！"

绝望之下，朱泚及随从皆大哭。怨愤之下，百来号泾原叛卒一拥而上，杀掉姚令言，向田希鉴投降。

朱泚无奈，仅带范阳亲兵及亲戚、心腹十数人掉头又逃往驿马关，宁州守将把他拒之城外，如此烫手的大山芋，谁也不想沾上他惹一身祸事。

最后，朱泚逃至彭原西城屯，其亲信大将梁庭芬一箭把他射于马下，韩旻等六人下马把他脑袋剁下，几人一起至泾州投降。

朱泚的亲信源休、李子平等人很快被捕获斩首。至此，朱泚之乱平定。

想当年，朱泚作为割据一方的节度使，首倡入朝面君，唐廷在他到来前兴建弘丽大宅等待。朱泚走到半路，忽患急病（是真病，不是诸多藩镇节度使的"称疾不入朝"），其左右劝他暂回属地养病，当时的朱泚一腔忠烈，说："即使死在半路，也要把我的尸体抬入京城。"朱泚至京师，代宗皇帝内殿引见，赐御马两匹，战马十匹，金银锦彩甚厚。又以器物十床、马四十匹、绢二万匹、衣一千七百赐其将士，宴犒之盛，近时未有。当时，君臣推心置腹，实为天下美谈。

入朝觐见是尊崇朝廷的最明确表示，因为朝见过程中有一套向皇帝跪拜的繁缛礼仪。而天子在"内殿"或"便殿"接见，是对节度使显示"殊宠"的表示，此举更便于欢宴近谈，从容言事，以示"抚怀优容"。唐朝的延英殿、紫宸殿、麟德殿就是皇帝宴赏藩臣勋旧的主要场所，朱泚所至，必是其中之一。

其弟朱滔比朱泚更早面见唐代宗，也是见于内殿。当时代宗问朱滔和他兄长朱泚相比谁的才能更胜一筹。朱滔答道："统御士众，方略明辨，臣不及泚；臣年二十八，获谒天子，泚长臣五年，未识朝廷，此不及臣。"代宗闻言大喜，特下诏允许朱滔率部下兵将骑马横贯王城而出，可谓是"天恩已极"。

哪知，日后兄弟二人危乱之时不能持守臣节，相继为逆，首领不保，家族夷灭。而这位"首倡归顺"的朱泚还和安禄山、史思明、黄巢等人一起被史官列入《逆臣传》，确可让人顿发一叹！

七月壬午，唐德宗车驾返长安，浑瑊、韩游瑰、戴休颜扈从，李晟、骆元光、尚可孤等大将以众奉迎，步骑十余万，旌旗数十里，着实让这位四处逃窜的大唐天子过足了面子瘾。

昔日忠臣的穷途末路

李怀光的下场

逃窜至河中的李怀光听闻朱泚已灭，不得不派其儿子李璀入朝谢罪，表示要束身归朝。

唐德宗见好就收，派孔巢父为使，到河中安慰，下诏朔方将士悉复官爵如故。孔巢父自恃朱泚已平，文人轻狂脾气大发，见到“素服待罪”的李怀光态度傲慢，李怀光下拜他也不扶止，并于军中当众大声喊：“谁能代替太尉领军啊？”

李怀光左右多“胡人”将领，立时发怒拥前，乱刀齐下，把孔巢父和中使啖守盈砍成数段。

对此，李怀光没有阻止。

这下没有退路了，李怀光索性治兵拒守。唐廷震怒，加封浑瑊为河中、绛州节度使，命他与奉诚军节度使马燧、镇国节度使骆元光、鄜坊节度使唐朝臣一起合兵讨伐李怀光。

刚刚开打，双方互有胜负。

德宗贞元元年（785 年）五月，马燧败李怀光军于陶城，接着，马燧、浑瑊联军又破李怀光于长春宫城南，朔方军将士相继投诚。

当时连年兵、旱、蝗灾不断，有大臣进言不如罢兵休民，赦免李怀光。

李晟连忙上表，指明李怀光罪恶，声明赦免李怀光是“养腹心之疾”，并请发兵二万，自备资粮独讨李怀光。马燧也自行营入朝面谏德宗，表示增加一月军粮，就必定讨平李怀光。

德宗贞元元年九月，马燧至行营，与诸将谋议：“官军已经把长春宫城围攻了四个多月，一直难以破城。长春宫城不下，肯定抓不住李怀光。我亲自晓谕朔方军将士。”

于是，马燧单骑一人，径直来到长春宫城下，要守将徐庭光来见。

徐庭光率将士罗拜于城上。马燧见此情景，知道守城将士理亏心虚，就好言说道：“我自朝廷来，可西向受命。”于是徐庭光等人复向西拜。

马燧很感慨，动情劝说道：“汝曹自安禄山叛乱以来，一直为国家打打杀杀奋战三十多年（郭子仪、李光弼领朔方军讨贼立大功，后来又外御吐蕃、回纥，内讨叛乱诸镇，共有三十一年赫赫战史），为什么忽冒灭族破家之计要反叛朝廷！如果听我话，不仅可以免祸，富贵可图！”

众人于城上无言。马燧扯开衣服露出胸脯：“你们不信我言，何不射我！”城上将士皆伏地大哭。

至此，马燧坚信朔方将士有反悔之意，大声说：“李怀光一人造反，你们无罪，好好守城别出来与官军作战！”

众人允诺。

又隔一日，浑瑊、马燧与韩游瑰等诸军相合，直逼河中，焦篱堡的朔方军将尉珪投诚。

当晚，李怀光于城上举火，诸营皆不应。

骆元光在长春宫城下，招降徐庭光。徐庭光一直看不起胡人出身的骆元光，派兵士于城上叫骂，又让优伶扮作安息胡人在城上叫唱以侮辱骆元光。

虽然气冲牛斗，骆元光也无可奈何，派人把马燧叫回来。一见马燧，徐庭光马上开城投降。

马燧入城，城内将士大呼：“吾辈复为王人矣！”

浑瑊在城外见此情形，不由得赞叹道：“我一直认为马公用兵远不如我，今日才知我比他差远了！”

诸军乘胜而进，很快就逼至河中府（今山西永济）的河西县，共有盛兵八万，阵于城下。

见到城下唐兵势众，又有不少刚刚降附的长春宫朔方军，河西城内的守军皆举旗，大书“太平”二字，以示投诚。

彷徨无计的李怀光走到绝路，自己跑到屋角自缢而死。朔方将牛名俊进屋，斩掉李怀光首级，率一万六千多河中兵卒开城出降。

马燧自辞别德宗到李怀光自杀身死，总共才用了二十七天。

李怀光当初千里赴难，解奉天围，德宗以其子李璀为监察御史，宠待甚厚。等到李怀光因无法面君忽生怨恨、逗留咸阳之时，李璀密报德宗："臣父必负陛下，愿主上早做防备。臣闻君、父皆人之大伦，陛下未能诛臣父，而臣父足以危陛下。陛下待臣厚，臣胡人性直，故不忍不言耳。"

德宗当时闻言大惊，说："爱卿是朕股肱大臣之爱子，应该替朕与卿父弥合嫌隙。"

李璀答："臣父非不爱臣，臣非不爱吾父与宗族，只是为臣力竭，不能让臣父回心转意。"

德宗又问："爱卿何以自免？"

李璀答："臣之进言，不是要苟且求生；臣父败亡之时，为臣我理当与之俱死，没有别的办法！如果为臣我卖父求生，陛下又怎能任用我这种人！"

德宗感动叹息不已，又说："爱卿你到咸阳劝说一下，说不定能使君臣父子俱得保全。"

李璀当时果真回到咸阳做最后的劝诫。

李怀光怒道："你小子知道个屁！主上无信，我不是贪求富贵，只是想保命罢了，你怎么劝我入朝面君陷我于死地！"

待李怀光败讯传来，李璀先用刀杀掉两个弟弟，而后自杀而死。虽身为胡人，李璀深晓儒家君臣父子之大伦，慷慨壮烈，可悲可叹！

德宗在李怀光被平灭后本来下诏宥其一子（李怀光谋逆大罪，本应族诛），但李璀杀掉两个弟弟，李怀光已经绝后。

贞元五年，德宗对李怀光奉天之功和李璀的忠心念念不忘，下诏赐其外孙名李承绪，为左卫率府曹参军，并把流放于外的李怀光老妻召来，赐钱百万供养。

李怀光被杀后，只剩下那个自称楚帝的李希烈。

李晟攻入长安杀掉李希倩后，李希烈大怒，马上派中使到蔡州去杀老臣颜真卿。

颜真卿见来的是个太监，以为是德宗来使，忙迎拜于前。这位太监扬着公鸭嗓，宣旨道："有敕赐卿死。"颜真卿有些迷惑，先拜谢："老臣无状，罪当死。"又问："不知使者是哪天从长安来的？"太监答道："我自大梁来，不是从长安来。"颜真卿闻言起立大骂："原来是反贼派来的人，怎能冒称皇上敕书！"贼兵上前，把老英雄缢死，也成就了颜氏一族的千秋万世之名！

李希烈本来军力就不太强，现在唐廷腾出手来，合力对付他一个藩镇，他更是屡战屡败。

平时，李希烈以果于杀戮为人所畏，常常临阵杀人，血流于前，饮食自若。攻城之时，常常驱逼百姓入填堑坑，称之为"湿薪"，残暴异常。

穷寇途尽。德宗贞元二年（786 年）五月，李希烈忧急之中，又因吃变质牛肉生病，其大将陈仙奇派医生于药内下毒，李希烈一命呜呼。陈仙奇见他没气了，带人遍杀其兄弟妻子七口，举众投降。唐德宗封陈仙奇为淮西节度使。

不久，李希烈大将吴少诚又杀陈仙奇，德宗就顺势拜他为申蔡节度使。吴少诚死后，其义弟吴少阳杀吴少诚之子，自为节度使。由于他常向朝廷献马，也得到唐廷承认。

吴少阳死，其子吴元济秘不发丧。当时宪宗在位，不想使节度使世袭，又有能臣裴度为辅，加上李晟的儿子李愬乃百战能将，最终擒拿吴元济入京斩首。

至此，从代宗大历八年（773 年）田承嗣兴兵抗命，到德宗贞元二年（786 年）李希烈被杀，总共折腾了十四年之久，各个藩镇不仅没被平定，反而在战争中成长壮大，日趋成熟定型。

虽然唐王朝表面上归于统一，其实已经分裂为各个由藩镇统治的诸侯王国。经过数次逃难，唐德宗也变得隐忍姑息，以求暂时之安。

唐宪宗时，开始推行削藩政策。唐廷之后平定剑南四川节度使刘辟、镇海节度使李錡、淮西节度使吴元济以及淄青节度使李师道。同时，魏博的田弘正也表示归顺中央，一时之间，唐朝顿显“中兴气象”。

好景不长，穆宗继位后，想“销兵”裁减兵士以节约开支，结果又引起大乱。昔日的“河北三镇”纷纷杀掉主将，虽然唐武宗时期有过李德裕“会冒伐叛”的胜利，消灭掉泽潞割据势力，但仅仅是昙花一现的胜利。至唐僖宗继位后，“黄巢之乱”更加剧了藩镇的割据和相互兼并，数十年间争战不断，唐王朝名存实亡。

907年，朱温篡唐，唐朝灭亡，进入了更加黑暗的五代十国时期，其实也是藩镇割据的继续。

大儒王夫之就明白无误地指出：“称五代者，宋人之辞也。”因为赵匡胤之皇袍夺自后周，为前代正名，宋朝的正朔才能得以体现。

五代之主，其实也就是“具体而宏”的大藩镇割据，“朱温，盗也，与安禄山等；李存勖、石敬瑭、刘知远，沙陀三部之小夷……郭威非夷非盗，差近正矣，而以黥卒乍起，功业无闻”。

因此，诸人中没有一个有改朝换代做天子的资格，无非是唐朝藩镇的延续，而且是缺乏一个形式上的天子的、攻杀残酷的、最黑暗的时期。

藩镇割据最直接的诱因是“安史之乱”。大动荡过后，唐帝国分崩离析，所有的均田、府兵、羁縻等对内对外策略均化为乌有，统治体系内部顾此失彼，流民大量涌现，投靠地方藩镇军阀确实也是小老百姓赖以糊口保身的最有效出路之一。即使身在官军的正规军，士兵也常常得不到粮饷，反而归附藩镇，依附一姓一主，还能确保有吃有喝，苟延残喘。

而且，与唐朝中央体系内的“宦官专政”和“朋党之争”的阴暗悲惨相比，藩镇自治也坏不到哪里去。这些割据者时不时也有不少“义气”之举，互相扶持、提携，共济祸难，确实有不少可圈可点之处。

同时，藩镇占据一方，尤其在边陲地带，他们对于紧邻的雄武异族，或以恩义相结，或以姻亲互固，或以武力相御，毕竟是自己赖以存系的地盘，大都拼命护卫，抵制了异族的侵入和残害，在一定程度上也使汉文明得以保存和扩展。

此外，毕竟是以“诸侯”的名义存在，藩镇之间的相互牵制实际上也延长了唐朝的国祚，“虚弱的皇权，再虚弱也毕竟是皇权”。此外，有一点尤应注意的是，唐朝并非所有藩镇都是割据政权，即使是最不听话的河北三镇，也出过田弘正、田布父子这样对唐朝尽忠至死的节度使，而儒士、文臣出身的节度使更是可以列出许多：杜佑、郑余庆、贾耽、牛僧儒、李德裕、辛秘等。更不用提那些曾经拥有过节度使职衔的忠臣良将——郭子仪、李光弼、浑瑊、乌重胤等。

作为君主专制的封建王朝，唐朝的“藩镇割据”实际上也是一种历史的实验，它的模式类似于欧洲封建社会，即封建领主犬牙交错、割据一方的状态。中国在宋朝以后对这种“实验”从体制上保证了彻底的杜绝，虽然“将不知兵，兵不知将”又导致了宋、明王朝的倾覆（主要是因兵弱而亡于“异族”），但自宋以后中国再没有长时期封建地方割据政权的形成，从而使大中华的民族版图能一直延续至今。

附：相关诸人结局

一、藩镇魏博（田氏）

田绪杀堂兄田悦自立后，仍与唐军李抱真部和王武俊部修好，上表恭顺，不久即被封为节度使。贞元元年，德宗以嘉诚公主下嫁田绪，拜驸马都尉。

田绪此人阴狠猜忌，在位期间杀兄弟姐妹多人，后暴疾而亡，时年三十三岁。其少子田季安袭位，时年十五岁。嘉诚公主在世时，田季安很老实，规规矩矩（其生母出身微贱，由嘉诚公主抚养成人）。嘉诚公主死后，他开始恣意玩乐，击球射鸟，欢歌纵酒，无所忌惮，连属下官员稍忤其意也被活埋。跟他老爸一样，田季安暴疾而死，时年三十二岁。

田季安临死，遗命让其幼子田怀谏袭位。怀谏当时还是个小孩子，大事都由一个叫蒋士则的男保姆说了算。军士愤其专权，杀掉蒋士则并强送田怀谏入京师，立田兴（田弘正）为留后。田氏家族虽然到了京城，失去实权，但安享富贵荣华，再无暴死之忧。自田承嗣至田怀谏，田氏在魏博藩镇计历四世，共四十九年。

二、藩镇镇冀（王氏）

王武俊与李抱真联兵打败朱滔后，深得朝廷厚赏，进检校太尉兼中书令，建庙京师，连襁褓中的子弟也都有官封。王武俊兴风作浪一辈子，竟得善终，德宗贞元十七年病死，时年六十七岁。

王武俊弓马绝伦，晚年以游猎为乐，最高纪录一天射鸡兔九十五只，观者骇伏。其长子王士真袭位，息兵善守，事唐恭谨。元和四年病死，其子王承宗袭位。

当时唐宪宗想去掉藩镇，双方又大动干戈。吴元济、李师道被平灭后，王承宗恐惧，上表谢罪，唐朝此时兵力已疲，诏复其官爵。

元和十五年，王承宗病死，军中推其弟王承元为留后。王承元恭谨怯懦，不敢再于本镇世袭，唐廷下诏任命他为义成军节度使。

三、藩镇卢龙（朱氏）

朱滔败后，逃至幽州，上书待罪，付政事于表兄刘怦，不久病死。唐廷下诏命刘怦为卢龙节度副大使，此人居镇三月就病死。其子刘济袭位。刘济帮助唐军攻打王承宗有功，进中书令。而后，刘济次子刘总矫命杀掉长兄刘绲，又毒死病中的刘济。

刘总袭位后，首鼠两端，阴贼狡猾，与周邻诸镇和朝廷虚与委蛇。刘总晚年多病，恍惚间又数见其父兄为祟，忧恐之间，剃度为僧，不久病死。其子弟十一人归长安，皆善终。

幽州乱起，军士囚禁节度使张弘靖。一直郁郁不得志的朱滔孙子朱克融，又被推到前台。此人颇有其祖朱滔之风，与朝廷阳奉阴违，唐敬宗继位后赐卢龙将士军服，他还嫌质量差把朝廷诏使囚禁起来，并暗含威胁地上表索要金帛。不久，卢龙军乱，朱克融及其子朱延龄被杀。其次子朱延嗣又被拥立，很快被大将李载义杀掉，并族灭其家。

乱世枭雄二朱兄弟中，朱泚称帝失败后全家被屠，朱滔病死还算善终，及至其孙朱克融又起，终遭族灭大祸，"朱氏无遗种"矣。

四、藩镇淄青（李氏）

李纳同朱滔翻脸后，与王武俊等人再奉唐朝正朔。李希烈围陈州，他还与诸军一道在城下大破李希烈军，进检校司徒。不久病死，时年三十四岁。

其子李师古袭位。此人性情反复，德宗驾崩，他还想趁机起事，由于胆量一般，最终未敢造次。元和初年，李师古病死。其异母弟李师道袭位。

李师道性情狡诈，以谋略自矜。听说朝廷要削藩，他派刺客杀掉宰相武元衡，刺伤裴度。蔡州吴元济被平灭后，李师道大惧，本已决定向朝廷割地质子，又被左右奴仆劝说："先与官军相战，打不过时，再割地不迟。"李师道耳根子软，背信弃约与唐军开打。连战连败之间，其手下大将刘悟反攻其城，把躲进厕所小格间的李师道和儿子李弘方抓住。一向以计略自诩的李师道请求"拜见"刘悟，兵士不许；他又哀求士兵把他囚送京师。刘悟派人对他讲："司空您今为囚徒，有何面目见天子！"还是儿子李弘方有些骨气，对其父说："不如速死！"刘悟军士正想听这句话，马上用刀"成全"了这对父子，传首京师。

唐朝诗人张籍有首"情诗"《节妇吟》："君知妾有夫，赠妾双明珠。感君缠绵意，系在红罗襦。妾家高楼连苑起，良人执戟明光里。知君用心如日月，事夫誓拟同生死。还君明珠双泪垂，恨不相逢未嫁时！"

这首诗，正是这位大才子写给李师道的。难道两人是同性恋？当然不是。李师道气焰嚣张之时，一方面派刺客刺杀主张削藩的大臣；另一方面派人带钱带物，笼络各地有名的士人为他效力。张籍也是他“争取”的对象之一，大才子不好直接说“不”，就依妇人口吻写了这首“情诗”，委婉表达了自己对唐朝皇帝的忠心不二，让李师道碰个软钉子，心中悻悻，也无可奈何。

五、李晟

李晟收复长安后，又至泾州，不费吹灰之力诛杀先前反叛的田希鉴等人，并大败吐蕃大将尚结赞。宰相张延赏嫉妒李晟功名，多次在德宗面前予以中伤。渐渐地，德宗也忌禅李晟功高，怕难以控制。

李晟听说后，哭得眼睛都肿了，送子弟十多人入京为质，请求削发为僧。德宗后来诏解张延赏、李晟两人的关系，张宰相仍旧心存怨毒。李晟感慨道：“武夫性快，释怨于杯酒间，则不复贮胸中矣。非如文士难犯，外虽和解，内蓄憾如故！”一句话把文人的小心眼勾勒毕现。

贞元三年，德宗亲于宣政殿进拜李晟为太尉、中书令，并图其像于凌烟阁太宗旧臣之侧。

贞元九年，李晟病死，时年六十七岁。后来，朝廷收集李晟功绩，著《兴元圣功录》，遍赐诸将以为激励。

李晟有十五子，以李愬最为知名，大雪之夜，奇袭蔡州吴元济，诚为世界军事史上的惊世杰作。李愬壮年病卒，年仅四十九岁，谥曰“武”。

六、马燧

平定河中李怀光后，德宗亲书二铭，赐马燧以表君臣相成之美，迁光禄大夫，兼侍中。而后，他屯军鸣沙，击败吐蕃的入侵。后来，马燧支持唐廷与吐蕃会盟，正中吐蕃计谋，使唐军损失惨重，大将浑瑊几乎死掉。德宗震怒，削去马燧兵权，冷落他好一阵子。

再后，马燧与李晟一起，得图像于凌烟阁。贞元九年入朝，德宗见马燧，悲叹道：“尚记您与李晟太尉一起来朝，现在只见您一个人。”

言毕，德宗泪下，马燧闻言也悲感仆地。

他不久即病死，时年七十岁，赠太傅，谥“庄武”。

七、浑瑊

与马燧等人平定河中后，浑瑊与诸师拒吐蕃。马燧建议与吐蕃讲和，德宗就以浑瑊为会盟使，约盟于平凉川。

吐蕃和唐军相约各以甲士三千人列于盟坛东西，浑瑊和尚结赞各以常服随从四百人至坛上举行仪式。浑瑊忠厚，不知有诈，正与尚结赞拜舞会盟，虏鼓大鸣，潜伏的吐蕃数万精骑突然冲出，把数千唐军杀擒殆尽。

浑瑊命大，趁乱冲出营幕，随便跳上一匹没有鞍鞯的光马驰奔，跑出数十里遇唐将骆元光相救，幸免于难。

后来，他一直在泾、邠等地拒守吐蕃，诚为一代名将，贞元十五年卒，时年六十四岁，赠太师，谥“忠武”。

八、李抱真

李抱真与王武俊联军大破朱滔后，唐廷加封其为检校司空。李抱真一族世为大唐功臣，本姓安，是武德功臣安兴贵后代。其堂兄李抱玉从李光弼屡败安史乱兵，官至兵部尚书。李抱玉上言“耻与安禄山同姓”，李唐王朝就赐其全家改姓国姓。

史载，李抱真“沉断多智计”，广招天下才俊，善待士人。

他晚年好方术，想长生不老，刻木鹤每天骑在上面，希冀白日升天。他服丹药两万丸，肚子坚鼓如轮。本来医生给他吃下泄药得以醒转，术士劝他说“马上要成仙了，再坚持一下”。他很想升天，又猛吃三千丸“丹药”，一下子就“升天”了。卒年六十二岁，赠太保。

其子李缄秘不发丧，也想像其他藩镇一样自袭其镇，结果未遂，为朝廷软禁于洛阳。

九、韩游瑰

韩游瑰在奉天之战中竭尽忠心，可谓是力保唐德宗和唐朝社稷不亡的关键人物。

唐德宗逃至奉天时，堂堂皇帝，身边才跟随数百人。各地勤王兵均未至，时为邠宁节度留后的韩游瑰就以三千军马来赴难。自乾陵往醴泉道中，皇帝下诏让他带兵赶往便桥屯军。唐军走到泥泉（地名），恰与朱泚大兵相遇。韩游瑰分析形势后，决定要急行军赶回奉天护卫皇帝。

当时，监军太监翟文秀认为："我们应该在此扎下大营，如果贼军绕过我们西向逼城，我们可以前后夹击他们。如果我们回军奉天，贼军蹑后而至，会引领贼军逼近天子所在。"

韩游瑰坚持自己的见解："现在敌众我寡。朱泚贼军完全可以分出一部分军队与我们作战，其余部分一直西行直攻奉天。所以，回军护卫皇帝是稳妥的安排。此外，奉天城内没有锐军强卒，夹攻敌人是不可能的事情。我们属下这几千兵士衣单食乏，如果在此和敌军相持，难抵敌军金帛食粮利诱，说不定须臾之间就会兵溃大败！"

果不其然，其后发生的事情，一一证明韩游瑰判断非虚。加之在奉天城内韩将军与敌军殊死拼战，日后论功行赏，众人皆推他为"赴难功第一"。

李怀光叛唐，因为韩游瑰在朔方军干过，他也招诱韩游瑰。韩将军第一时间上书唐德宗告变，让唐军做好准备。而后，他与李晟等诸将一齐进攻长安消灭朱泚贼军，最后又与浑瑊等人攻败李怀光。京师收复后，韩游瑰因功迁为检校尚书左仆射，拜邠宁节度使。

其后，韩游瑰一直率军在泾、陇、邠、宁等地抗击吐蕃入寇，立功殊多。唐德宗命浑瑊与吐蕃会盟，韩游瑰就上书指出吐蕃是"诈盟"，德宗不听。而后吐蕃数次侵袭，韩游瑰均亲自以大将身份执矛跨马，总是以数百人破成千上万敌兵，常打得吐蕃败逃远遁。

如此忠勇大将，偏偏生出个不争气的儿子。其子韩钦绪是禁军军官。好好的功臣子弟，本来前途远大，竟听信一个叫李广弘的和尚煽动，相约夜间闯入皇宫击鼓为号，然后奉李广弘为帝。

韩钦绪把此事告诉禁军中几个要好的哥们儿。谋反事大，“哥们儿”连夜就“上变”，朝廷立刻把相关众人逮捕，审讯后皆一一处斩。

韩游瑰听到这一消息，吓得肝胆俱裂，自求归死京师。皇帝不许。他又把自己的亲孙子即韩钦绪的两个儿子绑送京城，德宗也诏免不罪（谋逆是“夷三族”的大罪）。

不久，韩游瑰亲自入朝，素服听命，但唐德宗深知他与儿子的谋反事件无涉，又念他奉天捍卫保护之情，诏复其职，待遇如故。

自此，韩游瑰仍惊魂不定。他还镇邠宁后，既无心思，又失威权，不久宁州士卒又发兵乱，朝廷以别将顶替他。韩游瑰未等接自己班的人来，就跑回京。

回京后，韩游瑰得封右龙武统军的闲官，不久就忧疾而死。可见，其子韩钦绪的“谋逆”，使得韩大将军忧乱失措，终日郁郁，最终竟以忧死。

十、唐德宗

唐德宗在位二十六年，六十四岁时病死。即使总为“尊者讳”的封建史家，言及这位“九叶天子”时都掩饰不住愤懑不平之气。所有“盖棺”之论，基本同持一个观点：此人能为君二十多年而不亡国丧身，只是因为有一大批忠臣良将鼎力扶持以及“天幸”罢了。

如此一个皇帝越到后来越糊涂，越老越不是东西，简直可以拿他当一个“坏皇帝”的样板了。

尤其是经过奉天之乱以后，唐德宗被吓得肝胆俱裂，刚继位时的英果锐气一丝皆无，动不动就与臣下、诸子涕泣相对，而其四大弊政，也深深地为日后唐朝灭亡埋下最直接的引线——一是姑息藩镇，二是委任宦官，三是聚敛财货，四是亲昵小人。

先举几个他亲昵小人的例子。由于唐德宗本性猜忌刻薄，因而“小人易入”。大奸臣卢杞首先获得德宗赏识，此人深知德宗性格，多次借机离间德宗与群臣的关系。奉天之难后，虽然忠臣陆贽多被信用，仍然因直谏而使德宗内心不快。卢杞被贬外任后，德宗思念不已，并对李泌讲："卢杞忠清强介，别人总说他奸邪，朕怎么不觉得。"李泌倒是一语道破："卢杞对陛下您言听计从。别人都说他奸邪，而陛下您唯独不觉他奸邪，这正是卢杞奸邪的关键所在。"同时，德宗又以能言善辩为取人的标准，谁能奉承他就把谁当忠心之人，以惬己之意为"忠臣"标准，小有违忤则耿耿于怀。

非常奇怪的是，德宗一辈子都和无赖小人一见如故。卢杞、裴延龄、李齐运、王绍、韦执谊等人，常常与之相坐密语，语笑款狎而不知倦，致使小人常得志。

由此推之，唐德宗本人就是个"小人头子"，物以类聚，人以群分，他身上"小人"磁场那么强，难怪大批小人皆磁附其左右。

在财迷心窍、急于聚敛方面，唐德宗简直像得了失心疯一般。他先是下令搜刮富翁钱财。官员得令后，残暴如盗贼，检括、登记长安的富贾大户，压榨夺取，动不动就大刑伺候，以致不少富商因官府催逼交不出钱上吊而死。然后，又立"僦质钱"名目，凡有蓄积财物者，都要把四分之一上交朝廷，以至于天下嚣然，天天有成千上万的人赶至京师，在路上拦住卢杞的马哭诉。接着，唐廷对人民的住房收税，号为"间架税"，并出钱奖励人们互相告发，对那些不按实际房屋数目交税的人又罚又打。愁怨之声，闻于远近。奸贼卢杞被贬后，另一个贼臣裴延龄也因善为暴敛、乱加杂税深为德宗所信，令民间生计更苦。泾原兵士在长安叛乱时，对民众大呼的口号就是："大家别害怕，我们不夺'僦质钱'，不收'间架税'！"到了德宗后期，他更是开立"宫市"，与小民争利，其种种深弊，从白居易《卖炭翁》中可见一斑。

唐玄宗时，宦官高力士深受倚重，但此太监毕竟是个忠臣，又知道谦抑之道，对国家危害极少。到了唐德宗时代，宦官成为掌握朝廷的一支重要势力，而且积弊至深。泾原兵士叛乱，正因为宦官白志贞所统领的禁兵一个没来，差点儿让德宗成为乱军俘虏。按理说应该"惩前毖后”，谁知道后来他更加宠任太监，而且这些太监掌握的军队越来越多，以至于其后数位皇帝皆由宦官拥立。

太监们还在各个军区充任监军，干扰军事。奉天之乱后，唐德宗表面上十分信任大将忠臣，内心却十分猜忌这些宿将勋帅，神策军兵马使这么重要的禁军统领位置竟完全由太监掌握。而且，到了德宗后期，各地节度使以及重要军镇的将帅都出自神策军，皆为太监统军的“门下”，他们只知报太监们举荐的恩德，不知朝廷的存在。至此，刑赏恩罚的权柄不在皇帝而在宦官。

尤其是在讨伐吴少诚时，大太监推荐常给自己送金银财宝的韩全义为四面行营招讨使，又派数十太监为监军，十七道唐兵，皆受这些庸才小人节制，致使官军屡战屡败，死亡无数。

唐德宗初即位，锐意削藩，但自从奉天之乱后，如丧肝胆，对藩镇务求姑息，矫枉过正。宣武都知兵马使李万荣赶走节度使刘士宁，德宗竟授李万荣为留后。此种姑息，简直就是鼓励臣下叛篡，致使后来的仿效者越来越多，唐廷威权丧失几尽。同时，他还爱要小聪明，亲自择任各个藩镇的副手和参佐之将。但藩镇头子往往用计除去这些人，大太监们以权谋使唤这些人，谁也不会真正向德宗效“愚忠”。

最过分的，当属德宗纵宠浙西观察使李锜之事。李锜本来只是个常州刺史，由于向大太监李齐运孝敬了大笔金银财宝，就被李太监荐给德宗，升为诸道盐铁转运使、浙西观察使。李锜掌握“天下利权”后，对下刻意搜刮，对上不停上贡，遍贿朝廷权贵，逐渐骄纵无所忌惮。他对自己所辖官员任意杀害，贪污公款无数。浙西平民崔善贞到京城告御状，德宗不仅不相信，反而大怒，派人把崔善贞用木枷铁锁锁上，送交李锜处理。崔善贞囚车一至，连枷锁也不脱，就被李锜手下兵士踹入土坑中活埋。远近闻之，不寒而栗，真正是缄天下之口而长奸臣之威，让这些贼臣愈加骄暴，日后迭相叛逆。

由此种种，皆可以看出，唐德宗的过失，用“罄竹难书”四字来表达，一点儿也不冤枉他！

夕阳余晖

元和君臣的削藩大计

805年春，虚弱不堪的唐德宗在宫内的病榻上接受诸王、亲戚朝贺。人来人往，拜舞不休。眯着昏花的老眼，德宗力挺老衰残躯，竭力四顾张望，就是不见太子李诵来贺。一问，宦官小心翼翼地告知："太子有疾。"

本来就病入膏肓的唐德宗闻言，涕泣悲叹。他即将撒手而去，皇储眼看也要油尽灯枯，老皇帝急忧苦恨，一齐攻心。几天后，唐德宗就"崩"了，时年六十四岁。

大臣卫次公、郑絪等人宣遗诏，一身孝服的皇太子李诵被众人搀扶，于宣政殿继位，是为唐顺宗。

看见一个身穿大白孝袍的人歪歪斜斜地半倚半躺在龙椅上，禁卫军将士不少人将信将疑。众人在殿外踮脚窥视，仔细打量一番，见座上人果然是李诵，大家喜极而泣，互相祝贺说："真太子也！"

这位唐顺宗，在位仅一年就病死了。虽然这个唐朝皇帝的名号几乎不为人所知，但他为帝时，在王叔文、王伾以及刘禹锡、柳宗元、韩泰、程异、韦执谊、陈谏、韩晔、凌准等人的支持下，进行了所谓的"永贞革新"。

此次急功近利的改革非常短命，仅仅持续一百多天。"永贞革新"的改革内容看上去不错：削减宦官兵权、裁撤冗官、减免百姓租赋、撤去“宫市”等。由于上述内容无一不涉及当时“既得利益者”的切身利益，领头的“二王”又属志大才疏、自以为是、偏躁寡恩之辈，“永贞革新”很快就被太监俱文珍等人粉碎。

唐顺宗继位八个多月后，因病不能言语，退称“太上皇”，让位给儿子李纯——唐宪宗。

中国古代历史上的“改革者”，一般无好下场。“二王”先被远贬，后均赐死；刘禹锡、柳宗元等人也被流放到荒远小州做司马，即历史上著名的“二王八司马事件”。

几位政治家一生坎坷蹭蹬，中国文学史却增添了许多首脍炙人口的优美、凄丽诗篇，尤其是刘禹锡、柳宗元两人，佳作连连，如明珠美玉，熠熠闪光。

“零落残魂倍黯然，双垂别泪越江边。一身去国六千里，万死投荒十二年。”（柳宗元）诗人不幸诗坛幸，正是这样的失意、幽愤，才使得诗人写出那么多真切感人的绝妙好辞。

特别是刘禹锡，大才子自称是汉景帝儿子中山王刘胜的后代（其实是汉化的匈奴后代），他被贬二十余年，老而弥健，熬死了唐朝五代皇帝，终年七十二岁。刘郎气锐，连白居易都钦推他为“诗豪”。宝历二年（826年），白居易因病从苏州罢归，刘禹锡从和州罢归，两人相见于扬州，留下了两首感叹身世的千古名诗。白居易曰：

为我引杯添酒饮，与君把箸击盘歌。
诗称国手徒为尔，命压人头不奈何。
举眼风光长寂寞，满朝官职独蹉跎。
亦知合被才名折，二十三年折太多。

（《醉题刘二十八使君》）

刘禹锡酬和：

巴山楚水凄凉地，二十三年弃置身。
怀旧空吟闻笛赋，到乡翻似烂柯人。
沉舟侧畔千帆过，病树前头万木春。
今日听君歌一曲，暂凭杯酒长精神。

（《酬乐天扬州初逢席上见赠》）

元和元年（806年）正月，很想有一番作为但身板不争气，又因误用庸人而时刻悔恨在心的唐顺宗病逝，年仅四十六岁。

元和天子初发威

平定西川

唐顺宗永贞元年（805年）九月，诏立李纯为皇帝，顺宗自为“太上皇”。

新皇帝刚刚“出炉”，剑南西川节度使韦皋病死，行军司马（参谋长）刘辟自称留后；不久，夏绥节度使韩全义因溵水大败，惧而入朝，唐廷迫令其“致仕”。不料，他的外甥杨惠琳拒不接纳朝廷派来的官员，上表称当地将士“逼臣为节度使”，想造成既成事实，迫使唐廷让他名正言顺地为霸一方。

宪宗初登大宝，还真忍了几个月。为了稳住刘辟，唐廷任他为西川节度副使、知节度事（军区常务副司令，未予正职）。至于夏绥方面，由于杨惠琳勒兵抵拒，宪宗先拿他开刀，下诏天德、河东两军进讨。河东节度使帐下阿跌光进、阿跌光颜（兄弟俩皆是步落稽部落胡人，后赐姓李，即李光进、李光颜）勇猛善战，屡败杨惠琳叛军。不久，叛军窝里反，杨惠琳被手下军将杀掉，传首京师，其时为宪宗元和元年（806年）四月。

刘禹锡　图出《晚笑堂竹庄画传》

夏绥平定，是宪宗打击藩镇势力的首次告捷。

至此，唐宪宗把目光转向他刚一登基就向朝廷叫板的蜀地地头蛇刘辟。

剑南西川节度使原是韦皋。朱泚叛乱时，韦皋力挺唐廷，平叛有功，被当时的唐德宗拜为大将军，加检校礼部尚书的荣衔。此后，他多次打败吐蕃，深入敌界，捕虏甚多，因军功得兼中书令，封南康郡王。顺宗即位后，加韦皋检校太尉。当时，王叔文、王伾当政，韦皋派属下刘辟携大量金宝入京城“活动”。刘辟私谒王叔文，自恃有钱有兵又是藩镇官属，他对王叔文说：“太尉（韦皋）派我向您致意。如果您能让太尉掌领剑南三川之地，一定会予酬谢；如不留意，太尉也不会忘怀。”

听刘辟话里话外含有威胁之意，时为唐顺宗心腹的王叔文大怒，差点儿杀掉刘辟。

刘辟逃回西川，添油加醋一说，韦皋恨王叔文入骨。他当即向顺宗、太子李纯各上表章。一方面他向顺宗直言应传位给太子；另一方面他又向当时为太子的宪宗“表忠心”，指斥王叔文、王伾乱权。

本来韦皋是派刘辟拉关系，见王叔文“不识抬举”，也就一百八十度大转弯，指斥王叔文等人“奸邪”。反正天高皇帝远，当朝权臣也奈何不了他。所以，宪宗能够及早继位，韦皋也确实起到了推波助澜的作用。没多久，永贞元年（805 年）九月，韦皋就“薨”了。

韦皋专制蜀地二十一年，虽为唐朝藩属，实则土皇帝一个。但这韦皋是个政治老手，月月向朝廷进贡珍宝奇货，遍贿当朝大臣，又极优待手下军士。“丰贡献以结主恩，厚给赐以抚士卒”，如此巨大的开支由何而来？当然是加重赋敛，最终害得蜀土百姓虚竭，民不聊生。而且，韦皋属下的官吏皆是私人幕僚，他从不让这些人到京城做官，怕他们泄漏自己在蜀地专制跋扈的所作所为。

所以，有样学样，韦皋一死，刘辟就向中央叫板，鼓掇诸将为自己表请节钺。

当时，唐廷“不许”，派袁滋为剑南东西川、山南西道安抚大使，前去接收蜀地。路上，唐廷又以袁滋任西川节度使，征刘辟回朝，给他一个“给事中”的官职。

刘辟不受征召，阻兵自守。袁滋也是个软蛋，一直逗留不敢前行。

宪宗一怒之下，贬袁滋为吉州刺史。怒归怒，当时夏绥杨惠琳蠢蠢欲动，唐廷只能委任刘辟为西川节度副使。刘辟既得旌节，其志益骄，再求兼领三川。

朝廷当然“不许”。

狂妄的刘辟胃口大得出奇，既然朝廷不予，他就来个“自取”，发大兵包围了东川节度使李康所在的梓州（今四川三台），最终攻陷城池，活捉了同为一方节度使的李康，并以自己的老友卢文若为东川节度使。

刘辟出兵前，手下也有忠于朝廷的官属，推官林蕴便谏阻他，劝他不要和中央政府过不去。刘辟大怒，把林蕴关入大牢，并上演“假斩决”一幕，私下嘱咐刽子手不要真下刀，只拿大刀板在林蕴脖子上蹭。如果对方尿裤子腿软，就下令赦免他，一来立威，二来也留个“不妄杀”的好名。谁料，林蕴倔强，大骂刽子手：“王八蛋！要杀就杀，磨来磨去，把我脖子当磨刀石呀！”

刘辟见此，也发感慨，对左右说：“真忠烈之士也！”赦而不杀，黜为唐昌尉。

乍看刘辟如此胆大妄为，很可能以为这是个头脑简单、目不识丁的赳赳武夫。其实大错！刘辟乃德宗贞元年间宏词登科的进士，真正的才子，出身士族，绝非一根筋喊打喊杀的兵将痞子。由于他有文才吏干，才被韦皋辟为从事，累迁御史中丞、支度副使。

在蜀地十多年，耳濡目染，刘辟深知中央政府无能、藩镇强悍，士族进士出身的刘辟也“近墨者黑”，新皇帝一上台他就敢和中央政府“示威”。

唐宪宗登基未久，深知兴兵讨伐乃军国大事，未可轻易尝试。但他心中着实恼恨藩镇跋扈，也想烧它三把火，树立皇威。但朝中大臣都以为蜀地险固难取，宪宗本人进退两难。

关键时刻，与刘辟一样同为宏词科进士出身的大臣杜黄裳力排众议：“刘辟，不过是一狂妄狷獗的白面书生，王师一出，兵不血刃，可以鼓行而进，一举擒之！昔日德宗深经忧患，就是对藩镇姑息太过。藩镇主帅死亡，往往派遣中使到当地，依藩镇军将之意扶立新节度使，几乎没有一个是出于朝廷本意授予。陛下果真想振举纲纪，应该以法度裁制藩镇，如此，天下可以得而理也。”

同时，杜黄裳还推荐神策军使高崇文为主帅，并劝宪宗不要派宦官为监军以沮军。

高崇文，其祖上为渤海人，此人于幽州出生，朴厚寡言，很可能是北齐高氏的一支远脉。贞元年间，他随韩全义镇长武，曾以三千军在佛堂原大败五万吐蕃悍军，因军功迁兼御史中丞。虽如此，当时宿将功臣众多，人人自忖将被任命为征蜀主帅。正是因为有杜黄裳这个“伯乐”，高崇文才一鸣惊人，脱颖而出，拜检校工部尚书、兼御史大夫，统兵五千，立时于长武城出兵。

高崇文军法严明，军队行至兴元，有兵士吃饭时与途人吵架，撅折了对方的筷子，被高大将军立刻处斩。

唐朝的山南西道节度使先拔头筹，攻拔剑州（今四川剑阁），擒斩刘辟所署的刺史文德昭，蜀地门户已被撕开。

高崇文精骑迅猛，从阆州（今四川阆中）直扑梓州，刘辟守将还没交手即弃城而逃。唐军占领梓州。

刘辟军败心虚，忙放回先前被他“俘虏”的东川节度使李康，派人交还给高崇文，想借此自雪其罪。李节度使蓬头垢面，自以为绝处逢生。进入梓州唐军大营，他正想坐下喝口水喘喘气，猛听高崇文一声大喝：“败军失守，有何面目活着。推出去斩了！”

软人碰上大钢刀，也只能自认倒霉。

唐廷为了更得高崇文一部军将死力，就以他为东川节度副使、知节度事。由此，高崇文也成为一方诸侯。

刘辟眼见己军连败，又悔又急，忙派人在成都以北一百五十里以外的鹿头山（今四川德阳）筑城，扼住咽喉要道，筑起八道战栅阻抵，张掎角之势以拒唐军。

高崇文诸军勇猛，在鹿头城下破敌二万余，只是因为当时大雨如注，城墙湿滑，唐军才没能即时登城。转天一大早，高崇文帐下骁将高霞寓亲自击鼓助威，首先攻下鹿头城以东的据点万胜堆。而后，八战皆捷，蜀军丧胆。

唐军凭高据险，下瞰鹿头城，居高临下，取得先机。

元和元年（806年）九月，阿跌光颜（李光颜）由于路途险阻，比规定时间晚到了一天。这位勇将深知高崇文喜欢诛杀大将以立威，他就自告奋勇，表示要打头阵自赎。于是，他冒险突进至鹿头西大河之口，切断刘辟贼军粮道，使得贼军大骇。

打仗打的就是补给，尤其是守卫战。粮食一断，再怎么坚强也是垂死挣扎。唐军名正言顺，又是“王师”，于是，镇守绵江栅的李文悦先带三千人投诚。很快，鹿头城守将仇良辅率二万将士投降。这些人互相比着看谁投降带来的人多，降卒投戈面缚者，有十数里之多。

唐军长驱，直指成都。

鹿头城洞开，德阳等县城虽早先被刘辟安插以重兵，至此皆无心争战，莫不望旗而降。

至此，刘辟才知自己狂妄过头，惹出大祸，慌忙之中，他仅带数十骑往吐蕃方向奔逃，唐军猛追。

眼见插翅难飞，刘辟一急，想投江自尽。唐军骑将郦定进也是“浪里白条”一个，纵身跃入岷江，把刘辟从水中抓捞而出。

高崇文入成都，军令严肃，秋毫无犯。

至此，西川平定。夏绥乱平，是因为叛军内部军将窝里反；西川克捷，才是唐军真正意义上的军事胜利。

高崇文因军功，拜检校司空，封南平郡王。这位大将禀性忠厚，又不通文字，自己要求去最艰苦的地方。元和二年，唐廷下制，加其同中书门下平章事、邠宁庆三州节度使。此时的高大将军，恃功而发侈心，竟然在临行时把成都搬了个底儿掉。

当然，唐廷对此“视而不见”，只要藩镇“忠心”，财物皆是小事一桩。

高崇文大节不亏，在边疆“大修戒备”，威震一方。元和四年，他病死于军中，时年六十四岁；而推荐他的“伯乐”杜黄裳，先他一年也病死，时年七十一岁。可笑的是，杜黄裳死后“贿赂事发”，有司查出他生前曾受高崇文钱四万五千贯。宪宗还算厚道，保全始终之恩，连贿钱也不追索，并释放了杜黄裳被押入大牢的儿子。

刘辟初被擒，一路上严押于槛车之中，竟然还饮食自若，以为自己罪不当死。

数十年来，藩镇说乱就乱，说反就反，唐廷一会儿削官，一会儿“平反”，双方总是互相找台阶。刘辟因此觉得自己大不了入朝被削官，顶不顺也能做个平民富家翁。

一直到了长安近郊的临皋驿，忽然有神策禁军士兵前来，连脖带脚把刘辟捆个严严实实。

刘辟大感不妙，惊言：“何至如是！”

一路连踢带打牵到兴安楼下，刘辟被兵士踹跪于地，伏听诏命：“刘辟生于士族，敢蓄枭心，驱劫蜀人，拒扞王命……刘辟男超郎等九人，并处斩！”

临死，刘辟还张口强辩：“臣不敢反，是军校为恶，为臣不能禁制。”

高坐于兴安楼上的唐宪宗命宦官斥责：“朕遣中使送旌节官诰，何故不受？”

刘辟无言。这位进士诸侯，只得自叹命苦，遇上宪宗这位英明天子，首当其冲被当成吓猴的鸡。

唐宪宗初即位，不仅武功有成，还注意纳谏取士，元稹、白居易二人均在元和元年进入朝廷。尤其是元稹，数上谏书，力陈时弊，宪宗颇嘉纳其言。

元和天子开门红，唐廷上下，一派大好气象。

师出镇海又一功

擒斩李锜

杨惠琳、刘辟相继授首，藩镇惕息，多求入朝面君。敲山镇虎，果然见效。

镇海节度使李锜也心中不安，假装恭敬，于元和二年十月上表，表示要入朝面见皇帝，试探宪宗的反应。唐宪宗当然“许之”，遣中使至京口（今江苏镇江）慰抚，并赏赐其属下将士不少金银财物。

开始，李锜装得挺像，委任判官王澹为留后，自己做出马上出发的样子，但他内心实无行意，屡拖行期。李锜觉得自己是条“龙”，离了镇海这片“海”就会搁浅。

王澹与迎接他入京的敕使多次劝谕，让他赶紧入京朝见。李锜不悦，上表称疾，表示自己身体不好，要年底再行入朝。

宪宗拿不定主意。宰相武元衡表示：“陛下初登大宝，李锜想入朝就允许他入朝，现在想不入朝就允许他逗留，光他一个人说了算，陛下您又怎能号令四海！”

宪宗深觉有理，派人下诏，征李锜入朝，诏令已变成带强制性的“命令”了。

李锜并非一般的藩镇，此人是李唐宗室，其六世祖是淮安王李神通

（高祖李渊的堂弟）。唐德宗时，李锜大送金宝给权臣李齐运，得迁润州刺史、诸道盐铁转运使。得到这一肥差，李锜得以多积奇宝，岁时奉献，唐德宗喜欢他喜欢得不行。于是唐王朝富庶地区的盐酒漕运大权，皆归李锜一人独占。

除了往京城向德宗和诸用事大臣奉送奇珍异宝以外，流水一样的银子皆流入李锜的私库。

李锜既得志，无所惮惧。他知道自己民愤极大，为自安计，精选两队劲兵做私人卫队：一队以善射者为主，号为“挽硬随身”；一队以胡人大个子雇佣军为主，号为“蕃落健儿”。同时，李锜皆认这些壮汉为干儿，给他们十倍于普通将士的俸禄，倚为腹心。

德宗高兴之余，诏令李锜为镇海节度使，免其盐铁转运使的职务。李锜大喜。反正钱搜刮得够使，为镇一方才有感觉。他暴倨日甚，随意处死属下官吏，奸污良家妇女，为所欲为。

宪宗即位后，开始时很给这位皇亲国戚面子，诏拜尚书左仆射。李锜声言“朝见”，唐廷拟派御史大夫李元素代其为镇海节度使。按理，李锜如果识相会做，拄杖入朝，唐廷肯定会把他树为藩镇“恭顺”的楷模。但是，权力使人腐败。习惯了一方之王的感觉，老马恋栈，李锜自然不愿意离开“根据地”。

事情扯到最后，越来越僵。留后王澹也沉不住气，好歹等李锜挪窝你再有举动啊，性急之人，手中有一些权力，马上就要过瘾。王留后几天之内，依据自己喜好，任免了一批军将官员。获“任”的高兴，被“免”的自然不服，纷纷跑去“老领导”李锜那里告状。

眼看着有机可乘，众心可用，李锜暗中埋伏兵士，以派发冬衣为名，召王澹与宪宗派来的中使见面。

二人一进议事大堂，就惊愕地发现李锜身边拥立着数百个“挽硬随身”和“蕃落健儿”，个个手持明刃，胡言汉语，跳脚骂个不停。

王澹未及解释，数人一拥而上，刀劈剑捅，立马就把王留后给“料理”了。杀了还不算，众人把王澹剁成碎块生吃。随行的牙将赵琦自忖也是兵将，向众人好言劝解，也被乱刀剁死，一样被这群虎狼之士吃掉。

此时，以钦差身份来迎李锜入京朝见的太监亦被数把大刀架在脖子上。李锜佯惊，自起救之。

李锜派人把中使先软禁起来。其实，事情发展到这个地步，李锜仍有回旋余地，只要他上表“待罪”，称王澹是为“乱兵”所杀，唐廷有可能仍姑息容忍，不会立即发兵，他很有可能接着迁延下去。

但是，他一不做，二不休，狂心顿起，于室内搬出五剑，郑重其事地授给管内镇将，命令他们分去苏、常、湖、杭、睦五州，击杀当地唐廷委任的刺史。幸亏常州刺史颜防早有准备，杀掉李锜所派的镇将，传檄各州，一同进讨李锜。五州之中，只有苏州刺史李素准备不周，为李锜镇将姚志安打败，活活钉在船舷上，押往京口李锜处。

李锜明目张胆地扯起反旗，估计临老他也打算做一回孙权，割据江东。

宪宗大怒，以淮南节度使王锷为诸道行营兵招讨处置使，发宣武、武宁、武昌、淮南、江西、浙东等地兵马，从宣州（今安徽宣城）、杭州、信州（今江西上饶）分三路出发，进讨李锜。

李锜久据江南富庶之地，兵精粮足，按理说，唐军短时间内还真不容易把他解决掉。数日前，李锜初萌逆谋，曾准备派心腹张子良、李奉仙、田少卿各领一千精兵，分赴宣州、歙州、池州，据守当地险要。

三将因故未发，均营于城外。听说李锜果真和皇上翻了脸，一直受李锜金银财宝无数供养的这几个私人卫队头目心中开始打起小算盘。虽然事先一直与李锜积极“预谋”，那都是为了让李锜高兴，多得几箱财宝。现在，朝廷数路大军节节逼近，肯定凶多吉少。

三人一合计，就决定把李锜“卖”了以获取更大的“富贵”。甚至，李锜的亲外甥裴行立也派人来问讯，里应外合，准备还兵京口一起去逮捕李锜，如此，不仅可以免死，还可向朝廷邀功。

张子良集合军士，准备连夜“起义”。临发，他集合兵士，高声说：“仆射（指李锜）现在造反大逆，朝廷精兵，四面皆至。常州、湖州的镇将已经被杀，脑袋挂在通衢大道。如果我们跟着造反，下场和他们一样，难免一死。这样死也是白死，不如转祸为福！”

军士大悦。虽然平时拿着“高薪”，大家都知道“造反”可不好玩，十反九败，而且三族会被杀个溜净。

三千精兵反扑京口城。裴行立于城头举火为号，大开城门，众人内外鼓噪，杀声连天。

外城不用进攻，不多时已经落入三将之手。裴行立见事成，便带领本部人马，直攻牙门。

李锜还在睡觉，估计正梦见自己“虎踞龙盘”。忽然间，火起人喊，刀枪格击声，不绝于耳。惊吓之余，他忙问外面何人攻城。报称：“张中丞（张子良）。”李锜恨得咬牙切齿。他又问：“牙门外进攻指挥者是何人？”报称：“裴侍御（裴行立）。”

一听此言，李锜拊胸大叹：“我这外甥也背叛我啊！”于是，他再也把持不住，光脚逃入女楼之中。

李锜身边还有“忠臣”。“挽硬”军将李钧率三百兵士，趋出庭院格斗。交手没多久，裴行立手下军卒突出，乱杀之间，李均被斩，其余士兵皆放杖投降。

张子良派人用长枪挑着李钧血淋淋的人头，在牙城下面晃来晃去。李锜与一家老小听说李钧被杀，知道大势已去，举族恸哭。

很快，张子良以中使的名义向牙城喊话，告诉守城兵士“徒死无益”，并催李锜“束身还朝”。

未等李锜“考虑一下”，忽然蹿上几个平日温恭无比的“贴身”卫士，用数床锦被把李锜绑成个大粽子，幕带当绳，从牙城城头将其缒放下去。众人宣布反正。

打开大被子，看见李锜毫发未损，三军皆解颜而笑，总算是活捉反贼，立马将他放入大囚车内押送京城。

由于平时补品吃得多，六十多岁的李锜还真硬朗，愣是在槛车中从京口站到长安。

宪宗与李锜虽是“皇亲”，却从未亲眼见过这个人。半是好奇半是生气，宪宗亲临兴安门“问罪”。

李锜趴在地上，白发白须红脸庞，乍看上去很像个慈祥的老寿星。不过，他一抬头，眼中还是透出一股子邪气。

“你为什么造反？”宪宗拍案，问。

“是张子良教臣反，非臣本意。”李锜临死想拉个垫背，可以想见他是恨极了平日用金银供养的这个“心腹”，反咬一口，想把张子良也拉上法场。

宪宗冷笑：“你以皇族宗臣之重，坐镇一方为节度使。果真是张子良教唆你造反，为什么不当众斩杀他，然后入朝面君呢？”

一席话，噎得李锜哑口无言。

宪宗挥手，神策军一拥而上，把李锜与其儿子李师回两人拖到长安西南闹市，当众腰斩。

李锜死年六十七岁。暴尸数日，宪宗念其是宗室，施出两件黄衣，以庶人礼把这父子俩随便刨坑埋了，总算尸身没有喂狗。

李锜皇族属籍被削夺。他的堂弟、堂侄们也倒霉，这些人都在京城做官，事先并不知情，至此均被流放岭南。

随后，朝廷授张子良为左金吾将军，封南阳郡王，并赐名“奉国”；田少卿授左羽林将军，封代国公；李奉仙授右羽林将军，邠国公；裴行立授泌州刺史。

裴行立虽然把大舅给“卖”了，人品确也不错。元和十四年，柳宗元病死于柳州，年仅四十六岁。时任观察使的裴行立出钱出人，“营护其丧及妻子还于京师”，广获时人称赞。柳宗元的长子当时才四岁，孤儿寡母，裴行立之举无异于雪中送炭，诚为大丈夫所为。这一善举，淹没于茫茫历史之中，笔者代为“钩沉”。

李锜被诛后，有司奏请毁平其“祖考冢庙”，也就是说要扒淮安王李神通数代人的坟头和祠堂。幸亏中丞卢坦上言，表示李神通等人有功于社稷，淮安王的老骨头才没有被挖刨出来毁弃。

平定镇海后，官府抄没李锜的家财，准备全部运往长安。翰林学士裴垍、李绛进言：“李锜僭越豪侈，割剥六州百姓以自肥，多枉杀属下官民以私其财。陛下怜百姓之苦，才发兵诛此凶逆之人。如果把李锜家财输送京城，臣等恐远近失望。不如把李锜逆产赐予浙西百姓，代替今年租赋。”

宪宗嘉叹，即从其言。此时的唐宪宗，明主英才，伟大光荣又正确。

不久，官为集贤校理的白居易作乐府等诗百余篇，内容皆是“规讽时事”之作。宪宗读毕很高兴，把白居易召入朝廷，任为翰林学士。此举，也是中国历史上诗人为数不多的知遇幸事之一。

群狼俯首甘称臣

河北成德、魏博二镇的“归顺”

李锜被灭后，诸镇惶恐，山南东道节度使于頔害怕皇帝英威，就上疏为儿子求当驸马。宪宗以皇女普宁公主妻之。翰林学士李绛认为于頔是虏族（此人是代北拓跋氏后代），公主下嫁太屈尊俯就。宪宗独断，坚持嫁皇女给于季友。

于頔喜出望外，不久就屁颠颠“入朝谢恩”。由此，山南东道一镇，也归于唐室直接统治之下。

可见，唐宪宗是不惜血本以治藩镇，该打的打，该扶的扶，该送女人的送女人，用尽招数。

励精图治之余，宪宗朝君臣对当时形势有着明晰、正确的分析：当时唐朝能收到钱物的税户才一百四十四万户，比天宝年间税户少四分之三；而唐朝吃军俸的士卒有八十三万多人，反比天宝年间多三分之一，大抵是两户养一兵，人民负担极重（这还没有把水旱天灾以及临时征调估算在内）。

此外，元和初年一段时间，宪宗皇帝广开言路，信用裴垍、李绛、卢坦等忠介之士，一改德宗时代废相权一揽天下细务的做法，推心委政事于宰相。同时，皇帝又能察纳雅言，虚心求谏，故而元稹、白居易等人虽常常言语激切，仍获宪宗优容。

对于宦官，宪宗还是以家奴视之，宠之信之任之，却仍有魄力罢之废之。吐突承璀为宪宗修安国寺，寺前竖立一块高五十尺的“圣德碑”，并准备出钱万缗让当朝宰相写碑文。歌功颂德的事，一般哪个大臣都喜欢干，宪宗就让李绛撰写碑文。李绛不仅不赚这份天大的“稿费”，反而上谏：“古代尧舜圣君，未尝立碑自言盛德，唯独秦始皇于巡游途中大肆刻石记功，不知陛下想效仿哪类君主！大修佛寺，只是看上去壮丽恢宏，观游时赏心悦目，对于陛下盛德没有什么益处！”

宪宗览奏，深觉有理。

恰巧工程主持人吐突承璀侍立一旁，宪宗就命这位吐突承璀把碑楼拉倒。太监狡黠，柔声言道：“碑楼太大，根本拉不倒，待为臣慢慢处置。”吐突承璀本意是想先推脱一下，哪天趁宪宗一高兴再御笔“开光”什么的。

宪宗勃然大怒，吼道：“多用牛去拉倒！”

见龙颜震怒，吐突承璀害怕，马上派人把这一形象工程毁掉。碑楼巨大，用了几百头健牛，才把它拉倒。而后，把巨石敲碎、清理，又耗费了不少银两。

即便如此，仍可见宪宗早年有过即改的精神和锐意图治的决心。

元和四年（809年）三月，地处河北的成德节度使王士真病死，其子副大使王承宗自称留后。河北三镇自“安史之乱”后，与朝廷时战时和，均是名义上归顺，一直各以长子为副大使，父死子承，完全是土皇帝、家天下。上报唐廷均是做做样子，一副“谅你不敢不批”的猖狂模样。

宪宗连除数藩，很想趁机革除河北诸镇世袭的积习，欲拿成德镇开刀，朝廷准备任命新节度使。如果王承宗不服，就要兴兵进讨。

青年皇帝爱激动，宪宗脑子一热，准备大干一场。朝内大臣都比较清醒，李绛等人纷纷进言：“河北诸镇不遵国家法度，人神共愤！但现在攻取，不一定成功。成德镇自王武俊以来，父子相承已经四十多年，王承宗久掌军务，朝廷如下诏免其兵权，他肯定不会奉诏。此外，范阳、魏博、易定、淄青等镇，相互交结，均是父子相袭，一旦听闻朝廷对成德节度使有所易换，肯定会心怀忐忑。这几个近邻藩镇长久以来一直暗中联动，共同进退。如果国家诏讨一镇，其余几镇就会借助讨为名，大开狮口，向朝廷要钱要粮要官，真打起来时，他们肯定会按兵玩寇，坐观胜负，最终仍是耗费国家的人力、物力、财力。近期江淮大水，公私困竭，不宜于此时大兴军旅……”

宪宗犹豫之间，左军中尉吐突承璀想出外立功助威，他“自告奋勇”准备带兵征讨王承宗。一直因父丧而未还镇的昭义节度使卢从史也是坏人一个，通过吐突公公向宪宗进言，装忠勇扮诚义，要去讨伐王承宗。

宪宗很高兴，重新起用卢从史。

一直拖到十月，唐廷想再“观察”一下，就批准王承宗为成德节度使。由于被晾了数月，乍见朝廷诏使，王承宗受诏甚恭，还虚情假意地割献德州（今山东德州）、棣州（今山东无棣）给朝廷。本以为宪宗会推让，不料皇帝却“受之欣然”，派薛昌朝（薛嵩之子）为保信军节度使、德棣二州观察使。

魏博镇节度使田季安连忙派人飞报王承宗，说薛昌朝胳膊肘往外拐，私通朝廷。王承宗恼怒，派数百骑兵突袭德州，把薛昌朝抓回真定关押起来。

宪宗派中使劝谕王承宗放薛昌朝还镇，王承宗不奉诏。至此，脸皮撕破。元和四年年底，唐廷下诏削夺王承宗爵，并委任大公公吐突承璀为诸道行营兵马使、招讨处置使等官职，集兵进讨成德镇。

翰林学士白居易、度支使李元素、京兆尹许猛容、御史中丞李夷简等众多大臣闻听制命，一齐力谏：从未听说国家征伐以中使为统领，而且，宦官既为制将又是都统，前无先例。

如此恳切之语，宪宗听进一半，只下诏削吐突承璀四道兵马使，改处置使为宣慰使，名号不同，公公仍是实际上的主帅。于是，吐突承璀统领神策军，浩浩荡荡从长安出发，并命恒州四面藩镇各路齐进，讨伐王承宗。为此，有"鬼才"之称的诗人李贺有《吕将军歌》一诗，讽刺吐突承璀这个"傅粉女郎"阵前莲花指、金甲扑鼻香的荒谬景象：

吕将军，骑赤兔。
独携大胆出秦门，金粟堆边哭陵树。
北方逆气污青天，剑龙夜叫将军闲。
将军振袖挥剑锷，玉阙朱城有门阁。
榼榼银龟摇白马，傅粉女郎火旗下。
恒山铁骑请金枪，遥闻箙中花箭香。
西郊寒蓬叶如刺，皇天新栽养神骥。
厩中高桁排蹇蹄，饱食青刍饮白水。
圆苍低迷盖张地，九州人事皆如此。
赤山秀铤御时英，绿眼将军会天意。

（《吕将军歌》）

许多人不深究长吉诗意，认为此诗是描写三国吕布，并以为"傅粉女郎"指貂婵，诚为大谬。

唐廷这边刚出兵讨伐不服从“组织安排”的王承宗，蔡州节度使吴少诚又病死（也可能是被杀）。其大将吴少阳与吴少诚家童单于熊儿合谋，杀掉吴少诚的儿子吴元庆，诈称吴少诚遗命，以吴少阳摄副使。

不久，吴少阳自称留后。唐廷正用兵河朔，根本腾不出兵去搞吴少阳，只能先下诏封他为淮西留后。

战事一开，魏博节度使田季安派人通知王承宗，让他献出堂阳一城，这样，田季安就可上报唐宪宗说已经奉朝命进攻，私下里信誓旦旦，绝不与成德镇为难。王承宗依计行之。

卢龙节度使刘济一直与成德镇不和（其父刘怦就与王武俊有隙），思忖再三，毅然将兵七万，最先出军击伐成德镇，并攻下饶阳（今河北饶阳）和束鹿（今河北束鹿）。

刘济一军获胜，吐突承璀一方却丝毫不振。毕竟是太监为帅，并无威略，兵士无心打仗。其属下有位神策大将郦定进，赫赫骁将，因功封阳山郡王。郦大将军被吐突公公瞎指挥，一战便败，仓皇逃奔。成德军有人认识他，大喊：“这位可是郦王爷啊！”众人急追，恶虎难敌群狼，郦大将军被乱刀劈死在阵前，唐军因此夺气。

唐军出师半年多，耗损军费五百万缗，战事胶着。诸道各怀鬼胎，没有丝毫进展。大臣李绛劝宪宗应先易后难，撤河北兵而集中人马攻伐淮西吴少阳。宪宗不听。

昭义节度使卢从史是第一个跳出来劝宪宗讨伐王承宗的藩镇头领，其实他的目的是获得朝廷起复，回返原先的统镇。真正到了“前线”，他与吐突承璀对营，逗留不进，从不与王承宗交战，并暗中与对方私通消息，借机“提价”，还上书宪宗求封宰相。

在大臣裴垍建议下，宪宗决定除掉这个首鼠两端的家伙，密令吐突承璀见机行事。

吐突打仗是完全的外行，玩心眼儿他可是最最擅长。于是，吐突承璀在营帐中盛陈奇玩异宝，没事就请卢从史过来喝酒、赏玩。卢从史性贪，喜欢这个，喜欢那个，吐突承璀“慷慨”，一来二去，卢从史完全丧失了“警惕”。

见时机成熟，吐突承璀安排壮士埋伏，又请卢从史喝酒，这位节度使以为又有“好东西”，“嗽”的一声就从对面营盘飞奔而至。

卢从史刚进主帅大帐，见吐突承璀不像往常那样一脸春风笑面相迎，反而高高踞坐在上，还没等他缓过神来，突出数位彪形大汉，当头兜裆一顿拳脚，打得这位卢节度使瘫在当地。连解释的机会都没有，卢从史被锁入囚车，驰诣京师。还算运气，宪宗没有当即杀掉他，把他远贬为驩州（今越南北部）司马。不久，又流放康州。

卢从史左右军将惊乱，吐突承璀命壮士连杀数人，并以皇帝诏旨告知，表示卢从史有罪，已被逮捕。

藩镇兵骄横惯了，他们不仅不怕，反而个个回营披甲，带齐兵器，冲向吐突承璀主帅营帐，气势汹汹。

危急关头，昭义军大将乌重胤纵马立于军门，叱道：“天子有诏，顺从者赏，敢违者斩！”看见本军大将发话，众人不敢不服，皆敛兵回营。

有了卢从史这么个倒霉蛋，“便宜”了一干人等。乌重胤定乱有功，被封为河阳节度使；吐突承璀虽师久无功，因擒拿卢从史免祸，回京后只被象征性地降级，并未获罪；最得益的，当属成德节度使王承宗。当然，唐朝官军未占优势，但成德镇也被刘济等人的卢龙军连下几城。窘迫之余，王承宗总算找了个大台阶，上表奏称自己也是为卢从史所“挑拨离间”，才敢和朝廷叫板，表示要上缴贡赋。

既然王承宗“服软”，又不能拿他怎么样，宪宗也借坡而下，下诏为王承宗“平反昭雪”。至此，正剧变成闹剧。

此次兴讨藩镇也并非全无成效，义武节度使张茂昭就举族入朝，并请朝廷派任新官。

最倒霉的当属卢龙节度使刘济。本来，河北战事停歇，朝廷为嘉奖刘济的“忠勇”，进其为中书令。

刘济先前自己率兵出征，只带次子刘总跟从，留其长子刘绲为副大使留守幽州。刘总奸猾，趁老父刘济风寒卧病，便派人装成长安来的朝廷使臣，对病榻上的父亲说：“朝廷认为您逗留无功，已经任副大使（刘绲）为节度使。”刘济闻言惶惧愤怒。不久，刘总屡派人在帐外喧哗，嚷嚷说朝廷封赏刘绲的旌节已经越走越近。军中将士闻讯，皆惊骇不已。

愤怒之下，刘济在病床上发令，杀掉数十名平日与刘绲关系不错的大将。怒叫狂吼了一上午，刘济口干，派人索取酪浆解渴。刘总暗中下毒，刘济一喝，登时就死，时年五十四岁。

其长子刘绲对一切皆不知情，行至涿州被弟弟刘总抓住，押至瀛州，矫称刘济命令，用大杖击死。

毒父杀兄，刘总终于主持军务。唐廷当然不知内情，下诏封拜刘总代父职，并晋封楚国公。

河北喧扰已过，唐宪宗毕竟挣得些脸面。宰相李吉甫善于逢迎，对宪宗说：“天下已太平，陛下宜为乐。”

众臣大不以为然：“汉文帝时家给人足，外无兵灾，贾谊犹以为积薪之下易燃火，不可谓安。如今河南、河北五十余州不在国家法令之下，泾陇一带烽火连连，加之水旱连灾，仓廪空虚，正是陛下宵衣旰食之际，岂能说是天下太平该享乐的时候！”

宪宗欣然纳谏，对李绛说：“卿言正合朕意。”退于后殿，他对左右内侍说：“李吉甫只会媚悦君王，李绛这样的人，才是真宰相啊。”

宪宗元和七年（812年）九月，魏博节度使田季安病死。这位平时喜爱活埋人的土皇帝纯属天杀，死时才三十二岁。依照“规矩”，众将推田季安之子田怀谏为副大使，准备“子承父世”。但田怀谏当时才十一岁，魏博镇的军政大权完全控制在家奴蒋士则手中。

听闻田季安暴死，田怀谏年幼，宪宗动心，召众宰臣商议。李吉甫马上建议“兴兵讨之”。李绛表示异议：“田怀谏乳臭小儿，不能自断军力，军府大权必有所归。诸将厚薄不均，怨怒必起，肯定相图互攻，不烦朝廷出兵，愿陛下按兵养威，以静制动，不过数月，魏博必有人自归朝廷。到时，望朝廷不吝爵禄，厚赏其人，河南河北藩镇闻知，必争相恭顺，此所谓不战而屈人之兵也！”

宪宗点头称好。

李吉甫好大喜功，纵言兴兵诛伐以张国威。李绛又劝：“兵者，国家大事，不可轻动。前年讨成德镇，四面发兵二十万，又发神策兵从长安出发，天下骚动，所费七百余万缗，最终无成，为天下所笑。今疮痍未复，人心惮战，如果硬以敕命驱军前往，不仅不能成功，恐怕还会激起兵变。魏博形势如此，绝对不可妄兴兵端。”

宪宗虽是好强争胜之人，也听得分明，奋身拍案：“朕不用兵，就这样定了！”

事实发展，皆如李绛所料。

蒋士则一个奴才，以田怀谏为幌子，自决魏博军政，常以爱憎移易诸将，惹得军士愤怒不已。

朝命良久不至，名不正言不顺，军中汹汹不安。

魏博节度使田季安有位堂叔田兴，此人少习儒书，颇通兵法，善骑射，勇而有礼。他常劝大侄子不要妄行杀戮。田季安怒，出其为临清镇将，想寻小过把这位老叔弄死。为了避祸，田兴假装半身不遂，浑身弄得炙灼遍布，站都站不起来的样子。田季安这才放心，认定他不会有什么作为。

待田季安病危，他又想起这位堂叔，起用他为衙内兵马使。

魏博兵将人情不安，一下子聚集数千人，把田兴府第团团围起，鼓噪大喊，要让他出主军政。田兴起先惊拒，众人呼噪不停。不得已，田兴出府门，众兵将把他围在中间，皆跪地环拜，乞请他入府署事。

事起仓促，田兴惶急之中，惊仆于地，趁势装晕。躺在地上想了好久，田兴站起，对诸兵将说：“既然推我主持军务，不知可否听我号令？”

众人皆表示唯命是从。田兴又说：“我欲奉守天子法度，献六州版籍归于圣上；此外，勿惊犯副大使（田怀谏），可以吗？”

众人唯诺。

于是，田兴率数千全副武装的兵将，冲入府堂，杀掉蒋士则及其同党十余人，并把小孩子田怀谏迁移他处，保护起来。然后，他连夜上表，向唐宪宗表示归顺。

宪宗得报，大喜过望。他召来诸位宰相，对李绛说：“爱卿你真料事如神！”

商量对策时，李吉甫认为应该先中使宣慰，派个宦官走走形式，探听一下魏博军将的意图，然后再依据形势下诏命委任新的节度使。

李绛坚持不可：“今田兴恭顺，主动奉上田地兵众，坐待诏命，应该乘此机会推心抚纳，结以大恩。如果待中使返回朝廷，持呈魏博将士表奏来请节钺，圣上您再下诏批准，则是恩出于下而非是陛下施恩于上，其感恩戴德之心肯定会减弱。机会一失，悔之无及！”

宪宗拿不定主意，还是听李吉甫等人的意见，想先派中使去“宣慰”。

李绛力争：“朝廷恩威得失，在此一举。愿圣上明早即降恩诏拜田兴为节度使。”

宪宗惜官，想先拜田兴为留后。

李绛复争：“田兴如此敬畏朝廷，倘若不予以非常之恩，不足以使他感戴皇上恩德！”

宪宗终于应允。诏下，以田兴为魏博节度使。

田兴感恩流涕，士众无不鼓舞。

魏博来归，意义重大非凡。正如李绛所言：“魏博五十余年（从田承嗣至田怀谏，共四十九年），现举六州来归，刳河朔之腹心，倾叛乱之巢穴，应重赏以慰众心，使其夸慕四邻，请发内库钱一百五十万缗以赐之。”

宪宗左右的宦官们小家子气，恐怕日后藩镇归顺，有样学样，会耗费更多。

李绛语重心长：“田兴不贪专制一方之利，不顾四邻藩镇之怨，归命圣朝，陛下奈何惜小费而误大计！假使国家发十五万兵收复魏博六州，一年攻打下来，所费岂止一百五十万缗！”

一席话，让宪宗顿开茅塞。于是，唐廷派裴度亲至魏博宣慰，带去一百五十万缗赐予将士，并免六州百姓一年赋税。

军士受赐，欢声如雷。

田兴受赐，改名田弘正。此人本质上是个忠厚君子，裴度与其畅言中外古今、君臣之义，田节度使终夕不倦，对待裴度恭敬有加，并请裴度遍至所部州县，宣布朝命。

李师道、王承宗、吴少阳等人眼看魏博镇归顺，又急、又妒、又眼热，但也没有办法。

狼窝出忠良。田弘正虽生长于魏博边朔之地，是个赳赳武夫，但他对前代忠孝立功之事喜闻乐见，并在自己的府第内兴建藏书楼，聚书万卷有余。

治事之余，他与僚佐论古谈今，以古代忠臣良将为楷模。越读书，越知礼。

于是，田弘正毁撤从田承嗣开始修建的僭越礼制的宏大馆舍，修身正本。如此“模范”藩镇，节度使真正归心朝廷，可以说是宪宗元和中期最大的收获。

平灭彰义立奇功

李愬雪夜入蔡州

宪宗元和九年（814 年）七月，彰义（淮西）节度使吴少阳病死。其长子吴元济阴狠刚戾，秘不发丧，只上报其父患重病，自领军务。

朝廷为探虚实，派御医为吴少阳诊治，皆为吴元济挡驾。吴氏父子都不是什么好人。吴少诚当初认吴少阳为“堂弟”，不料最终让这位老弟灭了族，篡了权。吴少阳死了四十天，吴元济这个逆子为了自己能主军淮西，任由老父尸体恶臭在堂，并杀掉劝他入朝的下属苏兆、杨元卿等人。

吴元济行事的主心骨是董重质，此人是吴少诚的女婿，勇悍有谋，很有战略眼光。他劝说吴元济东约李师道袭据润州，遣奇兵进守襄阳以摇东南，并自请精兵五百准备东袭洛阳，如此，“则天下骚动，可以横行”。

吴元济沉吟。此人长相奇异，史载，他“山首燕颔，鼻长六寸”，智识却是平平，未能用董重质之计。

暗中准备了一个多月，朝廷恩命又不见下，吴元济恼怒，悉兵四出，剽掠千余里，关东大恐。

如此明目张胆反叛，宪宗君臣忍无可忍。于是，诏令陈州刺史李光颜为忠武军节度使，以山南东道节度使严绶为申、光、蔡等州招抚使，削夺吴元济原有官爵，并命宣武、大宁、淮南等道兵马合势，山南东道及魏博、荆南、江西、剑南东川兵马会师，同期进讨吴元济。

吴元济治下，仅有蔡州（今河南汝南）、申州（今河南信阳）、光州（今河南潢川），周遭皆是唐廷州县。即便如此，他也敢狠狠抗上，可见藩镇头子们的骄横，由来已久。

宪宗元和十年（815 年）三月，严绶一路兵出遇败，退保唐州（今河南唐河）；寿州团练令狐通也被淮西贼兵打败，不得已缩于城内固守。

而外间防御工事内的兵士，悉为贼兵屠戮。

藩镇互为声援，在德宗时代就已经开始。见官军攻淮西，成德节度使王承宗和淄青节度使李师道不时上表，要求朝廷赦免其罪。宪宗不许。

王承宗只是空嚷嚷，李师道却是来真格的。他派人烧掉唐廷用以屯积江淮粮赋的河阴院巨仓。共烧毁积钱三十多万缗，帛三十多万匹，谷物三万余斛，几乎把唐廷的后勤储备端个底儿掉。

这一招儿真管用，无钱无粮如何打仗，群臣纷纷“进谏”唐宪宗罢兵，只有宰相武元衡以及中丞裴度坚执不许。

关键时刻，唐军大将李光颜在陈州时曲（今河南郾城）大破吴元济贼军。本来，贼军主动进攻，大清早忽然逼近李光颜军营，压营列阵，唐军连想出战都不得。李光颜勇烈，命人破毁军营围栅，只带数骑，箭一样驰出，突入贼阵，往来驰骋，如入无人之境。将是军胆，主帅如此英勇，唐军怯意顿消。贼军皆知李光颜威名（他的胡人长相也好认），纷纷向他放箭。

如此金甲大将，目眦皆裂，乌马钢枪，来回决荡，满体皆是敌人箭矢，血流如注，仍高喊杀敌，此情此景，可发千古浩叹！

其子害怕父亲突阵被害，拦马哀求李光颜不要再入，遭到大将挺刃叱之。将士见此，皆感奋决起，挺刀纵马，直扑贼军，打得贼军大败。当时诸镇军包围蔡州的有十多支军队，唯李光颜首先获得大胜。当初荐举李光颜的，正是中丞裴度。

眼看吴元济窘迫，成德节度使王承宗派使者到长安见宰相武元衡，为吴元济求情。武元衡当即叱喝出之，一点儿面子也不给。

武元衡的曾祖武载德是武则天的堂弟，经过唐朝几代政治变迁，这位武爷能够活下来，又做到宰相，真是艰难。他本人气局宏大，连德宗都称之为“真宰相器也”。宪宗为太子时，就已闻武元衡刚正之名，日后用他为宰相，对他非常礼信。

王承宗的信使回来禀报，这位成德节度使只能破口大骂。

李师道蠢蠢欲动。他属下有人出主意："天子下定决心要诛除吴元济，主要是武元衡力赞。如果派人刺杀他，别的大臣就不敢言声，还会力劝天子收兵。"

元和十年（815年）六月初三早晨，武元衡早朝。刚出里东门，前面就有人在背影处大喝，让卫队灭掉灯笼里的烛火。前导卫骑呵斥，暗中突发一箭，把导骑射下马来。由于事出仓促，武元衡的卫队又不顶事，忽然见到白刃闪闪，暗箭乱飞，纷纷四下逃逸。骑在马上的武宰相正惊愕间，忽然从树上跳下一人，以大棒猛击他的左大腿，骨碎钻心，武元衡痛得大叫。刺客皆武功高手，不慌不忙，一人抓住武元衡马缰，牵行十余步，举烛看清确实是武元衡，才当胸一刀，把他杀死。然后，贼人举刀剁下他的头颅，包裹起来准备拿回去报功。

当时，夜漏未尽，破晓时分，路上已经有不少上朝的官员和行人，巡逻兵士连呼宰相被杀，声达朝堂，百官恐惧，不知遇害者是谁。

直到武元衡没有脑袋的尸身在马上被人发现，大家才知道是武宰相遇害。

与此同时，裴度在通化坊边遇袭。由于其参谋王义抱住刺客，裴度当天又戴一个厚毡帽，脑袋只是受了重伤，坠于沟中，幸免一死。

惊闻宰相遇害，宪宗惋恸久之，好几天没有吃下饭。

恐怖刺杀很有效果。朝臣们从此以后，许多人天不亮不敢出门，往往宪宗上朝坐等好久，大臣还没到齐。

刺客更猖狂，到处留下白纸黑字的纸片，上写："毋急捕我，我先杀汝。"

宰相都能被人取走脑袋，办案的"捕快"自然害怕，以至于都不敢努力办事。

而且，当时京城人多以为刺客是王承宗所派，凡是看见大高个儿操河北口音，都会截住审问。

兵部侍郎许孟容入殿泣谏："自古未有宰相横尸路隅而盗不获者，

此朝廷之辱也！”

宪宗点头，于是京城大索，悬重赏捉拿刺客。最后，有人告成德军卒张晏等人是杀武元衡的主谋。朝廷将错就错，逮捕张晏。屈打成招，最终杀掉张晏等十多人。

李师道的刺客，匿亡而去，真凶倒逍遥法外。

裴度重伤卧床，近一个月不能上朝。宪宗派禁卫军于其府第值勤，不时遣中使、御医问讯。

朝臣有人进言，希望朝廷罢免裴度以安藩镇之心。宪宗大怒："若罢免裴度，正中贼意，朝廷无复纲纪可言。吾用裴度一人，足破贼军！”

待裴度伤好，宪宗马上召裴度入朝，拜其为中书侍郎、同平章事。裴度大难不死，又当上宰相。同时，宪宗增加相权的分量，允许宰相于私第召见人士，议谋军务。

裴度不死，诛除淮西吴元济的信念倍增。

淄青节度使李师道见有人替自己刺杀武元衡顶缸，烧了河阴后仓朝廷也不明罪，心中得意，就又想在东都洛阳闹事，牵扯朝廷的注意力。

作为坐镇一方的富贵诸侯，李师道在洛阳一带有不少庄园、田产以及僧寺。所有这些地方，都成了李师道手下间谍、刺客、死士等“地下工作者”的巢穴。当地政府官员轻易也不敢得罪藩镇，因此，贼人们更加猖狂。

淮西吴元济贼兵屡犯河南一带的唐朝州县，东都洛阳的绝大部分部队在伊阙防敌，城内空虚。

李师道在洛阳有个类似“代表处”的留后院，潜藏兵士一百多人，准备在洛阳城内放大火，纵兵杀掠，趁乱夺城。

晚间，贼人们杀牛供酒，准备转天一大早起事。

其中，有小将杨再兴胆小，偷出院门，一溜烟跑到洛阳留守吕元膺处告密。吕元膺忙追传已经发往伊阙的部队，掉转头包围了留后院。

唐军怯懦，围了半天也不敢进攻，最后，防御判官杀掉怯进的兵士一人，大伙儿才硬着头皮进攻。

这百十号贼人皆不是寻常之辈，他们突出杀人，使得围兵骇奔。贼人结队齐整，把妻儿老小放置于队伍中间，以甲胄盾牌精兵殿后，堂而皇之在大街上有秩序地往城外撤退，唐兵不敢追。

就这区区百十号贼人，连带家眷，出长夏门之后，竟能“转掠郊墅，东济伊水，入嵩山”。如果人再多些，他们很有可能夺取洛阳城。

嵩山一带居民，多为猎户，皆以射猎为生，时称“山棚”。贼人入山后，正遇几户山棚扛了打得的梅花鹿去山下卖，便上前抢夺，还暴打了几个猎户一顿。

猎户猛悍，咽不下这口气，又知道官府通缉这些贼人，便马上四下聚集同业，分别派人堵住山中要路，然后引来官军，把这帮贼人一网打尽。

一番严讯后，得知贼人的魁首是中岳寺方丈圆净。此人原为史思明悍将，当时已是八十多岁，仍旧伟悍过人。严刑拷打之时，唐兵有人扛大锤想砸断他的胫骨，砸了几下都不见断。估计一是他有硬气功底子，二是“操作”失当。

圆净大骂：“竖子！连人的腿也砸不折，还敢自称是健儿！”于是，他自己把大腿伸直，摆正位置，教抡大锤的兵士对准地方砸。果然，锤下腿折。

最后，法场受刑，老贼头长叹：“误我大事，未使洛阳城遍流人血！”

安史余孽，仍凶悍残狠。

经过鞫审，唐廷才知道李师道等人一直在洛阳城收买守将、驿卒，耳目众多。他花钱数千万，买下十多处庄园以为“根据地”，招留贼人，已经准备了好久。

经过大刑伺候，唐廷还审出这帮贼人中竟有杀害武元衡的两个主凶，发现李师道是刺杀事件的主谋。

由于当时与吴元济之间的战事吃紧，先前又与成德镇王承宗闹翻，唐宪宗君臣对此事暂时保密，准备留待“秋后算账”。

元和十年十月，唐廷以汴州节度使韩弘为淮西诸军都统。

朝廷委任韩弘当都统，主要是因为汴州首当河南、河北要冲，真正替宪宗打仗的，还是李光颜和乌重胤两部。韩弘虽受委命，自己仍旧居于原镇，只派他儿子韩公武率三千人归隶李光颜军。他不欲诸军立功，阴为逗挠之计。养寇自重，这位藩镇算是做到家了。

所以，只要听闻官军打胜仗，他就数日不高兴。

看见围攻蔡州诸将中李光颜最卖力，韩弘便想以美女“腐蚀”他。他从自己府内舞姬中挑出一个绝色美女，饰以价值百万的金珠宝物，然后派军使把她送给李光颜，想以此消磨李将军的斗志并败坏他的名声。

李光颜对军使讲，请您明早来营帐，我当众拜受韩公的厚意。

于是，转天一大早，李光颜大摆宴席，置酒高会，并传命军使前来。绝色美姝入营，秀曼都雅，一军惊视。

良久，李光颜开言：“我离家出征，完全是为国事奔劳。将士们弃妻离子，日蹈白刃危矛之间，我又怎能独享女乐呢。请替我感谢韩公厚意，天子待我李光颜恩重如山，我誓灭淮西贼寇！”

言毕，李光颜泪下如雨。然后，他厚赠使者，退回美女。

将卒数万，皆感激流涕，于是战斗力陡增。

乘此锐奋之气，李光颜等军连败淮西贼兵。

成德镇王承宗为减轻吴元济压力，纵兵四掠，幽、沧、定三镇皆上表请讨王承宗。

唐宪宗不顾两面用兵的大忌，于元和十一年年初又下诏命河东、幽州、横海、魏博等六道进讨王承宗，并获数次小胜。

但是，淮西方面，唐邓节度使高霞寓一军大败于铁城（今河南遂平），士卒皆没，这位高爷一人独骑逃脱。

盛怒之下，唐宪宗以荆南节度使袁滋接替高霞寓。袁滋到唐州，根本不敢派军队入击吴元济，还卑辞下意地与吴元济书信往来。

唐廷知道此事，便以时为太子詹事的李愬为唐、邓、随节度使，又把袁滋换掉。

李愬之父是为唐朝立下汗马功劳的李晟。虽为名将之子，李愬当时并不出名。他来到唐州后，见丧败之余，士卒惮战，便佯装谦恭平易，对营中军将说："天子知道我这个人柔懦能忍，所以派我来安抚你们。进战攻取之事，并非我想做的。"

李愬抚慰兵士，养兵蓄锐。淮西贼兵从未听说过李愬有战胜的名声，对他防备甚松，渐渐不以为意。

但李愬沉勇长算，推诚待士，故能用其卑弱之势，出贼不意。待了半年，他觉得火候差不多了，便上表要求带兵渡河，谋袭蔡州。

当时，唐军诸路师出有年，近十万大军，费饷无数，唐宪宗怒极，下诏切责诸军统领。

朝廷对李愬非常支持。宪宗诏派河中、鄜坊骑兵两千人归由李愬统领。

李愬是谋将，最擅长的是利用敌方降将。贼将丁士良勇猛善战，小河沟翻船，在一次小规模遭遇战中，马失前蹄，为唐兵俘虏。知道自己要被斩首，丁士良辞气不挠，是很刚烈的一条汉子。李愬亲自为他松绑，任他为"捉生将"。丁士良归顺后，盛戴李愬，就出主意说："贼将吴秀琳有兵数千，全靠陈光洽一人有勇有谋为军胆，我能为您擒陈光洽来以逼使吴秀琳投降。"话不白说，丁士良率数骑一去，果然擒归陈光洽。接着，吴秀琳以文成栅兵三千人来降。李愬带着数千降兵，在吴房县外大败淮西军。得胜后，吴房城守将派五百精骑追蹑李愬。这位节度使不仅不跑，反而下马踞胡床，指挥军士激战，临阵射杀贼将一员。

至此，唐军数路皆捷。兵马使王沛先引兵渡溵水，占领战略要地。

于是，事前观望的藩镇协战军纷纷渡河，进逼郾城。李光颜又在城下大败三万多淮西贼兵，守将邓怀金投降。李愬部属董少玢、田智荣等人攻拔路口等栅，占领多处战略要地。

连连败绩之下，吴元济一度想投降，但被其部下董重质等人所阻，仍坚持顽抗到底。

同时，唐宪宗听从朝臣之言，集中兵力进取淮西，罢停已经进行两年的讨伐王承宗的战役。讨伐成德镇用兵十多万，调用多方军镇，千里馈运粮草，光刘总一个藩镇的支出，每月就需十五万缗。所以，集中军力财力一方用兵，也是势在必行的事情。

李愬方面，听取降将吴秀琳的建议，设计生擒了淮西骑将李祐。此人与官军作战几年，杀伤唐兵甚众，军士争相在营中跳跃叫骂，要活剐李祐。

李愬又来老一套，亲自解绑，待以客礼。

一连数日，李愬与李祐以及原吴秀琳部下降将李宪密议，常常一谈就是一个通宵，连唐军内的高级将领都不知道几个人在研究些什么。

军士不悦，无数匿名信飞投韩弘以及唐军其他军营，报称李祐是贼人内应。

李愬深恐宪宗听见谣言后会对自己有所疑虑，他流泪对李祐说："难道是老天不让淮西贼灭吗？为什么我们相交如此之厚都不能平息众口之谤呢。"

于是，李愬把李祐绑起，出帐对军将们讲："诸君怀疑李祐，现在我把他交给皇上处置。"

事先，李愬已经派人上表唐宪宗："如果杀李祐，肯定平不了吴元济！"

宪宗很信任李愬，派人驰送赦诏至军中，赦免李祐，放归李愬任用。李愬悲喜交集，握着李祐的手说："尔之得全，社稷之福也！"立署为散兵马使，让他佩刀巡警，出入帐中。

不久，李愬又以李祐为六院兵马使，把最精锐的山南东道牙兵三千人归其统领。

除了厚待降将得其死力外，李愬还一改先前凡是发现敌方间谍即杀全家的法令，对俘获的淮西间谍一律好吃好住好银子招待。间谍们感激，以敌情反告李愬，唐军益知贼中虚实。

淮西战场诸将用心，长安的宪宗君臣却萌生退意。四年多来，耗饷无数，李逢吉等人多次劝宪宗罢兵。众宰臣中，唯独裴度不言。

宪宗向裴度询问意见。裴度出人意表，要前往淮西亲自督战。

宪宗很意外："卿真能为朕行乎！"

罢朝后，宪宗留裴度。裴度慷慨陈言："臣誓不与吴贼俱生！臣观吴元济表奏，势实穷蹙，只是战前诸将心力不一，现陛下派臣前去，诸将恐臣夺其功，必争进破贼！"

于是，唐廷以裴度为同平章事、彰义节度使，充淮西宣慰招讨处置使。

临行，裴度当众向宪宗表决心："臣若灭贼，则朝天有期；贼在，则归阙无日。"

见裴度怀必死之心前往，感动得唐宪宗也涕下沾襟。

元和十二年（817年）十月，裴度到郾城，罢去先前军中所置的监阵宦官，诸将始得真正直接指挥军事，战多有功。

不久，李愬在吴房外城攻坚战中获胜，斩首千余级。有人力劝李愬乘胜入据吴房城，为了牵扯敌方兵力，李愬不许。此时，李祐献计："吴元济精兵皆在洄曲及四境拒守，蔡州（今河南汝阳）城守军皆羸老之卒，可以乘虚直捣其老巢。等到别处贼将知道消息，吴元济已经成为官军囚虏了。"

李愬点头。他马上派人向裴度汇报，裴度力赞："兵非出奇不胜。"

李愬之所以能立奇功，也是因为李光颜等诸路唐军在北线不断施压，吴元济贼军主力精锐均调至洄曲附近防守，故而蔡州虚弱。

李祐等人本是淮西宿将，自然熟悉内情。天时地利人和，终于能造就中国军事史上的奇功一件。

元和十二年十月辛未，李愬命随州刺史史旻留镇文城，令李祐等率三千敢死队为前锋，自将三千人为中军，命田进城领三千人殿后，上演了中国古代军事史上一出奇袭大戏。

诸将请所之，愬曰："入蔡州取吴元济！"诸将皆失色。监军哭曰："果落李祐奸计！"时大风雪，旌旗裂，人马冻死者相望。天阴黑，自张柴村以东道路，皆官军所未尝行，人人自以为必死，然畏愬，莫敢违。

夜半，雪愈甚，行七十里，至州城。近城有鹅鸭池，愬令惊之以混军声。自吴少诚拒命，官军不至蔡州城下三十余年，故蔡人不为备。壬申，四鼓，愬至城下，无一人知者。

李愬、李忠义䦆其城，为坎以先登，壮士从之。守门卒方熟寐，尽杀之，而留击柝者，使击柝如故，遂开门纳众。及里城，亦然，城中皆不之觉。

鸡鸣，雪止，愬入吴元济外宅。或告元济曰："官军至矣！"元济尚寝，笑曰："俘囚为盗耳！晓当尽戮之。"又有告者曰："城陷矣！"元济曰："此必洄曲子弟就吾求寒衣也。"

起，听于廷，闻愬军号令曰："常侍传语！"应者近万人。元济始惧，曰："何等常侍，能至于此！"乃帅左右登牙城拒战。

时董重质拥精兵万余人据洄曲。愬曰："元济所望者，重质之救耳。"乃访重质家，厚抚之，遣其子传道持书谕重质。重质遂单骑诣愬降。

愬遣李进诚攻牙城，毁其外门，得甲库，取其器械。癸

> 酉，复攻之，烧其南门，民争负薪刍助之，城上矢如猬毛。晡时，门坏，元济于城上请罪，进诚梯而下之。甲戌，愬以槛车送元济诣京师，且告于裴度。

至此，蔡州终于平定，宪宗也迎来了他人生的巅峰时刻。元和十二年十一月丙戌，吴元济被押送入长安，斩于独柳之下，时年三十五岁，其三子二弟，也被押至江陵斩首。

论功行赏：裴度赐勋上柱国，封晋国公；李愬为山南东道节度使，封凉国公；李光颜加检校司空；乌重胤封邠国公；韩弘以“统师”有功，封许国公（这位阴险老贼见吴元济平，马上入朝觐见，“两朝宠待加等”，“竟以名位始终”，真是运气好）；李祐授神武将军，后累升至左右神策剑南西川行营节度使，他训兵有法，使得羌戎畏服；董重质本来是吴元济的最大帮凶，但能单骑归降官军，最终使李光颜兵不血刃以取洄曲。宪宗起先想杀他，然李愬先答应饶他一命，便贬为春州司户参军。转年，董重质又获起用。元和十五年，授左神武将军。大和四年，为夏绥银宥节度使，他善终于任，是唐朝“化仇敌为股肱”的一个典型。

韩愈作为宰相裴度的行军司马，奉宪宗之命回朝撰写《平淮西碑》，刻石记功。李愬的老婆是宪宗姑妈唐安公主的女儿，入宫哭诉韩愈的碑文没有提其夫血战之功。宪宗命改之，最终定稿的碑文为学士段文昌所写，文采远不如韩愈。

端取淄青十二州

李师道的最后下场

淮西吴元济被平灭，诸藩镇确实被吓怕了。

李师道忧惧，不知所为。在其属官劝说下，李师道想向朝廷纳质献地以自赎，遣其长子入侍，并上献沂州（今山东临沂）、密州（今山东诸城）和海州（今江苏东海）给朝廷。

王承宗也惧怕，哀求田弘正，请以二子为质，及献德、棣二州，输贡租税。

王承宗此次是真心归顺，此后奉法逾谨，估计多亏了田弘正榜样的力量无穷。元和十五年年底，王承宗病卒，其二子王知感、王知信皆为质于长安，只有十八岁的弟弟王承元在镇。诸将依据先例，推王承元为留后。王承元年纪虽轻，深知礼义制度，密奏朝廷，请诏任主帅。皇帝高兴，任王承元为义成军节度，移镇。诸将号哭喧哗，哀乞王承元留下。鉴于诸镇将领擅推擅杀的前事，王承元坚决遵依唐廷命令，离开成德军。唐穆宗时，他任凤翔节度使，抵拒吐蕃甚力。居镇十年，加检校司空，移授平卢军节度使，宽惠有治，非常得人心。大和八年，王承元病逝于平卢，时年三十三岁，是藩镇主帅之中结局很好的一位。

淄青节度使李师道的祖父是高丽人李正己（本名怀玉），藩镇初起时曾雄豪一时。其子李纳也时叛时附，一家子天生反骨。李纳死后，其长子李师古袭位，虽表面上奉朝命恭顺，内里实怀异图，召集亡命。

李师古病死，其弟李师道当时正在密州，为李师古的家奴密迎得立。自李正己至李师道，窃有郓、曹等十二州达六十年之久。他们害怕众不附己，对下皆用严法制之，外派官员，皆留其妻子为人质，故能劫持其众，得以父子兄弟相传。

李师道为人，并无其父兄阴险悍烈之风。平日军政大事，他根本不和大将、幕僚商议，只听信几个心腹丫鬟，其中最有主意的有两个人：蒲大姐、袁七娘。

听闻李师道要向朝廷割献三州，丫鬟们就“语重心长”地劝说：“自先司徒（李正己）以来，千辛万苦挣得这十二州土地，奈何忽然割弃！今境内兵士数十万人，我们不献三州，朝廷不过发兵相加，尽可以力战抵抗。如出战不胜，再议割地，到时也不为晚。”

李师道言听计从，上奏朝廷，推脱说属下将士不同意割让三州。

朝廷震怒。藩镇三心二意，跳梁狰狞，已经数十年，但皆是朝廷准备下手时，因怕撤职削土而发的本能反应。土皇帝们拥割数州，俨然一国，倒没什么特别大的野心，诸如打入长安篡个位什么的。

主动向中央政府叫板的，淄青李师道算是个典型。他不仅在朝廷平灭吴元济时刺杀宰相武元衡，还想占领东都洛阳把事搞大。

本来，割让三州与朝廷，大家都有台阶下，互相忍让一下，也就“姑息”过去了，但李师道怙恶不悛，出尔反尔，宪宗再也撑不住了。元和十三年（818 年）秋，他下诏暴扬李师道的罪状，令宣武、魏博、义成、武宁、横海兵共同讨伐。

此次讨伐，进展十分顺利。配合作战的藩镇兵十分卖力，连老奸巨猾的韩弘也亲自率兵攻打李师道，包围曹州（今山东菏泽）。

沧州节度使郑权先破淄青兵于齐州；李愬破贼兵于兖州鱼台；田弘正之功最大，在郓州大胜，生擒三千人，缴获器械不可胜计。不久，田弘正又在东河破淄青兵五万多；李光颜在濮阳击败贼兵，连下斗门城、杜庄栅。

诸军四合，累下城栅。诸将逮捕淄青贼将夏侯澄等四十七人，械送长安，宪宗君臣以为他们是受胁从，均加以特赦，放归魏博等镇效力。

这一招儿管用，贼兵互相传告，都有自新之念。

交战期间，李师道大将刘悟在潭赵扎营，抵拒魏博的田弘正。用人而疑，李师道总对刘悟不放心，数次催他出战。

刘悟也有难处，与其对阵的是气势正盛的魏博兵，能守住就算不错，哪里还敢主动找死。李师道怒，派个奴仆携密信找到刘悟的副使张暹，让他“解决”刘悟然后代领其军。

张暹与刘悟关系密切，转身进营把实情全盘托出。刘悟一听，连忙唤人先把李师道传密令的奴仆一刀砍了，然后他大集众将，说：“魏博兵强人众，我们出战则败，不出战也会被司空（李师道）杀掉。天子明诏所诛，唯司空一人。我们现在被驱迫入死地，实在不值，不如还兵直趋郓城为朝廷立功，转危亡为富贵。”

众人唯唯，只有别将赵垂棘一人低声嘀咕：“这事能成吗？”刘悟一抬胳膊，立马上来几个兵士就把这位赵将军推出去砍了。接着，刘悟又杀平常看不顺眼的将领三十多人，陈尸帐前，众军畏服。

出兵前，他密派人告知正和自己列营相峙的田弘正，让对方在自己出兵后出据潭赵。

夜半时分，刘悟率兵趋至郓城西门。

见来将来兵皆是“自己人”，守门将大开城门，众兵进城喧噪，四处放火。李师道惊起，急得跳脚，入见其嫂（李师古之妻）说：“刘悟反了，我只能上表求为庶民，能为先人守坟墓就知足了。”

说完话，李师道扭头就跑，拉着儿子李弘方躲进厕所。

此时此刻，再不见先前为他出主意的蒲大姐等“巾帼英雄”挺身而出。

乱兵闯入节度使内室，搜得李师道父子。李师道请求见刘悟，不许；又请求把自己缚送长安。刘悟派人对他说：“司空您今为囚徒，有何面目见天子！”

李师道不死心，不停下拜哀乞，全无当初上蹿下跳烧粮仓、杀宰相的气焰。

倒是他儿子李弘方有些骨气，在一旁劝说老父：“不如速死！”

这话很对，自己不说也得死，刘悟命兵士一刀一个，砍下李师道父子首级，传首京师。

至此，唐宪宗成为“安史之乱”后最英明的君主：“慨然发愤，志平僭叛，能用忠谋，不惑群议，卒收成功。”

虽将相有功，但如果没有宪宗英明独断，诸事也不可能成就。

藩镇问题是安史乱后唐王朝最大的政治问题之一。打仗打的就是钱，无他法，只能竭泽而渔，从百姓身上榨取。特别是江南一百多万民户，血汗几乎全部被榨尽，负担近百万军士的粮饷。

此外，北方诸藩镇多由胡人后代或兵痞把持，使得本来一直有深厚文化传统的中原地区变得犹如“化外异域”，民风悍野，烧杀为乐，割据称雄，是真正的历史的倒退。

一百五十多年间，河北三镇的节度使走马灯似的换了五十七个，可由唐廷委派的只有四个，几乎皆是猜沉、阴险的武夫。而且，藩镇割据愈演愈烈，迄至五代，实际上是更大规模的“藩镇割据”。

对中国历史来说，藩镇割据最大的危害还在于对数百年的后世的影响——北宋王朝深知藩镇军人割据的危害，竭力避免武人专拥一方，弱枝强干，推行兵不知将、将不知兵的政策，结果矫枉过正，两宋的军事实力和兵士素质大大降低，一亡于金，再亡于蒙古，亡国而且失天下，中国历史进程遭遇了前所未有的大倒退。

究其根由，一切竟仍可以追溯至藩镇割据之祸。

无论如何，元和君臣削藩的赫赫功绩，值得大书特书。正如唐朝诗人张祜诗中所谓：

万古元和史，功名将相殊。
英明逢主断，直道与天符。
一镜辞西阙，双旌镇北都。
轮辕归大匠，剑戟尽洪炉。
物望朝端洽，人情海内输。

（《献太原裴相公三十韵》）

“靡不有初　鲜克有终”

元和天子的“暴崩”结局

宪宗高坐皇位受群臣上贺。大家和他本人都不知道，这位中兴君王距他的生命尽头，只有一年的时间了。

“上（宪宗）晚节好神仙，诏天下求方士。”于是，道士柳泌、和尚大通等人相继入宫，为皇帝炼“长生药”。为了让柳泌有个好环境炼不老丹，宪宗竟以台州一州之地尽赐。这位老道在天台山上以刺史身份，天天架几口大锅为宪宗炼丹。

“服食求神仙，多为药所误。”唐朝皇帝，太宗、高宗、穆宗、敬宗、武宗、宣宗，无论英主庸主，皆喜服食药物。这些药从现代医学角度看，均是剧毒矿物，食之燥渴烦懑，性情大变。奇怪的是，武则天也服食丹药，竟寿至八十三岁。笔者揣摩，武则天服食的，可能更多是植物类“仙丹”，危害不大。

不仅好神仙、服丹药，宪宗晚年还好佛。元和十三年年底，宪宗皇帝遣中师率大群僧众前往法门寺迎佛指骨到长安。

刑部侍郎韩愈上表切谏，表文非常有意思，发人深省，有理有据。

韩愈讲得很有道理，他列举“佛”出生前，中国的上古诸帝皆长寿，连有据可考的周文王、周武王都活到九十多岁。汉明帝时开始崇信佛法，在位才十八年。南梁武帝佞佛，三次舍身佛寺为奴，一天一餐素食，虽在位四十多年，最后因“侯景之乱”，竟然饿死于台城。同时，也由于这位韩爷是道统维护者，他更指出“佛”不过是一“夷狄”，佛教更使当时“老幼奔波，弃其生业”，对社会生产造成极大的损耗。

宪宗览表大怒，立贬韩愈为潮州刺史，即韩大诗人自己诗中所谓：“一封朝奏九重天，夕贬潮阳路八千。”

佛倒没把韩愈怎么样，皇帝先把他贬流至人迹罕至的荒僻小州。当然，万苦千辛到了潮州，见“涨海连天，毒雾瘴气”，韩诗人也后悔，上表哀呼："伏惟陛下，天地父母，哀而怜之。"

宪宗绝非昏狂之君，他对大臣们讲："我想韩愈谏佛骨之事，大是出于爱护朕躬之意。但韩愈为人臣，不应乌鸦嘴讲皇帝事佛反而早死这种事！"

不料，韩愈这"乌鸦嘴"还真灵。仅隔一年多，元和十五年（820年）正月，宪宗就于宫内"暴崩"，时年四十三岁。

一般史书皆讲："上（宪宗）服金丹，多躁怒，左右宦官往往获罪，有死者，人人自危。庚子，暴崩于中和殿。时人皆言内常侍陈弘志弑逆，其党类（众宦官）讳之，不敢讨贼，但云药发，外人莫能明也。"

《新唐书》《旧唐书》以及现在各种史书，有的支支吾吾，有的因袭前史，都言宪宗暴崩是陈弘志所弑。

其实，大儒王夫之在《读通鉴论》中早已指出：宪宗暴死的主谋，正是宪宗的懿安皇后郭氏！

郭氏是郭子仪的孙女，驸马郭暧与代宗长女升平公主（京剧《打金枝》女主角）的女儿。元和元年，郭氏被册封为贵妃。元和八年，百官多次上表奏请册封郭氏为皇后，宪宗均不应允。新、旧唐书均言宪宗"后庭多私爱"，好像怕郭氏当皇后以后不让他乱搞。这实欠公允。宪宗是英主，他忌惮的是郭氏一门贵盛，将相满门，如果再出个皇后，恐怕对政权构成威胁。怀恨之下，郭贵妃自然要派宦官动手，而继位的太子又是她的亲生儿子（穆宗）。

穆宗继位，马上杀掉宪宗宠信的吐突承璀和自己的兄弟澧王李宽。吐突承璀曾劝宪宗立澧王为太子，至此，穆宗把这两个人一起杀掉。

所以，表面上是陈弘志等太监杀宪宗，其实幕后主凶正是郭后（穆宗即位她才当上皇太后，懿安皇后是其死后谥号）。大概是当时、后世之人，感于郭后祖父郭子仪的功名，有意无意中替这个妇人掩饰。后来宣宗继位，郭太后被追究前罪，急得要跳楼，最终死于非命。

唐宪宗崩，太子李恒继位，是为唐穆宗。穆宗是声色犬马之徒，在位四年，天下崩解，藩镇重起，史臣对穆宗痛心疾首道：“观夫孱主，可谓痛心。不知创业之艰难，不恤黎元之疾苦……岂非富贵生不仁，沉溺至愚疾！”

唐穆宗时代，有两件事值得一谈：一是河北藩镇的重新叛乱，一是大才子元稹的重新起用。

唐穆宗长庆元年（821 年）八月，幽州卢龙镇先作乱，军士囚节度使张弘靖。不久，朝廷派魏博节度使田弘正移镇成德，取代先前已死的王承宗职务。成德和魏博两个藩镇是世仇，田弘正为了防身，带两千多魏博军入成德，但中央管理财政的户部度支崔倰“性刚褊、无远虑”，不支军饷粮米给田弘正所带的魏博私兵。无奈，田弘正只得遣回自己的私人武装。不久，由于军饷没有及时送至成德镇，回鹘种人王庭凑阴谋鼓动兵士作乱，杀掉田弘正及其僚佐、亲将以及家属三百多人，王庭凑自为留后。

时任魏博节度使的李愬本想起兵征讨，因病重未能成行。唐廷下诏以田弘正之子田布复为魏博节度使。由于大乱四起，魏博军将又逼田布“行河朔旧事”，即重新割据一方。田布忠贞，自杀而死。

至此，河北等地藩镇死灰复燃，宪宗时代的胜利果实一朝皆没。

至于元稹，乃北魏皇族之后裔。少孤，家贫，赖其母贤惠，亲自教习儿子读书。元稹二十八岁即考取状元，与白居易同科。年轻敏锐，傲气十足，元稹屡上谏奏，多为宪宗采用。不久，因与宦官刘士元在驿舍争房子住，大才子竟被太监们鞭打逐走，继而贬官，而后流放“荆蛮之地”十年。

直到元和十四年，令狐楚为相，知其文名，才把他召还长安做膳部员外郎。唐穆宗喜文辞，做太子时就知道“元才子”的大名。荆南监军宦官崔潭峻也非常尊重元稹，两人关系极好。穆宗即位，崔潭峻即向穆宗引荐元稹，当天元才子就被天子任为知制诰。由于任命的制书未经相府，时人鄙之。但元稹文采出众，辞诰一出，众人也不得不服。

河东节度使裴度与元稹有旧恶，上书极言元稹“奸邪”。穆宗不听，并于长庆二年诏拜元稹为平章事（宰相），“诏下之日，朝野无不轻笑之”。可见，诗人词客，一直不为世人所重。

后人多讲元稹晚年攀附宦官，实则不然。人情相结，有时会一见如故，崔公公是羡慕才子美名，元才子也是因人就势，谈不上刻意巴结。

元稹后来出任越州刺史，天天与一帮文士诗词唱酬，“既放意娱游，稍不修边幅，以渎货闻于时”，青年时代的英勃锐气，全然消失，成了一个老官僚。

大和五年（831 年），大才子暴卒，时年五十三岁。元稹与白居易在诗歌方面齐名，史称“元、白”。

唐穆宗最后也因吃“丹药”早死，时年三十岁。其长子李湛继位，是为唐敬宗，年方十五岁。

这位少年皇帝很有南朝荒唐天子的风格，好击球走马、打鱼斗鸡、摔跤歌舞，日夜宴乐，还特别喜欢自己刻“圣德碑”歌颂自己。此外，他最喜爱的“运动”是半夜外出抓狐狸玩，宫中称“打夜狐”。

诗人李商隐为此作《富平少侯》一诗：

> 七国三边未到忧，十三身袭富平侯。
> 不收金弹抛林外，却惜银床在井头。
> 彩树转灯珠错落，绣檀回枕玉雕锼。
> 当关不报侵晨客，新得佳人字莫愁。

其中所用典故，并非指汉朝富平侯张安世之孙张放，实际指汉成帝的故事：“始为微行，从期门郎或私奴……出入市里郊野……自称富平侯家人。”正是暗指继位时年方十五岁的唐敬宗。特别是“不收金弹抛林外，却惜银床在井头”二句，形象描写富贵少年天子用金弹打鸟并不爱惜（用韩嫣事，典出《西京杂记》），却爱惜井上自制的不值钱的汲水

《调琴啜茗图》 唐　周昉

辘轳架，憨愚娇养之态，淋漓毕现。而此诗开头一句“七国三边未到忧”，喻指如同汉朝七国叛乱一样的藩镇割据与如同战国的燕赵秦边境的匈奴一样的吐蕃、回鹘、党项等边患，从未被少年天子唐敬宗当成忧心之事。

由于性格暴躁，青春期骚动，唐敬宗动不动就猛揍随从的宦官、军将，众人又怨又惧。

一夜，唐敬宗打夜狐后与宦官、军将饮酒。三更已过，少年喝得大醉，起身上厕所。殿上蜡烛忽灭，内宦刘克明与击球军将苏佐明等人拥入，敬宗被他们活活掐死，时年仅十八岁。

唐敬宗死后，王守澄等宦官拥立敬宗的弟弟李昂为帝，是为唐文宗。

更大的灾祸，于冥冥之中潜伏于巨大的长安宫城。

宦官与党争

“甘露之变”后的晚唐政治

835 年，唐文宗大和九年十一月二十一日，百官同往常一样，在紫宸殿朝服列班，等待文宗皇帝李昂上朝。未几，文宗的玉辂缓缓而来。此种皇帝专用龙舆气象庄严，左饰青龙，右饰白虎，金凤展翅及虚文鸟兽图形附于后板，正前方轩敞，设有高高的青盖，下方有黄里锦绣黄龙的尘障，朱轮密辐，前行时震声隐隐，噪音很小。

文宗坐殿，朝臣们等待金吾将军像往常那样趋前上报“左右厢内外平安”。按朝仪，走了这个过场后，大家就应该如约议事。

不料，金吾将军韩约没有如常行事，反而高声奏称：“听事房后石榴树上，昨夜降下甘露，特向陛下禀报。”

文宗皇帝故作欣喜状，宰相也忙率百官齐齐拜舞，向皇帝称贺。

天降甘露，是国家大治、天下清平的瑞兆。文宗忙乘软舆（肩扛便辇）往紫宸殿前面的含元殿升座，先下命宰相李训等人验看。

过了好久，李训才率朝臣回殿，奏称：“臣与众人验之，是否真是甘露，还不敢下结论，望陛下遣使再验。”

文宗皇帝自言自语道：“真有这种事？”于是，他命掌管禁军的左右中尉仇士良、鱼志弘率众宦官前往。

仇士良等人踱进听事房后庭，仰着脑袋观瞧半天，见石榴树上皆是根根干枝，并无一丝甘露。再扭头观瞧作为陪同的韩约，数九寒天，这位金吾大将一脑门子热汗，神色惶恐。

仇士良还奇怪，问："将军您这是怎么了？"

一阵北风起，听事厅的门帘幕布随风乱张，仇士良忽然发现厅里面挤满了手执利兵、全副武装的兵士。同时，大公公听见四下刀剑铿锵，甲声叮当，军靴杂乱的踏地声纷纷扰扰。

仇士良等宦官顿感大事不妙，纷纷往庭院大门处奔跑。守门兵士不是很多，见太监们往外跑，便赶忙上前要关闭大门。仇士良扯着公鸭嗓拼命一吼，还真管用，平素太监积日已久的威风终于在关键时刻又显神通，趁门卫愣怔，太监们纷纷夺路而逃。

宰相李训在含元殿看见一大群宦官像踩了蛇窝一样飞奔上阶，连忙高声呼唤值班的金吾卫士："有上殿护驾者，每人赏钱百缗！"

众宦者脚快，兔子一样奔至文宗御座前，有数人架起皇帝往软舆上一放，抬起狂跑："事情危急，请陛下还宫！"

含元殿大门处，已经从台阶拥上数百金吾卫兵，登殿纵击，追上落后未及跑入殿的宦官。剑捅刀砍，一下子杀掉十来人。

殿内宦官毕竟对宫城道路了如指掌，他们用刀砍断含元殿后面的木格栏，扛着文宗就往宣政门方向跑。

眼看宦官们抱走了皇帝这块"大招牌"，宰相李训也急眼了，抱住软舆的木杆大呼小叫，力图阻止。文宗李昂知事不谐，大声叱喝李训。宦官郗志荣力大，当胸就给李训一大拳，把这位宰相打得一个嘴啃泥。

说时迟，那时快，宦官们簇拥着文宗皇帝逃入宣政殿，立刻把大门严严关死，外面兵将一时半刻根本冲不进来。"宦官皆呼万岁。"

听到宫殿内外杀声、欢呼声此起彼伏，含元殿内的朝官们骇愕散出。

李训见大势已去，忙换身衣服，乘乱跑出京城。宰相王涯、贾悚、舒元舆等人回到中书省，互相说："我们先别走，皇帝肯定会在延英殿召我们议事。"

两省官吏也纷纷来见，询问发生了什么变故。王涯等人确实也不知情，就先让诸人回家，等待消息。

不一会儿，只听宣政殿方向宫门大开，太监“奉旨讨贼”的细嗓高音很是瘆人，而后便是禁卫军“杀贼杀贼”的叫杀声，由远而近，竟直朝中书省议事厅方向逼来……

置易帝王掌中轻

中晚唐的宦官乱政

唐文宗李昂即位之初，励精图治，去奢从俭，颇有振作之风。他诏令遣散多余宫女，放出五坊蓄养的鹰犬玩物，裁减冗官，一反唐敬宗贪玩不视朝的恶习，天天临朝听政，很有英主之风。

但是，文宗治下的唐朝，实际是一个乱摊子。外面环伺的藩镇不讲，京城之内，就有两大祸结：一为乱政的宦官，二为内讧的党争。

从唐玄宗开始，宦官阶位骤显，人数膨胀。尤其是从高力士开始，皇帝赖之而安寝，宰相因之而得位，太监掌军的趋势已显端倪，但当时他们并未真正在中央政府中掌握兵权。“安史之乱”以后，玄宗逃窜蜀地，肃宗得以在灵武继位，宦官李辅国有“襄赞”大功，地位贵显，手中掌管唐廷一切兵符与军号，统驭禁卫军。

代宗继位后，竟称李辅国这个宦官为“尚父”。日后，于代宗有拥立之功的程元振逐渐取代李辅国的位置，在内廷称得上“九千五百岁”——御林军全是他的部属。而后，大太监鱼朝恩更是权倾一时，竟有“处置”京城以外重大军事活动的权力，虽然名号是“观军容宣慰处置使”，实际上是奉天钦差、兵马大元帅。对于郭子仪、来瑱这样的大将，想废就废，想杀就杀。

特别是唐德宗遭遇泾原军兵变后，曾为节度使的朱泚称帝，皇帝再也不敢信任大臣重将，把中央直系军队神策军和禁卫军完全交由宦官指挥，并且不断予以“制度化”，一直延续到唐亡。

唐朝皇帝的思维模式其实很简单：宦官毕竟是家奴，没生殖能力，没有子孙，再怎么样也要狗仗人势，依赖皇帝才能生存，不会夺国篡位。

事情总是发展的。宦官之害，简直罄竹难书。他们不仅掌握京城皇宫的禁卫军军权，还被派至各处节度使那里充任“监军使”，各地节度使在名义上都处于这些公公的控制下。

当然，在那些真正拥众割据一方的藩镇，太监监军只是充样子，他们也都很老实，收收礼，纳纳贿，吃吃喝喝，和当地节度使处得挺热乎。他们深知，这些土皇帝连皇帝的账都不买，自己太骄横说不定就要吃刀子。

但在直接受唐廷管辖的方镇或诸道军中，宦官可就骄狂大发了。如果主将打胜仗，监军使们往往驰送捷报，揽军功为己有；如果出战失利，监军使们又会立即打小报告，历数主将的“罪恶过失”。所以，宦官在军中是有百害而无一利。

唐宪宗时两次大捷，高崇文擒刘辟以及李愬擒吴元济，恰恰是没让太监监军，才最终取得重大胜利。

唐朝时，还特别“创造性”地委任宦官为枢密使和宣徽使，这样，太监不仅有兵权，还在中央政府中掌有草诏宣制的权力，北司（宦官衙署）成为与宰相（又称南司、南衙）争权的重大政治力量。至此，兵政大权，宦官皆牢牢掌握，他们不仅能“口含王宪”吓唬人，而且完全能诏由已出。甚至对皇帝也是随心所欲，想立就立，想废就废，想杀就杀，宪宗、敬宗、文宗，最终皆死于太监之手。而且，肃宗之后，唐朝几乎所有继位的皇帝均由太监拥立。只有哀帝是唯一的例外，不过没多久唐朝也亡了。

出乎先前唐帝意料，宦官虽自己不能当皇帝，但可以废杀皇帝，做王朝真正的主人。而且，这些人往往变态、残暴、贪财，不仅在京城强买强卖、恣意取索，在外面也广占良田、巧取豪夺。白居易《卖炭翁》和《重赋》两首诗，对于宦官横暴的“宫市”以及重赋之下贫苦人民的处境有形象、深刻的描述。

大儒王夫之对唐朝宦官之弊有极其透彻的认识：“宦者监军政于外而封疆危，宦者统禁兵于内而天子危……胁君自恣，乃至弑刃横加，岂能无畏于四方之问罪乎？其（宦官）无所惮而血溅宫廷居功定策者，实恃有在外监军之使，深结将帅而制其荣辱生死之命。”

究其本源，则在于“唐之立国，家法不修，淫声曼色，自太宗以来，漫焉进御而无防闲之教，故其祸为尤酷焉”！

更可笑可叹的是，大太监仇士良退休前，还对这些宦官徒子徒孙明示太监执政的精义：“天子不可令闲，常宜以奢靡娱其耳目……无暇更及他事。”——此句太监“圣经”，被唐末僖宗以及明朝后期几个青年皇帝的太监们发挥到极致。

不仅宦官作威作福，唐朝中晚期，朝内大臣也不让人省心，几乎各个拉帮结派，严重违背圣人“君子群而不党”的训言，山头主义严重，党争日趋白热化。

说起“牛李党争”，不仅仅是牛僧儒、李德裕两人之间的“意气”之争，最早可追溯到宪宗元和三年（808 年）的一次制举试策。当时，举人牛僧儒、李宗闵等的卷子直言时弊，文笔清新，宪宗览翻试卷，大喜过望，马上指示中书省委任这些人做官。不料，时任宰相的李吉甫（李德裕之父）作梗，认为这些冒进轻躁的年轻人背后的主谋是自己的官场对手裴垍、王涯等人，并到宪宗面前泣陈朝臣徇私、考试舞弊。

当朝宰相的言语毕竟分量重，牛僧儒、李宗闵等人不仅被黜落下第，还因老李一言而多年蹭蹬。从此，一直到唐宣宗，其间经历六代皇帝，“牛李党争”父一代子一代，斗得你死我活，谁也不让谁。

大略分类，李德裕一党可作为门阀士族的代表方，牛僧孺一派可作为以进士为骨干的寒族地主的代表方。两党之间，君子小人相杂，但从总体上讲，李党君子多，牛党小人众。而且李德裕本人力主削夺藩镇、抵击吐蕃，功名赫赫。牛僧孺则因循守旧，粉饰太平，因私废公。

唐宣宗继位后，深忌对自己全无拥戴之功的“李太尉”，把李德裕一贬再贬，一直贬到天涯海角的崖州（今海南三亚）。“牛李党争”的终结点，似乎以牛党的令狐绹等人做宰相而告终。但党争余害，绵延不绝。

由于二党相互纠缠，你死我活，正所谓“鹬蚌相争，渔人得利”，无论是太监还是佞臣小人，只要想对朝臣打击报复，均以“朋党”为辞，冠以牛李徒众，一一贬逐，“党人”成为现成的“坏分子”标签。

正因“牛李党争”的双方水火不容，唐文宗继位后才不得不矮子里拔大个儿，先以浅躁少谋的宋申锡为相，后又以贪浊小人李训、郑注为腹心，一心想除去宦官，最终一无所成，自己反为玉食囚徒，面壁喟叹。何者？“唐之诸臣，皆知有门户而不知有天子者也。”

退而求其次，大臣们基本靠不住，文宗皇帝病急乱投医，把草包当纯臣，最终一败涂地。

禁卫军中尉大公公王守澄是弑宪宗的主谋之一，由于推立穆宗有功，又是知枢密事，权兼文武。文宗继统，王守澄依旧大权在握。于是，文宗找到翰林学士宋申锡密谈，宋学士力劝文宗除掉王守澄等人。终于找到“知音”，文宗大喜，很快就提升宋申锡为同平章事，擢用为宰相。

宋申锡为了集聚诛除宦官的后备力量，任用吏部侍郎王璠为京兆尹，向他讲述皇帝的意旨。王璠本为首鼠之人，非刚决果断之士，不知他是有意还是无意，很快就把宋申锡的想法泄漏出去，王守澄以及他的心腹谋士郑注得悉此讯后，立刻组织反击。

说起这位王守澄的“智囊”郑注，还应好好交代一番。此人身材矮小，高度近视，是娄阿鼠一类人物，但有“金丹”之术，最早以高级游方郎中的身份在长安权贵豪门间小有时誉。但郑注起身为官的“恩公”，竟然是大英雄李愬——雪夜袭蔡州擒吴元济那位爷。

都说小人之间互相吸引，但郑注这么一个“保健医生”却“魅力”十足。元和十三年，李愬任襄阳节度使，郑注前往投靠。不知怎的，吃了郑注数粒大药丸子，李愬感觉神清体健，高兴之余，他署郑注为节度衙推。从此，郑注便从一个“赤脚医生”一变成为国家官员了。不久李愬移驻徐州，也把郑注带在身边，并且开始让他参决政事。

郑注为人诡辩阴狡，哄得李愬十分开心，但他专作威福，军府上下都很讨厌他。当时，任徐州监军使的太监王守澄听从人说起过郑注，内心非常厌恶他，专门去李愬那里要李将军除掉这个惹起军中公愤的“小人”。

李愬回护郑注，对王守澄说：“郑注虽有些小毛病，实乃奇才。公公如不信，请您和他谈谈，如果还不满意，把他外贬也不迟。”

王太监老大不情愿，又不能不给李愬面子，勉强把郑注唤来一见。

二人一谈，郑注机辩纵横，尽中其意。王守澄大喜，马上把郑注请入内室，促膝密谈，相见恨晚。估计郑注一个江湖医生，见多识广，“看人下菜碟”，先和王守澄谈身体，再为王守澄讲国事。小人见小人，喜不自禁。

转天，王守澄见到李愬，竖起两个大拇指：“诚如公言，（郑注）实奇士也！”

从此，郑注可以自由出入王守澄的监军府衙，并被升为李愬的巡官，位于僚属之尊。

王守澄在穆宗时代做枢密使时，有了处理政事的大权，就更依赖郑注这个“谋士”。

郑注广受贿赂，日理万机，至于通宵。数年之后，他官阶升至检校库部郎中并成为昭义节度副使。

听说宋申锡四下活动要对宦官不利，王守澄着慌，忙召郑注密议。炼丹调药之余，郑注最关心的就是朝廷政事。

闭着眼想了半天，郑注献上一计：派位神策军将上告皇帝，说宋申锡暗中欲拥立文宗之弟漳王李凑。

这一招儿真是毒而有奇效。神策军将豆卢著受王守澄、郑注指使，跪在文宗面前，指称："十六宅（诸王之居所）宫市内监朱训等人与宋申锡亲吏王师文等人共谋不轨，他们说圣上您多病，太子年少，如果圣上不豫（死了），依次则应立漳王，所以他们密谋预先巴结漳王，并从漳王处领取一套衣物赐给宋申锡。"

文宗内心一直很疑忌这位英敏贤德的六弟，大怒之下，派人鞫审。朱训、王师文等人被屈打成招。京城内外大骇，纷纷传言宰相与亲王密谋想搞政变。

王守澄在浴室把朱训、王师文等人的承服状子呈给文宗，并要派二百禁军铁骑直接去宋申锡家里屠害他整族人。幸亏另外有一个太监马存亮在场，谏劝说："谋反者唯宋申锡一人，何不召南司（宰相）会审。忽然大肆杀人，恐怕在京城引起骇乱。"

此话极其有理，王守澄不能反驳，只能中止大规模杀人行动。

廷审之中，在左常侍崔玄亮的固谏下，文宗怒意稍解，贬漳王李凑为巢县公，贬宋申锡为开州司马。没过几年，二人均郁郁死于贬所。其实，文宗只要认真派人推审，就肯定会知道上告宋申锡等人谋反的豆卢著是郑注的表兄弟，整个事件完全是王守澄、郑注二人一手策划。

由此，唐文宗自断臂膀，第一次谋诛宦官的努力不仅失败，还贬放了自己的弟弟和大臣宋申锡。

文宗大和七年（833 年），郑注否极泰来，迎来他人生路上又一次"辉煌"。本来，对郑注这个人，文宗皇帝早有耳闻，知道他是王守澄的"大脑"，憎恨至极。

由于贪污事发，郑注被罢掉邠宁行军司马的官职，窜返京城。侍御史李款连上数十次奏章，弹劾郑注"内通敕使、外连朝士、干窃化权"等罪行，王守澄见势不妙，就把郑注藏在自己统管的右军禁军之中。

左军中尉韦元素也恨郑注，左军将领李弘楚就劝韦元素假装召郑注治病，把他骗入左军内杀掉。韦元素应允。不料，郑注见了韦元素，佞辞泉涌，讨好巴结，又是推拿又是献仙方，使得杀心方炽的韦元素不知不觉中与他执手款曲，谛听忘倦。临别，韦元素还赐予郑注一大笔金银财宝。

李弘楚见此情况，愤然对韦元素说："中尉您失今日之断，必不免他日之祸！"

不久，大臣王涯在王守澄等人的帮助下得为宰相，投桃报李，就压下李款的奏章不报。同年底，文宗高血压病情加剧，王守澄趁机荐郑注入治。

数粒大药丸服下，估计里面有传自西域的镇痛麻药，文宗感觉很爽，对郑注的看法全然改观，立拜为太仆卿，兼御史大夫。

这下郑注可不得了了，他起第善和里，通于永巷，长廊复壁。他聚拢京师轻薄子弟、方镇将吏等人，卖官鬻爵。同时，他三天两头窜入太监掌领的禁军，与王守澄密谈，语必移时，或通夕不寐，说不完的心里话。

期间，郑注的又一大"贡献"，是把李训介绍给了王守澄。

"甘露之变"的两大祸首，至此悉数登场。

李训，原名李仲言，进士出身，其堂叔是先前的宰相李逢吉。由于深知这个侄子阴险善谋，李训很受老宰相喜爱。当时，李逢吉想重新做宰相，李训知道堂叔的心意后，自告奋勇，不顾自己母丧未满期，自称和郑注关系好，要替李逢吉去京城"活动"。李逢吉大喜，给李训"金帛珍宝数百万"，让他以此送给郑注当"好处费"。郑注得财，当然大喜，马上把李训推荐给王守澄。

李训形貌魁梧，神情洒落，辞敏智捷，又是《周易》专家。王守澄对他也很有好感，立刻向本来就十分沉迷《周易》的唐文宗推荐李训。

相见一谈，李训美男子一个，风神俊逸，侃侃而言，精骛八极，心游万仞，唐文宗大悦。当时，孝期未满的李训，还穿着一身孝服。

为了方便出入，文宗便让李训自称“王山人”，天天穿军装进宫。

大和八年，李训服孝期满，立即被文宗召入内殿，面赐绯鱼袋，并任翰林侍讲学士。

细究唐文宗的本心，也属深思熟虑：当年与宋申锡密谋除宦官，不仅未成功，还差点儿引火烧身。现在，他想通过与郑注的交往，稳住王守澄等人，进而提拔李训，再作进一步打算。如此，宦官们觉得文宗这两个“红人”皆是“自己人”，不会怀疑他们和文宗一起搞事。

李训一向善揣人意，他知道文宗痛恨宦官，便趁讲解《周易》的余暇，在文宗面前指斥太监擅政，言论纵横，让皇帝觉得此人真可托付天下大事。郑注也忙向皇帝靠拢，全然忘记昔日王守澄对他的“荐拔”之恩。从此他深受皇帝宠幸。大和九年，李训迁礼部侍郎，同平章事，登廷入相。

大权在手，李训雷厉风行。为了向天下彰显宰相气度和“磊磊清操”，他首先派人速捕时为襄阳监军的陈弘志，此人一直被认作是亲手弑唐宪宗的首犯。李训派人大张旗鼓押陈公公至青泥驿，当众杖杀之。此举果真大快人心。

内廷方面，王守澄还没缓过神，一直以为李训和郑注是自己人，对二人没有丝毫防备。

趁王守澄不留神，李训、郑注合谋，擢右领军将军仇士良为左神策中尉，取代原先韦元素的位置。王守澄一直挤压仇士良，现在忽然发现此人几乎与自己比肩，心中不悦。未等王守澄使出报复手段，李训、郑注为唐文宗出主意，以王守澄为左、右神策军观军容使，表面官升一阶，实则夺其手中军权，把他架空。

王守澄正呆坐府中郁闷，文宗已遣中使李好古来赐毒药。

喝不喝都要死，手中无兵无人的王守澄长叹一声，大骂李训、郑注忘恩负义。然后，泪如雨下，吞下这杯实际是他自己亲自“配制”的毒酒，一命归西。

由于对自己也有“拥戴”之功，文宗对王守澄并未“显诛”，对外称其病死，并赠扬州大都督。

李训、郑注这对难兄难弟，杀掉王守澄后，都觉飘飘然。待到二人禄位俱大，逐渐势不两立。李训后来居上，连宰相王涯也甘拜其下。权倾天下之际，李训以接应为名，把郑注外派当官，郑注被外任为凤翔节度使，并相约当年十一月内举外发，尽诛宦官。

其实，李训本意是杀太监之后，顺带就把郑注一勺烩掉。郑注本来就是太监走狗，到时候杀他就太容易了。

郑注不知情，从前的“老军医”现在顿成一方诸侯，屁颠屁颠去赴任。

李训这个人，也真是个矛盾混合体。他本来就是缘太监而致位，最终又想帮文宗除太监。如此狂险、怪异之士，却能容裴度等德高有人望的重臣，还能杖杀谋杀先帝的太监，又以“朋党”之名驱逐与自己意见相左的朝士……说他无才无德，结论也太过简单。

李训紧锣密鼓，以太府卿韩约为金吾大将军，又以平日亲信大理卿郭行余为邠宁节度使，以王璠为（此人先前已坏过宋申锡的事情，不知李训为何选中他）太原节度使，为十一月诛杀太监的行动做足了军事准备。

其实，在李训动手之前，还真有一次诛除宦官的绝妙机会——郑注办事很用心，他到凤翔任上，马上精选强悍武士数百人，手持坚棒，怀揣利斧，作为自己的亲兵卫队。王守澄的葬礼要在白鹿原一带的浐水附近举行，郑注密奏文宗皇帝，准备自己率卫队假装送葬，待众太监齐至王守澄墓前举哀时，给公公们来个一锅端。最后时刻，李训起了私心，对手下人讲：“如果事成，大功全是郑注一个人的，不如派郭行余和王璠各赴其镇，招募壮士为部曲，与金吾兵士及台府兵士一起动手，诛杀宦官，然后再把郑注也做掉！”由此，失去了除掉宦官的最佳机会。

再往下，就出现了本文开始那一幕。

更可笑的是，李训里里外外安排如此之久，关键时刻竟被太监把文宗皇帝抢到手里，拥有了至关紧要的“王牌”。

外面接应的是王璠、郭行余两人，王璠恐惧犹疑，但他手下从行的士兵应声而入；郭行余依前约与李训一起动手，可他手下的邠宁兵一大帮子都在丹凤门外大眼瞪小眼，一个也没有上前帮手。

仇士良等太监控制文宗后，口称敕旨，率禁卫军从宣政门冲出，逢人就杀，并很快关闭诸宫门，把没有跑掉的两省官员和金吾兵将杀死六百多人，血流遍地，人头乱滚。

接着，仇士良一边安排监军骑马出城追赶，一边在城内大索，把宰相王涯逮捕。

万般拷掠之下，这位七十多岁的老头子只得自诬与李训密谋造反。

王璠带了几百私兵逃回自己在长兴里的私宅，不久神策军将就带兵尾随而至。发现院墙厚坚，又有兵士把守，来捕人的神策军还挺机灵，在大门外高呼：“王涯等人谋反，鱼志弘公公让我们请您入朝，代王涯来做宰相！”

王璠大喜，忙大开府门，趋出见之。神策军立时把他团团围住。王璠知道自己被骗，涕泣而行。

最后，王涯、王璠、罗立言、贾𫗧、舒元舆等人，皆被逮捕，于长安城内开阔地一起问斩，百官临观。

王璠临死，还埋怨王涯：“二十兄您自己造反，干吗把我牵扯进来！”王涯抬起血肉模糊的老脸：“五弟，你当京兆尹时，如果不把宋申锡的密议泄漏给王守澄，我们怎么会有今日之祸？”

二人同为王姓大宗，故皆以大排行称呼对方。

于是，刀光闪闪，人头纷纷落地。诸人的亲属无问亲疏皆死，孩稚无遗，妻女不死者没为官婢。

王涯之死，最倒霉的要属当时碰巧在其家的两个人：一是王涯的远房堂弟王沐，二是诗人卢仝。

王沐乃一穷老书生，又老又贫，听说王涯做宰相，忙从江南老家骑驴千里而来。本来，他只想弄个文案、笔抄之类的职位糊口。王涯势利，老王沐在长安待了两年，才得一见。王宰相对这位老弟爱理不理。王沐好歹凑足数两银子，求王涯一个家仆说好话，才得允做个小官。这天，他正在王涯家里等消息，赶上太监率军人抄家，把他一起捆上，直送刑场，与王涯一同问斩。

另一个冤大头是卢仝——写"七碗茶"诗那位。这位诗人也是"老且贫"，事发前一天与几个"诗人"到王涯家里"打秋风"，吃喝多了点，一爽之下，住在仆人房没有离开。转天，他就赶上大搜捕，也被一同绑上。卢仝不服气，直嚷嚷："我是山人！"过来个太监抬掌一个大嘴巴："山人，山人，跑到宰相家来干吗？一起谋反吧！"捆到刑场，一刀咔嚓了。翩翩一只云中鹤，飞至宰相宅挨杀。

李训一路急逃，想奔凤翔依附郑注，半路就被人抓住，解送京城。快到长安时，怕自己入京后被太监凌辱、拷打，他对押送军吏说："抓到我肯定有钱有大官，我听说城内禁兵到处抓我，你们押我进城，肯定会被禁兵抢去邀功，不如现在杀了我，送我首级报功，最为稳妥！"

几个军吏一听，觉得李宰相主意很正，真体贴人，就一刀把李训砍了，提着他的脑袋入京。

郑注听闻李训事败，忙赶回凤翔住地，被监军使张仲清诱杀，不仅一家人全被屠灭，亲吏卫士也被杀一千多人。

抄家之后，有司上报郑注家里仅绢一项就有上百万匹。"老军医"玩政治，积攒了这么多财货，最终白搭。

血雨腥风意悠悠

“甘露之变”后几位诗人的反应

闻知多名朝臣被诛，唐文宗悲不自胜，却也无可奈何。如今，他基本上完全处于太监的控制之下，只能于九重深宫哀叹悲凄。

太监们骄狂至极，借机报私仇，在京城杀人无数。宦官田全操甚至扬言：“我入城，凡儒服者，无贵贱当尽杀之！”士人惶惧，民不聊生。最后，还是藩镇之一的昭义节度使刘从谏（刘悟之子）上表，控诉宦官滥杀，大公公们才有所收敛。

“甘露之变”后，以太子宾客身份在东都洛阳闲居的白居易闻知长安的老同事们纷纷全族一起上法场，幸灾乐祸地作诗：

祸福茫茫不可期，大都早退似先知。
当君白首同归日，是我青山独往时。
顾索素琴应不暇，忆牵黄犬定难追。
麒麟作脯龙为醢，何似泥中曳尾龟。

（《九年十一月二十一日感事而作》）

显然，退居政治二线的白居易一直妒火灼心，如今看见昔日烈火烹油的后来居上者们终于一命归黄泉，难免卖弄自己早退先知的狡黠和明哲保身的智慧。

很快，白居易又作《即事重题》，以显示惨剧发生后自己在洛阳的惬意和闲适：

重裘暖帽宽毡履，小阁低窗深地炉。
身稳心安眠未起，西京朝士得知无？

白居易　图出《晚笑堂竹庄画传》

官场钩心斗角，尔虞我诈，竟使这个青年时代正直无私的才俊变成如此鄙陋、冷血的政治动物，令人齿冷心寒。

当然，优游山林、畅饮低酌之间，幸灾乐祸之余，有后怕，有惊悸，也有自己及时逃离京城政治旋涡的庆幸：

今日看嵩洛，回头叹世间。荣华急如水，忧患大于山。
见苦方知乐，经忙始爱闲。未闻笼中鸟，飞出肯飞还。

（《看嵩洛有叹》）

看似达观、潇洒，实则势利、贪安。

二十世纪五十年代以后辑录的白居易诗，大多是“忧国忧民”之作，其实这些作品只是白居易诗中的“冰山一角”。而且，种种教科书、文学传记书，言及白居易诗，必有两则俗不可耐的大花边：一为“老妪能解”，二为“广泛流传至日本等国”。“老妪能解”完全不能说明白居易的高明，“广泛流传至日本等国”也是个笑话，白诗浅俗，当时的倭国又是僻荒蛮地，最多也只能达到懂得白居易的水平。即使现在拿李贺的任意一首诗去问日本的大学教授，也没几个人能理解其深远寓意。此外，就像今天美国大片和音乐能深入基里巴斯或类似的小地方一样，白居易的诗当时流入日本也根本不是能摆上台面的什么“光荣”。

实际上，元稹、白居易的诗风是“浅俗淫靡”的“元和体”，后起之秀李商隐、杜牧等人对这种诗风痛心疾首，想以“高绝”之诗风洗涤“元和体”的俗薄和稚陋。

同为官场元老，与白居易相比，裴度虽也浮沉避祸，但很少表露有幸灾乐祸之意。裴度以美酒破愁肠，诗文之间，只是透露看似闲适的心境，并无隐藏不住的偷笑或者抑按不住的悲愤：

饱食缓行新睡觉，一瓯新茗侍儿煎。

脱巾斜倚绳床坐，风送水声来耳边。

（《凉风亭睡觉》）

观裴度在“甘露之变”后的诗文，明显看出此公要比白居易厚道得多。

老年人如此，相较之下，还是李商隐意气风发。时年二十四岁的青年诗人李商隐在“甘露之变”发生后，马上作《有感》二首，愤愤不平，感慨时局：

其一

九服归元化，三灵叶睿图。如何本初辈，自取屈牦诛。

有甚当车泣，因劳下殿趋。何成奏云物，直是灭萑苻。

证逮符书密，辞连性命俱。竟缘尊汉相，不早辨胡雏。

鬼箓分朝部，军烽照上都。敢云堪恸哭，未免怨洪炉。

其二

丹陛犹敷奏，彤庭欻战争。临危对卢植，始悔用庞萌。

御仗收前殿，兵徒剧背城。苍黄五色棒，掩遏一阳生。

古有清君侧，今非乏老成。素心虽未易，此举太无名。

谁瞑衔冤目，宁吞欲绝声。近闻开寿宴，不废用咸英。

在《有感·其一》中，诗人前四句先赞文宗英明大略，以袁绍、何述等人诛除宦官之典，把李训、郑注比作“本初辈”，说他们用心不细，终于造成大臣们被杀；“有甚”四句，以汉文帝与宦者同车，爰盎进谏一典指郑、李本想助文宗清灭宦官，但“甘露之变”失败，大臣反被贼人杀害；“证逮”四句，以身材魁梧的汉相王商比拟李训，同西晋王衍不能辨认“胡雏”石勒一样任用小人郑注，最终牵连众臣，一起被杀；

最后四句，讲天地之间，恐怖气氛遍布，数百朝官顿入阴曹鬼录。

《有感·其二》，前四句描写皇宫内流血杀人，如同战场，又以东汉卢植、庞萌两人作比，暗示文宗看人不准，没有用贤除阉，反而任用李、郑两个人办此大事；“御仗”四句，指事变不成功；“古有”四句，还是讲郑、李忽然行事，鲁莽冒失；最后四句，哀叹王涯等大臣糊里糊涂被杀，而近日宫内为皇帝庆寿用的音乐，都仍然袭用《咸池》《六英》（喻指王涯选定的《云韶乐》）古乐，闻之令人徒生悲怀。

李商隐的这两首诗，现代人看来几乎句句用典，隐晦非常。其实，在当时，稍有一点儿文化修养的人都可清楚地看出诗中意旨，青年诗人的义愤和正义感，勃勃而发，可以说是那个黑暗时段最大胆的作品。万马齐喑之中，此诗尤显难能可贵。

李商隐才子命乖，身逢乱世不说，又处于“牛李党争”的夹缝中，一辈子蹭蹬蹇涩，衰到十足。

从谱系方面讲，他与李唐皇族同宗，但属邈远支系，自童年起就随父辗转奔波。文宗大和三年（829 年），李商隐巧遇伯乐：天平军节度使令狐楚很欣赏诗人的才思，辟为幕僚。但是，大和七年（833 年）诗人赴京应试落第，不得已又去华州做幕僚。开成二年（837 年），令狐楚的儿子令狐绹出力不少，李商隐终于进士及第，时年二十六岁。转年，李商隐应泾原节度使王茂元之辟，为其幕僚，并娶其女为妻——此举成为他日后困顿的开端！王茂元在政治上属于“李党”，令狐父子属于“牛党”，李商隐此举，被视为“诡薄无行”的背叛举动。

后来，他在弘农县尉任上又得罪上司，不得不挂官而去。唐武宗继位后，李党得势，本来李商隐仕途出现重大转机，但当年其母病逝，依礼要离职服丧。等到他终有机会回朝时，唐武宗崩，唐宣宗上台，尽逐李党，令狐绹为相，诗人自然处于极其狼狈的境地。

无奈，他只能只身一人应李党成员、时为桂管观察使的郑亚之邀，远至桂林做幕僚。“洞庭湖阔蛟龙恶，却羡杨朱泣路岐。”正是诗人当时悲愤仓皇心态的写照。

在桂林的一年多时间，诗人的生活基本风平浪静。但郑亚很快因事被贬，李商隐又失去依靠。

回到长安后，走投无路的诗人只能厚着脸皮去见令狐绹，得补太常博士。好不容易得一微官，妻子又因病亡故。一击又一击，上天对才子真是太不公平。

大中六年（852 年），心灰意冷的李商隐赴梓州为人做幕僚，刻意事佛，心如死灰。

六年之后，诗人含恨离世。

“甘露之变”后，另一重要诗人杜牧也有感触，但他的态度同李商隐完全相反。

当时，一直辗转在外的杜牧刚刚入京做监察御史，恰值李训、郑注气势熏天之际，杜牧对二人又反感又惧怕。很快，他的好友兼同事侍御史李甘被李训外贬为封州司马，更让杜牧义愤难平。气归气，恨归恨，处于政治旋涡的杜牧已是官场不大不小的油子，当时没有任何诗作对此表态。未几，他赴洛阳做官，逃过了“甘露之变”的血劫。假如他当时在朝，很可能在乱中被宦官杀掉。

十多年后，在其《昔事文皇帝三十二韵》中，杜牧小声讥讽了李训和郑注“狐威假白额，枭啸得黄昏”。对于阉党，杜牧只字未敢提，连影射字眼也没有。

杜牧与李商隐齐名，后世称此二人为“小李杜”。杜牧一生，与李商隐一样，也是颠沛流离，仕途乖蹇，原因也相同——陷入“牛李党争”的纠缠。

杜牧家世显赫。“城南韦杜，去天尺五。”当年韦皇后九族被灭，由于杜家大族与之联邻而居，杜曲、韦曲挨在一起，“诸杜滥死非一”，杜家一族被当作韦氏成员，被兵士枉杀了不少。

杜牧家族，在唐代就出过十一个宰相，其祖父杜佑，也曾三朝为相。但是，由于父亲早死，杜牧的青少年时代经历了“天上人间”的变故，“食野蒿藿，寒无夜烛”。贵家子弟，一朝沦落。但杜牧好学上进，一心求学，不仅文才好，他又苦读兵书，准备经世致用，一展才略。在《上周相公书》中，杜牧的文韬武略，展露无遗，绝对是将相之才。

大和二年中举后，杜牧只获任校书郎。不甘心寻章摘句，诗人就入牛僧儒淮南节度幕府，一不小心，成了牛党分子。

在近十年的幕府生涯中，杜牧倒不像李商隐那样穷愁落魄，反而是豪奢潇洒，终日纵酒欢歌。“男儿所在即为家，百镒黄金一朵花。”贵公子的深层习气一曝无余。

“甘露之变”，杜牧逃过一劫，后又于开成四年入京任左补阙。由于政治黑暗，诗人噤口落寞，还劝人“莫言名与利，名利是身仇”。稍有慷慨，也是风月的放达与对往昔放纵生活的回顾：“十年一觉扬州梦，赢得青楼薄幸名。”

唐文宗死后，李德裕为相，牛党人士纷纷落马，但杜牧未受太大冲击。何者？李杜两家是世交，李德裕的父亲李吉甫曾为杜牧爷爷杜佑的僚属，李德裕还辟杜牧的弟弟杜剀为幕僚，二人又均是高门出身，自然关系不会很差。

虽如此，由于杜牧和牛僧孺关系太近，李德裕会昌年间当权时并未重用这位奇才诗人。而且，杜牧由于曾得罪过李德裕的好友李绅（当时也入朝为相），不久就被外放黄州。

这位李绅不是别人，写过著名的《悯农》二首：

锄禾日当午，汗滴禾下土。
谁知盘中餐，粒粒皆辛苦。

春种一粒粟，秋收万颗子。
四海无闲田，农夫犹饿死。

同样一个人，李绅也是“司空见惯”典故的出处。这位早年写诗忧农的大官，晚年位至司空，盛排酒宴招待诗人刘禹锡，并在席间遣美貌歌女劝酒“三陪”。为此，刘禹锡感慨道：“司空见惯浑闲事，断尽苏州刺史肠。”

可见，知识分子作文作诗是一码事，人品和行事却完全是另一码事。

唐宣宗继位，李德裕立被窜逐，李党失势，牛党纷纷回朝。杜牧很尴尬，由于李党在位时没怎么“迫害”他，“平反”名单中也就没他，而且，由于其弟是李党，牛党还把他放至更僻远的睦州作刺史。

病急乱投医，杜牧忙向时为宰相的白敏中上书，大肆吹捧牛党，并恶毒攻击李德裕，十分不厚道。白敏中没什么反应，倒是有贵人出手相援，宰相周墀把他调回京城，任司勋员外郎。

回到政治中心，杜牧不久即大失所望，哀叹自己处于“水深火热”之中。虽然后来他得为知制诰一官，清显位重，但锐气尽失，暮气沉沉，不久即郁郁而终。一生沉沦，“半是悲哀半是愁”。

再讲一下文宗皇帝。

“甘露之变”后，唐文宗完全失去权柄，受制于阉宦。每天，虽然宴享音伎杂陈盈庭，他未尝解颜欢笑。闲居之时，或徘徊眺望，或独语叹息。

一次，他在集思殿与当值学士周墀聊天，问：“朕与前代皇帝相比，可以和哪位相提并论呢？”

周墀文臣，自然说“客气话”：“陛下圣明，可比尧舜。”

文宗苦笑：“朕怎敢与尧舜明主相比，我向爱卿询问，只是想知道我与周赧帝、汉献帝相比，强弱如何？”

周墀闻言大惊，手中酒杯都掉在地下：“那两个亡国之君，怎能与陛下相比！”

文宗摇头，叹息道：“周赧帝、汉献帝受制于诸侯、权臣，现在朕受制于家奴阉宦，以此言之，朕实不如二帝！”言毕，这位皇帝泣下沾襟。

839年，“甘露之变”四年之后，病中的唐文宗被宦官毒死，时年三十三岁。

得知文宗皇帝驾崩的消息，诗人李商隐有《咏史》一诗，伤悼文宗：

历览前贤国与家，成由勤俭破由奢。
何须琥珀方为枕，岂得真珠始是车。
远去不逢青海马，力穷难拔蜀山蛇。
几人曾预南薰曲，终古苍梧哭翠华。

此诗并非讽刺文宗奢侈，相反，诗人字里行间充满惋惜之情。

唐文宗一生节俭，又竭力用贤，只是“运去时穷”，误用小人，事与愿违，最终被“家奴”药死，含冤而逝。

乘时运智也立功

李德裕的“会昌之政”

唐文宗被宦官们下药后，还未咽下最后一口气，众位公公一路飞奔，在仇士良、鱼志弘等人的率领下，带兵入十六院，抢“拥立”之功，把文宗五弟颖王李瀍弄进宫去，立为皇太弟。

文宗皇帝的本意，当然是立自己的侄子——太子李成美。太监刘弘逸等人与穆宗的妃子杨贤妃关系不错，想拥立杨贤妃的儿子安王李溶。

深宫内殿，拼比的就是太监的实力，仇士良、鱼志弘二人手中有禁卫兵，又能抢先一步，矫文宗遗诏，颖王李瀍便成了皇帝，是为唐武宗。即位后改名为李炎。

唐武宗一继位，在仇士良的撺掇下，马上赐死了自己的弟弟安王李溶、侄子皇太子李成美小朋友（乃敬宗之子）以及安王的生母杨贤妃。

仇士良等人也趁机挟怨报复，杀掉不少和唐文宗关系密切的乐工和太监。

唐武宗虽袭位不正，却是个有魄力的君王，在他身上，既有唐宪宗的英武，又有唐穆宗、唐敬宗的贪纵，是个英君与昏君的混合体。其中，英武占了大半。

武宗继位后，以李德裕为相，对他言听计从，君臣二人的“会昌之政”，最大的功绩有两件：一是消灭回鹘残余势力，二是平灭昭义节度使刘稹叛乱。

武宗继位时，回鹘刚刚为黠戛斯（今柯尔克孜族）打败，除逃奔安西、吐蕃外，有不少余众逃向唐朝边境的天德军附近，侵逼受降城（当时名西城），“请求”内附。诸部回鹘喘定，立王子乌希特勒为可汗，即乌介可汗。

回鹘，就是回纥，宪宗元和四年时上表遣使改其国号为“回鹘”，意取如飞鹘一般“回旋轻捷”。

回纥也是匈奴别种，北魏时号“铁勒”，“依托高车，臣属突厥”（突厥之先乃“平凉杂胡”，原为柔然锻奴部落）。隋末号为“特勒”。史载，回纥人“性凶忍，善骑射，贪婪尤甚，以寇抄为生”。唐初时，特勒改称回纥。太宗贞观年间唐军大破颉利可汗，回纥酋长菩萨率五千骑兵助战，很受褒奖。不久，又随唐军掩击新主子薛延佗部落，并其部曲，占有其地。太宗以回纥部为瀚海府，拜其酋长吐迷度为瀚海都督、怀化大将军。对内，吐迷度已经自称可汗，官号部署模仿突厥。

后来，回纥上层发生乱伦弑主事件，诸部纷乱，太宗便命他们归属西突厥。见老主子已衰落，回纥不肯。高宗时代，西突厥可汗阿史那贺鲁反叛，唐军进击时收回纥五万骑兵，一起大破西突厥，收复北庭之地。接着，回纥还随唐军平高丽。

开元年间，回纥渐强，一度攻杀唐朝凉州都督。唐玄宗命郭知运等大将征讨，回纥退保乌德健山。天宝初年，其酋长叶护颉利吐发遣使入朝，被封为奉义王，不久，唐朝封其为怀仁可汗。

安史乱后，回纥开始在中国历史中扮演重要角色。唐肃宗在灵武称帝，回纥遣太子叶护带四千精骑入援，并帮助唐军收复西京长安。助战有功，回纥兵就想入城抢劫，被当时为广平王的代宗劝止。唐军收复东京（洛阳）后，回纥人冲入府库掠夺财帛，在市井村坊剽掠三日而止，所掠财物不可胜记。

乾元元年，肃宗以亲生女儿宁国公主下嫁毗伽可汗。临行，父女对泣，公主说："国家事重，死且无恨！"

唐朝宗室汉中王李瑀送亲至回纥，毗伽可汗戴胡帽、穿赭黄袍于帐中踞坐，盛陈仪卫，先让李瑀立于帐外。然后，他问："王爷您是天可汗（皇帝）的什么亲戚？"李瑀答："天子堂弟。"可汗又问："站在您上位的是什么人？"李瑀答："中使雷卢俊。"

可汗不爽，说："中使是奴仆阉人，怎能站在王爷上位。"

太监一听，吓得"跳身向下立定"。

正式见礼时，李瑀面对可汗，不拜而立。

毗伽可汗不悦："我也是一方国主，你为何不拜礼我？"李瑀不卑不亢："大唐天子以可汗有功于国，嫁亲生女儿给可汗。从前中国与外蕃和亲，名为公主，实为宗室女。宁国公主，天子亲女，才貌双全，远行万里来下嫁。依礼可汗您是唐天子女婿，怎能高坐卧榻受诏命呢？"

毗伽可汗终于立身而起，恭受诏命。

不幸的是，转年四月，毗伽可汗病死。当时他的长子叶护已经因事被杀，次子得立，为登里可汗。登里可汗及一班回纥贵族想以宁国公主殉葬，公主不从，说："依我们中国礼法，夫君死，持丧三年。回纥娶天朝子女，须依中国法。如依回纥礼法，何必我迢迢万里来结婚！"

登里可汗不敢违迫，但宁国公主也依回纥礼，剺面大哭，并在丧礼后黯然归国。金枝玉叶，绝色红颜，本想与老可汗生出个小可汗巩固唐朝和回纥的关系，如今一切皆成泡影，玉貌还因丧礼被划了几刀，毁容而归。

代宗继位后，回纥在唐朝叛将仆固怀恩的诱引下，倾国而来，连诸虏二十余万，与吐蕃进逼泾州。幸亏老将郭子仪单枪匹马，叱责回纥背恩忘德，最终劝说这些豺狼反击吐蕃。

代宗大历年间，回纥使臣在京城有数百上千人，好吃好喝好住不说，还常常擅出市肆，掠人财物，抢人子女。如果有唐朝官员对他们加以禁止，这帮强贼竟敢武装上马，进攻皇家宫府，并入狱劫囚，为害甚烈。

但是，回纥人还是怕硬茬儿。大将辛云京守太原，回纥连并州、代州的边境也不敢去骚扰。

回纥兵帮了唐朝几次小忙，索求无厌，以卖马为名，勒索唐朝财帛金宝无数。唐朝每年都“欠”回纥马钱，越欠越多，不仅白送对方数万匹绢，日常支出的马价也要二三十万匹绢，给国内造成沉重负担。而且，回纥人还杀害许多汉人，要东西不给就抢。同时，回纥阻绝北庭、安西到唐朝进贡的使臣，截抢财物。

宪宗时，为抵御吐蕃，唐朝又遣太和公主与回鹘和亲。公主万里迢迢，进入毡帐换上胡服，拜见回纥可汗，可汗坐而直视，全无从前拜礼的规矩。唐朝送行使者回国前，公主送宴，流连号啼竟日，玉貌朱颜，凋零黄沙。

等到唐文宗时代，回鹘内讧，被黠戛斯打得大败星散。此时，太和公主仍活着，被黠戛斯俘获。黠戛斯自称是汉朝李陵之后，特别是他们当中有“黑瞳”的，肯定是李将军苗裔，所以，现在见到柯尔克孜人，如果有黑眼珠的，说不定就是那位传奇人物李陵的后人。

由于自认与李唐皇族同姓（李唐自称是李广之后），黠戛斯派使臣

保护太和公主还唐朝，中途被回鹘的乌介可汗所劫，尽杀使臣，以太和公主作为人质，向唐廷索要天德城为根据地。

唐武宗初即位，即遇如此棘手问题。天德军监军田牟想立功，上奏要求引连沙陀等部击逐回鹘。

李德裕很审慎，作为泱泱大朝宰相，他建议："回鹘有功于唐，穷无所归，可赐其粮食，观其所为。"

最主要的，是因为当时唐朝天德守军才一千多人，李德裕怕击寇不利反被劫夺。于是，唐朝先赐予回鹘二万斛谷粮。

乌介可汗虽是败亡之余得立的可汗，但阴险凶狠，并吞诸部，很快又拥有十余万众。

《职贡图》 宋摹本

会昌二年，又有回鹘部落进袭幽州时被卢龙节度使张仲武击败，未死的三万多人向幽山的唐朝守将归降，其首领数位被赐以国姓，有李思忠、李思贞、李思义、李思礼等人。

乌介可汗在天德军、振武军之间往来剽掠，抢夺汉人、羌人的财物。唐廷多次诏谕，让回鹘军众退还漠南。乌介可汗不仅不听，反而率军突入大同川，驱掠数万牛马，一路烧杀抢掠，直逼云州城门（古平城）。

于是，忍无可忍之下，唐廷下诏发陈州等五州兵屯备太原，并命振武、天德两军待转年春天合军驱逐回鹘。

由于唐廷指挥有方，刘沔、张仲武、李思忠等人各得其用。这些将领又严命奚族和契丹各族斩杀先前回鹘强盛时派驻的监使，削弱回鹘的外援和供给。

会昌三年（843 年）春，回鹘乌介可汗率兵侵逼振武军，刘沔遣丰州刺史石雄与沙陀、党项兵合军，准备先发制人出击回鹘。

石雄至振武城，远望乌介可汗大兵还未齐结，又见有毡车数乘，出入其间的人皆衣朱碧，很像唐人服色。派出间谍侦探，才知是太和公主营帐。于是，石雄派人密报公主："现将迎公主归国，突战之时，请驻车勿动。"

当夜，石雄率兵从城下凿洞潜出，直击乌介可汗主帐。大惊之下，乌介可汗跳上马就跑，尽弃辎重，余众也趁乱哄逃，石雄派人连夜追击，在杀胡山（黑山）大败回鹘残兵，乌介可汗只与数百骑逃走。辗转辛苦多年，太和公主终于得返长安。

此次奇袭战，唐军斩首一万多，俘两万多帐、数万回鹘余众。为了斩草除根，李德裕还亲自为武宗起草诏书，赐黠戛斯可汗，称："回鹘凌虐诸蕃，可汗能复仇雪怨，茂功壮节，近古无俦。今回鹘残兵不满千人，散投山谷，可汗既与为怨，须尽歼夷。倘留余烬，必生后患！"

黠戛斯可汗见唐朝册封自己，又称亲族又赐金宝，更加卖力地四处剿杀回鹘残兵。

不久，本来已经向唐军投降的三千多回鹘人及四十多酋长在被遣散时，大呼不从，在滹沱河扎营不走，皆被刘沔派兵包围，杀个一干二净。虽然乌介可汗本人在三年后才被部下所杀，但至此回鹘已经衰散四迸，再也不成气候。

会昌三年夏天，昭义节度使刘从谏病死，临终，他以弟弟刘从素之子刘稹为己子，嘱其妻裴氏要保全藩镇。刘从谏一直因"甘露之变"上表索杀仇士良等人，与唐廷不睦，怕自己死后朝廷秋后算账。因此，刘从谏死后，刘稹自称留后。

消息传来，武宗皇帝令群臣廷议，多数人认为回鹘余敌未灭，再兴兵讨伐泽潞，军力耗费不起，应该下诏让刘稹代理节度使。

李德裕力排众议，认为：“泽潞藩镇与河朔藩镇不同，地处心腹要地，一直为朝廷平乱灭害，敬宗时没有远见，允许刘悟死后让其子刘从谏承袭。假如刘稹又能父死子袭造成既成事实，四方藩镇有样学样，天子威令肯定无人禀遵！”

武宗皇帝沉吟，问李德裕是否有把握平灭刘稹。

李德裕知道武宗主要是忧虑河朔藩镇会声援刘稹，便开导说：“现在应派遣重臣去镇冀王元逵和魏博何弘敬两处藩镇晓以利害，告诉他们河朔藩镇的父死子袭已成定例，但对泽潞藩镇朝廷绝不会放任。同时，诏命两镇出兵，事平之后，不仅有重赏，还能彰显尊荣朝廷的忠心。”于是，李德裕代唐武宗草诏，词语直率、恳切，王元逵、何弘敬得诏，悚息听命。

同时，唐廷宣布削夺刘从谏、刘稹的官爵，并以王元逵为泽潞北面招讨使，何弘敬为南面招讨使，与河东节度使刘沔、河阳节度使王茂元一起攻讨刘稹，并严令诸道不许接受刘稹投降。同时，唐武宗派遣宗室、御史中丞李回宣慰河北三镇。何弘敬、王元逵、张仲武三人皆戎服郊迎，站立于道左恭候。李回也挺能干，他明辨有胆气，三镇无不奉诏。

不久，见何弘敬出兵迟缓，李德裕就劝武宗诏命王茂元向魏博方向移动。

见朝廷军队向自己的地盘渗透，何弘敬大惊，怕引起内部军变，仓皇出师，进逼刘稹，并上表讨好朝廷说自己已经渡过漳水，直杀磁州。

很快，魏博军攻拔肥乡和平恩两县，与刘稹正式撕破脸皮。

为了使战事更加顺利，唐廷又在关键时刻撤换文官出身、不大懂打仗又有病在身的王茂元，以王宰代领其职。

其间，曾大败官军的刘稹军将薛茂卿因不获升迁产生怨恨，暗中投降王宰，并约唐军里应外合进攻泽州。王宰不敢相信对方是真投降，错失一次绝好机会。

刘稹知道消息后，把薛茂卿骗至潞州，整族杀个干净。

因亏欠军饷，属于河东军镇的太原发生兵变，唐廷陷入两难境地。

犹豫之际，又是李德裕为武宗皇帝分析形势，指出太原叛兵人数少，兵变不久就会平定；刘稹本来就要支持不住，万不可给机会让他绝处逢生，自损朝廷威命。

果然，河东军镇戍榆社的将士听闻朝廷要命令其他藩镇的军队去太原讨灭叛军，很怕这些“客军”趁机屠杀自己在太原城内的亲属，便自告奋勇，拥监军吕义忠返军回城，攻入太原，尽杀叛乱的兵卒。不用唐廷出兵出饷，太原兵变就此轻易地得以解决。

枝节问题得以解决，唐军诸路军兵专心讨战刘稹。刘稹的心腹大将高文端向唐军投降，尽言贼中虚实，并出了一个又一个“好主意”。唐军拿下不少泽潞地盘，步步逼近刘稹。

很快，泽潞邢州有“夜飞”之称的精锐守军因主将贪财，军士哗变，杀掉主将向王元逵投降；洺州守将王钊向何弘敬投降；磁州、尧山两处贼将也向唐军投降。

李德裕得报后，对武宗说：“昭义军的根本尽在山东，现在磁、邢、洺三州降服，其老巢上党很快就会有变故发生。”

为了防止魏博、镇冀两个藩镇把三州当成自己地盘，李德裕劝武宗立刻诏任山南东道节度使卢弘兼任昭义节度使，让他乘驿赴镇。

潞州的贼兵贼将听闻山东三州皆降，大惧失色。一直给刘稹出坏主意搞割据的郭谊、王协等人便想杀刘稹以自赎。

刘稹本是一个二十岁出头的毛头小伙子，原先为他谋划抵拒朝廷的郭谊现在掉回头算计他，自然是容易之事。刘稹的远房堂兄刘匡周兼任军中押牙使，即是军府护卫军主将。郭谊知道有这个人守大院不好下手，便劝刘稹说：“刘匡周在牙院暴横，诸将不敢言事，山东之失，实由此人。如果把他罢职，诸将肯定会献计献策，对军中有利。”

刘稹听话。他叫来这位堂兄，让他自己“称疾不入”。刘匡周固谏，刘稹不听。

刘匡周长叹：“有我在院中，诸将不敢有异图。我交出护军，刘家宗族灭亡不远了。”

弄走了刘匡周，郭谊又派自己人董可武去劝刘稹向朝廷投降。

刘稹大惊：“现城中还有五万劲卒，干吗不战而降？”

董可武说：“您现在束身归朝，最小也会弄个大州的刺史当当；可任郭谊为留后，等您的新任命一下来，我们再奉太夫人以及您的宗族和所积金帛迁居东都洛阳享福。”

刘稹以为此事可行，就入后厅与母亲裴氏商议。裴氏叹息道：“归朝诚为佳事，但恨已晚。吾有弟不能保，安能保郭谊！汝自图之！”

刘稹头脑不灵，白衣出门，以裴氏的名义任郭谊为都知兵马使。王协引领诸将在议事厅列队，见证了军权交接仪式。

交出印信后，刘稹入后宅，收拾行装财物。刘稹唯一的“忠臣”宅内兵马使李士贵听说此事后大怒，忙率数千护兵进攻郭谊。

郭谊从牙署院墙探出头，大叫：“大家何不入刘宅自取财物，奈何与李士贵同死！”

这一句话还真管用，众军士掉转刀枪，反而把李士贵杀掉。

郭谊连夜部署，该赏的赏，该关的关，很有统领风采。

转天一大早，郭谊让董可武把刘稹骗入别院，参加“告别酒会”，酒酣耳热之际，有两人牵住刘稹的手，一人从背后一刀，杀死刘禛。然后，他们派军兵把刘稹的宗族（包括刘匡周在内），杀得一个不剩，婴儿不免。同时，还杀了平素与刘氏父子关系不错的军将、幕僚十二家。凡军中平日与自己有小嫌者，郭谊日有所诛，流血成河。

接到刘稹的首级和郭谊的降书，武宗召李德裕等朝臣议事，言及如何处理郭谊的问题。

李德裕表示：“刘稹孺子，阻兵拒命，郭谊亦为主谋；待至势孤力屈，郭谊又杀刘稹以求赏。此人不诛，何以惩恶！应该趁诸军在境的机会，把郭谊一起诛杀。”

武宗也点头：“朕意亦以为然。”

郭谊诸人没有等到“旌节”，却被唐军捆上押入长安，皆当众斩首。比起当年为吴元济出坏主意的淮西军将董重质，郭谊真是同人不同命。

历史大家司马光对宪宗和武宗的做法皆不以为然：“赏奸，非义也；杀降，非信也。失义与信，何以为国！”

无论怎样，唐武宗、李德裕君臣协力，竟也能“以贼攻贼”，借用藩镇军队，平灭了刘稹。

灭回鹘残兵，定泽潞藩镇，唐武宗确实可当得起一个“武”字。

矫枉过正行“灭佛”

武宗君臣兴道毁佛始末

中国历史上曾大规模铲除佛教的“三武一宗”四个皇帝，“三武”即是指北魏太武帝拓跋焘、北周武帝宇文邕、唐武宗李炎，那一个“宗”是指周世宗柴荣。

唐武宗、李德裕君臣“灭佛”，诏书上的动机看上去很冠冕堂皇，且不无道理：

> 今天下僧尼，不可胜数，皆待农而食，待蚕而衣。寺宇招提，莫知纪极，皆云构藻饰，僭拟宫居。晋、宋、齐、梁，物力凋瘵，风俗浇诈，莫不由是而致也。

诏令一下，全国拆毁佛寺四千六百多所，僧尼还俗二十六万零五百人，寺奴遣散十五万余人，皆收充两税户，并从昔日寺院手中收回膏腴良田数千万顷，充为公田。

究唐武宗“灭佛”之由，动机并非像诏书所称那么高尚。武宗皇帝本人与李德裕皆崇信道教。特别是为武宗“炼丹”的道士赵归真等人，日夜劝说武宗毁佛。武宗皇帝天天登上宫中一百五十尺高的“登仙台”，总想一下子飞升得道，结果当然啥事也没有发生。

道士赵归真趁机说：“现在国中道教和释教并行，我总是看到黑气冲天，阻碍圣上成仙……”

这句话最管用，武宗皇帝成仙心切，马上下发谕旨。历朝历代，一门宗教再强盛，也是为统治者服务，不可能凌驾于皇权之上。如果“老板”怒了，拍案一喝，作为帝王权杖装饰的宗教只有挨宰的分儿。

拆毁无数佛寺，同时又兴建无数道观，一出一进，仍旧浪费无数。为此，大儒王夫之就慨言：“岂可以举千年之积害，一旦去之而消灭无余哉？”

而且，佛教当时不仅与士大夫有千丝万缕的联系，内廷握有重权的太监们大多都是虔诚的佛教徒。从高力士开始，鱼朝恩、李宪诚、吐突承璀、杨思勖、李辅国、仇士良等有权的大太监，无一不信佛（当然，这也和太监多充任“功德使”有关，本身他们自己就掌管“宗教事务”）。

宦官信佛，主要是佛教宣扬因果报应，众生平等。这让公公们很崇迷，以为此生大撒金钱拜佛，来世即可变为正常男子并深享荣华富贵。反观道教，在宫廷中总是教唆皇帝修身养性，健体调生，这对宦官们没有任何吸引力——大力丸吃得再多，也没有地方可使。

而且，道教传说中的众神等级森严，俨然是世俗的翻版，皇帝仍是皇帝，太监仍是太监，即使升仙上天，仍旧是伺候人的奴才。由此，太监们对与他们争宠的道士十分憎恨。武宗灭佛，实际上也加剧了禁庭内的暗斗。

会昌五年（845 年）秋天，由于吃进不少道士奉献的“金丹”，武宗皇帝的身体一天比一天差，不仅上朝次数急剧减少，连出外打猎游玩都很少见。

武宗如此不舒服，道士们还进贺，说："陛下如今体内小恙，是仙丹产生了功效，您正在换骨过程中，不久即可成为万岁仙体。"

为了能使御名更符合五行相生相克之理，武宗皇帝改名为李炎，即取火能生土之意。"土"未生成，不久武宗皇帝倒是入了土。

"金丹"皆是剧毒矿物质结晶而成，人的身体根本无法承受。会昌六年（846年）四月，唐武宗终于因服"仙丹"而驾崩，终年才三十三岁。

武宗皇帝的死亡，以及灭佛的"三武一宗"的另外三个皇帝的死亡，皆被某些佛教信徒称为"报应"，似乎是得罪了佛祖什么的才到地狱报到。其实，这些话完全是"不厚道"的诅咒谩骂。

纷乱之余，又是居于禁中统领禁卫军的宦官们为抢拥戴之功，矫诏迎立宪宗第十三子"皇太叔"光王李忱为帝，是为唐宣宗。

唐宣宗即位时，已经三十七岁。此人小时候在皇族中有"大傻子"之称。文宗、武宗兄弟在十六宅王爷府第宴饮时，常常故意逗他说话，以惹大家欢笑，虽然"光叔""光叔"地叫，实际上是拿这位光王当成茶余饭后的笑话。尤其是唐武宗，有事没事就踹这位"光叔"一脚、扇他一耳光或遣宦官逗这位王爷玩耍找乐。

"光叔"当了皇上，顿露"狰狞"面目，他先杖杀道士赵归真等数人，又下诏恢复天下佛寺。

为报父皇宪宗被杀之仇，宣宗派人毒死了郭太后。经历了宪宗、穆宗、敬宗、文宗、武宗、宣宗六朝的郭太后，竟不得善终。

一朝天子一朝臣，唐宣宗大肆起用牛党，把李德裕一贬再贬，东都、湖州、崖州，最终把这位会昌功臣贬死在"天涯海角"。

刚贬潮州时，李德裕还作《谪岭南道中作》一诗：

岭水争分路转迷，桄榔椰叶暗蛮溪。

愁冲毒雾逢蛇草，畏落沙虫避燕泥。
五月畲田收火米，三更津吏报潮鸡。
不堪肠断思乡处，红槿花中越鸟啼。

此诗情景交融，思乡深切，但仍强作宽解。很快，严贬诏令又下，老宰相不得不举家上路，被押往崖州安置。惨伤之余，李德裕作《登崖州城作》一诗，绝望之意，表露无遗：

独上高楼望帝京，鸟飞犹是半年程。
青山似欲留人住，百匝千遭绕郡城。

青山果留人在此。李德裕不久后就病死在这蛮荒之地，其年幼二子也因水土不服相继病死。定泽潞、却回鹘的一代名臣，下场竟如此凄凉不堪，着实让人感慨不已。所谓“功成北阙，骨葬南溟”，悲夫！

唐宣宗李忱虽然刚忍冷酷，为政却很清明。他在位的十三年间，不仅善于纳谏、知人善任、抑制宦官，而且因张议潮来归之机，一举收复沙州（今甘肃敦煌）、瓜州（今甘肃安西）、伊州（今新疆哈密）、西州（今新疆吐鲁番）等数州，重新获得了河西走廊的控制权，号称“大中之治”，唐宣宗本人也赢得了“小太宗”的美誉。

但是，唐宣宗时代的统治又是“小昭而大聋，官欺而民敝，智攫而愚危，含怨不能言，而蹶兴不可制”（王夫之语）。

所以，唐帝国的这段瞬间辉煌恰似回光返照，很快就走到了尽头。

我花开后百花杀

“黄巢之乱”

法门寺，因为佛指舍利和秘色瓷的出土，在如今的中国非常出名。其实，远在唐朝，它已是赫赫有名的皇家寺庙。北魏时，已有史籍明文记载官方正式在当地开塔礼瞻佛祖舍利；隋朝仁寿年间，也有过类似的祭拜活动；唐朝建立后，这一供有真身舍利的寺庙，定名为“法门寺”。

贞观五年（631 年），唐太宗诏命岐州刺史开塔瞻拜；唐高宗显庆五年（660 年），唐廷大具仪仗，奉迎佛骨于洛阳朝拜；武则天长安四年（704 年），迎奉舍利入宫供养；而后，唐肃宗、唐德宗都把佛骨迎入皇宫瞻拜祈福（相对而言，这两次动静都不太大）；唐宪宗时，皇帝不顾韩愈的极谏，以万乘之尊亲迎佛骨舍利。但是，宪宗没有行好运，一年后即被宦官所弑；唐懿宗咸通十四年（873 年）春，皇帝下敕派使臣到法门寺迎佛骨，群臣纷纷上谏，并有人提到宪宗迎佛骨后不久即遇弑的不祥。唐懿宗讲：“朕生得见之，死亦无恨。”还真让他说对了，几个月后，这位皇帝病死，时年才四十一岁；转年，唐僖宗乾符元年（874 年）正月十五，唐廷以皇帝名义封闭法门寺地宫。

从北魏到唐僖宗乾符元年的数百年中，佛骨舍利被“瞻拜”过多次，但各个王朝均未能改变它们交相更替的命运，一心拜佛的皇帝们不是遭遇多事之秋，就是迅速死亡。唐僖宗继位时才十二岁，也看了一次佛骨，后来成为唐王朝最昏淫的君主。而且，导致唐朝最终灭亡的“黄巢之乱”也暴发在他的统治时期，虽然僖宗死后接着有昭宗、哀帝，但真正亡唐的，正是唐僖宗。

法门寺佛骨被封闭后，地面宝塔在明朝时损毁。万历皇帝信佛，下诏建起一座高达三十七米的精丽砖塔。清朝顺治年间，因地震，砖塔开始倾斜。一直到 1939 年，才有人捐资修葺此塔。1981 年，砖塔再次崩塌。1987 年 4 月，当地政府在拆掉倾斜的剩余塔身时，意外发现了塔下的地宫。

经历了一千一百一十三年的密封，唐僖宗时期封存的宝物得以重见天日。在两千多件文物中，有四枚佛骨舍利、御用金银茶具、秘色瓷、金花锡杖，以及盛装舍利的“宝函”——皆是罕见的稀世珍物。这一考古发现，当时轰动了全世界。面对如此之多的稀世珍宝，不禁使人的思绪又飘飞至大唐……

少年帝王手中的老大帝国

唐僖宗的荒嬉与时政的糜烂

873 年秋，唐懿宗病入膏肓。掌握禁卫军的两个宦官头目刘行深和韩文约为了获取“拥立”之功，潜迎年仅十二岁的唐懿宗第五子普王李俨（后改名为李儇）为皇太子。同时，杀掉其余几个王子，只留下李俨的六弟吉王李保和七弟寿王李杰，估计是看这两人当时年纪小，其母出身微贱又早死，没有什么威胁。

可见，随着时间推移，宦官们的心机越来越深，在贪求拥立之功的同时，他们还“深谋远虑”，不再扶立年长的王子为帝，以免这些人立定之后再杀掉自己。

少帝年幼，易于控制，又可自小就向他灌输“公公是翼护元忠”的理念，这样一来，宦官被杀的风险就降至最低。

很快，唐懿宗就“崩”了，皇太子李俨继统，是为唐僖宗。僖宗少年为帝，第一件事是追尊其母王氏为皇太后，第二件事就是封二位拥立自己的宦官为公爵。

唐僖宗少年天子，自幼无贤德师父教养，知书学算外加性启蒙全赖一个名叫田令孜的宦官。田令孜是蜀人，原姓陈，咸通年间认一个姓田的宦官为义父，故改姓田。此人颇知书，有谋略，是个“知识分子”型的太监。

小人如果有才，那就是坏上加坏。当然，如果身为普王的李俨当不上皇帝，田令孜只不过是宫中一个小马坊使。李俨当了皇帝，马上委任这位心腹太监为“中尉”，让他掌握禁军大权。

“中尉”一词不同于现在的军衔，在唐朝即“禁卫军司令”，是内廷大太监所独有的官号。

唐僖宗对田令孜一万个放心，朝政大事皆委任田令孜办理，并呼其为“阿父”。

这位“皇干爹”自然是气焰熏天，招权纳贿。他与几个心腹任意授官，空白委任状有的是，谁献宝多谁的官儿就大，根本不和唐僖宗打招呼。每次与僖宗相见，田令孜皆自备两大盘果品鲜货，与僖宗相对饮啖，从容而坐。爷儿俩默契，话也不多，只是你看我、我看你相对大嚼，没有任何君臣尊卑之分。

当然，除了官赏爵赐田令孜一个人说了算，让小皇帝在“生活”上高兴也是田令孜的主要工作之一。少年皇帝大手大脚，赏赐宫廷乐师、杂技师，每次都是万两金银以上，皇宫内府很快就花空了。田令孜就劝僖宗以征税为名巧取豪夺商人及市民手中的宝货，只要有诉冤的百姓，皆付京兆官员杖杀。皇帝、官府比强盗还厉害，不仅是明抢，对方稍有不愿意还要人性命。

自宰相以下，众人缄口，莫有敢言。

法门寺塔

唐僖宗继位之时，宦官专权，官府腐败，上下相蒙，百姓流殍，无所控诉，相聚为盗，所在蜂起。此外，州县兵少，加以承平日久，人不习战，每遇战斗，官军多败，完全是隋朝末年的翻版。

僖宗乾符元年年底，濮州人王仙芝就在长垣（今河南长垣）聚众起兵。由于当时盗贼众多，一波未平一波又起已是常态，唐廷上下皆没怎么在意。

但是，没过数月，曹州冤句人黄巢率数千人也起兵响应王仙芝。

这两位贩私盐的老朋友，终于联手敲响了唐王朝的丧钟。

当时，唐廷对于王仙芝、黄巢这样的“盗贼”并未留意，注意力都集中在入侵蜀地的南诏方面。

唐朝初年，在今天云南洱海一带分散着六个较大的部落，称为“六诏”。最南面的“蒙舍诏”在唐廷支持下相继吞并其他五诏，统一了洱海地区。唐玄宗时，为了依靠南诏军力牵制吐蕃，诏封南诏酋长皮逻阁为云南王。

唐玄宗后期，羽翼渐丰的南诏王阁罗凤（皮逻阁之子）依惯例谒见唐朝地方官张虔陀。这位刺史竟然调戏土王的漂亮老婆。一怒之下，阁罗凤杀掉张虔陀，攻取姚州及诸夷州三十二城。当然，事后又害怕，土王哀求剑南节度使鲜于仲通给自己机会“改过”。鲜于仲通不许，欲血洗南诏。

唐廷上下震怒，下令征讨，南诏于是与昔日的敌手吐蕃联兵，在天宝十年（751 年）大败八万唐军于洱海。天宝十三年（754 年），南诏大败七万多唐军。

不久，“安史之乱”爆发，唐廷无暇南顾，阁罗凤乘机占有了整个云南地区。代宗大历十四年（779 年），阁罗凤的孙子异牟寻与吐蕃合兵二十多万，直入西川，准备夺取成都。

德宗继位后，唐军大将李晟统兵南下，大败南、吐联军。德宗贞元十年（794 年），南诏又臣附唐朝，双方“和好”。

和唐朝好了，自然要和吐蕃翻脸，南诏王忽然发兵，在神川（今云南中甸）大败吐蕃，杀死、俘虏吐蕃十来万人。到了文宗大和三年（829 年），南诏权臣嵯颠杀掉异牟寻的孙子后又起兵叛唐，并攻陷成都外城，掠获数万士女、工匠及金银财宝而去。但不久他“谢罪称臣”，双方立约仍维持表面的友好关系。

唐宣宗大中十三年（859 年），南诏王世隆继位。这位南蛮的名字正犯唐太宗、唐玄宗（李世民、李隆基）两位皇帝的名讳，唐朝就未予册封承认。南诏王世隆大怒，反正天高皇帝远，索性就自称皇帝，国号为“大礼（理）”。

接着，安南土著勾结南诏兵攻陷交趾，与唐朝正式开启新一轮战争。

唐廷任高骈为安南都护，一年之内，即收复安南郡邑，把南诏赶回旧地。僖宗乾符元年（874 年）年底，南诏又入寇西川，陷黎州，攻雅州，并打到新津，蜀地士民大恐。唐廷便起任时为天平节度使的高骈去西川击南诏。

高骈的祖父高崇文大名鼎鼎，是宪宗朝平定西川刘群的大功臣，当时得封南平王。其父高承明，也是唐朝禁卫军高级将领。都说“三世为将不祥”，但这高家三代为将，至此还未见蹉跌。

高骈青年时代曾率万余禁兵击走党项羌人，并在抵御吐蕃时屡屡建功。安南之战，高骈指挥得当，所向克捷，迁检校工部尚书。成都告急，朝廷又派他为成都尹。高骈对曾是自己手下败将的南诏兵一点儿也不在意。

南诏兵将正攻雅州，听说高骈来，吓得马上解围遁逃。

入据成都后，高骈立派五千步骑追击南诏兵，边追边杀，边杀边追，一直追到大渡河，在南诏入蜀的各处战略重地皆筑城派兵守戍，自此南诏不敢入寇。

二十多年后，南诏政权才为其宰臣汉人郑买嗣推翻，南诏灭亡。

高骈善用兵，却好“妖术”，笃信左道旁门。每次追击南诏兵，他都在大半夜召集将士，烧焚纸人纸马，高抛小豆，嘴里念念有词：“蜀兵怯懦，今遣玄女神兵前行。”此举，不仅得罪了当地蜀籍兵士，他自己所率兵将也不悦，明明是大家血战成功，这样一来好像是高骈一人“跳大神”取胜。同时，高骈得胜后，在蜀地严刑峻法，蜀人皆不悦。

因此，乾符二年（875年）四月，成都被招募并“右职优给”号为“突将”的蜀籍军将因被高骈追交“任职官牒”和停止粮饷而作乱，大呼冲入府署，吓得高骈躲入厕所才没被杀掉。

高骈自带的天平军将闻讯赶来，与蜀地的地方军（“突将”）开打，双方都没占到便宜。不久，监军宦官出来讲和，许诺提高蜀籍兵士的差饷，“突将”们才肯还营。天平军将好面子，开营复出，作追逐之势，但未敢与蜀籍“突将”打斗，而是冲入一个操场工地，把数百役夫杀个干净，提上血淋淋的人头诣府门，声称“已诛首乱者”。

高骈将错就错，厚以金帛赏之。转天一大早，他还张贴榜文向蜀籍“突将”道歉，又升职又加饷。暗地里，高骈密令天平军将士轮流在府中值班严备，派人把当夜参加袭击府衙的蜀籍军将名字一一登记在册，准备日后算账。

过了两个多月，布置妥当后，高骈派数千军士连夜掩捕“黑名单”上的“突将”，攻围其家，挑墙破户而入，无论老幼孕病，全部杀掉。婴儿或扑于阶，或击于柱，杀得流血成渠，号哭震天，一时间数千人被杀死。

一“突将”妻子被杀前大骂：“高骈，你无缘无故削夺有功战士功名、衣粮，激成众怒，幸而得免，不仅不反省己罪，反而使诈屠杀无辜，天地鬼神，岂能容你！我死之后，必诉于上天，使你高骈日后全家屠灭如我今日一样！”

高骈杀得兴起，还想族杀从边城戍防回来的蜀籍将士，好歹被手下参谋劝止。高骈的寡恩残暴，由此可见一斑。

虽如此，朝廷嘉其击退南诏有大功，晋升为检校司徒，封燕国公。

按倒葫芦又起瓢。蜀地刚刚消停，王仙芝、黄巢等人越闹腾越欢，在山东境内横行攻掠，聚众数万，当地不少居民因久困于唐廷重赋之苦，争往归附。

盐贩子纵横天下

黄巢势力的坐大与唐朝内部势力的争斗

僖宗继位后，少年天天玩乐不辍，根本不知道自己正坐在火山口上。

藩镇割据、宦官专权、“牛李党争”，这些上层内斗不算，苛捐杂税已经压得一般小民喘不过气来，许多老百姓连盐都吃不起，只能淡食粗粮维系生活。

盐税是唐朝政府收入的重要进项，盐禁甚重，贩盐一石以上皆处死。在这种情况下，如同贩毒组织常怀鱼死网破之心一样，贩盐者多结帮成伙，武装贩盐，其实就为日后暴动做了军事方面的“预演”。

唐末盐税、茶税、酒税高得惊人，这些看上去似乎与农民无甚关联。但仔细一想，上述种种都是生活必需品，农民要购买，重税就间接转嫁到他们身上。皇帝、皇戚、各级官僚，奢侈无度，敲骨吸髓，军旅又无日不兴。食禄人多，输税人少，天灾人祸，致使民乱兵变风起云涌。

唐懿宗时期，已经有浙东裘甫之乱和桂林庞勋为首的戍卒兵变。庞勋被杀后，其余众散游于兖、郓、青、齐数州之间，而王仙芝、黄巢等人起事之初，这些残卒的加入，无疑是火上浇油。

黄巢是个数辈贩盐走私的富家子。史载他“善击剑骑射，稍通书记”，与事实有所出入。其实，黄巢屡考进士，只是数年未得中，应该是个有一定文化修养的人。

《全唐诗》中，存有黄巢两首诗：

飒飒西风满院栽，蕊寒香冷蝶难来。
他年我若为青帝，报与桃花一处开。

（《题菊花》）

待到秋来九月八，我花开后百花杀。
冲天香阵透长安，满城尽带黄金甲。

（《不第后赋菊》）

诗中充满豪阔的暴戾之气，杀意阵阵，但有雄迈意境。古往今来，咏菊的人不多，黄巢以偏门入诗，诗格虽不高，却也能流传千古。

王仙芝、黄巢、尚让等人屡战屡胜，当时又有“金色蛤蟆争努眼，翻却曹州天下反”的歌谣，天下骚动。

盗贼横行于陈、许、襄、邓数州，胁迫当地民众，号称三十万。一路裹胁之下，竟于乾符三年（876 年）七月攻陷江陵。

大惊之下，唐廷慌忙派神策统军使宋威为荆南节度招讨使，以中使杨复光为监军，率诸路大军前往征讨。

宋威师出克捷，在沂州城下大破王仙芝大军。王仙芝等强盗头子也忽然消失。宋威得意忘形，奏称王仙芝已死。遣散诸道官军后，回青州休整。

京城方面，百官皆入贺。刚刚过了三天，王仙芝再率人四处剽掠，唐廷才知道对方还活着，下诏发兵。不久，王仙芝攻陷汝州（今河南临汝），刺史王镣也被活捉。东都洛阳大震。

接着，王仙芝率军攻掠申、光、庐、寿、舒等州，并在蕲州生俘刺史裴偓。裴偓是宰相王铎的门生，王镣是王铎的堂弟，二人感念王仙芝不杀之恩，搭桥牵线，通过王铎的争取，希望朝廷赦免王仙芝并赐官。

王铎力排众议，终于说服僖宗，以王仙芝为左神策军押牙兼监察御史，并派中使带告身（委任状）前去举行授礼。

跪听大太监宣敕，王仙芝很高兴。本来是个该诛九族的强盗，现在变成“中央干部”，真是转祸为福。

他高兴，有人怒了。

黄巢等人一直跪在厅中，等着对自己的赦免令和封赏。但是，太监只宣读了王仙芝一个人的任命，其他人只字未提。

黄巢又恨又恼，急火攻心，挺身向前，大喝道：“你王仙芝一个人投降，自己得官，其余五千人怎么办？既然如此，你自己入朝，把兵交给我指挥。”

急怒之下，黄巢对着王仙芝的脑袋连挥老拳，打得王仙芝头破血流。贼兵贼将趁势闹气，皆于阶下鼓噪喧哗。

见众怒难犯，王仙芝遂不受命，翻脸下令贼兵大掠城内，对城内百姓半驱半杀，焚烧庐舍。混乱之中，裴偓和敕使借机逃出，王铎的堂弟王镣仍被拘押。

由此，贼军分为二股，王仙芝、尚君长进掠陈州、蔡州；黄巢北掠齐州、鲁州，并攻入郓州，杀唐朝节度使薛崇。

乾符五年（878年）十一月，在唐廷招讨副使杨复光的劝谕下，王仙芝派尚君长等人向官军投降。这王仙芝也是死催，他一面向杨复光投降，一面又向唐将宋威写信求封节度使。

宋威嫉妒杨复光的招降之功，忽然发兵擒取本来已经投降的尚君长等人，在狗脊岭斩杀了这几个已经“弃暗投明”的贼头，然后上表说是战斗中生擒后才杀掉他们。

王仙芝听说自己派去投诚的大将被杀，怒极之下，返攻洪州（今江西南昌），被宋威候个正着，在黄梅（今湖北黄梅）被打得大败。

王仙芝运气差，阵中被杀，脑袋也被送入长安报功。

宋威杀降之举，更“坚定”了黄巢等人造反到底的决心。尚君长之弟尚让率残众与黄巢会合于亳州（今安徽亳县），推立黄巢为“冲天大将军”，建元“王霸”。

哀军必胜，黄巢连克沂州、濮州。不久之后，黄巢连连战败，朝廷授其为右卫将军并令率部至郓州解散。但他再也不上当，四处转战，陷朗州、岳州，大掠宋州、汴州等地。

手中握有河东、山东聚集的十多万人，黄巢信心倍增，转入淮南，打游击战，进攻虔州、吉州、饶州、信州（皆在今天江西境内）。

由于淮南是唐朝的“钱库”和“粮仓”，漕运一失，想打仗都无粮饷可发。惶急之余，唐廷下诏调任高骈为镇海节度使，让这位先前卓有战绩的大将来阻截黄巢乱军。

黄巢攻宣州不克，就引兵攻浙东，并开山路七百里，攻剽福建诸州。乾符五年（878年）年底，黄巢攻占福州。高骈派大将张璘、梁缵等人，分道出击黄巢，屡破贼军，并招降了秦彦、毕师铎等贼将。

黄巢善于游击战，打不过就跑，扭头奔向广南，进围广州。

黄巢窜至此地，很想割据一方，便上表求为天平节度使或广州节度使。

唐朝君臣廷议，左仆射于琮是个书呆子，认为：“广州市舶宝货所聚，岂可令贼得之！”

礼部尚书郑畋认为可以先答应授黄巢广州节度使以为缓兵之计。他说：“黄巢之乱，本因饥荒而起，依附之人唯求一饱而已。国家久不用兵，士皆忘战，不如暂作包容，予其一官。贼军本以饥年而起，一俟丰年，其将士谁不怀念故土而思归？其众一离，黄巢即为案上之肉，此正所谓不战而屈人之兵。如果现在只是恃武力战，后果还真难以预料。”

宰相卢携希望高骈能独得平贼大功从而使自己有面子，力持不可：“黄巢蕞尔小贼，平灭甚易，奈何现授其官以示怯，使诸军离心离德！”

议来议去，唐廷决定授黄巢“率府率”这么一个虚官。

黄巢在广州城外休整，顺便等朝廷“恩信”。等了半天，见是“率府率”这种莫明其妙的委任状，贼头狂怒，马上挥师进攻广州城，即日攻陷，执杀节度使李迢。

在广州，黄巢大开杀戒，仅在广州经商的阿拉伯和犹太商人，就被杀掉了数万人。

眼见黄巢势大，唐廷改高骈为淮南节度使，充盐铁转运使，让他手中有兵权、财权、行政权，想依靠他来灭掉黄巢。为了加强力量，唐廷又以山南东道行军司马刘巨容为节度使，以泾原节度使周宝为镇海节度使，协助高骈平寇。

黄巢所率军士大多是“北人”，在岭南水土不服，军中又流传疫病，数日之间人马就病死近十之三四。于是，手下劝黄巢北还以图大事。

黄巢听计。贼军在桂州编制巨大的木筏，乘流而下，直抵潭州，一日即攻陷，尽杀唐朝守兵，流尸蔽江而下。同时，尚让率军乘胜直逼江陵，号称五十万，尘土遮天，旌旗蔽日。

本来，宰相王铎亲自充任荆南节度使“讨贼”，坐镇江陵。见势不妙，他留大将刘汉宏守江陵，自己率军躲到了襄阳，声称要与山南东道节度使刘巨容合军。

刘汉宏心里清楚宰相惜命。待他一走，这队留守官军抢在尚让贼军入城前，先行大掠，把城内焚荡殆尽，百姓逃窜山谷。恰值大雪，僵尸满野。

大掠之后，刘汉宏率手下将卒满载金银财宝，北逃成为盗贼。官军变为地地道道的土匪。

过了十来天，尚让才率军赶到，令他大失所望的是，江陵已是一座冒烟的空城。

黄巢自率大军直扑襄阳，却在荆门（今湖北境内）丛林地带钻进了山南东道刘巨容的埋伏圈，大败而逃，一直跑到江陵，原先人马只剩下十分之一二，只能与尚让一起渡江东逃。

此时，假若刘巨容穷追，黄巢等人必无生还之理。众将请令追击，刘巨容却说："国家（指唐朝中央朝廷）常常辜负人，有急则抚存将士，事宁则弃之。战胜后，可能得罪，不若留贼，以为富贵之资。"

虽然玩寇自资，但这位刘节度使说的也是大实话，黑暗政治之下，要求臣下能将力挺社稷，却也是强人所难。

江西招讨使曹全晸本来积极渡江追击，但朝廷又派别人接替他的职务，只能停止进军。

喘过气来的黄巢军队攻下鄂州（今湖北武昌）外城，并转掠饶、信、宣、杭等十五州，聚众至二十万人。不仅黄巢势力转盛，由官军变土匪的刘汉宏也四处攻掠，州县受害极大。

击贼诸将中，只有卢携推荐的高骈一部屡战屡胜，唐廷便任高骈为诸道行营都统（大本营司令长官）。有此官称，高骈移檄天下，征得七万精兵，威望大振，朝廷深加倚仗。

唐僖宗重走玄宗路

长安的陷落以及黄巢的"盛极而衰"

天下鼎沸之际，时年已十八岁的唐僖宗却好骑射、剑槊、法算，至于音律、蒱博等技巧，无不精妙。小伙子能文能武，脑子好使得不行，光"法算"一门，就包括《孙子》《周髀》《五经算》《缀术》《缉古》等多门学科。但到了唐僖宗脑子里，全走歪行，没一件用于正道。

特别值得一提的是，这位皇帝最爱蹴鞠、斗鸡以及赌鹅，最拿手的是马球游戏，技艺娴熟。他曾对宫内优人（专业演员）石野猪说："朕如果参加击球科考试，肯定会得状元。"石野猪也幽默，答说："如果赶上尧舜二帝做礼部侍郎，陛下也难免被黜落第。"僖宗呵呵一笑，装作听不懂。

僖宗广明元年（880年）六月，屯军于信州的黄巢大军军内爆发瘟疫，死亡无数，军力十分虚弱。高骈手下大将张璘急忙进击贼军，窘急之下，黄巢一面派人送给张璘无数金银财宝，一面写信“哀求”高骈为自己求节度使官职。

高骈假装答应黄巢请求，想让这位贼头自己送上门请降，然后杀之以得平贼首功。当时，昭义、义武等数道唐军齐至淮南，如果并力攻击，别说一支黄巢军，十支黄巢军也难逃生天。

高骈怕别人与自己分功，便上奏说马上就可平灭黄巢，让朝廷遣归诸道兵。卢携当然希望“自己人”得头功，就以朝廷名义遣散诸道唐兵。

得知诸路兵已渡淮河回军，黄巢大喜，马上向高骈下战书，气得这位高爷七窍生烟，立命张璘进攻。

锐气已失又惦记手中无数珍宝的张将军，勉强骑马到阵。双方开打，唐军一败涂地，张璘也死于乱军之中，珍宝金银又重归黄巢。

连胜之下，僖宗广明元年八月，黄巢大军从采石矶渡过长江，包围了天长县（今安徽天长）和六合县（今江苏六合），“兵势甚盛”。

先前从黄巢那边投降过来的将领毕师铎劝高骈：“朝廷安危，全依高公，现贼军数十万长驱乘胜，如入无人之境，正可据险要之地对之加以击灭阻拦，倘使贼军一逾长淮，不可复制，必为中原大患。”

高骈闻言震骇：“将军所言极是！”准备下令诸军出击。

关键时刻，他所宠信的一个妖道吕用之劝道：“高公您先前已多次立下大功，现黄贼未灭，朝中已有人对您说三道四，假若贼平，则功高震主，位居不赏之地，想求平安也不得啊。现今之计，不如握兵观势，自求多福。”

高骈见大将张璘战死，诸道兵又因他而遣散，真与黄巢争战，胜败难料。吕用之一席话，正切中他的心病。于是，高骈再也不敢出兵，只是下令诸将严备，自保而已。同时，他上表朝廷，夸大贼势，说贼军有六十万屯于天长县，距他自己的守城仅有五十里，因此无法出兵。

高骈奏表送到长安，一直热盼他平贼的朝廷大臣们大失所望，人情大骇。于是，僖宗下诏切责他遣诸道兵，自己又保境不战。

高骈上表诡辩，然后就自称得了半身不遂，不复出战。

高骈谎报朝廷说黄巢有贼众六十万，黄巢自称十五万，估计也就几万人。

唐军曹全晸一军才六千人，与贼军死战，颇有杀获。但毕竟众寡不敌，曹军退于泗州（今江苏盱眙），等待友军援至，里外合围。

高骈得知战报，根本不出一兵一卒救援，致使黄巢军全力进攻曹全晸，这路唐军尽没于阵。

由于高骈龟缩不出，黄巢大军浩浩荡荡，直杀入河南境内。目标直指东都洛阳。

僖宗在延英殿坐朝，对宰相泣下。小伙子吃喝玩乐好几年，得知黄巢已逼近东都，这才知道什么叫“愁”。祸至而忧，庸主面目暴露无遗。

大太监田令孜还挺有胆，推荐左军马军将军张承范、右军步军将军王师会以及左军兵马使赵珂三人率神策军守潼关。危急关头，僖宗亲阅将士，想给军人打气。

僖宗广明元年年底，黄巢大军攻陷洛阳。

毕竟读过书，黄巢此时未露狰狞，注意力全在下一个终极目标长安。所以，洛阳军民暂时安宁。

再看长安情况。张承范等将领率神策军弩手（类似现在最精锐的重机枪师）自长安出发前往潼关拒守。史载：“神策军士皆长安富家子，赂宦官窜名军籍，厚得禀赐，但华衣怒马，凭势使气，未尝更战阵。闻当出征，父子聚泣，多以金帛雇病坊贫人代行，往往不能操兵。”

这些体格极棒、装备精良的恶少真要动真格的，便怯如瘦鸡，竟然花钱从“福利院”收买浑身是病的乞丐代替他们去打仗，可以想见神策军战斗力之弱。

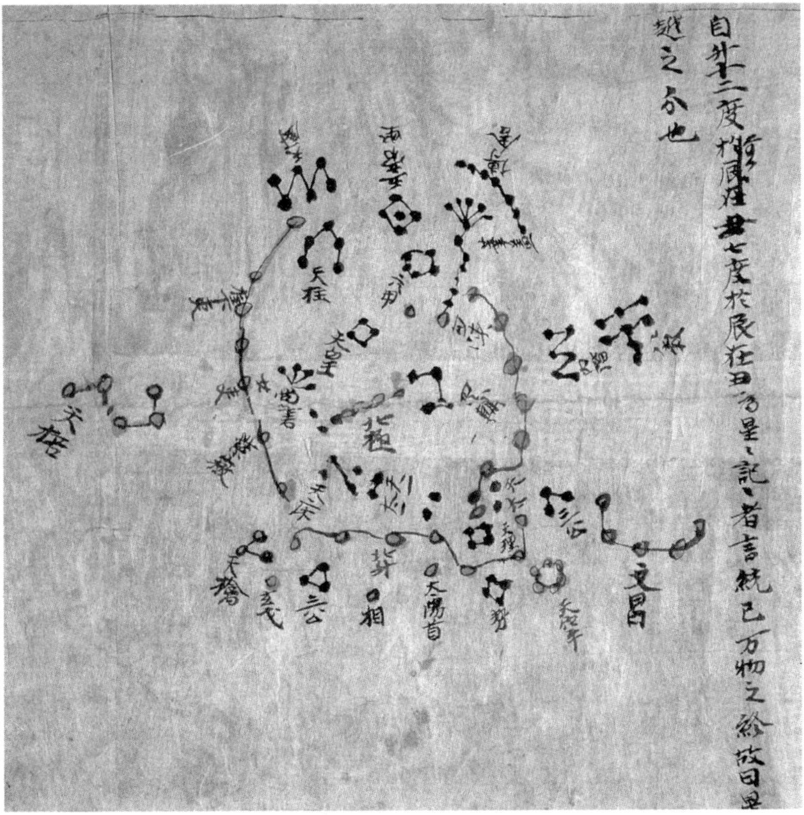

敦煌莫高窟里最早的星象图

张承范临行，沉痛地对唐僖宗说："听说黄巢贼兵数十万，鼓行而西，关外只有齐克让饥卒万人死守，现为臣仅以两千多人（还是这种病弱货色）屯兵关上，也没听说有后继粮草支援。以此拒贼，臣窃寒心！愿陛下催促诸道精兵早来增援。"

僖宗含糊应承："爱卿先去，援兵不久即至。"

张承范率部至潼关，从荒野中搜得逃难村民百来号人，让他们帮忙运石汲水，准备进行防御战。张承范兵士只携三日粮，齐克让部官军已经断粮，士卒莫有斗志。

很快，黄巢前锋军抵关下，白旗遍野，不见其际。黄巢爱好真怪，花只喜欢菊花，颜色只恋白色。

唐将齐克让遣兵出战，还真让贼军愣怔片刻，稍稍后撤。紧接着，黄巢本人乘马而至。贼军见主帅亲临，声势大振，杀声阵阵，勇猛进攻。

齐克让孤军奋战一下午，士卒饿得眼花，大声喧噪，烧营而溃。齐克让也不得不随同溃兵一起逃入关内。

潼关雄险，易守难攻。可笑又可悲的是，潼关关左有条狭道，平日严禁行人往来，专用于政府税务人员出入，称为"禁坑"。咽喉要道，官军竟然忘了派兵守卫。如此天大荒唐事，让人感叹。唐朝溃卒还知道此路，本来路中灌木丛生，他们逃跑践踏一晚，小路成为坦途。

张承范等人一面上表告急，一面散粮集众，悉力拒守。此时，他忽然想到了关左的"禁坑"，忙派八百人急行军去守御。

黄巢军盛，猛攻潼关。张承范及齐克让残兵凭险坚守，箭矢用尽，搬石击敌，仗打得十分艰苦。

巨大的关楼下，本来有一道深沟成为天然的防御工事，贼军使用刀枪驱赶一千多名无辜的百姓跳入深堑之中，再派人掘土填埋，活人加上泥土，终于填平大沟。

贼兵踩着还在不停蠕动的地面一冲而过，向关楼投掷火炬，一时间关楼焚烧俱尽。与此同时，张承范的八百军士还未赶到“禁坑”，黄巢贼军已经络绎不绝地从出口处往外冲，直扑潼关。

内外夹攻下，长安的门户终于被攻克，潼关失守。

听闻黄巢已入关，宦官田令孜害怕唐僖宗怪罪自己守关不利，就把一切败责推到当初力荐高骈御寇的宰相卢携身上，将其贬官。

卢携绝望，服毒自杀。其余官员各自鼠窜逃命。

眼见长安不保，田令孜忙率五百禁兵，簇拥唐僖宗从金光门出宫，只带四个王子以及八个受宠嫔妃，百官皆无人知晓。

唐僖宗身体好，善于骑射，他奔驰昼夜不息，玩儿命狂逃。

马好人惊，僖宗跑得比兔子还快。

得知皇帝已逃跑了，城内军士及市民争相闯入府库盗取金帛。这种景象，每次京城大乱都会上演一出。

傍晚时分，黄巢前锋将先入长安。

唐朝的金吾大将军张直方率文武数十人在灞上迎候黄巢。黄巢这次真成了“青帝”，他乘坐金装肩舆，士兵们皆披发，身穿锦绣衣服，甲骑如流，辎重塞途，千里络绎不绝。

贼兵们穿戴打扮真奇特，像极了清末太平天国军士的样子。

当时，长安市民还不知道害怕，夹道聚观，显示出中国人喜看热闹的本性。

贼将尚让高呼：“黄王起兵，本为百姓，非如李氏不爱汝曹，汝曹但安居无恐。”

由于贼军军士为盗日久，个个都金宝满身，在路上看到穷苦百姓，争相施予。而且，黄巢没有直接入宫，先暂住在田令孜的大宅子里面，等待手下人清宫。

没过几天，黄巢贼军暴露出掠夺的本性，各出大掠，焚烧市肆，杀人满街。

长安居民，终于遭遇了地狱般的恐怖。

接着，黄巢把唐宗室留在长安未及逃走的人杀个精光。

迎接黄巢的金吾大将张直方心怀恢复大唐之念，在家中复壁收留无数逃亡的大臣。最终贼军发觉，发兵包围攻击，把这些人全部杀掉。

流血盈城之时，黄巢在含元殿称帝，国号大齐，改元“金统”。这位黄王总离不了“金”字。

黄巢占领长安后，属下日夜杀人掠物，享乐为上，没有立刻追击外逃的唐僖宗，给唐廷以喘息之机。

不久，凤翔节度使郑畋趁黄巢骄慢少备之机，在龙尾陂大破尚让贼军五万多人，斩首二万余级，伏尸数十里。

尚让军败回京，见尚书省墙上有人写诗讽刺贼军，恼羞成怒，把宫内余存的省官和门卒皆挖眼倒吊加以酷杀，并尽搜城中会写诗的人，共杀三千多人。凡会写字者，尚让下令皆充贱役。

中和元年（881 年）五月，唐军诸道勤王兵至，包围长安城。其中，还有刚被封为夏绥节度使的拓跋思恭（此人本党项羌，即日后西夏的先祖）。

胶着之间，唐朝义武节度使王处存等人曾一度攻入长安城，市民喜迎官军，黄巢军大骇奔逃。可恨的是，这些官军竟纵兵大掠，抢劫金帛，奸淫妇女。领头冲入长安城的数将又想专功，不报围城的其他几道友军，只顾自己在城内大掠。

黄巢贼军知悉情况后，挥师反攻。唐军军士由于抢的东西多，跑不快，反倒被杀十之八九。至此，王处存只得收残兵败出城去。

黄巢极怒长安市民先前欢迎唐军的举动，纵兵屠杀，血流成川，谓之“洗城”。

数道唐军中，唯独高骈有精兵八万，战船两千多艘，旌旗甲兵甚盛。但恰恰是他推脱迁延，一直没有出兵。

“病急乱投医”，唐廷又请沙陀兵来助战，以灭黄巢。

沙陀原为西突厥别部。本来已经降附唐朝的沙陀酋长朱邪赤心

（赐名李国昌）与儿子李克用在僖宗继位后叛唐，被幽州兵击败，父子均逃入鞑靼，躲在阴山不敢出来。不久，李国昌病死，在太监杨复光的建议下，唐廷便赦免李克用之罪，召他率军返国，以抗黄巢。

这一引狼入室之举，贻害甚久，五代的三个“朝代”，后唐、后晋、后汉三朝“帝王”，均是沙陀人。尤其是石敬瑭，他割燕云十六州给契丹，种下中国数百年深祸。

黄巢此时只是长安周围地区的“皇帝”，其势力范围东不出同州（今陕西大荔）、华州，西不过兴平。

关起门来当皇帝，听着舒服，但地小就无粮饷来源，日益窘困。反观唐朝，僖宗在蜀地，诸道入贡，蜀地又富足，正朔所在，节度使们也纷纷想趁乱立功，皆趋长安而来，把都城团团围住。

最要命的是，中和二年（882 年），黄巢部将朱温眼见贼众来日无多，竟然以同州向唐廷投降，被封为右金吾大将军，赐名全忠。

中和三年（883 年），沙陀李克用进屯沙苑，大败黄巢之弟黄揆，并进一步与河中、易定、忠武三道唐军合兵，与尚让率领的十五万贼军主力大战于梁田陂。

激战一天，黄巢大败，伏尸三十里。兵败食尽之余，黄巢本人带领的主力军再败，惶急之下，贼军烧毁长安大部分宫室，向外奔逃而去。

官军暴掠，无异于贼。唐军杀入长安，接着烧杀抢劫。

黄巢残军自蓝田逃入商山后，故意在路上抛洒金银财宝，官军竞相夺取宝物，无人追击，致使黄巢残军遁去。

破黄巢诸道官军，李克用兵势最强，诸将自此皆畏惧他。

这个沙陀人一目微眇，人称“独眼龙”，当时才二十八岁。

四海滔滔的鼎沸局面

黄巢灭亡前后的混乱局势

黄巢虽然从长安败出，元气犹存。他派将领孟楷率万余贼兵猛攻蔡州，蔡州节度使秦宗权出战不胜，随风倒得倒是很快，马上向黄巢称臣。

至此，堂堂一唐朝节度使，竟然与败出长安的贼军“联兵而进”，真不知当时两部军队怎样统一服色。

这位秦宗权原为忠武军牙将，这样一个节度使大官，竟因一次军败而降贼，可见当时的唐王朝已威信无存，人心思乱，依强附势。

黄巢前锋孟楷击降蔡州后，志骄意满，东向急击陈州（今河南淮阳）。陈州刺史赵犨早有准备，先示之以弱，小退连连。窥伺贼军骄急，他一举击袭，把万余黄巢前锋军几乎杀个精光，并擒斩孟楷。

黄巢闻爱将被斩，急火攻心，指挥手下所有部队屯于溵水，与秦宗权合兵，掘堑五重，百道攻之，下定决心要拿下陈州为孟楷报仇。

赵犨存必死之心，数次率领锐兵开门出击。黄巢益怒，在州城北面扎下主营，设立宫室百司，打算持久攻城。

黄巢这位贼头也好笑，皇帝的感觉上来后就下不去，在败北战斗途中，还摆昔日在长安的排场。

由于几年内征战连连，百姓无法耕田生产，民间没有多少粮食积储，黄巢贼兵想抢粮也抢不到。但这也难不倒这群人，他们四处搜索，倒不是搜粮，而是搜掠能见到的百姓。他们把人成百上千地押回，生生抛入特大的石磨中，糜骨皮于臼，然后连皮夹骨带肉烤煮作为军粮，日食数千人，并把人肉军粮生产地命名为“舂磨寨”。

贼军先是就近掠人来吃，周围的人吃光后，就纵兵四掠，许、唐、邓、汝、郑、汴、曹、徐等数十州，皆遭荼毒。

唐将朱温、周岌、时溥等人畏贼军强盛，龟缩不出，任凭贼军掠百姓回去做军粮。

估计是黄巢军队先前曾发生过数次瘟疫，至此也有一定的防疫经验，吃了这么多人肉，也不见他们有疾疫发生，反而个个身强体壮。有了这些“好干粮”，吃人恶魔们精神俊爽，日夜不停地攻城，但就是攻不下陈州。

黄巢围困陈州数月，仍然攻不下近在咫尺的坚城。中和四年（884年）四月，唐军诸道继进，在陈州附近的西华（今河南境内）大败贼将黄思邺。

黄巢闻讯，内心始惧，退军故阳里（今淮阳北部）。陈州之围至此终于解除。

围打陈州是黄巢退出长安后最大的一招臭棋，不仅让他丧失了先前“游击战”的灵活性，又给了唐廷调兵遣将、重新部署的机会。

至此，黄巢进退维谷，兵心又丧，终离败亡不远了。

黄巢从陈州撤围后，遭遇夏日大雨，军营皆为大水漂冲毁坏，只得引兵向汴州方向奔进。尚让率五千精锐兵卒直逼大梁（今河南开封）。

朱温得知黄巢来袭，慌忙向沙陀人李克用求援。

李克用挺实在，接到告急信马上就率军从许州（今河南许昌）出发，在中牟北（今河南中部）王满渡追击黄巢，乘贼军半渡而击之，击杀一万多人。

贼军骁将尚让见势不妙，率众向唐将时溥投降，其余几个将领也向朱温投降。

李克用马不停蹄，穷追黄巢，在封丘又大败黄巢。

这位“皇帝”收集千余残兵，向兖州方向奔逃。路过老家冤句时，黄巢身边只剩几百号人。

李克用的骑兵一天一夜急奔二百多里地，粮尽后急还汴州，带上干粮又去追击，生俘黄巢的小儿子，并缴获黄巢的“皇帝”仪仗和龙袍符印等。

黄巢长年四处奔跑“打游击”，在逃跑方面是顶级专家，最终竟又率百来人遁去。

李克用带着战利品返还汴州，在城外扎营。

“地主”朱温热情得不行，一定要请“大恩人”李克用入城，并在上源驿舍以最高规格接待这位沙陀将军。当晚，朱温大摆宴筵，礼貌甚恭，宴请李克用、监军及其亲随数百人。

当时，这两位唐朝节度使还不知道此次酒会是一次“历史性”的酒会，因为，这是日后五代中的两个皇帝（后梁与后唐的“开国君”）的第一次碰头。

开始大家还挺高兴，气氛热烈。数杯美酒落肚，李克用乘酒使气，估计他内心深处也看不起朱温这位昔日黄巢贼军的降将，语多侵慢，骂骂咧咧，让朱温老大不高兴。

朱温当时也没敢翻脸，硬挺着连连向大模大样、胡言乱语的李克用敬酒，把李克用灌得大醉。

酒席宴后，朱温黑着大脸走出驿舍。宣武将杨彦洪一直参加酒会，从头到尾瞧个真切，便劝朱温下手，连夜弄死李克用这批人，并提醒朱温说：“胡人急则乘马，事起后，看见乘马的人一定要用箭射杀。”

朱温杀心顿炽，连连点头，马上安排人用兵车和木栅堵住驿舍周围的路口，连夜发兵围攻李克用。细想一下，朱温此人也太阴险，好歹李克用长途奔波来救大梁，如果沙陀骑兵不来，朱温与从前的“老领导”黄巢开仗，不一定打得赢。李克用借酒骂几句，也不是刻意为之，朱温救命之恩不记，人家说酒话粗口就要报复，由此，也可看出朱温阴险寡恩的性格阴暗面。

朱温军士明火执仗，喊杀阵阵，开始围攻驿舍。监军陈景思乃一胆小太监，不敢出头，只有李克用的亲兵薛志勤、史敬思等十来个勇士格斗抵战。

李克用醉酒如泥，对外间事一无所知。仆人闻乱，忙吹灭烛火，把主人拖到床上，用冷水喷其面把他泼醒，告诉他外面汴军已包围驿舍要杀人。

这时，李克用才醒转，张目援弓而起，摇摇晃晃。此时真让他参加格斗，非常勉强。幸亏亲兵薛志勤善射，一箭一个，射死汴兵数十人。

围攻的汴军军士鼓噪，不敢上前，纷纷以火炬向驿舍乱投，准备把李克用等人变成“烧鸡”。

烟火四合之际，正巧赶上暴雨忽下，火焰顿熄，李克用等人这才没被烧死。

他们边斗边退，逾墙而逃。经过驿舍边一道桥时最为惊险，桥那边密密麻麻满是汴兵。幸亏沙陀亲兵一个顶五个，箭射枪捅，杀出一条血路。

李克用亲兵史敬思断后，拼死拒战，虽然最后被剁成肉酱，但为主人赢得了逃出生天的宝贵时机。

李克用等人急奔尉氏门，杀掉守门汴兵，从城头缒下逃生。

李克用跑了，驿舍内一直未动手的监军陈景思及其三百多随从皆被汴兵杀得一个不剩。

围攻驿舍时，朱温骑马在不远处观战。宣武将杨彦洪忘了自己先前说过“胡人急则乘马”的话，飞身骑上一匹高头大马要追杀李克用。

电光闪过之际，看见一个人纵马狂奔，朱温使尽全力就是一箭，把杨彦洪射个透心凉，倒于马下，死了。小人枉做小人。

半夜汴兵开始进攻驿舍时，就有两三个沙陀兵士逃出城入李克用大营告变。李克用的老婆刘氏多智略，她怕事急众乱引起军变，立刻下令以“乱军”罪名斩杀告变的兵士，暗中忙召大将前来，想保军退回根据地。

平明时分，浑身是血的李克用带着身边几人，逃回本营，准备勒兵进攻朱温。刘氏劝丈夫：“您为国讨贼，救诸侯之急，现朱温无道，欲谋害您，应向朝廷申诉。如果举兵相攻，则天下不知曲直在哪一方，而且又给对方以脱辩的借口。”

李克用深觉有理，暂时咽下这口气，引兵而去，向朝廷申诉。

朱温假装不知情，回信表示：“前晚的事情我根本就不知道，是朝廷派使者与杨彦洪密谋要害您，现在杨彦洪已经被我杀掉，希望明公谅察。”

随后，二人争相上书指责对方的“罪恶”。

但唐廷已失去充任“仲裁者”的能力，没有答复。

见朝廷装聋作哑，混战的各藩镇自此唯力是视，相互吞并。

从此，朱温、李克用交恶，成为不可说解的世仇。他们杀杀打打几十年，两个人活着时谁也没能彻底消灭对方。最后，还是李克用的儿子李存勖争气，灭掉了朱温的儿子以及“后梁”。

再说黄巢。这位“皇帝”一路逃跑，到了瑕丘（今山东兖州境内），被昔日的铁杆儿助手、最坚决的“革命者”、如今的唐将尚让以及唐将陈景瑜追上，大败一场。

大凡变节将领追杀老主子，肯定要比一般的敌人还凶狠。尚让熟悉黄巢的战法，自然一打即胜。

这次作战，基本把黄巢身边的军队杀伤殆尽。黄巢身边仅剩几位亲戚，仓皇之下，一行人逃到泰山附近的狼虎谷（今山东莱芜）躲藏，东奔西颠，成了一伙“野人”。

情急智生，黄巢的外甥林言不想死，趁几个舅舅啃地瓜之际，跃身而起，先把大舅黄巢的脑袋砍下，又杀黄存、黄邺、黄揆、黄钦等七个舅舅。接着，这位年轻有为的“义军”首领又杀掉黄巢的“皇后”与“皇太子”，一并砍下头颅。

史书对此记载不一，有的说是黄巢自杀未死，让外甥帮忙。即使如此，外甥也不能把数位舅舅都“帮忙”弄死。

然后，林言自骑一匹马，把十来个血淋淋的首级串起来搭在另外一匹马上，下山向唐将时溥投降。走到半路，遇到一股属于李克用部属的沙陀军人。林言忙下马伏地，指着那一大串血淋淋的人头，说明自己向官军投降的诚意。

这帮沙陀人一听都乐了，真是天上掉馅饼的好事。领队小头目顺手一刀，把林言的脑袋也砍掉，一伙人急忙拎着这些人头就近赶至时溥大营中领功。时溥当然大喜过望，记录下这些沙陀人的姓名，派赏大笔金银遣送走。然后，他马上用黄缎锦盒把黄巢等人的脑袋泡上水银，遣人飞速送往成都呈唐僖宗报捷。

黄巢贼寇折腾近十年，至此终于告一段落。

仔细思考黄巢反叛的过程，就会发现他与李自成很有一比。其一，黄巢先从王仙芝，李自成先从高迎祥；其二，黄巢入京前万里转战，所向披靡，但一入长安，不过二年多就渐落颓境。李自成入北京前也是游击战，转战四方，入京后马上堕落，有十八天“皇帝”的谑称；其三，黄巢、李自成均攻陷首都后称帝，僭号改元；其四，黄巢、李自成手下多有儒生从贼，这些人皆是屡试不第的举子，其檄文告示，皆有文采可观；其五，黄巢入长安，下令唐官三品以上皆停用，四品以下依旧留任。李自成入北京，也是如此行事，不知是否其手下读过《新唐书》《旧唐书》，有样学样；其六，正史记载黄巢为林言所杀，但传言讲他变姓名易容貌当了和尚。李自成败后，正史载他在九宫山被村民打死，但也有传言讲他化装逃跑为僧。

上述种种，真让人觉得李自成就是黄巢的后身。

此外，落举不第也是黄巢造反的重要原因。当初，唐太宗在端门，看见新进士络绎而出，大笑说：“天下英雄入吾彀中矣！”由此，唐人赵嘏也有诗曰：“太宗皇帝真长策，赚得英雄尽白头。”

可哀又诚可笑者，也恰恰是因考试不中，黄巢奋起，趁乱为巨盗，终覆唐朝。

后来不久，朱温的谋士李振也是因为久试不第，劝朱温尽诛“清流”，把唐朝几十个大臣杀头后投尸于黄河。

一直到清朝，真正给予满人致命打击的，也是一个久试失败的读书人——洪秀全。

唐僖宗中和四年（884年）八月，躲在成都的僖宗君臣齐上大玄楼受俘观礼。

时溥等人派兵献上黄巢等人的首级以及在战斗中陆续俘获的黄巢姬妾嫔妃。

僖宗观见下面跪着数百绝色美女，一时间来了精神，责问道：“汝曹皆勋贵子女，世受国恩，何为从贼？”

跪于前排的一个青年女子辞色不挠，回答说：“狂贼凶逆，国家以百万之众，失守宗祧，播迁巴蜀。今陛下以不能拒贼责一女子，置公卿将帅于何地乎！”

寥寥数语，噎得唐僖宗一句话也说不出，马上下令把这些人全部送刑场杀掉。

与皇帝顶嘴的绝色女子不悲不泣，就刑之时，神色肃然。

唐廷真是欺负老实人，多少将军、节度使降贼反复，多少贼将叛降多端，皆高官厚禄奉养，反倒对这些无辜柔弱的女子深究从逆之罪，真无良心道德可言。

黄巢虽被平灭，唐僖宗仍旧在成都逗留，不敢马上返都长安。因为，贼将秦宗权兵势转盛，纵兵大掠，其手下大将陈彦、秦诰、孙儒等人连陷东都洛阳以及数十州郡，所至屠翦焚荡，殆无孑遗，残暴甚于黄巢。

黄巢部队吃人还是因为断粮，秦宗权军卒干脆就以人肉为军粮。他们每次打仗出发前，均屠戮数千平民，把尸体用盐腌上，用粮车驮运，跟随部队一起行进。若不够，再杀再腌，只要有百姓，秦宗权的部队就不缺“粮食”。

可悲的是，这些蔡州贼，从前是真正的“官军”，摇身一变，比反贼更凶暴残淫。

一直到光启元年（885 年）三月，唐僖宗才回到旧都长安。看到荆棘满城，狐兔纵横，僖宗凄然不乐……

当时，朝廷号令所行，唯河西、山南、剑南、岭南数十州而已，疆土局促得厉害。

僖宗君臣刚回长安，秦宗权称帝，其将孙儒在洛阳一个多月，焚烧宫室、官寺、民居，大掠席卷而去，以至于城中寂无鸡犬。

秦宗权连连出兵邻道，数败朱温等人，依旧只有陈州赵犨坚守，孤军孤城奋战。

情势如此危急，在长安城的唐僖宗也过不消停。河中节度使王重荣恨宦官田令孜以移镇为名削弱自己的军权，不停上表宣告田令孜的罪恶。田令孜阴结与朱温相善的邠宁节度使朱玫和凤翔节度使李昌符，让这二人率军攻击王重荣。王重荣窘急，忙向李克用求援。正恨朝廷偏袒朱温的这位沙陀爷们儿满心怨气，提精兵而来，与王重荣合兵屯于沙苑，大败朱玫、李昌符联军。这两军败退之际，仍不忘焚掠。

眼见李克用的沙陀军逼近长安，田令孜大公公拥唐僖宗从开远门逃出，奔往凤翔。

沙陀乱兵入长安，大肆焚掠，刚刚恢复点元气的大唐都城又成一片废墟。

田令孜劝唐僖宗去兴元（今陕西汉中）躲避，僖宗不从，大公公索性引兵入宫，胁迫僖宗逃亡宝鸡。

由于事起仓促，从者仅数百人。逃跑途中，唐朝皇室的宗庙神主皆被乱兵抢走。

田令孜弄权，皇帝再次播迁，天下人对他愤恨不已。朱玫和李昌符也对自己为田令孜利用而感到羞耻愤恨，于是两人便合兵一起进攻宝鸡。

田令孜惊惧，拥唐僖宗又逃。当时大乱，军民杂相践踏，锋镝横飞。幸亏神策军使王建率五百人持长剑为前驱清道，唐僖宗才有命逃过此劫，跑到了兴元。

田令孜深知自己为天下所不耻，自封为“西川监军使”，躲到他兄弟陈敬瑄（田令孜本姓陈）军中。

首恶元凶，至此落得逍遥自在。

朱玫等人追不到唐僖宗和田令孜，半路遇见了唐肃宗的一个玄孙襄王李煴，便劫回凤翔，拥立李煴为傀儡皇帝。

诸藩镇大多拥护，高骈尤为积极地表示拥戴，贡献满路。

困于兴元的唐僖宗及从官卫士皆缺衣少食。僖宗涕泣，不知所为。

在大臣的建议下，僖宗派人向王重荣求援。这位先前收复长安有大功的节度使还算知晓大义，派人贡献绢十万匹；李克用方面，也听信其手下建议，焚烧李煴封赐他的“诏书”，移檄文诸州声讨朱玫，仍奉唐僖宗为唐帝。

僖宗光启二年（886 年）年底，朱玫手下大将王行瑜因屡战屡败怕获罪，拥兵返攻长安，杀掉老上司朱玫。称帝没多久的襄王李煴，忙率百官逃往河中，节度使王重荣佯装迎驾，逮住这位冒牌皇帝就割下脑袋，献给在兴元的唐僖宗。

僖宗光启三年（887 年）四月唐僖宗一行向长安归返。

凤翔节度使李昌符事前虽未参加朱玫拥立李煴之事，也自知没干什么好事，预感“恩赏必疏”，便以京都宫室未治为由，把僖宗一行留在凤翔。

过了三个多月，天威军都头杨守立因与李昌符争道，二将翻脸，大打出手，僖宗派中使讲和。李昌符不听，于夜间放火烧行宫，并进攻大安门。

杨守立率军与李昌符大战，后者败溃，走保陇州。

愤怒之余，唐僖宗命扈驾都将、武定节度使李茂贞为陇州招讨使，讨伐李昌符。

这一年，唐僖宗在凤翔粗安。逃至陇州的李昌符，不久也被李茂贞的领队杀掉，传首行在（凤翔）。

其他方面，唯一值得一书的，当属一直在淮南见死不救、忘恩忘义的高骈。

早在中和二年（882 年），逃到四川的僖宗因恼怒高骈拥兵自重、不救长安危急，便下诏加高骈侍中的虚衔，罢其盐铁转运使一职。既失兵权，又解利权，高骈大愤，上书不逊，指责僖宗君臣。僖宗也怒，派郑畋草诏，也把高骈贬损一通，双方已经撕破面皮。转年，长安为诸将恢复。高骈闻之，后悔得罪皇帝。

高骈一向喜爱“神仙”妖术，因此，鄱阳茶商出身的方士吕用之特别受宠。二人相坐“炼丹”之余，往往言及天下形势，高骈对吕用之更刮目相看，并深纳其言，驱逐、杀掉了好几位自己得力的大将。吕用之把平日一起混饭吃的道士张守一等人推荐给高骈，这些老道五迷三道、巧言令色，把高骈哄得团团转。

可笑的是，吕用之在高骈面前常做呼风唤雨状，时而对空作揖，时而挥袖招仙，高骈深信不疑，总是随而拜之。左右对吕用之稍有异议，肯定会被族诛，故而人不敢言，军政公私大小之事，皆决于吕用之。

其实，这吕用之还不如石虎时代的西域和尚，那些人还会些奇异的“幻术”，吕用之只会派人弄块石头刻些“奇字”以为“仙示”，或呈献一个伪造的“北帝”匕首给高骈。

堂堂节度使，一点儿辨别能力也没有。在吕用之的指挥下，高骈在道院庭中刻木鹤，常常身穿羽服跨骑鹤上，早晚斋醮，炼金烧丹，费用巨万，总想白日成仙。

为了完全控制高骈，吕用之说：“神仙不难修成，只怕高公您为俗务所累，因此仙人迟迟不降。”

高骈中邪一样听话，谢绝人事，将吏皆不得见。因此，吕用之得以专作威福，无所忌惮。

为了以兵威挟制诸将，吕用之从诸军中招募骁勇健壮者二万余人，号为“左、右莫邪都”，并以自己人为军将，好吃好喝好待遇，成为专门为自己卖命的亲随。他每次出入，导从者近千人。

此外，吕用之自己有侍妾百余人，自奉奢靡。整个淮南军政财务，皆由他一人说了算。

高骈乐得清静，在道院内建迎仙楼和延和阁，皆高八十尺，全部以珠玑金钿加以装饰，耗银无数。又有侍女数百，皆羽衣霓服，和声度曲，似天上人间。

平时可以入院的，仅吕用之、张守一等几个人。

闲澹之余，高骈还作诗一首：“绿树阴浓夏日长，楼台倒影入池塘。水晶帘动微风起，满架蔷薇一院香。”

人不是好人，诗却是好诗。

直到光启年间秦宗权进逼淮南，高骈才从炼丹成仙的迷梦中稍醒，派遣左厢都知兵马使毕师铎率百十号骑兵屯于高邮待命。

当时，吕用之秉权已久，宿将多为他诛杀。毕师铎是黄巢降将，常常自危。毕师铎有一美妾，吕用之趁毕师铎有事外出，入其府强行奸淫，让毕师铎又惭又怒。

听说毕师铎要外派，吕用之忽然厚待之，使得毕师铎更加疑惧。如此恶人忽然对自己特别亲密，不能不让人起疑。

咬牙横下心，毕师铎与高邮镇将郑汉章等人反攻扬州。军士告变，高骈这才得知情实，召吕用之面责。

由于高骈的侄子高杰也深恨吕用之，便与毕师铎内外夹攻，吕用之仓皇出逃，奔归庐州刺史杨行密处。

毕师铎纵兵大掠，猛攻内城。

无奈之余，高骈硬着头皮出府与毕师铎相见，并署毕师铎为节度副使。不久，又让他“兼判府事”，主持一切军政事务。

由于心里发虚，毕师铎派人请当时为宣州观察使的秦彦（此人也是黄巢降将）入援扬州。同时，老毕把高骈软禁于道院。

宣州先遣兵入城后，四处大掠，烧焚数十间高骈置放金宝的楼阁，其余积年所蓄藏的奇珍异宝，也为乱兵抢掠一空。

很快，野心勃勃的杨行密率数万大军奔赴扬州，准备消灭毕师铎。为毕师铎所召的秦彦闻讯，忙率三万兵沿江而下赶来救援，半道却为杨行密部将迎击，杀溺殆半。

秦彦带残兵入扬州。他自称权知淮南节度使，以毕师铎为行军司马。老毕很冤，请来一个秦彦，自己反为其下。

杨行密大军抵至城下，营为八寨，团团包围。才数日，城中粮尽，饿死大半。

高骈一家几十口在道院中被监押软禁，粮米柴薪断绝，仆从们只能拆毁延和阁的上好檀木当柴烧，用白水煮革靴、革带当粮食。很快，这些东西也吃完了，院中人便暗中互相杀食。

高骈见自己已经陷入绝境，对从人哭泣着说："我高家三代为国，粗立功名。本来想摆脱尘埃，自求清净，不想在人世间求权夺利。今日事已至此，成仙得道是万万不能了。"

十月间，毕师铎师出屡败，很怕高骈在城中暗通杨行密。

高骈好神仙道家，毕师铎身边也常跟从一个号称能通神的尼姑王奉仙。她对毕师铎说："昨夜神谕，扬州之灾，死一大人当可免祸。"秦彦听言，便接口说："该死的这个大人，肯定是高公本人了。"于是，他立即命令毕师铎率兵去道院攻杀高骈。

刚吃了几口煮皮带的高骈正坐在道院中发呆，仆从忽然慌张地闯进来说有人砸门。高骈说："肯定是秦彦来见我。"他忙命人大开院门，整衣恭候。

乱兵冲进道院，乱拳相加，把高骈打倒在地，又拖他在地上用脚乱踢，数落他道："高公你上负天子之恩，下陷扬州之民，致使淮南遭受大灾！”

高骈挣扎起身，刚想辩解，大刀挥处，人头已经落地。同时，他的全族亲属，皆为兵卒杀死于院中。所有尸体，皆被裹以粗毡，在道院挖一个大坑，胡乱扔入埋掉。想当年高骈在成都滥杀“突将”及家属近万人，如今果遭报应。

杀了高骈，城外杨行密大军没有丝毫退意。

秦彦带来的宣府军人，常常掠城内居民入市肆当人肉卖，驱缚屠割人民如羊豕，积骸流血，满于坊市。忧惧之余，秦彦、毕师铎又向尼姑王奉仙问计。

尼姑说：“走为上计。”

二人苦笑，也只能如此。于是，秦、毕二人率残军拼死突围，放弃扬州城。

杨行密诸军一万五千余人入城，收葬高骈。

行前，吕用之说自己府院中埋有大量金银。至此，杨行密派人掘取，只挖出一个真人大小的桐木人像，上书高骈姓名，手脚皆上锁链，胸前钉满大钉。杨行密一见，痛恨吕用之阴险，命兵士把他牵出腰斩，并诛其族党。

忙活数年，皆成一场空。

秦彦、毕师铎出逃后，又引秦宗权贼将孙儒率三万大军反攻。

杨行密向朱温求救。当时唐廷因淮南久乱，就委朱温兼淮南节度使。闻杨行密来报，他自然派兵将前往救援，并任杨行密为淮南节度副使。

孙儒统军在外，与老主子秦宗权翻脸，任自己为淮南节度使。他对秦彦、毕师铎也不放心，派人突袭，斩杀了这几个转了好几圈的“降将”。

淮南如此之乱，身在凤翔的唐僖宗无力顾理。888年，僖宗改元“文德”，并终于在二月从凤翔返回长安。

执扇仕女 图出懿德太子墓壁画

就这么一个荒淫无耻的皇帝，群臣还上徽号为“圣文睿德光武弘孝皇帝”。

入住长安才一个月，唐僖宗忽得急病，崩于武德殿，时年二十七岁。

他在位的十五年，彻底把唐朝家底折腾完。

僖宗临崩时，太监杨复恭立寿王李杰（后改名李敏、李晔）为皇太弟，后为唐昭宗。

此时的唐朝，已经是日薄西山，气息奄奄了。

朱三也天子

唐朝的灭亡及五代季世的肇始

后梁太祖开平元年（907 年），从昔日的黄巢手下贼将、昨日的唐朝节度使到今日的后梁“太祖”，朱温（降唐后被僖宗赐名朱全忠，称帝前改名为朱晃）经过二十五年的苦心经营，终于如愿以偿登上了皇帝的宝座。

得意之余，朱温招呼自己的亲戚们在皇宫内饮宴、戏乐。吃喝已毕，大家簇拥着朱皇帝站在一个大圆桌子前玩掷骰游戏，笑语喧喧。

已经有八九分酒意的朱温大哥朱全昱忽然抓起几粒骰子，狠狠砸向掷骰用的金盆，大叫道：“朱三，你本砀山一贱民，因天下饥荒，跟从黄巢做贼。降唐以后，唐天子用你为四镇节度使，富贵已极，奈何忽发狂想，灭他李家三百年社稷！现在高兴还太早了点吧，我真不忍看见我们老朱家日后家族尽灭的惨状，你还有心玩乐！”

平昔杀人如麻的朱温用大眼珠子狂瞪兄长朱全昱，咬肌乱滚，杀心顿炽，但毕竟叱骂他的是自己的亲大哥。

良久，他摆摆手，令宫人扶朱全昱出宫，酒宴不欢而散。

阴险大贼朱温弑唐昭宗、哀帝两代君主外加一皇后，残害大臣、武将、军民无数。日后，老朱家举族被诛戮，唯独这位叫骂三弟的朱全昱在后梁被后唐灭掉前病死，善终于家，算是摊上一个好死。

谋而少断　躁终至祸

无力回天的唐昭宗

唐僖宗好不容易得返都城长安，未几暴疾而亡。在太监杨复恭的拥戴下，僖宗同母弟寿王李晔（李杰）柩前即位，是为唐昭宗，时年二十二岁。

唐昭宗攻书好文，尤重儒术，神气雄俊，看上去很有唐武宗的风采。继位后，他尊礼大臣，想恢复唐朝旧业，天下人非常向往。

这个皇帝继位时，虽然也就是今天本科应届毕业生的年龄，却已是端然长君。他由皇弟而入统，深知哥哥唐僖宗时的朝廷内情，很想恢复祖宗旧业，重振朝纲。

也别说，昭宗继位的第一年，即文德元年（888 年）年底，好消息传来：先为唐将、后来降附黄巢、曾以盐尸为干粮复又称帝的巨贼秦宗权，被手下将领申丛推翻。申将军砸折老主子一只脚，并准备以这个跛足贼头为礼物向朱温投降。

没过几天，申丛手下将领郭璠又杀掉刚刚杀了老主子的主子，以自己的名义用大槛车把秦宗权押至汴州。

对朱温来讲，谁送来秦宗权都一样，反正擒执逆贼的大功是自己的。于是，老朱把已经写好申丛名字的委任状涂掉，改写郭璠，委以蔡州留后。

在京城被送刑场砍头的路上，秦宗权这个吃人恶魔还哀求监斩官：“大人您帮我说说情，我这人哪像造反的人呐，只是上表忠心无路啊。”

围观人听此言皆笑。刽子手不笑，抬起鬼头刀，把秦宗权和一族人均当西瓜切了。

蔡州既克，朱温功大。不仅地盘、人员增多，他还被唐昭宗封为东平郡王。

唐昭宗虽为宦官杨复恭推立，但他心中十分厌恶这些不男不女的阴人。特别是杨复恭，平时多养壮士为干儿子，每次入朝时都乘肩舆上殿，太上皇一样的排场，让唐昭宗及诸位宰相们感觉很不爽。

不悦之余，唐昭宗就他蓄养干儿子一事加以质问。杨复恭有恃无恐，大大咧咧地回言："我收养义子是为了捍卫朝廷，没有什么别的意思。"

"既然是为了国家，为什么不让这些义子姓李反而姓杨？"昭宗这句反问，真把杨复恭噎住了，翻了半天白眼答不上来。

唐昭宗见好就收，便说也打算认干儿子，想收杨复恭义子天威军使杨守立为自己的义子。大太监没多想，马上让杨守立面见皇帝。反正是自己的心腹，荐为皇帝干儿子更好办事。

杨守立是胡人血统，本名胡弘立，孔武力大，手中掌统一部内廷禁军。

为了拉拢禁军势力，唐昭宗养胡弘立为自己的义子，赐名李顺节，使其统掌皇宫六军，并很快升其为天武都头，赐镇海节度使，加同平章事。一年不到，这么一个禁卫军旅长就身兼使相（既是节度使又兼宰相），不能不让他对唐昭宗感恩戴德。

稳住宫内宦官势力后，唐昭宗便想外讨藩镇以立皇威。

可惜的是，唐昭宗不是唐宪宗，他既无唐宪宗的杀伐决断，手下又无裴度、高崇文一类的能臣干将。因此，征讨李克用和李茂贞，皆失败而还。不仅没壮皇威，还露出自己的巨大缺陷。

当时，一直与李克用争地盘的朱温、赫连铎等人不停上表要求讨伐这位沙陀人，朝内的宰相张浚与大太监杨复恭有过节，也想通过军功来为自己立威。同时，张浚听说李克用到处对人讲："张公（张浚）好虚谈而无实用，他日必乱天下。"愠怒之下，张宰相添油加醋，撺掇唐昭宗出兵。

张浚深知昭宗喜变，便乘间进言："陛下如此英明睿智，竟内外受制于强臣，臣窃以此痛心！"

唐昭宗问计，张浚就劝皇帝“莫若强兵以服天下”。于是，唐昭宗在京师募兵，一下子就征了十万人。

但是，这十万长安市井子弟，真正打起仗来，其实抵不上三千精兵。

大臣们廷议时，多半不同意兴兵，而且李克用毕竟对唐廷有复都（长安）大功，不可因其小小违规而致征讨。张浚、孔纬等人欲倚借外廷势力排挤杨复恭，竭力主战。

思忖再三，唐昭宗下诏，派宰相张浚为河东行营都招讨制置宣慰使，京兆尹孙揆为副，统大队京城禁兵出发前去征讨李克用。并诏命朱温、赫连铎两军南北夹击沙陀军。

朱温又得头彩，突袭攻得潞州，上表请大军副招讨孙揆到潞州坐镇。

孙揆爱摆派，建牙杖节，褒衣大盖，拥众而行。

李克用义子李存孝率三百精兵埋伏于道，不仅把这一行人杀个精光，还生擒了孙揆，押往李克用处。

李克用劝孙揆跟自己干，这位孙大人到这地步官架也不倒：“我乃天子大臣，怎能给一个节度使当属官。”李克用大怒，派兵士拿来大锯锯杀孙揆。

两个大兵锯了好久，手忙脚乱，血流一地，也锯不死这位孙大人。孙大人也怒，大骂：“死狗奴，锯人要用木板夹上来锯，连这点技术也不懂，死笨的杀才！”

军士忙把孙大人以木板夹捆，大锯一拉，果然生效。

孙揆至死，骂声不绝。英勇倒是英勇，唐军却出师就丧掉了“副总司令”。

唐军出兵不利，宰相张浚只得在晋州城坚守不出。李克用觉得张浚是宰相，俘之无益，攻打两天，就退营五十里。

张浚等人乘此机会弃城狂逃，晋、绛二州尽陷于李克用，沙陀兵还大掠慈州等地。

由于张浚无能，赫连铎无功，孙揆被擒杀，加上朝廷倚为心腹的朱温正忙于进攻德州等地扩展地盘，镇冀和魏博两个藩镇坐山观虎斗，此次讨伐李克用可谓是大获全败。

唯一有收获的，是朱温在内黄五次大败魏博节度使罗弘信，使得魏博军镇归服朱温。双方还结为儿女亲家，朱温嫁女给罗家。

既然打不成李克用，唐廷又来老一套，窜贬主战的张浚、孔纬等人，加李克用为中书令。朱温上表为张、孔二人“诉冤”，于是，两个人奔至华州依附刺史韩建。李克用见到中书令的委任状，只是一笑，发大兵进攻云州的赫连铎，后者大败，逃奔吐谷浑部落。

唐昭宗因伐李克用失败正郁闷，朝内又添烦心事。

唐昭宗的亲舅王环想当节度使，大太监杨复恭坚执不可。王国舅闻之，上朝时破口大骂杨复恭，并不停入宫向昭宗大讲特讲杨复恭的“坏事”。

杨复恭耳目众多，侦知王国舅总在皇上耳边讲自己的坏话，便上表求请以王国舅为黔南节度使。

王环高兴，以为自己的大嘴让对方服软了，欢天喜地遍带宗族宾客乘数艘大船去当“封疆大吏”。行至半道，杨复恭的干儿子、山南西道节度使杨守亮把王国舅一行人截住，全部用绳捆起扔入江中淹死喂王八。然后，杨复恭上奏说王环一行遇狂风遭溺毙。

唐昭宗接到舅舅的死讯，知道是杨复恭所为，内心怨恨。

杨复恭昔日的干儿子李顺节得宠后，与从前的干爹争权。

有了禁军“总司令”的支持，唐昭宗逼迫杨复恭退休。

杨复恭怒极，派人杀掉皇帝派来宣敕的使人。

唐昭宗亲自登上皇宫的安喜楼，命李顺节等人率兵进攻位于昭化里的杨复恭大宅邸。

杨复恭干儿子众多，率家兵死命抵抗，李顺节等人一时还攻不下来。不久，含光门的禁军前来助战，杨复恭望见对方势众，率数位干儿子马上逃出长安，奔往兴元，联合在外任职的干儿子们举兵拒朝廷，并以讨李顺节为名。

逐走了前干爹，李顺节恃恩骄横，出入常以兵自随。这马上惹起唐昭宗的厌恶。于是，左、右军中尉刘景宣和西门君遂暗劝唐昭宗除掉这个跋扈的胡人，并获得允许。

两位掌兵的太监以议事为名，召李顺节入宫。三人寒暄坐定，刚刚端酒要喝，站在堂内“侍卫”的一名将领突前，一剑就把李顺节的脑袋砍落在地。

大脑袋滚了几滚，这位胡人的眼珠子还乱动，嘴巴张合，似乎在问：“为啥来这个？”

李顺节属下闻老首长死讯，大噪而出，剽掠都城，暴乱了一整天。

唐昭宗也不厚道，刚刚利用李顺节撵走杨复恭，就把人家弄死，显示出这位年轻皇帝还不懂得收买人心。

凤翔节度使李茂贞、静难节度使王行瑜，以及镇国节度使韩建等人趁乱，一齐上表要求出兵讨伐收留杨复恭的山南西道节度使杨守亮。

见唐廷迟迟不下诏令，李茂贞、王行瑜就擅自发兵攻打兴元。同时，李茂贞因未得招讨使头衔十分愤怒，写信给宰相杜让能和大太监西门君遂，肆口凌蔑朝廷。

不得已，唐廷授李茂贞山南西道招讨使。不久，兴元被诸军攻拔，杨复恭与干儿子们逃往阆州。

连战得胜的李茂贞非常骄横，在上表昭宗及写信给宰相杜让能时，言语悖慢：“陛下贵为万乘，不能庇元舅之一身（指王环被杀）；尊极九州，不能戮复恭之一竖。”

唐昭宗览表大怒，就促宰相杜让能将兵出讨李茂贞。杜让能是书生，泣谓皇帝说：“臣不敢避命不从。但此时情势与宪宗时代大异，臣恐日后徒受晁错之诛，也不能免七国之祸！”

唐昭宗根本不能审时度势，仍命杜让能安排调动军队。李茂贞侦知消息后，密派人纠集乱民一千多人，拦住担任观军容使的太监西门君遂的轿子“诉冤”。

大公公见势不妙，推说征讨李茂贞是皇帝和宰相决定的，不关己事。于是，这帮人围攻崔昭纬和郑延昌两位宰相，投石叫骂，差点儿打死二人。此景此情，与宪宗时藩镇李师道派人暗杀武元衡、裴度非常相似。

唐昭宗闻之而怒，用兵之意益坚，诏遣宗室覃王李嗣周率禁军三万前往。李茂贞、王行瑜合军六万抵拒。

双方一交手，李、王两人手下皆是百战边兵，禁军毕竟是新募的市井少年，一战即溃。

李茂贞大军乘捷，趋长安，在临皋驿扎营，上表要求诏杀宰相杜让能。杜让能马上入宫，说：“臣早知有今日之事，请陛下牺牲我一人以救社稷。”

唐昭宗泣下，不忍心斩杜让能，只是下诏贬其为梧州刺史，收斩西门君遂等三个太监来应付李茂贞。

李茂贞仍勒兵不退，一定要杀杜让能才还镇。宰相崔昭纬借机清除老对手，力劝唐昭宗杀杜让能免祸。不得已，唐昭宗下诏赐死杜让能兄弟两人。

同时，他不得不任命李茂贞为凤翔节度使兼山南西道节度使，守中书令，让他尽有凤翔、兴元、洋、陇、秦等十五州之地。

得势不饶人，李茂贞很快攻占阆州，大公公杨复恭与几个干儿子又逃跑。不久，这几个人被韩建的华州兵俘获，斩首送京师。

其间，李茂贞缴获杨复恭与干儿子们的书信，内容有如下之语：“但积粟训兵，勿贡献。吾于棘榛中立寿王（唐昭宗），才得尊位，废定策国老（杨复恭自称），有如此负心门生天子！”

可见，李茂贞也是故意把这封极有侮辱性的文字公示天下，悍将、太监，皆不拿大唐天子当盘菜。

李茂贞威逼朝廷时，李克用与朱温打得正欢，双方侵攻不断，民众死伤无数。

河中节度使王重荣死后，其子王珙、王珂争权，各附藩镇为援。王珂是李克用的女婿，李茂贞、王行瑜自然反对，上表请立王珙为节度使。

唐廷正犹豫间，王行瑜与李茂贞、韩建等人各率数千精兵入长安“兵谏”，杀掉宰相韦昭度、李谿，枢密使康尚弼以及与自己不是一条线上的几个宦官。

李克用闻讯大怒，引大军来赴。

见沙陀兵果真前来，王行瑜、李茂贞、韩建等人心惧，各自匆忙还镇。

听闻李克用大军逼向长安，李茂贞的干儿子、右军指挥使李继鹏与太监骆全瓘想劫昭宗往凤翔；中尉刘景宣（太监）也想劫昭宗去邠州自己人王行瑜的地盘。

两拨人各怀鬼胎，都想先下手为强，发兵互攻。

唐昭宗跑到承天楼上，幸亏有捧日都头李筠率本部护卫，又有盐州六都兵驻京一部赶至护驾，李继鹏等人烧宫门未成，见众军继至，各自逃归凤翔和邠州。

惊惶未定，长安城内又传王行瑜、李茂贞等人要率军劫迎天子，昭宗害怕自己落入二藩镇之手，便仓皇逃离长安，躲入南山莎城镇的城垒。

随皇帝出逃的长安士民数十万，路上因缺水渴死三分之一。半夜，复为盗贼所掠，哭声震彻山谷。

掠夺的“盗贼”，其实就是护驾官军。

得知李克用已经杀到长安附近，李茂贞大惧，忙杀掉惹事的干儿子李继鹏，上表请罪，写信与李克用讲和。

唐昭宗想“各个击破”，下诏赦免李茂贞，让他与李克用一起，合讨王行瑜。同时，为了奖赏李克用的“勤王”之功，唐昭宗派二子入李克用大营，拜这位沙陀人为兄，又以自己绝宠的奇色美人魏国夫人陈氏赐以“功臣”享用。

皇帝赐妃予臣下，千古罕有。李克用笑而纳之。

沙陀头子李克用精兵强将，又有皇上谕旨，打得邠州节度使王行瑜弃城而走。不久，这个倒霉蛋便为属下所杀，传首京城。其宗族二百多口，也尽为自己的乱军所杀。

唐昭宗高兴，晋封李克用为晋王。李克用暗中派人与唐昭宗谋议，想趁机平灭凤翔节度使李茂贞。

可是，有亲近太监劝昭宗说如果李茂贞被灭，沙陀军大盛，对朝廷也非好事。

耳软之下，唐昭宗下诏，褒赏李克用的“忠诚”，命他还镇。

这位沙陀将领还算听话，好人做到底，引兵东归。李克用一走，李茂贞骄横如故。

李克用大军屯扎渭北时，李茂贞和韩建当时真吓得不轻，对朝廷甚恭。沙陀军还，这两个贼臣贡献渐疏，表章骄慢。

唐昭宗经过此次逃亡，痛下决心要建设自己的军队。在神策东、西禁军外，又置安圣、保宁、宣化十数支亲军，征募数万人，以宗室诸王统领。

藩镇李茂贞对诸王将军很不爽，认定这些军队是讨伐自己的，便扬言要“诣阙诉冤”。

消息传出，京师士民争相亡匿山谷。

果然，他很快兴兵，上表称“勒兵入朝请罪”，并于乾宁三年（896年）夏天杀至长安近郊。

惊惶之余，延王李戒丕谏劝唐昭宗从鄜州渡黄河，迂回到太原依附李克用。无奈，昭宗只得再次出逃。

一行人至渭北，华州刺史韩建“坚请”皇帝到自己的地盘，而昭宗及群臣也不想远逃，便听从韩建之劝前往华州，以州府为行宫。

其实，韩建与李茂贞是一伙的，唐昭宗此去，无异于自投狼穴。

沙陀军头李克用闻此讯，叹道：“韩建为贼臣弱帝室，皇上不为李茂贞所擒，也会被朱温所虏，当初若听我言平灭李茂贞，岂有今日之祸！”

李茂贞乱兵冲入长安，烧杀劫掠。僖宗末期以来所修建的宫室、市肆，燔烧俱尽。

赫赫长安，大部分地方又成为瓦砾堆。

韩建控制唐昭宗后，出放当时的宰相崔胤于湖南。

崔胤密通朱温，让他为自己说话，并劝朱温筑洛阳宫室迎昭宗迁都。

朱温上表，韩建害怕，又召回崔胤为相。

拧不过朱温，韩建便打诸王的主意，上表奏称睦王等宗室八王要谋杀自己，准备劫驾奔往太原李克用部。

昭宗大惊，遣诸位王爷到韩建处自诉，被拒绝。不得已，昭宗下诏解散诸王所统兵士，护卫甲兵归韩建总管。至此，皇帝亲军全部丧失，曾经救驾的捧日都头李筠等人也为韩建所杀。

待至延王李戒丕从太原出使回来，韩建便与太监刘季述合谋，矫诏发兵，围困诸王于被软禁的府宅，进行攻杀。

这些凤子龙孙如同笼中鸡鹅，或缘垣，或升屋，哀声大叫“皇帝救我”。结果，延王等十一个李氏宗室王爷尽数被擒，押至华州西边的石隄谷，集体处决。事后，诸王尸体皆为野兽所吞，真正是死无葬身之地。

极度郁闷之下，唐昭宗登楼，作《菩萨蛮》一首：“登楼遥望秦宫殿，茫茫只见双飞燕，渭水一条流，千山与万丘。远烟笼碧树，陌上行人去。安得有英雄，迎归大内中。”

诗意悲怆已极。

干了如此坏事，韩建、李茂贞仍然害怕沙陀李克用，写信乞修和好。

由于李克用当时被幽州的刘仁恭与朱温牵制住，腾不出手来“打架”，便复信表示和好。

朱温先是联合刘仁恭攻李克用，不久，他又联合魏博兵复攻刘仁恭，连破对方八寨，杀掠甚众。

光化元年（898 年），唐昭宗还都。但是，朝权又由依恃朱温为后盾的宰相崔胤所专。

崔胤也是小人一个，他专权后，把从前同立一朝的老同事贬杀多人，势震中外，连宦官也畏惧他的权势。

从华州返都的唐昭宗经过数次失败，心灰意冷，郁郁不乐，终日纵酒麻醉自己。

光化三年（900 年）十一月，唐昭宗在禁苑打猎后，喝得大醉，手杀黄门、侍女多人。长期压抑而致心理变态，酒精作用下的唐昭宗可能把眼前的小宦官、宫人们皆当成了囚他辱他的贼臣，剑光处处，鲜血淋漓。

左军中尉刘季述等宦官愤恨南司（崔胤等宰相）权大，便借这一机会禁绝宫中内外往来，骗崔胤入宫，表示要“废昏立明”。

崔胤畏死，不敢说不，只得在连名状上署上自己的名字。

于是，刘季述率甲士千余人大呼冲入禁宫，逢人就杀。

唐昭宗刚刚酒醒，闻乱，吓得从床上滚落于地。挣扎起身后，昭宗欲逃。刘季述等人已经冲入寝殿，把昭宗按在原座，并宣布以太子李裕为帝。

唐昭宗还想辩解，倒是他的何皇后见势不妙，马上取来传国玉玺付与刘季述，扶唐昭宗入少阳院。

刘季述带着兵士随后赶入少阳院，立唐昭宗于前，自坐于榻上大骂皇帝“数十罪”。然后，他命人严加看守唐昭宗，并亲自给大门上锁，又灌铁汁入锁孔，凿墙为孔以通饮食，把皇帝“硬禁”起来。

至此，唐昭宗连求纸笔都不予。当时大寒，嫔御、公主连衣衾也没有，号哭声响彻远近。

然后，刘季述一面赏赐军人爵位、财宝以示恩，一面尽杀昭宗平时亲信的宫人、太监、道士、僧人。他每夜杀人，白天以十余车载尸出，想通过杀人来“立威”。

刘季述很想顺便杀掉宰相崔胤，但他又十分害怕崔胤的后台朱温兴兵问罪，只能留他不杀。

朱温闻乱大喜，提前南还。刘季述忙派人携密信来谒，答应要以唐朝社稷交给对方处理。

朱温逮捕来使，同时密派心腹蒋玄晖入长安见宰相崔胤谋划，准备一同诛灭宦官。

崔胤知道禁军左神策指挥使孙德昭深恨太监专政，便暗中交结，伏兵于安福门，趁上朝时，先杀掉手中握有兵权的禁军中尉大公公王仲先，驰至少阳院在墙外高呼：“逆贼已诛，请陛下出劳将士。”

唐昭宗和何皇后都不敢相信，直到兵士们把王仲先没有胡须的脑袋抛扔入院中，夫妇二人才敢破门而出。

崔胤来前，保卫皇帝御长安门楼，宣布反正。

很快，刘季述等几个首恶相继被擒，顿时皆被大棒击死，并灭族。

大乱之时，唐昭宗生怕儿子李裕被杀，表示被太监拥立的儿子“幼且弱”，仍令其还东宫。

事后，崔胤晋封为司徒；朱温由东平郡王晋升为东平王。

朱王爷掉转兵头，乘势击败河中节度使王珂，尽有其地。

凤翔节度使李茂贞也趁乱卖好，勒兵入贺，不费一兵一卒，得到尚书令官职的嘉赏。不久，他率兵还镇。

宰相崔胤想以外兵制约宦官，恳请留兵三千。

崔胤主政后，想把军权完全从宦官手中夺回，由文臣掌军。

昭宗自己不能谋断，召问禁卫军将。

这些人不喜文臣所制，对答道："臣等累世在军中，未闻书生为军主。"于是，唐昭宗仍委宦官韩全诲和张宏彦统领左右禁军。

崔胤未得禁军军权，不停上言唐昭宗尽诛宦官，韩全诲等公公向僖宗涕泣求哀。

唐昭宗于是不听崔胤之言。

当时，朱温与李茂贞俱有"挟天子以令诸侯"之意，老朱想拥皇上到洛阳，老李想劫皇上去凤翔。

崔胤着慌，密送信于朱温，称："今不速来，必成罪人！"

于是，朱温发兵大梁，时为天复元年（901 年）冬十月。

得知朱温发兵，大公公韩全诲纠结李继筠、李彦弼等禁卫军将，裹挟唐昭宗以及诸王、官员奔往凤翔，纵兵大掠内宫宝物。

唐昭宗本不想外逃，但军士们已在宫内外到处纵火。

"是日冬至，上（唐昭宗）独坐思政殿，翘一足，一足蹋阑干，庭无群臣，旁无侍者。顷之，不得已，与皇后、妃嫔、诸王百余人皆上马，恸哭声不绝。出门，回顾禁中，火已赫然。"

生不逢时，这位大唐天子一次又一次地奔逃、奔逃、再奔逃。

朱温大军逼至，李茂贞的"友军"头头韩建知道自己打不过，单骑出降。

朱温大喜，署之为忠武节度使，以兵援送他回老家陈州当官。

朱温率军在长安城内只待了一天，见没什么便宜可捞，转头就拔军趋凤翔，在城东扎下大营。

李茂贞亲自至城道歉，唐昭宗又手诏劝朱温归镇。于是，老朱移兵转攻邠州，并击降驻守的静难军节度使杨崇本。

天复二年，朱温还归河中后，派部将朱友宁带兵，西出进击李茂贞。

宰相崔胤亲自从华州赶到河中，向朱温泣诉，求他前去救驾。众人宴饮，崔胤亲自执板，为朱温歌以侑酒。堂堂宰相当歌童，并非为君为国，而是为他一己之私。

审时度势后，朱温派出五万精兵，向凤翔进发。李茂贞出兵迎战，大败而还，据城不出。

朱温挺会演戏，他身穿朝服向城而泣，大喊道："臣但款迎天子还都，不与岐王（李茂贞）角胜也。"

于是，留城不攻，朱温建五座大营予以包围。凤翔城坚，确实很难急攻而下。

双方相持数月，朱温忽然诈退。李茂贞不知是计，出城追击，正中埋伏，被杀无数。李茂贞自此丧气，闭门再也不敢出战。

冬日苦寒，连日大雪，城中食尽，冻饿而死者不可胜计。往往街上一人倒地还未死，身上肉已被旁人割削而食。市中卖人肉，一斤值百钱，而狗肉值一百五十钱。李茂贞本军也乏食，只能杀狗杀猪供"御膳"。

唐昭宗迫不得已，卖掉自己的御衣和小王子们镶有珠宝的小衣服买东西吃。

双方乏食交战，还不忘互相谩骂。城上凤翔守军骂城下"夺天子贼"，城下围困的汴军骂城上的守军是"劫天子贼"。嗷嗷不已，也不嫌费口水。

凤翔守兵争噪要杀韩全诲等致祸的宦官，韩大公公吓得向李茂贞叩头哀求。

围困日久，城中禁军军将多有出城投降者。李茂贞再也挺不住，单独拜见唐昭宗，表示要诛杀韩全诲，与朱温和解，奉皇帝还长安。

昭宗大喜，忙派一个小太监领凤翔兵四十人逮捕了韩全诲以及禁军首领二十多人，当即处斩。然后，把这些脑袋放在一个大筐内，送去城外朱温的大营。

为了取悦朱温，李茂贞还急诏崔胤回朝为相。当然，想进一步加保险，李茂贞还要昭宗把女儿平原公主嫁给自己的儿子宋侃（李茂贞原姓宋，因依附太监“立功”得赐姓李）。

何皇后心疼亲生女儿，昭宗劝她：“只要我能出得城去，不必担心你闺女。”

堂堂皇帝，至此连女儿也要舍弃，嫁与悍将之子为媳。

于是，李茂贞终于大开城门，放唐昭宗出城进入朱温营。

君臣相见，昭宗解自己玉带赐予这位“功臣”，并赐号“回天再造竭忠守正功臣”，晋爵梁王。

困厄之后，昭宗得以返回长安。

不久，他就让朱温写信要回女儿平原公主。李茂贞不敢不还。

朱温、崔胤疯狂报复，尽杀宦官近千人，包括退休在家的、出使在外监军的，皆宣诏令所在军将杀之，只在宫内留下幼弱宦官三十人以备洒扫。本来新任中尉第五可范对昭宗皇帝非常忠谨，也被当作首犯诛杀。

昭宗皇帝不敢保他，只得“私书祭文”安慰这位枉死的太监。

不久，朱温欲争淄青之地，辞别皇帝还镇。

宰相崔胤借朱温之军力诛除宦官、打败李茂贞之后，见朱温吞并关中、威震天下，篡夺之志已露，便内心生惧。于是，表面上他仍不停向朱温报告长安都城的情况，暗中想自己培植势力以遏制对方。

他写信给朱温，表示长安离凤翔的李茂贞太近，要早做准备，增募军兵，以免皇帝再被劫迁。

朱温虽是大老粗出身，却阴贼过人，当然知道崔胤的用意。他表面从崔胤所请，暗地派人在长安仔细监视崔胤的一举一动。

崔胤自以为得计，终日招兵买马，封官命将。

未等崔胤羽翼长成，朱温密表崔胤谋反，并命自己留置于长安的将领宿卫都指挥使朱友谅带兵包围崔胤府第，逮捕斩杀了崔胤及其党徒数十人。

然后，朱温表奏与自己相善的右拾遗柳璨为宰相。唐昭宗只能宣诏任命。

朱温一不做，二不休，以李茂贞将要劫驾为辞，派牙将“请”唐昭宗迁都洛阳。

此时，唐昭宗从也得从，不从也得从。他只能又一次（也是最后一次）泣别长安。

朱温军将驱徙士民，满路号哭。长安百姓根本来不及收拾，就被破门闯入的士兵驱逼，立刻就道。百姓们纷纷哭骂道：“贼臣崔胤召朱温来倾覆社稷，使我辈流离至此地步！”

权臣篡弑之前，如曹操、高欢，往往做出逼帝迁都的举措，一来摧毁前朝的政治象征，二来树立自己的威权。对此，连普通百姓都一清二楚。

同时，朱温派手下尽毁长安宫室百司及民间庐舍，取其木材，浮渭河而下，自此，长安遂成丘墟。

唐昭宗至陕州，朱温从河中来朝见。昭宗夫妇在内室见朱温。何皇后泣道：“自今以后，我夫妇就都依靠朱温你了。”这位何后聪敏，已看明天下事运。

过了数日，君臣宴饮，唐昭宗独留朱温以及韩建两人，皇后自执酒杯劝酒，天家尊礼至此完全扫地至尽。

忽然，唐昭宗一个妃子进来与皇帝耳语，韩建暗中踩朱温脚，朱温警醒，怀疑皇帝想害自己，他不敢喝何皇后递过来的酒，佯醉而出。

唐昭宗自知洛阳之行凶多吉少，派人分别至李克用、王建等节度使处，表示到洛阳后，肯定受人幽闭软禁，诏敕不由己出，望大家努力恢复。

果然，朱温不再耐烦唐昭宗半路拖延，派军将催逼皇帝一行立刻上路。快到洛阳时，朱温派人一夜之间把侍奉昭宗起居的少年侍从二百多

《双骑图》　唐　韦偃

人全部勒死，换上同样数目身材差不多的自己人，代之“侍卫”。

唐昭宗常常大饮至醉，起先根本没有察觉，过了好几天，才发觉自己左右全是朱温手下。

唐昭宗天祐元年（904 年）五月，皇帝及百官皆至洛阳新宫。

昭宗大宴群臣，数杯酒入肚，忽召朱温近前，指着自己的靴子说：“朕缚带松，朱温为朕系上。”

不得已，朱温硬着头皮弯腰为皇帝系绑缚带，惶恐汗出。唐昭宗本意，是想文臣武班中此时能冲出一人，立时擒斩朱温。但是，最终无一人“挺身而出”。

心疑之下，朱温东还回大梁，但整个洛阳城皆是他手下文武将帅统管。唐昭宗的一举一动，也都处于老朱心腹蒋玄晖的严密监视之下。

当时，李茂贞、王建、刘仁恭、杨行密等朱温的敌对势力信使往来，都以拥戴皇帝为借口。

朱温恐怕唐昭宗在洛阳生变，便下令蒋玄晖与自己派去当禁军护卫将领的朱友恭、氏叔琮等人见机干掉唐昭宗。

904 年八月壬寅夜，蒋玄晖率龙武牙官史太等一行兵卒入宫。

昭宗妃子裴氏开门见来人皆执明刃，质问对方，被史太一刀砍下脑袋。昭仪李氏见状，忙大呼：“宁杀我曹，勿伤大家！”

昭宗正饮得大醉，闻声而起，身穿单衣，绕柱逃命。李氏以身蔽帝，被史太一刀挥为两段。然后，他追上昭宗，把这位唐朝皇帝捅了个透心凉。

何皇后见状，跪地哀求蒋玄晖。蒋玄晖见何后凄婉可怜，朱温又没下令杀她，便饶了何后一命。

杀完人，蒋玄晖矫诏称李、裴二妃弑逆，立昭宗第九子辉王李祚为皇太子，于柩前即位，是为唐哀帝（昭宣帝），时年十三岁。

阴狠猜忌　乱伦灭性

贱民为帝的梁太祖

朱温闻唐昭宗被弑，假装大惊失色，继而号哭不止，自投于地，大叫“奴辈负我，令我受恶名于万代！”。

然后，他亲率大军至东都洛阳，假模假式向少帝“涕陈”情由，怪罪自己没有“照顾”好先帝。

为了灭口，他把自己的义子朱友恭和大将氏叔琮皆诬以他罪杀掉。

临受刑，朱友恭大叫：“卖我以塞天下之谤，如鬼神何！望有后乎！”

待了一段时日，见洛阳城内并无大的异状，朱温内心始安，开始打起唐昭宗诸王子与大臣的主意。

天祐二年二月初五，蒋玄晖遵朱温之命，邀昭宗所生的德王李裕等九个王子于九曲池置宴。这些王子皆是十来岁的少年，不敢不来，来了也不敢不喝，被大杯大杯灌酒。没多久，军士拥上，把这九个少年活活用弓弦勒死，然后在禁苑中随便刨个大坑埋掉了事。

金枝玉叶，一夕陨落无遗。

宰相柳璨依恃朱温，也妄作威福。听占星者说有天灾，柳宰相便劝朱温大行诛杀以应之。朱温的谋士李振考进士多年未中，也恨当朝缙绅，力劝朱温：“此辈常自谓清流，宜投之黄河，使为浊流。”

朱温笑而从之，一夜杀掉在朝的三十多个大臣，皆投尸于黄河。

大肆诛戮后，朱温忽然发兵击袭淮南，但是，军行无获，在淮北还被光州刺史柴再用杀败一次，损兵折将。躁忿之余，朱温只得归返大梁。

败后，朱温更欲马上篡位立威，忙派人去洛阳与蒋玄晖等人密议。

蒋玄晖时为枢密使（杀尽太监后，枢密使就成为位居宰相以上的最高朝官），他招柳璨商议。这两个奸贼毕竟是读书人出身，觉得朱温应仿效魏晋禅代故事，封大国、加九锡、待殊礼，最后受禅为帝。于是，二人自作主张，先授朱温诸道元帅。

朱温大怒。在洛阳的宣徽副使王殷、孔循妒忌蒋玄晖、柳璨二人权盛，想取而代之，便密告朱温说蒋、柳两人逗留观变，想延长唐朝的祚命。

蒋玄晖得知主子对自己起疑，仓皇奔至寿春自陈。朱温指着他的鼻子大骂："你们这两个人巧借闲事阻我好事，难道不受九锡，我就不能当天子！"

蒋玄晖跪地哀祈，为朱温分析天下事："唐祚已尽，天命归您，天下皆知。但李茂贞、李克用、王建等人坐拥大镇，为王爷您的劲敌，如果您仓促受禅，这些人肯定不服。不如按部就班，创立万世基业……"

朱温根本听不进去，叱骂道："你这个奴才就是想背叛我！"

无奈何，蒋玄晖奔回洛阳，与柳璨商议加朱温九锡之事。

当时，唐朝的昭宣帝根据唐朝礼仪正准备率群臣进行祭天的典礼。王殷、孔循马上密告朱温，说蒋、柳两人让小皇帝率大臣祭天，也是为了延长唐祚的举动。

大怒之下，朱温坚拒朝廷所加的"九锡"。

柳璨害怕，再次亲自到大梁请朱温"受禅"，也被拒绝。在王殷、孔循的撺掇下，朱温诬称蒋玄晖与何太后（昭宗皇后）通奸、柳璨谋反，皆逮捕族诛，并派孔循到积善宫把何皇后活活勒死。何氏也是精敏过头，唐昭宗被杀时她如死节，会被定为烈妇榜样。奈何她总想迁延岁月，终归不得久长。

柳璨临刑，悔愧至极，大叫道："负国贼柳璨，死其宜矣！"

诸事办妥，朱温还是不安心，徘徊观望。

此时，恰巧魏博六镇军乱，为朱温称帝献上了一份大大的"厚礼"。

魏博藩镇雄据六州，自田承嗣以来，节度使为了护身自固，招募不少牙军（贴身亲兵），锦衣玉食，赐给丰厚。年久日远，这些牙军父子相袭，姻党胶固，日益骄横。稍不如意，就会族杀旧帅换人。

自田氏灭绝后，一百多年来，牙兵牙将倒成为魏博藩镇的真正主人。主帅废置，出于其手，如史宪诚、韩君雄、乐彦祯等人，皆其所立。

罗绍威虽为魏博节度使，内心恶牙军乱权，但又力不能制。于是，他暗中派人招亲家翁朱温来帮自己解决问题。

朱温率精兵十万，以击伐沧州为名，驻屯深州。

正好，嫁给罗绍威儿子的朱温女儿病死，朱温就以会葬为名，暗遣一千多汴军军士装作送丧礼的挑夫，把甲胄军器藏于担子中伪装进入魏博。

魏博牙军没有任何防备，任凭这些朱温派来的“挑夫”络绎入城。同时，罗绍威于傍晚派人入武库剪断弓弦和甲襻。

半夜，罗绍威率官兵数百人，与扮成挑夫入城的汴军一哄而起，袭击睡梦之中的牙军。

这些人手忙脚乱，慌忙起身。由于都是职业军人出身，他们很快稳住心神，冲入武库寻弓披甲，但弓甲早已被破坏，只能肉身临白刃。于是，牙军合营被歼。八千家被屠戮，婴孺无遗。

转天一大早，朱温引大军入城。

此后，朱温在魏博六州盘桓半年，对附近的地方势力，服从者升官，不服者讨平。

罗绍威为供养亲家的军队，所杀牛羊近七十万，资粮无数，赠送金钱百万。

待朱温起程，魏博镇多年蓄积，被又吃又拿，基本一干二净。

虽然借机除去牙军之患，罗绍威自己的魏博藩镇也从此一蹶不振。为此，他叹息道：“合六州四十三县铁，铸不了这么大的错！”

这位罗绍威，史载他“形貌魁伟，有英杰气，工笔札，晓音律。性复精悍明敏，服膺儒术，明达吏理”，不知为何，竟然肯这么低声下气臣服朱温。同时，罗绍威还是个文学青年，喜欢招延文士，聚书万卷。他常常歌酒宴会，与僚佐赋诗，颇有情致。他最喜江东罗隐的诗，常让人带金宝前去求诗，而他自己也仿效罗隐诗风，有《偷江东集》五卷。其《公宴诗》有二句："帘前淡泊云头日，座上萧骚雨脚风。"颇为老辣。后来，罗绍威病死，还算善终，时年三十四岁。

魏博六镇归于己手，朱温还想全取幽沧之地。

刘仁恭惶急，厚着脸皮向沙陀李克用求救。

思忖再三，李克用派大将来个"围魏救赵"，攻打朱温的潞州。潞州的昭义节度使丁会本来就忠于唐廷，见李克用兵来，开门迎降。

这下急坏了朱温，他下令烧毁一路供应的粮食资储，撤沧州之围，奔还魏博，并急得卧病在床，躺了好几天。

魏博节度使罗绍威怕老亲家翁顺便把自己宰了，吞并六州，就入室以探病为由，力劝朱温代唐称帝，让他提早灭唐以绝人望，并表示："他日梁王如受禅为帝，我必尽敛六州军赋以贺登基大礼。"

朱温心喜，很感激罗绍威在他走背运时"支持"自己，也就没再打这位亲家的主意，率军归返大梁。

朱温在幽、沧战斗失利后，威望大沮，很想马上受禅为帝重树威风。

于是，907 年三月甲辰，唐昭宣帝禅位于梁，朱温称帝，建国号为大梁，史称"后梁"。

为了更应天意，朱温（朱全忠）更名朱晃，毕竟"朱全忠"是唐帝赐名，他不仅不"全忠"，还"全叛"，顶着前朝君主的赐名当皇帝确实不好听。

至此，朱三变成了皇帝朱晃，称"朕"不称"我"了。

隔了一年，朱温派人把封为济阴王的唐朝末帝毒死在曹州监所，时年十七岁，谥之为"哀皇帝"，以王礼葬之。

朱温虽然号称帝王，其实也就是一个大"藩镇"而已。

当时，李克用据河东，罗绍威据魏博，王镕据镇冀，刘仁恭据卢龙，李茂贞据凤翔，王建据西川，钱镠据镇海，杨行密据淮南，马殷据武安（湖南），王审知据威武（福建），刘隐据岭南——有了朱温挑头，渐渐地这些人纷纷称王称霸，为王为帝，最终造成了“五代十国”的混乱局面。

究其实，这些人的玩闹，仍然是唐末藩镇割据的进一步加剧而已。

正因为宋朝皇帝得天下不正，篡于后周孤儿寡母之手，故其大臣著史立“五代”为名，以明示朝代更迭，“神器”传承。

深究朱温的出身，真正是根正苗红，苦大仇深。朱温父亲早丧，兄弟三个皆由母亲王氏抚养成人。王氏为活命，在萧县地主刘崇家当老妈子。青少年时代的朱温顽劣无赖，常受刘崇大棍子“伺候”。但刘崇之母刘老太太吃斋念佛心眼儿好，常常护持朱三，对家里人讲：“朱三不是一般人，应好好待他！”其实，也是心疼这没爹的穷孩子。

朱温降唐后，官至宣武节度使，派一帮军人回家迎母。王氏见军人大批前来，惊惶奔入刘老太太房间，泣道：“朱三落魄无行，做贼招灾，现在官兵来抓我了。”

不料，前来的使者跪地，禀告说朱节度使“出息”了，王氏喜惧交加，如在梦里，这才拥刘老太太一起入朱温营中“享福”。

如此一个穷孩子，同以后的朱元璋一样，朱三在性格上存有极大的缺陷：自卑、多疑、无信、嗜杀。在西方，此即所谓“于连现象”；在中国，可称之为“朱温现象”。

当然，“于连现象”只是“资产阶级个人”向上爬的过程中不择手段、努力进取而已；“朱温现象”则是凶戾阴暴、一心要人命的恐怖行为。

朱温称帝后，也没干过什么好事，东打西杀，专以屠戮为乐。朱温用兵刑法甚严酷，每次战斗，只要营帅战死或被对方俘虏，其属下所统士兵一律处斩，名为“跋队斩”。由于军法严，逃兵甚多，朱温又想出在士兵脸上刺字的损招，“健儿文面自此始也”。这一招数，后来被幽州的刘仁恭父子“发扬光大”，他不仅在军士脸上刺字，在士人身上也刺上“一心事主”的字样。

此外，朱温做皇帝前后，生怕自己手下大将有样学样，狡兔未死却也开始烹狗，杀掉不少功臣，如氏叔琮、朱友恭、刘珍、黄立靖、邓季筠、李重允、李说等人。这些都是为老朱立下赫赫战功的大将，特别是黄立靖和邓季筠，被杀原因竟然是老朱检阅部队时发现他们所统兵士的战马“马瘦”。可见，老朱凶暴得近乎无知，杀人时连稍微像样的罪名都懒得想。

朱温除嗜杀以外，另外一个特点就是好色。

早在唐昭宗年间，邠州节度使杨崇本向朱温投降，以其妻子为人质。见杨节度使妻子貌美，老朱就数去馆舍奸淫。杨夫人私怀愧耻，派人捎信责骂夫君：“丈夫拥旄仗钺，不能庇其伉俪。我已为朱公妇，今生无面目对卿，期于刀绳而已。”杨崇本悲怒，后来起兵叛朱温，对朱温造成严重威胁。河南尹张全义被李罕之围困，求朱温解围。其后，张全义（张全义原名张居言，也是黄巢降将，全义是唐廷“赐名”）感激朱温，上言说自己的名字犯讳（朱温的赐名朱全忠也有一个“全”字），朱温就赐其名为“宗奭”。张全义（张宗奭）踏踏实实为朱温卖命，不停地为这位“恩主”输运军粮物资，修葺宫室。朱温一高兴，亲临张家，一住就是好多天，竟把张全义的老婆、女儿，以及几个儿媳全部睡个遍，气得张全义的儿子拔刀要去宰了这个老淫棍。张全义苦苦劝住，认为朱温救过自己的命，他爱咋地就咋地。

好色也就罢了，最为耸人听闻的是，朱温连自己的儿媳们也不放过。

朱温有八个儿子。长子郴王朱友裕早死。次子博王朱友文原名康勤，是朱温的义子。第三子郢王朱友珪小名遥喜，其母是亳州营妓。光启年间，朱温在亳州打仗时与这位营妓睡了一个多月，临行，对方说自己“有了”。朱温惧内，当时他的老婆张氏还活着，未敢把这位营妓带回大梁。一年后，营妓报喜，说生下一大胖小子，朱温大喜，故起小名为“遥喜”。其实，这位营妓是军营的窑姐儿，“事主”不一定是朱温。第四子即后梁末帝朱友贞，当时为均王。由于诸子在外据大藩重任在肩，朱温常常征诸儿媳“入侍”。

诸媳之中，老二朱友文的老婆王氏最漂亮，特受宠爱。按理，郢王朱友珪在兄弟中排名第三，大哥朱友裕死后，朱温的亲儿子中应该轮到他当皇太子，看见二嫂受幸，朱友珪心甚不平。

不久，小朱三因小过被朱温三打了顿板子，益不自安。

后来朱温眼见病体日沉，也觉悲戚，对近臣说：“我经营天下三十年，不意太原余孽（指李克用之子李存勖）更昌炽如此！观其志不小，我死，诸儿非彼敌也，吾无葬地矣！”

于是，他命王氏召朱友文来，想付之后事。以非亲生儿继位，不知朱温当时昏聩到何种地步。

郢王朱友珪的老婆张氏也在床前侍药，看见朱温握着王氏的手要朱友文来，气急攻心，忙回府传言老公朱友珪：“皇帝欲以国家予朱友文，我辈末日很快就到了！”于是，夫妇相泣。

朱友文时为东都留守，嗜酒怠政。假使这位朱二爷上台，估计马上会弄死六个弟弟。

乾化二年（912 年）六月，朱温病势进一步恶化，便下诏出朱友珪为莱州刺史。

怕遭老父杀害，情急之下，朱友珪化装进入禁卫军左龙虎军私见统军韩勍，告以自身难保的实情。这位韩勍也怕被老朱杀掉，就亲率五百牙兵与朱友珪及属下数人在禁宫埋伏。

半夜，众人斩关而入，直杀进朱温的寝殿。

朱温刚刚喝了一大碗苦药，迷迷糊糊要睡，忽听宫女太监惊叫，忙睁开大眼珠子，挣扎着抬起头，喝问道：“反者是谁？”

朱友珪此时胆壮：“不是外人！”

朱温看清是朱友珪，恨恨道："我早就怀疑你不是个好东西，恨没早早杀了你！如此悖逆无道，天地岂能容你！"

朱友珪扬指叱骂："你这个活该千刀万斩的老贼！"

朱友珪手下仆从冯延谔想在主人面前立功，直挺大刀就朝朱温的大肥肚子捅入，刃出于背，朱温一命呜呼。此情此景，和安禄山的死法如出一辙。

朱友珪命人用破毯子包起朱皇帝的尸身，在寝殿里刨个坑埋掉，秘不发丧。然后，他以朱温的名义，先遣使到东都赐死二哥朱友文。而且，这道命令还直接传给四弟均王朱友贞，让他监杀。

办完这些，朱友珪矫诏："博王（朱）友文谋逆，遣兵突入殿中，赖郢王（朱）友珪忠孝，将兵诛之，保全朕躬，然疾因震惊，弥致危殆，宜令（朱）友珪权主军国之务。"

贼喊捉贼，又以护驾孝子面目出现，朱友珪这套把戏实在不怎么高明。

待遣出杀朱友文的使节返回，朱友珪这才放心，宣"遗诏"继位。

朱友珪虽对诸将升官厚赏，众人仍然心怀愤怒。

朱温的干儿子冀王朱友谦首先在河中地区向沙陀人求援，起兵反对朱友珪。

朱友珪派与他一起暗杀父皇的韩勍为招讨使前去镇压。朱友谦与梁朝宿敌李存勖联兵，大败韩勍等人。

身在大梁的均王朱友贞，外结老朱大将杨师厚，内结居于京城的老朱的女婿赵岩和老朱的外甥袁象先（此二人都是禁军首领），众人议定，内外联合，忽然向皇宫发起进攻。

朱友珪闻变，忙与仆从冯延谔（杀老朱那位）及妻子三人逃跑，想从城北逾城而去。

望见四下军众密密麻麻，皆执利刃趋奔而来，朱友珪自度不免，就把手中刀交给冯延谔，让他先杀自己的妻子，后杀自己。冯延谔只能照办。杀掉朱友珪夫妇后，冯延谔也自刭而死。

小朱三这次“皇帝瘾”过得不长，才八个多月。

诸军十余万人，大掠都市。“新皇帝”死后，京城又是乱成一锅粥。

赵岩、袁象先忙派人去大梁迎均王朱友贞回京即帝位，并追废朱友珪为庶人。赵岩之父是“黄巢之乱”时坚守陈州的赵犨。老赵后来依附朱温，立功不少。父亲扶梁，儿子帮忙亡梁，也是历史中一个小奇观。但说实话，赵岩也非亡梁，只是在朱氏兄弟内斗中帮忙而已。

后梁末帝朱友贞为帝十年，其人仁懦，无远谋，仁而无武，明不照奸。其手下军队一直在北方与李存勖苦战。

923 年，后唐的沙陀军攻入京城，这位末帝令禁军将领皇甫麟杀掉自己。皇甫将军不忍下手，末帝说：“吾与晋人世仇，不可俟彼刀锯。卿可尽我命，无令落仇人之手。”无奈，皇甫麟先杀末帝，然后自刭。

朱友贞之死，与其三哥朱友珪全然相同。

朱梁之灭，也是恶贯满盈的报应。朱温老贼虽然一度称帝，但其暴恶之迹，史不绝书。

认得胡儿做“父皇”

石敬瑭的悲喜剧

“文革”以后先恢复上演的传统京剧曲目中，宣扬爱国主义情怀的《杨门女将》讲述的是佘太君老奶奶领着一群寡妇征战三关，浴血奋战抵御辽国入侵的故事。

笔者当时还是不谙世事的孩童，由于祖母是个大戏迷，耳边整日都是收音机里挥之不去的佘太君的悲壮慷慨：“哪一战，不伤我杨家将！哪一战，不亡我父子兵！”

后来，刘兰芳的评书《杨家将》播出，老令公杨继业以及杨六郎等后辈都是“威震三关”。故事情节引人入胜，令人心驰神往，可以说“在我幼小的心灵里播下了爱国主义的种子”。

但对“三关”在哪里，辽国人是什么人，我没有任何实际的概念，想当然地认为是靠近苏联或蒙古的什么地方。长大后，对历史逐渐感兴趣，才知道三关离我的老家天津近得不能再近——瓦桥关（今涿州南）、益津关（今霸州）、淤口关（今霸州东），皆在白沟河的南岸。而白沟河北岸不远处，就是当时契丹族辽国的地盘。

今天的白沟，是个鼎鼎有名的各式小商品集散地，从前的大河，早已随时光流逝变成不起眼的小河沟。而从前拼死攻杀的汉族与契丹两族人民，以及日后取代辽国的女真人，早已在元朝时期就被蒙古统治者统称为“汉人”，血脉融合。

那么，如果想进一步了解为何“三关”如此深入汉族传统疆域之腹地，就不得不谈起残唐五代中走马灯式变换的人物中最大名鼎鼎而又最遗臭万年的“儿皇帝”石敬瑭。

此公为了同后唐抗衡，竟答应割让燕云十六州（今北京至山西大同等地）给契丹，使得中原门户大开，为后来的汉族政权留下心腹之患，英明神武如后周的柴世宗、北宋的太宗赵光义，几次北伐，都无功而返。而且北宋之亡的最根本原因也早在石敬瑭时代就已经种下。

最为后世中国人所诟病痛斥的，则是石敬瑭向契丹国主耶律德光自称“儿皇帝”，拜认这位比自己小十几岁的异族人为父。

以至于直到1905年8月29日在东京发表的《同盟会宣言》中，第二条就赫然表明：

> 恢复中华。中国者，中国人之中国，中国之政治，中国人任之。驱除鞑虏之后，光复我民族的国家。敢有为石敬瑭、吴三桂之所为者，天下共击之！

可见，石敬瑭此人名气之大，几乎和吴三桂并驾齐驱，而且他还少了“冲冠一怒为红颜”的浪漫，多了层“认贼作父”当“儿皇帝”的屈辱，千秋万代，骂名滚滚。

笔者当然不想为这位沙陀人翻案，只是想来一把史海钩沉，把历史的本来面目展示给读者，让人们在理性思维的基础上，自己判断特殊时代这位特殊的历史人物。

残唐五代的戏剧性历史

说起五代，人们会机械性地背出历史课本中要作为考试内容的五个朝代——后梁、后唐、后晋、后汉、后周。如果没怎么深入研究过历史，很可能想当然地认为这五个朝代肯定像南朝宋、齐、梁、陈一样是“一家物与一家物”，是一朝顶替另一朝承接下去。

实则不然。

要说石敬瑭，不能不先提及后梁太祖朱温和后唐太祖李克用。

沙陀是西突厥的一支（驻地在今新疆古尔班通古特沙漠）。唐朝末年，李克用因帮助唐朝镇压庞勋有功，获封为云中牙将，并受御赐改名为李克用（原姓朱邪）。唐僖宗时，黄巢破长安，李克用率军勤王，大败黄巢大将尚让，因功拜同中书门下平章事（宰相），地位显赫。

后来，黄巢进攻朱温（原是黄巢将领，后降唐），李克用为了扩大地盘，就与朱温合军夹击黄巢，最后逼得这位杀人百万的盐贩子逃到狼虎谷，被外甥林言杀掉。

大胜后，朱温宴请李克用，这位二十八岁的使相（既是节度使又是宰相）根本不把朱温放在眼里，狂饮肆骂，惹得本来就不怀好意的朱温杀心顿起。夜间，朱温派人纵火射箭，想灭掉这位刚刚救了自己一命的竞争对手。

李克用虽然烂醉如泥，终有亲兵从人血战，他狼狈逃出，但三百多精骑护卫几乎全部被杀，从此双方结下死仇。

日后李、朱两人较量多次，李克用败多胜少，有一次还差点儿抛弃老窝晋阳逃回沙漠，以至于多年不能和朱温相抗衡。

朱温篡唐后，李克用以唐朝大忠臣的面目出现，并在儿子李存勖的建议下励精图治，不断积蓄力量，准备和立都中原的老对头朱温再争高下。

在潞州与朱温的军队相持时，李克用病发身亡。临终时，他交给李存勖三支箭，一支箭要儿子讨伐忘恩负义的河北刘仁恭，一支箭要他击平不守信用的契丹首领耶律阿保机，一支箭就是要平灭朱温的梁国。

李存勖果真不负老爹厚望，先是身着丧服出师，把一直盘踞幽州的

《胡人呈马图》（局部） 唐 韩干（明清仿）

刘仁恭父子抓住斩首，又马上进军攻打朱友贞的梁国（此时朱温已被儿子杀掉），一举歼灭七万多梁军主力。为了消灭常常南下的契丹人，他挥师北进，大败骁勇能战的契丹军，并迅速回师，直攻梁国都城汴州，梁国国主朱友贞自杀，梁国灭亡。

李存勖完成父亲的遗愿后，称帝建国，国号为唐，史称后唐。这位英明神武的皇帝登基后迅速腐化，冤杀功臣，加之他又是历史上地位最高的戏迷票友（自封艺名"李天下"），一时间奸佞当权，将士困顿。本来已经占领四川的唐军因主帅郭崇韬被枉杀而起兵造反，并迅速波及后唐内地。

不得已，李存勖委派自己的义弟李嗣源率军征讨，没想到李嗣源被属下叛变军士挟持，调转马头直攻洛阳。

都城的御林军见势不妙，也里应外合，鼓噪造反。窘急之下，李存勖率军亲自加入战斗。结果这位"李天下"身中数箭后流血不止，大叫"口渴"而死，年仅四十三岁。

当时，左右从人奔逃略尽，只剩下一个伶人还算忠心，往李存勖身上堆了好多乐器后放火焚烧，终于使得这位帝王尸体未受乱兵戮辱，并能在丝竹的噼啪声中直达最高的"艺术境界"。

取而代之的李嗣源，原名邈佶烈，十三岁时就因勇武善射被李克用收在帐下做养子，侍卫征战，奋勇争锋，在灭梁和击破契丹的战役中功劳颇著。

后唐建立后，皇帝李存勖猜忌忠臣，李嗣源几次险些被杀。最后，魏州兵变，皇帝派他前去镇压。李嗣源赶到魏州城下，还未来得及攻城，当天夜里就发生军队哗变，将士们逼着他称帝，老将军流泪不从，想亲自回都城向李存勖解释自己对本朝的一片忠心。他的女婿石敬瑭劝说道："岂有军变于外，上将独无事者乎？"意思是你现在跳进黄河也洗不清，回去后肯定马上被杀。

无奈，李嗣源只有随军队返攻洛阳，还没到达都城，城内就发生御林军叛乱，李存勖被射杀。因此，李嗣源得以还都继位。

在位七年间，李嗣源诛杀宦官奸佞，惩治贪污，宽仁爱民，力图节俭。但是，他属于“仁而不明”的一类人，末期也重蹈诛戮功臣的覆辙。加之他在立储事宜上不做明白交代，臣下派系众多，拥立不一。病危时，他的长子李从荣害怕自己不得立为皇帝，带兵准备冲入宫中察看虚实，当即被大臣诛杀。得知此讯后，老皇帝惊骇交加，一命呼呜。

虽在位仅七年，李嗣源在五代君王中，却最为“长命”，可见五代是何等的乱世！

李嗣源死后，优柔寡断的李从厚继位，是为后唐闵帝。此人虽“寡言好礼”，但确实没有人君之量与人君之才。执掌朝柄的朱弘昭和冯赟两个人，只知道结党营私、排斥异已，从而逼反了李嗣源的养子潞王李从珂。

李从珂原姓王，战乱时母子被掠，十几岁时就为李嗣源收养，青少年时代一直跟随义父在战场上厮杀，英勇异常。

当初李嗣源继位，李从珂因事得罪了重臣安重诲，安重诲屡屡进言李嗣源要对李从珂治罪。最后激得老皇帝也急了，对安重诲说：“朕为小将校时，家徒衣食不足，赖此儿荷石灰、收马粪以存养，以至今贵为天子，而不能庇一儿！”

后来，安重诲被诛，李从珂得封潞王，晋升为太尉。闵帝继位后，为削弱李从珂的兵权，就派他到河东任节度使，拟把他从凤翔重地调离。

五代之时，功臣勇将纷纷被杀，李从珂已经预见到自己的下场，就四处发檄文要“清除君侧”，引得后唐闵帝派大军攻打凤翔。

很快，外军大集，蚁附登城，眼看就要城陷被俘杀，情急之下，李从珂亲自凭城，嚷道：“我二十岁不到就跟从先帝征战，出生入死，金疮满身，树立得社稷，军士从我登阵者多矣。今朝廷信任贼臣，残害骨肉，且我有何罪！”大声恸哭不已。

城下好多攻城将士本来就是李从珂从前的属下，闻言伤悲，派来攻城的羽林和严卫两个都指挥使临阵“投诚”。仅仅十几天，李从珂就率诸军攻入洛阳，闵帝慌忙奔逃，他自为皇帝，正所谓“一哭得帝位”。

闵帝出逃路中，正遇自防地而来查探虚实的姐夫石敬瑭，大喜过望，以为终于遇见救星。不料石敬瑭见闵帝身边仅有五十骑随从，又无将相大臣跟从，也无证明其身份的玉玺。翻抄查看过后，他对这位失势的皇帝小舅子渐不礼遇。

后来，闵帝身边的侍臣看不惯石敬瑭的无礼，叱骂中抽刀欲刺，被石敬瑭手下杀个一干二净，独留闵帝一人于驿舍。

然后，石敬瑭这位“先帝爱婿”驰入洛阳，向新主效忠。

不久，闵帝与皇后及其四子同时被李从珂鸩杀，时年才二十一岁。

乱世播迁中的石敬瑭

石敬瑭，沙陀部人，其父名臬捩鸡。《旧五代史》中说他是汉代丞相石奋的后代，欧阳修在《新五代史》则坦白称“不知其得姓之始”。

由于《旧五代史》资料主要得自各朝大臣为自己主人修的《实录》，把石敬瑭当成石奋后代显然是溢美之词、冒认祖宗。

欧阳修《新五代史》虽太过简略，但已有宋儒的“正气”，对帝王身世追根究本，因此欧阳修一说更为可信。

石敬瑭生于太原，此人本性沉淡，寡言笑，喜读兵法。李嗣源为代州刺史时，非常器重石敬瑭，以亲女妻之，任为心腹。后唐庄宗李存勖听说石敬瑭的骑射之能，常招致旗下一并攻伐四战。甘陵之战中，石敬瑭仅带十余骑横槊深入，东西驰突，立阵未稳的李存勖得以安全，使得这位本身就十分英勇善战的皇帝亲抚其背夸奖：“将门出将，言不谬尔。”并把自己喝过的酥油茶赐给石敬瑭。由此，这位石郎一时显名于世。

在与梁军的作战中，有一次石敬瑭与岳丈李嗣源侦察地形，一行人都轻装没有穿甲胄，忽然遭逢一队隐蔽的梁兵，快马从丘林中跃出，刃锋几及李嗣源后背。石敬瑭大喝一声，策马冲奔，以战戟击落敌兵数人，救了老丈人一命。

在日后的灭梁决战中，石敬瑭屡建奇功，因此史书评曰："平汴水，灭梁室，致庄宗（李存勖）一统，集明宗（李嗣源）大勋，帝（石敬瑭）与唐末帝（李从珂）功居最，庄宗朝官未显者，以帝（石敬瑭）不好矜伐故也，唯明宗心知之。"

显然，石敬瑭不好张扬，因此在李存勖称帝时没有获封大官。李嗣源称帝后，封石敬瑭为宣武军节度使、开国公，加驸马都尉，后改河阳节度使，赐号"耀忠匡定保节功臣"。

岐阳兵乱，兵士推潞王李从珂为帝，后唐闵帝诏石敬瑭赴阙救援，双方相遇于道。乱世之际，忠义最难，石敬瑭权衡利弊，终于杀尽闵帝左右，奔投李从珂，致使小舅子闵帝为李从珂毒杀。

估计石敬瑭内心对于闵帝之死并没有什么真正的愧疚。他对岳父李嗣源可以说是忠心耿耿，对嗣君闵帝只是把他当成扶不起的"刘阿斗"。

石敬瑭称帝后，谥李从厚为"闵帝"，封土坟高才数尺。如果心中有愧，石敬瑭肯定会厚葬这位小舅子。

后唐末帝李从珂继位后，对这位"石郎"很不放心。石敬瑭在新皇登基后，也不敢主动提出回到自己的驻防地，整日提心吊胆地怕被杀掉，忧愁多病，竟然一时瘦成麻秆一样。

由于李嗣源发妻曹太后说情，李从珂才勉强答应石敬瑭回河东驻地，为北京（当时的太原）留守、太原节度使。

有一次，石敬瑭的妻子到洛阳为李从珂祝寿，宴会后要回家见丈夫，李从珂趁酒醉说了句玩笑话："这么着急干吗？是不是要回去和石郎一起造反啊。”

说者无意，听者有心，石敬瑭得知后暗地里更加加紧防备。

后来，朝廷派使臣宣慰河东，石敬瑭手下将士高呼万岁，想趁机拥立石敬瑭为帝以邀功。由于当时时机还不成熟，善于观察形势的石敬瑭马上把为首高呼“万岁”的三十六人逮捕斩首，然后上奏李从珂以表“忠心”。这些人也真倒霉。

不久，为了试探皇帝李从珂对自己的态度，石敬瑭上奏要求辞去军权，请调到别的地方任节度使。这种伎俩最简单但很奏效，如果李从珂同意他的辞职书，说明皇帝肯定怀疑他；如果退回，就说明李从珂仍然信任他。

李从珂问大臣薛文遇如何处理，薛文遇对答：“臣闻作舍于道，三年不成……石敬瑭除亦叛，不除亦叛，不如先事图之。”

因此，李从珂下定决心，下诏调任石敬瑭。

事已至此，石敬瑭也撕破脸皮，上书说李从珂不是李嗣源的亲生儿子，应让位于许王李从益。

李从珂阅奏大怒，派人草诏责备石敬瑭，也很有理：你连嗣皇李从厚尚且出卖不救，现在又上书要立另外一个小舅子许王李从益，天下人谁能相信你的话！

于是，李从珂征发大兵进伐石敬瑭。

以石敬瑭的兵力和能力，他绝对不是李从珂的对手。

毕竟石敬瑭是一世奸雄，忙令桑维翰草表称臣于契丹主，且请以父礼事之，约事捷之日，割卢龙一道及雁门关以北诸州与之。并派心腹密赴契丹向耶律德光求助。

这位契丹主马上率军赶来，迅若流电。后晋史臣为此沾沾自喜，日后述及此事时，欢喜无限地认为契丹出兵是天助大晋，殊不知耶律德光完全是为私而来。

936 年 9 月，契丹耶律德光亲率军队自代州扬武谷南来，有众五万，号三十万，旌旗不绝五十多里。

石敬瑭闻契丹兵至，连夜出城，拜见耶律德光，双方相见恨晚。于是，二人“因论父子之义”。如果读书不细，还以为耶律德光会认比自己大十多岁的石敬瑭为父，其实正好相反，谁有兵有权有势谁就是爹。

石敬瑭给青年人当儿子，连其手下大将刘知远（日后的后汉高祖）也觉过分，劝他说：“称臣就可以了，奈何以儿居之！”石敬瑭不听。

耶律德光则大喜。他在得到石敬瑭割送燕云十六州（输岁币三十万帛）并称儿皇帝的许诺后，马上册封这位比自己大十多岁的“大干儿子”为大晋皇帝，改元“天福”（实则无福）。

石敬瑭在契丹人马增援下，大军直入，直攻洛阳。

从前勇猛绝伦的李从珂称帝后已无昔日胆气，在败绩连传的情势下，只知酣饮悲歌，形神惨沮。臣下劝他亲征，他答道：“卿辈勿说石郎，使我心胆坠地！”怯懦如此，不亡也难。

城陷前夕，京城父老上奏，劝李从珂说：“前唐皇帝每当中原有难，多幸蜀地以图进取，陛下何不入西川？”

李从珂此时倒很明白，答称：“本朝（指前唐，后唐以唐朝正朔自居）两川节度使皆用文臣，所以玄宗、僖宗避寇幸蜀。今孟氏已称尊矣，吾何归乎！”

后唐在蜀地的地方长官孟知祥在李嗣源时代就已经不听节制，名义上服从后唐，实际上自己割据一方。李嗣源死后，孟知祥马上称帝，史称后蜀。

恸哭之余，李从珂奔入后宫，与曹太后、刘皇后等人携传国玉玺等上玄武楼，举族自焚而死。后唐亡。

割送燕云十六州的耻辱及后果

石敬瑭狮子大开口（不是索要反是倒吐），一下子送给“小爹”耶律德光的十六州是：幽州（今北京）、蓟州（今天津蓟县）、瀛州（今河北河间）、莫州（今河北任丘）、涿州（今河北涿州）、檀州（今北京密云）、顺州（今北京顺义）、新州（今河北涿鹿）、妫州（今河北怀来）、儒州（今北京延庆）、武州（今河北宣化）、蔚州（今河北蔚县）、云州（今山西大同）、应州（今山西应县）、寰州（今山西朔州东）、朔州（今山西朔州）。

由此，北方少数民族可以骑马直侵至黄河岸边，失去了此前历朝历代一直恃为天然屏障的大部分地区。

远至汉代的刘邦和唐朝的李渊，都曾因想实现个人野心和专心经营中原地区而向北方少数民族（匈奴或突厥等）称臣、和亲或纳贡，但充其量只是送钱送物送女人而已。置国家利益于不顾，答应割让给对方大片土地，石敬瑭可以说是在中国历史上开了先例，并因此而“享受”遗臭万年的待遇。

石敬瑭当皇帝后，常常得接待来宣诏的倨傲契丹使者，而且要跪地拜受契丹主耶律德光的诏敕。后晋不仅要按年送金帛，每有节日生日（契丹帝后）、吉凶庆吊，都要运送大量奇珍异宝进献，而且从上到下，遍及契丹元帅、太子、数王以及重臣，卑躬屈膝，滋味确实不是很好受。

不久，魏州的节度使范延光趁乱起兵，石敬瑭派灵武节度使张从宾东讨范延光。不料两将合谋，起兵时把石敬瑭的两个儿子楚王石重信（二十岁）和寿王石重乂（十九岁）杀掉。虽然叛乱最终平定，这位石皇帝又丧掉两个爱子（先前已经有两个儿子被李从珂杀掉）。

没过多久，镇州节度使安重荣起兵反叛石敬瑭。

安重荣是朔州人，自少就孔武有力，精骑射，石敬瑭初起兵时自代北率数千人赴归，深受信任。后晋建立后，获授成德军节度使。由于安重荣军伍出身，暴得富贵，不断亲睹耳闻近代的节度使不几年就当皇帝，常常对人讲："天子，兵强马壮者当为之，宁有种耶！"

石敬瑭天福年间，后晋朝廷为了免起兵端，上上下下对契丹人尊敬无比，唯独安重荣常常对路过的契丹使节箕踞谩骂，肆意侮辱。当时受契丹侵逼的吐浑（唐末称吐谷浑为"吐浑"）诸部请求内附后晋，后晋当然不敢接纳，安重荣反而和这些部族打得火热。他暗杀契丹过路使臣，并乘机上表数千言，大意指斥石敬瑭"称臣奉表，罄中国珍异，贡献契丹，凌虐汉人，竟无厌足"，并把奏表改成书信体，遍发朝廷大臣和后晋诸藩镇。

当其时也，后晋割让燕云十六州已成事实，境内民人粗安，上下都怕再起兵衅。安重荣也并非是为了什么民族大义，其实他是怀有不小的个人野心，想以此开启战端。

《旧五代史》中的《桑维翰传》称"晋祖（石敬瑭）览表（安重荣奏表），犹豫未决"。从中可见石敬瑭也觉得安重荣说的话不无道理，当皇帝以来，他一肚子鸟气，确实想发泄一下。

关键时刻，自始至终参与石敬瑭称帝计划的心腹重臣桑维翰当时镇守兖州，得知消息后连忙秘密上表，从契丹人"万里赴难"救援石敬瑭讲起，又说到开国六年来彼此通欢，相安无事，进而劝石敬瑭不要轻举妄动，以防惹恼契丹人。

石敬瑭见密奏后，反复思之，终于不敢和契丹翻脸。

石敬瑭冷静下来了，安重荣那边却等不及。其实，安重荣一边大言要灭契丹，一边也秘密和契丹边帅刘晞暗中联络，其真实目的是想回兵入洛阳做天子。

契丹人也想让安重荣和石敬瑭开战后，借机因中原事起再次入侵取利，因此契丹对安重荣的"指斥"，仅仅是做表面文章而已。

有一次，安重荣与契丹使节骑马并行，指天上飞鸟射之，鸟应弦而落，当时观者万数，无不欢呼，连精于骑射的契丹使臣也非常钦佩，以所乘良马敬献安重荣。这使得这位武将一时间飘飘然起来，自谓名振北方，天下可一箭而定。

不久，他就纠集饥民数万，以回朝入觐为名，大举攻向洛阳。

石敬瑭派大将杜重威迎敌，双方相遇于宗城。两军军阵刚刚成列，安重荣帐下将赵彦之便卷旗奔降，后晋军因势奋击。安重荣一鼓而溃，部下被杀及于路冻死者两万多人，最后他本人也被抓住斩首。

平定安重荣叛乱后不到一年，五十一岁的石敬瑭得病死去。

这老哥们儿一辈子也确实不容易：前半辈子戎旅生涯，出生入死，为后唐帝家卖命，确实做了不少好事；后半辈子称帝，却一直战战兢兢，内忧外患。虽然其当皇帝后慕行节俭，使民间粗安，但千载骂名是铁定的绝案，任谁也翻它不得。

况且，身死才四年，后晋就被他手下的将领和契丹人一起灭掉，真正被扫进了“历史的垃圾堆”。

“儿皇帝”崩后的身后事

石敬瑭死前有六子，一子早夭，二子为李从珂所杀，二子为叛将张从宾所杀，唯余幼子石重睿。

由于石重睿太年幼，众大臣拥立石敬瑭的侄子石重贵为帝，是为后晋出帝。此人方面大眼，确有人君之相。

后晋出帝践位之初，正值艰难之世。北面契丹虎视，南有吴越、后蜀窥边，加之连年天灾不断，饿殍遍地，国内政治极其不稳定。

当时，如果依据桑维翰之计，休养生息，静待时机，日后事还未可知。偏偏此时，又出了个好生事端的景延广。

景延广是石敬瑭的侍卫亲军都指挥使，在老皇帝死后，他对石重贵有拥立之功。

石重贵即位后，景延广撺掇他对契丹“称孙不称臣”，惹得耶律德光大怒，遣使责备。

景延广更加蛮横大胆，劝出帝尽杀在中原的契丹商贩，并放言：“先帝（石敬瑭）则北朝所立，今上（石重贵）则中国自策，为邻为孙则可，无臣之理。”又扬言：“晋朝有十万口横磨剑，翁若要战则早来……”

于是，后晋与契丹公开决裂。

天福八年（943 年）十二月，契丹军队来攻。转年正月，契丹军攻陷甘陵，河北一带的储积粮草尽陷于敌。

后晋出帝惊骇，亲率军队进驻澶渊，景延广仍自恃胸中甲兵。

契丹兵至城下，派人向城上高喊：“景延广唤我来相杀，何不急战！”

此时的景延广坚持做缩头乌龟，闭栅自守，始终不战。

对此，朝臣们议论纷纷，都讲：“昔与契丹绝好，言何勇也；今契丹至若是，气何惫也。”

开运元年（944 年）三月，契丹主耶律德光引兵十余万来攻。后晋出帝石重贵亲自率领亲军列为后阵，东西济河，为偃月之势，旗帜鲜明，士马严整，吓得耶律德光对左右说：“杨光远（后晋降将）说晋朝兵马半已饿死，今日观之，何其多也！”

契丹骑兵冲阵，后晋军严立不动，万弩齐发，飞矢蔽空，契丹军死伤甚重。

耶律德光正要退奔，有奔降的后晋兵告知东阵军少，契丹军集中军力猛攻阵东，后晋军不敌败走，契丹骑兵乘胜追击。当时，正好有数千后晋军在河堤处赶筑水寨，有旗帜从岸边露出，契丹人以为是后晋军伏兵，没敢再追。

不久，双方整兵再战，后晋军又退。后晋勇将李守超以数百军士短兵突击，契丹军稍却。

双方你来我往。最后，战场之上，人马死尸无算。

夜幕降临，契丹军击钲而退。

同年八月，契丹军队又来入侵。后晋出帝不得已，再派十五将出征。转年三月，双方大战于阳城。

契丹铁骑如墙而来，后晋步军以方阵御抵，并选劲骑迎击，大战二十余回合，契丹骑兵不敌，渡白沟而去。

后晋中下级将领都认为，契丹主自己将兵前来，实为劲敌，如不血战，必不得活。于是他们铁下心来死战，双方骑兵步兵交战成一团，杀声震地，后晋士兵无水，取泥水绞汁而饮，艰苦异常。

双方混战之中，忽然大风扬尘，风势转猛，犹如黑夜（肯定是当时罕见的沙尘暴，当时北方植被还未被破坏）。后晋军齐力进击，契丹大败。

耶律德光本来坐在御车里指挥，败退后见追兵渐及，忙跨上一只骆驼，狼狈奔逃。

后晋众将踊跃，要求追击亡寇，身为统军的杜重威（石敬瑭妹夫，晋出帝姑夫）却说："逢贼不死就是万幸，还想得活后再占便宜吗？"他下令停止追击，丧失了击灭契丹的绝好时机。

杜重威以皇亲大将之重，在成德军节度使任上，每逢契丹进兵，只知闭城自守，未尝派一兵一卒救援邻近的晋朝城池。常常有数十契丹骑兵驱赶成千上万俘虏的汉人经过城下，杜重威从来没有发一箭相救。

开运三年（946 年）冬，后晋出帝石重贵竟下令让这个草包姑夫杜重威统领十万大军北去抵御契丹。

军队至瀛州，后晋将梁汉璋与契丹交战阵亡，杜重威马上回军，驻军武强。

听说耶律德光亲自南下，他马上西趋镇州，在中渡桥与契丹夹滹水而营。

十二月八日，后晋将王清等数千人渡河进击，为契丹所败。虽如此，后晋军主力未伤，而且先前曾大胜契丹，上下皆无惧敌之心。

作为统帅的杜重威，自己反而十分害怕，暗中派人前往契丹营帐，向耶律德光表示效忠。

耶律德光大喜，答应杜重威要像扶立石敬瑭那样立他为帝。

对此，杜重威信以为真。转天，他埋伏甲士于大帐，以议事为名召诸将，突然表示要率军向契丹投降。

诸将愕然。但统帅如此说，只得俯首听命，在降表上签字。

而后，杜重威集合十万大军训话。

众军士以为要与契丹兵决战，个个欢呼踊跃。

不料，统帅下令解甲投降。

沉默过后，后晋军营内恸哭一片，声如雷震。

而后，从前血战契丹的大将见大势已去，纷纷降敌。杜重威、李守贞、张彦泽等人不仅投降，还为契丹军做前锋，转头直攻入都城。

宫中相继起火。石重贵自携宝剑驱拥后妃十数人，将要赴火自焚，为御林兵所阻。不得已，他奉表称孙请降。

转年正月下旬，契丹封石重贵为负义侯，遣送至黄龙府安置。同行的有皇太后李氏、皇太妃安氏、皇后冯氏、皇弟石重睿，以及两个年幼的皇子和宫嫔、内官几十人。

在遣送过程中，途经中渡桥杜重威十万兵众曾经驻营的联营大寨，石重贵仰天大呼："我家何负，为此贼所破，天乎！天乎！"号哭而去。

自范阳开始，一路乏食，宫女、从官采野菜、橡实供食。一行人千辛万苦到达辽阳，遇见契丹的永康王，石重贵的幼子和幼女及内官十数人均被抢走。不久，宠姬赵氏、聂氏也被契丹贵族强掠而去。

在东北苦寒之地，石重贵一直熬了二十八年，到宋太祖开宝七年

(974 年)才病死，可谓受尽折磨，还不如早早自杀死掉好。

“族行万里，身老穷荒。自古亡国之丑者，无如帝之甚也。千载之后，其如耻何，伤哉！”

撰写《旧五代史》的北宋大臣，这话说得太绝也太早。

没有过太久，1127 年，距石重贵被俘才过了一百八十多年，北宋的徽、钦二帝也被代辽而起的金国俘掠而走，且侮辱更甚。

相关诸人的悲喜剧下场

契丹主耶律德光攻入洛阳后，于 947 年 2 月身穿汉天子服装，御崇元殿受朝，制改晋国为大辽国。不久，后晋大将刘知远派牙将王峻奉表契丹表示臣服。

此前，刘知远作为幽州道行营招讨使，在忻口、朔州等地一直和契丹人作战，屡有胜绩。但他并非是为了维护后晋帝业，只是想在乱世交战各方中显示自己的实力罢了。

刘知远出身贫寒，也是沙陀人，穷到给人家当上门女婿的地步，后来投奔李克用的后唐军，作战非常勇敢，在一次危急关头，他把自己的战马交给失马的石敬瑭骑，救了这位后来的皇帝一命。

李从珂攻打李从厚时，石敬瑭差点儿被这位失势小舅子皇帝的随从杀死，也是刘知远带一行人冲入，把后唐闵帝的全部从人杀个干净。由于救主有功，石敬瑭称帝后就封他为同平章事兼节度使。

后来，石敬瑭、刘知远君臣之间也开始产生隔阂。石敬瑭免除他禁卫军领军的官职，外派为河东节度使。石敬瑭死后，刘知远一直静观其变，只是固守自己的河东地盘，对于小皇帝的诏令置若罔闻。

后晋灭后，耶律德光也顾不得实力雄厚的刘知远，趁势作个顺水人情。在诏旨中称呼刘知远为儿，赏赐他一根木制拐杖（不伦不类）。

史书中没有刘知远对“儿”称呼的反应，但他肯定会一笑置之。当年石敬瑭向耶律德光称儿，他曾明白无误地表示过反对。

由于断定天气转冷契丹就会北撤，刘知远便于947年在太原称帝，并改后晋开运四年为天福十二年，意思是不忘旧主，延续石敬瑭年号。同年6月，刘知远改国号为汉，史称后汉。

刘知远在位不到一年就病死，时年五十四岁。其子隐帝刘承祐继位后轻信谗言，滥杀功臣，很快就导致邺都留守郭威起兵，都城开封被攻陷，隐帝被杀。

后汉是五代最短命的王朝，传二帝，仅四年。

以十多万大军降于契丹的石敬瑭妹夫杜重威随耶律德光南侵，投降的后晋军驻守陈桥，成日挨冻受饿，困乏不堪。每当他的官轿在洛阳街道上走过，百姓纷纷高声诟骂，杜重威只得低头忍受。

契丹人下令洛阳后晋降官按官职大小上交钱帛，杜重威应上纳万缗，急得他哀求耶律德光：“臣以十万汉军降于皇帝，不免罚纳，臣所不甘。”契丹主笑而免之。

契丹人走后，刘知远为招抚杜重威，任他为太尉，拜宋州节度使。杜重威心怀鬼胎，坚守邺城抵拒刘知远。这位后汉高祖指挥大军，攻伐数日，死伤万余人也打不进去。最后，城内兵民战死饿死十分之六七，杜重威不得已才开门投降。

由于降前刘知远许以不死，杜重威仍苟延残喘了些日子。

刘知远不久病重，临终时嘱咐顾命将佐要“善防杜重威”。这位后汉高祖一咽气，朝臣就把杜重威及其三子在都城以叛逆罪凌迟。由于恨他的人太多，大家一冲而上，不一会儿工夫，这位卖主卖民的老贼便被人们吃个精光！所谓食肉寝皮，仍不能解众人之恨。

与契丹首挑争衅的景延广在后晋出帝后期被罢兵权，出为洛都留守。由于深知契丹强盛，国家危急，他只好长夜纵饮，今朝有酒今朝醉。契丹军入洛阳，耶律德光专门派数千契丹军去逮捕景延广。顾虑一大家老小，景延广最终没有逃跑，硬着头皮去拜见耶律德光。契丹主当面斥责他，说他是南北失和的祸首。估计当时耶律德光因破灭晋国正在兴头上，没有马上下令杀他，而是派人绑缚起景延广，押送契丹。夜间，景延广左思右想知道自己没什么活路，趁防守人不备，挣脱绳索，自己扼吭而死。比起那些叛降之辈，景延广还真算得上是条汉子。

最后，还要提提那位契丹主耶律德光。耶律德光的母亲述律太后一直不愿儿子南伐中国。多次出兵，使得契丹国人死伤无数，消耗甚大。这位太后曾对人讲："南朝汉儿争得一向卧耶？自古及今，唯闻汉来和蕃，不闻蕃去和汉，待尹汉儿的当回心，则我亦不惜通好也！"

耶律德光灭晋后，服汉天子袍服于崇云殿见百官，大悦，对左右说："汉家仪物，其盛如此，我得于此殿坐，岂非真天子邪！"虽心慕华仪，这位契丹主骨子里仍野蛮，他任命契丹部族豪酋为诸州镇的刺史和节度使，搜刮天下钱帛以赏军。

由于没有固定的粮草供应，契丹人常派数千铁骑四出劫掠，号为"打草谷"，东西两三千里地范围内，人民遭受荼毒不已。

很快，刘知远在太原称帝，各地州镇守将纷纷杀掉契丹族官员归附后汉，耶律德光大惧。加之天气转热，这位北国国主再也待不住，他驱使后晋宫伎、艺人、官员，大载宝物北归，自黎阳渡黄河，行至汤阴，到达一个叫愁死冈的地方驻扎歇息。

他对随同的汉臣高勋说："我在上国（契丹）以打围食肉为乐，自入中国，心常不快，若得归我本土，死亦无恨！"高勋回去就对从人讲："这虏头将死矣。"

大军路过相州，后汉将梁晖杀契丹守将据守。耶律德光凶性大发，城破后把男丁全部杀尽，尽驱妇女而去。后来后汉王继弘驻镇相州，挖出十多万骷髅人骨。由此可见这位虏主残暴之一斑。

回国途中，看见一路城邑残破，行里无人烟，耶律德光还笑着对身边的晋臣讲，都是汉人向他邀宠请降才造成这样的后果。

行至栾城，耶律德光苦热得疾，在一个名叫杀胡林的地方暴死，时年四十六岁。

想当初，耶律德光开始攻击晋朝时，述律太后常劝阻，问："我们契丹国立一个汉人当天子可以吗？"德光回答："当然不行。"述律循循善诱："所以呢，即使你攻占了中国也不能统治，以后肯定因此得祸，到时后悔也来不及。"

耶律德光在杀胡林因苦热烦懑而将死之时，不知是否想起过母后昔日的这番谆谆告诫。

为防尸体腐烂，契丹人剖开耶律德光的肚子，摘除五脏，其中放满大颗盐粒，载而北去（汉人管这个盐腌的尸体叫"帝羓"）。大辽皇帝被腌得不会变臭，这才得以全尸而还。

二百八十三年后，即1230年，元太宗窝阔台攻取汉族中原地区后，在宠臣别迭的建议下，想把几千万汉人都赶尽杀绝。一位名叫耶律楚材的汉化契丹族官员极谏，摆事实、讲道理，最终说服窝阔台没有实行杀光汉人的政策，使得大约六千万汉人（包括女真人，当时都被蒙古人称为"汉人"）的性命得以保存。

耶律楚材，字晋卿，是辽国东丹王突欲的八世孙，乃高度汉化的契丹人。元太祖铁木真攻灭金国后，对他说："辽、金世仇，朕为汝雪之！"深谙儒家大义的耶律楚材答道："臣父祖尝委质事之，既为之臣，敢仇君耶！"此言一出，深为铁木真所欣赏，耶律楚材遂成为元初最重要的谋臣。日后，无数汉人的性命为其所救，无数城池赖他的一席话得以保存。

据此思之，历史有时很像一部荒谬绝伦而又合情合理的大戏，使人愁、使人喜、使人忧、使人怒，使人辗转反侧，使人扼腕叹息，沉迷于其间。我们常常会在光怪陆离和萧萧沉郁中，感受令人拍案叫绝的惊喜。

血火总破温柔乡

前蜀末帝王衍与后蜀末帝孟昶

平素笔者喜欢翻阅古画帖，特别是对那些工笔人物、禽鸟、阁台画，尤为注意。

观五代画家黄荃的作品，形神兼备，笔法纤密，构图巧妙，用意精湛，使人对这个十世纪生活在成都的画家兴趣顿生。仔细研读黄荃的生平，发现这位画家竟然大半生都生活在被中国文人称为季世的混乱黑暗的五代时期。而且，他作为御用画家，侍奉过前蜀王衍和后蜀孟昶这两个历史上有名的昏庸君王。

王衍、孟昶与南唐后主李煜和宋徽宗赵佶一样，虽然政治上昏庸无能，耽花湎酒，终至亡国，可他们在艺术上的造诣都可称得上是真正的大家，无论诗词歌赋画文，皆臻至逸品和神品之境。

相传，前蜀后主王衍得到唐朝画家吴道子的《钟馗捉鬼图》，上面有钟馗正用右手食指剜出小鬼眼睛准备当小吃的场景。王衍是内行，他自忖，如果把钟馗描画成用大拇指剜出小鬼的眼睛，效果可能会更好，更显衬出钟馗的昂然气势。黄荃受命后，回家琢磨，怎么想怎么不对，皇上的旨命又不能违背。无奈之余，黄荃就重新画了一张钟馗用大拇指剜小鬼眼睛的画，然后，他把两张《钟馗捉鬼图》一并奉给王衍。

王衍大为不解，忙问黄荃为什么不在吴道子原画上面修改。黄荃答道：“观吴道子所画钟馗，整幅人物的气力、眼神、筋骨皆落于右手第二指上，如果改为用大拇指着力，原先的人物姿态一下子就散掉了，整幅作品也会丧失原有的人物神采和光芒。而为臣我画的钟馗，人物力道着于大拇指，以此奉上，特供参考。”

王衍琢磨一番，大为称赞，遂成一段画坛佳话。

此外，后蜀末帝孟昶，与这位大画家黄荃也有一段“艺术交流佳话”。后蜀广政七年（944 年），南唐与后蜀结为“友邦”，送来六只江南特有的白仙鹤。喜爱丹青文辞的孟昶忙命人宣黄荃进殿，让大画家为这六只仙鹤图形写真。

黄荃落笔如飞，浓点淡染，不一会儿工夫，六只仙鹤或理毛，或整羽，或唳叫，或翘足，或惊恐，或啄苔，体态鲜活，栩栩如生。如此，喜得后蜀末主孟昶赞叹不已，把作画的偏殿命名为“六鹤殿”。画幅悬于殿中，这位皇上朝夕临视，流连不已。

于黄荃而言，可幸也可悲！可幸的是，两个君王皆是彬彬文士、品画作诗的高手，言语谦谦，和蔼可敬；可悲的是，两人都是亡国之君，只知沉湎于“艺术”，不知体恤政情民意，真个是“可怜夜半虚前席，不问苍生问丹青”。

二人的结果，皆是国破家亡，命丧人手！

前蜀末帝王衍

说起王衍，不得不交代他老爹王建。

王建，字光图，许州舞阳（今河南舞阳）人。此人隆眉广面，状貌不俗。但王建年少时是个远近有名的无赖之徒，以杀牛、偷驴、贩私盐为生（很像黄巢，不过声势不如黄巢大，在文化修养方面更比不上这个给唐王朝致命打击的强盗头子）。当时，邻居送给王建这“混混”一个绰号：贼王八。可见他是多么让人憎厌、唾弃。

《雪竹文禽图》　后蜀　黄筌

后来，赶上唐末乱起，王建趁机投军，从小兵做起，渐成队将。黄巢攻陷长安，唐僖宗奔逃于蜀地。恰值王建当时为都头，与忠武军将领鹿晏弘一起西迎僖宗，喜得仓皇如丧家狗的唐皇如捞到救命稻草，号王建等诸人所率军队为“随驾五都”。大太监田令孜（当时任十军观军容使）收王建为养子。

唐僖宗还长安后，王建一下子跃为御林军宿卫将领。

僖宗光启元年，大将王重荣和大太监田令孜争权夺利，兵端又起。王重荣举大兵直攻长安，唐僖宗依旧又是“三十六计走为上”，向凤翔狂奔。

光启二年，僖宗逃往兴元，任命王建为“清道使”，背负玉玺以为开路前锋。一行人跑到当涂驿时，栈道被焚，王建冒死牵控僖宗御马，从浓烟中一溜小跑，刚刚奔离，身后栈道轰然塌断，落入万丈悬崖之下。

夜晚露天宿营，唐僖宗枕王建膝方能安眠。半夜醒转，悲从中来，这位荒唐半辈子的帝王忽然被眼前这位出生入死的将军所感动，解身上御衣赐予王建。

兵乱稍息，大太监田令孜觉得自己在皇帝身边不安稳，就以皇帝名义下诏，委派自己去给当时任西川节度使的同母兄弟陈敬瑄当“西川监军”。

当时王建正拥军在外，带着八千亡命之徒四处攻城略地，这让陈敬瑄很忧虑。田令孜知道此事后，对陈敬瑄说：“王八，乃吾儿也，派人召他来，可为我们效命。”

王建闻诏大喜，忙选精兵两千奔往成都。骑兵到达鹿头关时，陈敬瑄后悔“引狼入室”，派人阻止王建。王建大怒，也顾不得什么干爹田令孜的情面，攻破鹿头关，取汉州，攻彭州，大败陈敬瑄五万兵，俘虏万余人，横尸四十里。

陈敬瑄惊吓过度，亲率七万兵与王建相持不下，互有胜负。

此时，唐僖宗已死，有名无实的唐昭宗连忙派人谕和，派韦昭度为西川节度使，替换陈敬瑄。唐廷又分邛州、蜀州、黎州、雅州为永平军，拜王建为节度使。

陈敬瑄当然拒绝听命。唐昭宗就命韦昭度和王建一起讨伐。韦昭度是个文臣，没什么本事，数万兵马在他的指挥下，向陈敬瑄发起数次攻势，皆无功而返。王建趁机让韦昭度回长安继续做他的“太平将相”，劝说“师久无功，您远在蜀地又没什么好处”。

韦昭度迟疑不决。王建就派遣军士把韦昭度从长安带来的一帮师爷、亲兵一股脑儿抓住，在军门内捆上，碎剐了下酒。然后，王建自己冲进帐内禀报韦昭度：“军士饥饿，正需这些人当饭吃！”

韦昭度这种京官哪见过这阵势，吓得马上把符节等物拱手让给王建，单人匹马慌忙离开四川。待韦昭度离去，王建派兵把守剑门，四川由此同中原完全隔绝。

转回头，王建集中注意力收拾陈敬瑄、田令孜这两个“瓮中之鳖”。很快，资州、简州、戎州、邛州等诸多州府相继降附，王建包围成都。

无奈之下，陈敬瑄与田令孜开门出降。王建先把二人囚于新津，不久就以谋反罪派人把他们都干掉了。接着，王建击降黔南节度使王肇，杀东川节度使顾彦晖，又招降武定节度使拓拔思敬，于是并有两川兼三峡之地。

唐昭宗乾宁三年，唐廷封王建为蜀王，不得不承认这位割据一方的地方枭雄。

唐昭宗天佑三年（907 年），朱温灭唐，派使人谕晓王建。王建不纳，并驰檄四方建议各地军事势力会兵讨梁，说是要兴复唐室。各地军阀都知道他说假话，没一个搭理他。

同年，闭起山门、恃险而富的王建，在秋天九月即皇帝位（比朱温晚五个月），封诸子为王。

由于中原战乱不已，唐末许多士人、名族都逃入四川避难，所以王建手下大臣中许多都是唐朝的名臣之后。

王建本人是贼寇出身，智诈狡悍，但他善待士人，善于量才授用，一时有明帝之称。

王建晚年，逐渐昏庸奢侈。太子王元膺与大臣唐袭相互倾轧攻杀，“窝里斗”的结局是双双丧命。不得已，王建立幼子郑王王宗衍为太子。

本来王宗衍在王建的十一个儿子中年纪最小，因其母徐贤妃最受宠，故得立为皇太子。

王宗衍继位后，更原名“宗衍”为“衍”，尊其母徐氏为皇太后，尊其姨母（也是王建的妃子）为皇太妃。

这两个妇人不知是何出身，王衍初掌国柄，两人就教唆王衍卖官求财。自刺史以下，每一官缺，给钱多的人就能当官，情形和现在的公开拍卖如出一辙，荒唐得令人瞠目结舌。

王衍年少继位，生于深宫之中，养于妇人之手，浑然不知经营天下的辛劳和他老爸开疆拓土的艰难。

按理讲，依王建那个“贼王八”的穷出身，王家应该几代教养下来才有贵族气象。至王衍则不然，其父虽是猛戾武夫，这宝贝儿子倒天生是艺术家、大诗人的料。

王衍继位后，把国政交给平日伺候他的太监宋光嗣、王承休等人。自己与韩昭、潘在迎等一帮文士终日吟诗饮酒，欢笑怡然，并下命兴建重光、太清等数座宫殿，兴筑名为“宣华苑”的皇家园林，其中遍充美妇，清唱侑酒，酣饮终日。

王衍有个宫人，名叫李玉兰，容貌姣美，音声清丽，王衍特作《宫词》一首，令玉兰美人歌之：

晖晖赫赫浮五云，宣华池上月华春。
月华如水浸宫殿，有酒不醉真痴人。

王建的义子嘉王王宗寿是明白人，看见皇帝弟弟如此溺于酒色，便想在酒席宴上斗胆进谏。一次，他起立行礼，言发泪下，呜咽地劝王衍要以社稷为重，经营国事。未等王宗寿讲上几句，韩昭等文士在旁一起嘲谑起哄，讥笑说：“嘉王这是喝多了撒酒疯啊。”

举座哗然，笑语纷纷，王宗寿不得已退回原席暗自伤悲。

“蜀人富而喜遨”，王衍也不例外。他常常率领成千上万的随从护驾东游西走，游玩打猎，每次出发都旌旗戈甲，连亘百余里。

王衍往往出发时走山道，归来时又换行水路。

蜀地江河湖泊，常见王衍的龙舟画舸于其中逡巡，遮天蔽日，当地百姓被这位皇帝的出行弄得苦不堪言，劳苦至极。

民间虽苦，丝毫不减王衍的“雅兴”。

有一次，他在剑州西部山区游逛，密林中忽然蹿出一只猛兽，从随行人群中叼住一个役夫，如入无人之境一般，摆尾掉头回山。王衍并未派兵去“虎口救人”，反而大叫刺激，命群臣以此情状赋诗。

文士王仁裕作诗道：“剑牙钉舌血毛腥，窥算劳心岂暂停。不与大朝除患难，惟余当路食生灵。”言语之间，对猛兽还有斥责之义。翰林学士李浩弼不甘落后，随口赋诗一首：“崖下年年自寝讹，生灵餐尽意如何？爪牙众后民随减，溪壑深来骨已多。天子纪纲犹被弄，客人穷独固难过。长途莫怪无人迹，尽被山王棱杀他。”后主览诗大笑，以为此诗作得巧妙。

狎客韩昭也不示弱，急智吟诗，大拍王衍马屁，颂扬皇上巡游不是以玩乐为目的，而是为了安定边疆。其诗曰：“吾王巡狩为安边，此去秦亭尚数千。夜昭路岐山店火，晓通消息戍瓶烟。为云巫峡虽神女，跨凤秦楼是谪仙。八骏似龙人似虎，何愁飞过大漫天。”

王衍闻诗大喜，自作一诗，和之曰：“先朝神武力开边，画断封疆四五千。前望陇山屯剑戟，后凭巫峡锁烽烟。轩皇尚自亲平寇，嬴政徒劳爱学仙。想到隗宫寻胜处，正应莺语暮春天。”

王衍五年，在一次“嘉年华”宴会上，这位皇帝乘着飘然酒兴，亲自唱吟唐朝韩琮的《杨柳枝》："梁苑隋堤事已空，万条犹舞旧春风。那堪更想千年事，谁见杨花入汉宫。"

乐极生悲，众人不觉泫然。

奇怪的是，太监宋光嗣估计是一直替王衍判行政事，对蜀国的政务糜烂有较清醒的认识，知道虎狼般的强邻唐国（李存勖的后唐）虎视眈眈，也乘醉咏胡曾的诗以应之："吴王恃霸弃雄才，贪向姑苏醉绿醅。不觉钱塘江山月，一宵西送越兵来。"

他以越王勾践灭夫差的故事，讽谏醉醺醺的帝王。

王衍何其聪颖，半醉半醒仍一下子明悟宋光嗣所吟的诗意，果然不快，为之罢宴。

太监王承休在成都待腻了，求王衍放其外任，到秦州做天雄军节度使。这位太监很有意思，娶了个貌如天仙的严氏做妻子，估计觉得自己是"封疆大吏"，怎么也应该有个老婆做摆设。

王衍和王承休等人名义上是君臣，关系却像哥们儿一样。一来二去，皇上私下和严氏打得火热，时时通奸。

王承休携家眷赴任后，王衍很想念严氏，便托言巡视民情，带着大队人马去秦州看望老情人。

秦州路途险远，又有强邻窥境，众大臣都劝谏不止，连太后也哭哭嚷嚷闹绝食，阻止王衍前去。先前曾任秦州节度判官的蒲禹卿上表陈言，劝阻皇帝出行。

这篇谏表王衍没有看到，为文臣韩昭截留。这位佞臣手拿谏表，对蒲禹卿恶狠狠地威胁道："我先把你这篇表章留着，等主上巡境之后回成都，肯定会派遣狱吏依据你的奏章逐字逐字来审你！"

韩昭一个词客，竟然对官居礼部尚书、文思殿大学士、成都尹要职的重臣如此狂妄无礼。

925 年冬，王衍引数万大军从成都出发。天气不错，心情不错，大队人马浩浩荡荡向秦州而去。

一行人马行至汉州，军使报告说后唐大军正逼近蜀境。王衍见报，认为是大臣们用敌兵压境的情报吓唬自己，阻止自己巡幸游玩，很不以为然，哈哈大笑说：“我正好要耀武扬威，就让唐军来吧！”

一路之上，他与众文臣词客饮酒赋诗不辍，殊不以为意。

在王衍欢宴观光的时节，蜀国威武城已被攻克，城中数十万斛粮食也为远道而来的后唐军所得。以战养战，唐军很快就迫使蜀国大将王承捷等人献数州投降。王衍行至利州，有奔逃的威武城败兵来告，他才知后唐兵真的已经入蜀境。

王衍这才慌神儿，忙派王建从前的义子王宗勋等三人为招讨使，以三万兵迎战。

蜀军士兵长年跋涉在外，亲见王衍的御林亲军龙武军锦衣玉食，临战之时，皇帝反派自己这些平素待遇低下的士兵御敌，心中甚是不平，纷纷叫骂：“怎么不派龙武军去，我们又冻又饿，哪里能打仗！”而且，平素这些军士护驾，总见王衍与一帮穷酸文臣在那里“叉手摇头”、吟诗作赋，心中又好气又好笑，这时节也趁机出口怨气：“敌兵攻来，怎么不让那些叉手摇头的人去打仗呢？”

军心如此，后果不难想也。王宗勋等三招讨一战便败，唐军斩首五千，又得蜀国数州土地。蜀军守将宋光葆、王承肇、王宗威、王承岳等多人献城投降，其余城镇皆望风款附。

王衍闻讯大惊，下令王建另一个义子王宗弼斩杀御敌不利的王宗勋等三个招讨使。哪知王宗弼早已暗中与唐军有往来，把王衍密旨给王宗勋等人观瞧，一起决定“卖掉”王衍，投奔后唐以取新富贵。

925 年 11 月，王衍回到成都。百官和后宫嫔妃迎驾于郊外，败亡之际，王衍仍不忘大摆排场、曳队妖娆。

歇息几天后，他在文明殿内召见群臣，泣下沾襟。蜀国君臣大眼瞪小眼，竟无一言以救国难。

王衍回到后宫，一筹莫展，看着周边那些穿着道服、头戴莲花冠、施红胭脂的宫人，他还有心作《醉妆词》一首："这边走，那边走，只是寻花柳。那边走，这边走，莫厌金杯酒。"

几杯酒落肚，隐约听到成都城外的军旅嘈杂之声，忧惧之情涌上心头，他口吟周宣帝所作歌诗："自知身命促，把烛夜行游。"然后，他命宫女们连臂舞蹈而歌，以遣漫漫长愁。

王宗弼带着数万蜀军自绵谷驰归。王衍以为这位义兄是回来"勤王"，便和太后一起亲自前往军营劳师。

不料，王宗弼早已和唐军有约在先，严兵自卫。见到蜀主及太后，他端坐于上，爱搭不理。

接着，王宗弼劫迁王衍和蜀太后以及后宫诸王于西宫偏殿，收缴印绶，派亲兵把内府的金帛财宝统统运到自己家中。

王宗弼的儿子王承涓"仗剑入宫"，四面观瞧，把王衍数位貌美的宠姬悉数取回府中享用。

不得已，王衍在王宗弼的逼迫下让大臣李昊写降表，亲自抄录乞降，呈进给统率唐兵而来的李继岌和郭崇韬。

925年，王衍"白衣、衔璧、牵羊、草绳萦首，百官衰绖、徒跣、舆榇、号哭俟命"，依例做足了国主投降的"仪式"。

后唐军队自出师到平蜀成功，总共七十天，共得蜀国十节度、六十州、二百四十九县、三万兵丁，此外铠杖、钱粮、金帛无数。至此，蜀国亡，历二主，共十九年。

后唐庄宗李存勖先是亲赐诏书给王衍，让他举族到洛阳安置，并信誓旦旦地说："你到洛阳来，必定列土而封，三辰在上，一言不欺！"

王衍捧诏，欣然就道。同行的还有王氏宗族及"宰相"王锴等高官贵族，共数千人，在唐兵押送下东归洛阳。

一行俘虏走到剑阁，王衍竟还有心思在被押送途中叹赏山川之美，牵勾起一片诗兴，吟道："不缘朝阙去，来此结茅庐。"

此时，身边再也无人应和"激赏"，蜀中随行人士唯默默而已。倒是王衍作诗消息传出后，时人笑之，认定他是北齐末帝高纬和陈后主叔宝的同路人。

王衍总以为献国归命，到洛阳可作一刘阿斗。殊不料，后唐内部争斗乱起，后唐庄宗宠信的戏子景进声称："王衍族党不少，闻听皇上亲征在外，恐怕他们趁机作乱，不如斩草除根！"

李存勖早忘了当初"列土而封"的许诺，顿下诏敕："王衍一行，并从杀戮！"

命令下达到中书省，已经盖印，幸亏枢密使张居翰有仁德之心，临封缄命前用笔改"行"为"家"。由此，和王衍同来的前蜀高官及家属随从等几千人皆免于难。

本来王衍一行都到了长安的秦川驿，以为洛阳不远，可以在大宅子里安度余生。

忽然，李存勖诏使率数队士兵前来，宣敕已毕，拉出王衍一族，砍瓜切菜一般，开始行刑。

纵有锦绣词心，雌黄辩口，王衍此时一个字也"吟"不出，眼睁睁白光一闪，刀下头落。

徐太后临刑，心有不甘，大呼道："我儿以一国迫降，不免全族被杀。信义俱弃，我知汝行（后唐李存勖一家）受祸不远！"

徐太后虽昏庸爱财兼生养个庸君儿子，临死这一席话，却板上钉钉，再准不过。

后蜀末帝孟昶

说到后蜀末帝孟昶，一定要讲讲灭前蜀王衍的后唐庄宗李存勖、郭崇韬以及孟昶的亲爹孟知祥。

李存勖的父亲李克用是沙陀族人，在唐末战乱中一直以唐王朝"忠臣”的面目出现，与篡唐的大流氓朱温打了半辈子仗，负多胜少。

李存勖青年继位，不辜负老爹厚望，身着丧服，先是把刘仁恭抓住斩首，接着大败常常南来窥境的契丹人，最后攻破梁国都城汴州，灭亡了朱温所建的后梁。

完成父亲三大遗愿后，李存勖称帝建国。由于他以唐室皇脉自居，国号唐，史称后唐。

这位本来英明神武的皇帝登基后迅速腐化，成日与一帮唱戏的优伶在一起厮混，咿咿呀呀，自封艺名“李天下”，是中国历史上地位最高的“票友”。

郭崇韬是后唐战勋卓著的将相人物。自李克用时代，郭崇韬就效力军门。李存勖继位后，郭崇韬与李克用的侄女婿孟知祥等人一起参决机要。当时皇帝门下有个中门使的要职，李存勖要孟知祥去担任。此位虽重要，但常常会因琐事得罪皇帝左右，前两任中门使均下场凄惨，被杀法场。

由于孟知祥毕竟是皇亲，通过老婆在太后前泣诉，请求外任为官。后唐庄宗没有办法，就让孟知祥推举个替代他的人。孟知祥便推举郭崇韬。

郭崇韬在中门使任上如鱼得水，帮助李存勖出谋划策，多次使唐军转危为安，并最终击擒梁国名将王彦章，诛灭朱温子孙。

由于功勋显著，郭崇韬获封为赵郡公，领镇州、冀州两州节度使，赐铁券，恕十死，位极人臣，颇有令誉。

灭梁之后，后唐庄宗李存勖奢侈之心渐起，大修宫室。郭崇韬进谏，君臣之间开始产生猜嫌。李存勖左右的宦官也不时大进谗言，讲了不少郭崇韬的坏话。

郭崇韬警醒之余，上书请辞所任官爵，朝廷“优诏不许”。

正好后唐要征伐王衍，李存勖想立他宠爱的魏王李继岌为太子，便任命李继岌为伐蜀元帅，以郭崇韬为副手，率众征西。

后唐庄宗的目的很明显：唐军伐蜀得胜后，功劳首归魏王李继岌，立他当皇太子就成为理所当然的事情。当然，李存勖也有知人之明，在欢送征西诸将时，他对郭崇韬说：“（李）继岌未习军政，卿久从吾战伐。西面之事，属之于卿。”

受皇帝顾托，郭崇韬竭尽忠诚，两个多月就平灭蜀国。王衍亲书降表，出城投降。

前蜀降将王宗弼敬献郭崇韬无数珍宝美女，求托他上言后唐庄宗封自己任蜀地地方长官。刚刚击灭一国的郭崇韬也飘飘然，率然答应下来。

由于蜀地实际主持军政的人物是郭崇韬，将吏宾客终日奔走于门下，车水马龙；反观魏王李继岌，门可罗雀。

王衍投降后，也没有多少人给魏王李继岌送礼送钱。一直在李继岌身边任马步都指挥盐押的宦官李从袭心中深为耻恨，不断挑拨魏王和郭崇韬的关系。

王宗弼见封自己为蜀中统帅的任命一直没消息，随风一变，带着一大帮降官、降将面见李继岌，要求郭崇韬留驻当地为统帅。本来王宗弼是想给自己找个大靠山，不料却给了李从袭等人进谗的大好借口：“郭公父子专横，现在又支使蜀人请求留他在当地为帅，其志难测！”

由此，魏王李继岌与郭崇韬开始相互猜疑。

不久，王宗弼截留军饷，几乎引起唐军哗变。郭崇韬趁机族诛了开门迎降的几个人，并没收他们的财物，以平民愤。

郭崇韬出征王衍之前，为了报答当年孟知祥对自己的推举之恩，就对李存勖讲：“臣等平定蜀国后，陛下如果选择守西川的将帅，再没有比孟知祥更合适的了。”

唐兵破蜀后，李存勖马上任命孟知祥为成都尹、剑南西川节度副大使，准备前去接收两川之地。

虽然唐军攻占了成都，但蜀中盗贼群起，很不安定。郭崇韬确实也是一心为公，命令诸将，策划征讨，因此一直在蜀地逗留。

庄宗李存勖不放心，派太监向延嗣前往蜀地催促郭崇韬回师。郭崇韬由于先前受过庄宗身边太监的挤兑，对这些公公很不感冒，相见时态度倨傲，一点儿面子也不给。他还当众劝魏王李继岌："大王以后继位当了皇帝，骗马也不可骑，更甭提任命宦官了！应把他们从身边驱除干净，专用读书人。"

上上下下大小太监知晓这番言语后，无不对郭崇韬恨得咬牙切齿。

魏王身边的李从袭和前来催促郭崇韬回朝的向延嗣是"铁哥们儿"，两人相见之时忧愁哀泣："郭公专权，诸军将校皆其党羽，魏王此时等于寄身虎口，一旦有变，吾辈死无葬身之所！"

向延嗣回朝，马上向魏王李继岌的妈妈刘皇后"泣诉"，刘皇后又向庄宗李存勖"泣诉"。

李存勖早听说蜀人恳请郭崇韬为帅的消息，已感不快；翻阅蜀国的府库册簿时，问："人言蜀中珍宝无算，怎么册子上这么少啊？"刚刚回来的向延嗣回答："臣听说破蜀之后，珍货皆为郭崇韬所有，共有黄金万两，白银四十万两，名马千匹，因此，归送国库的东西才这么少。"

李存勖闻言，怒形于色，杀心顿萌。

孟知祥临行，辞别庄宗李存勖。庄宗说："听说郭崇韬有异志，爱卿到蜀地后，为朕诛之！"

孟知祥是明白人，劝说道："郭崇韬是国家的大功臣，应该不会有反逆之心。为臣我到蜀地后一定详细察验，如确无其事，应该护送他回洛阳。"

孟知祥从洛阳出发后，后唐庄宗仍不放心，派衣甲库使马彦珪（也是太监）骑快马至成都伺察郭崇韬举动，并授命其有权和魏王一起见机行事。

马彦珪虽是太监，但做事机敏。他去成都之前向刘皇后密报："据向延嗣的报告，蜀中事态忧在旦夕，今主上当断不断，不能下立斩郭崇韬的决心。成败之机，间不容发，怎能在三千里之遥等待皇上亲授斩杀之权呢？”

刘皇后急忙奔到李存勖处，让他下令斩杀郭崇韬。庄宗不听，说：“传闻之言，未知虚实，怎能这么快就下命令呢？”

刘皇后不得已，回宫后自己亲写书信，命魏王与众太监杀掉郭崇韬。

孟知祥才走到石壕，马彦珪半夜就叩门宣诏，催促孟知祥尽快赴镇上任。

孟知祥窃叹：“大乱将作矣！”

他昼夜兼行，心知已经对郭崇韬救死不得，只是希望能及时赶到，安定众心，再观他变。

926 年 1 月，马彦珪驰至成都，以刘皇后密敕示于魏王李继岌。

李继岌虽然是个年轻王爷，也知此事关系重大，说道：“郭崇韬没有任何叛逆的兆端，怎能行此负心之事！而且皇上也无敕令，以皇后敕信杀招讨使，怎能行得通！”

太监李从袭等人“泣劝”：“此事已发，万一郭崇韬知晓，中途为变，大事去矣！”

不得已，魏王李继岌手书信函召郭崇韬来府议事。

郭崇韬见魏王来请，不敢怠慢，快马加鞭，驰至府前。刚上台阶，埋伏的杀手（魏王的仆人李环）就从后跃上，用铁锤击碎郭崇韬的脑袋，并杀其二子。

郭崇韬以天下为己任，忠贞不贰，诚为后唐忠臣。可他毕竟是武人出身，刚愎自用，不体物情，轻言不慎，使得庄宗和魏王身边的太监们一直窥伺其隙，最终糊里糊涂地一命归西。

不久，孟知祥赶至成都，宣布郭崇韬死讯（魏王李继岌等人杀了郭崇韬后怕引起兵变，一直封锁消息），慰抚吏民，赏赐将卒，这才使蜀地保持安定，没有妄起兵端。

马彦珪回洛阳后，添油加醋，把郭崇韬讲得罪大恶极。

庄宗大怒之下，遍诛郭崇韬在洛阳诸子，派人杀掉郭崇韬的女婿、保大节度使李存乂。诸位太监一不做二不休，连进谗言，庄宗又下诏族诛义成节度使李继麟。

一时之间，朝野骇惊，人心大乱。

当时，洛中诸军饥窘，谣言四起，有传闻说“郭崇韬在蜀中自立为帝，已杀魏王李继岌”，又有传闻说“刘皇后怪魏王之死责在皇帝，已经在宫内弑掉皇帝”。谣言种种，不一而足。

不久，后唐多部军卒叛乱，皇甫晖、赵在礼等拥兵攻掠，连庄宗左右的御林军军士王温等人也趁机作乱。

李存勖心慌，忙派自己一直心存忌讳的义兄李嗣源去征讨邺都的叛兵。

正当李嗣源集军于城下将要进攻之际，兵士哗变，反而里外合兵，一起劫持李嗣源，逼他带军队反攻洛阳。

李嗣源是厚道人，还想束身归朝自明，被女婿石敬瑭劝阻。

李存勖众叛亲离，率两万五千御林军“亲征”，没多久，兵士就逃亡殆尽，他不得已半路掉头，回军洛阳。

喘息之际，他刚刚吃了口饭，从马直指挥使郭从谦率兵叛乱。乱兵攻入内殿，李存勖中流箭而死。

他临死前，口渴至极，求刘皇后找口水给他喝。刘皇后看也不看他一眼，自己逃命而去。

这位后唐皇帝，集英武、荒唐于一身，是个非常复杂的人物，特录其小词二首，以窥其心志一二：

如梦令

曾宴桃源深洞，一曲清歌舞凤。长记欲别时，和泪出门相送。如梦，如梦，残月落花烟重。

阳台梦

薄罗衫子金泥缝，困纤腰怯铢衣重。笑迎移步小兰丛，亸金翘玉凤。娇多情脉脉，羞把同心捻弄。楚天云雨却相和，又入阳台梦。

李嗣源为众人所推，称监国（代理皇帝）。刘皇后与李存勖的弟弟申王李存渥一起逃跑，逃亡途中还不忘私通。

不久，申王李存渥、永王李存霸皆被军士所杀。薛王李存礼和李存勖的四个幼子皆“不知所终”，估计是被忠于李嗣源的军士杀掉。

魏王李继岌从成都出发，回师至渭南。庄宗败讯传来，部下大惊，士兵骇散，得胜振旅之师，顿成奔亡溃败之兵。

成事不足、败事有余的太监李从袭此刻“劝说”魏王：“时事已去，王宜自图。”明白无误地告诉这位年轻的王爷，您赶紧自杀吧，省得落入叛兵之手。

李继岌徘徊流涕，乃自伏于床，命仆夫李环缢杀自己（李环也正是用铁锤击碎郭崇韬脑袋的那位杀手）。

天日昭昭，言诚不虚。

由此，可以发现，帝王子弟大多是笼中之鸟，遇乱自危，彷徨无计，连挣扎的勇气都没有，只得听凭太监、军士宰割。

刘皇后在晋阳削发为尼，不久也被杀掉。李存勖兄弟子侄多人，只有一个邕王李存美因半身不遂得免，被软禁于晋阳。至此，后唐开国皇帝李克用的后代几乎被杀光。

李存勖自食其言，杀光王衍一族，王衍的妈妈徐太后临死愤言诅咒。也就十几天的工夫，已成事实！

李嗣源继位，是为后唐明宗。后唐明宗继位后马上为郭崇韬等被杀大臣平反。

此时，远在蜀地观变的孟知祥已有自立为王的念头。为了约束孟知祥，后唐明宗一面任孟知祥为侍中的显官，一面派客省使李严为监军，来蜀地监视孟知祥。

后唐庄宗时，朝廷派李严到蜀国以国使身份与邻国修好。他回国后就力劝庄宗伐蜀，蜀人因此恨他恨得要死。

李严以名士才人自居，又有明宗手令在身，大摇大摆地回到成都，他以为会受到孟知祥的礼敬。

宴席上，酒未喝一口，孟知祥就派人把他拿下，斩于军门口。

后唐明宗闻讯，也无可奈何，就做个顺水人情，派人把孟知祥的老婆琼华公主和儿子孟昶等家属一同送去蜀地。此举的目的本是想“以恩信怀之”，不料，正了却了孟知祥的后顾之忧。

后唐明宗李嗣源日后因军事需要，屡屡遣使让孟知祥出钱出兵相援。孟知祥都阳奉阴违，总是搪塞敷衍。

不久，据兵东川的董璋反唐，孟知祥与之一道兴兵。后唐明宗派女婿石敬瑭等人讨伐，结果大败而回。

过了一阵子，唐明宗诛杀了常讲孟知祥坏话的重臣安重诲，并下诏赦免孟知祥和董璋。

孟知祥派人要董璋和他一起向朝廷致歉，董璋很气愤，回复说：“朝廷把我在洛阳的家属杀个精光，孟公您宗属独存，我凭什么道歉！”

孟知祥抓住借口，派大兵相攻，很快灭掉董璋的部队，占据东川。

董璋死后，孟知祥索性把向后唐明宗道歉一事也免了。

李嗣源倒大度，派遣使臣谕示招抚。孟知祥乘机派人来朝，请封蜀王。

明宗也知孟知祥遥不可制，就派工部尚书卢文纪入蜀，于长兴四年（933 年）二月封孟知祥为蜀王。同年十一月，明宗病死。

934 年正月，孟知祥即皇帝位，国号蜀，史称后蜀。

孟知祥即位没几个月，就患脑溢血死去。他在位期间，轻徭薄赋，吏治较为清明，修缮了蜀地不少农田水利设施，确实促进了西川地区的经济和农业发展。

孟知祥死后，孟昶继位，是为后蜀末帝。

末帝孟昶在位期间，中原多事。后唐明宗李嗣源死后，他的儿子后唐闵帝李从厚不久就被李嗣源的义子李从珂推翻。李从珂称帝不久，又被李嗣源的女婿石敬瑭借契丹兵打败。石敬瑭割燕云十六州给契丹，建立后晋。经过数年屈辱，石敬瑭的儿子石重贵又被契丹军队俘虏，后晋大将刘知远乘机建立后汉，到了儿子那辈，又因残暴不仁被枢密使郭威推翻。郭威建立后周。郭威由于诸子皆被后汉隐帝所杀，故死后由其内侄（其妻柴后之侄）柴荣继位，即英明神武的周世宗。周世宗聪察过人，南征北讨，军政严明，颇有一统天下之志。可惜天不假年，柴荣于三十九岁暴疾而崩。后周幼主继位，不久陈桥兵变，宋太祖赵匡胤黄袍加身，建立宋朝。

在三十年左右的时间内，孟昶的后蜀一直没有什么大事发生。

孟昶是孟知祥第三子，继位时年仅十六岁。同前蜀后主王衍不同，孟昶姿质端凝，少年老成，个性英果刚毅。孟知祥晚年，对故旧将属非常宽厚，大臣们依恃是“老人”，放纵横暴，为害乡里。

孟昶继位后，众人以少主视之，更加骄蛮，往往夺人良田，毁人坟墓，欺压良善，全无任何顾忌。诸人之中，以李仁罕和张业名声最坏。

孟昶即位数月，即以迅雷之势派人抓住李仁罕问斩，并族诛其家，川民为之大悦。

张业是李仁罕的外甥，当时掌管御林军。孟昶怕他起内乱，杀李仁罕后不仅没动他，反而升任他为宰相，以此来麻痹对方。张业权柄在手，全不念老舅被杀的前鉴，更加放肆任性，竟在自己家里开置监狱，敲骨剥髓，暴敛当地人民，蜀人大怨。

见时机已到，孟昶就与匡圣指挥使安思谦谋议，一举诛杀了这位不知天高地厚的权臣。

藩镇大将李肇来朝，自恃是前朝重臣，倚老卖老，拄着拐杖入见，称自己有病不能下拜。闻知李仁罕等人被诛，李肇再见孟昶时远远就扔掉拐杖，跪伏于地，大气也不敢喘。

收拾服帖了父亲孟知祥的一帮老臣旧将后，孟昶开始恭亲政事，并在朝堂增设“举报箱”以通下情。宋代史臣所作的《新五代史》等史书，总把孟昶说得荒淫不堪，其实是为宋太祖伐蜀找借口。

据民间野史和一些逸史笔记资料记载，孟昶天性明敏，孝慈仁义，能文章，好博览，有诗才。可以讲，在继位初期，他是个不错的皇帝。

他曾亲写“戒石铭”，颁于诸州邑，戒令官员：“……尔俸尔禄，民膏民脂。为民父母，莫不仁慈。勉尔为戒，体朕深思。”

由此可见孟昶爱民之心，这在五代十国昏暴之主层出不穷的年代，确实难能可贵。

孟昶虽好文学，但殷鉴不远，继位初期他还多次以王衍为戒，常常对左右侍臣讲：“王衍浮薄，而好轻艳之词，朕不为也。”

为了能使文化经学广泛流传，孟昶还令人在成都立石经，又刻大量木版印刷古代典籍。宋代刻本最早实际上兴起于蜀，后世人言及“宋版”，都以蜀本为上佳之品。

值得一提的是：中国人新春贴对联的习俗，也始于孟昶。他所撰写的中国历史上第一副春联如下：“新年纳余庆，嘉节号长春。”

后晋被契丹灭掉之后，趁后汉刘知远立足未稳，孟昶曾想趁机染指中原，但将帅无能，大败而归，不能成事。

周世宗柴荣在位时，由于孟昶上书不逊，周军伐蜀，蜀军大败，丢掉秦、成、阶、凤四块土地。

情急之下，孟昶忙与南唐、东汉等周边小国联合，以谋抵御。

孟昶在位后期，特别是后晋、后汉、后周交替迭兴之际，各家都注力中原，无暇顾及川蜀。孟昶的外部压力减轻，据险一方，正好“关起门来做皇帝”。

此后，他年轻时一直压抑的“打球走马”“好房中术”的欲望一下子释放出来，逐渐奢侈放纵起来，连尿盆都嵌满珍珠宝玉做装饰，豪奢至极。

孟昶有个宠臣名叫王昭远，狡黠阴柔，自小就伺候孟昶，两人一起长大，非常亲狎。后来，权高位重的朝廷枢密使一职空缺，孟昶竟让王昭远补缺，事无大小，一以委之。国库金帛财物，任其所取，从不过问。

如果王昭远仅仅是个智识庸下的宠臣，也不会惹出太多事端，偏偏这小子平素还好读兵书，装模作样，常常以诸葛亮自诩。山南节度判官张廷伟知道他的“志向”，乘间拍马屁献计：“王公您素无勋业，一下子就担当枢密使的要职，应该建立大功以塞众人之口，可以约定汉主（北汉）和我们同时举兵以夹击宋兵，使中原表里受敌，能尽得关右之地。”

王昭远大喜，禀明孟昶，获得同意，便派了三个使臣带着蜡丸帛书去和北汉密约。

不料，三个使臣中有一个叫孙遇的，被宋国边吏抓获，蜡书被献给宋太祖赵匡胤。

立国不久的赵匡胤正愁攻讨蜀国无名，得蜡书后大笑：“吾西讨有名矣！”

964 年 11 月，宋太祖命忠武节度使王全斌为主帅，率六路大军分路进讨。同时，他又下令在汴梁的右掖门为蜀主孟昶修建宅邸，待其归降，显示伐蜀的必克之心。

此时的孟昶仍沉浸在温柔乡里，自忖外面有王昭远这个“诸葛亮”镇抚，大可安枕无忧。

听说宋兵来伐，孟昶派大臣李昊在郊外为王昭远饯行。王昭远手执铁如意，一副儒将派头，左右前后指挥，看上去像模像样。

酒至半酣，王昭远对李昊讲：“我此行出军，不仅是抵御敌兵，还想率领这两三万虎狼之师一直前进，夺取中原，易如反掌！”

“诸葛亮”出发后，孟昶派他的太子孟玄喆率数万兵守剑门。大军出发之际，这位太子爷用豪华的绣辇抬着他的好几个爱姬随行，并携带了大批乐师和乐器。蜀人见者皆窃笑不已。随行大军，仪甲灿烂，旌旗招展，很像是一支演戏的大部队。

孟昶浑然不知灾祸将至。他做了近三十年太平天子，总以为天佑神庇，加之蜀道险远，定能使宋师无功而返。

蜀中清夜之时，他与美人花蕊夫人云雨一度，作《玉楼春》一首以感怀：

冰肌玉骨清无汗，水殿风来暗香满。绣帘一点月窥人，倚枕钗横云鬓乱。起来琼户启无声，时见疏星渡河汉。屈指西风几时来，只恐流年暗中换。

情景交融，香艳撩人，意境深远。

这边后蜀末主正在温柔乡中，那边宋军节节进取。

王全斌等人连取兴州等地，一路深入，修治被蜀军烧掉的栈道，直取天险大漫天寨。

王昭远来迎击，三战三败，狂逃至利州。宋军追至。没办法，他又继续狂逃，退保剑门，依恃天险拒守。

宋军从小路急行军，忽然出现在蜀军身后，双方猝然交战，王昭远惊惧交加，瘫倒在胡床上不能起身。剑门失陷，王昭远免胄弃甲而逃，没过多久在东川被宋军抓获。

后蜀太子孟玄喆一路上笑语喧喧，游山玩水。忽然剑门败讯传来，吓得他和几个随从弃军西奔，逃归成都。

至此，孟昶才如梦方醒，知道宋军已兵临城下。惶骇之间，他忙问左右退敌之策。良久，才有一个老将出主意："东兵（宋军）远来，势不能久，请聚兵坚守以敌之。"

孟昶思忖半晌，叹息道："我父子以丰衣美食养士四十年，一旦遇敌，不能为我东向发一矢。现在要拒守孤城，谁会卖命呢！”

“德高望重”的蜀国司空李昊劝孟昶“封府库请降”。

无奈之下，孟昶只能听从，命李昊替自己起草降表。

前蜀王衍灭亡时，降书也是这位李大人所为。因此，有人连夜在李昊家的大门上写了几个大字：“世修降表李家”。

四十年之后，李昊文思不减当年，他抖擞精神，笔走龙蛇，依仿孟昶的语气，书写投降书。

果真是写降书的“大家”，李昊把孟昶的恭顺、惶恐、求生之情写得活灵活现，并以刘禅和陈叔宝自比，以求宋太祖能保全“微命”。

王全斌大军至成都升仙桥。孟昶备齐亡国之礼，跪于军门上降表。

自宋军发兵汴京，到孟昶归降，总共才六十六天。宋朝共得四十六州，二百四十县，五十三万四千户。后蜀亡。

965年5月，孟昶家族至汴京，于明德门外素服待罪。

六月，宋太祖下诏释罪，赐孟昶冠带、袭衣，并封他为开府仪同三司、检校太师兼中书、秦国公。

七天后，这位后蜀降王就暴卒于家。估计是大英雄宋太祖知晓孟昶年轻时勇毅英果，恐为后患，派人送毒酒毒药什么的暗害了他。

亡国之君孟昶，怯懦不能死社稷，这也是文人皇帝的通病。王衍、李煜、赵佶等皆是如此。锦绣阵里，玉臂交绕，浅斟低唱，消解了帝王应有的一腔英气和“宁为玉碎不为瓦全”的豪迈情怀。

为了保全蚁命，数十万精甲利矛大军放下武器，束手就缚。千里迢迢押护之下，孟昶如果像刘禅和陈叔宝那样能安享后半生，也算善终。

然而，遥遥路途之苦还未尽消，只七天，他就被一瓶毒酒或一条白练送至地府。倘知如此，孟昶还不如当初于内宫举剑自裁，既可保全一城生灵，又可免去亡国献俘之辱。

话虽如此，“平日慷慨成仁易，事到临头一死难”。让一个享受了三十年奢华生活的文人帝王一逞英杰之烈，绝非我们臆想的那么容易。

孟昶亡国，没有什么新鲜出奇之处。而其宠姬花蕊夫人，逸史笔记中亦多有记载。

花蕊夫人姓费，青城人，不仅相貌清丽，且善作宫词。孟昶死后，宋太祖召花蕊夫人入宫。此前，太祖早已闻知花蕊夫人有才名，命其作诗。这位亡国靓女随口成诵，赋诗一首："君王城上竖降旗，妾在深宫那得知。十四万人齐解甲，宁无一个是男儿。"

赵匡胤品玩久之，心中大悦。

花蕊夫人也是冰雪聪明，一方面"妾在深宫那得知"摆脱了女色亡国的嫌疑；另一方面"十四万人齐解甲"，而宋兵才五六万，反衬出了大宋王朝的气运正隆，以少胜多。

宋人笔记《铁围山丛谈》中讲，宋太祖得花蕊夫人后，迷恋日久，有误政事。太祖兄弟赵光义（后来的宋太宗）借打猎机会，忽发一箭立毙花蕊夫人于马下，太祖也不责备。笔者认为，此诚为揣测、小说之言，不足信。否则，正史上肯定会浓墨重笔，大书宋帝"轻色重国"。

至王安石时期，市间重新发现了花蕊夫人《宫词》三十二卷，共百余首，轰动一时。

后来战乱，其诗词又多散佚，现附录数首于后，一则显示花蕊夫人才华，二则读者可凭借花蕊夫人的描写重温孟昶浮华、孟浪而又不失温柔的帝王生活：

东内斜将紫禁通，龙池凤苑夹城中。
晓钟声断严妆罢，院院纱窗海日红。

立春日进内园花，红蕊轻轻嫩浅霞。
跪到玉阶犹带露，一时宣赐与宫娃。

殿前宫女总纤腰，初学乘骑怯又娇。
上得马来才欲走，几回抛鞚抱鞍桥。

月头支给买花钱，满殿宫人近数千。
遇著唱名多不语，含羞走过御床前。

有国有家皆是梦　为龙为虎亦成空

五代后周两代帝王的经营

陈桥兵变，黄袍加身——如此离奇的帝王之路，一般人总以为是宋太祖赵匡胤的独家大戏。

为此，清初大诗人查慎行（字悔余，号初白，1650—1727）有诗曰："梁宋遗墟指汴京，纷纷禅代事何轻！也知光义难为弟，不及朱三尚有兄。将帅权倾皆易姓，英雄时至忽成名。千秋疑案陈桥驿，一着黄袍遂罢兵。"

查慎行对五代史只知皮毛，最后两句的疑诧更是凸显老查的浅薄：似乎赵匡胤黄袍加身之事人世间只此一件，陈桥兵变竟使其大感惊异。

其实，在"王政不纲、权反在下、下凌上替、祸乱相寻"的五代，由军士鼓噪、拥主帅为帝的事情，成功的有四人：后唐明宗李嗣源、后唐末帝李从珂、后周太祖郭威，最后一个才是宋太祖赵匡胤。

至于未成功的"拥帝"事件，也有好几件。其一，石敬瑭当河东节度使时，朝廷派使臣来宣慰，军中忽然有人大叫"万岁"，把当时正"韬光养晦"的石敬瑭吓得够呛，忙下令斩杀为首的兵士三十多人；其二，后晋大将杨光远率军至滑州，又有军士称要拥杨光远为帝，杨光远还挺明白，表示"天子岂汝等贩卖之物"，呵之而止；其三，大将符彦饶在瓦桥关守戍，有裨将带兵士欲"拥立"符彦饶。符彦饶佯允，约定转天在府衙大会将士，伏甲尽杀之。可见，五代将领承袭了唐朝中晚期河朔诸藩镇的跋扈之风。每有节度使死去，唐帝即派中使到军中“观察”军情，应军士请，任命他们推举的人为新节度使。“至五代，其风益甚，由是军士擅废立之权，往往害一帅，立一帅，有同儿戏”。

也是一报还一报，“藩镇既蔑视朝廷，军士亦胁制主帅”。

军人们之所以爱搞拥人为帝的把戏，是出于这样的原因：“将校皆得超迁，军士又得赏赐剽掠。”如同大公司下面七八个人的小公司，小头目称总经理，自然其余数人可立马被升为副总经理、总监等，瓜分资产便当，职位又好听。

最可笑的，当属后唐大将赵在礼。当时，军士皇甫晖暗知军士思归、欲为乱，就劫拥军将杨仁晸为帅，杨将军不从，被杀。接着，皇甫晖又推一个人缘好的小校为帅，不从，又被杀。于是，皇甫晖率一大帮军士直趋赵在礼处，把两颗血淋淋的人头往老赵面前一扔，大叫：“不从者视此！”老赵不得已，乖乖听命。

此情此景，与唐朝的泾原乱兵劫朱泚、辛亥革命时兵士劫黎元洪一样，都是兵士爱玩的套路。事成，大家升官发财；事败，由冤大头全家扛祸。

可见，文人舞文弄墨，还是要了解一些史实才好。

查慎行虽然在历史方面是半瓶子醋，却也能获康熙帝赏识，常常被召入大内与皇帝吟咏诗词。不仅查慎行有文名，其弟查嗣庭等人也被招至翰林院，“一门七进士，叔侄五翰林”，得意得不行。不过，查嗣庭在雍正皇帝时代，主持江西会试，出考题为“维民所止”。此四字语意出自《诗经》，本无影射，但多疑的雍正皇帝认为是汉儒讥笑他：“维止”二字，恰似“雍正”去头。想讥讽朕，要朕的脑袋，朕先要你们一家的人头。于是，雍正帝大怒，大兴文字狱。查嗣庭父子均被斩首，查家宗族皆牵涉入内，查慎行也被投入大狱。不久病死。

查嗣庭也是自找倒霉，不知忌讳，文史底子不厚，偏偏故弄玄虚。在清初，说话写东西不慎，可是要招致灭门的大罪。

话题扯远。本文既非清朝的“文字狱”，也非赵匡胤的“陈桥兵变”，而是五代后周郭威酷似赵匡胤兵变的“发家史”以及周世宗柴荣的神武大略。

五代后汉的混乱局面与郭威的上台

《水浒传》第十二回“梁山泊林冲落草，汴京城杨志卖刀”中，描写青面兽杨志因“生辰纲”被劫，遭高逑怒斥黜放。失意落寞之余，只得在汴京市上出卖自家祖传的宝刀。刀还未卖，遇见当地泼皮半醉而来，硬要索取宝刀。

施耐庵的描写，其实是脱胎于《旧五代史·后周太祖纪》：

> 帝（郭威）时年十八，避吏壶关，依故人常氏，遂往应募。帝负气用刚，好斗多力，（李）继韬奇之，或逾法犯禁，亦多假借焉。尝游上党市，有市屠壮健，众所畏惮，帝以气凌之，因醉命屠（夫）割肉，小不如意，叱之。屠者怒，坦腹谓帝曰：“尔敢刺我否？”帝即剸其腹。市人执之属吏，（李）继韬惜而逸之。

可见，郭威年轻时的杀人之行，成为日后《水浒传》中的“杨志卖刀”与“鲁提辖拳打镇关西”两个桥段的灵感来源。

郭威是邢州尧山（今河北隆尧）人，流氓无产者出身，原本姓常，其父早死，其母改嫁郭氏，故而就姓了郭。

十八岁时，郭威投潞州“土皇帝”李继韬处吃粮当兵。不久，后唐庄宗灭后梁，杀掉李继韬，郭威就成为“唐军”一分子。后晋代后唐，郭威顺理成章成为“晋将”。契丹主耶律德光灭后晋，郭威当然又成为后汉“高祖”刘知远的手下大将，得授枢密副使、检校司徒。

“汉高祖”刘知远命短，当了一年皇帝就病死了。临终前他以苏逢吉、史弘肇、杨邠、郭威四个人为“顾命大臣”，辅佐儿子刘承祐登基，是为后汉隐帝。

后汉隐帝初即位，乾祐元年（948年）即爆发了永兴赵思绾、凤翔王景崇与汉中李守贞三人的联合叛乱。

李守贞本是后晋高祖石敬瑭的手下，立功不少。后晋少帝时，李守贞与杜重威一起投降契丹，引狼入室，干了不少坏事。

后汉高祖称帝后，李守贞害怕，入朝称臣，得授太保高官，移镇河中（原镇汶阳）。后汉高祖死后，杜重威被诛，李守贞心下不安，便想造反。王景崇因与大臣侯益不合，被诏令移镇，因而与李守贞潜联，阴谋起兵。

赵思绾原为军阀赵在礼的部下，后来他依附引契丹人入寇的赵延寿之子赵赞。后汉建立后，下诏王景崇西赴凤翔，王节度路过京兆，顺便带上这位狡悍的赵思绾一同前往。行至长安，赵思绾与数位部下空手夺白刃，杀守门军校军卒，占领整座城池。赵兵反叛，并送“御衣”给李守贞，表示要拥之为帝。

为了平叛，后汉朝廷遣郭威攻河中，赵晖攻凤翔，郭从义攻长安赵思绾。

李守贞反心之所以坚决，一是赵思绾等人“拥戴”，二是术士给他儿媳符氏算命，说此人“大富贵，当母仪天下”。老李乐了，自己儿媳都要当皇后，儿子肯定是皇帝，再推，自己肯定是老皇帝。

谁知，郭威大军一到，摧枯拉朽，李守贞贪吝不得军心，很快败散，只得与老妻自焚而死。郭威把他几个儿子与两个女儿押送京城，皆凌迟处死。见李守贞的儿媳符氏貌美，仪态端庄，郭威便施恩不杀，嫁与自己外甥柴荣（当时叫郭荣，早先郭威无子时养以为子）。后来柴荣继位为帝，符氏果然成为皇后。

可见，术士没骗老李，只不过皇帝命不应在他李家。

王景崇也在凤翔大败，部下被赵晖的后汉兵杀得几乎一个不剩，最后不得不举家自焚而死。

赵思绾依恃长安城坚墙厚，负隅顽抗。最后，实在撑不下去了，这位喜欢吃人肝的将军只得投降，被后汉大将郭从义诱诛并杀尽他全家。长安之围，居民被叛军杀掉做军粮以及饿死的，有十多万人。

三叛既平，后汉隐帝刘承佑日益骄纵。小伙儿年方十九，正是贪玩的年纪。茶酒使郭允明和飞龙使后匡赞两个近臣特别得宠，君臣三人整日混在一起狎笑欢饮。

虽如此，后汉隐帝朝廷内能臣干吏却也不缺。枢密使兼侍中郭威主征伐，枢密使、同平章事（宰相）杨邠主朝内政事，侍卫亲军都指挥使史弘肇典掌宿卫，三司使王章理财赋，集贤殿大学士苏逢吉管典选，运作得还算不错，国家算是粗安。

但是，这些重臣之中，只有郭威比较老成，杨邠忠清无私，其余数人，皆不是德才兼备的材料。

史弘肇军人出身，统兵极严，用刑也极滥，设有断舌、抉目、斫筋、决口、折足之酷刑，动辄族诛犯臣之家，就连白天太白星出现，京城有人仰观，也被他下令腰斩。他还特别讨厌儒士，常讲“文人难耐，轻我辈，谓我辈为卒，可恨可恨”。其属下刻薄聚敛，无所不至。

大学士苏逢吉贪财纳货，阴险狡诈。后汉高祖称帝后，把后晋宰相李崧在开封的大宅子赐予苏逢吉。当时，李崧与冯道皆被契丹人软禁。后来李崧得还汴京，本想巴结苏大学士，把自己被占的几处房产地契皆赠送给他，不料，苏逢吉以为李崧是想索回旧产，杀心顿起，便让人诬告李崧谋反，族诛了老宰相全家近百人。这个人特别喜欢杀人。刘知远在太原时，苏逢吉负责监狱事务。一次，刘知远命令苏逢吉“静狱”，意思是让他把所有囚犯开释，以祈福祐。苏逢吉倒好，尽杀囚犯回报，声称“狱静”。

三司使王章也不是好货，聚敛刻急，唯以盘剥百姓为己任。有人犯违盐酒之禁的小罪，皆处死。

此外，李太后的兄弟们也干预朝政，营求不息。

这些文臣武将共处一朝，结党营私，专权跋扈，又都各不相容。他们的正面冲突，竟是由郭威出镇之事诱发。

由于契丹兵马时常入寇劫掠，横行河北，朝中大臣便建议委派郭威镇守邺都，防备契丹。

史弘肇坚持要郭威除本身军职外另带枢密使头衔出镇，大学士苏逢吉认为没有军人带枢密使坐镇的先例，表示异议。史弘肇是军头出身，自然想帮同为军人的郭威出头，认为郭威领枢密使可以让诸军畏服。

后汉隐帝觉得史弘肇讲得有理，从之。于是，他下诏以郭威为邺都留守、天雄节度使，并领枢密使如故。

史弘肇的建议得行，仍旧对苏逢吉等人当初持异议愤愤不平。说句实话，苏逢吉虽是好利奸狡之人，对郭威带枢密使出镇一事却是就事论事，出于公心。他解释说："以内制外，顺也；今反以外制内，其可乎！"

武人以枢密使之内廷重职行于军镇，确实不大合适。

皇诏颁布后，身为宰相之一的窦贞固在家中设宴，朝中重臣均赴宴欢饮。席间，史弘肇举大杯向郭威劝酒，大声大气地叫道："老弟，痛饮此杯！昨日廷议，如果没有我坚持，老弟你哪能得此尊荣之号！"

这样一来，史弘肇等于把朝中将相争执不和的底细暴露于大庭广众之下。

苏逢吉、杨邠两个宰臣很尴尬，也在一旁忙举觞劝酒向史弘肇、郭威说："万事皆是为国家考虑，望二位不要介怀。"

郭威厚道，赔笑点头饮尽一觞。

史弘肇仍旧气哼哼不买账，大言道："安定国家，就要靠长枪大剑，毛锥子有什么用！"

毛锥子即指毛笔，影射弄笔弄权的文臣。

三司使王章听此言不悦，反唇相讥："没有毛锥子，国家财赋从何而出！"

几个人唇枪舌剑，表面没有撕破脸，实际已经大生龃龉。从此将相之间，嫌隙大生。

郭威在大臣中确实算得上老成厚重之人，与隐帝辞行时，他还不忘进忠言："太后从先帝久，多历天下事。陛下富于春秋（您年轻），有事宜禀其教而行之。亲近忠直，放远谗邪，善恶之间，所宜明审。苏逢吉、杨邠、史弘肇皆先帝旧臣，尽忠徇国，愿陛下推心任之，必无败失……"

虽然苏、杨二人反对郭威带"枢密使"任军职，郭威仍明推二人是"忠臣"，可见此人的厚道和大度。

但是，"将相和"的大好局面不仅没出现，郭威走后，数位重臣之间的关系因一件小事而雪上加霜，形同水火。

军头如史弘肇，深信"打打杀杀能成事"，文臣如苏逢吉，自负"运筹帷幄赛神仙"，不仅互相不服气，更是互相瞧不起。

三司使王章因为几日前老宰相窦贞固家举行宴会大家不欢而散，又在自己家里设宴，想借欢宴弥缝几位重臣之间的"感情"。

开始，众人很给面子，没在吃饭时叨咕朝政，嘻嘻哈哈挺融洽。酒酣，大家便划拳行令，互相逗酒助兴。古人修养高，划拳不像现在只是什么"哥俩好呀""六六六呀""点七个呀""八大仙呀"，而是有"潜虬阔玉柱三分""奇兵阔潜虬一寸"等繁杂的手势令。

数位文士对这些东西轻车熟路，武将出身的大老粗史弘肇则完全是"老外"，对于饮酒时玩的手势令一点儿也不会，全靠他身边的客省使阎晋卿手把手教。数番下来，仍是云里雾里，摸不着头脑。

大学士苏逢吉见状，开玩笑说："将军您身边也有姓阎的人在，别怕被罚酒啊。"

说者无心，听者有意。史弘肇的结发老妻阎氏原本是酒家娼女出身。苏逢吉本意，是指史弘肇身边的阎晋卿，可老史认定老苏语带讥讽，笑话自己老婆出身低下。

于是，史弘肇大怒之下，突然跳起，顿拍桌案，大骂苏逢吉。

苏逢吉是文人，假装有涵养，坐在原地“不应”，一副死猪不怕开水烫的样子。

如此一来，史弘肇更怒，掀翻酒席，想对苏逢吉大打出手。

苏逢吉身子骨当然弱些，见势不妙，转身就走。

史弘肇得势不让人，拔剑欲追，想赶上去杀掉苏大学士。

枢密使杨邠见状，又惊又怕，哭着劝史弘肇：“苏公是当朝宰相，您若把他杀了，置天子于何地！”

史弘肇挺倔，飞身上马。杨邠忙也跟上，一路不停苦劝，把他送到家自己才敢回去。

很快，隐帝得知将相变仇人的事情，派宣徽使王峻置酒和解。但几个人均因公事私事过节太大，怨毒极深，最终也未能再坐在一起欢饮和解。

大学士苏逢吉、三司使王章均想自求出京外镇，中间却都改变主意，不走了。有人问缘由，苏逢吉表示：“如果我离开朝廷，没准儿史弘肇一句话，到时我一家人立即粉身碎骨！”

将相之间矛盾如此尖锐，旁观众人皆心知肚明，各自也心中暗打小算盘。如此，后汉朝廷的灾祸很快就要降临。

祸事起因，也是缘起于一个“气”字。

宣徽北院使吴虔裕出镇郑州，朝中就空出一个位置。李太后最小的弟弟李业身为大内总管财物的要员，很想得补这一显贵的官位。隐帝与李太后时不时也找杨邠、史弘肇二人“拉家常”，有意无意间暗示二位将相把此职留给李业。

杨邠、史弘肇两人毕竟忠于所事，非常“死脑筋”，认定外戚不可以超居此任。为此，隐帝和李太后也觉理亏，就没再强求。

李业做不了宣徽使，客省使阎晋卿按理应该循资补任，杨、史二人也不着急。而且，一直深受隐帝宠任的聂文进、后匡赞、郭允明等人因自己久不迁官，也都心下深怨杨邠和史弘肇。

小人之怨，易构难消。他们皆是后汉隐帝身边的红人，不出事才怪。

如果讲史弘肇与杨邠两人百分之百出于“公忠”之心，也不客观。这两位文武大臣，特别是史弘肇，可能心中有轻视“寡妇孤儿”之意，常常不给太后和隐帝面子。李太后有个老乡亲，几十年不见，忽然得知昔日邻居的李家姑娘已为国母，自然大喜过望。进宫拜见后，老乡提出个小小要求，想给自己的儿子在军中找个差事做做，试图一枪一棒混出个功名。谁料，太后乡亲的儿子拿着太后“懿旨”去见史弘肇，不仅没被立刻补入军职，竟然被老史怒而斩之。此举做得不仅是不近人情，简直可以说是凶戾残暴了。

此外，隐帝服丧期满后，于内廷欣赏音乐，感觉很爽，便赏赐宫内教习音乐的乐官玉带、赐宫廷乐手锦袍。这些人很知礼，得赏后，前往宫内“总值班”的史大将军处拜谢。

史弘肇不喜反怒，大骂：“军队健儿为国戍边，忍寒冒暑，未得赏赐。你们这些戏子有何功劳，敢受这么好的赐物！”他命手下军士把玉带、锦袍一并夺回，放还国库。

如此种种，使得隐帝母子不仅很没面子，心中也有愤怒之意。

宰相杨邠，虽属器局宽大之人，但对待隐帝像对后辈一样。隐帝有位宠妃号“耿夫人”，隐帝朝夕临幸，想立这位美人为皇后。杨邠不同意，认为立后乃国家大事，不宜太快；未几，耿夫人病卒，隐帝心痛得不行，欲以埋葬皇后的礼仪对耿夫人风光大葬，杨邠又在朝中坚执不可。

杨邠也是死脑筋，隐帝年纪再轻也是帝王。连给心爱美人死后名份的要求都被拒绝，皇帝不起杀心才怪。

特别让隐帝动怒的，是一次杨邠、史弘肇两人于廷上议事，争来争去，互不相让。隐帝在一旁想当和事佬，劝说道：“慢慢商量，别让人看笑话！”

杨邠正与史弘肇较劲，大袖一扬，对隐帝讲：“陛下住嘴，有臣等在。”

隐帝心中更怒。

一来二去，隐帝积愤不能平。

李业和隐帝所宠幸的聂文进、郭允明等人趁机不停在隐帝耳边吹风，说杨邠、史弘肇等人专恣弄权，日后肯定要造反。

隐帝信之不疑。一夜，隐帝听见宫墙外作坊间有锻铁的声音，竟然因疑生惧，因惧更疑，一整宿没敢睡觉，生怕杨宰相或史大将军带兵进宫废了他。

君疑臣，臣必死。至此，杨邠、史弘肇的脑袋基本上就不属于他们自己了。

后汉隐帝乾祐三年（950年）冬十一月十二日夜，隐帝与小舅李业及几个近臣密谋杀掉杨邠等人，并入告李太后。

太后大惊：“这种事可不要轻下决定，应该和宰相等重臣详议！”

李业劝姐姐说：“先帝活着时，常说朝廷大事不能和书生辈定议，那种人怯懦不决，耽误大事。”

太后仍旧惊惶，坚决反对儿子草率行事。

隐帝也怒：“闺门之内，焉知国家大事！”言毕，他拂袖而出，把老妈一个人晾在内殿，出外布置“政变”事宜。

李业心中也没底，多拉一个算一个，就连夜派人偷偷告知客省使阎晋卿，让他准备明天起事。阎晋卿虽然一直怨恨杨邠、史弘肇等人迟迟不给自己升官，但听到如此草率谋诛重臣的密谋，还是大吃一惊。他连夜跑到史弘肇府邸，想告发此事。

不料，听到是阎晋卿来见，史弘肇不悦，闭门不见。

史弘肇如此赌气，完全是推走了福星，迎来了死神。

阎晋卿一夜未睡，他夜悬高祖刘知远画像于中堂，泣祷于前，生怕皇宫内大难忽起，谁死了都不是好事情。

一大早，杨邠、史弘肇、王章皆像往常一样入朝，坐在广政殿东边的亭子中，商谈国事，处理公务。

忽然，殿门大开，冲出数十位手持大刀、长剑的甲士，刹那间刀砍剑捅，三位大臣连叫也来不及叫一声，顿时被斩成数段，血流遍地。

这下可好，后汉王朝的“总理”“国防部长”“财政部长”，一时归西。

杨邠、史弘肇、王章这三个人，跋扈归跋扈，张狂归张狂，但并没有一个人暗怀篡逆之心。否则，他们平时肯定护卫森严，常人根本近身不得。特别是史弘肇，他本人就是禁卫军统帅，京城内的所有军人皆归他掌统，杀他应难比登天。

“不怕贼偷就怕贼惦记。”三人被天子“惦记”上，想不死，也难。

杀掉三人后，隐帝下诏在崇元殿召见诸位大臣，表示：“杨邠等人想谋反，现在已经受诛，朕与卿等同庆。”

朝臣们闻言，如五雷轰顶，大眼瞪小眼，谁也不敢开口说话。

昨天三个大臣还活蹦乱跳，今天一大早竟然变成乱七八糟三大堆尸块，不能不让人惊惧。

接着，隐帝在万岁殿庭院面见京内诸军的将校，高声训谕道：“史弘肇等人藐视朕，朕今日才真正是你们的皇帝。从今以后，你们也不用再担心史弘肇的凶横了。”

别说，这些军将听到史弘肇的死讯，高兴的多，忧虑的少，因为史大将军平素军法太严苛，动不动就要人命。现在他死了，大家也松口气。于是，诸将“皆拜谢而出”。

隐帝等人紧绷的心弦终于放松下来，事情看上去出人意料地顺利。

《重屏会棋图》　五代　周文矩

于是，秋后算账，隐帝下诏收捕三大臣亲族，大开杀戒。特别是郭允明，这位与后汉高祖、后汉隐帝父子两代大搞同性恋的小人，命人押送杨邠、史弘肇以及王章的诸子、女婿等，至皇宫朝堂西庑之下，他手持宝剑，亲自动手，依次横劈直捅。

其实，死去的三大臣与这个皇帝狎臣没有什么深仇大恨，只是没有及时给他升官加俸罢了。不仅三族被诛，三大臣昔日的手下，不分贵贱，也一律被朝廷斩首。

一不做，二不休，在李业等人的怂恿下，隐帝密遣供奉官孟业到澶州，对侍卫步军都指挥使王殷和在邺都抵拒契丹人的天雄节度使郭威以及宣徽使王峻三人下绝杀令。

同时，为了稳住各地方大员，隐帝下诏征调天平节度使高行周、平卢节度使符彦卿、永兴节度使郭从义、泰宁节度使慕容彦超、郑州防御使吴虔裕以及陈州刺史李谷等人入朝。一来这些人带兵入京后可增加京兵人数，二来又可直接控制这些“诸侯”，让他们对是否拥护中央做明确表态。

大事猝发，人情忧骇。

大学士苏逢吉虽同史弘肇形同水火，听闻老史三人被杀，大吃一惊，对手下人讲：“如此行事，太出人意料，皇上如果事前问我一声，绝不会出现现在这种情势。”

苏逢吉之意，估计是认为隐帝大可免去三大臣官职或黜放他们，毕竟皆是顾命大臣，没有任何“显恶”，朝廷随意杀掉三人及三人宗族，事情做得太过分。

皇舅李业做事更毒，未等出外杀王殷、郭威的人回来复命，他就以隐帝名义下诏派遣平卢节度使刘铢（当时又代理开封府尹）率人去屠灭郭威在京城的宗亲。

刘铢极其残毒，杀得郭威家里幼孺不免，而且还是“虐杀”。

郭威代汉为周的迅捷过程

隐帝密使孟业赶到澶州，去见坐镇当地的李业的另外一个哥哥李洪义，要他杀王殷。

李洪义畏懦胆小，不仅不敢干掉身为“陆军总司令”（侍卫步军都指挥使）的王殷，犹豫半天，他竟拉着手持“杀人诏”的孟业去见王殷。

王殷见密诏，脸上冷汗登时就冒了出来。不过，王指挥没工夫玩笑里藏刀那一套，大喝一声，就让手下军士把“御使”孟业捆起来关入小黑屋。

李洪义一脸尴尬，讪讪而去。

王殷没拿这位皇帝舅舅当回事，而是十万火急地派兵押着隐帝派出的副使陈光穗带密诏前往郭威处。

郭威见到密诏，召枢密吏魏仁浦，将密诏给他看了，并问“怎么办”。

魏仁浦机敏有断，沉吟片刻，为主公出主意：“郭公您系国之大臣，屡立功名，握强兵，据重镇，一旦为朝廷群小构陷，非书表言辞所能解。时事至此，不可坐而待死！”

魏仁浦言外之意，劝郭威举兵内向。

《资治通鉴》《旧五代史》等史书，内容大都取自后周大臣编撰的“太祖实录”，叙述郭威起兵情况时，都讲老郭召集诸将校，先一番自我表功，然后表示说“今有诏来取予首级，尔等宜奉行诏旨，断予首以报天子，各图功业，且不累诸君也”。邺都行营马军都指挥郭崇威等人闻言大哭，声言“愿从明公（郭威）入朝，面自洗雪，除君侧之恶，共安天下”。

而欧阳修的《新五代史》所记，才是当时的真实情况：“（郭）威匿诏书，召枢密使院吏魏仁浦谋于卧内。（魏）仁浦劝（郭）威反，教

（郭）威盗用留守印，更为诏书，诏（郭）威诛诸将校以激怒之，将校皆愤然效用。”

也就是说，郭威与魏仁浦伪造了一份假诏书，内容是隐帝命令郭威杀掉邺都的将校。然后，老郭把假诏书给大伙儿看，自然群情激愤，奉拥郭威起兵。

假使事情果真如《资治通鉴》与《旧五代史》所载，郭威话音一落，肯定会有兵将立马把他杀死。五代军将兵士，贪财爱货，凌上侮下，眼前站着一个“大元宝”，谁都会提剑立取。

于是，为保性命，郭威率大军南向，直杀都城。王殷、王峻等人自然率所属兵士跟随。当初郭威以枢密使身份出镇，关键时刻很管事，河北诸州皆听他调度。

为了“激励”将士，王峻还在军中宣言：“郭公让我告诉大家，攻克京城后，听任你们剽掠十天！”

大伙儿一听，大喜，踊跃欢呼。

在五代时期，这句话太能“鼓舞”士气了。五代僭乱至极，没有任何上下级秩序和道德伦理可言，军将士兵做买卖一样，谁给利多就跟从谁。

闻知郭威率众起兵，后汉隐帝忙召集群臣商议抵拒之策。

前任开封府尹侯益表示：“邺都戍兵家属多在京城，官军不可轻出，应闭城坚守以挫其锋，然后派遣戍兵母妻家属登城招怀，郭威所率军兵必然人心大乱，可以不战而定。”

受招入京的泰宁节度使慕容彦超想在皇帝面前立功，力驳侯益：“侯公您年纪大了，怎能给皇帝出这样的馊主意，长他人志气，灭自己威风。我们应该主动出击贼军，一举攻灭他们。”

隐帝无断，事已至此，就听信慕容彦超之言，命令侯益、阎晋卿等人率领宫廷禁卫军精兵奔赴澶州方向阻拒郭威。

不料，郭威抢先一步，先到澶州。

守城主将李洪义虽是隐帝亲舅，又有密诏在手，仍然不敢抵抗郭威，大开城门放大军入城。

其间，隐帝派出一个名叫鸾脱的亲信小宦官“微服”而出，化装后往邺城方向赶路，侦窥郭威大军的动向。

宦官没胡子，很快就被郭威的侦察兵识破抓住，押往大营。郭威亲自书写表奏，然后缝在鸾脱的衣领里面，让他回隐帝处复命。

郭威表奏大意，是讲自己受诬，手下军将不服，奉拥自己“诣阙请罪”，但要查出冤枉自己的贼臣，杀掉以快人心。

隐帝览毕，召李业等人来看。诸人惧形于色，知道终于要大祸临头了。

不久，本来要亲往澶州坐镇的隐帝听说郭威已到澶州渡河，非常害怕。他不停地向宰相窦贞固等人抱怨前些日子杀三大臣及郭威等人家属的事情“太过草率”。

世间无后悔药，隐帝只得安排众臣开府库赏军，准备抵挡。但宰相苏禹珪认为不宜滥赐将士。

祸首李业见状也急，当廷向苏禹珪下跪哀求：“相公您为皇上着想吧，别再吝惜库物资财了！”忧惧之情，溢于言表，这位爷当初首议杀人的豪气，这时已经一丝全无。

郭威一路进军顺利。大军刚到滑州，隐帝的姐夫义成节度使宋延渥便开城迎降，使得郭威能动用滑州府库赏赐手下军士，帮了大忙。

很快，郭威所率人马快速抵至封丘，京城人非常恐惧，各自思乱。

李太后闻讯，急得大哭。隐帝惶恐不已。

慕容彦超见状，当廷大言道：“陛下勿忧，臣当活捉郭威来见。”

退朝后，慕容彦超见到刚从“前线”回来的聂文进等人，打听郭威军中将校姓名后，顿生惧心，嘀咕道：“这些人可都不是善茬儿，要加倍提防！”

于是，他率主力屯扎于七里店，严待来军。

老将侯益等人率禁军屯于赤冈，以为犄角之势。

转天，两军于汴梁北部的刘子陂对阵。

隐帝亲自率大批扈从军士“劳军”，其实是天子监阵。

李太后劝儿子不要出城。隐帝不听。聂文进也口出狂言：“有为臣我在，即使有一百个郭威，我也一一擒入城中！”

可笑的是，即使皇帝亲自出城督战，两支大军阵前相遇，谁也不发第一箭。因为大家都是自己人，谁和谁也没有深仇大恨，都持兵观望。一直到晚上，两军不战。

无奈之余，隐帝见天色已晚，只得返城还宫。

慕容彦超还卖乖，冲着隐帝背影大声嚷嚷：“陛下明天有空，希望您再出城看我破贼。为臣我连手都不用动，吆喝一声就让他们卸甲归降！”

煎熬了一夜。早晨，隐帝率扈卫禁军，再次出城监战。

慕容彦超再也挺不住，只得硬着头皮，亲自率前锋军主动突阵。

郭威手下军将立时前击，一下子就把来敌击溃。慕容彦超坐骑被射毙，本人差点儿被活捉。

隐帝诸军丧失了锐气，不断有人前往郭威处投降。

见此情势，统率精锐禁军的侯益等人纷纷转舵，私下谒见郭威。郭威好言好语慰遣诸人还营。到了傍晚，隐帝手下军队基本都已向郭威投降。

见势不妙，慕容彦超也顾不上皇帝了，忙率亲兵十余骑，逃奔回自己的老巢兖州。

再看后汉隐帝，可悲又可笑，他身边只剩下苏逢吉、苏禹珪、窦贞固三个宰相以及从官、宦者几十个人。

愣了半晌，隐帝垂头丧气，只得乘黑奔返城中。

一行人刚刚抵至城北的玄化门，开封尹刘铢不仅不马上开门，反而陈弓箭手在城上，喝问道：“那么多兵马都哪里去了？”

未等隐帝一行人回答，刘铢下令射箭，隐帝从人又死掉数个。

无奈，隐帝只得率余下的数人仓皇掉转马头奔逃，黑天暗夜，他们只能在荒郊野地露宿，准备天明再逃。

不料，蹄声阵阵，追兵已至。隐帝一行人忙窜入村民家中躲避。

荒村之中，皇帝的目标太大，郭威军士很快就找到身穿龙袍的皇帝，乱刀剁下，把隐帝当场杀死，时年二十岁。

苏逢吉、阎晋卿、郭允明等人知道大势已去，皆自杀。李业马好腿快，奔往陕州投奔其兄李洪信处，但时为保义节度使的李洪信不敢藏他，给他一大笔金钱让他逃往晋阳。半路，李业遇见一伙强人，脑袋被人剁下。

后汉隐帝姿貌白皙，眉目疏朗，沙陀血统的特征很明显。但此人自小就有癫痫病，即位初好过一阵，后来又时发时犯，被杀前此病愈发严重。如此病躯也真难做"真龙"天子。

郭威骑马率人至玄化门，刘铢下令发箭。真不知这老刘心中所思何事，隐帝想入城他命人射箭，郭威想入城他也下令"开火"。

郭威也不计较，掉转马头赶往汴城东面的迎春门，直入自己私第。

他说话算话，任凭手下军将兵士在京城剽掠。

一直到转天中午，王殷、郭崇威入府禀告："如果不止剽掠，到晚上就只剩下空城了。"至此，郭威才下令诸将约束部伍，禁止再杀人掠物烧房。诸将杀掉数人后，才禁止住士兵的抢劫烧杀。

宰相窦贞固、苏禹珪逃归，郭威知道这两人没有参与杀戮，让他们官复原职，派兵保护。然后，他命人四处搜查，抓住刘铢、李洪建，严加看押。

临被抓，刘铢对老婆说："我肯定得死，你也要被罚做奴婢了。"

妇人没好气，回答说："想想你这些天干了这么多缺德事，这个结局也是活该！"

郭威对众将说："刘铢屠杀我全家，如果我再屠杀他全家，冤冤相报，何时得了！”于是，他下令只杀刘铢、李洪建及其亲信，赦免了他们的家人。

安定京城后，郭威先搬出李太后这块“招牌”，以她的名义任命自己的亲信为文臣武将：王峻为枢密使，王殷为侍卫马步军都指挥使，郭崇威为侍卫马军都指挥使，曹威为侍卫步军都指挥使——全部军权，皆入“郭家将”之手。

隐帝死后，后汉皇室还有以下诸人：后汉高祖刘知远的弟弟河东节度使刘崇（951 年称帝后改名为刘旻）、后汉高祖的堂弟忠武节度使刘信、后汉隐帝的弟弟刘承勋。

倒霉的是，最该承袭帝位的隐帝之弟刘承勋一直重病在身，根本不能为帝。刘崇的儿子武宁节度使刘赟自少年时代就为后汉高祖喜爱，由此，郭威便以群议为名，上禀李太后，备法驾去徐州迎刘赟为帝。同时，他派太师冯道前往迎奉。

官场不倒翁冯道一生经历数位“帝王”，深知世道险恶。临行，他问郭威：“您派我此行，不是让我去骗人吧？”

郭威信誓旦旦：“奉迎新帝，实出忠心！”

其实，郭威当时心中所忧，正是因刘崇在河东、刘信在许州、刘赟在徐州，皆占据重镇要冲。假使这三人登高一呼，以兴复为辞，天下乱起，他真不知该如何收拾这个乱摊子。

现在，假装迎立刘赟为帝，三镇宗室必然麻痹，刘赟被骗离开老窝徐州，刘信向来庸识无谋。除掉这两个人，只剩刘崇一人就很容易对付了。

眼见诸事妥当，郭威便以契丹入寇为由，亲率大军出发，对外声称是往北方御寇。京城大事，皆委之于亲信王殷、王峻二人。

950 年 12 月 16 日，郭威大军渡河，在澶州驻军。20 日，一大早，大军开拔前，发生了这一幕：

> 诸军将士大噪趋驿（舍），如墙而进，帝（郭威）闭门拒之。军士登墙越屋而入，请帝（郭威）为天子。乱军山积，登阶匝陛，扶抱拥迫，或有裂黄旗以被帝体，以代赭袍，山呼震地……诸军遂拥帝南行。

乍看史书，郭威完全是被兵士强行拥立的忠臣，无奈才当皇帝。

史臣就是这么好玩，咋咋呼呼，活灵活现，最后连他们自己都相信这些是“真实”的。

总之，“总导演”郭威大获成功，变家为国，终成帝业。

当然，事已至此，郭威不是那么着急了。他率军不紧不慢往都城汴梁回还。

老宰相窦贞固自然知趣，率百官出迎拜谒，对郭威“劝进”。

无奈，李太后下诏先任郭威为“监国”，即代理皇帝。诏诰之中，也有如下语句：“……老身未终残年，属此多难，唯以衰朽，托于始终。（郭监国）载省来笺，如母见待，感认深意，涕泗横流。”

老太后心中痛楚，可见一斑。四年之后，李太后病死于宫中，也算善终。

此时，原本被群臣迎奉为帝的原武宁节度使刘赟已经行至宋州。郭威知道这小伙子已是囊中之物，便派大将郭崇威率七百骑前往“迎候”，并命太师冯道回京。同时，郭威派嫡系将领马铎去许州，前去“处理”忠武节度使刘信。

宋州距汴梁不到三百里，忽闻有一队精骑赶到，刘赟大惊，忙令人紧闭城门，并亲自登上城楼问郭崇威此来何意。

郭崇威仰头答言：“澶州发生军变，郭公（郭威）担心陛下安危，特意派我来护驾，别无他意。”

刘赟不信，招郭崇威入城。

郭崇威不敢入城。太师冯道出城，与郭崇威嘀咕半天，郭将军才肯下马，随冯太师入城。

刘赟握住郭崇威的手，涕泣不止。刘赟很厚道，家国多难，世道艰难，他也没对郭崇威多生疑虑。

郭崇威心怀鬼胎，说了几句安慰话，托词出城。

刘赟的手下董裔（官职为徐州判官，即刘赟做节度使时的参谋长）进言劝说："我看郭崇威刚才神情慌张，必有异谋。现在，外面纷传郭威已经称帝，陛下您如果再往前行，恐怕要大事不好。应该马上召张令超来，谕以祸福，让他连夜进攻郭崇威，劫夺其兵，然后我们一行人奉拥陛下，掠睢阳金帛，招募士卒，向晋阳方向挺进（刘赟之父刘崇当时坐镇晋阳）。京城新定，郭威肯定无暇追杀我们。"

刘赟犹豫不决。此时，他心存幻想，总觉得自己名义上已经是皇帝，离京城三百里不到，如果郭威没有异心，自己先行逃走，反倒授人口实。董裔所言的张令超，原本是与冯道一起来迎奉他为帝的"护圣指挥使"，手下也有数千精兵。

当断不断，必受其乱。刘赟举棋不定之间，郭崇威急急忙忙秘见张令超，告诉他郭威已经被拥立为新帝，与其为旧主殉葬，不如替新朝立功。

五代武将多无"忠君"之念，郭威又威名素著，张将军想了一会儿，非常痛快，马上归附，顺便还劫持了刘赟镇内的数百私兵。

这样一来，刘赟成为真正的"孤家寡人"。

转天一早，发现周围侍卫尽去，刘赟又惧又惊。悔叹之间，郭威有书信送到，声称他为诸军"所迫"，暂时"监国"，并召冯道先入京，让刘赟放心"慢慢走"。

冯道辞行，刘赟诚恳地问："我当初之所以肯随同您前来汴京，正因为您是德高望重的数朝宰相（冯道在五代数朝为相二十四年），所以才深信不疑。现在，郭崇威劫夺我属下扈卫兵士，事情危急，您能给我出个主意吗？"

冯老头儿默然不答。“长乐老”冯道正是因为老奸巨猾，才能活到今天。刘赟身边的亲将贾贞怒极，几次拔剑要杀冯道，皆为刘赟所阻：“你们不要鲁莽，今天这种结局不关冯公的事。”

刘赟确实厚道，事已至此，他仍不忍心杀掉这个把他骗出来的老头子。

其实，冯道早就知道郭威根本无诚意迎立刘赟，出发前，他就对身边的人说：“今天我要去说谎骗人了。”

冯道一走，郭崇威就宣读了李太后诰旨，废刘赟为湘阴公，严兵看押。同时，还杀掉董裔、贾贞等刘赟从徐州带来的数位亲随。

过了几天，郭威密令郭崇威弄死了刘赟。说句实话，刘赟人品不错，才智也不低，但“运去金成铁”。大伪之世，失之柔懦，此种下场也属必然之事。

刘氏的后汉出奇短命，一姓朝代，才存在四年，也是中国历史上罕见的事情。

坐镇许州的后汉高祖堂弟忠武节度使刘信，听说马铎率军队来“巡检”，连箭也未发一支，就惶惑自杀，草包得出人意料。后汉高祖刘知远的这位弟弟，本性残酷。昔日他在京城掌管禁军，手下人有犯罪者，皆把犯人妻子家属召至刑讯室，然后，他亲自“下厨”，用尖刀活活剔取犯人身上的肉，用刀尖叉上令犯人自食。他还喜欢肢解犯人，血流盈前而面不变色，是个不折不扣的变态虐待狂。

如此残暴之人，一听说郭威派人来，还没怎么样，他自己先“自绝”了。由于这位爷过分“听话”，郭威称帝后，追封其为蔡王。

当初听闻隐帝被杀的消息，其叔父河东节度使刘崇马上密谋要起兵。很快，听说自己的儿子刘赟被李太后下诰立为皇帝，刘崇大喜：“吾儿为帝，吾又何患！”

刘崇派使者入见郭威，老郭指着自己脖子上的刺青，说道：“自古岂有雕青天子，希望您为我转告刘公，我无任何异心！”刘崇闻知此讯，更加安心，等着儿子入京坐稳皇位后把自己迎入内廷做“太上皇”。

其下属太原少尹李骧不傻，苦心劝他：“郭威举兵犯顺，其势绝不可能做汉臣，必不立刘氏为后。我们应该发兵下太行，扼孟津战略要地，待公子入京安坐帝位后，再回兵不晚。”

刘崇闻言大怒，骂道：“腐儒真可恨，想离间我父子关系，岂有儿做皇帝父亲兴兵的道理！”马上叱命左右牵曳李骧出庭斩首。

临刑，李骧叹言：“我给蠢材愚人出计，死也活该。我家中唯有老妻，身又多病，愿与之俱死。”

刘崇马上“成全”，遣人把李骧夫妇一起杀于市中。

没过多久，郭威称帝的消息传来，刘崇忙派人送信，哀求郭威把自己的儿子送还晋阳。其时，刘赟已被杀掉。

恸哭之余，刘崇念起李骧的“忠言”，为之立祠，派人吊祭。至此，这一切还管什么用。

郭威称帝后，刘崇也在太原称帝，改名为刘旻。他所建立的“汉”，史称北汉。

刘崇虽有并、汾、忻、代等十二州之地，但不得不依附契丹，向当时的契丹主耶律兀欲称臣称侄。当然，刘崇心中也有数，对其“臣下”讲：“朕以高祖（刘光远）之业一朝坠地，今日位号，不得已而称之。顾我是何天子，汝曹是何节度使邪！”

因此，刘崇仍袭用隐帝时的“乾祐”年号，不建宗庙。

后周王朝的新气象

后周建立后，郭威手下的辖州，比起前两代还要小，只有九十八州。当时，北汉有十二州，南唐有三十六州，南汉有六十二州，后蜀有五十二州。

由此可见，郭威虽然自称“姬室远裔”，国号大周，其实只是个大藩镇而已。

比起后梁、后唐、后晋、后汉前“四代”开国“皇帝”，郭威的人品要好得多。虽然郭威前前后后只当了三年多皇帝，他的“文治武功”却颇有可称道之处。

经济方面，郭威下令废止后汉时期的一些苛捐杂税，禁止官吏再以“斗余”“秤耗”的名目榨取百姓。取消“牛租”，允许农民销售自家的牛皮。他废除先前以“散从亲事官”名目摊派徭役的恶法，放松盐禁。废止“营田务”，释放国家农奴，使数万耕田的“农匠”成为自由民。此外，郭威对于前代朝廷每年向辖地索求特产的“惯例”也深恶痛绝，一概禁止地方再行上贡。

政治方面，郭威称帝后，马上废除后汉“盗一钱即死”的酷法，知人善任，察纳雅言。特别是在惩贪治污方面，他大刀阔斧，连其老下属叶仁鲁也因贪赃而被杀。郭威又下令赡养其年迈老母，严厉之余很有人情味。同时，郭威深知国家底子薄，招抚流民，给授荒田，均定田赋，鼓励农业生产，革除了自唐朝中晚期以来不少土地分派使用方面积存的弊端。

也是从郭威开始，后周王朝大修水利，治理黄河水患。此举措，在五代那种人民能过一天算一天的黑暗年代，确实罕见。

军事方面，除下诏派大将去击战汉帝刘崇外，郭威于广顺二年（952 年）六月率兵亲征兖州，杀掉因惶惧而反叛的慕容彦超。回师途中，郭威还去曲阜，以天子之尊亲谒孔子祠庙祭拜。有大臣说：“孔子，陪臣也，不当以天子拜之。”郭威虽是大老粗出身，明理达义，反驳说：“孔子百世帝王之师，敢不敬乎！”

他亲征慕容彦超大胜，出师克捷，不仅提高了作为新皇的威望，又为后周帝国的开国打下坚实的根基。

新朝开基后，另一个大问题就是如何对待功臣。郭威起先对王峻、王殷这两个铁杆儿功臣很不错，封其为枢密使和同平章事。王峻“性轻躁，多计数，好权利，喜人附己”，骄横跋扈。郭威也不恼，时时呼其为兄。

王峻得寸进尺，在枢密使之外，另求大藩。郭威马上给他个平卢节度使。王峻特别反感郭威的外甥柴荣，一直阻止他入朝朝见。

此外，身兼使相的王峻，还推荐自己的门下文士取代郭威一直倚赖的宰相范质、李谷二人，并在朝堂上与皇帝力争，连郭威想去吃饭也不让，非让皇帝马上下诏。

退朝后，郭威招来太师冯道，哭着“投诉”王峻欺人太甚。郭威没有朱温和朱元璋的那种阴狠。如果王峻遇上二朱，早就九族人头不保了。郭威这位皇帝委屈之下，还找德高望重的太师冯道发发牢骚、诉诉苦。最终，他只把王峻贬为商州司马了事。

王峻到贬所后，水土不服患上“腹疾”。郭威听说后，忧而悯之，遣王峻老妻去商州探视。不久，王峻病死，实为善终。

贬放王峻后，郭威怕当时镇守邺都的另外一个功臣王殷心里不踏实，派王殷在京城任职的儿子远赴邺城，原原本本告以王峻得罪的因由，以安其心。

虽如此，王殷仍心怀怏怏。由于怕王殷拥大镇怀异心对王朝造成巨大威胁，郭威便趁王殷入朝时把他留在京城任京官——京城内外巡检，看上去也挺重要。

可是，他不知韬光养晦，咋咋呼呼。于是，郭威终起杀心，趁一次朝见时命人当廷逮捕王殷，把他杀了。

当初郭威大军攻入汴京时，士卒先前得到允许，在全城大掠，四处杀人取财货。时为右千牛卫大将军的赵凤（《五代史补》为“赵童子”）也在京城居住，愤恨乱兵劫掠烧杀，在巷口踞胡床，持弓箭，大呼道：“郭太尉兴义兵清君侧安国家，军士趁乱而剽掠，实乃强盗，今为太尉除之！”他连发箭矢，射杀数十抢劫的兵士，保全了数千家居民。

当时，郭威得到消息后还挺高兴，觉得这位赵将军做事果敢，又维护了自己的声誉。不久，听闻路途有“赵氏合当天子”的谶言，郭威忙招义子柴荣说：“观此人才略度量不俗，不早除之，吾家难保！”

于是，郭氏父子派人诬告赵凤谋反，逮捕杀掉了这位赵将军。

岂料，十多年后，另外一个姓赵的（赵匡胤）代周建宋。郭氏父子地下有知，肯定后悔杀错了人。

无论如何，郭威称帝后未行大肆屠戮功臣之事，顶多也就“对不起”王殷、错杀赵凤，还算是一个老成厚道之君。

郭威临终前，对自己的义子晋王郭荣（原名柴荣，因郭威的儿子皆被隐帝所杀，只能拿内侄当继承人）嘱托说：“我西征作战时，亲眼见到唐朝皇陵没有不被发掘的，就是因为皇陵多藏金玉宝物。我死之后，当衣以纸衣，敛以瓦棺，快速下葬，不要使尸身久留宫中，也不要在陵前作石人石马等物，只立一块碑，上刻：‘大周天子临晏驾，与嗣帝约，缘平生好俭素，只令著瓦棺纸衣葬。’”

显德元年（954年）正月十七日，郭威崩逝，时年五十一岁，为帝近四年。

晋王郭荣（柴荣）继位，是为后周世宗。

神武雄略的周世宗柴荣

当初后汉隐帝诛杀杨邠等三大臣，又杀郭威在京城的亲族。郭威的数位姬妾以及儿子郭青哥（后追赐名为郭侗）、郭意哥（后追赐名为郭信）以及侄子郭守筠、郭奉超、郭逊古均被刘铢虐杀。因此，郭威本人的子侄无一人活在人世，只有养子郭荣因跟随自己在邺城征战而幸免于难。而郭荣的三个儿子也在京城被杀。

郭荣原姓柴，是郭威原配夫人柴氏的侄子。因此，柴荣从血缘上讲同郭威并不亲，只是内侄而已。后汉隐帝杀绝郭威子侄，郭威只能以柴荣来承嗣了。

血缘上虽不近，柴荣和郭威却情同父子。柴荣从孩提时代起就被郭威养为义子（当时郭威还没生孩子），他聪明伶俐不用说，还整日出外贩佣挣钱，养活姑姑和姑父（义父）。

郭威青年时代也是军中顽劣之徒，不事产业，平时生活不是特别富裕。因此，柴荣青少年时代常常为了家计，给商人做仆从，往来江陵等地贩卖茶叶等货物。

一次，他在市肆算命，有个"神算"为了几个大钱，说柴荣有天子命。当晚，柴荣与东家颉跌氏喝酒，开玩笑一样地说："算命的人说我日后会当皇帝，果真有那么一天，您想当什么官啊？"

商人酒至半酣，见柴荣和自己讲笑，也不怪恼，回答说："我从商有三十年了，常常在京洛间贩货，很羡慕那些税官坐而获利，他们一天的收入，可以敌我等商贾三个月的利润，太让人眼红了。如果哪天你当皇上，给我个京洛税院使当当就行。"

言毕，爷儿俩碰杯大笑。

日后，待柴荣登基，老商人颉跌氏还活得挺硬朗，就被柴荣请入京城做税院使，果然"美梦"成真。

柴荣虽早年过继给郭威，其生父柴守礼一直活着。柴荣当皇帝后，封生父老柴为金紫光禄大夫、检校司空这样的荣誉高衔。但是，并非如我们现代人想象的那样，柴荣会封他亲爹当太上皇。

古代人最讲"礼"，柴荣的帝位来自其姑父郭威，因此，他自然是以郭家的继承人自居，只能认开国皇帝郭威为父。对待生父，礼归礼，敬归敬，但礼仪方面皆是把生父当舅舅对待。

柴荣称帝时，柴守礼已经退休，在洛阳安享晚年，"终世宗（柴荣）之世，未尝至京师"。确实也只能这样。依据礼仪，柴守礼即使是老国舅，见皇帝也要下拜。但从宗亲人伦孝道方面讲，他又是当今皇帝的生父，亲爹给儿子下跪，于礼不和。因此，自从儿子当了皇上，父子二人一直到死，再未见过面。

柴守礼骄蛮恣横，六七十岁的老头子，曾经杀人于市。甭说，有个皇帝儿子，老爷子喝多点酒肯定认为天王老子也管不了他。有司上奏世宗皇帝，他也只能听之任之。柴荣在五代属于眼里不揉沙子的英主，假如他自己的亲舅舅犯法，说不定会马上下诏推出去砍了。亲爹杀人，只能就算了。

可笑的是，后周王朝的贵显将相王溥、王彦超、韩令珅等人的老爹都在洛阳养老，他们与柴守礼朝夕往来，横行霸道。当时，洛阳人给这帮老阿飞起名为“十阿父”，惹不起躲得起。

早在郭威称帝建立后周的那一年，北汉“皇帝”刘崇就勾引契丹军队进攻晋州，被后周大将王峻带领的大军击溃。

契丹军回返晋阳，点算兵马，发现军队损失了三分之二。怒极之下，契丹主帅萧禹厥把一个大酋长当众钉死。

经此一战后，北汉内供军国，外奉契丹，赋役繁重，民不聊生。于是乎，当时就有大批境内民众拥逃至后周境内。

“老实”了几年，听闻郭威驾崩的消息，北汉主刘崇甚喜，想大举入关。他遣使去契丹搬援兵。

见“大侄子”皇帝有求于己，契丹主就派武定节度使杨衮率万余精骑来援。刘崇自率三万精卒，浩浩荡荡，杀入后周国境。

柴荣帝位还未坐热，刘崇就协同契丹人入寇。

柴荣又惊又怒，忙集朝臣廷议。众大臣皆表示：“刘崇上次入寇大败，势蹙气沮，必不敢亲自统兵入侵。陛下您新登大宝，人心易摇，不宜轻动，应该诏命大将前往抵御。”

柴荣气盛英武，言道：“刘崇趁我朝大丧之期，轻朕年少新立，有吞并天下之心，此次他必定自来，朕不可不往。”

别的大臣没敢说什么，太师冯道倚老卖老，固劝世宗皇帝不可御驾亲征。

“昔唐太宗平定天下，未尝不自行，朕岂敢偷安！”柴荣朗言。

“未审陛下能为唐太宗否？”冯道泼凉水。

“以吾兵力之强盛，破刘崇如山压卵耳！”柴荣又言。

“未审陛下能为山否？”老冯不阴不阳又来一句。

虽然心中不悦，周世宗心中已做决定，对老冯未加理会，执意要亲自出征刘崇与契丹军。

柴荣诏令天雄节度使符彦卿（柴荣老丈人）、镇宁节度使郭崇（即郭崇威，为避郭威名讳，改名）、河中节度使王彦超、宁江节度使樊爱能、清淮节度使何徽、义成节度使白重赞等大将各率本部兵马，向潞州方向出兵。

北汉主刘崇没有料到年轻人柴荣会亲率大军前来。他伙同契丹大军，过潞州不攻，引兵南向，想直趋中原攻克汴梁。

北汉、契丹联军在高平（今山西境内）屯军。

954年4月20日，刘崇一觉醒转，才知道周世宗亲统军队已经行至近前。未及安排，北汉军队受到后周前锋军的猛烈进攻。

北汉军虽受小小挫折，并无大碍。刘崇指挥军队慢慢后撤，退往巴公原（今山西晋城附近）。

周世宗唯恐北汉主力就此不战而退，忙下令诸军急行军集结，准备总攻。由于当时后周大将刘词的后军未至，军中疑惧，将士怯战。周世宗志气益锐，他下令白重赞、李重进统左军居西，命樊爱能、何徽统右军为东翼，又命向训、史彦超二人为中军，与北汉军对阵。

北汉军当然不是软蛋，严阵以待。刘崇自己居中军，猛将张元徽居东翼，杨兖的契丹军为西翼，虎视眈眈。

周世宗乘马临阵亲自督战，只有他姐夫殿前都指挥使张永德率一部禁军护驾。

由于后周军的后军未至，人数上明显少于北汉、契丹联军。关键时刻，刘崇后悔召契丹兵助战，对左右将领说：“根据经验，我认为周军很容易被消灭，我们汉军一军即可破敌，不仅能完全消灭周军，还可让契丹人心服。”诸将纷纷点头。

于是，刘崇派军使对契丹主将杨兖说：“周军现已与我们汉军对阵，形势大明，不烦契丹军士助战，请您率军登高观战，欣赏汉军如何奋勇杀敌。”

杨兖是百战将军，劝北汉主刘崇不要轻敌。但既然对方不让自己的军士参战，他也乐得其便，就慢移军阵，给北汉、后周军打仗腾地方。

本来天刮北风，忽然转刮南风，北汉的枢密使王延嗣让司天监官员劝刘崇说：“此刻正乃决战之时。”

文臣王得中扣马劝谏：“风势转吹我军，万不可轻出。”

刘崇大喝：“我意已决，老书生勿妄言，再胡说就杀了你！”

言毕，他令旗一挥，指示张元徽东翼骑兵发动进攻。

北汉大将张元徽是出了名的骁勇猛将，其属下骑兵战斗力极强。因此，合战不久，后周军大将樊爱能、何徽就率领右军骑兵先遁。后周的右翼步兵没马逃不快，千余人解甲呼万岁，降于北汉。

此时，后周军形势万分危急。刚刚开战，右翼军就被对方干掉，等于被卸掉了一只臂膀。

周世宗柴荣眼见形势危急，赶忙自引亲兵，冒着箭雨督战。

硬着头皮，不上也得上。只要柴荣战马一掉头，周军必败。

赵匡胤当时还只是张永德部下一名禁军中级将校，他向同伴大呼：“主危如此，吾辈怎能不誓死以战！”同时，他还对张永德讲：“贼兵气骄，力战可破。您指挥手下神箭手登高为左翼，我率军为右翼。国家安危，在此一举！”

于是，二人各将两千兵，分别进战。

这两位将军身先士卒，奋勇冲杀。士卒死战，无不以一当百。

后世史书多言宋太祖英勇，其实大多是宋臣拍宋太祖的马屁。假若周世宗拍马先遁，再有两万个赵匡胤也不顶事。

后周的禁军将校马仁瑀、马全义等人也率众蔽翼皇帝，反复陷阵，最终保住后周军中军和左军阵脚不乱。

刘崇望见黄龙伞盖，确定柴荣真在军中，就死命褒赏初战得胜的大将张元徽，催他乘胜进兵。

张大将军一马当先，正要冲入后周军军阵，战马失蹄，一下子把张大将军甩到后周军士卒脚下。

现实不是小说和电影，未等张元徽“鲤鱼打挺”，后周军的长枪大刀密密麻麻朝像个大礼包一样被甩到自己阵地里的敌将扎砍过来，张大将军顿时成了一堆碎肉。

眼睁睁看着猛将被杀，北汉军由是夺气。

当时，南风益盛，后周兵争奋，北汉兵大败。

刘崇亲自高举红旗收兵，但兵败如山倒，溃不能止。

起先被“礼劝”入高地观战的杨兖及其手下契丹兵，畏惧后周兵强盛，根本不敢参战，他们又恨先前北汉主刘崇不拿他们当回事，就全军而退。

收集残兵败将，刘崇发觉手下兵马连一万人都不到，三分之二的主力被周军干掉。

未及喘息，后周军后军刘词又杀入战场，与世宗皇帝合兵，乘胜追击，基本把剩下的北汉军包了饺子。

幸亏刘崇有契丹人赠送的黄骝宝马，他从雕窠岭的小路狂逃，驰离杀戮战场。夜间迷路，刘崇又受村民骗指方向，走了好长一段冤枉路。

一路之上，刘崇仓皇狼狈，往往刚刚驻马想吃口干粮，就听见有人高呼“追兵”，立刻上马又逃，昼夜驰骋，最终勉强有命得入晋阳。

回国后，刘崇并不发丧自责恤军，反而用真金白银上好檀木为他的黄骝马修造了一个专用大马厩，以三品官职对待这匹马，号为“自在将军”。

转年，刘崇即病死，时年六十岁，其子刘承钧袭位。

刘承钧继位后也曾发兵入寇后周，仍是大败而归。

契丹人此后再不对这个“儿皇帝”施以援手，北汉再无南侵之意。

全歼北汉兵后，周世宗发现起先投降北汉的一千多士兵还活着，立刻下令全部宰了。这群人确实没用，临阵投降，罪过不可谓不大。

更可恨的是临阵奔逃的樊爱能、何徽二人，他们跑就跑了，途中抢劫自己人的后勤部队却精神十足。当时世宗皇帝连派数名近臣和禁军军校追劝他们回来，他们根本不听，乱军还把使者杀掉，扬言：“契丹大至，官军败绩，余众都投降了！”甚至当后周军后军的统领刘词急赴军阵的时候，樊爱能还“劝阻”刘大将军。

五代乱世的骄兵悍将中，樊爱能、何徽这样的人非常“典型”。高平之战时的周世宗柴荣，情势与先前和郭威对阵的后汉隐帝其实完全一样，新皇之位摇摇晃晃，属下将领三心二意。如果柴荣像刘承祐那样怯懦无计，结果肯定逃不出“兵败身死”四个字。

大战胜利后，对于如何处理樊爱能等人，周世宗一时还不能下决心。

大白天，他躺在行宫营帐中，召姐夫张永德商议。

张永德官为统率禁军的殿前都指挥使，又是世宗姐夫，自然直言不讳：“樊爱能等素无大功，忝冒节钺，望敌先逃，死未塞责。陛下方欲削平四海，苟军法不立，虽有熊罴之士，百万之众，安得而用之！”

世宗皇帝闻言，正中下怀，掷枕于地，大呼称善。

于是，周世宗置酒高会，遍招诸将。刚刚酒过一巡，世宗起身指骂樊爱能、何徽等人：“汝辈皆累朝宿将，并非不能用兵。此次一战即逃，实是想以朕为奇货，卖与刘崇。果非如此，为何朕亲自入阵，刘崇大军便败！汝辈万死，不足以谢天下！”

言毕，周世宗命禁卫军立擒樊爱能、何徽等当天临阵脱逃的中高级将校七十多人，推出斩首。

然后，他嘉奖当时奋勇进击的军将士卒。从此，骄将惰兵，无不知惧。

想当初郭威临死，召四人“托孤”，樊爱能、何徽也在其中。他们不仅是京城大将，又都身兼军镇节度使。受先帝如此器重，高平大战却是这般表现，二人也是该杀。

此次高平大战，周世宗柴荣临危不惧，身先士卒，不仅树立了威望，也拉开了他统一战争的大幕。

此次实战以后，他终于看清京城兵士都是多年“关系户”的子弟，羸老者居多，又骄蹇不用命。这些人每遇大敌，不走即降。由此，他命赵匡胤等人涤汰冗军，简选兵士，招募天下壮士，终于选得一支劲军，日后征战四方，所向皆捷。

坐稳帝位后，周世宗搞了一系列政治、经济改革，治河、通漕、扩建汴梁都城，并命大臣们以“为君难为臣不易论”“开边策”为题，各抒己见，广开言路，志在削平天下，恢复唐僖宗之前的中华疆土。同时，为了富国强兵，周世宗对佛教加以禁抑。诏下，后周境内当年就废寺院三万多座，僧尼还俗六万多人。

不久，周世宗又下诏命民间融销铜佛像铸钱，以充国用。他对侍臣讲：“卿辈勿以毁佛为疑。夫佛以善道化人，苟志于善，斯奉佛矣。彼铜像岂所谓佛耶？且吾闻佛志在利人，虽头目犹舍以布施，若朕身可以济民，亦非所惜也！”

周世宗是中国古代历史上灭毁佛教皇帝“三武一宗”中的一位，但他不滥杀、不滥废，有理有节，就连不轻易评述历史的司马光也大加赞叹：“若周世宗，可谓仁矣，不爱其身而爱民；若周世宗，可谓明矣，不以无益废有益。”

至此，军事、政治、经济基础奠立，周世宗开始了他南征北讨的伟大事业。

周世宗的西进与南征

五代后期，群臣大多守常偷安。而后周的比部郎中王朴，神峻气劲，有谋能断。他所上的《开边策》，句句中的，字字合意，周世宗览之拍案称绝。

当然，周世宗自有主见，不完全接受王朴之议先进南唐，而是命大将率兵西进，先击后蜀，立收秦（甘肃秦安）、凤（陕西凤凰）、成（甘肃成县）、阶（甘肃武都）四州。当时的后蜀“皇帝”是孟昶，大惧之下，致书请和。幸亏当时周世宗不以蜀地为意，让孟昶这个“土皇帝”得以苟延残喘数年。后来孟昶得知周世宗击破南唐，又遣使想“进一步发展两国友好关系”，周世宗仍旧不搭理。孟昶也恼，愤愤说：“朕为天子郊祀天地时，尔犹做贼，何敢如是！”孟昶口中的“天子”，其实只是一个小盆地的天子罢了。

下一个大目标，就是南唐。周世宗用了近三年时间，三次御驾亲征，终于使南唐李璟称臣，尽收长江以北土地。

言及南唐，当时是大词人李璟当政。看见李璟这个名字，大家肯定都笑了，知道这个“文学家”打不过柴荣那个“政治家”。

在此，顺便简单交代一下南唐的历史。

唐朝末期，军阀杨行密占有江淮地区，后为“吴国”；军阀钱镠占有两浙地区，即“吴越”。吴越钱镠始终未称帝。

杨行密的发迹，得益于唐朝节度使高骈军中的内乱。这位杨爷是庐州合肥人，最早是通信兵出身，史载其一昼夜可行三百华里，真可称“神行太保”了。杨行密以救高骈为名，步步为营，杀掉当时横行江淮的军阀孙儒。朱温觊觎江淮，杨行密不服，朱温打了半天也得不到便宜，奈何杨行密不得。

唐天祐二年（905 年），杨行密病死，其子杨渥袭位，但大权掌握在徐温和张颢手中。

上下猜忌，徐、张二人先下手为强，杀掉杨渥，推立杨行密次子杨隆演。不久，徐、张二人又生龃龉，徐温杀掉张颢。

徐温禀政后，学孙权立吴国，推杨隆演为吴国王，不再以唐朝藩王自居。徐温死后，其义子徐知诰执政，更进一步，推杨溥为“皇帝”。

没过多久，徐知诰索性推倒吴帝杨溥，自己做皇帝，并假称是李唐后代，尊太宗李世民儿子吴王李恪为远祖，改国号为“唐”，自己改名叫李昪。

其实，这位爷既不姓李也不姓徐，原本姓潘，平头百姓一个。战乱时期，父母相继饿死，他由徐温养而为子。

李昪称帝后，休养生息，勤俭治国，轻徭薄赋，为政还算不错。943 年，李昪因服食“仙丹”中毒去世（这死法倒是像极了正宗的李氏唐朝皇帝）。

李昪死后，其子李璟即位，在位十九年，南唐在他手里由盛而衰。

李璟早期，先进攻福建的闽国，有得有失，消耗了大量国力。当时，恰巧中原的后晋灭亡，天下大乱，如果南唐没有把力量全部陷在福建，大可北伐占据中原。“机不可失，时不再来。”沙陀人刘知远抢先建立了后汉。

保大九年（951 年），南唐趁“老邻居”楚国马氏家族内乱，发兵直指，竟然也灭掉了“十国”中重要的割据政权“楚国”。

福兮祸兮，没过多久因发生军变，南唐丢失了大部分土地。看看描绘当时南唐宰臣韩熙载的《韩熙载夜宴图》，就可以想象到南唐“文恬武嬉”的状况。

史载，“唐主（李璟）性和柔，好文章，而喜人顺己，由是谄谀之臣多进用，政事日乱”。

周世宗征南唐，正是在这种时局下开始的。

955 年，周世宗下诏亲征。

周世宗在近三年的时间里，联合吴越钱氏家族的兵力，屡战屡胜，最终占领光、寿、庐、舒、濠、泗、泰、通等十四州六十个县，共二十多万户，长江以北，尽为中原王朝所有。至此，大一统的曙光，重新出现在中华大地上。

李璟被迫放弃帝号，改称“国主”，并进献犒军银十万两、绢十万匹、钱十五万贯、茶五十万斤、米麦二十万石，尊后周为正朔，敬受后周“历日一轴”，完全以藩臣自居了。

过了三年，李璟郁郁而死，其子大词人李煜继位。

在李璟向周世宗称臣后，十国中最弱小的一个“荆南”（南平）国王高保融很乖巧，觉得上贡称臣还不够，派亲弟弟高保绅入朝来见周世宗。

见南平王送其弟入朝为“人质”，周世宗大喜，赏赐高保融不少金银财宝。

南平的“开国主”高季兴本是后梁太祖朱温的义子朱友让的家奴，为后梁太祖朱温所喜，让朱友让养以为子。朱温死后，领兵于荆南的高季兴兴起割据之意。后唐灭后梁，高季兴惧而入朝后唐庄宗，并向庄宗“献计”灭前蜀。后唐庄宗大悦，以手拊其背而赞赏他。高季兴很会讨好人，在袍子上让人用金线绣了个“金手印”，四处炫耀。同时，他也怕后唐庄宗杀了他，在归途中连夜斩关而去。后唐灭亡时，先前灭蜀的后唐军从蜀地搜刮了金帛四十多万，被高季兴全部劫取。

高季兴死后，其子高从诲袭位，仍被后晋封为南平王，子袭父业，德行也一样。后梁时，南汉、闽、楚三国皆向梁国朝贡，路过荆南时，往往财物贡品被劫夺。如果有人发兵追讨，高从诲就把财物返还，一无愧色。

后来，南汉、闽、蜀等割据政权皆称帝，高从诲挨个向这些邻国“称臣”，目的是为了获取赏物，当时人称高氏父子为“高赖子”。而向周世宗大献殷勤的高保融，正是高从诲之子。

高保融之子高继冲，慑于宋朝皇威，自率将吏宗族五百多人入朝，结局非常不错。

人虽赖，下场不赖。

此外，听说江南强国南唐屡战屡败，南汉“皇帝”刘晟忧形于色，吓得他想遣使向后周“修贡”。

南汉的第一位“土皇帝”是刘隐。此人军将出身，唐末趁乱自立为清海军留后，不断向朱温行以重贿，得为一方藩镇节度使，占据岭南。后梁建立后，晋封南海王。刘隐病死后，其弟刘陟（后改名䶮）即位，见后梁离乱，中原多事，便自立为帝，国号“大汉”，史称“南汉”。

刘陟穷奢极欲，占据一方，肆行虐酷，常有炮烙、刳剔、截舌、灌鼻之刑。此人还妄自尊大，称呼中原帝王为“洛州刺史”。

刘陟病死，其子刘玢继位。子肖其父，多行淫虐，不久就被其弟刘晟和刘洪昌密谋杀掉。

刘晟坐上帝位，改元“应乾”。与父兄一样，刘晟荒暴异常。数年之间，他把自己近二十个弟弟全部杀掉，一个不留。此人还喜亲自行酷刑于人，号其刑讯室为“生地狱”，热油锅、碎剐床等，一般人想象不到的酷刑，里面也应有尽有。

刘晟天天以酒为水，终日酣醉其中，连他宠爱的伶人尚玉楼也不得好死。一次，半夜饮酒高兴，刘晟口渴想吃西瓜，便置之于尚玉楼脑袋上，一刀劈下，连瓜带人劈成两半。刘晟也不知，只是感觉口中西瓜汁又浓又红又咸……刘晟在位十多年，饮酒过量而死。

其子刘钅长继位，时年十七岁，改元“大宝”。这个小子有样学样，虐类其父，昏庸过之。刘钅长认为群臣因各有家室不能尽忠于他，一切政务皆委以太监，发现有才的读书人，皆阉割后任用。所以，南汉的士子最倒霉，只要考取了前三甲，只有“金榜题名时”，再无“洞房花烛夜”。他们披红挂绿戴喜花之后，就被拥入蚕室。

刘钅长平日最信任的是太监许彦真、女巫樊胡子以及胡商进贡的一个波斯舞女，哪位大臣得罪这几个人，下场只有一个——族诛。同时，宦官劝刘钅长：“先帝所以得宝位传陛下，正因尽杀群弟。您也应该效法先帝。”刘钅长大以为然，把几个弟弟杀个干净。

这么一个酷虐的王朝，由于山高皇帝远，远隔岭外，自刘隐至刘铱也经四世五主，近六十年，最后被北宋灭掉。这一大家子投降后被迁至开封，刘铱得封恩赦侯，竟得好死。

后周世宗柴荣大败南唐后，当时的各个小国吓得肝胆俱裂，纷纷示好不迭。

南唐向后周称臣后，派宗室李从善及大臣钟谟入贡。周世宗问钟谟："江南现在还治兵守备吗？"钟谟小心翼翼地回禀："唐王已臣服大周，不敢再在边境治兵修守。"周世宗摇头，说："昔日两国为仇敌，现在亲如一家，大义已定，君臣分明，应无嫌猜。然而，人生难期，后世之事不可测知。你回去转告唐主，趁我在位，完城郭、缮甲兵，据守要害，为子孙后代多做考虑。"

得此"指示"，南唐国主才敢修葺城池，增守戍兵。

在大伪奸雄纷出的五代乱世，周世宗这种推诚布公、宽宏大度的高尚人格，几乎可以说是前所未有。

"大邦畏其力，小邦怀其德。"中华帝王中，周世宗的人品当为上之上者。

雄才大略的后周世宗柴荣具有伟大的战略眼光，他最根本的目的其实是北伐契丹，夺回幽燕形胜之地。

可惜，天妒英才，不假其年，柴荣病死。

而后，虽有两宋的高度文明，但更大更深的祸结，已经深深藏在虚假的繁荣背后。

周世宗平定南唐，不仅开疆拓土，大增中原王朝声威，最主要的是使国内经济、军事力量得到进一步增强。

如此，周世宗终于得以展开他心目中最大的事业：北伐。显德六年（959 年）三月，柴荣御驾亲征，踏上了北征契丹、收复燕云之路。

周世宗北伐，占尽天时地利人和。契丹方面，耶律德光病死后，其侄耶律兀欲（辽世宗）得立，后因其发动南攻，臣下不满，发动政变，杀掉了兀欲。至此，耶律德光的儿子耶律述律（辽穆宗）继统。

这位耶律述律没有一点儿其父的英武，天天酣饮，自夜至旦，昼则常睡，国人谓之“睡王”。

外无戒心，内无固志，契丹上下一片混乱。因此，后周军在皇帝亲自统领下，所向披靡，连克三关（瓦桥、益津、淤口），共得宁州、鄚州、瀛州三州十七县，近两万户，而且大多是兵不血刃，敌方不战而降。

形势大好之下，周世宗厉兵秣马，准备一鼓作气，直捣幽州。

人算不如天算。关键时刻，周世宗忽罹暴疾，仅仅一昼夜之间，竟然人事不省，处于弥留状态。

正史中没有对柴荣所患疾病的确切记载，也许是急性肺炎，也许是急性心肌炎，也许是某种莫名其妙的细菌感染，总之是一病不起。

本来世宗皇帝还想硬撑病躯进军，其姐夫张永德苦劝：“天下未定，根本空虚，四方诸侯唯幸京师之有变……如有不可讳（崩逝），奈宗庙何！”无奈之余，周世宗只得下诏班师，自澶州迅速乘车回汴京。

特别值得回味的是，周世宗夺取瓦桥关后，心中大喜，认定大功必成，便登高岗望远，检阅军队。

当地父老用牛肉美酒劳军，周世宗好言抚慰，乘间问道：“此地叫什么名字？”

父老们回答：“此高坡名为病龙台。”

古人多忌讳，周世宗闻之默然，立刻上马驰去。

结果，当夜柴荣就发病，高烧不止。

笔者揣测，或许就是当天傍晚的策马狂奔，造成周世宗大汗遇风，重感冒加上劳累体力透支而转变成急性肺炎或者心肌炎，皇帝才真正变成了“病龙”。

病重期间，周世宗听闻外间有人从地下挖出一块木板，上有“点检做天子”的字样，便大疑当时官职为殿前都点检（皇家禁卫军总司令）的姐夫张永德。于是，他下诏免去姐夫的军职，虚升他为检校太尉、同平章事，转任平时看上去老实忠厚的忠武军节度使赵匡胤为殿前都点检。

显德六年（959 年）六月十八日，周世宗柴荣病逝，时年三十九岁。

周世宗死后，其第四子梁王柴宗训即位，是为后周恭帝，时年七岁。

转年春天，恭帝还未及改元，周世宗棺柩刚刚入土两个多月，真正尸骨未寒，本来要率兵北征契丹的赵匡胤兄弟自导自演大戏，在陈桥驿发动兵变，黄袍加身，赵“点检”果真做成了“天子”。

后周恭帝便被宋朝改封为郑王。十三年后，柴宗训二十岁出头，即“发病”而死，估计是被宋室暗害。赵匡胤又演一出，假装“震恸”，谥曰“恭皇帝”，把他葬在其父陵侧。

周世宗有七个儿子，除老大、老二、老三被后汉隐帝杀掉，老六柴熙谨在宋初不明不白地死掉，老五柴熙让、老七柴熙诲“不知所终”，估计也都被赵宋派人弄死。

直到宋仁宗嘉祐四年，才下诏有司取阅柴氏谱系，“于诸房中推最长一人，令岁时奉（后）周祀”。

所以，一般人皆为《水浒传》或其他民间演义所误，以为柴进是后周皇帝的嫡系子孙，还一直获封“一字并肩王”什么的，这完全是小说、演义误导人。柴荣这位千古仁德帝王，并无直系后代得活世上。

当初，为了防止唐末以及五代诸朝藩镇推翻皇帝的“悲剧”重演，周世宗想方设法削弱藩镇的兵力，重金招募强兵猛将入京城守卫帝室。

结果，周世宗死后，帝位未失于强藩，却被禁卫军头子捡走。天算人算，防不胜防。可悲！可叹！

前人栽树，后人乘凉。赵氏兄弟完全是依凭周世宗的遗泽余威，四攻八伐，最终成就两宋基业。

隋唐史大事记

581 年　杨坚废帝自立，建立隋朝，是为隋文帝。

582 年　陈宣帝去世，后主陈叔宝即位。

589 年　隋平定陈，一统天下。

600 年　太子杨勇被废，杨广被立为太子。

604 年　隋文帝去世，隋炀帝即位。

617 年　李渊在太原起兵，攻入长安立杨侑为帝，是为恭帝。

618 年　隋炀帝去世，李渊即位称帝，建立唐朝，是为唐高祖。

621 年　李世民先后攻灭窦建德、王世充等割据势力，奠定唐王朝的格局。

626 年　李世民发动玄武门之变，杀太子李建成、齐王李元吉，随后李渊退位，李世民即位，是为唐太宗。

628 年　讨灭梁师都，标志着唐王朝完成大一统。

629 年　玄奘去往印度取经。

641 年　文成公主出嫁吐蕃。

643 年　太子李承乾谋反，李治被立为太子。

649 年　唐太宗去世，高宗李治即位。

655 年　高宗废王皇后，立武则天为后，不久形成高宗与武后联合执政的格局。

683 年　高宗去世，太子李显即位，是为中宗，武则天把控朝政。

684 年　武则天废中宗，立睿宗。

690 年　武则天废睿宗，自立为帝，改国号为周。

705 年　宰相张柬之发动政变，拥立中宗李显，恢复唐朝国号，同年武则天去世，享年八十三岁。

710年　李隆基发动政变，诛杀韦后及上官婉儿，睿宗复位，立李隆基为太子。

712年　李隆基登基，是为唐玄宗，开元盛世就此开启。

745年　杨玉环被封为贵妃，自此杨氏外戚开始步入权力中枢。

755年　安禄山起兵，几乎颠覆整个唐帝国的“安史之乱”就此展开，同年攻占洛阳。

756年　安禄山自称大燕皇帝，随后攻陷长安；唐玄宗逃往成都，杨贵妃及杨国忠在马嵬坡被杀，肃宗于灵武即位。

757年　安禄山被其子安庆绪所杀，唐朝先后收复长安、洛阳。

759年　史思明攻入洛阳，自称大燕皇帝。

761年　史思明被其子史朝义所杀。

762年　唐玄宗、唐肃宗先后去世，代宗即位。

763年　史朝义败亡，“安史之乱”结束，奠定后半段唐帝国格局的藩镇体制就此形成。

779年　代宗去世，德宗即位。

783年　朱泚兵变攻陷长安，德宗出逃。

784年　德宗发布“罪己诏”，李希烈自立为帝。

805年　德宗去世，顺宗即位，同年顺宗因病让位于宪宗。

820年　宪宗被宦官所杀，穆宗即位。

824年　穆宗去世，敬宗即位。

826年　敬宗被宦官所杀，文宗即位。

840年　文宗去世，武宗即位。

846年　武宗去世，宣宗即位。

859年　宣宗去世，懿宗即位，浙东裘甫之乱爆发。

873年　懿宗去世，僖宗即位。

874年　王仙芝发动叛乱。

875年　黄巢叛乱，与王仙芝合流，这场叛乱导致唐王朝灭亡。

880年　黄巢先后攻入洛阳、长安，称大齐皇帝，唐僖宗出逃。

883年　沙陀族将领李克用收复长安，黄巢败走河南。

884年　黄巢在狼虎谷自杀，“黄巢之乱”结束。

888年　僖宗去世，昭宗即位。

900年　宦官幽禁昭宗，拥立德王。

901年　昭宗复位。

904年　朱全忠杀昭宗，拥立昭宣帝。

907年　朱全忠即位称帝，建立后梁，唐朝灭亡，五代开始。

908年　李克用去世，子李存勖即位。

911年　卢龙节度使刘仁恭之子刘守光囚禁其父，称帝自立。

912年　朱温三子朱友珪杀父，称帝自立。

913年　朱温四子朱友贞杀兄自立。

914年　刘仁恭父子为李存勖所擒杀。

923年　晋王李存勖即位称帝，建立后唐，同年灭后梁，末帝朱友贞自杀。

926年　李存勖死于乱军之中，李克用养子李嗣源继位，是为明宗。

933年　李嗣源病重，次子李从荣举兵造反，饮恨而死，三子李从厚即位，是为闵帝。

934年　孟知祥在成都称帝，建立后蜀，同年病逝，子孟昶即位；后唐闵帝被废为鄂王，不久遇害，末帝李从珂即位。

936年　石敬瑭在契丹的支持下建立后晋，灭后唐，末帝李从珂自焚而亡，割让燕云十六州给契丹。

942年　石敬瑭去世，侄石重贵即位，是为少帝。

947年　契丹人攻占开封，俘获石重贵，后晋灭亡；刘知远称帝即位，是为后汉。

948年　刘知远病逝，子刘承祐即位，是为隐帝。

951 年　郭威攻占开封，隐帝与乱军中被杀，郭威称帝，建立后周。

954 年　郭威去世，养子柴荣即位，是为周世宗，雄才大略，致力于一统天下。

959 年　柴荣英年早逝，时年三十九岁，子柴宗训即位，是为恭帝。

960 年　赵匡胤废周自立，建立宋朝，史称宋太祖。